Wolfgang Wagner

Der deutsche Luftverkehr — Die Pionierjahre 1919-1925

Die deutsche Luftfahrt

Buchreihe über die Entwicklungsgeschichte der deutschen Luftfahrttechnik

Herausgegeben von Dr. Theodor Benecke in Zusammenarbeit mit dem Deutschen Museum (München), dem Bundesverband der Deutschen Luftfahrt-, Raumfahrt- und Ausrüstungsindustrie e.V. (Bonn—Bad Godesberg) und der Deutschen Gesellschaft für Luft- und Raumfahrt e.V. (Bonn)

Wolfgang Wagner

Der deutsche Luftverkehr – Die Pionierjahre 1919-1925

Bernard & Graefe Verlag Koblenz

Lithos: Repro GmbH, Ergolding
Satz und Druck: Manz AG, Dillingen
Bindung: Großbuchbinderei Röck, Weinsberg
Herstellung und Layout: Walter Amann, München
Printed in Germany

ISBN 3-7637-5274-9

Inhalt

Die Verkehrsflugzeuge der deutschen Flugzeugwerke 1919–1925

Vorwort

Luftverkehr – heute eine selbstverständliche Einrichtung, die aus dem Leben der Menschen nicht mehr wegzudenken ist. Luftverkehr in seinen Anfängen dagegen bedeutet notdürftig umgebaute Militärflugzeuge, Passagiere in offenen Sitzen, vermummt in Pelze, Streckensuche der Piloten längs Eisenbahnlinien und Flüssen entlang, Notlandungen mit Motoren, die nicht länger als 80 bis 120 Stunden liefen. Es gab kaum eine Bodenorganisation, und die ehemaligen Militärpiloten mußten sich erst daran gewöhnen, nach Zeit und Flugplan zu fliegen, allen Unbilden des Wetters zum Trotz.

Dieses Buch soll jene ersten Versuche, einen regelmäßigen Luftverkehr aufzubauen, ins Gedächtnis zurückrufen. In einer politischen unruhigen Zeit nach dem Ersten Weltkrieg, als die Siegermächte auf allen Gebieten des Lebens starken Druck auf Deutschland ausübten, glaubten mutige und kreative Männer an die Zukunft eines völkerverbindenden Luftverkehrs. Alle Regierungen in den zwanziger Jahren, ganz gleich, ob links oder rechts, standen der zivilen Luftfahrt aufgeschlossen gegenüber und unterstützten sie gegen die kleinlichen und schikanösen Einschränkungen der Interalliierten Kontrollkommission, die auf deutschem Boden die Bestimmungen des Versailler Friedensdiktates überwachte.

Über die Anfänge des Luftverkehrs zwischen 1919 und 1926 berichten Verkehrspiloten, Prüfer, Werkmeister und Monteure. Die Arbeit des damaligen Reichsluftamtes und der späteren Abteilung Luftverkehr im Reichsverkehrsministerium, die Entstehung und Entwicklung der ersten Fluggesellschaften, die Bemühungen der Reichswehr, an der Entwicklung teilzuhaben, Projektierung und Bau von »Riesenflugzeugen« sowie eine Beschreibung der erstaunlich vielen Flugzeugtypen dieser Jahre sind unter anderem Inhalt des ersten Bandes. Ein zweiter Band soll folgen, der das Luftfahrtgeschehen von 1926 bis heute darstellen wird. Bei der Arbeit an diesem Buch hatte der Verfasser viele Helfer, Freunde und Bekannte. Sie alle hier zu nennen, würde zu einem besonderen Anhang führen.

Eine große Hilfe waren die zahlreichen Dokumentationen des Verfassers, die in den zurückliegenden Jahren im »aerokurier« veröffentlicht worden waren. Dem Verleger dieser Zeitschrift, Dr. Günter Neufang, sei deswegen für sein Einverständnis zu diesem Rückgriff besonders gedankt.

Wertvolle Unterstützung fand der Verfasser ferner durch die Abteilung Sonderarchive des Deutschen Museums und dessen Leiter, Dipl.-Ing. Dr. Rudolf Heinrich.

Eine Fundgrube waren die Bilder und Texte aus den ehemaligen Archiven der Gebrüder Römer und von Avicentra.

Vielerlei wichtige Anregungen ergaben Recherchen in den Bundesarchiven in Koblenz und Freiburg, im Archiv der Deutschen Lufthansa, dem Militärgeschichtlichen Forschungsamt in Freiburg und dem Archiv der ehemaligen Flugtechnischen Werke (VFW), heute MBB in Bremen, mit den Herren Hans Hollendick und Helmut Roosenbohm. An Institutionen sind weiter die »Arbeitsgemeinschaft Deutsche Luftfahrthistorik« zu nennen und das Schweizer Luftamt in Bern.

Wertvolle Beiträge durch Interviews lieferten die Flugkapitäne Lissau, Loose, Bauer, Rathje, Kindermann und Wiskandt, ferner Wolfgang Degel, Klaus Junkers, Gerhard Nitschke, Erich Busse, Gebhard Aders, Kurt Schnittke, Hermann Pohlmann, Otto Selig und Ernst Vocke.

Unterstützung und Kooperation fand der Verfasser bei Klaus Dietrich (DGLR), Heinz Nowarra, Horst Burgsmüller; nicht zuletzt sei Werner Bittner, dem Leiter des Lufthansa-Firmenarchivs, gedankt. Andere Mitarbeiter werden im Text genannt, an die hier ungenannten Helfer sei nicht minder herzlich in Dankbarkeit gedacht.

Wolfgang Wagner

Passagierluftschiff LZ 11 »Viktoria Luise« besucht die Kieler Woche. Der Zeppelin der Deutschen Luftschiffahrts AG (Delag) startete am 19. Februar 1912 zum Erstflug und befördert bis August 1914 auf 489 Fahrten 9783 Passagiere.

Die Entwicklung des deutschen Luftverkehrs

Sie waren die Ersten

Den Vögeln gleich sich leicht beschwingt in die Luft zu erheben, das war der stete Traum des Menschen. Götter- und Heldensagen erzählen von geheimnisvollen Federkleidern, von fliegenden Zauberpferden und Schiffen, von Drachen, die von Wildgänsen hoch in die Luft, ja hinauf zum Mond geschleppt wurden. Zahllos sind die Legenden vom Fliegen, die Phantasie der Menschen beflügelnd.
Zweihundert Jahre sind es erst her, als dieser alte Traum Wirklichkeit wurde und den Brüdern Montgolfier am 5. Juni 1783 ein aus Papier gefertigter Ballon entschwebte. Selbst seine Schöpfer, die den Ballon mit Heißluft von brennendem Stroh gefüllt hatten, waren überrascht und wurden in maßloses Staunen versetzt.
Dem mutigen französischen Physiker Pilâtre de Rozier und seinem Begleiter, dem Marquis d'Arlandes, gelang wenige Monate später, am 21. November 1783, der erste Flug zweier Menschen. Unter dem Aufschrei vieler tausender Schaulustiger stieg Rozier in einem Heißluftballon der Brüder Montgolfier im Garten des Jagdschlosses von La Muette steil hinauf in den Äther und landete nach fast halbstündiger Fahrt wohlbehalten vor den Toren von Paris.
Spätere Aufstiege des Franzosen Blanchard in Frankfurt (3. Oktober 1785) und in Berlin erregten ebenso die deutschen wie zuvor die französischen Gemüter. Man sprach und schrieb vom Anbruch einer neuen Zeit. Die Ballon-Aufstiege fesselten die Menschen in gleichem Maße wie die Ozeanflüge der zwanziger oder die ersten Flüge des Menschen zum Mond in den siebziger Jahren unseres Jahrhunderts.
Das 19. Jahrhundert stand ganz im Zeichen des Ballons, des Fluggerätes »leichter als Luft«. Als 1870/71 die Deutschen Paris eingeschlossen hatten, erhob sich aus der belagerten Stadt so mancher Ballon, um über den Köpfen der Deutschen davonzueilen.

Graf Zeppelin gehörte zu den Belagerern der Stadt, und der Anblick der Ballons ließ ihn nicht mehr los. Das Fluggerät erschien ihm gut, aber lenkbar müßte es sein. Rund dreißig Jahre später, am 2. Juli 1900, erhob sich ein starrer, von Motoren angetriebener, steuerbarer und einer Zigarre gleichender riesiger Ballon vom Bodensee in die Lüfte: Das erste Zeppelin-Luftschiff war geboren! Zunächst blieben dem Gefährt zwar Erfolge versagt. Das erste, zweite, dritte und vierte Luftschiff zerschellte am Boden. Mit der bewundernswerten Zähigkeit jedoch, mit welcher der Graf an der einmal für richtig befundenen Idee festhielt, eroberte er sich die Herzen der Bevölkerung: Als sein viertes Schiff nach einer glänzend verlaufenden Fahrt 1908 bei Echterdingen verbrannte, half ihm eine freiwillige Millionen-Spende des deutschen Volkes über seine finanziellen Sorgen hinweg.
Die Zeppelin-Luftschiffe bewiesen alsbald ihre Eignung für den Luftverkehr. Das Luftschiff LZ 6 der Deutschen Luftschiffahrts AG (Delag) startete 1910, ein Jahr nach Gründung dieser ersten Luftreederei der Welt, zu zahlreichen Fahrten mit Touristen und Post an Bord. Die Nachfrage war so groß, daß vier weitere Luftschiffe bestellt wurden, die »Deutschland«, »Viktoria Luise«, »Hansa« und »Sachsen«. Bis zum Beginn des Weltkrieges im Jahre 1914 beförderten die Luftschiffe rund 37 250 Reisende und legten auf 1600 Fahrten 150 000 km Strecke zurück[1].
Während die Luftschiffe der Delag mit Touristen über Wochen hinweg im voraus ausgebucht waren, unternahmen mutige Männer in seltsamen Drahtgestellen mit Flügeln erste bescheidene Luftsprünge. In wenigen Jahren jedoch entstanden aus diesen zerbrechlichen Gestellen Flugzeuge nach dem System »schwerer als Luft«, Doppeldecker und Eindecker mit respektablen Leistungen. Kurz vor Kriegsausbruch flog Reinhold Boehm vom 10. bis 11. Juni 1914 mit einem Albatros-Doppeldecker Weltrekord: Er blieb 24 Stunden und 10 Minuten in der Luft. Heinrich Oelerich erreichte am 14. Juli 1914 auf einem Doppeldecker der Deutschen Flugzeugwerke (DFW) 8150 m Höhe.
Die erste deutsche Luftpost beförderte Leutnant von Hiddessen am 10. Juni 1912 unter dem Patronat der Großherzogin von Hessen für das Hilfswerk »Mütter und Säuglingsfürsorge«.
Seinem Fluglehrer August Euler war für diese amtliche Postbeförderung die Konzession der Reichspost erteilt worden. Gegen Abend startete Hiddessen bei ruhiger Luft von Frankfurt auf seinem Euler Doppeldecker, wegen seines Anstriches »gelber Hund« genannt, um 10 000 Briefe der Kaiserlichen Reichspost nach Darmstadt zu bringen. Hiddessen flog die Post ohne jeglichen Schaden während einer ganzen Woche von Frankfurt nach Darmstadt, Worms und Mainz. Zur gleichen Zeit übernahm das Luftschiff »Schwaben« für dasselbe Hilfswerk Postflüge zwischen Frankfurt und Darmstadt.

Verkehrsluftschiff LZ 17 »Sachsen« der Delag hatte eine Länge von 148 m. Zum Antrieb dienten drei Maybach-Motoren mit je 124 kW (170 PS). Das Luftschiff unternahm bis zum Kriegsausbruch im Jahre 1914 nicht weniger als 420 Fahrten und legte während 741 Stunden Flugzeit 39 920 km Strecke zurück.

Walter Rathenau, Vorstandsmitglied der Allgemeinen Elektrizitäts-Gesellschaft in Berlin (AEG). Auf seine Initiative und seinen Weitblick ging die Gründung der Deutschen Luftreederei GmbH (DLR) am 13. Dezember 1917 zurück. Rathenau hat sich damit und durch die Förderung vieler anderer Vorhaben in der Luftfahrt große Verdienste erworben.

Einige Monate zuvor, am 18. Februar 1912, hatte Hermann Pentz[2] auf einem Grade-Eindecker einen Postsack von Bork nach Brück befördert, zwar ohne Genehmigung der Reichspost, aber unter großer Anteilnahme der Bevölkerung. In Brück empfing ihn der Bürgermeister mit einer feierlichen Ansprache.

Im Krieg kam es 1918 in den Weiten Rußlands zu einem Feldpost- und Kurierdienst mit Militärflugzeugen, der von Sewastopol über Charkow und Kiew bis nach Lodz führte, während eine zweite Linie von Bukarest über Odessa bei Berditschew und Kiew Anschluß an die erstere fand. Vom 15. Februar bis 15. Mai 1918 richtete die Inspektion der Fliegertruppe eine weitere Feldpoststrecke von Berlin über Hannover nach Köln ein, um Erfahrungen zu sammeln[3].

Von Österreich aus wurde am 1. April 1918 ein planmäßig beflogener Feldpostdienst über die Strecke Wien–Krakau–Lemberg–Prosskurow–Kiew eingerichtet[4].

Militärische Stellen verfolgten schon lange vor dem Krieg die Erfolge im Flugzeugbau mit wachsamen Augen und glaubten, im Flugzeug ein Aufklärungsmittel gefunden zu haben, das sowohl dem Heer als auch der Marine gute Dienste zu leisten versprach. Während des Ersten Weltkrieges (1914–1918) wuchs nach tastenden Vorversuchen eine neue Waffengattung mit Jagdflugzeugen, Aufklärern, Schlacht- und Bomben-Flugzeugen heran. Die Flugzeuge fanden vielfältige Verwendung und beeinflußten in stets zunehmendem Maße das Kriegsgeschehen.

Einen entscheidenden Baustein zum deutschen Luftverkehr legte Walter Rathenau. Sein Vater, Emil Rathenau, gehörte zu den Gründern des AEG-Konzerns; nach dessen Tod folgte ihm sein Sohn Walter auf dem Stuhl des Präsidenten des Unternehmens. Mit seiner Unterstützung erarbeitete Walter Mackenthun, einer der ersten Offiziere aus den Anfängen der Fliegertruppe, mitten im Krieg eine Studie über »Die voraussichtliche Entwicklung des Luftverkehrs nach dem Kriege«. Die Ergebnisse waren vielversprechend, und die Arbeit endete mit dem Vorschlag, beizeiten eine Studiengesellschaft für den Luftverkehr zu gründen[5].

Am 13. Dezember 1917[6] wandelte die AEG daraufhin die ihr gehörenden Gummiwerke Oberspree GmbH in eine »Deutsche Luftreederei GmbH« (DLR) um[7]. Mit Hilfe dieses als Studiengesellschaft vorgesehenen Unternehmens sollten die Voraussetzungen für einen späteren Luftverkehr geschaffen werden. Aber auch ganz handfeste sozialpolitische Überlegungen spielten bei dieser Zukunftsplanung mit. Das Werk hatte damals 3500 Beschäftigte im Flugzeugbau, und es war gänzlich ungewiß, was mit diesem qualifizierten Personal nach dem Krieg geschehen sollte. Der Bau von Verkehrsflugzeugen schien eine glückliche Lösung dieses Problems zu sein.

Die Geschäftsführer Egon von Rieben und Walter Mackenthun nahmen bald im Auftrag der DLR Gespräche mit Behörden auf, mit der Zeppelin-Gesellschaft, die an eine Wiederaufnahme des Luftschiffverkehrs dachte, und mit der Hamburg-Amerika-Linie über eine mögliche Zusammenarbeit[8]. Im Mai 1918 verhandelte die Deutsche Luftreederei bereits mit dem neutralen Schweden über eine Flugverbindung über die Ostsee. Das Kriegsende mit Revolution und weitgehenden politischen Umwälzungen verzögerte jedoch den Abschluß der geplanten Übereinkommen, weil es zeitweise gar keine Ansprechpartner in der deutschen Regierung gab.

Gleich anderen Unternehmen, die ebenfalls Luftverkehr betreiben wollten, sicherte sich die DLR aus dem Bestand an Militärflugzeugen einen umfangreichen Park von Flugzeugen für den Postdienst, dazu eine Reihe von Großflugzeugen – zumal es während der ersten Monate nach dem Krieg keine Einschränkungen oder gar Verbote für den Luftverkehr gab. Mit dem Waffenstillstand am 11. November 1918 war bis zum Inkrafttreten des Versailler Friedens Vertrages am 10. Januar 1920 das verbliebene militärische Flugmaterial in die Verwaltung des Reichsschatzministeriums übergegangen, das keine Bedenken hatte, an Piloten, Firmen und Luftverkehrs-Gesellschaften Flugzeuge für zivile Zwecke zu verkaufen.

Die Luftfahrtindustrie stellte sich schnell um, und Albatros, Dornier, Fokker, Junkers, Sablatnig, die Zeppelin-Werke und kleinere Unternehmen begannen mit der Konstruktion der ersten Verkehrsflugzeuge. Tausende von Mitarbeitern in der Industrie aber, die um ihren Arbeitsplatz fürchteten, weil eine zivile Luftfahrt anfangs nur wenigen Arbeit versprach, riefen nach Verstaatlichung der Luftfahrtindustrie. Ein »Berufsverband für das Luftfahrtwesen« versuchte auf gewerkschaftlicher Basis, die Interessen seiner Mitglieder zu vertreten und gründete eine eigene Zeitschrift »Flug- und Luftschiffahrt«. Dieser Verband schloß sich später dem Transportarbeiterverband an[9].

Die Piloten, meist ehemalige Offiziere, tendierten vielfach zur Mitgliedschaft in Luftfahrt-Vereinen, übernahmen häufig deren Leitung und bemühten sich um gegenseitige Hilfe und um eine sportliche Betätigung in der Fliegerei. Erinnert sei an den »Bund deutscher Flieger«, dessen Leitung Oberstleutnant a. D. Siegert, der ehemalige Inspekteur der Fliegertruppen, übernahm. Der »Ring der Flieger« entstand aus dem Zusammenschluß vieler Vereine und Verbände. Andere Vereine engagierten sich im »Deutschen Luftfahrer-Verband«. Wieder andere versuchten ihr Glück bei den wie Pilze aus dem Boden schießenden Luftverkehrs-Gesellschaften – bald 40 an der Zahl.

Den ersten zivilen Frachttransport nach dem Krieg unternahm Dr. phil. Josef Sablatnig, rühriger Inhaber der gleichnamigen Firma. Er flog am 11. November 1918 – mitten im Revolutionstrubel – im Auftrag der Reichsleitung mit einem ehemaligen Militärflugzeug (Sablatnig N 1) größere Geldmengen von Berlin nach Kiel, um im Auftrage des späteren Reichswehrministers, dem damaligen Volksbeauftragten Gustav Noske, Löhnung für die meuternden Matrosen zu bringen.

Der damalige Luftfahrzeugbau Schütte-Lanz eröffnete am 18. Dezember 1918 mit einigen ehemaligen Militärflugzeugen von Albatros und den Deutschen Flugzeugwerken (DFW) einen Tramp- oder Bedarfsdienst[10]. Er war aber zu teuer und scheiterte an den schwierigen Verkehrsverbindungen zu dem weit draußen gelegenen Flugplatz Zeesen[11].

Der Versailler Vertrag: ein trügerischer Frieden

Die Niederlage Deutschlands und seiner Verbündeten erwies sich als ein militärischer, wirtschaftlicher und politischer Zusammenbruch in einem bis dahin nicht gekannten Ausmaß. Daher kam es auch nicht zum Abschluß eines Friedens*vertrages* zwischen Siegern und Besiegten; die Besiegten hatten vielmehr das *Diktat der Sieger* entgegenzunehmen. Deutschland war durch den vierjährigen Krieg bis aufs Letzte ausgezehrt. Eine Revolution, der Sturz der Monarchie in Deutschland und Österreich und der Aufbau eines parlamentarischen Systems nahmen alle verbliebenen Kräfte in Anspruch. Die Siegermächte unternahmen nichts, um Deutschland bei diesen schwierigen Aufgaben zu helfen – im Gegenteil. Um es für immer aus der Reihe der Großmächte auszuschalten, legten sie dem Land weitere schwere Belastungen durch den Versailler Friedens»vertrag« auf. Deutschland hatte Elsaß-Lothringen abzutreten, dazu West-Preußen, Posen, das Memelgebiet und Nordschleswig. Eupen-Malmedy und Moresnet sowie Teile Oberschlesiens mußten später gegen das Ergebnis einer Volksabstimmung an Belgien und Polen abgegeben werden. Danzig wurde »freie Stadt«. Das Saargebiet wurde für 15 Jahre dem Völkerbund unterstellt; das linke Rheinufer wurde entmilitarisiert. Ein von Österreich beabsichtigter Anschluß an Deutschland wurde verboten, die Kolonien waren an Frankreich und England zu übergeben. Über die Summe der Reparationsleistung konnte man sich zunächst nicht einigen. Im Mai 1921 aber wurde sie durch die Siegermächte auf 132 Milliarden Mark festgesetzt.

Deutschland verblieben im Zuge seiner erzwungenen Abrüstung ein Heer von 100 000 Berufssoldaten mit vorgeschriebener Bewaffnung und geringe Seestreitkräfte mit 15 000 Mann; alle modernen Waffen wie Panzer, Unterseeboote und Luftstreitkräfte wurden verboten.

Nur vor diesem Hintergrund sind die späteren Bestrebungen zu verstehen, eine zwar minimale, aber immerhin ausbaufähige geheime Luftwaffe und Marinefliegerei zu schaffen, mit der Sowjetunion militärisch zusammenzuarbeiten und in den Weiten des sowjetischen Reiches ein Flugversuchs- und ein Ausbildungszentrum für Jagdflieger aufzubauen (Lipezk). Die Marine gründete eine Seeflugzeug-Versuchs-Abteilung (Severa) für Scheibenschlepp- und Kurierdienste. Die praktischen Flugerfahrungen, die während dieser Dauererprobung gewonnen wurden, unterrichteten die Marineleitung über den derzeitigen technischen Stand von Flugzeugen und Triebwerken. Anhand dieser Erfahrungen konnten später Prototypen für militärische Zwecke in Auftrag gegeben werden.

Bis zum 1. Oktober 1919 wurden Deutschland noch 100 Wasserflugzeuge mit Personal zum Aufsuchen von Minen zugestanden. In den sechs Monaten, die dem Inkrafttreten des Friedens-Vertrages folgten, wurde es Deutschland verboten, Flugzeuge oder Motoren herzustellen oder ein- und auszuführen.

Das gesamte militärische und maritime Flugmaterial war an die Siegermächte abzuliefern – dazu gehörten Flugzeuge, Luftschiffe und die Hallen für das Fluggerät. Weitere Bauverbote bis zum Mai 1922 und schließlich weitgehende Beschränkungen im Flugzeugbau folgten. Außerdem war alliierten Luftfahrzeugen bis zum 1. Januar 1923 der Durchflug über deutsches Gebiet und Landefreiheit zu gewähren.

Zur Überwachung der Ablieferung oder der Zerstörung der Flugzeuge und Motoren, des Bauverbotes und des Verbotes der Ein- und Ausfuhr von Luftfahrtgerät setzten die Alliierten mit dem Inkrafttreten des Friedensvertrages unter dem Vorsitz des englischen Generals Masterman eine »Interalliierte Luftfahrt-Überwachungs-Kommission« (Ilük)[12] ein, deren deutscher Gesprächspartner die »Deutsche Luftfahrt-Friedenskommission« (Luftfriko)[13] war. Vorgesetzte Dienststelle der Ilük war die Interalliierte Militärkontroll-Kommission (IMKK). Die »Luftfriko« unterstand dem Reichswehrministerium.

Die Spanne zwischen dem Waffenstillstand (11. November 1918), dem Inkrafttreten des Friedens-Vertrages (10. Januar 1920) und dem Zeitpunkt bis zum Erlaß deutscher Gesetze zur Durchführung der Bestimmungen des Friedens-Vertrages, also bis etwa Mai 1920, war eine gewisse Grauzeit, in der – soweit es den Luftverkehr anging – keine Verbote bestanden und in der – mit überall aus dem Boden schießenden Luftverkehrsgesellschaften, von Flugzeugfirmen und Piloten mit ehemaligen Militärflugzeugen – ein Luftverkehr eingerichtet worden war.

Nun aber beschlagnahmte die Ilük[14] sämtliche deutschen Flugzeuge, Verkehrsflugzeuge ebenso wie die ehemaligen Militärmaschinen, die dem Reichsschatzministerium für zivile Zwecke an Firmen und Piloten abgegeben worden waren. Jetzt erst wurde allen beteiligten Stellen klar, daß auch zivile Flugzeuge, wie die Junkers F 13 oder Sablatnig P III, unter das Bauverbot fielen, obwohl Churchill 1920 im englischen Parlament den Bau ziviler Flugzeuge in Deutschland eindeutig bejaht hatte[15].

Die Ilük begründete die Beschlagnahmung mit der Nichterfüllung des Artikels 202 des Versailler Friedensdiktates

Die Niederlage Deutschlands war ein militärischer, wirtschaftlicher und politischer Zusammenbruch von bisher nicht gekanntem Ausmaß. Der Nationalstolz der Deutschen wurde durch das Versailler Friedensdiktat auf das tiefste verletzt. Das betraf sowohl das Bürgertum als auch den größten Teil der Arbeiterschaft. Die von den ehemaligen Gegnern – menschlich zwar verständlich – aber von Haß geprägten, über Jahre währenden Erniedrigungen und Schikanen legten den Keim, aus dem später die Ursachen für den Zweiten Weltkrieg wuchsen.

(Ablieferung des militärischen Fluggerätes), außerdem erschienen ihr die Zahl von 600 inzwischen zugelassenen Flugzeugen ein wenig unheimlich. Insbesondere mißtrauten die Alliierten den Polizeiflugzeug-Staffeln in Schleswig, Allenstein, Breslau, Königsberg, Karlshorst, Gotha, Münster, Hamburg und Paderborn[16]. Sie bestanden vielfach aus Jagdeinsitzern, von denen in Paderborn nicht weniger als 14 stationiert waren. Die Ausrüstung der Polizei mit Flugzeugen wurde deshalb durch die Botschafter-Konferenz vom 8. November 1920 verboten.

In einem Bericht »Zulassung und Kennzeichnung der deutschen Zivilflugzeuge 1914–1945« von Günther Ott, Günter Frost und Dr. Ernst Vocke von der Arbeitsgemeinschaft Deutscher Luftfahrthistorik (ADL)[17] wird der Versuch unternommen, einen Teil der in der vorläufigen Luftfahrzeugrolle vom März 1919 bis Mai 1920 zugelassenen 600 Flugzeugle zu erfassen. Die in vieljähriger Arbeit erstellte Liste gibt wertvolle Aufschlüsse über die in dieser grauen Zeitspanne betriebenen Flugzeuge.

Alle bisherigen Zulassungen wurden nunmehr für ungültig erklärt. Die Flugzeuge mußten neu zugelassen werden, erhielten einen Stempel der Ilük und an den Tragflächen einen 75 cm breiten Streifen. Der Ilük war damit die Möglichkeit gegeben, jedes zuzulassende Flugzeug vorher zu erfassen. Sie fand sich bereit, die Junkers F 13, den Fokker F II, die Sablatnig P I, Sablatnig P III und das Sportflugzeug Sablatnig KE 1 als Zivilflugzeuge anzuerkennen[18], wollte aber die für zivile Zwecke benötigten Flugzeuge auf 145 beschränkt wissen. Die neu zuzulassenden Flugzeuge wurden in einer zweiten, endgültigen Luftfahrzeugrolle erfaßt. Schwerwiegend war die Forderung der Ilük, nach der die neu zugelassenen Flugzeuge von den ehemaligen Besitzern zurückzukaufen, also zweimal zu bezahlen waren.

Auf einer Konferenz der Siegermächte in Boulogne (22. Juni 1920) stellten die Alliierten fest, daß Deutschland 1400 Flugzeuge und 5000 Motoren nicht abgeliefert habe und fortfahre, Flugzeuge zu bauen. Die Entente verlängerte deswegen das Bauverbot bis drei Monate nach Ablieferung des letzten Flugzeuges.

Die deutsche Regierung legte daraufhin in einer Note vom 14. Dezember 1920[19] dar, warum sie außerstande sei, die Beschlüsse von Boulogne anzuerkennen und schlug vor, den Sachverhalt durch ein unparteiisches Schiedsgericht klären zu lassen.

Hinzu kamen wiederholte Forderungen der Entente auf Zahlung von weiteren 25 Millionen Mark Entschädigung für ablieferungspflichtiges Luftfahrtgerät. Die deutsche Regierung übergab der Ilük daraufhin eine Übersicht über das bis dahin gebaute und abgelieferte Kriegsgerät (s. Tabelle), wonach der Verbleib von ganzen 337 Flugzeugen und 136 Motoren bisher nicht hatte nachgewiesen werden können.

Es folgte ein weiteres schwerwiegendes Verbot, nach dem ehemalige Militärflugzeuge oder neue zivile Flugzeuge mit

Übersicht

über das von Deutschland von 1911 bis 1918 gebaute Luftfahrtgerät und das nach dem Krieg abgelieferte Kriegsgerät[20]:

Es wurden hergestellt:	Motoren:		Flugzeuge:	
1911–1914	1 778		1 954	
1915	5 029		4 474	
1916	7 823		8 179	
1917	12 029		19 423	
1918	16 412		14 356	
1919	1 215	44 286		48 386
Kriegsverbrauch	5 500		28 000	
Ins Ausland an Verbündete geliefert	484		1 000	
Ins Ausland an Neutrale geliefert	686			
Ausgeschlachtet	3 000	9 670		27 000
Bestand z. Zt. des Waffenstillstandes		34 616		21 386
Abgabe beim Waffenstillstand	2 600		2 600	
An Fronten zurückgelassen (Schätzung)	2 500		3 000	
Abgeliefert bzw. zerstört	27 590		14 001	
Bei den Unruhen im Reich, Baltikum usw. verbraucht	300		500	
Für deutschen Luftverkehr freigegeben	169		149	
Auf Reichswerft Kiel zur Verfügung	120	33 279		20 250
Verbleib nicht nachgewiesen		1 337		1 136
Davon durch Zahlung von 50 Millionen abgegolten		1 000		1 000
Noch zu verrechnen		337		136

Motoren aus der Kriegszeit für Auslandsflüge der Luftverkehrs-Gesellschaften nicht mehr verwendet werden durften[21].

Als Antwort auf die deutsche Note vom 14. Dezember 1920 und auf den Vorschlag, ein Schiedsgericht anzurufen, erhielt die deutsche Regierung eine in äußerst scharfer Form gehaltene Note des Obersten Rates der Alliierten vom 29. Januar 1921, in der die weit über den Friedensvertrag hinausgehenden Forderungen aufrecht erhalten und über alle Einsprüche der deutschen Regierung ohne Begründung hinweggegangen wurde[22].

Wie aus einem Schreiben des Reichsministeriums der Finanzen[23] hervorgeht, sind am 31. März 1921 tatsächlich 25 Millionen Mark vom Deutschen Reich an die Ilük gezahlt worden, obwohl die Reichsregierung nachgewiesen hatte, daß die Rechnung der Alliierten nicht aufging.

Eine Verfügung vom 7. April 1921 verbot das Überfliegen des besetzten Gebietes (Rheinland) mit deutschen Luftfahrzeugen, weil dadurch die Sicherheit der Besatzungstruppen gefährdet würde[24].

Durch diese Verordnung wurden wichtige Teile Deutschlands vom Luftverkehrsnetz abgeschnitten; dies bedeutete eine schwere Behinderung der Verkehrsfreiheit.
Am 5. Mai 1921 tagte in London der Oberste Rat der Alliierten und stellte dem Reich ein Ultimatum, die Bedingungen des Versailler Friedensvertrages anzuerkennen. Es wurde erneut auf das totale Bauverbot hingewiesen[25].
Die Reichsregierung mußte dem Druck des Ultimatums weichen, da sonst schwerwiegende politische Folgen zu erwarten gewesen wären. Sie erließ eine Reihe von Gesetzen bezüglich der Ablieferung noch vorhandenen Luftfahrtgerätes[26]. Um die Erfüllung dieser Maßnahmen sicherzustellen, wurden wiederum alle Zulassungen für ungültig erklärt[27]. Sie wurden auf Antrag erneut ausgesprochen, es blieb in diesem Falle bei der bisherigen D-Nummer.
Reichsrat und Reichstag reagierten im Gegensatz zur Regierung prompt auf diese erneuten Demütigungen. Die Volksvertretung beschloß am 22. Juni 1921 fast einstimmig – einem Vorschlag des Reichsrates folgend – die Luftfahrtindustrie für die Verluste, die ihr aus dem nunmehr 18monatigen Bauverbot erwachsen waren, durch das Reich zu entschädigen[28]. Dem Verband der Luftfahrtindustrie oblag es, die bewilligten 150 Millionen Mark gerecht aufzuschlüsseln und an die Firmen zu verteilen, womit alle weiteren Ansprüche abgegolten waren[29]. Die Illustrierte Flugwoche[30] schrieb dazu: »Die Luftfahrt muß der Volksvertretung für dies einmütige Eintreten Dank wissen und aus ihm die Zuversicht nehmen, daß es ihr gelingen wird, auch die kommende Zeit schwerster Not zu überwinden.«
Am 1. Februar 1922 beschloß die Botschafter-Konferenz mit Wirkung vom 5. Mai 1922, die Bestimmungen über die Ablieferung des militärischen Fluggerätes (Artikel 202 Versailler Vertrag) als erfüllt zu betrachten und das Bauverbot zu diesem Zeitpunkt aufzuheben.
Doch auf dem Fuße folgten neue Beschränkungen durch sogenannte Begriffsbestimmungen, die angeblich der Unterscheidung von Militär- und Zivilflugzeugen dienen sollten. In der Note des Präsidenten der Botschafterkonferenz[31] vom 14. April 1922 wurde unter anderem folgendes festgelegt:

Begriffsbestimmungen für den deutschen Flugzeugbau

- ☐ Jedes Flugzeug, das ohne Führer fliegen kann, wird als Kriegsgerät angesehen.
- ☐ Jedes Flugzeug mit Bewaffnung oder Panzerung gilt als Kriegsgerät.
- ☐ Einsitzer mit einem Triebwerk, das mehr als 44 kW (60 PS) leistet, gelten als Militärflugzeuge.
- ☐ Die Gipfelhöhe deutscher Flugzeuge darf bei voller Leistung der Motoren eine Höhe von 4000 m nicht überschreiten, sonst gelten sie als Bomber.
- ☐ Die Geschwindigkeit wird in einer Höhe von 2000 m bei Vollgas auf 170 km/h begrenzt.
- ☐ Die Nutzlast einschließlich Besatzung und Ausrüstung darf 600 kg nicht überschreiten.
- ☐ Die mitzuführende Kraftstoffmenge wird nach einer Formel beschränkt.
- ☐ Die Motoren dürfen nicht mit Ladern ausgerüstet werden.
- ☐ Die Zahl der Ersatzteile für Motoren wird begrenzt.

Um der letzten Forderung der Begriffsbestimmungen Folge leisten zu können, erließ die Reichsregierung[32] eine Verordnung[33], in der alle Personen oder Stellen, die im Besitz von Flugmotoren oder Ersatzteilen waren, aufgefordert wurden, die Zahl der Motoren, Kurbelwellen, Kolben, Kühler, Auspuffsammler und Zylinder dem Reichsverkehrsministerium zu melden – ein sinnloser, entwürdigender Papierkrieg.
An die Stelle der Ilük trat nun eine Luftfahrt-Garantie-Kommission, die die Einhaltung aller Beschränkungen zu überwachen hatte und der über 13 Offiziere, 28 Unteroffiziere und Mannschaften aus Frankreich, England, Italien, Japan und Belgien angehörten.
Als Antwort auf die Begriffsbestimmungen teilte die deutsche Regierung allen Nachbarländern mit, daß nunmehr Verkehrsflugzeuge ausländischer Gesellschaften, die den Begriffsbestimmungen nicht entsprächen und auf deutschem Boden landeten, als Kriegsgerät betrachtet und beschlagnahmt werden müßten[34]. Außerdem dürfe der deutsche Luftraum nicht mehr von Verkehrflugzeugen überflogen werden, die durch die Begriffsbestimmungen der Alliierten zu Militärflugzeugen gestempelt worden seien.
Mit dieser Reaktion hatten die Urheber der Begriffsbestimmungen allerdings nicht gerechnet. Unter den Alliierten, die sich damit den deutschen Luftraum selbst versperrten, und erst recht zwischen der Entente und den neutralen Staaten kam es zu heftigen Auseinandersetzungen.
Die Alliierten verboten im Mai 1923 der Firma Albatros den Bau einer E. L. 6[35], wahrscheinlich eine vergrößerte Ausführung der L 57 und L 58. Das Flugzeug sollte ein deutsches Gegenstück zur DeHavilland DH 34 werden, einem Doppeldecker mit 331 kW(450 PS)-Napier-Lion-Motor für zwei Piloten und sechs bis zehn Reisende. Das Reichsverkehrsministerium schrieb daraufhin an das Auswärtige Amt[36]: »Es ist davon auszugehen, daß die DH 34-Flugzeuge als den Begriffsbestimmungen nicht entsprechend anzusehen sind, ihr Flug in Deutschland also verboten ist. Ich ersuche die erforderlichen Schritte zu tun, daß der Verkehr solcher Flugzeuge im deutschen Hoheitsgebiet unverzüglich eingestellt wird.«
Wenn der Luftverkehr in Deutschland allen diesen Hemmnissen zum Trotz einen ungewöhnlichen Aufstieg nahm und

der Flugzeugbau erstmals Verkehrsflugzeuge schuf, die in der ganzen Welt Anerkennung und vor allem Absatz fanden, dann verdienen es diese Leistungen, ins Gedächtnis zurückgerufen zu werden.

August Euler und das Reichsluftamt

Ein Ereignis im Jahre 1918 sollte auf die deutsche Nachkriegs-Luftfahrt großen Einfluß nehmen: Der Rat der Volksbeauftragten, die damalige provisorische Reichsregierung, erließ ein Gesetz über die Regelung der Luftfahrt. Danach sollte das Reichsamt des Inneren provisorisch die Verhältnisse der Luftfahrt ordnen und zur Ausführung dieser Aufgabe ein Reichsluftamt errichten[37].
Die Leitung des am 4. Dezember 1918 errichteten Amtes[38] wurde August Euler übertragen, der von nun an den Titel eines »Unterstaatssekretärs« führte. Eulers scharfe Gegnerschaft zu militärischen Kreisen dürfte maßgebend für seine Wahl gewesen sein; andererseits kam er aus Kreisen, die politisch zu den größten Gegnern der provisorischen Regierung zählten.
August Euler, Besitzer des deutschen Pilotenscheines Nr. 1 vom Jahre 1910, war ein vorzüglicher Sportsmann, Skiläufer, Rad- und Autorennfahrer, der viele Preise auf internationalen sportlichen Veranstaltungen gewonnen hatte. Bald nach seiner ersten Begegnung mit der Fliegerei wollte er selbst Flugzeuge bauen, sich aber nicht mit langjähriger Entwicklungsarbeit aufhalten. So erwarb er in Frankreich die Lizenz zum Nachbau eines Voisin-Doppeldeckers. Von der Heeresverwaltung mietete er auf dem Griesheimer Sand bei Darmstadt einen Teil des Exerzierplatzes, den er als Landeplatz ausbaute und auf dem er schon 1908 eine Flugzeugwerkstatt errichtete. Bis zur Internationalen Luftfahrt-Ausstellung (ILA) 1909 konnte er noch vier Motor- und drei Gleitflugzeuge fertigstellen. Am 31. Dezember 1909 legte er vor einem Vertreter der Fédération Aéronautique Internationale (FAI) seine Pilotenprüfung ab und erhielt am 1. Februar 1910 den deutschen Flugzeugführerschein Nr. 1. Im selben Frühjahr noch gründete Euler eine Fliegerschule und konstruierte das Voisin-Flugzeug so um, daß eine eigene Konstruktion daraus entstand. In Frankfurt-Niederrad eröffnete er 1912 unter hohem Einsatz eigenen Kapitals einen Euler-Flugplatz mit Flugschule und Werkstätten für den Flugzeugbau. Euler bildete viele später berühmt gewordene Piloten aus, baute Flugzeuge und nannte 100 Patente sein eigen.

August Euler, Besitzer des deutschen Pilotenscheines Nr. 1 aus dem Jahre 1910, als Unterstaatssekretär im Reichsluftamt.

Die Heeresverwaltung war während des Krieges mehrfach mit der Forderung an Euler herangetreten, bewährte Flugzeuge in Lizenz zu bauen. Doch Euler weigerte sich, dies sei mit seiner Auffassung von persönlicher Freiheit, mit der er seinen Betrieb leitete, nicht vereinbar. Euler zog es vor, auf eigene Kosten, aber auch auf eigene Verantwortung, Flugzeuge zu entwickeln. Doch diese Flugzeuge entsprachen nach dem Urteil von Piloten der Fliegertruppe entweder nicht dem damaligen Stand der Technik oder aber nicht den militärischen Anforderungen. Euler erhielt deshalb auch keine Aufträge von der Heeresverwaltung. Trotzdem bauten die 120 bis 200 Beschäftigten des Werkes von 1914 bis 1918 nicht weniger als 13 Prototypen, meist Jagdflugzeuge, Doppeldecker, Drei- und sogar Vierdecker.
Die Ernennung zum Unterstaatssekretär im Reichsluftamt erreichte ihn am 28. November 1918, wenige Tage nach seinem 50. Geburtstag.
Die von der Nationalversammlung am 11. August 1919 beschlossene Verfassung sah die Einbeziehung des gesamten Verkehrs in Reichsverantwortung vor. Das schon bestehende Reichsluftamt wurde deshalb zum Reichsamt für Luft- und Kraftfahrtwesen[39] erweitert, aus der Obhut des Reichsministeriums des Inneren herausgenommen und dem am 9. Januar 1920 gegründeten Reichsverkehrs-Ministerium als selbständige Abteilung angegliedert.
Viele Aufgaben erwarteten August Euler. Tausende von erprobten Flugzeugführern suchten eine Anstellung und bestürmten das neue Amt. Andere suchten Unterstützung für den Aufbau von Fliegerschulen. Wieder andere beklagten sich über die Bürokratie des Amtes – sie argumentierten, der Luftverkehr müsse ebenso frei sein wie die Luft.
Um revolutionären Umtrieben entgegentreten zu können, versuchte das Amt, ehemalige Jagdflieger in Polizeistaffeln zusammenzufassen. Dem standen wieder Proteste von Seiten der Entente entgegen.
Als schlimmste Geißel aber erwies sich der Mangel an Kraftstoff.
Ein Schreiben des Reichsluftamtes[40] gibt einen gewissen Einblick in die Aufgaben, die sich Euler für sein Amt stellte, gleichzeitig informiert es aber auch über die damalige Situation der Luftfahrt.

Der Unterstaatssekretär des Reichsluftamtes Nr. 136/19 — *Berlin, den 9. Januar 1919*

»Es sind vielfach irrige Auffassungen über die Tätigkeit und den Wirkungskreis des Reichsluftamtes verbreitet.

Die Betätigung des früheren Luftamtes des Soldatenrats der Fliegertruppen hat ferner die irrtümliche Annahme aufkommen lassen, daß ein Reichsluftamt ein Stellenvermittlungs-, Flugzeugverkaufs- oder Luftreisebüro sei. Ich sehe mich deshalb veranlaßt, folgende Erklärung an die Öffentlichkeit und die an der Luftfahrt interessierten Stellen zu richten:
Der Wirkungskreis des Reichsluftamtes ist folgender:
Die Zulassung der Flugzeug- und Luftschiffführer, der Luftfahrzeuge, der Luftverkehrs-Unternehmungen zum Luftverkehr. Die Mitwirkung bei gesetzlichen Maßnahmen, die als rechtliche Grundlage (das Luftrecht und seine Ausführungsbestimmungen) für die Zulassung zum Luftverkehr erlassen werden.
Das Reichsluftamt vermittelt den Geschäftsverkehr zwischen allen an der Luftfahrt interessierten Reichs-, Staats- und Militärbehörden, den werktätigen Kreisen, der Flugzeugindustrie und den Luftverkehrsgesellschaften.
Ferner besteht eine Hauptaufgabe in der Bearbeitung von Fragen, welche die künftige Friedensentwicklung der nationalen und internationalen Luftfahrt betreffen;
in der fach- und sachkundigen Beratung unserer Unterhändler für die Friedensverhandlungen;
in der Behandlung der einschlägigen Fragen mit den Bundesstaaten des Deutschen Reichs;
in der Förderung von Flugkonkurrenzen und Flugzeugausstellungen zum Zwecke der Zucht von Verkehrs- und Handels-Flugzeugtypen und Flugmotoren, desgleichen von aussichtsreichen Erfindungen, welche die Luftfahrt und die Flugtechnik betreffen . . .

– August Euler –

Euler ging mit großem Elan an seine äußerst schwierige Aufgabe heran, im Angesicht der Vernichtung der deutschen Militärluftfahrt eine zivile Luftfahrt aufzubauen. Ein so gradliniger Mann wie er mußte an der von ihm selbst gestellten Bedingung[41] scheitern, sofern sein Aufgabengebiet sich auf die zivile Luftfahrt beschränken sollte. Nur durch eine verständnisvolle und kompromißbereite Zusammenarbeit zwischen dem Reichsamt für Luftfahrt und dem Heer mit seiner ehemaligen Fliegertruppe hätte man militärische und zivile Belange wenigstens zeitweise unter einen Hut bringen können. Da Euler es aber ablehnte, sich mit militärischen Problemen – etwa der Verwertung reichseigener Güter aus dem militärischen Flugwesen, wie Flugplätzen und Hallen – zu beschäftigen, konnte er seine Aufgabe gar nicht voll wahrnehmen. Hierin liegt die Tragik seines späteren Versagens begründet.
Am 25. Februar 1919 richtete Euler ein dringendes Staatstelegramm an die in Weimar tagende National-Versammlung[42], in dem er in einer ungewöhnlich scharfen Form gegen einen Reichskurierdienst militärischer Stellen nach Weimar protestierte. Dieser Dienst war vom Kriegsministerium im Einvernehmen mit preußischen Dienststellen von München über Weimar nach Dresden und Stuttgart zur schnellen Post- und Personenbeförderung eingerichtet worden[43]. Der Ton war geradezu beleidigend, und Euler stieß damit die militärischen Stellen vor den Kopf[44].

Reichsluftamt Unterstaatssekretär des Reichsluftamtes — *Berlin W 8, den 25. Februar 1919 Wilhelm Str. 74*

Staatstelegramm dringend. S S D

An die
Nationalversammlung in Weimar

Während unter der Leitung des Reichsluftsamtes ein ziviler Luftverkehr durch private Unternehmen im Entstehen begriffen ist, wird von der Militärbehörde angeblich für militärische Zwecke ein Reichsluftkurierdienst für die Nationalversammlung aufgezogen. Ich glaube, gegen dieses Vorgehen im nationalen Interesse auf das Nachdrücklichste protestieren und auf die verderblichen Folgen eines solchen Luftdienstes hinweisen zu sollen. Dem Militär fehlen für den Aufbau eines zuverlässigen, ungefährlichen Luftkurierdienstes alle Voraussetzungen. Es würde sich um die Verwendung militärischen Materials für rein zivile Zwecke handeln, ohne daß hierfür eine etatrechtliche Unterlage geschaffen ist. Das Militär würde also ohne Zustimmung der Volksvertretung ungeheure Ausgaben machen, zu denen der minimale Effekt in keinem Verhältnis steht. Gleichzeitig würden die entstehenden Zivilunternehmungen entmutigt und einem privaten Luftverkehr durch militärische Konkurrenz auf Reichskosten würde jeder Boden entzogen. Die Verwertung des Heeresgutes auf dem Gebiete des Luftwesens würde vollständig desorganisiert und ungeheure Werte, die zur Tilgung unserer Schulden notwendig sind, nutzlos verschleudert. Auch wird die Entente, der dieser militärisch aufgezogene Luftverkehr nicht verborgen bleiben kann, hierin einen Verstoß gegen Treu und Glauben des Waffenstillstandsvertrages und der Verpflichtung zur Demobilisierung erblicken, da ein so groß aufgezogener Luftverkehr nach außen hin unbedingt den Eindruck militärischer Übungen machen muß. Legt die National-

versammlung entscheidendes Gewicht auf solchen Reichsluftkurierdienst, so bin ich bereit, die zivile Organisation ohne Kosten für das Reich oder mit verhältnismäßig geringen Zuschüssen zu organisieren, sofern der bereits eingerichtete zivile Luftverkehr nicht ausreicht, denn es sind bereits vier weitere Firmen außer der Luftreederei zum Luftverkehr zugelassen, ohne daß sie Zuschüsse beantragten.
Bei Regelung des Militärwesens verlangt die bisherige unglaubliche Verschwendung die Zivilisierung der Beschaffungsfrage sowie aller Fragen technischer, wissenschaftlicher und rechtlicher Natur, sonst wird vom Militär zwischen Krieg und Frieden ein neuer Kriegsgewinnladen ohne Etat und ohne Parlament etabliert.

gez. August Euler
Unterstaatssekretär der Luftfahrt

Im August 1919 erschien eine Mitteilung des Reichsluftamtes[45], in der es über seine Organe Auskunft gab. Dies waren:

die Reichszentralbehörde,
das Reichsluftamt,
der Reichsausschuß für die Luftfahrt,
die Luftsport-Kommission

Die Mitglieder des Reichsausschusses für Luftfahrt sollten die Verbindung zwischen Reichsluftamt und dem praktischen Flugwesen halten, zwischen der Flugtechnik, dem Luftschiffbau, der Industrie, der Wissenschaft und den Fliegern selbst. Gleiches galt für die Luftsport-Kommission. Es sei dahingestellt, ob diese mit ehrenamtlich arbeitenden Experten besetzten und in großen Zeitabständen zusammentretenden Ausschüsse die geeignete Organisationsform für eine wichtige Abteilung eines Ministeriums waren und qualifizierte Mitarbeiter im Ministerium ersetzen konnten. Es gelang Euler aber, für das Jahr 1919 rund 500 000,– Mark für die zivile Luftfahrt im Etat unterzubringen und für 1920 sogar die stattliche Summe von 12 Millionen Mark für Beihilfen für zurückgelegte Strecken-Kilometer im Luftverkehr. Nur mit Hilfe dieser Gelder ist der Aufbau eines Luftverkehrs in Deutschland möglich geworden[46].

Anfang Mai 1919 veröffentlichte der Unterstaatssekretär des Reichsluftamtes eine Schrift über »Die Verstaatlichung der Luftfahrt«[47]. Er kommt zu dem Ergebnis, daß eine Verstaatlichung großen Schaden anrichten würde und deshalb nicht angestrebt werden sollte. Die Schrift enthält aber neben der sachlichen Information auch schwerwiegende Angriffe gegen die Militärs. Euler bezeichnete hier den Einsatz der Luftstreitkräfte während des Krieges als eine Art staatlichen Luftverkehrs. 3000 gefallenen fliegenden Besatzungen stehe eine weit höhere Zahl von tödlich Verunglückten beim Schulen und während der Ausbildung hinter der Front gegenüber. Euler wörtlich: »Es hat sich also gezeigt, daß der hier verstaatlichte Luftverkehr, beziehungsweise das hier verstaatlichte Fliegen, gefährlicher war und mehr Opfer gefordert hat als der kriegerische Luftkampf.«
Daß er mit solchen Behauptungen wiederum die Militärs, aber auch weite Kreise der Luftfahrt gegen sich aufbrachte, liegt auf der Hand. Das Kriegsministerium ließ Euler wissen, daß seine Zahlen über die Verluste hinter der Front nicht stimmten und weit mehr Flieger an der Front gefallen als in der Heimat verunglückt[48] seien.
Am 15. Februar 1919 schrieb Euler im Flugsport[49] unter dem Titel »Die Internationalität der Luftfahrt«: »Unter den vorherrschenden politischen Verhältnissen drängt sich der Gedanke auf, die Luftfahrt zum Versuchsballon für den geplanten Völkerbund zu machen. Die Luftfahrt scheint für eine völkerbundartige Anfangsorganisation besonders geeignet zu sein. Die Luft sollte deshalb von staatlichen Interessen unabhängig und frei gemacht werden . . .«
Zur gleichen Zeit wurden auf den deutschen Flugplätzen viele tausende Flugzeuge und Motoren mit Vorschlaghämmern zerstört, Hallen abgerissen, überall wertvolles Gut vernichtet. Kein Wunder, daß die Deutschen den Siegermächten nicht gerade freundschaftliche Gefühle entgegenbrachten und kein Interesse daran hatten, ihre zivile Luftfahrt in eine internationale Organisation einzubringen.
In einem Schreiben nahm Dr. Preuss, der Leiter des Reichsministeriums des Inneren[50], unter Bezug auf Beschwerden des Reichswehrministers schärfstens gegen Eulers Ausführungen Stellung.
Im Juni veröffentlichte August Euler einen Entwurf mit Grundsätzen für den Aufbau einer Luftverkehrsgesellschaft mit gemischt-wirtschaftlichem Betrieb[51]. Drei Gruppen sollten dieser Einheits-Gesellschaft angehören, sie führen und finanzieren: die Länder, das Reich und die Luftverkehrs-Gesellschaften mit der Industrie. Die Aufsicht sollte ein Verwaltungsrat übernehmen. Auch dieser Vorschlag konnte nicht auf fruchtbaren Boden fallen: Welches Interesse sollte etwa die Luftfahrtindustrie daran haben, Flugstrecken zu subventionieren, selbst wenn einige ihrer eigenen Konstruktionen verwendet wurden?
Anstelle von Streitereien mit den Militärs, Vorschlägen für einen damals phantastisch anmutenden Europaverkehr oder für eine Einheits-Luftfahrts-Gesellschaft, erwartete die Masse der Flieger und des Bodenpersonals eine Mitarbeit des Luftamtes an der Demobilisierung. Man hatte gehofft, das militärische Flugwesen auf wirtschaftliche Ziele umstellen zu können. Die vielen militärischen Flugplätze hätten in Anbetracht der großen Hungersnot in landwirtschaftliche Flächen umgewandelt und auch die Hallen für diese Zwecke genutzt werden können. Zudem hätte nahezu jede Halle mit einem Teil des technisch geschulten Personals und den Werkzeugen in eine Werkstatt für Fahrräder, Kraftfahrzeuge, zur Herstellung von Haushaltsgeräten oder für

Reparaturen in Wohnungen und an Gebäuden hergerichtet werden können. Nun aber waren 500 Hallen zu zerstören, damit sie nicht für militärische Zwecke genutzt wurden.
Die starre Haltung und Gegnerschaft Eulers zur Militärluftfahrt hatte die Reichsregierung schon Mitte 1919 dazu gezwungen, ein Gesetz vorzubereiten, das ihr die Möglichkeit gab, außer dem Reichsluftamt auch andere Behörden mit Aufgaben der Luftfahrt zu betrauen[52]. (Gemeint waren damit das Reichsministerium des Inneren, das Reichswehrministerium und das Reichsverwaltungsamt.)
Schließlich kam es zu ernsthaften Angriffen auf August Euler. Seine Darstellungen über eine mögliche Internationalität oder Verstaatlichung der Luftfahrt hatten zum Zerwürfnis mit dem Reichswehrminister und mit dem Reichsminister des Inneren geführt. Selbst die Fachpresse griff ihn schließlich an, und Euler ließ sich über mehrere Monate hinweg beurlauben. Erst am 27. Januar 1921[53] wurde Oberregierungsrat Bredow von Reichsverkehrsminister Gröner offiziell als Nachfolger von August Euler als Leiter der Abteilung III, Reichsamt für Luft- und Kraftfahrtwesen, eingeführt.
Bredow blieb nicht untätig: Kurz nach seinem Amtsantritt erschien eine äußerst scharfe Stellungnahme eben dieses Reichsamtes gegen die Knebelung der deutschen Luftfahrt mit dem Hinweis, daß die rechtlichen Voraussetzungen hierzu fehlten, weil sie im Friedensvertrag nicht vorgesehen seien[54].
Die Tragik August Eulers lag in seiner Gradlinigkeit begründet, die es nicht zuließ, die für seine Aufgabe notwendigen Kompromisse zu schließen. Nach vier Jahren Krieg konnten seine Gesprächspartner nur Militärs sein, außerdem gab es zunächst nur Militärflugzeuge zu verwalten. Das Fliegervolk erwartete beim Aufbau einer zivilen Luftfahrt eine sinnvolle, zivile Verwendung der militärischen Infrastruktur und die Schaffung von Arbeitsplätzen für Flugzeugführer und technisches Personal.
Seine Aufgabe sollte eine Zusammenfassung aller Kräfte der deutschen Luftfahrt sein und deren Umstellung auf friedliche Zwecke. Nachdem er aber immer wieder betont hatte, daß dies nicht seine Aufgabe sein könne, mag es verständlich erscheinen, daß nach seinem wenig rühmlichen Abgang militärische Stellen danach trachteten, einen Mann aus ihren Reihen an der Spitze der zivilen Luftfahrt zu sehen, der auch ihre Interessen zu wahren bereit war.

Abenteuer Luftverkehr

Im Jahr 1921 gab es bereits sieben Luftverkehrsgesellschaften[55], die unter abenteuerlichen Verhältnissen regelmäßig Post und Personen beförderten: die »Deutsche Luftreederei« (DLR), der »Lloyd-Luftverkehr Sablatnig«, die »Rumplerwerke«, »Paul Strähle«, der »Bayerische Luft-Lloyd« in München, der »Deutsche Luft-Lloyd« in Berlin, der »Lloyd Ostflug« und zwei Sonderunternehmen, die »Luftbild GmbH« in Berlin und der »Luftbild-Vermessungstrupp für Landesaufnahmen«. Die Ergebnisse ihrer Arbeit wurden – mit dem Jahre 1919 beginnend – in ersten Statistiken über den Luftverkehr in der Fachpresse veröffentlicht. Trotz der Beschränkungen durch die Besatzungsmächte – Beschlagnahme von Flugzeugen, Flugverbote und Kraftstoff-Knappheit – zeigten diese Aufstellungen eine steigende Tendenz in der Beförderung von Post und Passagieren, verbunden mit einer stetigen Erweiterung des Streckennetzes.
Mit umgebauten Militärflugzeugen wurde mit Hilfe eines Kompasses unter Sichtflugbedingungen von Mai bis Oktober regelmäßig geflogen, und trotz vieler Außenlandungen gab es nur ein Minimum an Unfällen. Die genannten Gesellschaften sind mit ihren Piloten und Mechanikern die wahren Pioniere des deutschen Luftverkehrs. Ihrer Arbeit sind deshalb die folgenden Kapitel gewidmet.

Abenteuer Luftverkehr! Der Strähle Luftverkehr hat Besuch von Kapitän Schneider mit einer Löwin, die aber nicht mitfliegen durfte.

Deutsche Luftreederei (DLR)

In den Nachkriegsmonaten erschütterten Unruhen das ganze Land. Es kam zu blutigen Straßenschlachten, gewalttätigen Demonstrationen, Streiks und Aufständen. Flugblätter, von ehemaligen Militärflugzeugen abgeworfen, rieselten auf die durch Hunger und Arbeitslosigkeit aufgebrachten Menschen herab, um sie für diese oder jene Partei zu gewinnen. Weil Berlin zu unsicher geworden war, hatte die provisorische Regierung beschlossen, die Tagung zur verfassunggebenden Nationalversammlung in das ruhige Provinzstädtchen Weimar zu verlegen.

Die aus den Wahlen zur Nationalversammlung am 19. Januar 1919 hervorgegangene Koalition in Weimar bestand aus SPD, Zentrum und der Deutschen Demokratischen Partei. Sie wählte am 11. Februar 1919 Friedrich Ebert zum vorläufigen Reichspräsidenten, der die am 31. Juli angenommene Verfassung unterzeichnete. Damit wurde das Reich eine parlamentarisch-demokratische Republik. In den folgenden Jahren beeinflußten innenpolitische Unruhen, Aufstände von links und rechts weitgehend die Arbeit der Regierung. Außenpolitisch kennzeichneten die Feindschaft der Sieger, das Versailler Friedensdiktat mit Abstimmungen, Abrüstung, unerfüllbaren Reparationszahlungen und Kolonial- und Landverlusten den verlorenen Krieg.

Für die Wahl und die Unterstützung der Arbeit der Nationalversammlung in Weimar mußte nun geworben werden. Die von der AEG gegründete Deutsche Luftreederei erhielt deshalb am 8. Januar 1919 vom Reichsluftamt eine befristete Flugerlaubnis, nach der sie vom 10. Januar bis Ende Januar 1919 zu Propagandazwecken Luftverkehr betreiben durfte. Gemeint war der Abwurf von Flugblättern mit einer Aufforderung an die Bevölkerung, sich an der Wahl zur Nationalversammlung zu beteiligen. Am 28. Januar 1919 wurde die Befristung aufgehoben; und damit kam die Stunde der Bewährung. Sollte die Arbeit der Nationalversammlung Erfolg bringen, war eine zuverlässige Post- und Nachrichten-Beförderung unerläßlich. Da die Eisenbahn häufig streikte, kam auf das Flugzeug als Helfer in der Not eine wichtige Aufgabe zu – und die DLR nahm die Chance wahr.

Am 5. Februar 1919 starteten zwei ehemalige Militärflugzeuge des Typs AEG J II und LVG CV der Luftreederei von Berlin nach Weimar. Die Flugzeuge durften allerdings laut einer Regierungsverfügung[56] aus Sicherheitsgründen nur bis auf eine Entfernung von 5 km an Weimar heranfliegen. Das erste Flugzeug mit der DLR-Nummer 13 und der Reichspostflagge am Rumpf verließ mit 40 Briefen und 63 kg Zeitungen an Bord morgens um 7.10 Uhr Berlin, das zweite startete drei Stunden später mit 105 Briefen und 128 kg Zeitungen. Die erste Maschine brauchte für die 250 km ganze dreieinhalb Stunden, während das zweite Flugzeug erst nachmittags in Weimar ankam: es hatte in Bitterfeld notlanden müssen, war aber bald wieder gestartet. Immerhin – die Bahnpost benötigte drei bis vier Tage! Am nächsten Morgen flogen beide Maschinen nach Berlin zurück. Die Strecke wurde in den kommenden Wochen regelmäßig von Flugzeugen der DLR beflogen – der Auftakt zum Luftverkehr!

16. Februar 1919
Nr. 7
28. Jahrgang
Berliner Illustrirte Zeitung
Einzelpreis des Heftes 15 Pfg.
Verlag Ullstein & Co, Berlin SW 68

Zeitungs-Flugdienst Berlin–Weimar.
Die „B. Z. am Mittag" als erste durch regelmäßige Flugpost beförderte Zeitung geht mit Kapitänlt. Gunther Plüschow, dem „Flieger von Tsingtau", an Bord.

Eine LVG C VI der DLR fliegt Post von Berlin nach Weimar zur dort tagenden Nationalversammlung. Rechts der Pilot Gunther Plüschow, der Flieger von Tsingtau (China).

Eine LVG C VI der DLR mit der Werknummer 5053 und dem Kennzeichen 47 im Dienst der Deutschen Luftreederei (1919).

Auch die Fliegerabteilung 423 des »Freiwilligen Landjägerkorps«, dem der Schutz der Nationalversammlung anvertraut worden war, flog einen Reichskurierdienst für die provisorische Regierung; ihre Piloten waren fast ständig zwischen Weimar und Berlin unterwegs[57]. Dieser Kurierdienst bestand während der ganzen Dauer der Nationalversammlung (6. Februar 1919 bis 28. Juli 1919).

Die Firma Junkers richtete mit einer zivilen Ausführung des Schlachtflugzeuges J 10, deren Beobachtersitz durch eine Haube abgedeckt wurde, im März 1919 einen Flugdienst zwischen Weimar und Dessau ein, auf dem Post und Passagiere befördert wurden.

Die DLR war dagegen auf der Strecke Berlin – Weimar die erste behördliche genehmigte Luftverkehrs-Gesellschaft.

Trotz der wetterbedingten Schwierigkeiten wurde bei dem Versuchsverkehr nach Weimar in der Zeit vom 6. bis 28. Februar – einer zum Fliegen nach Sicht sehr ungünstigen Jahreszeit – eine Regelmäßigkeit von 82,5 Prozent erzielt. Unfälle ereigneten sich nicht. Drei Flüge wurden wegen Nebels oder wegen Triebwerkschäden unterbrochen (2,5 Prozent). 18 Flüge konnten wegen Schwierigkeiten mit dem Wetter nicht beendet werden (15 Prozent). Im ganzen wurden außer der Post 19 Fluggäste – darunter der spätere Reichspräsident Friedrich Ebert – befördert.

Ähnlich erfreuliche Ergebnisse brachte die am 1. März eröffnete 260 km lange Poststrecke Berlin–Hamburg.

Diese wenigen Flüge bewiesen, daß von erfahrenen Piloten auf ihnen bekannten Strecken selbst im Winter eine brauchbare Zuverlässigkeit zu erreichen war. Am 7. April 1919 gab das Reichspostministerium deshalb bekannt, daß nunmehr bei allen Postämtern im Reich Luftpostbriefe angenommen würden.

Ab April 1919 nahm die DLR die günstige Gelegenheit wahr, den Post- und Personenverkehr im größeren Stil aufzunehmen. Die ersten Strecken führten von Berlin nach Weimar, Hamburg, Warnemünde, Hannover, Gelsenkirchen, Westerland und Swinemünde. Neben Passagieren und Post beförderte die Gesellschaft auch Pakete und Fracht.

Technische Basis der DLR war der Flugplatz Berlin-Johannisthal, wo sich die für den Verkehr bestimmten Militärflugzeuge ein Stelldichein gaben und wo ihre bisherigen militärischen Kennzeichen überpinselt wurden. Der Hallenraum in Johannisthal war aber für so viele Flugzeuge zu klein, deshalb siedelte die Gesellschaft zum Flugplatz Berlin-Staaken um, wo ausreichend Werkstätten, große Hallen und Büroräume zur Verfügung standen.

Über diese Zeit berichtet Wilhelm Budack, damals Monteur bei der DLR und später leitend im Prüfwesen der Lufthansa tätig: »Die C-Flugzeuge, bewaffnete zweisitzige Doppeldecker, waren schnell vom Kriegs- zum Verkehrsflugzeug umgerüstet. Der Maschinengewehrkranz im hinteren Sitz konnte leicht entfernt werden. Es wurden zwei kleine Klappsitze eingebaut, und über dem Passagierraum wurde ein gegen Wind und Regen schützender Aufbau angebracht, so daß eine geschlossene Kabine mit Fenster und Tür entstand. Ein für die damalige Zeit komfortables Verkehrsflugzeug war fertig! Bei Maschinen, die hauptsächlich für den Postdienst vorgesehen waren und nur gelegentlich einen Passagier mitnahmen, entfiel die Kabine; sie wurde durch einen Windschutz ersetzt.«

Die AEG J II, mit der die DLR die ersten Erfahrungen im Luftverkehr sammelte, war ein zweistielig verspannter Doppeldecker. Nach Abschluß des Waffenstillstandes sind noch viele dieser Maschinen fertiggestelt und für zivile Zwecke im In- und an das Ausland verkauft worden.

Die Deutsche Luftreederei verfügte 1919 über einen Flugzeugpark von 71 sogenannten Post- und Verkehrsflugzeugen – alles ehemalige Militärmaschinen – der Typen LVG C V,

Die Landung des ersten von Berlin kommenden Postflugzeuges LVG C VI der DLR lockte viele Zuschauer auf den Gelsenkirchner Flugplatz. △

Willy Donner, Pilot des Rumpler Luftverkehrs, mit seinen Passagieren in einer Ru C I mit offenen Passagiersitzen.

AEG J II als Postflugzeug in Berlin-Tempelhof. Das Muster flog bei der Deutschen Luftreederei unter der DLR-Nummer 97, hat die Werknummer 310 und ist mit einem Benz Bz IV ausgerüstet. Später erhielt das Flugzeug das Zulassungs-Kennzeichen D 479. ▽

Luftpostbeförderung mit einer LVG C IV in der Ukraine im Jahre 1918.

Friedrichshafener FF 49 mit Benz Bz IV im Dienste des Seebäderdienstes der DLR.

LVG C VI, AEG J II, AEG K, FF 49, FF 71 a und Rumpler C IV. Hinzu kamen zwölf zweimotorige Großflugzeuge der Typen AEG G V und Friedrichshafen G III a. Von dem Bestand von insgesamt 84 Post- und Großflugzeugen[58], die anfangs eigene DLR-Nummern hatten, danach in der provisorischen Luftfahrzeugrolle D-Nummern erhielten, blieben in der endgültigen Luftfahrzeugrolle[59] nur noch 54 Flugzeuge übrig. Darunter befand sich ein einziges modernes Flugzeug, eine Junkers F 13 auf Schwimmern, die D-82. Die Differenz ergibt sich wahrscheinlich aus der Ausmusterung einer Reihe von Maschinen, die für den Verkehr nicht mehr geeignet waren, und aus Verkäufen. Zu den genannten 54 Flugzeugen gesellten sich später noch 19 Fokker F II und 15 Fokker F III, moderne Verkehrsflugzeuge, die nach Überarbeitung der Konstruktion durch Dipl.-Ing. Grulich in der Werft in Berlin lizenzweise gebaut wurden und durch Fusion dem Deutschen Aero-Lloyd zugute kamen[60].

Zu den beiden DLR-Geschäftsführern Dr. Egon von Rieben und Walter Mackenthun stieß als Organisator und Flugbetriebsleiter Alfred Keller, auch der »eiserne Keller« genannt. Der ehemalige Bombenflieger sah in der Langstrecke und in der regelmäßigen Personenbeförderung das erstrebenswerte Ziel des Luftverkehrs, während Mackenthun und von Rieben zunächst einmal mehr an Postbeförderung und

Von links: Friedrichshafener zweimotorige FF 45 G III mit der DLR-Nummer 72, AEG K (N I) mit der Werknummer 6748, der Zulassungs-Nummer D 38 und Benz Bz IV im Dienste der DLR. Sie wurde 1926 von der Lufthansa übernommen. Die D 27 (rechts oben) ist eine Friedrichshafener G IIIa mit der Werknummer 234 und zwei Daimler IVa-Motoren. Die Flugzeuge befinden sich in Berlin-Johannisthal, dem Heimathafen der DLR (1919).

Die ersten neun Verkehrspiloten der Deutschen Luftreederei (1919/20) in Berlin-Johannisthal (Ungewitter fehlt).
Reihe oben von links: Pätzold, Lange, Erich Just, Luci Bartsch (Angestellte der DLR), Max Kahlow, Karl Noak, Antonius Raab.
Reihe unten von links: Gnädig, Hermann Steindorff, Wilhelm Gessner (Leiter der Bildabteilung der DLR), Bockhorst (früherer Beobachter), Jansen (Kaufmännischer Leiter der DLR), Willy Polte, Triebner (früherer Beobachter von Raab).

Bedarfsluftverkehr dachten. Mit Martin Wronsky, der später zu den führenden Köpfen der Deutschen Lufthansa zählte, mit Wilhelm Geßner und Syndikus Hermann Döring standen der DLR hervorragende Verwaltungsfachleute und Praktiker zur Verfügung, zu denen sich später bekannt gewordene Piloten gesellten, wie Kurt Ungewitter, Hermann Steindorf, Antonius Raab, Willy Polte, Karl Noack, Otto Bertram und Hans Wende. Sie waren den Schwierigkeiten, die das Fliegen nach festem Zeitplan mit ehemaligen Militärflugzeugen mit sich brachte, gewachsen.

Das Verkehrsergebnis des Jahres 1919 war statistisch gesehen eindrucksvoll, wirtschaftlich jedoch (nach den Aussagen des Geschäftsführers von Rieben) »betrüblich«. Die Verantwortlichen erkannten bald, daß ein Luftverkehr ohne staatliche Zuschüsse nicht möglich war.

Zweimotoriges Friedrichshafener Großflugzeug G IIIa der Deutschen Luftreederei mit Kabine für sechs Fluggäste und Frachtraum für 200 kg Gepäck.

Verkehrsaufkommen der Deutschen Luftreederei im Jahre 1919[61]

Inbetriebnahme seit		km	Anzahl der Flüge
5. 2. 1919	Berlin–Leipzig–Weimar	203 750	893
1. 3. 1919	Berlin–Hamburg	154 170	571
15. 4. 1919	Berlin–Hannover–Gelsenkirchen	156 980	402
15. 4. 1919	Berlin–Warnemünde	32 120	159
5. 7. 1919	Berlin–Swinemünde	22 440	132
	außerdem Sonderflüge	77 738	1 389
	Summen	647 198	3 546

Die DLR setzte für die genannten Dienste zwischen Februar 1919 und Februar 1920 – wie schon erwähnt – die außergewöhnlich hohe Zahl von 71 Post- und 13 Großflugzeugen ein. Es wurden – wie die Statistik des Jahres 1919 der DLR zeigt – rund 3000 Passagiere und nahezu 100 000 kg Post und Fracht befördert, dabei 650 000 km Strecke zurückgelegt.

Hinter den Kulissen des Luftverkehrs

Die zweimotorigen Großflugzeuge der DLR bewährten sich wegen der geringen Auslastung nicht im Streckendienst, dagegen waren sie um so geeigneter für den »Strohwitwer-« oder Bäderdienst und den Bedarfsluftverkehr, weil sie stets mit sechs Personen und mehr ausgelastet werden konnten. In diese Zeit fällt auch die Gründung der Lichtbildabteilung, die anfangs Fotos für Postkarten herstellte, bald aber zu Aufnahmen überging, die dem Vermessungswesen dienten. Im August 1919 mußten die planmäßigen Flüge wegen Kraftstoffmangels[62] eingestellt werden – ausgerechnet in der vom Wetter am meisten begünstigten Jahreszeit.
Wenigstens konnte aber die Zahl der Sonder-, Werbe- und Messeflüge entsprechend gesteigert werden; der Kraftstoff dafür stammte teilweise vom Schwarzmarkt.
Zu den Luftverkehrsgesellschaften Englands, der Niederlande und Skandinaviens wurden erste Verbindungen geknüpft. Die Seeflugstation Warnemünde erwies sich als vorzüglich geeigneter Stützpunkt der Flüge über See; von hier aus starteten die Maschinen der DLR im Jahre 1919 zu vielen Bedarfs- und Bäderflügen. Teilweise wurden dabei Wasserflugzeuge eingesetzt.

Otto Lehmann, Autor eines Zeitungsberichtes, skizziert das Geschehen im damaligen Luftverkehr in treffender Weise[63]:

»Die Passagiere waren Helden im Oktavformat. Sie bekamen ›Sonderbekleidung‹, sogar einen Sturzhelm (man kann nie wissen!), sie wurden in Leder und Wolle eingewickelt in die Maschine gewuchtet. Vorher ließen sie sich in bewußt stolzer Haltung vor dem Flugzeug fotografieren . . .
Aus einem Merkblatt für Passagiere war zu entnehmen, daß man die Größe der Geschwindigkeit feststellen konnte, indem man den Arm hinaus hielt. . . im übrigen möge man sich wie in einem Auto benehmen. Und außerdem seien keinerlei Vorbereitungen für einen Flug nötig.

November 1919. Durch Streiks und Kohlemangel kommt der Eisenbahnverkehr zum Erliegen. Die Deutsche Luftreederei setzt zweimotorige Großflugzeuge ein, um Berlin durch Luftpost mit den wichtigsten Städten zu verbinden.

Die großen zweimotorigen Friedrichshafener FF 45 G IIIa bewährten sich bei der DLR für den Bedarfsverkehr. Für den Linienverkehr und für Post und Fracht waren die Flugzeuge zu groß. Oben liegend Karl Noak.

Mit einer LVG C VI flog Antonius Raab (rechts) als Verkehrspilot der Deutschen Luftreederei 1920/21 Passagiere von Berlin über Hamburg nach Westerland.

Hans Albers als prominenter Gast in einer LVG P I (C VI) der Deutschen Luftreederei. Gepäck und Koffer wurden auf der Tragfläche festgebunden.

Allmählich wurde täglich und pünktlich geflogen. Die Preise waren 1920 schon ganz stattlich; von Berlin nach Hamburg oder Hannover oder Weimar wurden ohne Murren 450 Mark bezahlt, in das Ruhrgebiet sogar 600, nach Leipzig 350 Mark. Der Katzensprung Leipzig–Weimar kostete 200 Mark. In den Preis einbegriffen war Sonderbekleidung und die Arbeit von drei starken Männern, die den Passagier in die Maschine hoben.«

Die statistischen Angaben über die DLR, deren Genauigkeit durch Originale belegt ist, sind sehr eindrucksvoll; dennoch gehen aus ihnen die Probleme der Gesellschaft nicht hervor. Darüber äußerte sich von Rieben in einer Besprechung im Reichsluftamt, zu der Unterstaatssekretär August Euler am 27. Mai 1919 einen Kreis von Fachleuten geladen hatte. Sie sollten zu seinen Vorschlägen über ein »Gemischtwirtschaftliches Luftverkehrsunternehmen« Stellung nehmen. Von Rieben nahm die Gelegenheit wahr und legte ungeschminkt die wirklichen Probleme des werdenden Luftverkehrs dar[64]:

»Wir haben uns zunächst auf einzelne Linien Berlin–Weimar und Berlin–Hamburg beschränkt. Davon ausgehend, haben wir mit der zunehmenden Routine unserer Flugzeugbesatzungen unser Tätigkeitsgebiet allmählich ausgedehnt. Die technischen Erfahrungen, die wir gemacht haben, sind gut. Wir sind an jedem Tag – mit Ausnahme der zwei Streiktage – trotz schlechten Wetters geflogen. Wir haben 97 Prozent Regelmäßigkeit bei den Flügen erreicht.

Die finanziellen Erfolge dagegen sind sehr trübselig gewesen. Wir haben trotz der kurzen Zeit sehr erhebliche Gelder zugeschossen. Wenn wir uns auch bei Eröffnung des Luftverkehrs darüber klar waren, daß zunächst wenigstens an eine Rentabilität nicht zu denken war, so haben wir doch nicht geglaubt, daß der Unterschied zwischen Einnahmen und Ausgaben so beträchtlich sein würde . . .

Regelmäßige Flüge – das ist unsere Verkehrserfahrung – sind sehr schwer durchzuführen und im Wirtschaftseffekt vorläufig vernichtend, weil es uns nicht gelungen ist, eine gleichmäßige Auslastung auf diesen Strecken zu erzielen. Es wird längere Zeit dauern, bis der ganze Fassungsraum der Flugzeuge für Post ausgenutzt sein wird . . . Fracht und Passagiere für einen Gelegenheitsverkehr sind vorhanden, aber nicht in einer solchen Häufigkeit, daß regelmäßige Linien betrieben werden können.

Ich habe den Eindruck, daß Deutschland für einen Luftverkehr überhaupt zu klein ist. Es ist nur möglich, für Deutschland Luftverkehr zu betreiben, wenn mit den Nachbarstaaten Verbindungen aufgenommen werden. Wenn sich jetzt auch noch regionale Gesellschaften bilden, wie von Bayern vorgeschlagen, so werden diese bald in jedem Land entstehen und versuchen, Industrie und Kommunen an den einzelnen Verkehrslinien zu beteiligen. Dieses Verfahren würde eine Abschnürung des einzelnen Landes Sachsen, Bayern, Württemberg, Baden, Preußen gegenüber dem jeweiligen Nachbarland bedeuten. Das scheint mir eine sehr schwierige und in Bezug auf die Entwicklung des Luftverkehrs hemmende Lösung der Frage zu sein.

Ich glaube, daß folgendes Ziel hier gemeinschaftlich erkannt ist: Es soll eine starke Luftverkehrs-Organisation geschaffen werden. Es soll ermöglicht werden, daß in Deutschland viel, sicher und rentabel geflogen wird, und daß Flüge ins Ausland aufgenommen werden.

Ich wiederhole: Grundsätzlich stehen wir auf dem Standpunkt, daß nie genug Beteiligung seitens der in Betracht kommenden Stellen wie Länder, Kommunen und Handels-Organisationen angeboten werden kann. Die Freiheit in Bezug auf die technische Entwicklung muß jedoch gewährleistet sein. – Die Versicherungsprämien allein können die Unternehmungen tot machen. Wenn eine Einigung dahin erzielt wird, daß sich die einzelnen Länder zusammenschließen und den Luftverkehrs-Unternehmungen mit Geld, Flugplätzen, Betriebsstoffen behilflich sind, wenn ferner die Reichspost ihre Unterstützung zusagt, im übrigen aber jeder, der die vom Reichsluftamt gestellten Bedingungen erfüllt hat, fliegen darf und seine Erfahrungen sammeln kann, dann wird sich ein Luftverkehr entwickeln, der dem Ausland gegenüber standhalten kann.«

Luftbrücke Stolp—Elbing

Ein großes Ereignis war im Juni 1920 der Deutsch-Ritter-Flug. Alle Deutschen, die ehemals in Ostpreußen gelebt hatten, sollten darüber abstimmen, ob Ostpreußen an Polen fallen oder beim Reich verbleiben solle. Die deutsche Regierung lud alle im Reich wohnenden Abstimmungsberechtigten ein, nach Ostpreußen zu reisen, um dort ihre Stimme abzugeben. Wer bei der Fahrt durch den polnischen Korridor Unannehmlichkeiten zu befürchten hatte, konnte mit Flugzeugen der DLR von Stolp in das ostpreußische Elbing fliegen.
Antonius Raab, der spätere Mitinhaber der Raab-Katzenstein-Werke, gehörte zu den ersten zehn Piloten der Luftreederei und nahm an diesen Flügen nach Elbing teil. Er schreibt dazu[65]:

»Blitzschnell richtete der Flugbetriebsleiter der Deutschen Luftreederei, Alfred Keller, eine Flugstrecke von Stolp nach Elbing mit mehr als 30 Flugzeugen ein und ebenso schnell hatte er 30 bis 40 ehemalige Kriegspiloten zur Hand, die die Flüge übernahmen. Die Polen belegten uns mit Gewehrfeuer, und Paul Schwandt wurde angeblich auf dem Rückflug über dem polnischen Korridor abgeschossen. Der erste Tote des Luftverkehrs[66]!
Wir flogen täglich je Pilot und Flugzeug drei- bis viermal. Wir überflogen den Korridor stets in verschiedenen Richtungen und Höhen. Ich flog zum Beispiel in Baumwipfelhöhe, weil dies der beste Schutz gegen Beschuß vom Boden ist.«

Wilhelm Budack von der DLR sah die Sache so:

»Die Luftbrücke von Stolp nach Elbing war eine gewinnbringende Aufgabe für die großen Zweimotorigen der DLR, in denen sechs bis neun Personen Platz fanden. Hinzu kamen etwa 30 einmotorige LVG- und AEG-Doppeldecker. Die großen Friedrichshafener FF 45 flogen nach Stolp, die einmotorigen Flugzeuge wurden demontiert und mit der Bahn befördert. Mit zehn Mann begleiteten wir den Transport, der einige Tage dauerte; wir hausten währenddessen in einem dem Güterzug angehängten Personenwagen. Transportleiter war Hermann Steindorff, der älteste und wohl auch erfahrenste Pilot der DLR. Während des einen oder anderen Haltes auf der Strecke – und es gab deren genug – prüften wir mehrfach die Befestigungen unserer demontierten Flugzeuge. Ansonsten vertrieben wir uns die Zeit mit Skat.
In Stolp angekommen, fanden wir einen gut eingerichteten Flugplatz vor, auf dem man gerade bei der Heuernte war. Eine Woche benötigten wir für das Abladen und Montieren der

Erinnerungsblatt für den Abstimmungsflug (1920) von Stolp nach Elbing, bei dem es um ein Votum für den Anschluß Ostpreußens an das Reich ging.

Wiegen vor dem Flug: Die Deutsche Luftreederei bringt 1920 Abstimmungsberechtigte, die nicht durch Polen fahren wollen, mit dem Flugzeug von Stolp in Pommern nach Elbing in Ostpreußen.

Flugzeuge. Inzwischen trudelten auch die Piloten ein. Es fanden Probe-, Trainings- und Abnahmeflüge statt, und bald tauchten auch die ersten Passagiere auf.«

DLR-Direktor Martin Wronsky war beeindruckt[67]: »Hunderte von Menschen der einfachsten Schichten der Bevölkerung umdrängten unsere Flugzeuge, und der alte Mann mit Bart, ein Mütterchen von 70 Jahren, die junge Frau mit Säugling im Arm – sie alle stiegen unbekümmert ins Flugzeug.«
Bei der Volksabstimmung sprachen sich 97 Prozent für einen Verbleib Ostpreußens im Deutschen Reich aus.

Besichtigung der Deutschen Luftreederei durch die Reichsregierung im Jahr 1920.
Von links: Postminister Grisberts, Martin Wronski (Rücken zum Bild), Walter Mackenthun, Reichspräsident Friedrich Ebert, Dr. Egon von Rieben, Unbekannt, August Euler, Dr. Böß, Oberbürgermeister von Berlin.

Ohne Subventionen kein Luftverkehr

Bis Mai 1920 finanzierte die DLR den Luftverkehr aus eigenen Mitteln. Die AEG als Gesellschafterin war gezwungen, erhebliche Zuschüsse zu zahlen, und das Eigenkapital schmolz zusammen. Vor allem war es unmöglich, die Abschreibungen für das militärische Gerät zu verdienen und es bestand keine Aussicht, neues Flugmaterial, wirkliche Verkehrsflugzeuge, kaufen zu können, wie es mit Junkers F 13, Fokker F II und Sablatnig P III angeboten wurde. Dank der Bemühungen von August Euler im Reichsamt für Luftfahrt gelang es, ab 25. Mai 1920 eine Subventionierung des Luftverkehrs durchzusetzen. Bedingung für die Gewährung von Zuschüssen war nach Unterlagen der DLR[68] die Verpflichtung, einen regelmäßigen öffentlichen Luftverkehr zu unterhalten sowie Post kostenlos mitzunehmen. Für Strecken bis 300 km wurden 10,– Mark Streckengeld pro Kilometer gewährt, für mehr als 300 km 11,– Mark[69].
Am 26. November 1920 legten DLR-Flugzeuge auf der Strecke Berlin–Essen den millionsten Flugkilometer zurück. Die aus diesem Anlaß herausgegebene Festschrift ist ein wertvolles Dokument über die Anfänge des Luftverkehrs. Unfreiwilligen Auftrieb lieferten dem Luftverkehr die vielen Streiks bei der Reichsbahn.
Im Jahre 1920 trat ein auffälliger Rückgang im Verkehrsaufkommen ein, der auf das zeitweise absolute Flugverbot der Interalliierten Luftfahrt-Überwachungs-Kommission und auf erneute Benzinknappheit zurückzuführen war. Die Statistik zeigt, daß man durch Aktivierung der Sonder- und Rundflüge bestrebt war, einen Ausgleich zu schaffen. Die Streckenlänge des DLR-Verkehrsnetzes betrug 1919 rund 1580 km, 1920 stieg die Streckenlänge auf 2240 km und 1921 auf 3095 km.
Eine erste internationale Verbindung über mehrere Länder hinweg war die 1920 eröffnete Strecke von Kopenhagen nach Malmö–Warnemünde–Hamburg–Bremen und Amsterdam.

Anzahl der Flüge der DLR 1919–1921

	1919	1920	1921	insgesamt
Streckenflüge	2 167	757	2 325	5 226
Sonder- und Rundflüge	1 389	2 141	3 003	6 500
Insgesamt	3 556	2 898	5 328	11 726

Antonius Raab schreibt über seine damaligen Flüge nach Amsterdam:

»Mitte 1920 flog ich mit einer offenen AEG J II als Pilot der Deutschen Luftreederei nach Holland, um eine Verbindung nach Amsterdam zu schaffen – erste Etappe für die Europaverbindung nach Kopenhagen und Malmö. In Amsterdam hatte Albert Plesmann nach einer Flugzeugausstellung – ELTA genannt – die Königlich Niederländische Luftverkehrs-Gesellschaft KLM gegründet.
Plesmann hauste in einer Holzbaracke auf dem Flugplatz Schiphol, in der sich auf wenigen Quadratmetern Fläche die »Generaldirektion« der KLM befand. Benzin wurde, wie überall, aus dem Faß mit Pumpe getankt. Eine Gießkanne war für das Nachfüllen von Wasser für den Kühler vorhanden. Ein oder zwei Monteure sorgten mit ein wenig Werkzeug für die Flugzeuge. Gelandet und gestartet wurde auf einer Wiese längs der vielen breiten Wassergräben – Flughafen Schiphol im Jahre 1920!«

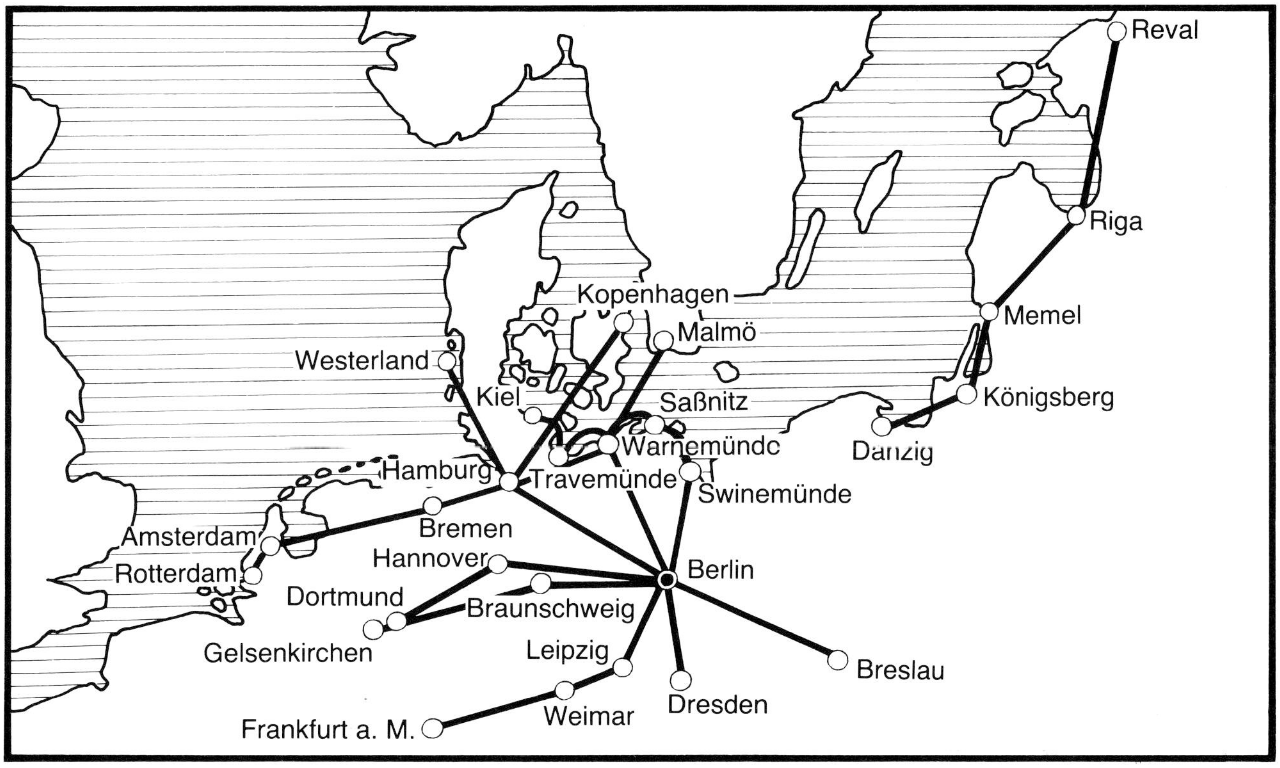

Das regelmäßig beflogene Streckennetz der Deutschen Luftreederei aus den Jahren 1919 bis 1921.

Werbeplakate der Deutschen Luftreederei für den Seebäder- und Streckendienst.

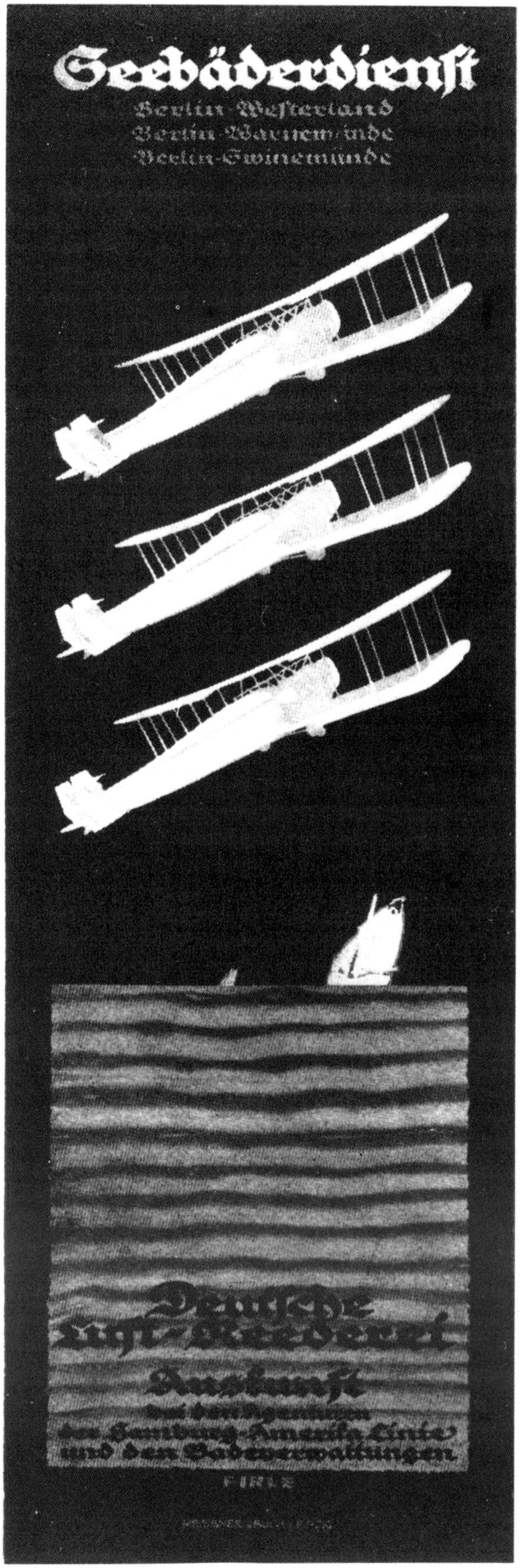

Raab über die Flugpraxis zu jener Zeit:

»Eine wichtige Regel besagte: wenn die Erdsicht aufhört, muß der Pilot in eine nebelfreie Zone zurückfliegen und dort auf einer Wiese landen. Nach geglückter Landung mußte für die Passagiere ein Pferdefuhrwerk für die Fahrt zur Bahn besorgt und der Postsack persönlich zum nächsten Postamt gebracht werden. Es dauerte Stunden, ehe man damals eine telefonische Fernverbindung bekam. Autos gab es nur selten.
Bremsen hatten die Flugzeuge noch nicht, der Sporn am Schwanz bremste ausreichend. Die Flugleitung auf den verschiedenen Plätzen bestand meist aus einem Flugleiter, vielfach einem ehrenamtlich tätigen Polizeibeamten der neu gegründeten Luftpolizei. In Königsberg war es zum Beispiel Polizeihauptmann Milch, der spätere Generalfeldmarschall. War das Wetter gut, flogen wir los. Wie es am Ziel war, wußten wir anfangs nie. Man flog auf gut Glück und überließ alles dem Können der Piloten.
Die Deutsche Luftreederei war anfangs – bevor Subventionen flossen – immer in Finanznot. Die Flugzeuge hatten zwar so gut wie nichts gekostet, aber es war schon schwer, die laufenden Kosten zu decken. Wir unternahmen deshalb zur Aufbesserung des Etats nach Beendigung des Flugdienstes auf der Strecke häufig Rundflüge und Fotoflüge für Industrieunternehmen oder wir warfen Flugblätter für Werbezwecke oder Wahlen ab; letztere waren damals an der Tagesordnung. An den Wochenenden waren wir auf Flugtagen zu finden. Auch Sonderflüge gehörten zum laufenden Dienst. So flog ich einmal einen Schweden auf die Insel Rügen, um ihm zu helfen, das Schiff zu erreichen, damit er seinen sterbenden Vater in Stockholm noch einmal sehen konnte. Ich landete oberhalb der Kreidefelsen auf einem Acker, mein Fluggast rannte hinunter zum Schiff, erreichte es und ich startete wieder nach Berlin.
In den ersten Jahren ruhte im Winter der Flugdienst auf den Strecken. Wir hatten viel technischen Unterricht, Werkstattdienst und reichlich Freizeit.«

Der Sprung ins Ausland

Am 18. Oktober 1920[70] startete ein Postflugzeug der DLR zu einem Streckenflug von Warnemünde über Königsberg, Libau nach Riga. Die lettische Regierung stand – wie sich zeigte – einer Luftverbindung nach dem Westen aufgeschlossen gegenüber und gab für den Rückflug gleich eine Postladung mit. Ein Jahr später wurde in Gemeinschaft mit der Danziger Luftreederei die Strecke Danzig–Riga eröffnet[71]. Der erste Flug hatte sich gelohnt.

Werbeplakat der Deutschen Luftreederei für den Seebäder- und Streckendienst.

Für den innerdeutschen Luftverkehr wurden ausschließlich ehemalige Militärflugzeuge eingesetzt. Für den Verkehr ins Ausland mußten später neue Flugzeuge verwendet werden, weil die Alliierten die Benutzung früherer Militärflugzeuge für solche Flüge verboten hatten. Auf diese Weise gab es erstmals Vergleichsmöglichkeiten zwischen ehemaligen Militär- und neuen Verkehrsflugzeugen.

Nach einer Kalkulation der DLR[72] beliefen sich 1921 die Kosten für die Flugstunde mit den umgebauten Militärflugzeugen auf 3289,– Mark (Geldentwertung), auf den geflogenen Kilometer umgerechnet 29,47 Mark. Die Kosten eines Luftverkehrs mit ehemaligen Militärflugzeugen stiegen nach dreijährigem Dienstbetrieb ins Unermeßliche. Man stieß mit dem Luftverkehr zwar in Neuland vor, dem einmal die Zukunft gehören sollte, aber die Erfahrungen ließen erkennen, daß dies nur mit Flugzeugen möglich war, die wirtschaftlichen Gegebenheiten weit besser Rechnung trugen.

Ein Schreiben des Reichsverkehrs-Ministeriums[73], unterzeichnet von Ministerialdirektor Bredow, macht die noch hohe Abhängigkeit des Luftverkehrs vom Wetter und der mangelhaften Bodenorganisation deutlich. Der Einfluß des Staates auf den Luftverkehr war ebenfalls gravierend. Einige Zeilen vom Ministerium – und der gesamte deutsche Luftverkehr ruhte für sechs Monate.

Bredow schrieb:

»Die Erfahrungen, die im letzten Winter im Luftverkehr gemacht worden sind, haben bewiesen, daß zum Teil die Flugzeuge wie auch der Stand der Bodenorganisation den Anforderungen eines Winterluftverkehrs noch nicht in erwünschtem Umfange genügen. Mit Rücksicht auf die geringe Zahl der dem deutschen Luftverkehr zur Verfügung stehenden Flugzeuge und Motoren, ferner mit Rücksicht auf die Unmöglichkeit der Ergänzung von Flugzeugen, solange das Bauverbot läuft, habe ich mich nach Abstimmung mit dem Reichspostministerium entschlossen, die Subventionierung des regelmäßigen Luftverkehrs auf allen Strecken mit Ablauf des 31. Oktober 1921 einzustellen. Ich behalte mir vor,

1. *den Tag der Wiedereröffnung des regelmäßigen, subventionierten Luftverkehrs zu bestimmen,*
2. *vorher die im nächsten Jahre zu befliegenden Strecken festzulegen.*

Ich benutze diese Gelegenheit, den Luftverkehrsunternehmen meine volle Anerkennung für die im letzten Jahre erreichte hervorragende Regelmäßigkeit im Betriebe ihrer Strecken auszusprechen und gebe der Hoffnung Ausdruck, daß auch im kommenden Jahre der Luftverkehr in zunehmendem Maße Anhänger finden möge.

im Auftrage
Bredow«

Um neues Flugmaterial zu beschaffen, waren umfangreiche Investitionen notwendig. Nach den Verkehrszahlen aus den Jahren 1920/21 schien die Anschaffung wirtschaftlicherer Flugmaterials durchaus sinnvoll. Die Ausnutzung des Laderaumes stieg bei der DLR von 1920 bis 1921 von 19,7 Prozent auf 41,6 Prozent[74]. Das Gewicht der Postladung verdreifachte sich und das der Pakete und Güter stieg um das zehnfache an. 2665 Passagieren im Jahre 1920 standen schon 8341 Fluggäste im Jahre 1921 gegenüber. Die Regelmäßigkeit war durchaus zufriedenstellend: im Jahre 1919 91,7 Prozent, im Jahre 1920 93,5 Prozent und im Jahre 1921 96,4 Prozent. Tödliche Unfälle gab es überhaupt nicht, nur einige leichtere Verletzungen waren zu verzeichnen. In einen derart aufstrebenden Verkehrszweig lohnte es sich nach diesen Zahlen unter der Voraussetzung von weiteren Subventionen ohne Zweifel, zu investieren, vor allem in neues Flugmaterial.

Aero-Union als Holding

Um die notwendigen Mittel zu beschaffen, um den Flugbetrieb zu rationalisieren, um die Flugpläne besser abzustimmen und unter gemeinsamer Flagge Kosten zu sparen, wurde am 27. April 1921 eine Holding-Gesellschaft unter dem Namen Aero-Union AG[75], Berlin, gegründet unter Beteiligung der AEG (5 Millionen Mark), der Hamburg-Amerika-Linie (Hapag) (4 998 000 Mark), des Luftschiffbaues Zeppelin (2,5 Millionen Mark), der Deutschen Luftreederei und der Dornier Metallbauten GmbH. Hinter der Aero-Union standen ferner die Metallbank AG, Frankfurt, und die Metallbank und Metallurgische Gesellschaft AG, Frankfurt. Die Aero-Union betrieb keinen Luftverkehr, sondern fungierte als Holding. Sie übertrug später ihre Verkehrsrechte an den Deutschen Aero-Lloyd.

Die DLR führte nach einer Vereinbarung vom 14. Juni 1922[76] ihren Betrieb vorerst für Rechnung der Aero-Union, ihre neue Muttergesellschaft, weiter. Am 1. Januar 1923 veräußerte die DLR ihre Handelsgeschäfte und ihr Inventar an die Aero-Union und erhielt als Gegenwert 2,5 Millionen Mark[77], die dem Gesellschaftskapital der DLR entsprachen. Die Aero-Union übertrug die Sachwerte der DLR am 6. Februar 1923[78] auf die unter gleichem Datum gegründete Deutsche Aero-Lloyd AG (DAL), über die noch ausführlich zu berichten sein wird.

Während dieser Transaktion ging der Flugbetrieb der DLR ungehindert weiter. Neue Aufgaben für den Ausbau eines internationalen Luftverkehrsnetzes wurden in Angriff genommen. Zwischen Deutschland und England war ein Vorvertrag über eine im Pool zu befliegende Strecke von

London über Amsterdam nach Berlin abgeschlossen worden, der bis Ende 1922 die Landung eines deutschen Verkehrsflugzeuges auf englischem Boden vorsah. Während sich die Passagiere in der Kabine noch stritten, ob sie sich über Belgien, Holland oder schon über England befänden, landete am Silvesterabend (31. Dezember 1922) bei schlechtestem Wetter ein Dornier Komet II wohlbehalten auf einer Wiese bei Folkstone an der englischen Südküste. An Bord befanden sich neben Flugzeugführer Max Kahlow und einem Bordwart auch die Direktoren der DLR Martin Wronsky, Otto-Julius Merkel und Walter Mackenthun. Dieser Flug unter abenteuerlichen Wetterverhältnissen erregte großes Aufsehen in England. Die Firma Dornier hatte den neuen Komet II angeboten, der aber noch der Zulassung durch die Ilük bedurfte. Dadurch entstanden endlose und zeitraubende Verzögerungen. Aber schon vier Monate und drei Tage nach dieser denkwürdigen Landung, am 3. Mai 1923, wurde der regelmäßige Luftverkehr Berlin – London aufgenommen.

Erste Gedanken an ein gemeinsames Europa (IATA)

Auf Anregung des Leiters der englischen Zivilluftfahrt, Sir Sefton Brancker, lud die britische Aircraft Transport and Travel Ltd. im Juni 1919 die Deutsche Luftreederei, die »Koninklijke Luchtvaart Maatschappij« (KLM), die dänische »Det Danske Luftfahrt Selskab«, die norwegische »Det Norske Luftfahrt-Rederi« und die schwedische »Svenska Lufttrafik AB« zu einer Konferenz über Luftverkehrsfragen ein. Man beschloß, sich unter dem Namen »International Air Traffic Association« (IATA) zusammenzuschließen, um gemeinsam den Luftverkehr in Europa zu fördern und sich untereinander abzustimmen. Die Gründungsversammlung fand am 28. August 1919 in Den Haag statt[79]. Erste Gespräche führten zur Einrichtung von Luftverkehrsstrecken in den Norden Europas.

Als später Frankreich und Belgien dieser europäischen Organisation beitraten, gelang es, das Eis zu brechen und zu einem Gedankenaustausch über einen gemeinsamen Luftverkehr in Richtung Westen zu kommen, der allerdings erst 1926 Früchte zu tragen begann.

Die IATA entwickelte sich zu einem wichtigen Instrument internationaler Zusammenarbeit; sie wurde ein fester Bestandteil des Weltluftverkehrs. Sie zerfiel erst während des Zweiten Weltkrieges, wurde im April 1945 in Havanna wiederbelebt und am 18. Dezember 1945 als internationale Körperschaft mit Sitz in Montreal erneut eingetragen. Ihr gehören zur Zeit 148 Luftverkehrs-Gesellschaften an.

Sablatnig – Luftverkehr mit eigenen Flugzeugen

Vier Wochen nach Beginn der DLR-Flüge von Berlin nach Weimar eröffnete Josef Sablatnig im März 1919 seine erste Luftlinie unter dem Namen »Sablatnig Luftverkehr« von Berlin nach Warnemünde. Sein Chefkonstrukteur Dr.-Ing. Seehase hatte dafür einen ehemaligen Nachtbomber N 1 in ein Verkehrsflugzeug Sab P I mit Kabine für vier Personen umgebaut, das schon im Januar 1919 seine Erstflüge unternommen hatte. In Warnemünde konnten die Reisenden die dänische Fähre erreichen.

Am 21. April 1919[80] flog Sablatnig als erster Pilot nach dem Krieg mit der Sab P I ins Ausland. In Kopenhagen wollte er mit der dänischen Regierung über einen grenzüberschreitenden Luftverkehr, aber auch über den Verkauf seiner Flugzeuge verhandeln. Sablatnig wurde von den Dänen feierlich – allzu feierlich – auf dem Flugplatz empfangen.

Der Aufwand allerdings galt nicht ihm. Seine Gastgeber erwarteten in Kopenhagen einen dänischen Piloten, der im Krieg auf französischer Seite gegen die Deutschen gekämpft hatte und der nun als Held würdig begrüßt werden sollte. Doch der Däne hatte unterwegs wegen eines Motorschadens notlanden müssen. An seiner Stelle landete ausgerechnet ein Deutscher, der den Luftverkehr nach Dänemark bringen wollte.

Am 11. Mai 1919 wiederholte Sablatnig den Flug, nahm vier Passagiere samt Gepäck mit und flog gleich nach Stockholm weiter. Mit Eisenbahn und Schiff reiste man damals von Berlin nach Stockholm etwa 20 Stunden; Sablatnig schaffte es in viereinhalb Stunden. Er saß bei allen diesen Flügen selbst am Steuer und sammelte wertvolle Erfahrungen. Sie flossen in die Konstruktion eines ersten Verkehrsflugzeuges ein, an dem er mit Seehase arbeitete und das seiner Fertigstellung entgegenging.

Nach der Rückkehr von Stockholm wurde in Kopenhagen die dänische »Dansk Luftekspres-Gesellschaft« gegründet, die den Luftverkehr mit Sablatnig-Luftdroschken aufnehmen wollte und elf Flugzeuge des Typs Sab P I in Auftrag gab. Wegen des bald folgenden Bauverbotes konnten aber nur einige wenige Maschinen geliefert werden.

Neben der Deutschen Luftreederei gehörte der Sablatnig Luftverkehr zu den bedeutendsten Unternehmen der Pionierjahre. Josef Sablatnig, Österreicher aus Klagenfurt in Kärnten, hatte Maschinenbau und Elektrotechnik studiert, seine Prüfung als Diplom-Ingenieur in Brünn abgelegt und 1910 in Wien zum Dr. phil. promoviert. Er war ein begabter Sportler, hatte auf Ruderregatten gesiegt, sich an Motorrad- und Automobilrennen beteiligt und Anfang 1910 seine Pilotenlizenz erworben. Danach hatte er an Flugtagen teilgenommen, war für die französischen Firmen Antoinette, Farman und Nieuport geflogen und wurde schließlich

Mit einer Sab P I mit geschlossener Kabine flog Josef Sablatnig am 21. April 1919 als erster Pilot nach dem Krieg ins Ausland nach Kopenhagen.

Chefpilot und technischer Leiter der Abteilung Luftfahrt der Autoplanwerke in Wiener-Neustadt. Auf einem Autorennen in Frankreich hatte Prinz Heinrich, der Bruder des Deutschen Kaisers, ihn überredet, nach Deutschland zu kommen. Karl Bomhard gewann ihn als Piloten und Mitarbeiter für seinen Doppeldecker, und mit der wendigen Maschine eilte er bald auf Flugtagen von Erfolg zu Erfolg. Bei Kriegsausbruch war Sablatnig Militärpilot bei der Marine, die ihn alsbald zum Bootsbau Rethel in Friedrichshagen beurlaubt, damit er sich dort am Bau eines zweisitzigen Seeflugzeuges beteiligen konnte.
Sabi – wie er von Freunden genannt wurde – war im Krieg als Konstrukteur von Seeflugzeugen für die Marine und von Kampfflugzeugen für die Idflieg (Inspektion der Fliegertruppe) zu einem erfahrenen Flugzeugbauer herangereift, der seine Flugzeuge zu Wasser und zu Land selbst einflog. Nach dem Kriege war er – wie schon berichtet – mitten im Revolutionstrubel zu einem ersten zivilen Flug für die damalige Reichsregierung gestartet, hatte innerhalb von zwei Monaten den Nachtbomber Sab N 1 in ein behelfsmäßiges Verkehrsflugzeug umgebaut und begonnen, damit Luftverkehr zu betreiben und nach Dänemark sowie nach Schweden zu fliegen.
Sablatnig faßte 1919 zwei folgerichtige Entschlüsse: Er nahm sich vor, aufgrund seiner Erfahrungen ein neuartiges, speziell für den Luftverkehr ausgelegtes Flugzeug zu schaffen, das allen damaligen Anforderungen an ein Verkehrsmittel gerecht werden sollte.
Bei dem zu erwartenden harten Konkurrenzkampf sah Sablatnig nur für diejenigen eine Überlebenschance, die sich mit Schiffahrtsgesellschaften oder anderen renommierten Unternehmen des Verkehrsgewerbes zusammenschlossen. Auf diese Weise ließ sich eine Grundlage für eine gesunde finanzielle Basis schaffen. Sie war notwendig, um in den Genuß der geplanten Beihilfen des Reiches zu kommen. An einen kostendeckenden Luftverkehr war nach seinen bisherigen Erfahrungen mit dem damaligen Flugmaterial und unter Berücksichtigung der Abhängigkeit vom Wetter nicht zu denken.
Am 6. Oktober 1920[81] wurde die »Lloyd-Luftverkehr Sablatnig GmbH« unter Beteiligung der Firmen Sablatnig Flugzeugbau und Lloyd-Luftdienst GmbH in Berlin gegrün-

Eine im Krieg von Sablatnig in Lizenz gebaute Friedrichshafener FF 49c mit Kabine für vier Personen im Seebäderdienst des Lloyd-Luftverkehrs Sablatnig.

Im Luftverkehr ab 8.9.1921 zugelassene Flugzeuge des Lloyd-Luftverkehrs Sablatnig

Zulassung	Typ	Werknr.	Jahr	Motor	Eigentümer
D-3	P I	252	1921	Bz IV	Lloyd L. V. Sablatnig
D-4	P I	253	1921	Bz IV	Lloyd L. V. Sablatnig
D-5	P I	254	1921	Bz IV	Lloyd L. V. Sablatnig
D-6	P I	255	1921	Bz IV	Lloyd L. V. Sablatnig
D-50	P III	258	1921	Bz IV	Lloyd L. V. Sablatnig 1926 Norddt. L. G.
D-70	N 1	119	1921	Bz IV	Lloyd L. V. Sablatnig
D-77	N 1	128	1921	Bz IV	Lloyd L. V. Sablatnig
D-78	N 1		1921	Bz IV	Lloyd L. V. Sablatnig
D-85	FF 49	1368	1921	Bz IV	Lloyd L. V. Sablatnig
D-86	FF 49	223	1921	Bz IV	Lloyd L. V. Sablatnig
D-93	N 1	137	1921	Bz IV	Lloyd L. V. Sablatnig
D-94	P I		1921	Bz IV	Lloyd L. V. Sablatnig
D-120	FF 71 a		1921	Bz IV	Lloyd L. V. Sablatnig
D-121*	FF G III a	1037	1921	2× Bz IV a	Lloyd L. V. Sablatnig
D-143	P III Biene	152	1923	Puma	Lloyd L. V. Sablatnig 29. 9. 26 an LH
D-164	P I		1921	Bz IV	Lloyd L. V. Sablatnig
D-171	P III Hummel	262	1923	Mb IV	Lloyd L. V. Sablatnig 1926 an LH

* D = Nummer aus der Luftfahrzeugrolle März 1919 bis Mai 1920

Ein Kabinenflugzeug Sablatnig P III wird in Reval, der Hauptstadt von Estland, mit Post beladen.

det. Das Kapital der Gesellschaft betrug 3 Millionen Mark, davon waren 2 500 000 Mark Sacheinlagen. Der Lloyd-Luftdienst hatte schon vor Vertragsabschluß 1920 vom Sablatnig Flugzeugbau und Rumpler Luftverkehr Flugzeuge gechartert oder gekauft und damit Rund- und Bedarfsflüge unternommen. Der Norddeutsche Lloyd trat mit seinen Reisebüros dabei als Agent auf. Der Lloyd-Luftdienst war zwar an der Neugründung mit Sablatnig beteiligt, arbeitete aber andererseits selbständig weiter und beteiligte sich an weiteren Firmen.

Der Schwerpunkt des Lloyd-Luftverkehrs Sablatnig lag anfangs auf der Einrichtung von Flügen zu den großen Messen nach Frankfurt oder Leipzig und auf der Eröffnung von Bäderdiensten.

Die erste täglich und regelmäßig beflogene Strecke mit Luftpost und für Passagiere wurde im November 1920 von Bremen über Münster nach Gelsenkirchen eröffnet.

Die Lloyd-Luftdienst GmbH, der neue Partner von Sablatnig, über die noch zu berichten sein wird, war eine Gründung des Norddeutschen Lloyd, die 1920, mit Sitz in Berlin ins Handelsregister eingetragen wurde[82]. Noch im gleichen Jahr wurde der Sitz der Gesellschaft nach Bremen verlegt.

Das Unternehmen beteiligte sich an zahlreichen Luftverkehrs-Gesellschaften. Am 6. Februar 1923 brachte es bei Gründung des Deutschen Aero-Lloyd seine inzwischen als Tochtergesellschaften bezeichneten Unternehmen Lloyd Ostflug GmbH und Lloyd-Luftverkehr Sablatnig GmbH in die neue Gesellschaft ein. Hinter dem Lloyd-Luftdienst standen zu jener Zeit die Deutsche Petroleum Aktiengesellschaft, der schon erwähnte Norddeutsche Lloyd, Albatros und Sablatnig. Aus einer Anzeige vom April 1920 geht hervor, daß sich der Lloyd-Luftdienst zu dieser Zeit die Passage-Vertretung, also den Flugscheinverkauf fast aller deutschen Luftverkehrsgesellschaften gesichert hatte. Er hatte sich damit erheblichen finanziellen Einfluß auf die meisten damaligen Gesellschaften verschafft. Der Lloyd-Luftdienst selbst hat dagegen nie regelmäßigen Luftverkehr betrieben, sondern war eine Art Holding. Er wird in der Liste des Reichsverkehrsministeriums, Abteilung für Luft- und Kraftfahrtwesen, unter den am 8. September 1921 zugelassenen Luftverkehrs-Gesellschaften nicht genannt.

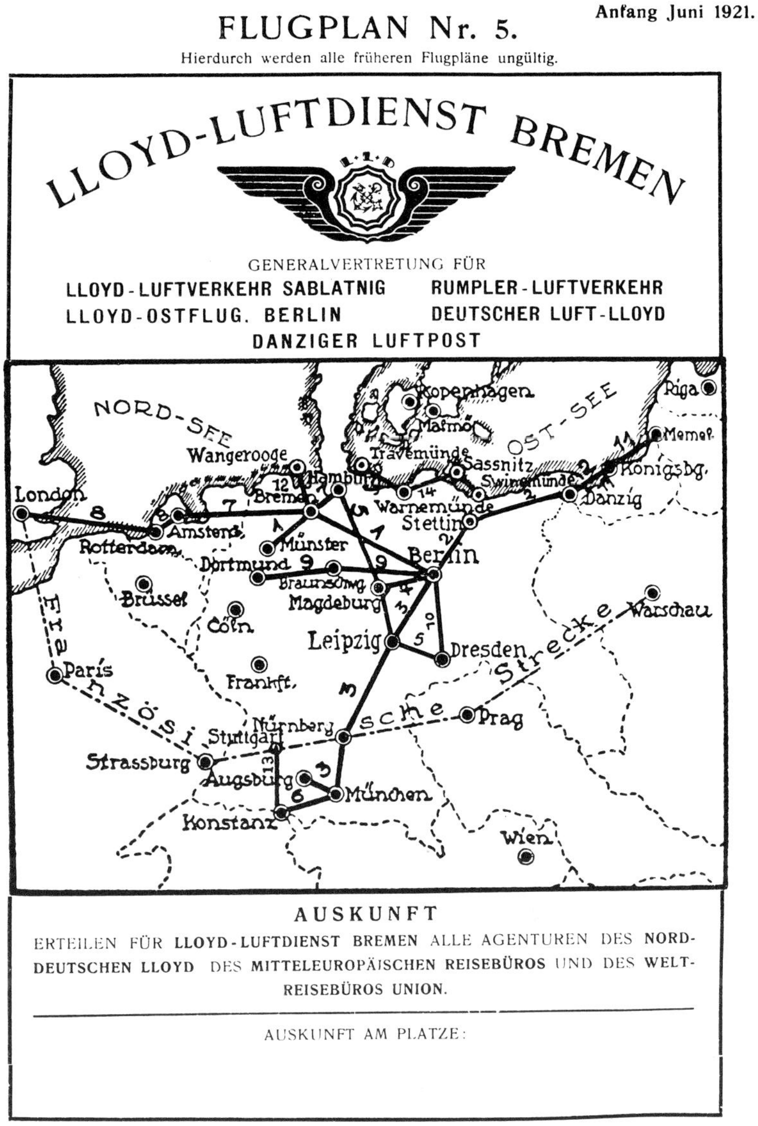

Plakat des Lloyd-Luftdienstes vom Juni 1921. Das Unternehmen, hinter dem der Norddeutsche Lloyd stand, sicherte sich den Flugscheinverkauf von fast allen damaligen Luftverkehrs-Gesellschaften, beteiligte sich an mehreren Unternehmen und überführte diese bei der Gründung des Deutschen Aero-Lloyd in die Neugründung.

Rumpler Luftverkehr: Bayern fliegen nach Preußen

Am 13. März 1919[83] startete in Berlin-Johannisthal eine Rumpler C VI D-72 mit Pilot Werner Wieting am Steuer, um Erfahrungen über eine geplante Fluglinie Berlin–München mit Zwischenlandungen in Leipzig, Nürnberg und Augsburg zu sammeln. Ab Juni 1919 beflog der Rumpler Luftverkehr die Strecke planmäßig mit Ru C VI- oder C I-Flugzeugen. Den Abschnitt Leipzig–Berlin übernahm anfangs das alte Rumpler-Werk in Berlin-Johannisthal, der Rest der Strecke wurde vom Werk Augsburg aus bedient.

Rumpler Ru C I (5 A 2) in Oberwiesenfeld beim Eröffnungsflug nach Wien am 20. Oktober 1920.

Rumpler Ru C I (5 A 2) mit Kabine; der Flugzeugführer prüft vor dem Abflug die Flugscheine seiner Passagiere.

Nach kurzer Betriebsdauer wurden die Maschinen jedoch von den Alliierten beschlagnahmt und erst im September 1920 wieder für den Verkehr freigegeben.
Rumpler hatte gleich nach dem Zusammenbruch 19 seiner Flugzeuge, dazu Reservemotoren und Ersatzteile, aus Heeresbeständen zurückerworben; 13 Ru C I, sechs Ru C VI, ein Fokker D VII und zwei Albatros B II. Die Flugzeuge waren fast ein Jahr lang beschlagnahmt. Air Commodore E. A. Masterman[84], Chef der Ilük, vermerkte nach Aufhebung der Beschlagnahme, es sei eine Ausnahme, wenn man einer Gesellschaft so viele ehemalige Militärflugzeuge für den Luftverkehr zugelassen habe. Dies dürfe nicht als Präzedenzfall für andere Gesellschaften gelten.
Zwischen Berlin und München liegen 660 km, das war damals eine der längsten Strecken; wegen des Fichtelgebirges als Wetterscheide galt sie meteorologisch als eine der

Adolf Doldi als Pilot des Rumpler Luftverkehrs. Er gehört später zu den erfahrensten Piloten der Lufthansa und nimmt an dem Expeditions-Flug Berlin–Peking 1926 mit Junkers G 24 teil.

schwierigsten. Bekannte und bewährte Piloten wie Adolf Doldi, Gustav Basser, die Flugkapitäne Emmerich und Spiel bürgten für Zuverlässigkeit. Sie meisterten gekonnt die vielen Notlandungen, verursacht durch die Kriegsmotoren oder durch das Wetter. Fast immer gelang nach der Reparatur der Start vom gleichen Platz.

Dr. Edmund Rumpler selbst und sein technischer Direktor Dr.-Ing. Otto Meyer waren die Seele des Augsburger Werkes und des Rumpler Luftverkehrs. Meyer erkannte schon früh die Bedeutung der Werbung für die Einführung eines neuen Verkehrsmittels und bediente sich eindrucksvoller Plakate, Kunstwerke der Gebrüder Botho und Hans von Römer. Hinzu kamen vorzügliche Entwürfe des Plakatkünstlers Professor Ludwig Hohlwein. Bald hatte der Rumpler Luftverkehr eine eigene Presse- und Werbeabteilung, der eine Bild- und Fotoabteilung folgte.

Der Rumpler Luftverkehr beförderte von Mai bis Oktober 1921 mit Flugzeugen des Typs Ru C I auf der Strecke München–Berlin 1244 Reisende und 3826 kg Post. Die Flugzeuge legten dabei rund 261 419 km mit 94,8 Prozent

Ernst Udet mit dem kleinen Aumer, dem Sohn des kaufmännischen Direktors der Bayerischen Rumpler-Werke, in einer Ru C I (1920).

Kabinen-Innere der Ru C I für zwei Fluggäste nebeneinander.

Der ehemalige leistungsstarke Höhenaufklärer Rumpler C IV mit gut verpackten Passagieren vor dem Abflug.

Rumpler Ru C I des Rumpler Luftverkehrs mit dem Piloten Hugo von Kawezcinsky im Führersitz und zwei Passagieren vor dem Flug zur Leipziger Messe im Jahre 1921.

Zuverlässigkeit zurück[85]. Zahlreiche Bild-, Film- und Rundflüge sollen nicht unerwähnt bleiben. Von einer Rentabilität war auch dieses Unternehmen jedoch weit entfernt. Einen Teil der Kosten übernahm das Reich durch Beihilfen; einen weiteren Teil bestritten die Städte und Gemeinden, die angeflogen wurden, der Rest wurde aus den Einnahmen der Flugscheine finanziert. Die Subventionen beliefen sich 1920 auf vier bis sechs Mark je Flugkilometer.

Die Bedingungen für die Gewährung von Subventionen stellten hohe Anforderungen an die interessierten Gesellschaften. Anspruch auf Beihilfen, die sich laufend änderten, konnte ein Unternehmen nur dann stellen, wenn es über zwölf Monate hinweg einen regelmäßigen Luftverkehr betrieben hatte und mindestens 20 000 Flugkilometer nachwies. Bei Postflügen mußte ein Durchschnitt von 80 Prozent Regelmäßigkeit erzielt werden. Von April 1922 an war anzustreben, für je drei zugelassene ehemalige Militärflugzeuge ein modernes Verkehrsflugzeug anzuschaffen. Später schloß sich der Rumpler Luftverkehr dem Junkers Luftverkehr an.

Paul Strähle — Luftverkehr im Alleingang

Paul Strähle, über 60 Jahre Pilot, am Steuerknüppel einer Piper J 4.

Nicht nur die großen Luftverkehrsgesellschaften sollen hier gewürdigt werden, sondern auch jene Einzelgänger, denen die Begeisterung zum Fliegen über alle Rückschläge hinweghalf. Zu ihnen gehört der am 20. Mai 1893 geborene Paul Strähle. Seine Eltern besaßen in Schorndorf bei Stuttgart ein Fahrrad- und Nähmaschinen-Geschäft. Paul Strähle schloß den Besuch einer Fachschule für Feinmechanik und Elektrotechnik in Schwenningen mit »Auszeichnung« ab und wurde Volontär bei NSU. Nach kurzer Zeit war er Einfahrer für Motorräder und Automobile. 1913 meldete er sich als Freiwilliger beim Luftschiffer-Bataillon 4 in Mannheim und gehörte zu Beginn des Krieges zur Besatzung des Zeppelin LZ 7. 1915 war Strähle Schüler der Fliegerschule Köslin; als Angehöriger der Jagdstaffel 18 errang er seine ersten Luftsiege. 1918 führte Strähle selber eine Jagdstaffel.
Mit 14 Luftsiegen kehrte er heim und gründete den »Luftverkehr Strähle«. Dazu erwarb er von Hellmuth Hirth für 50 000 Mark drei Schlachtflugzeuge des Typs Halberstadt Cl IV, brachte sie von Böblingen nach Schorndorf, baute sie für zivile Zwecke um und begann mit Passagierflügen. Seine Wahl war auf die Cl IV gefallen, weil man notfalls im hinteren Sitz auch zwei Passagiere mitnehmen konnte.
Die Freude währte jedoch nicht lange, denn seine Maschinen wurden von den Franzosen beschlagnahmt. Strähle übernahm daraufhin die Automobilvertretungen von Magirus, Opel und Adler. Zu seiner Überraschung gaben ihm die Franzosen die drei Maschinen wieder zurück, schickten ihm aber kurz danach eine Rechnung über 150 000 Mark. Mit Hilfe seines Vaters, der Haus und Hof an eine Bank verpfändete, brachte er das Geld auf und zahlte zähneknirschend.
Am 3. Januar 1921 startete Paul Strähle um 11.15 Uhr auf dem Cannstatter Wasen bei Stuttgart und eröffnete damit den Luftverkehr nach Konstanz. Von diesem Tag an beförderte er auf dieser Strecke bei Wind und Wetter mit bewundernswerter Präzision Post und Passagiere. Im darauffolgenden Jahr änderte er seine Flugstrecke und flog ab 1. April 1922 von Stuttgart nach Nürnberg. Helfer waren die Piloten Wieprich und Hans Müller.

Luftverkehr Strähle. Pilot Otto Wieprich am Steuer. Strähle übergibt dem Postboten die Post.

Bis zur Inflation, die 1923 ihren Höhepunkt erreichte, blieb Strähle dieser Strecke treu. Als sich jedoch eine große Zahl von Luftverkehrsgesellschaften zum mächtigen Deutschen Aero-Lloyd zusammenschlossen, als Verkehrsflugzeuge wie die Sablatnig P III, die Albatros L 58 und Junkers F 13 mit geschlossenen Kabinen allenthalben Eingang fanden, stellte Strähle seinen Luftverkehr ein und widmete sich der Luftfotografie. Sein Archiv mit mehr als 50 000 Luftbildern zeigte er Freunden und Bekannten bis vor kurzem noch mit großem Stolz.

Strähle-Luftverkehr, Jahresbilanz 1921[86]

Postflüge	630
Flugkilometer	70 000
beförderte Fluggäste	700
beförderte Fracht (kg)	10 560

Paul Strähle blieb es vorbehalten, dank seiner bewundernswerten Zähigkeit und seiner Bereitschaft, ein hohes finanzielles Risiko zu tragen, im Alleingang mit zwei Piloten zwei schwierige Flugstrecken zuverlässig und ohne Unfall über drei Jahre hinweg zu befliegen.

Bayerischer Luft-Lloyd: Mit dem Schulatlas auf Strecke

Der Bayerische Luft-Lloyd verdankt seine Gründung (1919) dem Bestreben weitsichtiger Kaufleute aus München, die von der kommenden Bedeutung eines Luftverkehrs überzeugt waren und in einer Luftverbindung von München nach Konstanz mit Anschluß an die Schweiz eine Möglichkeit zum Ausbau der Handelsbeziehungen sahen. Die Gesellschaft begann mit umgebauten Militärflugzeugen im Jahre 1919 Alpenflüge und Bedarfs-Luftverkehr zu betreiben. Bald wurden aber auch diese Flugzeuge aufgrund der Bestimmungen des Friedensdiktates beschlagnahmt. Das Unternehmen gab jedoch nicht auf. Im März 1921 begann die Gesellschaft erneut mit Rundflügen, und am 11. April 1921[87] wurde die Strecke München–Konstanz eröffnet. Die Basis des Bayerischen Luft-Lloyd war der Flugplatz Schleißheim bei München. Als Fluggerät dienten Flugzeuge der Typen Rumpler Ru C I und Albatros L 30 a. Später wurden moderne Maschinen des Typs Junkers F 13 erworben, mit denen der Luftverkehr von München nach Wien eröffnet wurde. Der Bayerische Luft-Lloyd schloß sich 1923 dem Junkers Luftverkehr an.

Über die Anfänge des Luftverkehrs beim Bayerischen Luft-Lloyd weiß der spätere Flugkapitän der Lufthansa, Hans Baur, folgendes zu berichten[88]:

»1921 wechselte ich als Flugzeugführer vom militärischen zum zivilen Postdienst beim Bayerischen Luft-Lloyd in München. Das Unternehmen setzte zwei der mir wohlvertrauten Rumpler C I-Maschinen ein und eine Albatros L 30 a B IIa, Baujahr 1917, ebenfalls ein ehemaliger Militär-Doppeldecker mit ganzen 120 km/h Geschwindigkeit. Von nun an beflog ich mit der Ru C I mit zivilem Kennzeichen exakt nach Flugplan die Strecke München–Konstanz und zurück. Die Strecke nach Konstanz war zwar nur 180 km lang, aber wenn ich mit dem ehemaligen Schulflugzeug L 30 a bei 80 km/h Gegenwind fliegen mußte, erreichte die Maschine nur 40 km/h Vorwärtsgeschwindigkeit. Nach vier Stunden Flugzeit war der Kraftstoff am Ende. Ich mußte auf einer Wiese eine Notlandung riskieren und aus einem Reserve-Kanister Benzin nachfüllen. So schnell wie möglich wurde wieder gestartet, bevor der Bauer, dem der Acker gehörte, Flurschaden anmelden konnte. Es kam also vor, daß ein Reisender für diese kurze Flugstrecke sechs Stunden benötigte.

Welche Freude, als Ende 1922 die erste Junkers F 13 beim Bayerischen Luft-Lloyd eintraf! Nun konnten vier Passagiere in einem Flugzeug mit geschlossener Kabine innerhalb einer guten Stunde nach Konstanz befördert werden. Als fünfter Fluggast kletterte mancher Passagier auch mit Begeisterung in den offenen Sitz neben den Piloten. Die F 13 wurde von nur einem Piloten geflogen; einen zweiten Piloten und einen Funker gab es erst bei der dreimotorigen Junkers G 24.

Eines Tages erhielt ich den Auftrag, die Flugstrecke nach Wien zu eröffnen. Als ich meinen Flug vorbereitete, stellte ich fest, daß es gar keine Fliegerkarten für diese Strecke gab. Anhand eines Schulatlanten fertigte ich mir selbst eine Karte über meinen Flugweg an, vermerkte alle markanten Flußläufe, Eisenbahnlinien und Städte und lernte sie auswendig. Dieses Verfahren bewährte sich besonders dann, wenn man in schlechtes Wetter kam und im Tiefflug, über Hindernisse springend, seinem Ziel entgegeneilte. Meine F 13 hatte immerhin schon einen Kompaß rechts unten am Boden, den man während des Fluges mit Mühe einsehen konnte. Bei der ersten Maschine befand sich der Kompaß noch hinter dem Piloten – ein Zeichen dafür, daß man ihm keine große Bedeutung beimaß.

Am 14. Mai 1923 startete ich, sorgfältig auf meine neue Strecke vorbereitet und von Würdenträgern der Bayerischen Regierung verabschiedet, in Richtung Wien. Ich flog zuerst exakten Ostkurs, bis ich den Inn erreichte. Weiter östlich tauchten schließlich Linz und die Donau auf, der ich bei immer schlechter werdender Sicht folgte, an dem riesigen Kloster Melk und dem durch seinen süffigen Wein bekannten Krems vorbei bis nach Tulln, nordwestlich von Wien. Schließlich

Zwei Junkers F 13 des Bayerischen Luft-Lloyd vor dem Start in München-Oberwiesenfeld im Jahre 1922.

fand ich den Flugplatz Jedlisee, nahe einer der großen Donau-Brücken vor Wien.
Die Österreicher hatten einen festlichen Empfang vorbereitet. Nach vielen verheißungsvollen Reden und Interviews durch Journalisten flog ich gegen 13.00 Uhr wieder zurück. Für die 456 km lange Strecke benötigte ich rund zwei Stunden und 45 Minuten. Es war ein ruhiger Tag mit wenig Wind. Ich war nun stolz auf meine neue Strecke, die ich über nahezu zwei Jahre hinweg mit der F 13 betreuen sollte.
Doch die Freude blieb nicht ungetrübt. Auch unsere F 13 war noch mit einem Kriegsmotor, dem BMW III a mit 136 kW (185 PS) ausgerüstet. Zu jener Zeit konnte kein Werk Flugmotoren bauen, die für Verkehrsflugzeuge geeignet waren. Nur Junkers arbeitete an dem L 2, der aber noch nicht fertig war. Weil die Triebwerke aus dem Krieg einfach verschlissen waren, hatten wir ständig Motorausfälle. Eine neue Art des Fliegens begann. Schon beim Start hingen die Augen der Piloten gebannt an der nächsten vorausliegenden Wiese. War die Reisehöhe von 1000 m bis 1500 m Höhe erreicht, konzentrierte sich die ganze Aufmerksamkeit auf das Suchen nach einem eventuellen Notlandeplatz unter Berücksichtigung des gerade herrschenden Windes. Auf diese Weise hatten wir meistens Glück bei den vielen nun folgenden Außenlandungen. Unangenehm war das immer für die Passagiere, denn die Leute hatten es ja eilig und saßen dann manchmal verärgert auf einem Acker.
Langsam bekam man aber auch darin Routine. Man mußte so schnell wie möglich einen Wagen beschaffen und mit Gästen und Gepäck zum nächsten Bahnhof fahren. Der Flugschein galt in solchen Fällen für eine Eisenbahnfahrt 1. Klasse zum Ziel.«

Tiefflug nach München

»Einmal hatte ich einen besonders eiligen Fluggast aus Wien neben mir vorne in der F 13 sitzen. Es herrschte einfach miserables Wetter, Sturm und Regen. Gegen den aus Westen blasenden Wind erreichte ich nach vier Stunden mit Müh und Not Linz. Mein Passagier meinte schon, er sei nach der langen Flugzeit in München. Ich flog das nahe gelegene Wels an, um dort zu tanken. Inzwischen verschlechterte sich das Wetter immer mehr. Die Wolkenfetzen hingen bis auf 100 m herunter, und so beschloß ich, auf den Weiterflug zu verzichten. Doch mein Fluggast geriet außer sich vor Zorn. Er wollte noch am gleichen Abend mit dem Zug von München nach Karlsruhe zu Besprechungen reisen, bei denen es um seine wirtschaftliche Existenz ging. ›Wenn ich ein gescheiterter Mann bin, sind sie schuld daran‹, rief er. ›Wozu nehme ich ein Flugzeug? Doch nur, um diesen Anschluß in München noch zu schaffen!‹ Ich dachte bei mir: ›Versuch es, umkehren kannst du immer noch.‹ Allen Warnungen des Flugleiters zum Trotz startete ich, hing mich im extremen Tiefflug an Flüsse und Eisenbahnen und erreichte tatsächlich München. Es war eine der waghalsigsten Tiefflüge in meiner langjährigen fliegerischen Laufbahn. Und selbst heute rieselt es mir noch kalt über den Rücken, wenn ich an den peitschenden Regen denke, der die Brille trübte und mir die Sicht nahm, und daran, wie ich Türme und Hochspannungsleitungen erst im letzten Augenblick gewahr wurde, um gerade noch darüber hinwegzuspringen. Völlig erschöpft setzte ich nach dieser Konfrontation mit den Gewalten der Natur und einem Kampf ums nackte Leben in Oberwiesenfeld auf. Noch nie sah ich einen Passagier so schnell auf und davon laufen. Luftverkehr 1923!«

Deutscher Luft-Lloyd

Die Deutsche Luft-Lloyd GmbH, Berlin, wurde am 1. April 1920 gegründet und begann im Dezember 1920 mit den ersten Versuchsflügen auf der Strecke Hamburg–Magdeburg–Berlin–Leipzig–Dresden. 1921 wurde der regelmäßige Post- und Passagierdienst auf der Strecke Bremen–Hannover–Magdeburg–Leipzig–Dresden aufgenommen. Zur Verfügung standen acht Maschinen: sechs LVG C VI, eine Albatros AL L 30 und eine Sablatnig N I. Im ersten Jahr wurden 160 794 km zurückgelegt, 457 Passagiere und 1518 kg Fracht und Post befördert. Ein Jahr später wuchs die Zahl der Reisenden auf mehr als 1000. Das klingt kläglich im Vergleich zu den heutigen Ziffern, aber die LVG C VI und die anderen ehemaligen Militärflugzeuge beförderten ja bestenfalls zwei Reisende auf einem Flug. An dem Unternehmen beteiligte sich später der Lloyd-Luftdienst, der die Anteile des Deutschen Luft-Lloyd 1923 in den neu gegründeten Deutschen Aero-Lloyd einbrachte.

Pioniere im Osten: Lloyd Ostflug GmbH – Danziger Luftpost

Am 18. November 1920 meldete die Korrespondenz Luftweg: Vom Reichsamt für Luft- und Kraftfahrtwesen ist eine »Ostdeutsche Landwerkstätten Siedlungsgesellschaft Seerappen GmbH, Seerappen bei Königsberg (Ola) als deutsche Luftreederei zugelassen worden«. Gründer der Landwerksstätten war Gotthard Sachsenberg, ehemaliger Jagdflieger und Geschwaderführer. Er hatte seinen Verband nach dem Waffenstillstand geschlossen in die Heimat zurückgebracht. Allen Bestimmungen des Waffenstillstandes zum Trotz, aber im stillen Einvernehmen mit der Reichsregierung, zog er mit seinem Geschwader in östliche Richtung nach Kurland und weiter nach Lettland, um dort mit seinen 70 Flugzeugen und rund 700 Mann in Gemeinschaft mit deutschen Freiwilligen, der Deutsch-Baltischen Landwehr und lettischen Verbänden die Hauptstadt Riga und das Land von russischer Besatzung zu befreien. Er zog sich erst zurück, als die deutsche Regierung, von den Siegermächten gezwungen, Löhne und Nachschub für diese Truppe sperrte. Sachsenberg versuchte, seine Leute nun in der Landwirtschaft unterzubringen und wollte den früheren Luftschiffhafen Seerappen zu einer Soldatensiedlung ausbauen. Dabei geriet er aber mit Erhard Milch in Streit, der zu dieser Zeit (1920) eine Polizeistaffel in Seerappen leitete und sich weigerte, den Flugplatz als Siedlungsgebiet freizugeben[89]. Milch konnte sich durchsetzen.

Sachsenberg sah nun im werdenden Luftverkehr eine Chance für die durch den polnischen Korridor isolierte Stadt Danzig, eine Verbindung zum Westen zu erhalten. Er gewann Professor Junkers für seine Pläne, und so kam es 1920 zur Gründung der Lloyd Ostflug GmbH unter Beteiligung der Junkers-Flugzeugwerke AG, der Albatros GmbH, Berlin-Johannisthal, der Lloyd-Luftdienst GmbH, Bremen, der Ola und der Internationalen Luftschiffahrts-Gesellschaft, Danzig[90].

Milch und Sachsenberg verständigten sich, und als Milch in Danzig am 26. Februar 1921[91] die »Danziger Luftpost GmbH« gründete, gingen beide eine Interessengemeinschaft zur Erschließung des Ostens für den Luftverkehr ein. Milch wollte gleich mit modernen Flugzeugen fliegen und wartete auf die Lieferung von Junkers F 13, die sich aber wegen des Bauverbotes verzögerte. Kurz bevor die von Danzig erteilte Lizenz zur Befliegung der geplanten Strecke ablief, gelang es ihm mit Hilfe des britischen Hochkommissars Oberst Strutt, eine Fluggenehmigung für sechs Rumpler C I zu erhalten, mit denen der Luftverkehr nach Berlin aufgenommen wurde. Es handelte sich um Flugzeuge[92] mit Bz III-Motoren mit 118 kW (160 PS) mit den Kennzeichen Dz 20, Dz 21, Dz 22, Dz 23, Dz 24 und Dz 25. An den Lloyd Ostflug wurden Anfang 1922 als erste deutsche Luftverkehrs-Gesellschaft sechs Junkers F 13[93] geliefert, von denen ein Teil gemeinsam mit der Danziger Luftpost genutzt wurde. Schon im Dezember 1920 hatte Sachsenberg mit den ersten Erkundungsflügen auf der Strecke Königsberg–Danzig–Berlin begonnen. Die Erfahrungen waren nicht sehr ermutigend, denn der polnische Korridor, der mit einer Breite von durchschnittlich 100 km Ostpreußen von Pommern und Westpreußen trennte, durfte nicht überflogen werden, auch nicht durch Danziger Flugzeuge. Große Umwege wurden längs der Küste notwendig, um nach Pommern zu kommen. Diese Flüge führten zudem noch durch zwei Wetterscheiden, an der Weichsel und im Netze-Warthe-Gebiet, die fliegerisch in den Wintermonaten große Hindernisse darstellten. Aber schon von März an erreichten die Flugzeuge des Lloyd Ostflug eine für den Postverkehr ausreichende Regelmäßigkeit und einen zeitlichen Vorsprung von 14 Stunden gegenüber der Eisenbahn. Für die Personenbeförderung standen dank der Teilhaberschaft von Junkers bald mehrere moderne Junkers F 13 mit Kabine zur Verfügung. Die Maschinen waren sofort ausgebucht. Gemeinsam mit dem Lloyd-Luftdienst und dem Danziger Lloyd Luftdienst wurden die Strecken Berlin–Danzig–Königsberg–Kowno–Riga und Danzig–Stettin–Hamburg beflogen. Die Flugzeit von Königsberg nach Berlin betrug mit einer Zwischenlandung in Stettin oder Schneidemühl zwischen vier und fünf Stunden.

Nun aber forderten die Alliierten im Londoner Ultimatum im Mai 1921 die sofortige Einstellung des Flugzeugbaues und die Beschlagnahme sämtlicher bisher gebauten zivilen Flugzeuge. Junkers hatte sich wenig um das vorausgegangene Bauverbot gekümmert, weil die F 13 den Bestimmungen des Versailler Vertrages entsprach. Zudem lagen von den Siegermächten selbst nennenswerte Aufträge auf das Flugzeug vor. Nun aber begann eine wahre Hexenjagd auf alle angeblich illegal gebauten Verkehrsflugzeuge, besonders auf die F 13 der Danziger Luftpost. Zwar warnten die Flugleiter, selbst der Danziger Senat vor dem Erscheinen der Interalliierten Kommission, und oft starteten die Flugzeuge bei Ankunft der Kommission auf dem Flugplatz gerade vor ihrer Nase, um in Richtung Osten zu verschwinden. Trotzdem wurden bei einer Landung in Berlin drei F 13 beschlagnahmt. Mit den restlichen Maschinen, deren Kennzeichen und Motornummern unter diesen Gegebenheiten häufig wechselten, war kein regelmäßiger Luftverkehr mehr möglich. Im Oktober 1921 stellte die Danziger Luftpost ihren Dienst ein. Durch diese und viele andere Schwierigkeiten kam es zu Auseinandersetzungen unter den Partnern des Lloyd Ostflug, und man beschloß schließlich, die Gesellschaft zu teilen. Der Norddeutsche Lloyd und die Albatroswerke schlossen sich dem Deutschen Aero-Lloyd an. Es verblieben noch Junkers und die Ola. Professor Junkers richtete daraufhin am 2. Dezember 1921[94] in den Junkerswerken eine Abteilung Luftverkehr ein, die auf den Resten der Ola aufbaute und deren Leitung er Gotthard Sachsenberg übertrug[95]. Das Ziel war: Luftverkehr mit Junkers-Flugzeugen. Der Lloyd Ostflug stellte nach der Trennung seine Tätigkeit am 31. Mai 1922 ein[96].

Deutsch-Russische Luftverkehrsgesellschaft (Deruluft) – Brückenschlag nach Moskau

Während der ersten Fühlungnahme zwischen deutschen und sowjetischen Politikern zur Wiederaufnahme diplomatischer Beziehungen verhandelten die Sowjets bereits mit der Danziger Luftpost (Milch) und der DLR über eine Flugverbindung von Königsberg nach Moskau[97]. Die DLR siegte in diesem Wettstreit, und im Einvernehmen mit den beiden Regierungen gründete die Aero-Union Berlin am 24. November 1921 zusammen mit der Handelsvertretung der Sowjetunion in Deutschland die Deutsch-Russische Luftverkehrsgesellschaft (Deruluft). Beide Partner brachten jeweils 2,5 Millionen Mark Kapital ein. Aufgabe der Deruluft war die Einrichtung eines regelmäßigen Luftverkehrs zwischen der Sowjetunion und Deutschland, zunächst auf der Strecke Königsberg–Kowno–Smolensk–Moskau. Die Strecke Berlin–Königsberg sollten die Reisenden vorerst im Nachtzug zurücklegen, bis ein Nachtluftverkehr über diese Strecke möglich wurde. Die Beförderungszeit der Post sollte mit Hilfe dieser Verbindung von einer Woche auf 22 Stunden gesenkt werden. Mit dem Aufbau des Streckennetzes wurde von Seiten der Aero-Union die Deutsche Luftreederei beauftragt. Das Gründungsdatum der Deruluft ist umstritten. Milch[98] nennt den 11. November, eine andere

Durchdrehen der Luftschraube eines Fokker F III der Deruluft in Moskau.

Quelle spricht vom 15. November und Aero-Union und Aero-Lloyd[99] nennen den 24. November 1921.
Schon am 30. April 1922[100] landete, von Königsberg kommend, die erste Fokker F III (RR 1)[101] unter Führung von Erich Just in Moskau; der Flug über 1160 km hatte mit Zwischenlandungen in Kowno und Smolensk insgesamt neun Stunden gedauert. Am nächsten Abend landete eine zweite Fokker F III (RR 3) mit Joachim Stollbrock am Steuer wohlbehalten in Moskau. Die Feiern zum 1. Mai waren Anlaß zum festlichen Begehen dieses Ereignisses.
Anfangs wurde die Strecke zweimal wöchentlich beflogen. 1922/23 unternahm die Deruluft erste Versuchsflüge während der Wintermonate, um Erfahrungen im harten Winterbetrieb zu sammeln. Der anfangs nur für diplomatische Post und Kuriere bestimmte Verkehr wurde ab August 1924 auch offiziell für Passagiere freigegeben und täglich beflogen. Eine andere Quelle spricht vom August 1922 – das ist aber wenig wahrscheinlich, weil die Infrastruktur der Strecke anfangs sehr bescheiden war und erst im Laufe der Jahre verbessert werden konnte. 1926 wurde eine Regelmäßigkeit von 98,2 Prozent erreicht. Der Flug kostete damals 125 Dollar.
Antonius Raab, als Pilot der DLR schon mehrfach erwähnt, glaubt, die Kurierflüge der Deruluft in der Zeit von 1922 bis 1923 hätten hauptsächlich deutschen und russischen Unterhändlern gedient, die in Berlin und Moskau Verhandlungen über eine militärische Zusammenarbeit führten. Solche Verhandlungen haben nun tatsächlich zu jener Zeit stattgefunden. Raab war aber nur kurzzeitig bei der Deruluft tätig, wogegen Willy Polte über längere Zeit von Moskau nach Berlin und zurück flog und dabei manches Abenteuer erlebte. Polte bestätigt in seinem Buch[102]: »Zu meinen prominentesten Fluggästen zählten der sowjetische Volkskommissar für auswärtige Angelegenheiten, Krassin, andere Funktionäre und Diplomaten, durchweg Menschen, die stets freundlich und zuvorkommend waren.«
Einiges von den Vermutungen Raabs wird demnach stimmen.
Die durchschnittliche Zuladung pro Streckenflug betrug im ersten Betriebsjahr 354,60 kg. 87,9 Prozent der Flüge verliefen planmäßig. Die Zahl der unterbrochenen, aber fortgesetzten Flüge lag bei 5,7 Prozent. Es gab viele kleinere Schäden auf sumpfigen Flugplätzen, aber keine schweren Unfälle. In den folgenden Jahren nahm das Verkehrsaufkommen ständig zu.

Nach Gründung der Lufthansa im Jahre 1926 übernahm diese das Teilstück Berlin–Königsberg. In der Sowjetunion wurde das Streckennetz nach Süden in die Ukraine nach Charkow erweitert, das gemeinsam mit der ukrainischen Luftverkehrs-Gesellschaft Ukrwosduchput beflogen wurde. Als Flugzeuge dienten der Deruluft ein Fokker Grulich V1 (RR 5) und neun Original Fokker F III mit den Kennzeichen RR 1 bis RR 4 und RR 6 bis RR 10. Später wurden auch

Betriebsergebnisse Deruluft 1922—1926[103]

	geflogene km	beförderte Personen	beförderte Post in kg
1922	148 000	338	1 047
1923	203 000	324	1 568
1924	348 000	399	2 390
1925	470 000	1 322	5 440
1926	507 500	1 028	10 733

größere Flugzeuge, wie die Dornier Merkur, der dreimotorige Rohrbach Roland und schließlich auch die Ju 52/3 m verwendet. Die Sowjets setzten ab 1931 mit Erfolg ihre ANT 9 ein, einen dreimotorigen, freitragenden Hochdecker mit Wellblechbeplankung und drei luftgekühlten Gnome-Rhône-Titan-Triebwerken mit je 169 kW (230 PS), der neun Reisende beförderte. Die Deruluft trat 1937 auf Vorschlag der Sowjetunion und im gegenseitigen Einvernehmen der Partner in Liquidation[104].

Reichswehr und Rote Armee — Konsequenzen aus dem Versailler Friedensdiktat

Der Schock von Rapallo

Der Grund für die Annäherung zwischen Deutschland und der Sowjetunion war die wirtschaftliche und außenpolitische Isolierung Deutschlands nach dem Krieg gegen den Westen. Im Vordergrund der Gespräche mit der Sowjetunion stand eine Ausdehnung des deutschen Exportes. Außerdem waren beide Partner an einer technischen Zusammenarbeit interessiert. In dem nahe Genua an der italienischen Riviera gelegenen Städtchen Rapallo wurde am 16. April 1922 ein entsprechender Vertrag von den Außenministern Rathenau und Tschitscherin unterzeichnet. Er sah die Aufnahme diplomatischer Beziehungen vor, den Verzicht auf Kriegskostenentschädigung und handelspolitisch den Grundsatz der Meistbegünstigung. Wie nicht anders zu erwarten, fühlten sich die westlichen Länder durch den Vertrag von Rapallo brüskiert.

Für das Verständis der verschlungenen Wege, die die deutsche Luftfahrt nach dem Ersten Weltkrieg wegen der unerträglichen Härte des Versailler Friedensvertrages und immer neuer nachfolgender Beschränkungen gehen mußte, ist ein Überblick über die militärischen Vereinbarungen mit der Sowjetunion unerläßlich. Sie wurden von Beauftragten des Reichswehrministeriums mit russischen Stellen im Einvernehmen mit der Regierung ausgehandelt. Über die Finanzierung wurde der Finanzausschuß des Reichstages laufend unterrichtet. Natürlich waren alle diesbezüglichen Vorhaben einer strengen Geheimhaltung unterworfen. Vor Vorlage des Haushaltes des Reichswehrministeriums zur Genehmigung wurde ein blauer Teil, der alle geheimen oder illegalen Vorhaben beinhaltete, herausgeschnitten. Den bei weitem größten Anteil des Etats mit rund zehn Mio. Mark im Jahr nahm dabei die »schwarze« Fliegertruppe ein.

Dieser blaue Teil wurde durch einen weißen Teil mit entsprechend glaubhaften Angaben ersetzt. Nach Genehmigung durch den Reichstag wurde der weiße Teil wieder gegen den blauen ausgetauscht. Der blaue Teil selbst wurde Mitgliedern des Kabinetts und ausgewählten Vertretern der Parteien im Haushaltsausschuß vorgelegt. Dazu gehörten der Reichsfinanzminister, zwei Staatssekretäre, ein Vertreter des Rechnungshofes und die Haushaltsreferenten Ersing des Zentrums und Stücklen der SPD[105] und deren Nachfolger.

Alle geheimen Vorgänge waren damit der Regierung und einem kleinen Kreis von Parlamentariern bekannt. Maßgebend beeinflußt wurden alle Verhandlungen und Vorgänge vom Chef des Truppenamtes[106], dem späteren Chef der Heeresleitung[107], Generaloberst Hans v. Seeckt.

Erste indirekte Kontakte zur sowjetischen Revolutionsregierung hatte Seeckt bereits 1919 über einen Mittelsmann, den früheren türkischen Kriegsminister Enver Pascha[108] eingefädelt, der nach einem Schreiben vom 26. August 1920 an Seeckt sogar mit Trotzki Verbindung aufnahm. Enver befaßte sich damals hauptsächlich mit den Beziehungen Rußlands zu Afghanistan. Weitere Kontakte bestanden zu Karl Radek. Als bolschewistischer Delegierter beim Gründungs-Kongreß der Deutschen Kommunistischen Partei im Februar 1919 wurde Radek auf Veranlassung des Kriegsministeriums verhaftet. Bald wurde daraus aber eine Ehrenhaft und Radek konnte in seiner Zelle maßgebende Persönlichkeiten wie Walther Rathenau empfangen, aber auch dem Rechtsradikalismus zuneigende Offiziere[109].

Sicherlich ist Seeckt über diese Gespräche unterrichtet worden. Deutsche Rußlandpolitik hieß nach einem Schreiben Seeckts vom 31. Januar 1920: »Aktiven Einfluß auf die innere Entwicklung dort können wir nicht nehmen, übrigens auch die Entente auf direktem Wege nicht oder doch nur an den äußeren Grenzen. Da ich die zukünftige politische und wirtschaftliche Einigung mit Großrußland als unverrückbares Ziel unserer Politik ansehe, müssen wir versuchen, uns Rußland wenigstens nicht zum Feind zu machen«[110].

Im Winter 1920/21 nehmen deutsche Offiziere erste direkte Verhandlungen mit russischen militärischen Stellen in Moskau auf. Es kam zu einer Reihe von Abmachungen, die allerdings nur teilweise und erst Jahre später verwirklicht wurden[111].

So sollte Junkers in Fili bei Moskau ein Flugzeugwerk errichten, um dort Jagd-, Aufklärungs- und Bombenflugzeuge für die Sowjetunion zu bauen und die Russen mit dem Ganzmetall-Flugzeugbau vertraut zu machen.

In einer Fabrik in Samara sollte unter deutscher technischer Hilfeleistung Giftgas hergestellt werden.

In verschiedenen russischen Werken sollte ferner für die Reichswehr Artillerie-Munition produziert werden, für die ein dringender Bedarf vorhanden war.

Ferner war die Rede von einer Konzession für den Bau von Unterseebooten durch Blohm u. Voss. Den Deutschen wurden als Äquivalent Ausbildungsmöglichkeiten für Jagdflieger und die Erprobung militärischer Flugzeuge in Lipezk bei Woronesch und Ausbildungsmöglichkeiten für die Truppe in Saratow und Kasan (Panzer) angeboten und zugestanden. Die auf deutscher Seite zur Verfügung stehenden Mittel waren aber so gering, daß es nur zum Bau der für Fili vorgesehenen Flugzeugfabrik, zur Lieferung von Munition und zu dem Ausbildungszentrum in Lipezk gekommen ist. Das Werk in Fili stellte den Bau von Junkers-Flugzeugen später wieder ein.

Deutscher Aero-Lloyd (DAL), ein machtvolles Unternehmen

Die Gründung der Aero-Union im Jahre 1921 deutet auf die Einsicht hin, daß eine Senkung der enormen Kosten im Luftverkehr nur durch neues Flugmaterial, durch eine Eliminierung von Konkurrenzstrecken und die Aufgabe von Prestigedenken zu erreichen war. Voraussetzung hierfür war eine Erhöhung der Kapitaldecke.

Das Jahr 1923 brachte in dieser Hinsicht eine entscheidende Wende. Die beiden bedeutendsten Gesellschaften waren die Aero-Union mit der Deutschen Luftreederei und der Junkers Luftverkehr, auf den noch eingegangen wird. Um dem immer mächtiger werdenden Junkers-Unternehmen die Stirn zu bieten und eine bessere Koordinierung der Strecken mit einer wirtschaftlichen Verwendung des Flugzeugparks zu erreichen, wurde am 6. Februar 1923 die Deutsche Aero-Lloyd Aktiengesellschaft[112] ins Leben gerufen, in der sich die Aero-Union, gleichzeitig Muttergesellschaft der Deutschen Luftreederei GmbH und die Lloyd-Luftdienst GmbH, Bremen zusammenfanden. Der Deutsche Aero-Lloyd übernahm auch die Geschäftsanteile der

Aero-Union an der Deruluft. Über die Aktionäre der Aero-Union und der Lloyd-Luftdienst GmbH wurde schon berichtet. Der Deutsche Aero-Lloyd (DAL) vergrößerte seinen Interessenkreis laufend durch weitere Beteiligungen. Hinzu gesellten sich 20 Firmen aus den verschiedensten Branchen, 39 Banken und vier Handelsgesellschaften. Damit entstand ein machtvolles Unternehmen auf breiter wirtschaftlicher Grundlage, das ein harter Konkurrent für den Junkers Luftverkehr zu werden versprach.

Inländische Tochtergesellschaften von DAL

Aero-Lloyd AG, Berlin
Deutsch-Russische Luftverkehrs-Gesellschaft, Berlin
Badisch Pfälzische Luftverkehrs-Gesellschaft, Mannheim
Luftverkehr Württemberg AG, Stuttgart
Mitteldeutsche Aero-Lloyd AG, Leipzig
Süddeutsche Aero-Lloyd AG, München
Luftverkehrs AG Westfalen, Dortmund (Welü)
Rheinische Aero-Lloyd AG (in Vorbereitung)
Aero-Lloyd-Luftbild-Gesellschaft, Berlin
Luftverlags-Gesellschaft, Berlin

Ausländische Tochtergesellschaften von DAL

Adria Aero-Lloyd, Tyrana (Albanien)
Austro-Lloyd Luftdienst, Wien
Danziger Aero-Lloyd, Danzig
Condor-Syndikat, Kolumbien
Russko Germanskoje Obschestow, Moskau
Nordiska Flugrederiet, Stockholm

Den Vorstand der neuen Gesellschaft bildeten Otto Julius Merkel, Wilhelm Jordan und Walter Mackenthun. Ziel der Aero-Lloyd war eine Beschränkung des Streckennetzes auf solche Routen, für die Subventionen gezahlt wurden, da Flüge ohne Subventionen nach Meinung von DAL unbezahlbar waren. Der subventionierte Verkehr sollte der Vorbereitung eines eigenwirtschaftlichen Luftverkehrs und dem Studium der verkehrstechnischen und meteorologischen Probleme sowie den Fragen der Bodenorganisation dienen. Die Luftbildabteilung sollte ausgebaut werden, da sie ohne Subventionen zu betreiben war.
Als Werft diente die bisher der DLR gehörende große Halle in Staaken, die in der verkehrsarmen Jahreszeit auch als Werkstatt für fremde Auftraggeber tätig wurde. Die älteren Flugzeugtypen sollten zur Ausbildung für Verkehrspiloten und für Sonderaufgaben verwendet werden. In der Staakener Halle sammelten sich bald zahlreiche Flugzeuge der von der Fusion betroffenen Gesellschaften, meist ehemalige Kriegsflugzeuge, aber auch neue Konstruktionen. Technischer Leiter wurde Dipl.-Ing. Karl Grulich, ehemaliger Konstrukteur beim Harlan-Flugzeugbau (1910) und selbst Pilot mit einigen deutschen Rekorden in der Tasche.
Für die Bedienung der Strecken wurden aus dem Bestand von 60 Flugzeugen der fusionierenden Unternehmen 21 zugelassene Muster mit Reservemotoren und Ersatzteilen ausgewählt und in der Werft flugklar gemacht. Weitere 29 Flugzeuge älterer Bauart dienten als Reserve und für Sonderdienste. Zum Flugzeugpark des Aero-Lloyd zählten danach:

Flugzeug-Park des Deutschen Aero-Lloyd

10	LVG Typ C VI	
2	LVG Typ C V (Schulflugzeuge)	
5	LVG (vom Deutschen Luft-Lloyd für zivile Zwecke umgebaut)	veraltete Flugzeuge
4	Sablatnig P I	
2	Sablatnig N 1	
1	Albatros C XV	
2	AEG mit schmaler Kabine	
3	Seeflugzeuge des Typs Friedrichhafen	
29		
8	AEG K mit breiter Kabine	moderne Flugzeuge
3	Sablatnig P III	
3	Junkers F 13	
3	Fokker F II	
4	Albatros L 58a	
21		

Wegen der mit der Fusion verbundenen Probleme entschloß sich der Aero-Lloyd im Jahre 1923 im Streckendienst kurz zu treten. Beantragt wurden beim Reichsamt für Luft- und Kraftfahrt Beihilfen für die beiden Strecken: Berlin–Hamburg–Bremen–Amsterdam–London und für Berlin–Danzig–Königsberg–Moskau.
Dagegen meldete der Junkers Luftverkehr fünf Strecken: Berlin–Danzig–Königsberg (gemeinsam mit DAL), Königsberg–Memel–Riga, München–Genf, München–Wien und München–Berlin für Reichsbeihilfen an, die auch genehmigt wurden. Das Reichsverkehrsministerium (RVM) war bereit, dem Aero-Lloyd 800 Millionen Mark (Inflation!) und Junkers 1500 Millionen Mark Subventionen zu zahlen. Darüber kam es zwischen dem Reichsamt für Luft- und Kraftfahrt und dem DAL zu Auseinandersetzungen: DAL verlangte – wie oben erwähnt – ebenfalls Subventionen für die Deruluft-Strecke Königsberg–Moskau, das Reichsamt lehnte aber ab[113], weil die Deruluft keine deutschen, sondern in Holland gebaute Fokker-Flugzeuge flog. Da DAL nur zwei Strecken beantragt hatte und Junkers fünf, könnten nicht gleich hohe Subventionen erwartet werden. »Zudem fliegt der Junkers Luftverkehr mit neuzeitlichen Flugzeugen, wogegen im vergangenen Jahr Klagen auch aus dem Ausland laut wurden, die auf veraltetes Flugmaterial zurückzuführen waren.« Das Luftamt vermutete, daß der Deutsche Aero-Lloyd seine Subventionen für den Bau oder Ankauf neuer Flugzeuge verwenden wollte, um technisch mit dem Junkers Luftverkehr gleichziehen zu können. Die folgenden Jahre 1924 und 1925 brachten einen erstaunlichen Auftrieb im Luftverkehr, insbesondere auch für den Deutschen Aero-Lloyd.

Eine zum »Kabinentyp« umgebaute AEG J II der Deutschen Luftreederei.

AEG K des Deutschen Aero-Lloyd mit der DLR-Nummer D 9. Wahrscheinlich hat das Flugzeug, dem Frontkühler nach zu urteilen, einen BMW IIIa-Motor und eine breite Kabine.

Albatros L 58a des Deutschen Aero-Lloyd (Baujahr 1923) mit 191 kW (260 PS) Maybach Mb IVa. Später erhielt das Flugzeug einen 265 kW (360 PS) Rolls Royce Eagle.

Sablatnig P III im Dienste des Deutschen Aero-Lloyd.

Verkehrs-Ergebnisse Deutscher Aero-Lloyd AG 1923 — 1925

Jahr	ausgeführte Flüge	Strecken km	beförderte Personen	Regel-mäßigkeit	beförderte Zeitungen und Post kg	beförderte Fracht kg	Nutzlast einschl. Personen kg
1923	3 322*	473 162	2 292	91,5	3 350	31 792	209 002
1924	7 794	1 131 111	9 621	95,1	8 943	60 094	838 717
1925	24 712**	2 590 462	38 688		61 957	292 590	3 082 707

* einschließlich Sonder- und Rundflüge und Deruluft-Flügen   ** Original-Berichte von DAL (Bilanzen)

Im Bericht über das Geschäftsjahr 1924 wurde vom DAL vermerkt, daß dem Unternehmen 19 moderne Verkehrsflugzeuge zur Verfügung standen, zu denen Fokker F II, Junkers F 13, Albatros L 58 a, Sablatnig P III und AEG K mit Kabine zählten. Die inzwischen auf 18 Maschinen reduzierten älteren Typen dienten Sonderzwecken wie

Ein Fokker F III des Danziger Aero-Lloyd.

Mit dem Dornier Komet III nahm der Aero-Lloyd später den Luftverkehr von Berlin nach London auf.

Der Aero-Lloyd (DAL) betrieb neben der Personen- und Frachtbeförderung auch Zeitungsdienste, so für den Ullstein-Verlag in Berlin.

Schul-, Lichtbild- und Rundflügen. Noch im Gründungsjahr waren mehrere Dornier Komet II-Flugzeuge bestellt worden. Die Deutsch-Russische Luftverkehrsgesellschaft beflog die Strecke Königsberg–Moskau mit dem Fokker F III mit gutem Erfolg. Die durchschnittliche Regelmäßigkeit der Flüge beim Aero-Lloyd stieg von 91,5 Prozent 1923 auf 95,1 Prozent im Jahre 1924. Auch die dem Unternehmen angegliederte Aero-Lloyd Luftbild GmbH brachte erfreuliche Ergebnisse. Ende des Jahres 1924 standen dem Unternehmen schon 69 Verkehrsflugzeuge zur Verfügung, mit denen 1925 dann rund 17 000 km Strecke beflogen werden sollten.

Europäischer Luftverkehr aus amerikanischer Sicht

Der amerikanische Journalist F. Britten Austin bereiste 1924 Europa; sein besonderes Augenmerk galt dem Luftverkehr. Seine Eindrücke werden im folgenden auszugsweise wiedergegeben[114].

Für Austin überraschend waren die enormen Zuschüsse, die Länder und Kommunen in Deutschland den Luftverkehrsgesellschaften zukommen ließen. Sie überstiegen ähnliche Subventionen in England oder Frankreich um ein Mehrfaches. »Unter den Städten besteht geradezu ein Wettbewerb um die besten Anschlüsse an das Luftverkehrsnetz.« Die Flugplätze der großen Städte wurden von den Kommunen selbst unterhalten und ausgebaut. Hinzu kamen die beachtlichen Subventionen der Regierung, die sich für Aero-Lloyd und Junkers Luftverkehr 1924 auf 4 900 000 Mark belaufen haben sollen.

Austin kam zu der Erkenntnis, daß die Vernichtung des gesamten militärischen Fluggerätes Deutschland von der Bürde der veralteten Kriegsflugzeuge befreit hatte – im Gegensatz etwa zu den Engländern und Franzosen, die viel länger als Deutschland umgebaute Militärflugzeuge für zivile Zwecke einsetzten. Das besetzte Rheinland mit seinem Überflugverbot zwang die nordischen und östlichen Nachbarn Deutschlands geradezu zu einer engeren Zusammenarbeit – das betraf sowohl den Luftverkehr als auch die Luftfahrtindustrie.

Wörtlich schreibt Austin dazu: *»Was auch immer den französischen Generalstab veranlaßt haben mag, auf den strengen Baubeschränkungen zu beharren, so führte dies auf der kommerziellen Seite dazu, daß Europa ostwärts des Rheins und der Alpen zu einem Reservat für den deutschen Luftverkehr und seiner Luftfahrtindustrie wurde. Das Ergebnis der Baubeschränkung war für die Deutschen der Zwang, allen anderen Nationen überlegene, aerodynamisch hochwertige Verkehrsflugzeuge mit Motoren geringer Leistungsstärke zu bauen. Außerdem schufen deutsche Flugzeugwerke Niederlassungen in ganz Europa. Junkers ging nach Schweden und Rußland, Rohrbach nach Dänemark, desgleichen Caspar, Dornier baute in Italien, Heinkel in Schweden – um nur einige zu nennen.«*

Junkers Luftverkehr — weltweit

Der Weg, den die Deutsche Luftreederei, der Deutsche Aero-Lloyd und andere Gesellschaften mit ihren zahlreichen ehemaligen Militärflugzeugen zu Beginn des werdenden Luftverkehrs beschritten hatten, war ungewöhnlich, aber naheliegend. Der Junkers Luftverkehr dagegen hielt sich nicht lange mit dem Kleckern auf, sondern klotzte: Junkers bot den Käufern im In- und Ausland neben Erfahrungen im Luftverkehr mit der Junkers F 13 keinen alten Droschkengaul aus der Militärluftfahrt, sondern gleich ein hochmodernes Verkehrsflugzeug an. Dank der Qualität und der vorzüglichen Leistungen der ganz aus Metall hergestellten Kabinen-Maschine und ihrer fortschrittlichen Bauweise erhielt Junkers von den Kommunen des In- und Auslandes vielfach den Auftrag, mit dem Verkauf der Flugzeuge gleich einen Luftverkehr einzurichten. Damit ging für Junkers die Möglichkeit einher, sich an den neu zu gründenden Unternehmen durch Einzahlung von Kapital in Form von Sachleistungen – in diesem Falle Flugzeuge – zu beteiligen.

Der Junkers Luftverkehr wuchs auf diese Weise aus kleinen Anfängen innerhalb weniger Jahre zu einem nahezu alle Erdteile umfassenden, internationalen Luftverkehrs-System heran. Während sich die in- und ausländischen Luftverkehrs-Gesellschaften in den Jahren 1919 bis 1922 mit ehemaligen Militärflugzeugen eindeckten und sich um einen Postverkehr mit gelegentlicher Personenbeförderung bemühten, lieferte Junkers den Urtyp eines Verkehrsflugzeuges, das den bis dahin noch nicht klar definierten Begriff »Verkehrsflugzeug« darstellte. Mit der geschlossenen, sechssitzigen Ganzmetall-Maschine legte Junkers den Grundstein zum modernen Verkehrsflugzeug und begeisterte – der Export lief sofort an – die ganze Welt für den werdenden Luftverkehr. Die F 13 startete am 25. Juli 1919 zum Erstflug[115], war kurz danach eingeflogen und – man höre und staune – reif für den Serienbau.

In drei anderen deutschen Flugzeugwerken hatten zur gleichen Zeit die Konstrukteure ebenfalls an Flugzeugen gearbeitet, die ausschließlich dem Verkehr dienen sollten. Reinhold Platz, Chefkonstrukteur von Fokker, hatte im Werk Schwerin ebenfalls ein Kabinenflugzeug für sechs Personen – vier Reisende und zwei Piloten – entworfen. Der Fokker F II war schon Anfang 1919 fertig, wurde aber wegen der Flucht Fokkers nach Holland erst im Oktober 1919 geflogen und sofort nach Holland gebracht, um einer Beschlagnahme zu entgehen. Dieses Husarenstück glückte nur mit Hilfe von zwei engen Mitarbeitern von Platz, den Herren Wichmann und Bölkow. Letzterer war der Vater von Ludwig Bölkow, dem Gründer des Messerschmitt-Bölkow-Blohm-Flugzeugbaues.

Beim Sablatnig Flugzeugbau war schon im Juni 1919 die Sablatnig P III von Chefkonstrukteur Dr.-Ing. Hans Seehase flugklar gemeldet worden, ein Kabinenflugzeug für vier bis sechs Reisende und ein bis zwei Piloten. Über das Datum des Erstfluges gibt es allerdings keine Unterlagen. Wahrscheinlich hat das Flugzeug im Juni 1919 Werkflüge über dem Flugplatz ausgeführt. Es wurde allerdings erst später in die Deutsche Luftfahrzeugrolle unter dem Zeichen D-2 eingetragen und am 22. Mai 1920 von der Ilük als »den Bestimmungen des Versailler Diktates entsprechend« bezeichnet. Es ist wahrscheinlich erst 1920 zugelassen worden.

Auch bei Albatros war unter Leitung von Dipl.-Ing. Schubert (1919) ein Projekt für ein modernes Verkehrsflugzeug für sechs Reisende unter der Bezeichnung L 57 entstanden. Es wurde aber erst nach Aufhebung des Bauverbotes (1922) in verbesserter Ausführung als L 58 gebaut.

Alle vier zu dieser Zeit entwickelten Verkehrsflugzeuge waren erfolgreich und fanden im Luftverkehr Verwendung, wobei die ganz aus Metall hergestellte F 13 die weiteste Verbreitung fand, gefolgt von dem Fokker F II, der Sablatnig P III und der Albatros L 58.

Weil die deutschen Luftverkehrs-Gesellschaften sich – wie schon erwähnt – vorerst einmal mit Kriegsflugzeugen eingedeckt hatten und zu der Zeit (1920/21) auch finanziell nicht in der Lage waren, neues Flugmaterial zu kaufen, beschloß Junkers, sich zuerst im kapitalkräftigen Ausland um Kunden für seine Flugzeuge zu bemühen.

Die Erwartungen, die er auf ausländische Käufer setzte, sollten sich bald erfüllen. Ein Höhenrekord[116] der F 13 am 13. September 1919, bei dem mit acht Personen an Bord und mit einem 136 kW (185 PS) leistenden BMW III a 6750 m Höhe erreicht wurden, hatte das Flugzeug in kurzer Zeit weltbekannt werden lassen, so daß sich bald die Luftverkehrs-Gesellschaften der verschiedensten Länder um die F 13 rissen. 1920 wurden nicht weniger als 73 F 13 gebaut und verkauft[117]. Die polnische Regierung erwarb als einer der ersten ausländischen Käufer drei F 13 und später weitere acht Flugzeuge.

Junkers F 13 erobert Nordamerika

Schon nach den ersten Flügen erschien in Dessau ein Flugsachverständiger der amerikanischen Regierung, John Larsen, um eine Lizenz zum Nachbau der F 13 zu erwerben. Er wollte das Flugzeug möglichst schnell in größerer Zahl in die USA einführen und kaufte zu diesem Zweck innerhalb von drei Jahren 25 Maschinen[118].

In den USA bedeutete das Auftauchen der F 13 eine Sensation. Mehrere Streckenrekorde, ein Höhenrekord, Nachtflüge, die Beförderung von Fracht und Post mit einem Mindestmaß von Motorleistung und Kraftstoffverbrauch bei hoher Reisegeschwindigkeit ließen das Flugzeug wie ein technisches Wunder erscheinen. Im Juli 1920 durchflog

Im Führersitz der Junkers F 13 beim Streckenflug.

Larsen die 1900 km lange Strecke von Omaha am Missouri im Staate Nebraska nach Pinevalley ohne Zwischenlandung in 12 Stunden und 10 Minuten. Am 29. Juli 1920 meldete die amerikanische Presse: »Ganzmetallflugzeuge erreichen die amerikanische Pazifikküste!« Larsen hatte die erste Postsendung von New York nach Oakland bei San Francisco gebracht und richtete zwei regelmäßig beflogene Poststrecken New York–Chicago–Omaha und New York–San Francisco ein[119]. Die »New York Times« schrieb: »Nach einstimmigem Urteil aller amerikanischen Flugzeugfabrikanten und Fachleute muß das Luftverkehrswesen durch diese Leistung des deutschen Genius eine wahre Revolution erfahren.« Im amerikanischen Kongreß berichtete Generalpostmeister Burleson[120], das US-Post-Office-Department habe 1920 acht deutsche Junkers-Flugzeuge erworben, die zur Postbeförderung zwischen New York–Omaha und New York–San Francisco eingesetzt würden. Die Indienststellung dieser Flugzeuge bedeutet einen ernormen Schritt vorwärts im Postflugwesen des Landes, weil die Betriebskosten um etwa 30 Prozent und die Kosten der Instandhaltung um etwa 50 Prozent niedriger lägen als bei den amerikanischen Maschinen. Außerdem hätten die deutschen Flugzeuge eine um mindestens 50 Prozent größere Reichweite und könnten etwa zweieinhalbmal soviel Postsachen aufnehmen wie die damaligen Flugzeuge aus einheimischer Produktion.

Trotz der erstaunlichen Leistungen der F 13 in den USA fand das Flugzeug aber nur kurzzeitig im dortigen Postverkehr Verwendung. Mehrere schwere Unfälle führten zum zeitweiligen Flugverbot und zu einer Untersuchung durch amerikanische Stellen. Bei allen Unfällen hatte sich Kraftstoff unter dem Führersitz oder in dem unteren Motorverkleidungsblech entzündet. Ursache war das Leckwerden einer Benzinleitung. Die Amerikaner ersetzten daraufhin die Rohrverbindung der Benzinleitung im Cockpit durch eine elastische Schlauchverbindung, und Ende 1920 wurde die nach Larsen benannte J.L. 6 wieder im Postdienst zugelassen. Als jedoch im Februar 1921 wiederum eine Besatzung tödlich verunglückte, war die Karriere der Maschine in den USA beendet. Warum traten diese Schwierigkeiten nun nur in den USA und nicht auch in Europa auf? Dipl.-Ing. Evert, damals Leiter der Werft Staaken, erklärte 1983 dem Verfasser: »Die F 13 flog in Deutschland und Europa mit einem Benzol-Gemisch, in den USA dagegen mit dem viel leichter brennbaren Benzin, das die Gummimanschette an der Benzinleitung im Führersitz zerfraß; es lief dann Benzin in das untere Motorverkleidungsblech. Weil dieses keine Belüftung hatte, kam es zu Bränden und Explosionen.«

Luft als Verkehrsweg

Junkers unterließ nichts, um sein Flugzeug auch im Inland und in Europa bekannt zu machen. Er nahm zunächst Verbindungen in Richtung Osten auf, weil durch Frankreich

Junkers F 13 am Landesteg der Donau in Budapest.

Junkers F 13 in Persien. Erschreckt versucht der Monteur des Flugzeuges, den Kameltreiber mit seinem neugierigen Kamel vom Flugzeug fernzuhalten.

Junkers F 13 auf dem Flugplatz Kabul in Afghanistan.

jeglicher Verkehr nach Westen blockiert wurde. Inzwischen war aus den Ostdeutschen Landwerkstätten der Lloyd Ostflug entstanden. Junkers beteiligte sich – wie schon erwähnt – an dem Unternehmen und lieferte sechs F 13-Flugzeuge.
Junkers war bei einem Vergleich der Verkehrsstraßen zu Lande, zu Wasser und in der Luft zu einer Reihe wichtiger Folgerungen gekommen, von denen die wichtigste lautete:

»Luft ist überall, wo Menschen sind und wirtschaften können. Sie stellt den umfassendsten Verkehrsweg dar, der die ganze Erde umgibt[121].«
Junkers unterschied zwischen einem Luftverkehr in hochkultivierten und in unerschlossenen Ländern. In kultivierten Ländern hatte sich das Flugzeug seine Überlegenheit gegenüber anderen Verkehrsmitteln durch seine Geschwindigkeit zu erkämpfen. Bei einem Flugzeug für Entwicklungsländer spielte es dagegen eine untergeordnete Rolle, ob es eine bestimmte Strecke vom Inneren eines Landes bis zur Küste, über Gebirge und Urwälder hinweg, in einer oder in zwei Stunden zurücklegte: wichtig war die Möglichkeit einer Verbindung an sich.

Siegeslauf der F 13

Die zukunftsreiche Entwicklung der F 13 wurde durch die Versailler Friedensbedingungen, insbesondere aber durch das Londoner Ultimatum vom 5. Mai 1921 mit dem danach Gesetz gewordenen Bauverbot für Flugzeuge stark gehemmt. Fertige Verkehrsflugzeuge mußten teils vernichtet, teils abgeliefert werden. Auf diese Weise gelangte eine erhebliche Anzahl von F 13-Flugzeugen als Reparationsgut und Anschauungsmaterial nach England (5)[122], Frankreich (7), Italien (5), nach Belgien (3) und nach Japan (3). Die auf 900 Beschäftigte angestiegene Belegschaft der Junkerswerke schmolz zeitweise auf 120 Mitarbeiter zusammen.
Aber Junkers dachte nicht daran, aufzugeben. Seine Ende 1921 gegründete Abteilung Luftverkehr[123], mit deren Leitung er Gotthard Sachsenberg betraut hatte, bahnte inzwischen Beziehungen zu den verschiedensten Luftverkehrsunternehmen des Auslandes an, insbesondere zur Schweiz, zu Österreich, Ungarn und Lettland. Das Bauverbot konnte den Verkauf der F 13 zwar hemmen, die Entwicklung aber, die durch das Flugzeug im in- und ausländischen Luftverkehr einmal eingeleitet worden war, nicht mehr abwenden. Zur Zeit des Bauverbotes wurden mit den inzwischen in vielen Ländern im Dienst stehenden Flugzeugen neue Leistungen und Rekorde erzielt, die die Fachwelt beeindruckten. Die Erfahrungen, die mit den eingesetzten Flugzeugen bei Hitze und eisiger Kälte gesammelt wurden, wurden in Dessau sorgsam ausgewertet und führten zu zahlreichen konstruktiven Verbesserungen.
Die Amerikaner boten Junkers sogar an, seine Tätigkeit in die USA zu verlegen, zumal sein Werk infolge des Bauverbotes zum größten Teil still lag. Junkers war zweimal in den USA, lehnte jedoch aus nationalen und persönlichen Gründen ab.

Schmiede für den Luftverkehr

Am 5. Mai des Jahres 1922 fiel das Bauverbot. Die nunmehr folgenden Begriffsbestimmungen konnten die Wiederaufnahme der Produktion der F 13 nicht mehr hindern. Mit dem Zusammenschluß deutscher Luftverkehrs-Gesellschaften und kapitalkräftiger Unternehmen zum Deutschen Aero-Lloyd (1923) begann ein neues Stadium im werdenden Luftverkehr. Der Aero-Lloyd und der Junkers Luftverkehr waren von nun an – von einigen kleineren Gesellschaften abgesehen – die Stützen der deutschen Verkehrsluftfahrt.
Durch die ständig neuen Beteiligungen von Junkers an anderen Luftverkehrsunternehmen wuchsen die Aufgaben, und so wurde am 13. August 1924 die Junkers Luftverkehrs-AG in Berlin mit zwei Millionen Mark Kapital gegründet[124]. Sie setzte sich den Aufbau eines weitverzweigten Luftverkehrs mit Junkers-Flugzeugen in Deutschland und weit über dessen Grenzen hinaus zum Ziel. Die Aktiengesellschaft übernahm alle Geschäfte der bisherigen Abteilung Luftverkehr. Zum Vorstand der Gesellschaft wurden Gotthard Sachsenberg und Dr. Gottfried Kaumann bestellt, Prokurist wurde Dr. Rambach.
Mit Unterstützung der Junkers-Werke wurden in der Schweiz von Walter Mittelholzer 1920 die Ad Astra Aero gegründet[125], in Österreich 1923 die Oelag (Österreichische Luftverkehrs AG), in Finnland 1923 die Aero-O. Y., in Schweden (1923) die A. B. Aero-Transport mit den Schweden C. Florman, A. Florman und T. Cervin, in Italien die Società Aerea Mediterranea (1923) und schließlich (1925) in Spanien die Lineas Aereas Postales Espanoles[126].
Diese Gesellschaften flogen fast ausschließlich mit Junkers-Flugzeugen. Junkers brachte seine Flugzeuge als Kapital und Beteiligung in diese Gesellschaften ein.
Die Junkers Luftverkehrs-AG dehnte ihre Aktivitäten auch auf die Reparatur von fremden Flugzeugen in ihren Werften aus, bildete Flugzeugführer aus und gründete weitere Luftverkehrsgesellschaften im In- und Ausland.
Zu jener Zeit besuchte der Leiter der englischen zivilen Luftfahrt, Generalmajor Sefton Brancker, die Junkers-Werke. Seine Eindrücke faßte er in den Worten zusammen: »Das ist die Flugzeugschmiede für den Weltluftverkehr.«
Schon nach kurzer Zeit besaß die Junkers Luftverkehrs-AG Beteiligungen an folgenden Unternehmen:

Junkers-Beteiligungen Ausland:

- ☐ Ad Astra Aero AG, Schweiz
- ☐ Aero-Expreß, Budapest, Ungarn
- ☐ Aeronaut AG., Reval, Estland

□ A. B. Aero Transport, Stockholm, Schweden
□ Dansk Lufttransport A. B., Kopenhagen, Dänemark
□ Danziger Luftpost GmbH, Danzig
□ Lettländische Luftverkehrs AG, Riga, Lettland
□ Aero-O.Y., Helsingfors, Finnland
□ Norsk Lufttransport A. B., Oslo, Norwegen
□ PPL, Polen
□ Österreichische Luftverkehrs AG, Wien, Österreich

Junkers-Beteiligungen Inland:

□ Bayerischer Luft-Lloyd GmbH, München
□ Bayerische Luftverkehrs AG, München
□ Badische Luftverkehrs GmbH, Karlsruhe
□ Bremer Luftverkehr GmbH, Bremen
□ Luftverkehrs-Gesellschaft Ruhrgebiet (LURAG), Essen
□ Oberschlesische Luftverkehrs AG, Gleiwitz
□ Rumpler Luftverkehrs AG, München
□ Sächsische Luftverkehrs AG, Dresden
□ Schlesische Luftverkehrs AG, Breslau
□ Südwestdeutsche Luftverkehrs AG, Frankfurt
□ Trans-Europa-Union, München
□ Westflug GmbH, Bad Oeynhausen

Den enormen Aufschwung, den der Junkers Luftverkehr nach der Straffung des Unternehmens nahm, verdeutlichen die folgenden Tabellen über die Flugleistungen der Junkers-Flugzeuge in den Jahren 1923 und 1924 in Europa und in aller Welt. Nur mit Hilfe eines einheitlichen Flugzeugparkes waren solche Betriebsergebnisse von weltweiten Dimensionen erreichbar.

Verkehrszahlen von Junkers-Flugzeugen (einschl. Südamerika, Rußland und fremden Gesellschaften) bis 31.12.1923[127]

Zahl der Flüge	10 918
zurückgelegte Kilometer	1 266 679
beförderte Personen	26 509
beförderte Fracht und Gepäck kg	61 230
beförderte Post kg	5 805
Unfälle	keine

Verkehrszahlen von Junkers-Flugzeugen (einschl. Südamerika, Rußland und fremden Gesellschaften) April bis 31. Oktober 1924[127]

Zahl der Flüge	12 890
zurückgelegte Kilometer	1 666 855
beförderte Personen	35 880
beförderte Fracht und Gepäck kg	97 614
beförderte Post kg	14 863
Unfälle	keine

Verkehrszahlen von Junkers-Flugzeugen in Europa April bis Oktober 1923

Zahl der Flüge	3 554
zurückgelegte Kilometer	870 694
beförderte Personen	8 149
beförderte Fracht und Gepäck kg	50 585
beförderte Post kg	5 690
Unfälle	keine

Verkehrszahlen von Junkers-Flugzeugen in Europa April bis Oktober 1924

Zahl der Flüge	5 742
zurückgelegte Kilometer	1 332 720
beförderte Personen	12 674
beförderte Fracht und Gepäck kg	83 750
beförderte Post kg	14 206
Unfälle	keine

Im Jahr 1925 stieg die Zahl der mit Junkers-Flugzeugen in Europa beförderten Reisenden um das Dreifache von 12 674 (1924) auf 36 914! In einer Analyse der Junkers Luftverkehrs-AG über die Erfahrungen des Jahres 1925 befinden sich Ansätze für eine Betriebskosten-Ermittlung, die eindeutig die Handschrift von Hans M. Bongers tragen[128]. Die Gründung des Junkers-Motorenbaues[129] und der Serienbau des Junkers-Motors L 2, einer verbesserten Ausführung des BMW III a, führten zu einer 50prozentigen Reserve von Ersatzmotoren.
Das Jahr 1925 brachte auch die Einführung der dreimotorigen Junkers G 24, von der gleich im ersten Jahr 20 Maschinen im Wert von fünf Millionen Mark verkauft wurden. Zwölf Flugzeuge dieses Typs wurden an regionale Gesellschaften, drei an ausländische Unternehmen verkauft, vier G 24 fanden im Junkers Luftverkehr Verwendung und eine Maschine erhielt das Reich. Mit Hilfe der engen Bindung des Flugzeugwerkes an den Luftverkehr gelang es, die Kinderkrankheiten dieses ersten Großflugzeuges im deutschen Luftverkehr verhältnismäßig schnell zu beheben. Zwei neue Werften für den Junkers-Europa-Verkehr – eine in Limhamn in Schweden und eine zweite in Wien – halfen mit den bereits bestehenden Werften in Fürth und Königsberg, den Service weiter zu verbessern. Die Überholungszeit der L 2-Motoren lag im Schnitt bei 240 Stunden. Im Jahr 1925 ereignete sich kein Unfall aus technischen Gründen.
Sehr gut ließ sich der Nachtflugverkehr auf den beiden Strecken Berlin–Warnemünde–Kopenhagen und Berlin–Warnemünde–Stockholm an. Hier wurden die Junkers A 20

Am 19. November 1922 landen erstmals zwei Junkers F 13 auf Schwimmern im Hafen von Havanna.

Eine Junkers F 13 W im Dienste der Ad Astra (Schweiz).

Eine Junkers F 13 als Expeditionsflugzeug während einer Spitzbergen-Expedition im Jahr 1923.
Auf einem 1000 km-Flug über die nordische Eiswelt brachte das Flugzeug wertvolles Bildmaterial für Wissenschaft und Forschung heim.

Eine im Moskauer Werk Fili montierte Junkers F 13 in Kabul in Afghanistan im Jahr 1925.

Junkers G 24 auf Schwimmern während der Flugerprobung in Schweden.

Junkers G 24 mit drei Junkers L 2-Motoren mit zusätzlichen Ölkühlern in der Schweiz (1924).

und Junkers F 13, über See mit Schwimmern ausgerüstet, eingesetzt. Erprobt wurde jetzt auch eine Bodenbeleuchtung – am Flugzeug befestigte Scheinwerfer erwiesen sich als günstigste Lösung. Weitere wertvolle Erfahrungen brachte der Instrumentenflug.
1925 flogen weltweit 178 Junkers-Flugzeuge, die nahezu 100 000 Reisende und 650 t Fracht beförderten und dabei fünf Millionen Flugkilometer zurücklegten. Das Ziel, das sich Junkers und seine Mitarbeiter gestellt hatten, war erreicht: mit der F 13 war ein neues Transportmittel für zivile Zwecke geschaffen und die Bedeutung des Luftverkehrs als Brücke über unwegsame Gebirge, Wüsten und weite Strecken in aller Welt erkannt worden. Das Weltluftverkehrsnetz wurde 1925 zu 40 Prozent mit Junkers-Flugzeugen beflogen[130]. Die Erfolge der Junkers Luftverkehrs-AG mit ihrem Streckennetz von allein 15 000 km waren beeindruckend. Jedes Junkers-Flugzeug, das über die Steppen Sibiriens, über die Anden und die Rocky Mountains flog, war ein Werbeträger für Deutschland und für deutsche Wertarbeit.
Allein die Sowjetunion kaufte in der Zeit von 1919 bis 1929 nicht weniger als 97 Junkers-Flugzeuge, davon allein 49 F 13. Die sowjetische Luftverkehrs-Gesellschaft Dobrolot, die 26 Junkers F 13 erworben hatte, beflog 1925 damit drei Strecken. Der Junkers Luftverkehr, Moskau, bediente selbst die Strecke Baku–Enzeli mit F 13.

Junkers Luftverkehr Januar bis Oktober (einschl.) 1925

(nur planmäßige Verkehrsflüge in Europa, ohne Sonderflüge)

Hauptleitung	Geflogene km im ganzen	Unter Reichssubvention gefl. km	Beförderte Passagiere	Post Gepäck Fracht
Treu*	698 027	575 419	9 687	130 812,580
Mitte	890 948	19 725	9 726	190 538,769
West	437 077	17 235	4 542	40 792,734
Treu	219 315	206 182	2 457	41 290,903
Nachtflug	226 196	219 839	1	3 233,433
Schweden	280 692	8 640	7 996	89 108,450
Nordseebäderdienst	86 395	–	2 505	27 738,085
	2 838 650	1 047 040	36 914	523 514,954

* Treu = Trans-Europa-Union

Export von Junkers-Flugzeugen in die Sowjetunion[131]

Junkers	W 33	K 30	F 13	A 20/35	
1922			2		Rote Luftflotte
1923			2		Rote Luftflotte
			1		Asdobrolot
			20		Dobrolot
			6		Moskau
1924			6		Dobrolot
1925			6		ODWF SU*
				1	SU Regierung
1926		15		20	SU Regierung
1927		8			SU Regierung
1928	3		4		SU Regierung
1929	1		2		SU Regierung
	4	23	49	21	97 Summe

* SU = Sowjetunion

Trans- und Nord-Europa-Union

Die vielen von Junkers unterstützten Einzelgesellschaften fanden sich in zwei großen Holdings, der Trans-Europa-Union[132] und der Nord-Europa-Union zusammen, aus denen später die Europa-Union hervorging. Die Junkers Luftverkehrs-AG war der geschäftsführende Gesellschafter in beiden Organisationen. Die bereits bekannten, zum Junkers Luftverkehr gehörenden Gesellschaften waren folgendermaßen in den beiden neuen Unionen zusammengeschlossen:

Trans-Europa-Union (Treu)

Ad Astra Aero AG, Zürich
Rumpler Luftverkehr AG, München
Österreichische Luftverkehrs AG, Wien
Aero-Expreß R. T., Budapest
Bayerischer Luft-Lloyd GmbH, München

Südwestdeutsche Luftverkehrs AG, Frankfurt
Sächsische Luftverkehrs AG, Dresden
Junkers Luftverkehrs-AG, Berlin

Nord-Europa-Union

Danziger Luftpost GmbH, Danzig (Lloyd Ostflug)
Lettländische Luftverkehrs AG, Riga
Aeronaut AG, Reval, Estland
Aero-O. Y., Helsingfors
Junkers Luftverkehr, Sowjetunion
Junkers Luftverkehrs-AG, Berlin

Aus den Statistiken läßt sich ablesen, daß nach diesen Zusammenschlüssen der Junkers Luftverkehr betriebswirtschaftlich günstiger arbeiten mußte als die Konkurrenz. Er erzielte die gleichen Betriebsleistungen mit weit weniger Flugzeugen, weil die Europa-Union nur F 13 und G 24 verwendete, während die Gesellschaften des Deutschen Aero-Lloyd noch lange ihre zwei- bis dreisitzigen Militärflugzeuge flogen und nur langsam ihren Bedarf an neuen Flugzeugen mit den Fokker-Typen F II und F III, dem Dornier Komet II und anderen Flugzeugen auffüllten. Die beiden Junkers-Unionen jedoch konnten auf einheitliche Reserve-Flugzeuge und Motoren zurückgreifen, auf gemeinsame Lagerbestände und auf gemeinsame Werften in Königsberg, Fürth, Wien und in Schweden.

Der Deutsche Aero-Lloyd war im Gegensatz zu Junkers nur am Luftverkehr interessiert und nicht am gleichzeitigen Verkauf von Flugzeugen. Er arbeitete deswegen viel im Pool mit anderen Gesellschaften zusammen. Folglich entwickelten sich zwei ganz verschiedene Luftverkehrs-Systeme, die schwer aufeinander abzustimmen waren. Beide benötigten und erhielten vom Staat Subventionen.

Endziel: Europa-Union

Aus dem Zusammenschluß der Trans-Europa-Union und Nord-Europa-Union entstand am 7. Mai 1925 die Europa-Union, eine Kommanditgesellschaft auf Aktien in Berlin[134]. In weiten Kreisen bekannt wurde diese machtvolle Luftverkehrs-Organisation mit einem Streckennetz von nicht weniger als 15 000 km Länge erst durch die außerordentliche Generalversammlung in Dresden[135], auf der acht deutsche und sechs ausländische Gesellschaften[136] vertreten waren. Professor Hugo Junkers selbst nahm daran teil, ein Stellvertreter des Reichsbahn-Generaldirektors Dr. Julius Dorpmüller, aus Schweden der bekannte Forscher Sven Hedin, daneben 31 Persönlichkeiten aus Wirtschaft und Politik. Die Versammlung beschloß einstimmig eine Kapitalerhöhung von 50 000 Mark auf zehn Millionen Mark, von dem sechs Millionen auf der Sitzung gezeichnet wurden.

Aktienbesitzer der Europa-Union

A. B. Aero-Transport, Stockholm
Ad Astra Aero AG, Zürich
Aeronaut, Estnische Luftverkehrs AG, Reval
Aero O.-Y., Helsingfors
Bayerischer Luft-Lloyd GmbH, München
Bayerische Luftverkehrs AG, München
Dansk Lufttransport A. B., Kopenhagen
Danziger Luftpost GmbH, Danzig
Junkers Flugzeugwerk AG, Dessau
Junkers Luftverkehrs-AG, Berlin
Lettländische Luftverkehrs AG, Riga
Luftverkehrs-Gesellschaft Ruhrgebiet AG, Essen
Oberschlesische Luftverkehrs AG, Gleiwitz
Österreichische Luftverkehrs AG, Wien
Rumpler Luftverkehrs AG, München
Sächsische Luftverkehrs AG, Dresden
Schlesische Luftverkehrs AG, Breslau
Stadt Dresden
Stadt Leipzig
Südwestdeutsche Luftverkehrs AG, Frankfurt

Für den Flugbetrieb im Jahr 1925 hatte die Trans-Europa-Union noch vor dem Zusammenschluß zur Europa-Union ein Streckennetz von 15 000 km geplant, das mit 14 dreimotorigen G 24 und 43 einmotorigen F 13, dazu 13 Frachtflugzeugen beflogen werden sollte.
Die Betriebskosten wurden anhand der bisherigen Erfahrungen im Junkers Luftverkehr mit 8 587 000,– Goldmark angesetzt, die Einnahmen aus Flugscheinen, Fracht, Versicherungen und Flugplatzgebühren mit 5 118 500,– Goldmark. Das Defizit von etwa 40 Prozent sollte durch Subventionen und Einnahmen aus der Postbeförderung gedeckt werden.

Dorniger Weg zur Einheitsgesellschaft

Zu Beginn des Winterluftverkehrs am 1. Oktober 1925 wollte die Europa-Union ihre Tätigkeit aufnehmen und das verdünnte Streckennetz von Nord- und Trans-Europa-Union befliegen. Da trat die Reichsregierung ganz überraschend mit einem bis dahin geheim gehaltenen Plan zur Fusion von Deutschem Aero-Lloyd und Junkers Luftverkehr an die Öffentlichkeit. Die neue Gesellschaft mit dem Namen Deutsche Lufthansa AG (Schreibweise bis 30. Juni 1933: Luft Hansa; dann: Lufthansa; heute: Deutsche Lufthansa Aktiengesellschaft) würde – so das Reichsverkehrsministerium – allein die Rechte für den Luftverkehr in das Ausland erhalten. Vom 1. Januar 1926 an würden keine Subventionen[137] mehr an die Europa-Union, den Deutschen

Aero-Lloyd oder die Junkers Luftverkehrs-AG gezahlt. Diese Ankündigung kam für alle Seiten überraschend – sie war mit keinem der beteiligten Unternehmen abgesprochen. Noch im September hatte Direktor Otto Julius Merkel vom Aero-Lloyd dem Reichskanzler Vorschläge über den großzügigen Aufbau eines weltweiten Flugnetzes im Interesse von Handel und Industrie unterbreitet, ohne von der neuen Konzeption etwas zu ahnen. Am 12. Oktober 1925 noch unterrichtete die Europa-Union ihre Mitarbeiter durch eine von Erhard Milch (Junkers) und v. Gablenz unterzeichnete Anweisung über die Abwicklung des Winterluftverkehrs unter dem Dach der Europa-Union. Die verantwortlichen Männer sowohl vom Aero-Lloyd als auch von der Junkers Luftverkehrs-AG hatten demnach zu diesem Zeitpunkt noch keine Ahnung von der geplanten Einheitsgesellschaft.
In der späteren Literatur wird die Gründung der Deutschen Lufthansa meist als eine von allen Seiten gewünschte und begrüßte Maßnahme dargestellt. Das war keineswegs der Fall; die Gesellschaften wurden vom Reich einfach erpreßt. Die Hintergründe waren zum Teil militärischer Natur.
In der Fach- und Tagespresse wurde gegen eine Einheitsgesellschaft Sturm gelaufen. Junkers war mit der Europa-Union schon auf dem Wege zu einer Einheitsgesellschaft gewesen, allerdings auf internationaler Basis. Verständlich, wenn Junkers, seine Mitarbeiter und die meisten der zur Europa-Union gehörenden Unternehmen ebenfalls gegen eine aufgezwungene Einheitsgesellschaft protestierten.
Für eine Fusion sprach sich dagegen Dr. Kurt Weigelt aus, stellvertretender Aufsichtsratsvorsitzender des Deutschen Aero-Lloyd. Er veröffentlichte Ende 1925 eine Schrift über die Entwicklung des Luftverkehrs seit 1919. Darin bezeichnete er die Investitionen mittlerer Städte wie etwa Gelsenkirchen, Hamborn, Oberhausen oder Görlitz in den Luftverkehr als Fehlentwicklung. Die Investitionen in Landeplätze und Infrastruktur lohnten nur für Großstädte – aber auch nur dann, wenn sie einer einzigen Gesellschaft zugute kämen. Schwierigkeiten für eine Fusion sah Weigelt in dem ganz unterschiedlichen Aufbau beider Gesellschaften – hier der Deutsche Aero-Lloyd (DAL) als reine Luftverkehrsgesellschaft, dort der Junkers Luftverkehr, für den eine Verwendung eigener Flugzeuge im eigenen Unternehmen oder in Partner-Gesellschaften Voraussetzung für die Einrichtung von Luftverkehrsstrecken war.
Ein Zusammenschluß mit einer Gesellschaft, die ein Konglomerat von Typen – vom Kriegsflugzeug bis zum bereits bestellten zweimotorigen Doppeldecker – einsetzte, mußte sich nach Meinung von Junkers, aber auch nach Ansicht vieler Fachleute, wirtschaftlich ungünstig auswirken. Die Internationalität der Europa-Union wäre dem Europa-Gedanken sehr förderlich gewesen; das Reich hätte allerdings nur beschränkten Einfluß auf eine solche Vereinigung von in- und ausländischen Partnern haben können.
Seinerzeit war August Euler an seinem europäischen Plan gescheitert, welcher der Zeit weit vorauseilte. Wenige Jahre später gehörte die Internationalisierung des Luftverkehrs in der Europa-Union wohl zu den vielen Gründen, die zur Auflösung des Unternehmens führten. Junkers blieb nichts anderes übrig, als sich auf dem Höhepunkt seiner Bemühungen um den Luftverkehr dem Diktat des Reiches zu beugen.
Der Vertreter des Staatsministeriums für Handel, Industrie und Gewerbe des Freistaates Bayern[138] schrieb nach einem Besuch des Reichsverkehrs-Ministeriums (RVM) in jener kritischen Phase des deutschen Luftverkehrs:

»Es wurde uns mitgeteilt, daß die Junkers Flugzeugfabrik vor dem Zusammenbruch stehe. Sie sei vollständig überschuldet und verpfändet. Der größte Gläubiger sei das Reich selbst. Über die Ursache des Zusammenbruches herrscht selbst im Ministerium noch Unklarheit, man spricht jedoch von dem sogenannten ›russischen Geschäft‹, das für Junkers mehr als verlustbringend ausgegangen sei. Man ließ aber auch durchblicken, daß es sich gerade bei dieser russischen Aktion nicht um eine Privatsache von Junkers handele, sondern daß die Politik des Reiches selbst dahinterstehe. Es wurde aber von allen von Anfang an fest versichert, daß die Junkers Flugzeugfabrik vom Reiche unter allen Umständen saniert werden würde. Dies sei für das Reich sowohl aus innen- wie aus außenpolitischen Gründen eine Notwendigkeit . . .
Dagegen habe das Reich nunmehr die Gelegenheit ergriffen, auch auf den Junkers Luftverkehr maßgebenden Einfluß zu gewinnen, indem es ein weiteres Darlehen davon abhängig gemacht habe, daß 80 Prozent der Aktien der Junkers Luftverkehrs-AG dem Reich übertragen würden . . . Das Reichsverkehrs-Ministerium erklärte, daß es diese Majorität nur dazu verwenden wolle, um die Fusion der beiden deutschen Luftverkehrskonzerne, Junkers und Aero-Lloyd, zu verwirklichen. Die Notwendigkeit einer solchen Fusion sei immer dringlicher, weil sich die beiden Konzerne nicht nur im Inland, sondern, was viel schädlicher sei, insbesondere auch im Ausland die wüsteste und unfairste Konkurrenz machten.«

Um diese Zeit hatte die Reichswehr ihre Position innerhalb der Regierung gefestigt. Am 9. Januar 1923 waren die Franzosen ins Ruhrgebiet einmarschiert mit der Begründung, Deutschland habe seine Reparationspflichten nicht erfüllt. Der Einmarsch löste in der ganzen deutschen Bevölkerung, besonders bei Heer und Marine, helle Empörung aus und führte bei der Marine zu einer grundlegenden Änderung ihrer Einstellung zum Friedensvertrag. Sie sah sich durch den aktiven, aber auch durch den passiven Widerstand der gesamten Ruhrbevölkerung bestätigt. Bisher galt bei der Marine die Losung »Rettung vor der Zerstörung«. Nach dem Ruhreinbruch galt die Losung »Kampf dem Friedensvertrag« und »Stärkung der eigenen Kampfmittel«[139].
Zu der gleichen Auffassung kam der damalige Chef der Heeresleitung, Generaloberst Hans v. Seeckt. Nach dem

Londoner Ultimatum vom 15. Dezember 1921 nun auch noch der Ruhreinbruch – diese Schmach veranlaßte ihn zu einer Denkschrift, in der er 1923 nicht nur einen Ausbau der Luftfahrt, sondern eine künftige Luftwaffe als selbständigen Wehrmachtteil forderte[140]. Als 1924 das Reichsamt für Luft- und Kraftfahrtwesen als Anhängsel der Abteilung für Wasserstraßen im Verkehrsministerium angegliedert wurde und schließlich Einzelheiten des mageren Ergebnisses des am 1. Dezember 1925 in London unterzeichneten Locarno-Vertrages bekannt wurden, war Seeckt maßlos enttäuscht. In Locarno hatte die Verhandlungsdelegation unter Führung Gustav Stresemanns zwar eine gewisse Verständigung mit Frankreich erreicht, dennoch war an dem Verbot jeglicher Militärluftfahrt festgehalten worden. Es war nur ein Ende der Baubeschränkungen in Sicht[141].

Der Weg zu selbst bescheidenen deutschen Luftstreitkräften blieb durch den Versailler Vertrag über Jahre hinaus weiter versperrt. So entschloß sich Seeckt, wenigstens praktische Erfahrungen zu sammeln[142]. Ein von ihm befürworteter und mit dem RVM ausgehandelter Plan, durch eine deutsche Einheitsgesellschaft in Zusammenarbeit mit dem RVM laufend Erfahrungsberichte über Flugzeuge und Motoren im Dauerbetrieb zu erhalten, nahm Gestalt an.

Seit Ende 1925 wurden Kopien wichtiger Schreiben durch das Reichsverkehrsministerium an Reichswehr und Marine übersandt. Die Marine hatte 1925, wie schon erwähnt, die geheime Seeflugzeug-Versuchs-Abteilung (Severa) mit Stützpunkten in Holtenau und Norderney, die später in Luftdienst GmbH umbenannt wurde, aufgebaut, das heißt, ein eigenes Luftverkehrsunternehmen, das im Rahmen eines Schleppdienstes von Zielscheiben für die Flakartillerie Dauererprobung mit allen die Marine interessierenden Flugzeugen flog.

Die Vorstellungen Seeckts paßten natürlich nicht in eine Organisation internationaler Art wie die Europa-Union, die zudem ein Interesse daran hatte, Flugzeuge nur eines Komplementärs zu fliegen.

Auch eine tiefe Verärgerung der Reichswehr gegenüber Junkers mag eine Rolle bei den Bestrebungen gespielt haben, die beiden wichtigsten Luftverkehrsunternehmen unter ein Dach zu bringen. Junkers war seinerzeit von der Reichswehr veranlaßt worden, in Fili bei Moskau – 1922 beginnend – ein Flugzeugwerk aufzubauen. Er hatte damals keine ausreichenden Erfahrungen über die Kosten, die ein solches Unternehmen verursachen würde – und die Reichswehr noch viel weniger.

Die Reichswehr drang während der Verhandlungen (1921) mit Junkers darauf, daß von den geheim zu führenden Gesprächen weder Notizen noch Protokolle angefertigt wurden. Folglich konnte Junkers später nicht mehr nachweisen, daß er pflichtgemäß darauf hingewiesen hatte[143], »daß ihm keine Mittel für das Rußland-Projekt zur Verfügung stünden und daß auf der anderen Seite die politischen und wirtschaftlichen Verhältnisse in Rußland eine Verpflanzung der in Frage kommenden Industriezweige vom kaufmännischen Standpunkt aus verböten«. Professor Junkers hatte dem Plan nur zugestimmt, weil man ihn an seinem nationalen Pflichtgefühl zu packen verstand. Junkers übernahm Verpflichtungen in vielfacher Millionenhöhe, ohne einen schriftlichen Auftrag oder finanzielle Rückendeckung durch das Reich zu haben. Als schließlich mehrfach größere Summen für das Rußlandgeschäft zur Zahlung anstanden, als mündlich vereinbart worden war, sah sich Junkers gezwungen, mit eigenem Geld einzuspringen und sich zutiefst zu verschulden.

Da die von Junkers für das Rußlandunternehmen verauslagten Gelder nicht zurückgezahlt wurden, stand Junkers vor dem Bankrott. Daraufhin übernahm das Reich am 1. Oktober 1925 die Leitung der Junkers Flugzeugwerke AG (IFA) mit dem Ergebnis, daß die Schulden des Werkes in der Folgezeit rapide anwuchsen. Erst am 20. Dezember 1926 kam es zu einem Vergleich. Junkers nahm ihn an, weil er langjährige Rechtsstreitereien vermeiden wollte und durch den Vergleich die Leitung seiner Werke wieder uneingeschränkt übernehmen konnte.

Die Presse-Kommentare über die geplante Fusion der beiden Luftverkehrs-Gesellschaften waren äußerst negativ. Sie richteten sich hauptsächlich gegen die überfallartige Entscheidung des Reichsverkehrsministerums.

Bei dem geplanten Zusammenschluß befürchtete man die mit einer Verstaatlichung verbundenen Bevormundung der Länder und bedauerte die Entrechtung der regionalen Gesellschaften. Dadurch, so meinte man, gingen die in den letzten Jahren von Landesregierungen, Städten und Gemeinden geleisteten Zuschüsse verloren. Andere Bedenken sprachen gegen die große Zahl von Banken, die hinter dem Deutschen Aero-Lloyd standen und gegen eine Ausschaltung jeglicher Konkurrenz, auf die nicht zuletzt der schnelle Aufstieg der beiden Gesellschaften zurückzuführen war. Zudem konnte sich niemand vorstellen, wie die beiden Konkurrenten mit so verschiedenartigen Organisationsformen zusammenarbeiten sollten.

Über Wochen hinweg waren aber vom Reichsverkehrs-Ministerum keine Einzelheiten über den Zusammenschluß zu erfahren.

Aus dem Schriftwechsel zwischen den Ländern und dem Reichsverkehrs-Ministerium einerseits und den Ländern untereinander ist zu erkennen, daß die Befürworter der Fusion selbst nicht wußten, wie sie die auseinanderstrebenden Interessen der Länder unter einen Hut bringen sollten. Sie waren auf einen so harten Widerstand nicht gefaßt gewesen. So wollte das Land Bayern den Bayerischen Luft-Lloyd, die Bayerische Luftverkehrs AG und andere Luftverkehrs-Unternehmen und ein Flugzeugwerk nicht einfach dem Reich überlassen, nachdem sie in diese Unternehmen erheblich investiert hatten. Sie verlangten sogar feste Zusagen für die Verwendung bayerischer

Flugzeuge in der neuen Gesellschaft, wie zum Beispiel für die vom Udet-Flugzeugbau.
Bayern schlug deshalb die Bildung einer Kommission vor, um die Bedingungen der Länder zu koordinieren[144]. Die Auseinandersetzungen mit den Ländern wurden erst bereinigt, als das Reichsverkehrsministerium endlich erklärte, eine Verstaatlichung sei gar nicht beabsichtigt. Das Reichsverkehrsministerium wünsche nur eine Beteiligung von 26 Prozent am Kapital der neuen Einheitsgesellschaft. Den Ländern wollte das Reichsverkehrsministerium 23 Prozent zubilligen, dem Deutschen Aero-Lloyd und den Regionalgesellschaften 51 Prozent.
Selbstverständlich hatte auch das Reichsverkehrsministerium eine Reihe guter Argumente, die für eine Einheitsgesellschaft sprachen, doch diese Erklärungen kamen nur sehr zögernd aus der Geheimnissphäre ans Tageslicht. Die Gegner der Fusion konnten sich solchen Argumenten auch nicht ganz verschließen.
War man schon in der Öffentlichkeit verschiedener Meinung, so galt dasselbe auch für die Regierung selbst. Das Reichsfinanzministerium war gegen eine finanzielle Beteiligung des Reiches an der Fusions-Gesellschaft. Dr. Krohne, Leiter der Abteilung für Wasserstraßen, dem am 1. April 1924 das Referat Luftfahrt zugeteilt worden war[145], schlug eine Aussprache zwischen Finanz- und Verkehrsminister unter Vorsitz des Reichskanzlers vor und überreichte ein Schreiben, in dem er sich mit dem Für und Wider auseinandersetzte[146].
Krohne legte darin die Entwicklung des Luftverkehrs von den Anfängen bis zur augenblicklichen Situation dar, in der eine ungleiche Konkurrenz entstanden war. Der Aero-Lloyd war ein reines Verkehrsunternehmen, das Aufträge auf neue Flugzeuge an verschiedene Werke vergab. Die Junkers Luftverkehrs-AG dagegen war nicht nur um des Luftverkehrs willen gegründet worden, sondern auch, um hier einen Absatzmarkt für Junkers-Flugzeuge zu schaffen. Die Subventionierung der Junkers Luftverkehrs-AG kam indirekt dem Junkers Flugzeugbau zugute, wohingegen die restliche Flugzeugindustrie leer ausging.
Auch hinsichtlich der Infrastruktur wirkte sich der Konkurrenzkampf nicht immer positiv aus: Auf vielen Flugplätzen gab es doppelte Flugleitungen, doppelte Ersatzflugzeuge, doppelte Ersatzteillager, Piloten, Monteure und Bürokräfte. Zwei Omnibusse fuhren gleichzeitig vom Stadtinneren mit nur wenigen Reisenden besetzt zum Flugplatz. Schließlich trug auch der hohe Werbeaufwand zur Erhöhung der Kosten bei.
Der Verdrängungswettbewerb im Ausland schadete dem deutschen Ansehen. Nicht zuletzt waren in der Europa-Union eine größere Zahl von ausländischen Luftfahrt-Unternehmen unter deutscher Führung zusammengeschlossen, was in Anbetracht der diffizilen Lage Deutschlands nach dem Kriege zu politischen Schwierigkeiten hätte führen können. Die beiden großen Unternehmen sollten deswegen nach den Vorstellungen des Reichsverkehrsministeriums in einer neuen Gesellschaft aufgehen. Das Reich wollte sich durch eine Beteiligung von 26 Prozent ausreichenden Einfluß sichern; privatwirtschaftliche Belange sollten in der neuen Gesellschaft aber überwiegen. Regionale Gesellschaften sollten meist bestehen bleiben und die Interessen der neuen Gesellschaft in ihrem Bereich unter neuem Namen vertreten.
Die neue Einheitsgesellschaft – von Krohne provisorisch Aero-Union genannt – sollte allerdings zwei Vorrechte haben. Sie sollte

- ☐ als einzige Gesellschaft Beihilfen erhalten
- ☐ allein die Auslandsstrecken betreiben.

Die Aero-Union sollte auch die innerdeutschen Routen bedienen und mit Ländern und Kommunen Verträge schließen. Die Subventionen würden der Aero-Union für ihre Auslandsstrecken gezahlt, ein Teilbetrag jedoch auch für Inlandsstrecken.
Durch eine kontinuierliche Unterstützung einer solchen Einheitsgesellschaft müsse es möglich werden, der erstrebten Eigenwirtschaftlichkeit näher zu kommen. Die viel zitierte Behauptung, eine Einheitsgesellschaft führe zur Ausschaltung des Wettbewerbes, sei insofern nicht stichhaltig, als die Konkurrenz zu den erdgebundenen Verkehrsmitteln bestehen bleibe und die Auslandsstrecken gegen ausländische Mitbewerber geflogen würden. Die Aero-Union werde beim Kauf von Flugzeugen freie Hand haben. Soweit die Argumente des Reichsverkehrsministeriums gegenüber dem Reichsfinanzministerium. Hätte man diese Gedanken von Anbeginn an veröffentlicht, wäre allen Beteiligten viel Aufregung erspart geblieben.

Militärs spinnen ihre Fäden

Das Reichsamt für Luft- und Kraftfahrtwesen war – wie schon erwähnt – der Abteilung für Wasserstraßen angeschlossen worden; die Stelle eines Ministerialdirektors als Leiter wurde eingespart. Damit war das Reichsamt für Luftfahrt- und Kraftfahrtwesen aufgelöst und der Chef der Abteilung Wasserstraßen, Dr. Krohne, dazu bestimmt, die Luftfahrt mitzubearbeiten. Diese gravierende Herabwürdigung der Luftfahrt fand damals kaum Beachtung in der Tages- oder Fachpresse.
Mit dem gleichen Datum des 1. April 1924 quittierte der erfahrene Ministerialdirektor Bredow als bisheriger Leiter des Reichsluftamtes den Dienst und ließ sich pensionieren – ein stummer Protest. Einige Monate später wurde auf Betreiben Seeckts[147] Hauptmann a. D. Ernst Brandenburg

Leiter einer neuen Abteilung Luftfahrt im Reichsverkehrsministerium. Seine Ernennung geschah unter dem Siegel der Verschwiegenheit. Aus den Akten wurde sie erstmals erkennbar durch einen Brief, in dem er sich mit dem zu befliegenden Streckennetz für 1925[148] befaßt; Kopien dieses Schreibens wurden an Heer und Marine weitergeleitet.
Am 10. September 1925 hatte Ernst Brandenburg in einem Vortrag[149] vor der Wissenschaftlichen Gesellschaft für Luftfahrt (WGL) zum Ausdruck gebracht, daß er sich gegen eine Fiskalisierung (Verstaatlichung) des Luftverkehrs stemme. Die Neueinstufung der Handelsluftfahrt sei in den Händen von Privatunternehmen besser aufgehoben, und diese Firmen müßten sich selbst überlassen bleiben. Die Luftverkehrsgesellschaften hätten lediglich den Konkurrenzkampf zu unterlassen, der das deutsche Ansehen im Ausland schädige.
In der deutschen Aero-Korrespondenz erschien im Oktober 1925 ein Leitartikel über »Fusionsbestrebungen im Luftverkehr«[150]. In diesem Bericht wurde unter anderem Brandenburgs Rede vor der WGL zitiert. In dem gleichen Bericht heißt es einleitend:

»Schon seit einigen Wochen gehen durch die deutsche Presse einander widersprechende Nachrichten, die von einer, angeblich vom Reich betriebenen, Verschmelzung der beiden führenden deutschen Luftverkehrsgesellschaften sprechen. Nunmehr liegen aber so merkwürdige Äußerungen vor, daß eine Klärung von amtlicher Seite notwendig erscheint.
Wir veröffentlichen dazu heute zunächst Auszüge aus den in der Fusionsfrage laut gewordenen Pressestimmen. Die Nachtausgabe des ›Tag‹ schreibt zunächst: ›Auf Anregung des Reichsverkehrsministeriums sind zwischen den beiden großen Luftverkehrsgesellschaften Aero-Lloyd und Junkers Luftverkehr Verhandlungen im Gange, um diese beiden Unternehmen zu einem Gebilde zusammenzuschließen . . .‹ Das Reich hat an dem Zustandekommen dieser Fusion ein besonderes Interesse, da die beiden Gesellschaften bekanntlich subventioniert werden. Das Reichsverkehrsministerium als Aufsichtsbehörde muß also darauf achten, daß diese Unternehmungen rentabel gestaltet werden . . .«

In einem anderen Absatz heißt es:

»Gerade die Erkenntnis von der Bedeutung des Luftverkehrs hat das ›Reichswehrministerium‹ dazu bewogen, hier eine grundlegende Änderung eintreten zu lassen. Die maßgebenden Stellen sind durchaus überzeugt, daß die Verkehrsgesellschaften sich den zwingenden Tatsachen nicht verschließen werden, damit das letzte Mittel, nämlich die Entziehung der Subventionen, nicht zur Anwendung zu kommen braucht.«
. . .

Mit Ernst Brandenburg, dem ehemaligen Kommandeur eines Bombengeschwaders, stand dem Reichsverkehrsministerium und dem Reichswehrministerium ein hervorragender Sachkenner sowohl der zivilen als auch der militärischen Luftfahrt zur Verfügung. Brandenburg war seit Dezember 1918 als Angestellter im Reichsluftamt tätig und mit den Fragen der damaligen zivilen Luftfahrt von Anbeginn vertraut. Er verstand es, die Lufthansa zu fördern, aber auch der Reichswehr die Möglichkeit zu geben, die technische Entwicklung in der Luftfahrt zu verfolgen, Personal auszubilden und dies in geschickter Weise zu tarnen.
Die damaligen Siegermächte hatten mit dem Versailler-Friedensdiktat der zivilen deutschen Luftfahrt über Jahre hinweg eine derart entwürdigende Zwangsjacke verpaßt, daß eine Art Trotz-Reaktion darauf gar nicht ausbleiben konnte.
Im übrigen wird die geheime Aufrüstung oft weit übertrieben. Von 1925 an standen aus dem schon erwähnten »schwarzen« Etat jährlich ganze zehn Millionen Mark[151] zur Verfügung. Davon wurden drei Millionen für die Forschung ausgegeben, für die Entwicklung, Erprobung und Beschaffung von Prototypen. Zwei Millionen wurden für das Flugversuchszentrum in Lipezk abgezweigt und die restlichen fünf Millionen dienten für die Ausbildung, Schulung, für die Beschaffung von Schulflugzeugen, für Lehrpersonal und den Unterhalt des ganzen Apparates.
Auf diese Weise werden Piloten, Funker und Navigatoren ausgebildet, die nach 1933 ohne Zweifel einen hervorragenden Kader an Lehrpersonal stellten. Diese geheime Ausbildung war den Geheimdiensten der Siegermächte wohl bekannt. Sie schien aber den Regierungen nicht gravierend genug zu sein, um offiziell einzuschreiten, – sie beließen es meist bei Protesten. Bei einem Etat von zehn Millionen Mark war auch an eine ernsthafte Aufrüstung nicht zu denken. Gründe zum Intervenieren hätte es – aus der Sicht der ehemaligen Siegermächte – allerdings 1933/34 gegeben. Der Welt wäre unendlich viel Elend erspart geblieben.

Eine Bilanz 1919 bis 1925: Fünf Jahre Luftverkehr, nach Karte und Kompaß

Mit der Gründung der Luft Hansa am 6. Januar 1926 begann eine neue Ära im Luftverkehr, ein steiler, viel bewunderter Aufstieg der Einheitsgesellschaft. Bevor die technische Entwicklung der Flugzeuge geschildert wird, soll ein kurzer Überblick über die gemeinsam erzielten Erfolge der verschiedenen Luftverkehrsgesellschaften gegeben werden, deren wegbereitendes Wirken bisher einzeln behandelt wurde. Die Luft Hansa konnte auf einem modernen Flugzeugpark aufbauen, einer zwar bescheidenen, aber

Streckennetz des deutschen Luftverkehrs Juni 1919*)

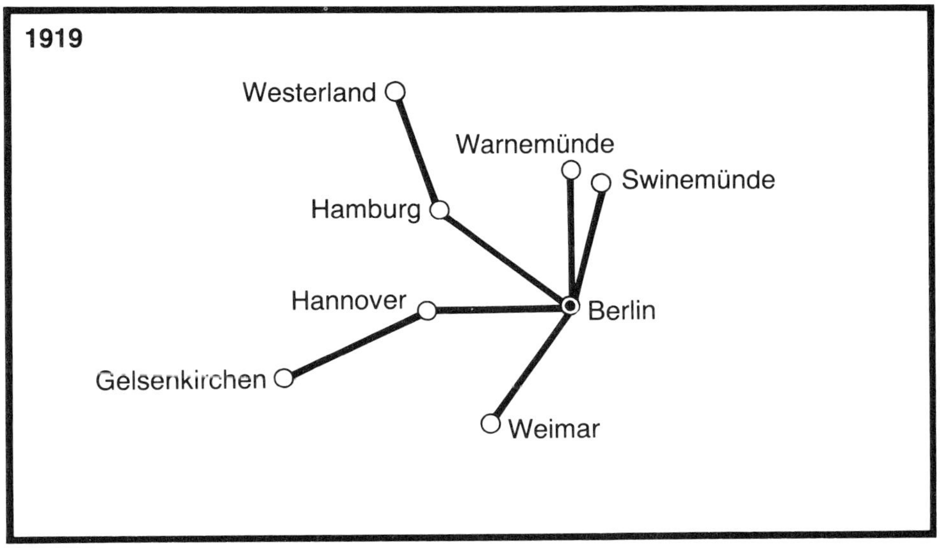

*) Quelle: Deutsche Lufthansa, Archiv

Streckennetz des deutschen Luftverkehrs Juni 1920*)

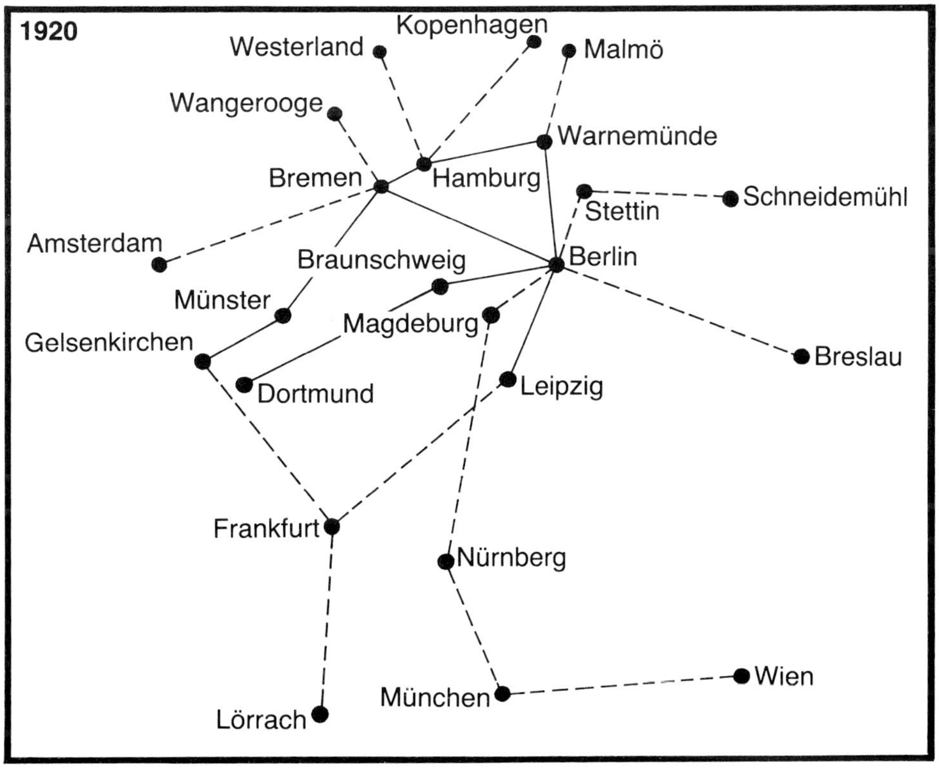

*) Quelle: Deutsche Lufthansa, Archiv

schon recht zuverlässig arbeitenden Infrastruktur, hatte erfahrene Verkehrspiloten und hervorragende Manager. Sie übernahm einen Stamm von wertvollem Personal in Technik und Verwaltung. Die Pioniere des Luftverkehrs besaßen 1919 von alledem nichts. Ihre Leistungen sind, wie die Statistiken zeigen, gerade deshalb so bewundernswert.

Luftverkehrsjahr 1921

Obwohl damals jede Gesellschaft ihre eigenen Vorstellungen von Statistik hatte, ergab sich doch durch entsprechende Veröffentlichungen in der Fachpresse ein gewisses Schema, dem sich die Gesellschaften anpaßten. Deshalb erzielte man auch schon zu jener Zeit durchaus vergleichbare Aussagen. Das Ergebnis des Jahres 1921 vom 1. April bis 31. Oktober spiegelt sich in der Tabelle »Luftverkehr 1921« wider. Die durchschnittliche Regelmäßigkeit hatte im planmäßigen Luftverkehr im April mit 85,9 Prozent ihren niedrigsten und im August mit 94,4 Prozent den höchsten Stand. Die Ergebnisse des damaligen Luftverkehrs sind umso höher zu bewerten, wenn man die durch das Friedensdiktat entstandene politische Lage berücksichtigt. Auch die Verwendung der ehemaligen Militärflugzeuge mit veralteten Motoren war ein großes Handicap.

Stand des deutschen Luftverkehrs 1921[152]

Einen Überblick über den Flugzeugbestand der 1921 zugelassenen Luftverkehrs-Gesellschaften gibt die folgende Tabelle.

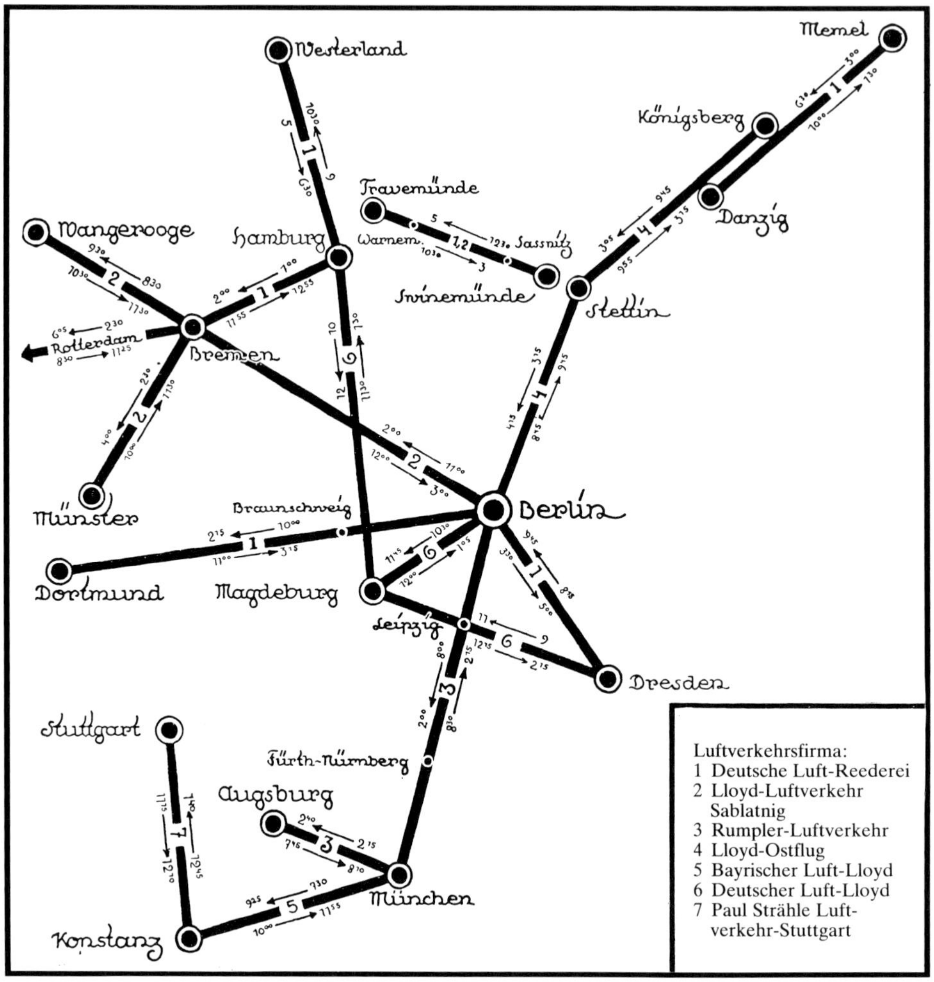

Deutscher Luftverkehr Juni 1921. Tägliche Verbindungen für Post und Passagiere*).

*) Quelle NfL 1921, S. 61

Deutscher Luftverkehr 1921

Luftverkehrsgesellschaft	Flugkilometer	beförderte Fluggäste	Fracht einschl. Post kg
Deutsche Luftreederei	594 922	2 848	18 438,420
Lloyd-Luftverkehr Sablatnig	260 533,5	1 309	7 169,148
Bayerische Rumpler-Werke	253 796	701	648,500
Lloyd Ostflug	264 622	665	627,000
Bayerischer Luft-Lloyd	63 496	283	305,000
Deutscher Luft-Lloyd	160 794	457	1 518,860
Paul Strähle	70 000	700	10,560
Summe	1 668 163,5	7 043	28 717,488

Flugzeugbestand der Luftverkehrs-Gesellschaften 1921[152]

Luftverkehrsgesellschaften	Landflugzeuge	Seeflugzeuge
Deutsche Luftreederei	38	9
Lloyd-Luftverkehr Sablatnig	13	4
Bayerische Rumpler-Werke	16	
Paul Strähle	3	
Bayerischer Luft-Lloyd	3	
Deutscher Luft-Lloyd	8	
Lloyd Ostflug	6	
Summe	87	13

1922: weniger Kilometer, mehr Reisende und Fracht

Das nächste Jahr war durch die Aufhebung des Bauverbotes am 5. Mai 1922 gekennzeichnet. Gleichzeitig wurden von den Siegermächten sogenannte Begriffsbestimmungen erlassen, mit deren Hilfe ziviles von militärischem Fluggerät angeblich zu unterscheiden war (siehe Kapitel »Der Versailler Vertrag – ein trügerischer Frieden«).

Die Luftverkehrs-Gesellschaften führten trotz allem den Verkehr unbeirrt weiter. Während der Monate Oktober bis März ruhte – wie im vorhergehenden Jahr – der Verkehr, weil auch 1922 ohne Instrumente für den Schlecht-Wetterflug um diese Jahreszeit keine ausreichende Regelmäßigkeit zu erzielen war.

Die Zahl der zurückgelegten Kilometer sank im Jahre 1922, was auf eine Bereinigung des Streckennetzes schließen läßt. Dagegen stieg die Anzahl der Fluggäste ebenso wie das Frachtaufkommen – ein Hinweis auf eine bessere Auslastung des Fluggerätes. Die am wenigsten frequentierte Strecke war die von Berlin nach Bremen; die meisten Fluggäste wurden auf der Strecke Berlin–Stettin–Danzig–Königsberg–Kowno–Riga befördert: 1614 Reisende auf 234 Flügen. 1922 wurden 65 370 kg Fracht transportiert.

Luftverkehr 1922: zurückgelegte Kilometer[153]

Luftverkehrsgesellschaft	April	Mai	Juni	Juli	August	September	Summe
Deutsche Luftreederei	33 830	53 722	64 200	64 477	47 038	37 257	300 524
Lloyd-Luftverkehr Sablatnig	14 427	17 862	18 839	19 443	23 372	16 849	110 792
Deutscher Luft-Lloyd	23 171	26 249	21 929	23 200	25 333	25 637	145 519
Bayerischer Luft-Lloyd	1 022	–	9 504	10 800	10 076	7 856	39 258
Paul Strähle	3 669	9 350	9 350	8 415	9 724	8 228	48 736
Lloyd Ostflug	–	58 449	70 012	67 335	73 207	67 136	336 139
Bayerische Rumpler-Werke	–	7 342	30 218	31 149	32 079	24 282	125 070
Junkers Flugzeugwerk	–	–	27 567	25 785	31 400	12 890	97 642
Summe	76 119	172 974	251 619	250 604	252 229	200 135	1 203 680

Beförderte Personen im Luftverkehrsjahr 1922

Luftverkehrsgesellschaft	April	Mai	Juni	Juli	August	September	Summe
Deutsche Luftreederei	221	421	449	601	564	373	2 629
Lloyd-Luftverkehr Sablatnig	16	45	73	128	186	42	490
Deutscher Luft-Lloyd	113	243	154	224	202	137	1 073
Bayerischer Luft-Lloyd	–	–	21	33	86	107	247
Paul Strähle	9	40	46	43	67	39	244
Lloyd Ostflug	–	277	448	339	406	330	1 800
Bayerische Rumpler-Werke	–	44	280	208	304	292	1 128
Junkers Flugzeugwerk	–	–	9	16	39	58	122
Summe	359	1 070	1 480	1 592	1 854	1 378	7 733

Monatliche durchschnittliche Regelmäßigkeit 1922 (in Prozent)

April	80,53	Juli	87,83
Mai	96,33	August	90,21
Juni	95,73	September	79,20

Diese Zahlen sprechen wiederum für hohes fliegerisches Können der Piloten, zumal auch in diesem Jahr fast nur ehemalige Kriegsflugzeuge Verwendung fanden. Modernes Fluggerät durfte ja wegen des Bauverbotes bis Mai weder in Deutschland hergestellt noch importiert werden. Vereinzelt tauchten die ersten Kabinen-Flugzeuge Junkers F 13, Sablatnig P III und Fokker F II auf.
Die Abteilung Luftfahrt im Reichsamt für Luft- und Kraftfahrt im Reichsverkehrsministerium (RVM) verfügte nach dem Stand von 1922 über 15 Beamte und fünf Schreibkräfte[154]. Der Etat betrug 30 310 651 Mark (Inflation). Davon entfielen auf Beihilfen 26 000 000 Mark, auf Bodenorganisation und Wetterdienst 2 687 000 Mark, auf wissenschaftliche Institute 60 000 Mark und auf Gehälter 873 051 Mark.
Die folgende Statistik über das Verkehrsaufkommen 1922 ermöglicht einen Vergleich mit dem Ausland. Es wurden aber auch Verkehrszahlen von 1921 verwendet, weil die Zahlen von 1922 im Januar 1923 noch nicht alle vorliegen konnten.
Die Zahlen des Junkers Luftverkehrs blieben unberücksichtigt. Wenn auch die Tabelle auf Schätzungen basiert, so zeigt sie doch, daß Deutschland nach der Niederlage im Krieg beachtliche Erfolge im Luftverkehr aufzuweisen hatte. (siehe Tabelle unten)

1923: Jahr der Rationalisierung

Ein weiteres erhebliches Absinken der geflogenen Kilometer von 1 203 680 auf 717 842 Kilometer ist das Ergebnis des Jahres 1923. Obwohl eine halbe Million Kilometer weniger geflogen wurde als im vorangegangenen Jahr, stieg die Zahl der beförderten Fluggäste von 7733 auf 8507 – wirtschaftlich gesehen ein besseres Ergebnis.
Der Versailler Vertrag hatte es den Alliierten gestattet, Deutschland zu überfliegen und nach eigenem Ermessen zu starten und zu landen. Diese Frist lief mit dem 1. Januar 1923[155] ab. Das stärkte die deutsche Verhandlungsposition bei den Überlegungen, ob der Luftverkehr weiterhin auf das Inland und den Osten beschränkt bleiben sollte oder ob er nach Westen ausgedehnt werden konnte.

Vergleich Verkehrsaufkommen 1922

	Deutschland	England	Frankreich
zurückgelegte Strecken in km	1 654 000*	400 000	1 450 000
beförderte Personen	6 820	11 850	5 700
Güter und Post in kg	31 000	44 000	107 000
Zuverlässigkeit in %	92		
für Luftverkehr aufgewendete Mittel, umgerechnet in Mark	30 Millionen	1 Milliarde (1 200 000£)	2,75 Milliarden (184 683 270 frs)

* 1921

Der deutsche Luftverkehr 1922*

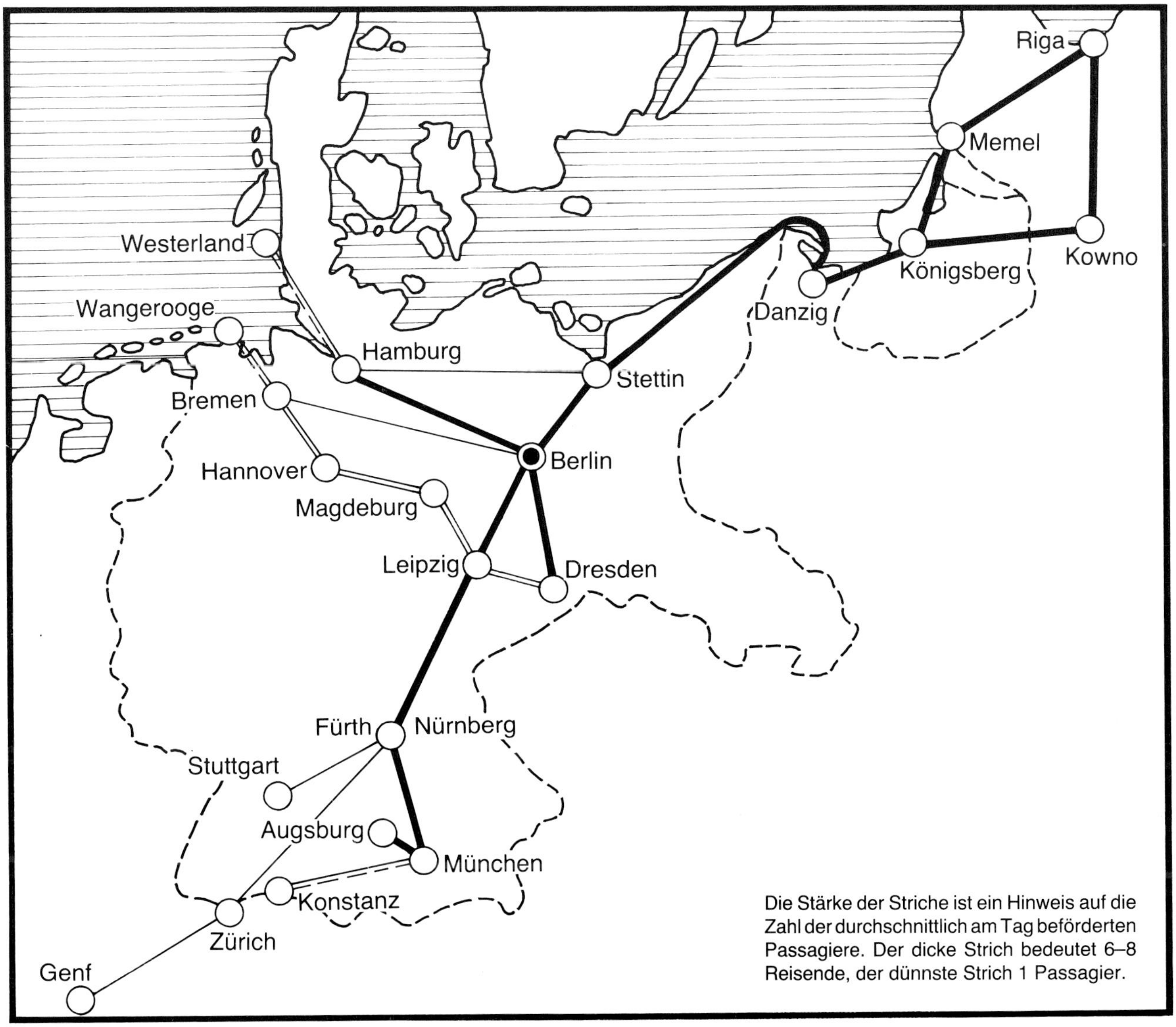

*) Quelle: NfL Nr. 8 vom 25. 2. 1923, Seite 85

Es bahnten sich nunmehr Verhandlungen mit den Engländern über einen gemeinsamen Betrieb einer Linie London–Bremen–Hamburg–Berlin an. Der englischen Gesellschaft Instone-Line wurde, nach englischer Zusicherung auf Gegenseitigkeit, eine Genehmigung für die Strecke London–Köln gegeben. Deutsche Gesellschaften verhandelten auch mit Paris über die Aufnahme eines Luftverkehrs. Dieser Vorschlag aber stieß auf keinerlei Gegenliebe. Schwierigkeiten für den Verkehr im Ausland ergaben sich aus dem unterschiedlichen Aufbau des Luftverkehrs: In England und Frankreich bestimmten die Regierungen die Strecken, die zu befliegen waren. Über ihre Bedienung sprachen sie erst danach mit den einzelnen Gesellschaften und handelten dabei einen Preis in Form von Subventionen aus. In Deutschland schlugen die Luftverkehrsgesellschaften in den meisten Fällen der Regierung die Strecken vor, die sie zu befliegen gedachten. Wurde Einverständnis erzielt, so stand einer Bedienung auf privatwirtschaftlicher Basis mit Hilfe von Subventionen (Kilometergeldern) nichts mehr im Wege. Erschwerend wirkte sich für die Befliegung

von Auslandsstrecken das Bauverbot aus und die diskriminierende Anordnung, daß Auslandsstrecken nur mit neuen Flugzeugen und neuen Motoren zu befliegen waren.
Da im Reichsverkehrsministerium nur beschränkte Mittel zur Verfügung standen, konnten lediglich solche Strecken subventioniert werden, die eine ausreichende Auslastung versprachen. Außerdem waren die Subventionen weitgehend von der Verwendung neuer Flugzeuge abhängig zu machen. Von diesen Erfahrungen wurde vom Reichsamt für Luft- und Kraftfahrtwesen[156] für den Luftverkehr 1923 weitgehend Gebrauch gemacht.
In einer schon erwähnten Schrift[157] des Deutschen Aero-Lloyd, die Vorstandsmitglied Otto-Julius Merkel verfaßt und an Reichskanzler Gustav Stresemann gerichtet hatte, wurden Probleme eines zukünftigen Luftverkehrs aus der Sicht einer Luftverkehrsgesellschaft behandelt. Die Vorschläge werden auszugsweise wiedergegeben, zumal der Reichskanzler sie positiv bewertete und empfahl, die Schrift als Arbeitspapier für Gespräche mit dem Reichsluftamt zu verwenden:

»70 Verkehrsflugzeuge befinden sich zur Zeit im Dienst; 200 wären notwendig für ein Auslandsnetz. Die Hälfte der Flugzeuge (100) kosten bei einem Durchschnittspreis von 80 000 Mark acht Millionen Goldmark zuzüglich Unterhaltungskosten von rund zwei Millionen Mark im Jahr. Zehn Millionen Goldmark wären demnach aus Reichsmitteln für das Programm zur Verfügung zu stellen. Der Flugzeugpark kann aber auch ganz durch die Privatgesellschaften finanziert werden bei Sicherstellung einer über zehn Jahre währenden Reichsunterstützung (jährlich 1,8 Millionen Goldmark). Ein kleiner Kreuzer oder ein Seeschiff kosten bereits weit mehr als 18 Millionen!«

Wenn der Plan verwirklicht würde, wäre sichergestellt:

- ☐ *Entwicklung des (eines Verkehrs-) Flugzeuges und eines Motors*
- ☐ *Schaffung und Erhaltung eines Kaders hochwertigen Personals (Personalerfahrungen sind das wertvollste Kapital einer Luftverkehrs-Gesellschaft)*
- ☐ *Baldiges Fußfassen im Ausland*
- ☐ *Dabei teilweise Kostenabwälzung von Subventionen auf ausländische Staaten, wie es durch den Junkers Luftverkehr in der Schweiz, in Polen, Rußland, Ungarn und Estland bereits gehandhabt wird*
- ☐ *Sicherung wirtschaftlichen Einflusses durch die Beherrschung wichtiger Luftfahrt-Handelsstraßen (Ersatz für Kolonien)*

Merk schreibt weiter:

»Eine technisch vollkommene Luftflotte wird immer mehr zum Ziel aller Nationen. Hierbei spielen militärische und polizeiliche Interessen der ausländischen Staaten eine wichtige Rolle, Dinge, an denen Deutschland uninteressiert (Versailles) ist. Deutschland ist verhältnismäßig frei im Handeln mit seiner Verkehrsluftfahrt. Ein größeres Auslands-Streckennetz würde der Wiederherstellung deutscher Geltung dienlich sein. Eine neuzeitliche Verkehrs-Organisation mit modernen Flugzeugen ist das beste Werbemittel für Handel und Gewerbe. Sie ist ein Träger deutscher Wirtschaftskraft und Kultur und wird zur Erhöhung der Ausfuhr und zum Ausgleich der Zahlungsbilanz führen. Die Werbewirkung ist besser als beim Seeschiff, weil dieses auf Hafenstädte beschränkt ist. Die Luftfahrt kennt keine Grenzen. Auch ist sie ein wichtiges Mittel zur Unterstützung politischer Ziele der Reichsregierung.«

Inflation und Währungsverfall

In jenem Jahr (11. Januar 1923) wurde das Ruhrgebiet von französischen und belgischen Truppen besetzt, da das Reich die finanziellen Forderungen aus dem Versailler Vertrag nicht erfüllen konnte. Die Bevölkerung an der Ruhr leistete passiven Widerstand. Eisenbahnen, Gruben und Fabriken wurden stillgelegt. Es folgten Verhaftungen, Erschießungen und ein Guerilla-Krieg, den die deutsche Regierung über neun Monate hinweg unterstützte, bis die materiellen Kräfte des Reiches am Ende waren und der Widerstand zusammenbrach. Der Verfall der Mark war nicht mehr aufzuhalten. Im April kostete ein Dollar 25 000 Mark, im August schon vier Millionen Mark. In Berlin wurde daraufhin 1923 die Rentenbank zur Sanierung der deutschen Währung gegründet. Die von ihr ausgegebene Rentenmark stellte eine Zwischenlösung bis zur Einführung der Reichsmark dar. Die Rentenmark war durch Rentenbriefe gedeckt, die auf Gold lauteten. Inzwischen kostete eine Goldmark bereits eine Billion Mark. Löhne und Gehälter wurden mehrmals wöchentlich gezahlt, viele Betriebe zahlten auch in Sachwerten wie Brot und Schmalz. Den Sparern blieb kein Pfennig. Das Volk war um den Lohn jahrzehntelangen Fleißes betrogen.
Erst 1925 zogen die französischen Truppen wieder ab. Aber auch die Besetzung der Ruhr hatte nichts daran geändert, daß Deutschland nicht in der Lage war, weitere Reparationen zu zahlen. Die Reparations-Kommission der Alliierten berief deshalb den amerikanischen Finanzexperten Charles Dawes zu ihrem Vorsitzenden, um die deutschen Finanzen zu sanieren. Er arbeitete 1924 den Dawes-Plan aus, der mit Hilfe von amerikanischen Anleihen zu einer Anpassung von Zahlungsmitteln an die Leistungsfähigkeit der deutschen Wirtschaft führen sollte. Man glaubte, Deutschland könne jährlich 2,5 Milliarden Goldmark als Wiedergutmachung zahlen. Aber auch diese Summe überforderte die deutsche Finanzkraft, so daß nach der ersten Jahresrate wieder Schwierigkeiten auftraten, die auf einer 1929 in Paris tagenden Konferenz zu dem nach dem Amerikaner Owen D. Young benannten Young-Plan führten.

Die Schulden Deutschlands zur Wiedergutmachung wurden auf 121 Milliarden Mark festgesetzt, die in 59 Jahren mit Jahreszahlungen von zwei Milliarden Mark getilgt werden sollten. Dieser Plan überforderte zwar ebenfalls die Wirtschaftskraft Deutschlands, die nach der Rentenmark 1924 eingeführte Reichsmark (RM) blieb dennoch bis 1948 stabil. Gleich den Währungen wechselten auch die Regierungen. 1922 trat Reichskanzler Josef Wirth (Zentrum) zurück. Ihm folgte Wilhelm Cuno, Generaldirektor der Hapag, der den passiven Widerstand gegen den Ruhreinfall unterstützte, nach dessen Scheitern aber zurücktrat. 1923 wurde Gustav Stresemann Reichskanzler und Reichsaußenminister. Noch im gleichen Jahr wurde er als Reichskanzler von Wilhelm Marx (Zentrum) abgelöst; Stresemann blieb aber Reichsaußenminister und erreichte eine Annäherung an Frankreich, die zum Abschluß des Locarno-Paktes (1925) und zum Eintritt Deutschlands in den Völkerbund (1926) führte.

* Die Ost-Europa-Union, ein Vorläufer der Nord-Europa-Union, besteht aus einer Betriebsgemeinschaft von: Junkers Luftverkehr, Berlin, Petrograd, Moskau, Lettländische Luftverkehrs A.G., Riga, Aero-Lloyd A.G., Berlin und Warschau, Danziger Luftpost G.m.b.H., Danzig, Aeronaut A.G., Reval.

** Der Vorläufer der Trans-Europa-Union besteht aus einer Betriebsgemeinschaft von: Junkers Luftverkehr, Berlin, Rumpler Luftverkehr A.G., München, Österreichischer Luftverkehr A.G., Wien, Aero-Expreß R.-T., Budapest, Ad Astra Aero A.G., Zürich.

Luftverkehr 1923

Lfd. Nr.	Strecke	Zwischenlandung	Unternehmer
1	Berlin (Staaken)–Königsberg	Danzig	Deutsche Aero-Lloyd A.G. und Ost-Europa-Union*
2	Königsberg–Reval	Memel, Riga	Ost-Europa-Union*
3	Berlin (Staaken)–London (Croydon)	Hamburg Bremen Amsterdam	Deutsche Aero-Lloyd A.G. und Daimler Hire Cy.
4	Genf–München	Zürich	Vorläufer Trans-Europa-Union**
5	München–Budapest	Wien	Vorläufer Trans-Europa-Union**
6	Königsberg–Moskau	Smolensk od. Kowno	Deutsch-russ. Luftverkehrs-Gesellschaft
7	Hamburg–Kopenhagen	–	Dänische Luftfahrt-Gesellschaft und Deutsche Aero-Lloyd A.G.
8	London (Croydon)–Köln	Brüssel	Instone Air Line
9	Danzig–Lemberg	Warschau	Polnische Aero-Lloyd G.m.b.H., Warschau

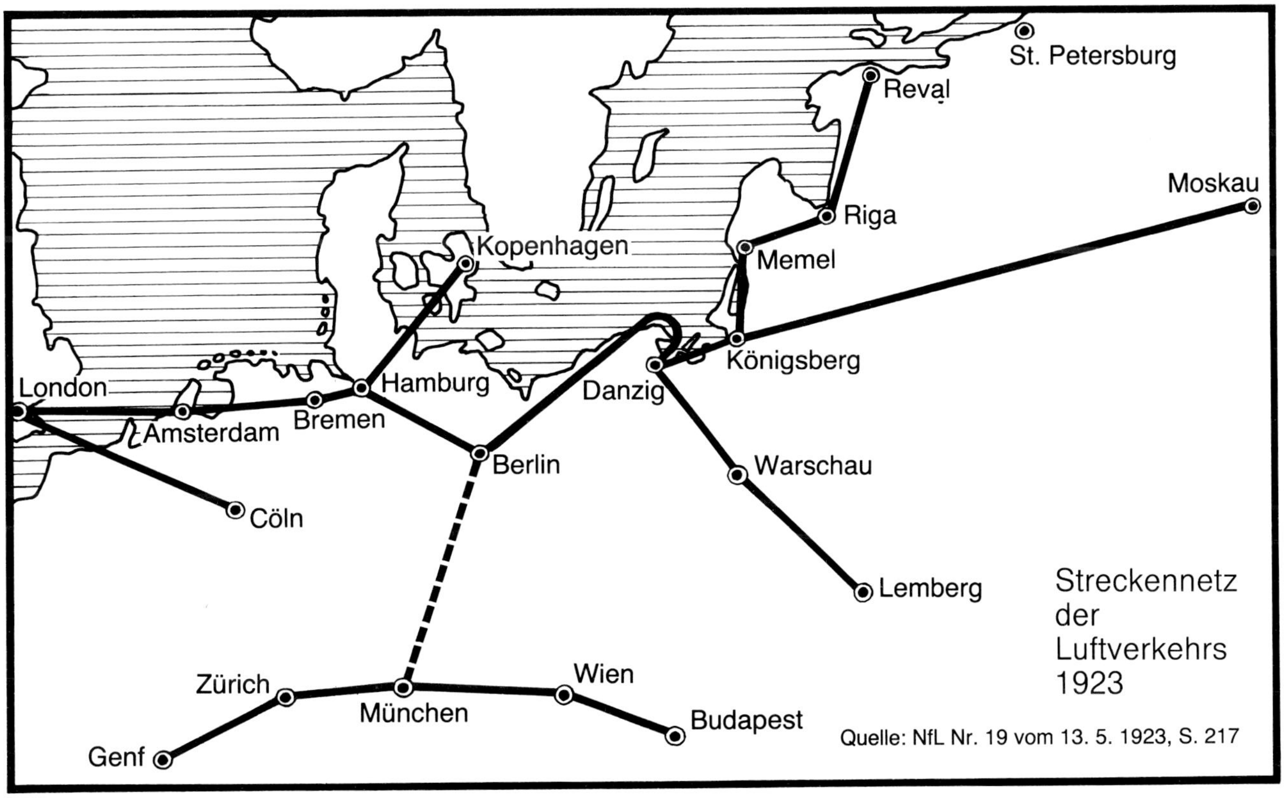

Streckennetz der Luftverkehrs 1923

Quelle: NfL Nr. 19 vom 13. 5. 1923, S. 217

Luftverkehr 1924 — Nachtflüge mit Post

Das von der Regierung subventionierte Auslands-Streckennetz im Luftverkehr des Jahres 1924 wurde von den beiden deutschen Luftverkehrsgesellschaften (»Deutscher Aero-Lloyd« und »Junkers Luftverkehr«) allein oder in Gemeinschaft mit ausländischen Unternehmen beflogen.

Der deutsche Luftverkehr 1924*

*) NfL Nr. 20 vom 20. 5. 1926, S. 241

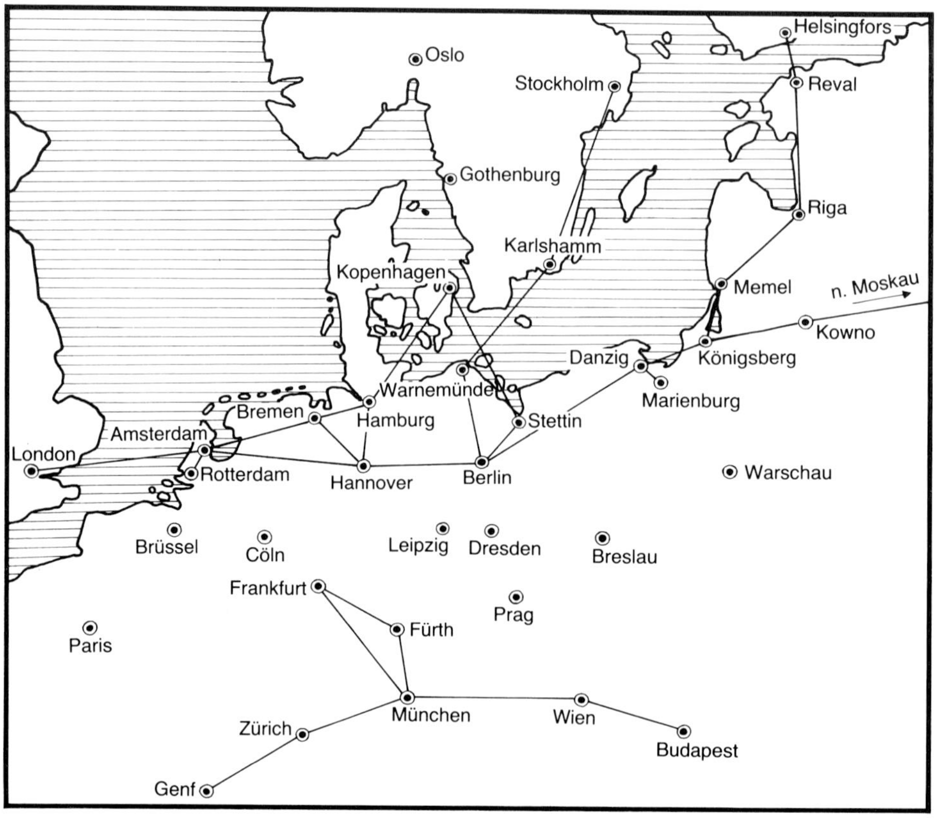

Streckennetz des Deutschen Aero-Lloyd 1924*

London–Amsterdam–Hannover–Berlin Rotterdam–Amsterdam–Bremen–Hamburg–Kopenhagen (Malmö)	in Gemeinschaft mit englischen, niederländischen und dänischen Luftverkehrsgesellschaften
Berlin–Danzig–Königsberg	zusammen mit Junkers

Hervorzuheben sind zwei Nachtstrecken: der Aero-Lloyd beflog erstmals die Poststrecke Berlin–Stettin–Kopenhagen und der Junkers Luftverkehr die Strecke Berlin–Warnemünde–Stockholm, beides Versuchsstrecken, um Erfahrungen für den Ausbau einer entsprechenden Bodenorganisation zu sammeln.

Streckennetz des Junkers Luftverkehrs 1924

Königsberg–Riga–Reval–Helsingfors Genf–Zürich–München–Wien–Budapest Frankfurt am Main–München (Anschluß nach Wien und Zürich)	in Gemeinschaft mit den der Trans-Europa-Union angeschlossenen ausländischen Luftverkehrsgesellschaften

Anschlußstrecken mit Kleinflugzeugen
Bremen–Hannover
Hamburg–Hannover

* NfL Nr. 20 vom 20. 5. 1926 (bearbeitet nach Unterlagen Junkers u. DAL)

Der Luftverkehr beginnt populär zu werden. Stolz stellen sich die Passagiere mit Piloten dem Fotografen vor dem Fokker F III-Flugzeug des Aero Lloyd.

Europäische Kontakte

Auf Einladung der dänischen Regierung fand in Kopenhagen vom 1. bis 3. Dezember 1924 eine internationale Luftverkehrs-Konferenz statt, auf der die Flugpläne der verschiedenen Gesellschaften abgestimmt werden sollten. An der Konferenz nahmen die Vertreter von neun Staaten teil: Dänemark, Schweden, Norwegen, Finnland, England, Holland, Belgien, Frankreich und Deutschland. Das Reichsverkehrsministerium wurde erstmals nach dem Ausscheiden von Ministerialdirektor Bredow durch Ministerialrat Ernst Brandenburg und Geheimrat Fisch vertreten. Das Reichspostministerium vertrat Ministerialrat Gut, den Junkers Luftverkehr Gotthard Sachsenberg und den Aero-Lloyd Martin Wronsky. Die Deutschen begrüßten es lebhaft, mit ihren englischen und französischen Gesprächspartnern Fühlung aufnehmen zu können. Inoffiziell war das wichtigste Thema dieser Konferenz die Beseitigung des rechtlosen luftpolitischen Zustandes zwischen Deutschland und seinen Nachbarländern, eine der ersten Voraussetzungen für den Aufbau eines friedlichen europäischen Luftverkehrs.

Ein weiteres beachtenswertes Ereignis des Jahres 1924 war der Versuch, den Luftverkehr über den Oktober hinaus bis zum 31. Dezember zu verlängern, um Erfahrungen für einen Winterluftverkehr zu sammeln.

Luftverkehr 1925: Fünf Millionen Flugkilometer, 55000 Reisende

Der Luftverkehr nahm im Jahre 1925 einen weiteren mächtigen Aufschwung. Wie die Statistik zeigt, stieg die Jahresflugstrecke von 1 583 492 km um mehr als das dreifache auf 4 949 661 km und die Anzahl der beförderten Passagiere von 13 422 um mehr als das vierfache auf 55 185. Diese ungewöhnlichen Steigerungen im Verkehrsaufkommen sind allerdings hauptsächlich auf den Junkers Luftverkehr zurückzuführen, der sich erst seit 1923 stark ausdehnte und nunmehr in dieser Statistik mit berücksichtigt wird.

Entwicklung des deutschen Luftverkehrs von 1919–1925[158]

Jahr	Anzahl der Flugzeuge: Kabinenflugzeuge	Anzahl der Flugzeuge: Offene Reise-, Sportflugzeuge	Anzahl der Flugzeuge: Summe	Anzahl der durchgeführten Flüge	Tägliche Flugleistungen in km	Jahresflugstrecke in km	Regelmäßigkeit in v.H.	Beförderungsleistungen Personen: Anzahl	Personen: Personen-km	Fracht: Gewicht Güter t	Fracht: Gewicht Post t	Fracht: Ges.-Gew. t	tkm	Bemerkungen
1919	–	–	144	–	–	580 139	–	2 042	–	–	–	9,9	–	
1920	27	115	142	–	3 060	480 053	–	3 975	–	5,7	6,4	12,1	–	
1921	34	124	158	–	6 780	1 654 000	90,8	6 820	–	–	–	31	–	
1922	50	75	125	2 504	9 860	1 203 680	86,3	7 733	–	37	32	69	–	
1923	72	73	145	3 064	9 670	717 842	84,0	8 507	2 062 901	39	5	44	9 501*	
1924	107	142	249	4 198	15 030	1 583 492	84,4	13 422	3 266 334	71	22	93	41 513	
1925	142	182	324	18 634	35 174	4 949 661	89,7	55 185	10 603 035	521	287	808	178 328	

* ohne Post

Streckennetz des deutschen Luftverkehrs 1925*)

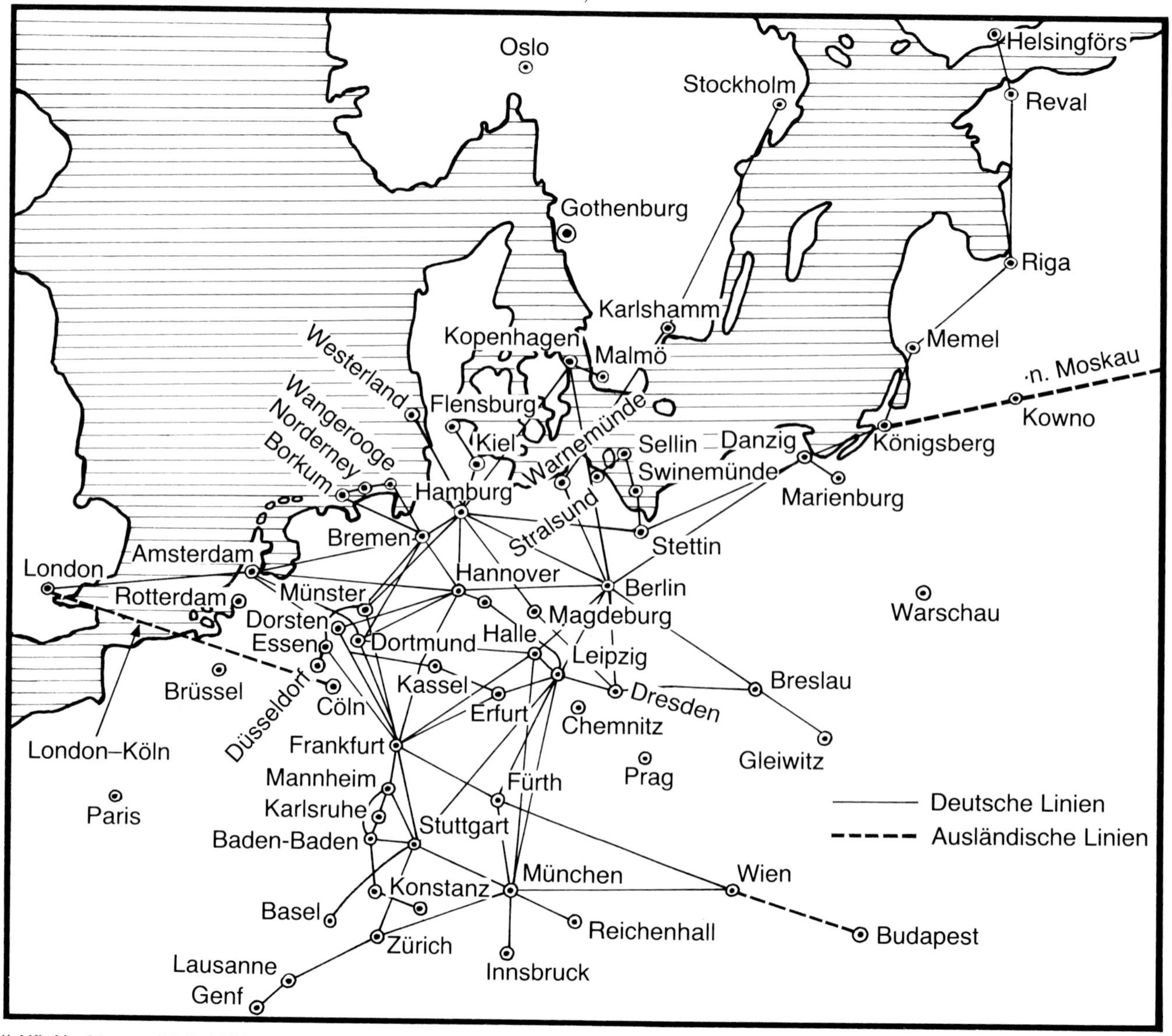

*) NfL Nr. 21 vom 27. 5. 1926

Anmerkungen

1 Peter Meyer, Luftschiffe, Die Geschichte der deutschen Zeppeline, Verlag Wehr u. Wissen, Koblenz/Bonn, 1980

2 Peter Supf, das Buch der Deutschen Fluggeschichte, Vorzeit und Werdezeit, Dreibrunnenverlag Stuttgart, 1958

3 Wilhelm Burger, Jahrbuch für Luftverkehr 1925, Die deutsche Luftpost, Rückblick und Ausblick

4 ÖFH, Sondernummer 1980, Österr. Luftfahrt Museum Wilhelm König, Schachenweg 14, 8073 Graz, Neu-Seiersberg

5 Text der entscheidenden Anordnung von Direktor Paul Mamroth der AEG vom November 1917 (Archiv Lufthansa)
»Unter Bezug auf die beifolgende Denkschrift des Herrn Hauptmann Mackenthun wird in Aussicht genommen, eine Organisation zu schaffen, um der voraussichtlichen Entwicklung dieses Gebietes vorbereitend gerecht zu werden und vielfachen Bestrebungen von anderer Seite zuvorzukommen.
Es soll eine GmbH unter der Firma »Deutsche Luftreederei« ins Leben treten, die die einschlägigen Fragen studieren und die Erwerbung von Konzessionen vorbereiten soll.
Unter Abänderung der Satzungen kann die Gummiwerk Oberspree GmbH, deren Grundkapital zweieinhalb Millionen Mark beträgt, dafür Verwendung finden. Für die Geschäftsführung werden die Herren Mackenthun und Dr. von Rieben in Aussicht genommen, für den Aufsichtsrat die Herren Jordan und Mamroth sowie etwaige weitere Persönlichkeiten, die der Sache nutzen können.« gez. Mamroth

6 »Eine Million Kilometer im Luftverkehr der DLR«, Festschrift mit einem Vorwort von Reichspräsident Ebert, Berlin 1920

7 Schreiben AEG, Mamroth, vom 15. 11. 1917 und Pressenotiz vom 3. 12. 1917

8 Eine Million Kilometer im Luftverkehr der DLR

9 Vortrag Nr. 17, Oberleutnant Baeumker »Verwaltungskörper, Wirtschafts-Verbände, Vereine, Fachpresse der deutschen Luftfahrt«
ohne Datum, wahrscheinlich 1921

10 Jahrbuch Luftverkehr 1924, S. 9 ff.

11 Äußerungen von Prof. Johann Schütte während einer Sitzung des Reichsluftamtes vom 10. Mai 1919

12 Schreiben der Ilük an die Friedens-Kommission vom 11. 1. 1920

13 Laut Vortrags-Protokoll Nr. 5 T. 4 222/10.20 T 4 III F 2 vom Oktober 1920 »Durchführung der milit. Luftklauseln des Friedens-Vertrages«

14 Reichsamt für Luft- und Kraftfahrtwesen 81834.20 II S Fh/Co. vom 20. 5. 1920

15 Flight 26. 2. 1920 und Flugsport 6/7/1920

16 Manuskript Vortrag Oblt. Baeumker

17 Luftfahrt International 6–8/1980 und 2–11/1981

18 Schreiben Reichsamt für Luft- und Kraftfahrtwesen L. 81891.20 II J Fh/Co vom 22. 5. 1920

19 NfL Nr. 11 vom 17. 12. 1920

20 NfL Nr. 15 vom 15. 4. 1921, Flugsport 9/1921, S. 198

21 NfL 5/1920 vom 5. 11. 1920

22 NfL 5/1921 vom 4. 2. 1921

23 D. R. d. F. V. E. 2750 vom 30. 3. 1921

24 Reichszentrale für Heimatdienst, Richtlinie Nr. 117 vom Februar 1926

25 NfL Nr. 18 vom 6. 5. 1921

26 NfL Nr. 31 vom 5. 8. 1921, Reichs-Gesetzblatt vom 15. 7. 1921 S. 850–855

27 Erlaß Reichsverkehrsminister Nr. L. 81.482/21. J. vom 6. 8. 1921

28 Reichsgesetz vom 29. 6. 1921

29 Flugsport 16/17/1921, S. 279

30 Illustrierte Flugwoche Nr. 14 vom 6. 7. 1921

31 Flugsport 9/10 vom 5. 5. 1922

32 Aufgrund des Gesetzes über die Beschränkungen des Luftfahrzeugbaues vom 29. 6. 1921 (Reichsgesetzblatt S. 789) und die Verordnung über Luftfahrzeugbau vom 5. 5. 1922 (Reichsgesetzblatt I, Seite 476)

33 Entwurf der Verordnung VF 8179 Anlage 2

34 Flugsport 16/17 vom 23. 8. 1922

35 Schreiben Truppen-Amt Nr. 143/L 23 T 2 im Reichswehrministerium vom 9. 7. 1923

36 Schreiben RVM vom 26. 6. 1923, Nr. 111, 332.23.0 gezeichnet von Bredow

37 Reichs-Gesetzblatt 1918 Nr. 163 (Nr. 6549) vom 26. 11. 1918, NfL Nr. 1/1920, S. 2

38 Reichs-Gesetzblatt 1918 Nr. 171 (Nr. 6569) vom 4. 12. 1918

39 Das genaue Datum konnte nicht ermittelt werden. Das erste zur Zeit auffindbare Schreiben des Reichsamtes für Luft- und Kraftfahrtwesen Nr. L. 9608.19.RiCo trägt das Datum vom 20. 12. 1919

40 vom 9. 1. 1919 Nr. 136/19

41 Artikel: Die Entstehung des Reichsamtes für Luft- und Kraftfahrtwesen von August Euler, Ausgabe 1/2 1920, Verlag Gustav Braunbeck GmbH, Berlin SW 35

42 Reichsluftamt Fl/G. vom 25. 2. 1919, Staatstelegramm SSD

43 Schreiben des Bayerischen Ministeriums für militärische Angelegenheiten 21753 A vom 14. 2. 1919 an die Staatsministerien des Äußeren und Inneren, der Kultur, des Verkehrs, der Justiz, der sozialen Fürsorge und der Finanzen

44 Schließlich handelte es sich hier um Flugstrecken, die zwischen Staatsministerien und militärischen Stellen ausgehandelt worden waren.

45 Schreiben Reichsluftamt vom 19. 8. 1919

46 Flugsport Nr. 22/1920, S. 504

47 Reichsluftamt Nr. 3781/19 Teil IV vom 10. 5. 1919

48 Schreiben Reichskriegsministerium Nr. 9089/19. A 7 L. IC. C. vom 18. 8. 1919

49 Flugsport Nr. 9 vom 30. 4. 1919, S. 265 ff.

50 Reichsminister des Inneren II 4022 vom 23. 5. 1919

51 Druckschrift, Entwurf Reichsluftamt 4110/19 vom 10. 6. 1919

52 Gesetzestext: »Die Reichsregierung wird ermächtigt, die Bearbeitung der die Luftfahrt betreffenden Angelegenheiten auch anderen als den in der Verordnung vom 26. November 1918 betreffend der Regelung der Luftfahrt (RGBL S. 1337) bestimmten Behörden zu übertragen.«

53 Flugsport Nr. 3/1921, S. 67 – nach Junkers Luftverkehrs-Nachrichtenblatt vom 31. 3. 1924 erfolgte Amtsübernahme am 28. 2. 1921

54 Flugsport Nr. 4/1921, S. 95

[55] Flugsport 1921 Nr. 20 vom 12. 10. 1921, S. 454
[56] Verfügung vom 5. 2. 1919, siehe Festschrift der DLR: Eine Million km im Luftverkehr
[57] Ulrike Böttcher: Weimarer Schriften zur Heimatgeschichte, Die bürgerlich-demokratische Revolution 1848–1849 in Weimar
[58] Mitteilung DLR vom 31. März 1920 über das erste Betriebsjahr
[59] Nachrichten für Luftfahrer/NfL, 9. Jahrgang 1928
[60] s. Geschäftsbericht DLR vom 11. 5. 1921, in dem von 54 Flugzeugen zuzüglich drei Großflugzeugen die Rede ist
[61] Illustrierte Flugwelt, 2. Jahrgang 1920, S. 295
[62] Eine Million Kilometer Luftverkehr der DLR, Berlin, den 26. November 1920, herausgegeben von der Deutschen Luftreederei GmbH
[63] Bericht Archiv H. u. B. v. Römer
[64] Aus dem Protokoll der Sitzung vom 27. 5. 1919 im Reichsluftamt vom 10. 6. 1919. Tagesordnung: Gemischt-wirtschaftliche Luftverkehrsunternehmung
[65] Schreiben Raab vom 16. 6. 1980
[66] Es stellte sich später heraus, daß Schwandt wahrscheinlich durch einen Propellerschaden verunglückt war, auf den sein Monteur ihn schon vor dem Flug aufmerksam gemacht hatte!
[67] Luftweg 1920, Nr. 50/51, S. 6–8
[68] Festschrift »Eine Million Kilometer Luftverkehr der DLR«
[69] Schreiben des Reichsamts für Kraftfahrtwesen vom 17. 6. 1920
[70] lt. Festschrift DLR: »Eine Million Kilometer Luftverkehr der DLR« am 18. 10. 1920
[71] am 29. Juli 1921 lt. Luftweg 1921
[72] interne teils hand-, teils maschinengeschriebene DLR-Studie: Leistungen und Benzinverbrauch der Flugzeuge 1921
[73] Nr. L. 81834/21 J. vom 7. 10. 1921
[74] Dr. Hermann Döring, Erfahrungen im Luftverkehr, Flugsport Nr. 12 vom 14. 6. 1922, S. 186 ff.
[75] NfL 4/1922
[76] Niederschrift Sitzung Verwaltungsrat DLR vom 14. 6. 1922 in der AEG
[77] Schreiben Aero-Union vom 1. Januar 1923
[78] Vertrauliches, gedrucktes Manuskript zur Gründung der Deutschen Aero-Lloyd Aktiengesellschaft vom 1. 3. 1923
[79] NfL Nr. 14/1922, lt. Kredel, Die Deutsche Handelsluftfahrt, Adolf Sponholtz Verlag, Hannover, Seite 7 Gründung IATA am 25. 8. 1919
[80] Lloyd Luftverkehr Sablatnig-Nachrichten
[81] Nach dem Berliner Handelsregister (1923) fand die Gründung der Gesellschaft 1921 in Berlin statt.
Eine Veröffentlichung in der Illustrierten Flugwoche 1921 spricht von einem Vertragsabschluß vom 6. Oktober 1920 bis 26. Januar 1921. Die Verhandlungen haben sich demnach über einige Monate hingezogen.
[82] Die Illustrierte Flugwelt, Jahrgang 1920, bringt einen Auszug aus der Eintragung: »Gegenstand des Unternehmens bildet der Verlag und Vertrieb von Werken und Zeitschriften, sowie der Betrieb einer Annoncen-Expedition und der Betrieb aller sonstigen in dies Fach einschlagenden Geschäfte und Unternehmungen. Ferner bildet Gegenstand des Unternehmens der Betrieb aller mit der Luftschiffahrt und ihrer Förderung zusammenhängenden Geschäfte und Unternehmungen, sowie die Beteiligung an solchen Geschäften und Unternehmungen. Das Stammkapital beträgt 150 000 Mark. Geschäftsführer ist Direktor Wilhelm Friedrich Jordan.«
[83] Luftpost Nr. 22/1919
[84] Kopie Übersetzung des Originalschreibens der Ilük EAM/2673/39 vom 17. 6. 1920
[85] Luftweg Nr. 49/50 1921
[86] Luftweg 49/50/1921
aerokurier 8/1977, S. 824
[87] Illustrierte Flugwoche, 3. Jahrgang, 1921, S. 292
[88] aerokurier 9/1981; mit Genehmigung des Verlages entnommen
[89] David Irving: Die Tragödie der Deutschen Luftwaffe; aus den Akten und Erinnerungen von Feldmarschall Erhard Milch, Ullstein-Verlag 1970, S. 30–35
[90] Eintragung 1921 im Handelsregister Berlin
[91] Richard Blunck, Hugo Sunkers, Wilhelm Limpert-Verlag, S. 127, Gründung Danziger Luftpost GmbH am 8. 3. 1921
[92] Schreiben Ilük vom 3. 11. 1921 an Luftfriko Nr. 2515.10.21
[93] Junkers Vertriebsstatistik: Archiv Wilhelm Sachsenberg
[94] Junkers Chronik, der Technisch-Literarischen Abteilung der JFM
[95] Junkers und die Weltluftfahrt, Richard-Pflaum-Verlag, München, S. 69
[96] Richard Blunck: Hugo Junkers, Wilhelm Limpert-Verlag, Berlin, S. 128
[97] Irving, Tragödie der Deutschen Luftwaffe, aus Akten und Erinnerungen von Feldmarschall Erhard Milch, S. 34
[98] Irving, Tragödie der Deutschen Luftwaffe, aus Akten und Erinnerungen von Feldmarschall Erhard Milch, S. 34
[99] Manuskript: Deutscher Aero-Lloyd AG vom 1. 3. 1923, S. 9
[100] Deruluft, 1 Million Luftkilometer, Festschrift vom 7. 8. 1925 Offizielle Eröffnung am 1. Mai 1922
[101] RR 1 bis RR 10 = Zulassungsnummern der Deruluft-Flugzeuge
[102] Polte, »Uns aber gehört der Himmel«, Athenäum-Verlag, Bonn
[103] Prospekt: Deruluft 1921–1926 (1927)
[104] Schreiben des Reichsministers der Luftfahrt L B I 5 Nr. 3122/37 vom 16. 11. 1937
[105] Aus Vierteljahreshefte für Zeitgeschichte, 1. Jahrgang 1955, Reichswehr und Rote Armee von Helm. Speidel mit Aussagen von Generaloberst a. D. von Vietinghoff und General a. D. v. d. Busse S. 22–23
[106] seit 24. 11. 1919
[107] von 1920 bis 1926
[108] Seeckt, 1918–1936; von General der Artillerie Dr. h. c. Friedrich von Rabenau, Chef der Heeres-Archive, v. Hase u. Koehler-Verlag, Leipzig, 1940 S. 306
[109] Theodor Schieder, Die Probleme des Rapallo-Vertrages, eine Studie über die deutsch-russischen Beziehungen 1922–1926, Westdeutscher Verlag, Köln und Opladen, S. 20 ff.
[110] Theodor Schieder, S. 22
[111] Theodor Schieder, S. 27 ff.
[112] Druckschrift Deutscher Aero-Lloyd, Berlin 1. 3. 1923
[113] Interner Bericht des RVM vom 9. 5. 1923, Schreiben RVM an Staatssekretär der Reichskanzlei L. Nr. 80 732/23 J. vom 14. 5. 1923
[114] F. Britten Austin, »Europa geht in die Luft« in der Saturday Evening Post vom 29. 8. 1925, mehrere Folgen

[115] Wolfgang Wagner: Geschichte der deutschen Luftfahrzeugtechnik, Von der J 1 bis zur F 13, Leuchtturm-Verlag, Konstanz

[116] F. W. Schmitz, Junkers F 13 nach 25 Jahren gesehen, Luftwissen 1944, Bd. 11, Nr. 6, S. 147 ff.

[117] Junkers-Archiv Deutsches Museum

[118] Vertriebsliste Junkers-Werke, Avicentra-Archiv

[119] Die Junkers Lehrschau 2. Auflage, Dessau 1939, S. 42

[120] Richard Blunk: Hugo Junkers, Wilhelm Limpert-Verlag, Berlin, 1943, S. 124

[121] Richard Blunk: Hugo Junkers, Wilhelm Limpert-Verlag, Berlin 1943, S. 156–158

[122] Vertriebsliste Junkerswerke, bearbeitet vom Technischen Kundendienst

[123] Fischer v. Poturzyn und August Dresel, Junkers und die Weltluftfahrt, Richard-Pflaum-Verlag, München, S. 69 (1921) und Junkers-Chronik (2. 12. 1921) und nach Blunk 1. 1. 1922

[124] Junkers Chronik: August 1924; Schreiben Trans-Europa-Union Dezember 1925

[125] Lorenz Stucki, Swissair, Verlag Huber, Frauenfeld-Stuttgart

[126] Richard Blunck, Hugo Junkers, a.a.O., S.

[127] Statistiken: Junkers Luftverkehr 1924, Juni 1924

[128] Erfahrungsbericht der Junkers Luftverkehrs-AG vom 1. 12. 1925 an das Reichsverkehrsministerium

[129] lt. Junkers Chronik am 27. November 1923

[130] Fischer v. Poturzyn u. August Dresel, Junkers und die Weltluftfahrt, S. 70, Richard-Pflaum-Verlag, München

[131] Quelle: Junkers Verkaufs- und Exportliste. Enthält nur von Dessau gelieferte und keine im Werk Fili bei Moskau hergestellten Junkers-Flugzeuge, Avicentra-Archiv

[132] Gründung am 22. 10. 1923 in München nach Bericht Treu vom Dezember 1925

[133] Schrift: Junkers Luftverkehrs-AG vom 2. 7. 1924 Aufstellung Trans-Europa-Union

[134] Bericht Europa-Union KAG, Dessau vom 12. 10. 1925

[135] am 7. September 1925 lt. Junkers Luftverkehrs-Nachrichten vom 28. 9. 1925 und Luftweg Heft 19, S. 239

[136] am 11. 7. 1925 lt. Bilanzbericht der Europa-Union in Handelsregister eingetragen

[137] 1925 erhielten lt. Kölnischer Zeitung vom 25. 10. 1925 DAL und Junkers vom Reich je 2,5 Millionen Mark Subventionen, entsprechend einem Drittel der Betriebskosten. Das zweite Drittel wurde von Ländern und Gemeinden bezahlt, die restlichen Kosten aus eigenen Einnahmen finanziert.

[138] Schreiben Staatsministerium für Handel, Industrie und Gewerbe vom 19. 10. 1925 an Bayerisches Staatsministerium der Finanzen

[139] Der Prozeß gegen die Hauptkriegsverbrecher 14. 11. 1945 bis 1. 10. 1946, veröffentlicht in Nürnberg, S. 548–549

[140] Rabenau, Friedrich: v. Seeckt, 2. Bd. Leipzig 1940, S. 529

[141] Der Reichsverkehrsminister L. I. 3270 26 Reichstag III Wahlperiode 1924/26, Entwurf eines Gesetzes zur Durchführung der Artikel 177, 178 und 198 des Vertrages von Versailles.

[142] Rabenau, Friedrich: v. Seeckt, 2. Bd. ebenda

[143] Darstellung der Beziehungen zwischen dem Reichswehrministerium (Heeresleitung) und Professor Junkers vom Herbst 1921 bis Herbst 1926, zusammengestellt vom Büro des Justizrates Dr. W. Leerenfeld und Junkers-Werke Hauptbüro vom 30. 6. 1978, s. a. Junkers Nachrichten 1/1980, 2/1980, 1/1981, 1/2/1982, 1/2/1983

[144] Schreiben Bayerisches Staatsministerium vom 24. 11. 1925

[145] NfL vom 16. 3. 1924, Luftweg 1924 Heft 4, S. 80

[146] Reichsverkehrsminister L 2/12711/25 vom 14. 12. 1925

[147] Rabenau, Friedrich: v. Seeckt, 2. Bd., Leipzig 1940 S. 529

[148] RVM 2./87527/24 vom 22. 12. 1924

[149] Deutsche Aero-Korrespondenz Nr. 43 vom 29. 10. 1925

[150] ebenda

[151] Die Entwicklung der militärischen Luftfahrt in Deutschland 1920–1933, Schriftenreihe des Militärgeschichtlichen Forschungsamtes 1962

[152] Illustrierte Flugwoche, Jahrgang 4, 1921, Verlag Dr. Stein u. Kroll, Leipzig

[153] Illustrierte Flugwoche, 5. Jahrgang 1923, S. 53, NfL Nr. 8/1923

[154] vorläufige Statistik RVM 1922

[155] Schreiben RVM L. Nr. 70 849/23 H vom 31. 3. 1923

[156] vertrauliche Schrift, Gesichtspunkte für die Erörterung der ferneren Gestaltung des Luftverkehrs A II 74/23 RVM

[157] DAL an Reichskanzlei vom 10. 9. 1923

[158] NfL Nr. 28/1926

Giganten für den Luftverkehr

Vom Langstreckenbomber zum Riesenflugzeug

Beim Bau der Langstreckenbomber des Ersten Weltkrieges sammelten die Ingenieure wertvolle Erfahrungen, die zum Teil nach dem Krieg in sehr fortschrittlichen Verkehrsflugzeugen ihren Niederschlag fanden. Erinnert sei an das Rohrbach-1000-PS-Verkehrsflugzeug der Zeppelin-Werke, E. 4/20. Adolf Rohrbachs Grundkonzept ist in dem späteren dreimotorigen Rohrbach Roland wiederzufinden, einem der besten Verkehrsflugzeuge der Lufthansa während der zwanziger Jahre. Dasselbe gilt für das viermotorige Projekt Junkers JG 1 und dessen Weiterentwicklungen, die in der späteren viermotorigen Junkers G 38 des Jahres 1929 zu erkennen sind. Die G 38 stand bis zu Beginn des Zweiten Weltkrieges im Dienste des Luftverkehrs, später fand sie bei der Luftwaffe als Transporter Verwendung. Die Friedrichshafener Riesenflugboote der Zeppelin-Werke, von Claude Dornier konstruierte, anfangs kaum flugtaugliche und aufwendige Giganten, führten zu den weltberühmten Dornier-Walen.

Walter Rathenau, der spätere Generaldirektor der AEG, befaßte sich ähnlich wie Hellmuth Hirth schon vor dem Ersten Weltkrieg mit dem Gedanken, ein Riesenflugzeug zur Überquerung des Atlantiks zu bauen. Das AEG-Riesenflugzeug R I R. 21/16 wurde im Krieg zwar als Bomber verwirklicht, war aber insgeheim als Prototyp eines Langstreckenflugzeuges für Atlantikflüge gedacht.
Ein wahrhaft gigantisches Projekt war ein während des Krieges für Verkehrszwecke gebautes Flugzeug, das die Interalliierte Luftfahrt-Überwachungs-Kommission 1919 in einer Halle der Mannesmann-Mulag-Werke bei Poll nahe Köln vorfand[1]: ein zehnmotoriger Dreidecker von Villehad Forssman.
Dr.-Ing. Edmund Rumpler entwarf 1928 ein technisch durchaus realisierbares Atlantikflugzeug für 135 Passagiere.
Die Vorläufer oder Versuchstypen späterer erfolgreicher Verkehrsflugzeuge sollten deshalb nicht unerwähnt bleiben. Ohne die mehrjährige Arbeit an diesen Flugzeugen und den dabei gewonnenen Erkenntnissen wären die später entstandenen deutschen ein- und mehrmotorigen Verkehrsflugzeuge mit ihren Erfolgen nicht möglich gewesen.
Als Riesenflugzeuge (R-Flugzeuge) wurden im Ersten Weltkrieg mehrmotorige Langstreckenbomber bezeichnet, die hohe Lasten über weite Strecken befördern sollten.
Eine kurze Einführung in die Problematik des Baues von Riesenflugzeugen ist zum Verständnis dieses Kapitels notwendig:
Vor und während des Ersten Weltkrieges glaubten die Konstrukteure, man könne eine Erhöhung der Zuladung und Vergrößerung der Reichweite nur durch entsprechend große Flugzeuge erreichen. Jede Vergrößerung eines Flugzeuges führt jedoch zu einer Steigerung der Masse von Tragwerk, Rumpf, Leitwerk und Fahrwerk.
Die Leistungsbelastung, das heißt die Masse je Kilowatt oder PS (s. Tabelle: Riesenflugzeuge für den Luftverkehr), lag bei den DFW-, AEG-, Siemens-, Aviatik- und Zeppelin-Riesenflugzeugen bei durchschnittlich 14,7 kg/kW (10,8 kg/PS), bei dem nach dem Krieg nach neuesten Erkenntnissen gebauten freitragenden Hochdecker Zeppelin Staaken E. 4/20 von Rohrbach dagegen nur bei 11,12 kg/kW (8,17 kg/PS). Mit 40 Prozent weniger Leermasse beförderte die E. 4/20 (1919) die gleiche zahlende Nutzlast wie der riesige Doppeldecker Staaken R XIVa. Darüber hinaus stieg die Geschwindigkeit der E. 4/20 um 60 Prozent bei 15 Prozent weniger Motorleistung im Vergleich zur Staaken R XIVa. Der Mittelwert der Flächenbelastungen der fünf im Krieg gebauten Riesenflugzeuge ergab 42,89 kg/m^2 zu 80,18 kg/m^2 der E. 4/20, was eine Verdoppelung der Flächenbelastung bei der E. 4/20 bedeutete. Daraus wird ganz deutlich, daß während der Kriegsjahre höhere Zuladung und Reichweite durch Vergrößerung der Flugzeuge erreicht wurden; dabei blieb die Flächenbelastung etwa gleich. Das bedeutet, daß das Tragwerk ständig vergrößert wurde.

Rohrbach dagegen verkleinerte sein Flugzeug und den Tragflügel. Der Mittelwert der Tragflügelflächen der fünf Riesenflugzeuge liegt bei 325 m^2 im Vergleich zu 106 m^2 bei der E. 4/20. Diese Gewichtssenkung durch drastische Verkleinerung der Tragflügelfläche und Erhöhung der Flächenbelastung wurde erst bei Rohrbach, Junkers, Dornier und anderen Konstrukteuren nach dem Krieg angewendet.
Erhöhung des Gewichtes und Vergrößerung der Flugzeuge erforderten andererseits wieder eine Steigerung der Motorleistung. Bei dem damaligen Stand der Technik bedeutete das den Einbau einer größeren Anzahl von Motoren. Je

Riesenflugzeuge und Projekte für den Luftverkehr[1]

Hersteller		DWF	AEG	Siemens	Aviatik	Zeppelin Staaken	Zeppelin Staaken	Junkers	Junkers	Rumpler
Muster		R II[1]	RI R.21/16	SSW R IX[3]	Staaken R XVI R.50	R XIV a	E.4/20	RI R 57/17 Projekt	JG I[5] Projekt	Transozean Flugboot Proj.
Triebwerk		Mercedes D IV a	Mercedes D IV a	Basse und Selve	Benz Bz IV + VI	Maybach Mb IV a	Maybach Mb IV a	Mercedes D IV a	BMW IV	
Leistung	kW	4×191 = 764	4×191 = 764	6×220 = 1 323	2×162 } 2×368 } = 1060	5×180 = 900	4×191 = 764	4×191 = 764	4×184 = 735	10×735 = 7 350
	PS	4×260 = 1 040	4×260 = 1 040	6×300 = 1 800	2×220 } 2×500 } = 1440	5×245 = 1 225	4×260 = 1 040	4×260 = 1 040	4×250 = 1 000	10×1 000 = 10 000
Besatzung (+ Reisende)		5 + 24	6 +	4 + 24	4 + 17	6 + Fracht	3 + 12–18	5	3 + 9	35 + 135
Länge	m	20,93	19,40	21,60	22,50	22,50	16,50	22,30	18,00	48,70
Höhe	m	6,40	6,30	7,40	6,60	6,30	4,50	9,00	4,70	13,30
Spannweite	m	35,06	36,00	48,00	43,00	42,20	31	35,00	37,60	88,00
Flügelfläche	m²	266,00	260,00	440,00	340,00	334,00	106	200,13	187,50	
Flügelstreckung							9,1	6,12	7,54	
Rüstmasse	kg	8 635	9 000	10 500	10 400	10 000	6 072	6 000	4 850	50 000
Kraftstoff	kg	1 100	1 980[2]	2 320	1 800	2 600	1 140	1 300	2 500	42 300
Schmierstoff	kg	125	180	120	100	260	150	130	210	4 700
Besatzung	kg	350	480	320	240	420	160	720	240	2 800
Nutzmasse	kg	1 480	1 060	2 640	2 110	970	978	1 850	1 200	15 200
Zuladung	kg	3 055	3 700	5 400	4 250	4 250	2 428	4 000	4 150	65 000
Startmasse	kg	11 690	12 700	15 900	14 650	14 250	8 500	10 000	9 000	115 000
Flächenbelastung	kg/m²	43,95	48,80	36,00	43,08	42,66	80,18	49,97	48,00	
Masse – Leistungsverhältnis	kg/kW	15,30	16,62	12,02	13,82	15,83	11,12	13,08	12,24	15,65
	kg/PS	11,24	12,20	8,83	10,17	11,63	8,17	9,62	9,00	11,50
	kW/m²	2,87	2,94	3,01	3,12	2,69	7,20	3,82	3,92	
	PS/m²	3,91	4,00	4,09	4,24	3,67	9,81	5,20	5,33	
Höchstgeschwindigkeit	km/h	135	140	125	130	135	225	180	200	300
in Höhe	m	0	0	0	0	0	0	0	3 000	0
Reisegeschwindigkeit	km/h	120	120	115	120	120	200	160	180	250
in Höhe	m	0	0	0	0	0	0	0	3 000	0
Steiggeschwindigkeit	m/s	58 min/2000 m		2,00	1,50	2,40	3,00	3,62	3,50	
Dienstgipfelhöhe	m	2 000		4 000	3 710	3 800	5 500	5 000	6 000	
Reichweite	km	700	1 300	800	840	1 400	1 200	1 130	2 500	5 500
max. Flugzeit	h	6	11	7	7	12	6	7	14	22
Verbrauch bei 15% Drosselung	kg/h	179	179	350	271	225	190	190	183	1 725
Landegeschwindigkeit	km/h	80	80	70	80	80	110[4]	90	90	
Zuladung in % von der Flugmasse		26	29	34	29	30	28,00	40	46	56
Zahlende Nutzlast in % von der Flugmasse		13	8	17	14	7	11,5	18,5	13	13
Baujahr oder projektiert		1915	1918	1917/18	1918/19	1918	1920	1917	1920	1928

[1] Bearbeitung nach Werkangaben, Werten aus der Literatur und durch Rechnungen erhaltenen Werten
[2] Kapazität 2400 kg, damit 13 h oder 1 560 km Reichweite
[3] Daten des Vorgängers SSW R. VIII, da von R IX keine Daten vorliegen. R IX war zivile Ausführung von R VIII mit zwei zusätzlichen Motoren
[4] Startrollstrecke 150 m; Landerollstrecke 200 m
[5] Junkers Akte Dessau 1920 BL. Nr. F. 1008

Vergleicht man die Daten der Riesenflugzeuge in der Tabelle, so fällt besonders der Fortschritt in der Geschwindigkeit bei den freitragenden Ganzmetallflugzeugen Staaken E.4/20 und der Junkers JG I gegenüber den im Gemischtbau hergestellten Doppeldeckern SSW R IX und Staaken R XVI Aviatik-Lizenzbau R.50 in die Augen. Die neuen Maschinen sind wesentlich schneller. Die Entwicklung tendiert deutlich zu kleineren, leichteren und schnelleren Flugzeugen mit weit weniger Tragflügelfläche. Am deutlichsten zeigt dies die E.4/20 Staaken. Sie hat eine niedrige Rüstmasse. Ihr Tragflügel hat nur die halbe Größe im Vergleich zu dem Junkers Flugzeug-Projekt RI und ein Drittel oder ein Viertel des Tragflügelinhaltes der beiden Doppeldecker Staaken R XVI und Siemens R IX, dafür aber eine doppelt so hohe Flächenbelastung. Die Aviatik-Junkers- und Rumpler-Projekte hätten keine Chancen gehabt, weil sie ihrer Zeit vorauseilten, denn in dem gerade beginnenden Luftverkehr gab es keinen Bedarf für Flugzeuge mit 6–20 Sitzplätzen. Erst die viersitzigen Kabinenflugzeuge in den ersten Jahren des Luftverkehrs führten zu einer Nachfrage von 3–4 Plätzen je Flug und schufen damit in der Mitte der zwanziger Jahre die Voraussetzungen für größere Flugzeuge mit mehr Sitzplätzen. Bei den zum Vergleich herangezogenen Junkers-Flugzeugen RI R.57/17 und JG I handelt es sich um Projekte, die wie die RI nicht gebaut oder wie die JG I nur zum Teil fertiggestellt worden sind. Die Staaken E.4/20 ist dagegen im Flug erprobt worden. Den Daten der Tabelle liegen Werkangaben zugrunde, ergänzt durch Zahlenwerte aus der Literatur und durch Rechnung erhaltene Werte.

länger die Flüge dauerten – fünf bis zehn Stunden waren keine Seltenheit –, desto eher traten aber Störungen an den Motoren auf. Deshalb stellte der militärische Auftraggeber die erschwerende Bedingung, kleinere Reparaturen im Flug ausführen zu können. Wegen der großen mitzuführenden Kraftstoffmenge und der militärischen Last mit Besatzung und Bewaffnung wurde eine sehr hohe Zuladung verlangt. Von den Langstreckenflugzeugen erwartete man außerdem, daß sie während der Nacht und bei ungünstiger Wetterlage auch kurzzeitig nach Instrumenten zu fliegen waren.

Es gab zwei ganz verschieden ausgelegte Kategorien von Riesenflugzeugen. Die eine Gruppe wies eine zentrale Triebwerkanlage im Rumpf auf. Zur Erfüllung der Forderung nach Wartbarkeit während des Fluges brachte man die Motoren im Rumpfinneren unter; die Leistung wurde über Getriebe und Wellen auf die zwischen, vor oder hinter den Tragflächen angeordneten Luftschrauben übertragen. Dieser Bauart gaben Siemens, die Deutschen Flugzeugwerke (DFW), Linke Hoffmann und die AEG den Vorzug.
Die Firma Gotha verwendete dagegen für ihre ersten

Zeppelin Staaken R IV (R.12/15). Die Monteure bewegen sich während des Fluges frei in dem Gewirr von Streben und Verspannungen; sie konnten kleinere Reparaturen an den Triebwerken mit Druckschrauben ausführen.

Der fünfmotorige Zeppelin Staaken R IV ist ein typischer Vertreter der dezentralen Bauweise. In der Motorengondel befinden sich hintereinander zwei 220 PS-Benz Bz IV-Motoren, die über Kupplung und Getriebe auf eine Vierblatt-Druckschraube arbeiten.

Pilotenraum der Zeppelin Staaken R IV mit fünftem Motor im Bug.

Flugzeuge VGO I und VGO II eine dezentrale dreimotorige Triebwerkanlage, bei der ein Motor im Rumpfbug und weitere zwei Motoren in je einer Gondel zwischen den Tragflügeln angeordnet waren. Letztere arbeiteten auf eine Zug- oder Druckschraube. Die Gondel bot Platz für einen Mechaniker, der gleichzeitig Maschinengewehrschütze war. Die Flugzeuge mit dezentraler Triebwerkanlage erwiesen sich im praktischen Flugbetrieb als bei weitem zuverlässiger. Später baute man jeweils zwei Motoren in eine Gondel, die eine Zug- und eine Druckschraube antrieben oder beide auf eine Schraube arbeiteten.

Auch die zentrale Triebwerkanlage hatte mancherlei Vorteile – der Widerstand war geringer und die Massenverteilung der Lasten günstiger. Andererseits erwies sich der Raummangel im Rumpf als Nachteil. Da die Auspuffrohre infolge mangelhafter Kühlung oft platzten, die Dichtungen schmorten, saß der Mechaniker häufig in ohrenbetäubendem Lärm, in unerträglicher Hitze und giftigen Abgasen. Bei den Flugzeugen mit dezentraler Triebwerkanlage bewährte sich die von Gotha entwickelte Bauweise mit einem Motor im Bug und je einem oder zwei Motoren auf jeder Seite anfangs am besten.

Zeppelin Staaken R IV (R 12/15) mit Besatzung des Motoren-Überwachungsstandes für den fünften Motor.

Siemens R VIII (R.23/16), ein typischer Vertreter der zentralen Bauweise mit sechs 221 kW(300 PS)-Basse & Selve-Motoren im Rumpf. Die vorderen Motoren treiben über Winkelgetriebe und Wellen Zweiblattschrauben und die hinteren Motoren Vierblattschrauben an. Der vierstielig verspannte Doppeldecker war das größte im Ersten Weltkrieg gebaute Flugzeug und stieß an die Grenze der Größe eines Doppeldeckers.

Tragödie eines Atlantikflugzeuges AEG R I

Gleich Albatros, Aviatik, Schütte-Lanz und Siemens erhielt die AEG 1916 von der Idflieg (Inspektion der Fliegertruppe) einen Auftrag auf zwei mehrmotorige Riesenflugzeuge unter den Kennzeichen RI R. 21/16 und RI R. 22/16. Walter Rathenau und sein enger Mitarbeiter Ingenieur Brückmann sahen hier eine Möglichkeit, ihre vom Krieg durchkreuzten Pläne zu verwirklichen und ein Atlantikflugzeug zu bauen. Sie beschlossen, die RI R. 21/16 als Bomber zu konstruieren, das Flugzeug aber gleichzeitig für eine spätere zivile Verwendung auszulegen.

Brückmann, der als Pilot mit Riesenflugzeugen schon Erfahrungen hatte, stellte ein Ingenieur-Team zusammen, das von anderen Firmen praktische Kenntnisse im Bau großer Flugzeuge mitbrachte, wie Ing. Sander – anfangs bei Siemens, später bei den Deutschen Flugzeugwerken (DFW) – und Dipl.-Ing. Werner Zorn, der ebenfalls von der DFW kam. Die Ingenieure ließen sich viel Zeit mit der Konstruktion, insbesondere mit dem Kernstück, der Triebwerkanlage mit den Getrieben. Obwohl die AEG mit ihrer

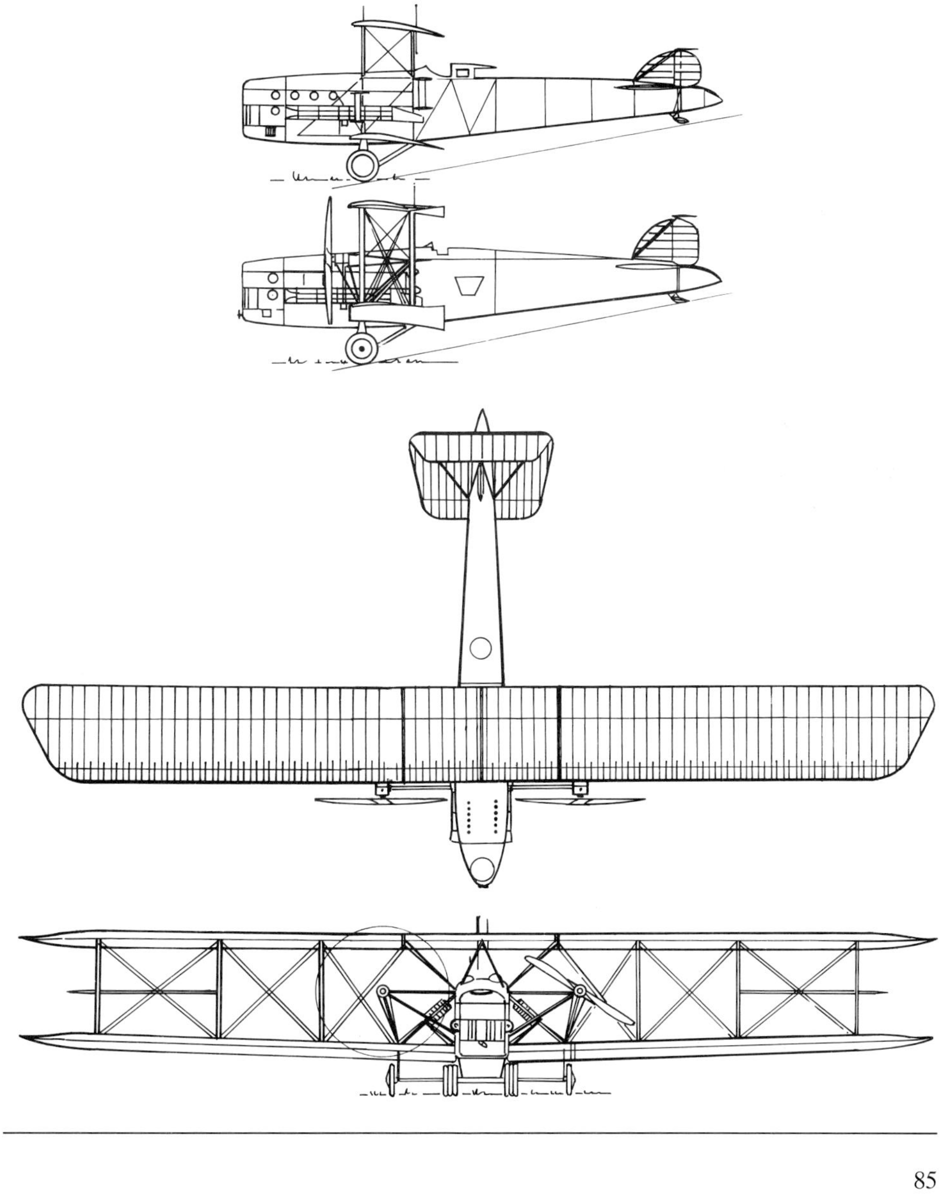

AEG RI R.21/16:
Rumpf oben: erste Ausführung, Rumpf unten: endgültige Ausführung mit vergrößertem Leitwerk, offenem Führersitz und geänderter Anbringung der Kühler. Die Vorderansicht zeigt die zwischen den Tragflächen angebrachten Querruder.

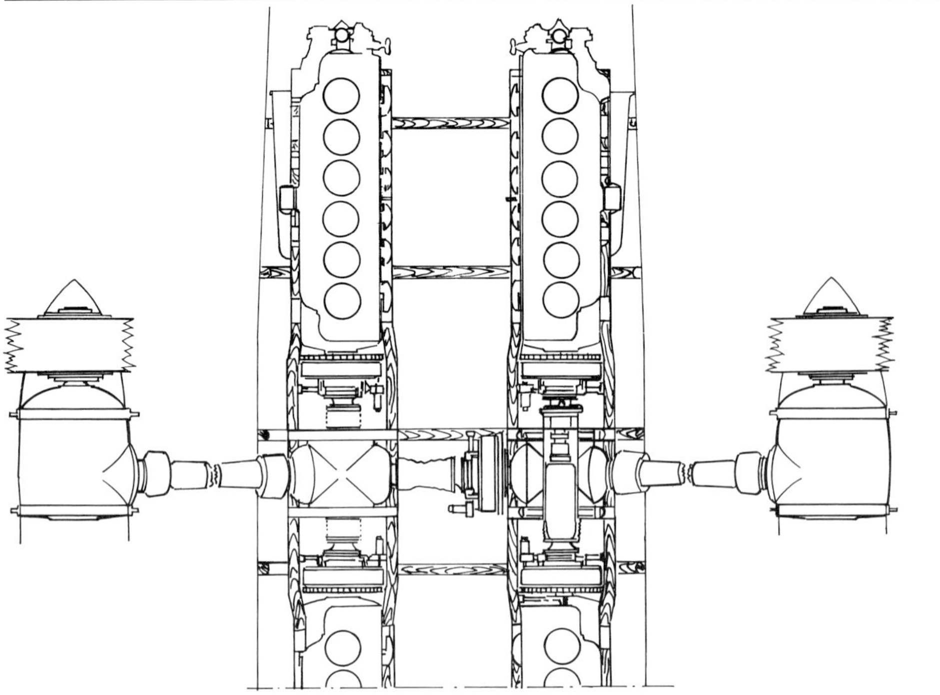

Viermotorige Triebwerksanlage der AEG RI R 21/16. Die Motoren sind über Leder-Konusse und Antriebsklauen unter sich und mit den Antriebswellen der Luftschrauben verbunden.

Das als Bomber getarnte Atlantikflugzeug AEG RI R.21/16 nach Ausrüstung mit zwei- anstatt vierflügeligen Luftschrauben. Die Kühler für die vier Mercedes D IVa-Motoren, die anfangs an dem Rumpf angebracht waren, befinden sich nunmehr an seitlichen Verstrebungen.

Deutlich sichtbar ist der Lufteinlauf zur Kühlung der Auspuffanlage.

Endgültige Ausführung der AEG RI mit geändertem Führersitz zwecks besserer Sicht und Zweiblatt- anstatt Vierblatt-Luftschrauben.

Großflugzeugreihe G I bis G V – zweimotorigen Maschinen mit dezentral eingebauten Motoren – gute Erfahrungen gesammelt hatte und von der Zuverlässigkeit dieser Antriebsart überzeugt war, zog man für das Riesenflugzeug doch die Lösung mit einer zentralen Triebwerkanlage vor.
Am 23. Mai 1918 fanden die ersten Probeläufe des dreistielig verspannten Doppeldeckers mit vier Mercedes D IVa-Motoren mit je 191 kW (260 PS) statt. Die Motoren waren im vorderen Teil des Rumpfes hinter- und nebeneinander gelagert. Zwischen zwei jeweils hintereinander liegenden Motoren war je eine Antriebsklaue montiert; sie übertrug die Motorleistung auf eine Welle, die über ein Getriebe eine große Zugschraube vor den Tragflächen antrieb. Die Antriebsklauen der Motoren links und rechts waren außerdem untereinander durch eine Welle verbunden.
Die beiden halboffenen Führersitze befanden sich oberhalb des Rumpfes hinter den Motoren. Die Auspuffrohre liefen außen am Rumpf entlang. Das Sechsrad-Hauptfahrwerk geringer Spurweite war gegen den Rumpf, jedes der zwei Hilfsräder außen gegen die Streben abgestützt, auf denen

das Getriebe der Propeller ruhte. Das Leitwerk war etwas ungewöhnlich: Das Höhensteuer bestand aus einer Art Pendelruder, das zweiteilige Seitenleitwerk hatte man auffallend klein dimensioniert.
Die ersten Flüge Mitte Juni ergaben eine Reihe von Schwierigkeiten mit der Kraftübertragung. Außerdem war das Flugzeug stark schwanzlastig, und die vierflügeligen Luftschrauben erbrachten nicht die erhoffte Leistung. Sie wurden deshalb durch zweiflügelige Schrauben mit besserem Wirkungsgrad ersetzt. Brückmann startete erneut zu einem Probeflug.
Nachdem die R I eine Stunde in der Luft geblieben war, flog plötzlich ein Propeller weg, die Gelenkwelle riß sich los und zerstörte lebenswichtige Teile des Rumpf-Flügel-Strebensystems. Die Flügel klappten nach hinten weg, und das Flugzeug stürzte aus 2000 m Höhe ab. Brückmann und die sechsköpfige Besatzung wurden unter den Trümmern begraben.

Aviatik R XVI, ein erfolgversprechendes Verkehrsflugzeugprojekt

Das am ehesten für eine zivile Verwendung geeignete Riesenflugzeug war wohl – sieht man von mangelnder Wirtschaftlichkeit und Unhandlichkeit ab – die R XVI von Aviatik mit einer Spannweite von 43 m.
Mit 1400 Arbeitern und Angestellten war Aviatik ein bedeutendes Unternehmen der damaligen deutschen Flugzeugindustrie. Das Werk baute während des Ersten Weltkrieges neben eigenen Aufklärungsflugzeugen, Kampfflugzeugen und Jägern die Riesenflugzeuge der Zeppelin-Werke in Staaken in Lizenz. Zwei der letzten Riesen, die Aviatik noch nach dem Krieg fertigstellte, waren die Staaken R XVI mit den Baunummern R 50 und R 51. Aus der viermotorigen

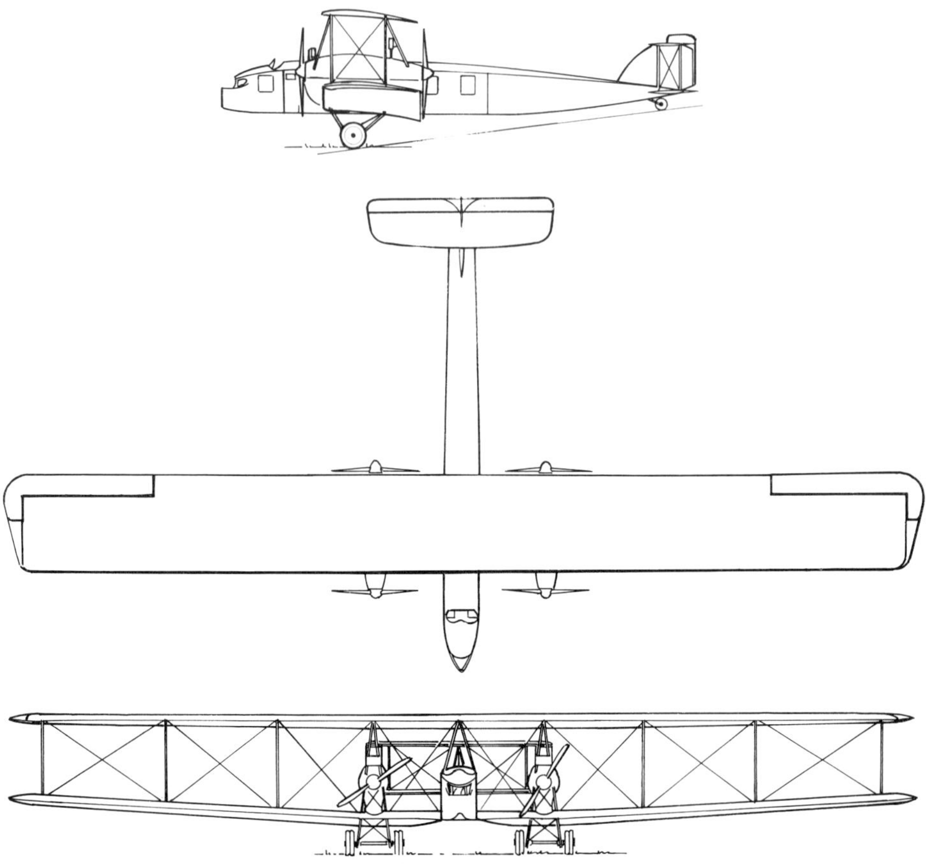

Staaken R XVI (R.50), Lizenzbau Aviatik.

R 50 entwickelte Aviatik eine zivile Ausführung mit einer geräumigen Kabine für 17 Reisende und einer Reichweite von 840 km. Dieses Flugzeug war mit seiner klaren und übersichtlichen Auslegung ohne komplizierte Getriebe ein erfolgversprechendes Projekt. Zwei Motoren waren in je einer Gondel zwischen den vierstielig verspannten Tragflügeln über dem Fahrwerk angeordnet. Ein Motor arbeitete auf eine Zugschraube und ein zweiter auf eine Druckschraube. Das Leitwerk war als Doppeldeckerkasten ausgeführt und hatte neun Meter Spannweite. Das Flugzeug ging noch 1919 in die Flugerprobung.
Nach den damaligen Erfahrungen eignete sich die dezentrale Triebwerkanlage am ehesten für ein Verkehrsflugzeug. Bei außerhalb des Rumpfes liegenden Motoren wurden weder

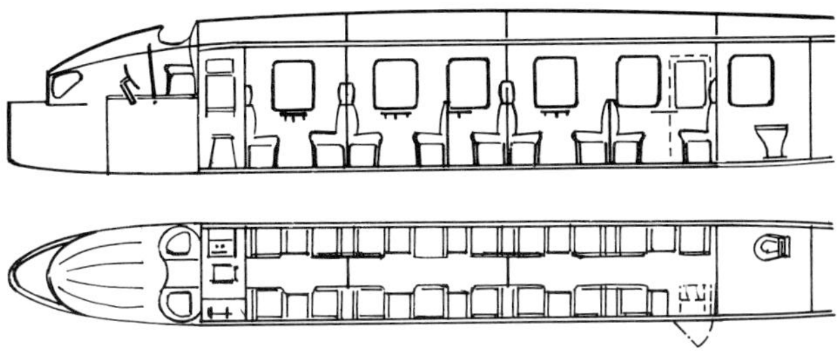

Die Kabine bot 17 Reisenden bequem Platz und zeichnete sich durch ausreichende Höhe und große Fenster aus.

Attrappe des geplanten Verkehrsflugzeuges Aviatik R.50. Für das Flugzeug waren zwei Benz Bz IV mit je 162 kW (220 PS) und zwei Benz Bz VI-Motoren vorgesehen. Letztere waren Zwölf-Zylinder-Motoren mit 368 kW (500 PS) Leistung. ▷

Das Verkehrsflugzeug Staaken R XVI (R.50) ist ein Lizenzbau von Aviatik, das von dem Werk nach Kriegsende in ein Verkehrsflugzeug für 17 Reisende umgebaut wurde. Es besaß mit den Benz Bz VI-Motoren eine Antriebsleistung von insgesamt 1382 kW (1880 PS).

Vibrationen noch Hitze oder Lärm auf die Kabine übertragen. Aviatik verlegte außerdem die 2500 l fassende Kraftstoffanlage, deren Inhalt für sieben Flugstunden reichte, aus dem Rumpf in die Gondeln unter die Triebwerke. Die Benz Bz IV-Motoren mit je 162 kW (220 PS) arbeiteten auf die Zugschrauben. Für die Druckschrauben waren erstmals 368 kW (500 PS)-Zwölf-Zylinder-Motoren des Typs Bz VI vorgesehen, die im April 1917 ihre Typenprüfung bestanden hatten und von 1918 an in beschränkter Zahl lieferbar waren. Mit 1060 kW (1440 PS) war die R XVI – von der Siemens SSW R IX abgesehen – das Flugzeug mit der stärksten damals gebauten Triebwerkanlage. Zur Fertigstellung der zivilen Ausführung ist es nicht mehr gekommen.

Deutsche Flugzeugwerke (DFW): Viermotorige R II für 24 Passagiere

Die Deutschen Flugzeugwerke (DFW) wurden am 18. März 1911 von Kommerzienrat Bernhard Meyer und Ingenieur Erich Thiele in Leipzig gegründet. Anfangs lautete die Eintragung ins Handelsregister »Sächsische Flugzeugwerke«, die aber noch im Gründerjahr in »Deutsche Flugzeugwerke GmbH (DFW)« geändert wurde. Ein Jahr später eröffnete das Werk auf dem Flugplatz Lindenthal bei Leipzig eine Flugschule und bildete Piloten aus.
Nach verschiedenen Versuchsbauten gelang es 1913, einen dreistielig verspannten Doppeldecker mit sehr starker Pfeilung der Tragflügel zur Sicherung einer hohen Stabilität herzustellen. Dieser zweisitzige Mars-Doppeldecker mit ansprechenden Leistungen brachte DFW erste Aufträge von der Heeresverwaltung ein. Eine wenig beachtete, aber technisch um so interessantere Konstruktion war ein Renn-Doppeldecker des Werkes, auf dem Max Schüler im Juni 1914 auf dem Dreiecksflug und Schnelligkeitswettbewerb Berlin–Leipzig–Dresden–Berlin Sieger[2] wurde. Der einstielig verspannte Renn-Doppeldecker war ähnlich dem Rennflugzeug von Albatros ein stark verkleinertes Modell, das aerodynamisch sorgfältig verkleidet war. Als Antrieb diente ein 110 kW(150 PS)-Benz-Motor.
Auf eine 1913/14 gebaute Stahl-Taube[3] gingen ebenfalls Aufträge ein. Das Flugzeug war ein verspannter Eindecker aus einem stoffbespannten Stahlrohrgerüst, es war mit einem 74 kW (100 PS) leistenden Mercedes-Motor ausgerüstet. Als weit fortschrittlicher aber erwies sich der dreistielig verspannte Doppeldecker MD 14[4] mit 75 kW(100 PS)-Mercedes-Motor. Er wurde während des Krieges bis hin zum Aufklärer DFW C I verbessert. Es folgten weitere Ausführungen bis zur DFW C V, von der weit mehr als 1000 Maschinen als Mehrzweckflugzeug gebaut wurden.
Die Leitung der DFW übernahm im März 1917 Ingenieur Kurt Herrmann. Er ließ im gleichen Jahr in Groß-Zschocher bei Leipzig ein zweites Werk für die Serienfertigung bauen. Mit Hilfe der dort geschaffenen Einrichtungen konnten bei Bedarf auch Lokomotiven und Waggons hergestellt werden – dem Werk und der Arbeiterschaft sollte das nach dem Zusammenbruch sehr zugute kommen. Die Belegschaft stieg von 300 Mitarbeitern (1914) auf 2825 Arbeiter und Angestellte (1918).
Insgesamt stellte das Werk 20 verschiedene Typen her, Schulflugzeuge, Aufklärer und Jagdflugzeuge. Auf Anregung der Idflieg befaßte sich das Unternehmen ab Herbst 1915 mit dem Bau von Riesenflugzeugen. Die erste Kon-

RII (T 26/II) R 15/16 der Deutschen Flugzeugwerke (DFW) mit zentraler Triebwerkanlage im Rumpf, die aus vier 191 kW(260 PS)-Mercedes D IVa-Motoren bestand.

Viermotorige DFW R II R.15/16 mit zentraler Triebwerkanlage als Verkehrsflugzeug für 24 Reisende.

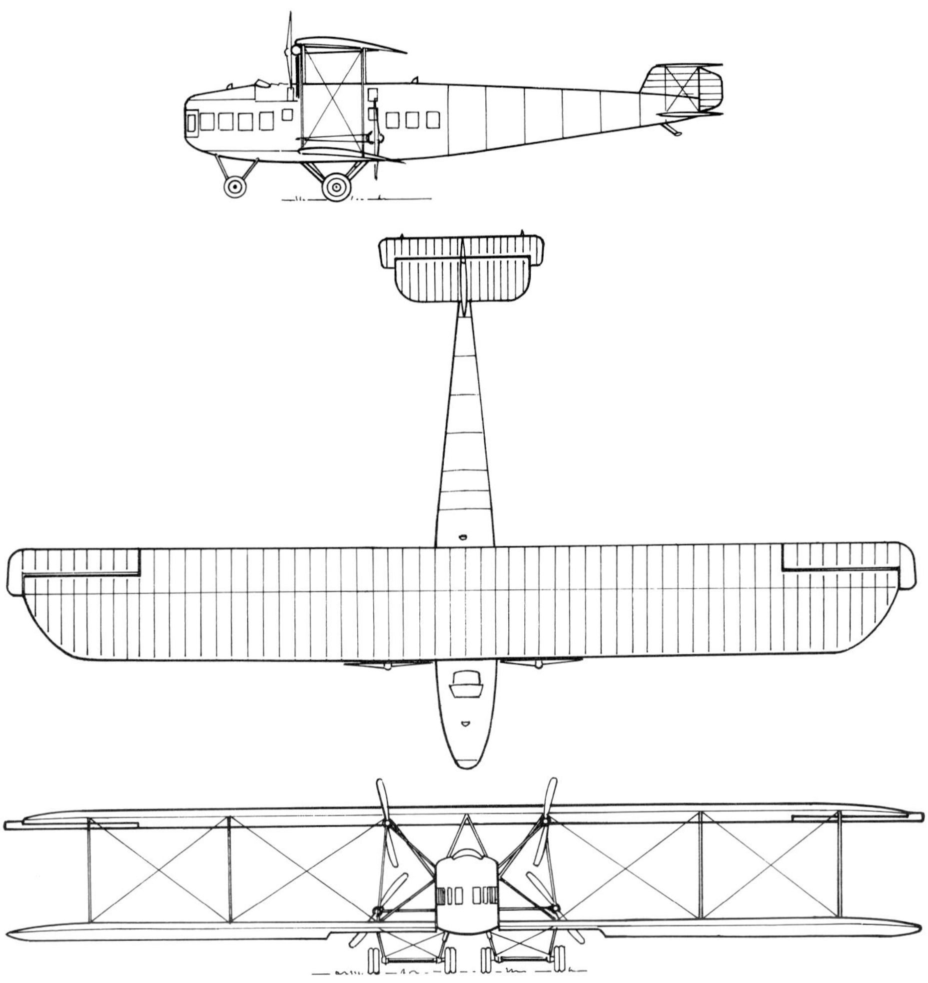

Schnitt durch die DFW R II, der die bequeme Unterbringung von 24 Reisenden in zwei Kabinen vor und hinter der Triebwerkanlage zeigt. ▽

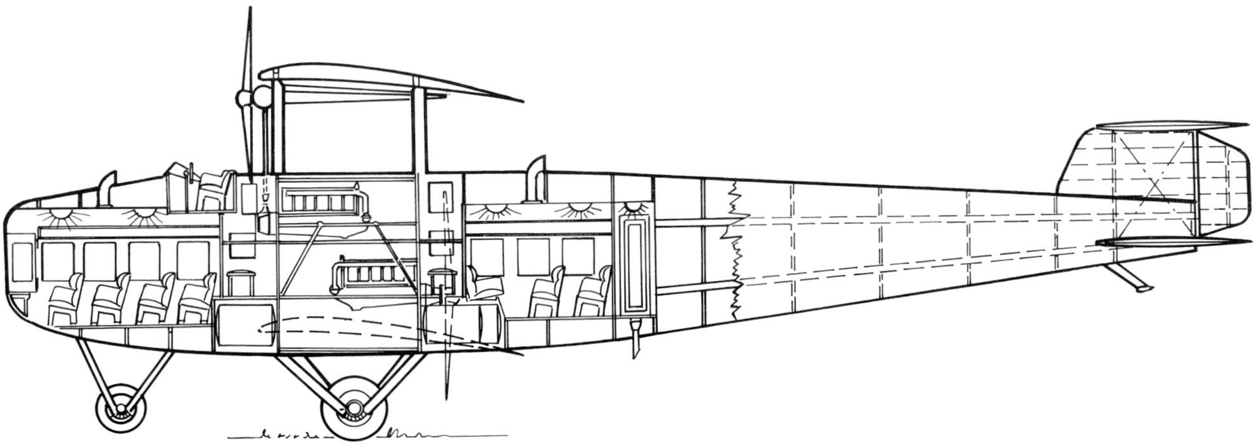

DFW RII R.15/16 hatte gute Flugeigenschaften, aber enttäuschende Leistungen.

struktion R I R 11/15 stammte von Dipl.-Ing. Hermann Dorner, Heinrich Oelerich und Dipl.-Ing. Sander. Auch Professor Hans Reissner beteiligte sich an den Berechnungen. Der dreistielig verspannte Doppeldecker R I mit 29,5 m Spannweite besaß einen aerodynamisch sorgfältig verkleideten Sperrholzrumpf, Bugrad und Kastenleitwerk und wies eine zentrale Motorenanlage auf. Die vier Mercedes D IV-Motoren mit je 173 kW (235 PS) waren im Rumpf versetzt angeordnet und trieben über ein Getriebe und Wellen je eine der vier Luftschrauben an. Strömungstechnik und Bauausführung machten die DFW R I rein äußerlich zu einem der ansprechendsten deutschen Riesenflugzeuge. Die Kühler, deren Unterbringung anfangs Schwierigkeiten bereitete, waren allerdings außen am Rumpf angebracht und verdarben damit die elegante Form. Das Flugzeug verunglückte bei einer Notlandung.
Die Idflieg versprach sich viel von dem Flugzeug und bestellte weitere sechs Maschinen. Die vergrößerte Ausführung R II R 15/16 hatte eine Spannweite von 35 m. Die vier 191 kW(260 PS)-Mercedes D IVa-Triebwerke waren wiederum versetzt übereinander im Rumpf angeordnet und trieben wieder direkt über ein Getriebe und eine Welle die vier Luftschrauben an. Die Motordrehzahl wurde durch die Getriebe von etwa 1400 min^{-1} auf 900 min^{-1} der Luftschrauben untersetzt. Die Luftschrauben waren ebenfalls versetzt angeordnet, so daß die hinteren nicht im Abwind der Zugschrauben liefen. Die Flugeigenschaften des Flugzeuges wurden von Richard von Bentivegni als gut bezeichnet[5]. Dennoch wurden bis Mitte 1918 nur drei Maschinen fertiggestellt. Enttäuschende Leistungen erforderten viele Änderungen; dazu kamen Schwierigkeiten mit der Kraftübertragung, der Anordnung der Kühler und der Auspuffanlage.
Nach dem Waffenstillstand erhielt das Werk von der Idflieg die notwendigen Geldmittel, um zwei halbfertige Maschinen des Typs R II als Verkehrsflugzeuge unter der Bezeichnung F 26 fertigzustellen. Zwei Kabinen für insgesamt 24 Reisende waren vor und hinter den Motoren mit Toilette und Gepäckraum vorgesehen. Zu einer Fertigstellung und Flugerprobung ist es aber nicht mehr gekommen.

Vom Riesenflugboot zum seetüchtigen Wal[6]

Am 2. November 1910 trat Dipl.-Ing. Claude Dornier als junger Ingenieur in die Dienste des Luftschiffbaues Zeppelin in Friedrichshafen. Als Mitarbeiter der Versuchsabteilung erhielt er den Auftrag, eine drehbare Luftschiffhalle zu entwerfen. Dornier fand eine vorbildliche Lösung und gewann einen mit 80 000 Goldmark dotierten Preis für die beste Arbeit auf diesem Gebiet.

Nach Ausbruch des Ersten Weltkrieges setzten Marine- und Heeresleitung eine Reihe von Luftschiffen über Frankreich und England ein. Viele dieser Schiffe fielen Stürmen, Gewittern oder der feindlichen Abwehr zum Opfer. Graf Zeppelin erkannte, daß Zeppeline eine leichte Beute für Bodenabwehr und Jagdflugzeuge waren. Er wandte sich deshalb 1914 an seinen jungen Mitarbeiter Dornier, der inzwischen die deutsche Staatsangehörigkeit angenommen hatte und den er sehr schätzte: »Wir dürfen nicht auf einem Bein stehen, wir müssen uns mit der Flugmaschine beschäftigen.« Zeppelin dachte an ein mehrmotoriges Großflugzeug. Für Claude Dornier bedeutete dies eine unglaubliche Herausforderung: ein Jahr zuvor hatte er auf dem Pariser Luftfahrtsalon zum ersten Mal Flugzeuge aus der Nähe gesehen und nun sollte er selber eines bauen!

Riesenflugboot Rs I vom Pech verfolgt

Im Oktober 1914 wurden beim Luftschiffbau Zeppelin in Seemoos, westlich von Friedrichshafen, für Dornier ein Büro und eine Halle errichtet. Ihm wurde ein Team von namhaften Mitarbeitern wie die Ingenieure Rohrbach, Ruleaux, Schulte-Frohlinde, Lupberger und Schwengler zur Seite gestellt. Die Marine hatte auf Vorschlag des Grafen einen Auftrag für ein Flugboot mit großer Reichweite erteilt. Dornier plante eine Metallkonstruktion; die verstrebten Tragflügel sollten jedoch zur Gewichtseinsparung mit Stoff bespannt werden. Die Verarbeitung von Duralumin steckte noch in Kinderschuhen, deshalb konnten für hoch beanspruchte Teile nur Stahllegierungen verwendet werden.

Zwölf Monate nach Beginn der Arbeiten, im Oktober 1915, wurde die R I aus der Halle in Seemoos gebracht und zu Wasser gelassen: ein riesiger, achtfach verstrebter Doppeldecker mit 43,5 m Spannweite, einem breiten Bootsrumpf mit hinten hochgezogenen Streben, die das einteilige Leitwerk trugen und vor Spritzwasser schützten. Als Antrieb dienten drei je 132 kW(180 PS) leistende Maybach Mb IV-Motoren mit Druckschrauben. Zwei Motoren waren im Rumpf angeordnet; ihre Leistung wurde durch Fernwellen auf die beiden seitlichen, hinter dem Tragflügel laufenden Luftschrauben übertragen. Der dritte Motor war mitten über dem Rumpf zwischen den Tragflügeln in einer Gondel

Riesenflugboot Rs I des Luftschiffbaues Zeppelin.
Die beiden außen liegenden Druckschrauben wurden über Wellen und Getriebe durch Motoren angetrieben, die im Rumpf untergebracht waren. Die Druckschraube des mittleren Motors wurde direkt angetrieben.

Anderthalbdecker Rs IIa mit drei im Boot gelagerten Motoren. Diesmal werden alle drei Luftschrauben über Fernwellen angetrieben. Diese Bauweise bewährte sich bei der Rs II ebensowenig wie bei dem Vorläufer Rs I.

gelagert und arbeitete direkt auf die Luftschraube. Mit einer Spannweite, die fast der des heutigen Airbus A300 glich, war die Rs I das größte damalige Flugzeug.
Die Fernwellen zur Übertragung der Motorleistung bereiteten schon bei den Rollversuchen solche Schwierigkeiten, daß die beiden seitlichen Motoren aus dem Rumpf herausgenommen und wie der mittlere Motor auf Böcken zwischen den Tragflügeln gelagert wurden. Gleichzeitig tauschte Dornier die zu schwachen Motoren gegen stärkere Maybach Mb IV mit 176 kW (240 PS) aus. Weitere Rollversuche folgten. Am 21. Dezember 1915 wurde das 9,5 t schwere Boot, das als kostspieliges Versuchsobjekt nie aus dem Wasser kam, von einem Sturm überrascht und zerschellte in der Nähe des Ufers.

Riesenflugboot Rs II und Rs IIb

Am 17. Mai 1916 verließ ein zweites Boot mit der Typenbezeichnung Rs IIa die Halle in Seemoos. Die Leistung der drei im Boot gelagerten Motoren wurde auch hier durch Fernwellen auf die hinter den Tragflügeln angebrachten Luftschrauben übertragen. Mit dem abgestrebten Anderthalbdecker gelangen erste Flüge. Beim letzten Start fiel das Boot jedoch beim Abheben wieder ins Wasser zurück, weil eine Welle zum mittleren Luftschraubenantrieb gebrochen war. Wieder waren die Fernwellen der im Boot gelagerten Motoren dem Flugzeug zum Verhängnis geworden.

Die Rs IIa wurde daraufhin zur Rs IIb umgebaut und erhielt anstelle der drei nebeneinander im Boot liegenden Maybach Mb IV vier in Tandemanordnung zwischen Boot und Tragflächen angeordnete Motoren. Am 16. November 1916 startete die Rs IIb zum Erstflug. Bei einem der folgenden Probeflüge kam das Leitwerk – wahrscheinlich beim Landen – zu nahe an die Wasseroberfläche, und der Leitwerksträger knickte ein.
Vergleicht man die Daten von Rs I und Rs IIa in der Tabelle, so ergibt sich bei der Rs IIa eine Verminderung der Rüstmasse um rund eine Tonne durch Verkleinerung der Abmessungen des Bootes und des Tragflügels. Die Nutzmasse stieg bei der Rs IIa auf elf Prozent. Bei der Rs IIb mit zahlreichen Änderungen wurde die Flügelfläche wieder vergrößert; durch die vier Motoren erhöhte sich die Rüstmasse um 700 kg. Um bessere Starteigenschaften zu erhalten, war Dornier gezwungen, trotz der höheren Rüstmasse die Startmasse zu begrenzen, so daß das Boot gleich der Rs I bei voller Reichweite kaum noch Nutzmasse hatte oder aber bei Erhöhung der Nutzlast keine ausreichende Reichweite.

Rs III bei der Marine zur Erprobung

Die Arbeiten an den Riesenflugzeugen und die immer größer werdende Belegschaft führten am 25. Januar 1917 zur Gründung der »Zeppelin-Werk Lindau GmbH« mit weite-

Wahrhaft gigantische Ausmaße der Rs II. Erstaunlich ist der Aufwand für das Kühlersystem der Maybach-Motoren.

Die Rs IIb hatte vier Motoren, die in Tandem-Anordnung nebeneinander zwischen Boot und Tragflügel angebracht waren.

ren Konstruktionsbüros in Reutin und Zech, in denen Landflugzeuge entwickelt wurden (Do D I). Die vier Gesellschafter blieben dieselben: der Luftschiffbau Zeppelin, die Hapag, die AEG und die Metallbank. Claude Dornier wurde Geschäftsführer dieser Firma.

Mit der ihm eigenen Zähigkeit begann Dornier an Plänen für einen verspannten Eindecker Rs III mit 37 m Spannweite und einem sehr breiten Boot zu arbeiten. Zwischen Boot und Tragflügeln waren wieder vier Maybach Mb IVa-Motoren in Tandemanordnung auf einem Strebengestell montiert. Über den Motoren hatte man die Tragflächen an Strebenböcken angelenkt und durch Kabel verspannt. Über dem Tragflügel befand sich ein ungewöhnlich großer Leichtmetallträger für das Leitwerk, der in seinen Ausmaßen der Größe eines Rumpfes entsprach. Das Boot startete am 21. Oktober 1917 zum Erstflug.

Einige Monate später (19. Februar 1918) konnte die Rs III in einem siebenstündigen Nonstop-Flug vom Bodensee nach Norderney übergeführt werden, um sie dort der Marine für Versuchszwecke zu übergeben. Diese setzte das Flugzeug gleich für Aufklärungsflüge ein.

Im Vergleich zu den Vorgängern war es gelungen, durch Verkleinerung der Tragflügel und eine Erhöhung der Flächenbelastung den Nutzlastanteil wieder auf drei Prozent zu steigern – bei einer beachtlichen Reichweite von 1100 km. Die Rs III wurde nach dem Krieg zum Minensuchen eingesetzt, am 31. Juli 1921 jedoch auf Befehl der Alliierten zerstört.

Die Rs III war ein verspannter Eindecker mit vier Motoren in Tandem-Anordnung zwischen Tragflügeln und Boot und einem über den Flügel aufgesetzten Metallrumpf als Leitwerkträger. Die Besatzung konnte wahlweise den Führerstand im Boot oder im Leitwerkträger benutzen.

Rs IV: Passagierflüge über dem Bodensee

Während die Marine die Rs III erprobte, begann Dornier im Januar 1918 mit der Konstruktion eines weiteren Bootes unter der Bezeichnung Rs IV, auf das die Marine zwei Aufträge erteilte. Das Boot glich im Aufbau dem Vorgänger, wies aber erstmals die bekannten Dornier-Flügelstummel auf, die sich bei der späteren so erfolgreichen Wal-Flugbootreihe sehr gut bewähren sollten. Sie verliehen dem Flugboot bessere Starteigenschaften und hohe Stabilität auf dem Wasser. Räume für die Besatzung waren sowohl in einer geschlossenen Kabine im hochgelegenen Rumpf als auch im Bug des Bootes vorgesehen. Das im Vergleich zur Rs III in vielen Details verfeinerte Boot startete zehn Monate nach Konstruktionsbeginn am 12. Oktober 1918 zum Jungfernflug. Fliegerisch wurde das Boot gut beurteilt; bei der Marine kam es jedoch nicht mehr zur Verwendung, weil während der Probeflüge der Rumpf bei einer Landung verbeult worden war.

Bei Kriegsende beschäftigten die Zeppelin-Werke Lindau rund 2000 Mitarbeiter, nach dem Zusammenbruch blieben ganze 80 übrig. Mit dieser kleinen Mannschaft begann

Die Rs IV war eine verbesserte Ausführung der Rs III mit vereinfachtem und einteiligem Leitwerk.

Eine Rs IV vor einem Rundflug mit Passagieren auf dem Bodensee (1919). Das Flugzeug wurde später auf Geheiß der Interalliierten Luftfahrt-Überwachungs-Kommission (Ilük) verschrottet.

Claude Dornier in Seemoos für den Luftverkehr geeignete Flugboote und Flugzeuge zu entwerfen und zu bauen. Nebenbei wurden Eimer, Badewannen und Schwimmer aus Leichtmetall für die holländische Marine gefertigt. Die Werke Reutin und Zech mußten geschlossen werden.
Nach dem Waffenstillstand entschloß sich Dornier zunächst zur Reparatur der Rs IV und zum Umbau des Bootes für zivile Zwecke. Die Führersitze hoch oben im Rumpf wurden nach unten ins Boot verlegt. Man hätte in dem Rumpf und gleichzeitigen Leitwerkträger bis zu 15 Passagiere unterbringen können, baute aber vorerst nur sechs Sitze ein. In dieser zivilen Ausführung unterzog man das Boot 1919 einer gründlichen fliegerischen Erprobung. Als Motoren dienten vier Maybach Mb IVa, die zum Kriegsende 180 kW (245 PS) leisteten.
Dem Boot wurden gute Flugeigenschaften zugesprochen, wenn man die Wirkungsweise der Querruder verbessert hätte. Bei rauher See schob der Bug außerdem eine große Menge Spritzwasser vor sich her; dies verursachte hohen Widerstand und bereitete der Besatzung jedesmal ein unfreiwilliges Bad.
Nach der Flugerprobung wurde das Boot für Rundflüge auf dem Bodensee verwendet. Die Rs IV bedeutete trotz ihrer fliegerischen Mängel einen beachtlichen Schritt vorwärts. Es war Dornier gelungen, die Rüstmasse um mehr als 600 kg zu senken, was ohne Abstrich der Nutzlast zugute kam.
Nach vier Jahren hatte Dornier mit einem Flugboot mit 900 kg Nutzlast (das sind neun Prozent der Startmasse) und 1100 km Reichweite die ihm vom Grafen Zeppelin gestellte Aufgabe gelöst. 1919 wurde die Rs IV aufgrund der Waffenstillstands-Bestimmungen zerstört.

Gs I und Gs II: Vorläufer der Wal-Flugboote

Im August 1918 hatte das Zeppelin-Werk von der Marine Aufträge auf drei zweimotorige Aufklärungsflugboote erhalten. Teile der Boote waren bei Kriegsende fertiggestellt und wurden unter dem Boden der Seemooser Halle versteckt. Dieses Flugboot erhielt die Bezeichnung Gs I und sollte Vorläufer einer neuen Serie mit wesentlich stärkeren Maybach-Motoren mit 440 kW (600 PS) werden. Diese Triebwerke waren von der Marine bei Maybach in Auftrag gegeben worden und sollten bei Fertigstellung der Boote serienreif sein.
Dornier überarbeitete den Entwurf der Gs I, aus dem der Prototyp des späteren Wals entstand. Die Bauteile der Gs I wurden entsprechend abgeändert: Der abgestrebte Hochdecker hatte die auf dem Wasser stabilisierenden Flügelstummel und eine kurz hinter dem Schwerpunkt liegende Abreißstufe, kombiniert mit einer scharf gekielten Heckstufe. Zwei 198 kW (270 PS) leistende Maybach Mb IVa-Motoren mit Stirnkühler waren hintereinander über dem Tragflügel angeordnet, sie arbeiteten auf eine Zug- und eine Druckschraube. Der Kühler für den hinteren Motor befand sich oberhalb der Motorenanlage. Die rechteckigen Tragflügel waren an den Motorbock angelenkt, die Tragflächen wurden durch je zwei Doppelstreben gegen die Bootsstummel abgefangen. Das hoch liegende, kastenförmige Leitwerk wurde später durch ein einteiliges Leitwerk ersetzt.
Der gesamte Bootskörper bestand aus Duraluminium; die stoffbespannten Tragflügel wiesen Holme aus Stahlrohrpro-

Die Gs I war der Vorläufer des Wals. Die Schweizer Ad Astra benutzte das Boot 1919 auf dem Zürcher See für Passagier-Rundflüge.

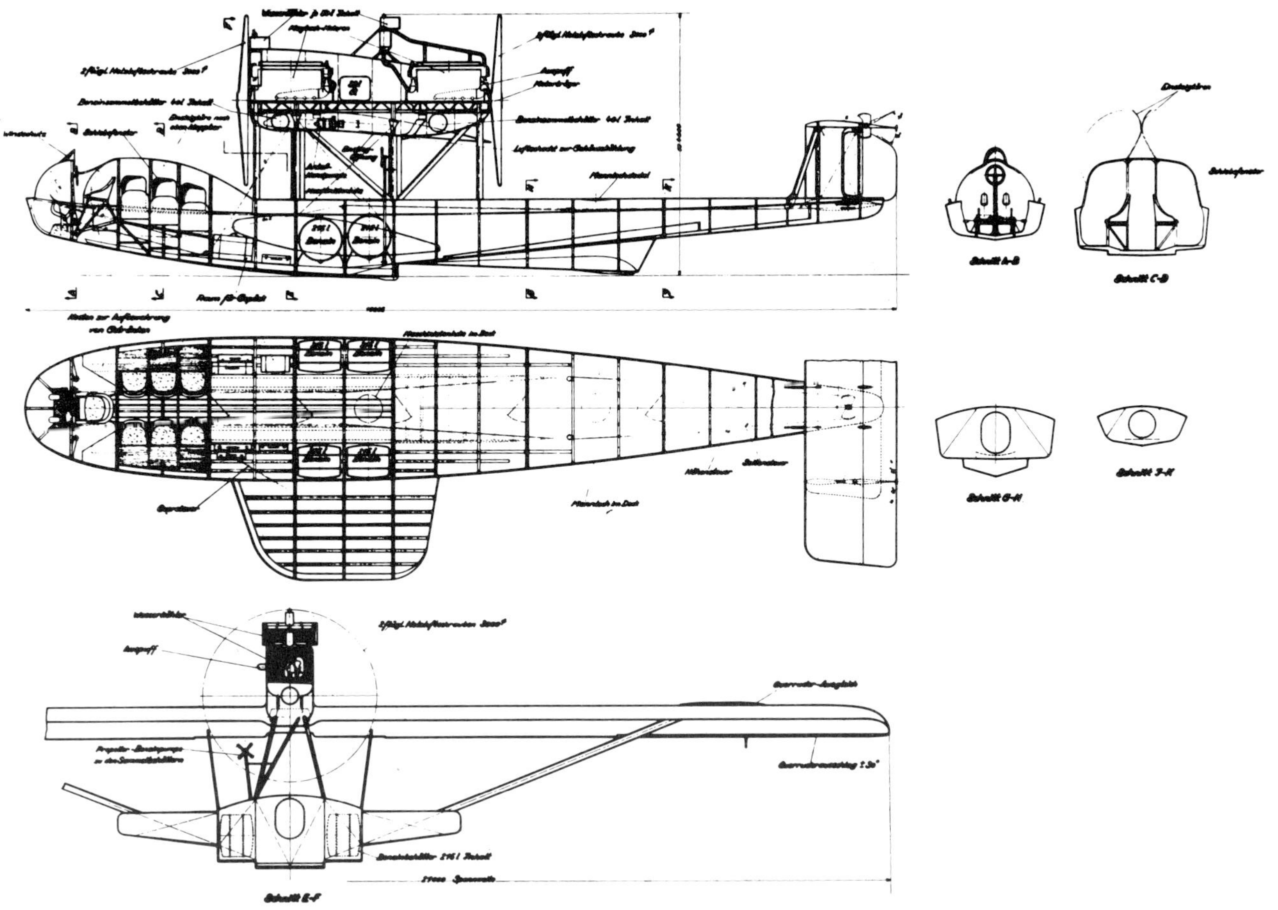

Konstruktiver Aufbau der Do Gs I.

filen und Rippen aus Leichtmetall auf. Über den vorderen Bootsteil wurde eine Haube mit großen Fenstern gezogen; so entstand eine Kabine, in der auf Längsbänken sechs Personen Platz fanden. Der Pilot saß im offenen Führersitz oben vor der Kabine, ein Monteur hatte seinen Platz hinten im Boot unter den Motoren, um von dort kleinere Reparaturen ausführen zu können. Dieses erste Dornier-Verkehrsflugboot startete am 31. Juli 1919 zum Jungfernflug und wurde danach gründlich erprobt: Der erste Wal war geboren!

Die Ad Astra, Zürich, Vorläuferin der späteren Swissair, interessierte sich für die Maschine. Sie übernahm das Boot leihweise im Oktober 1919 unter der Schweizer Zulassung CH 8 für Rundflüge auf dem Zürcher See. Im Dezember 1919 erhielt das Zeppelin-Werk – wie vereinbart – die Gs I nach zahlreichen gelungenen Flügen mit viel Lob über ihre Zuverlässigkeit zurück. Nach einer gründlichen Überholung wurde die Gs I im März 1920 zum Marineflughafen De Mok in Holland übergeführt und sowohl zivilen als auch militärischen Stellen vorgeflogen. Passagierflüge wurden unternommen, und namhafte Piloten hatten Gelegenheit, das Boot selbst zu fliegen. Ein Flug nach Stockholm sollte folgen, weil die schwedische Marine ebenfalls Interesse an dem Boot zeigte. Bei einer Zwischenlandung in Kiel-Holtenau erfuhr die Besatzung zu ihrer Überraschung, daß das Boot von der Interalliierten Luftfahrt-Überwachungs-Kommission (Ilük) zur Beschlagnahme gesucht wurde. Um den ehemaligen Gegnern die Konstruktion nicht preiszugeben, versenkte die Besatzung im Einvernehmen mit den Zeppelin-Werken das Boot in der Nacht vom 24. auf den 25. April 1920 weit draußen auf See.

Auf dem Reißbrett entstand inzwischen in Seemoos eine verbesserte Ausführung Gs II für acht bis neun Passagiere. Die beiden Führersitze wurden hinter die Kabine verlegt,

Vom Riesenflugboot der Zeppelinwerke zum Dornier-Wal[1]

Hersteller		Zeppelin-Werke Lindau						
Muster		RS I	RS II a	RS II b	RS III	RS IV	Gs I	Gs II
Triebwerk		Maybach Mb IV[2]	Maybach Mb IV	Maybach Mb IV	Maybach Mb IV	Maybach Mb IV a	Maybach Mb IV a	Maybach Mb IV a
Leistung	kW	3×176 = 528	3×176 = 528	4×176 = 704	4×176 = 704	4×191 = 764	2×198 = 396	2×198 = 396
	PS	3×240 = 720	3×240 = 720	4×240 = 960	4×240 = 960	4×260 = 1 040	2×270 = 540	2×270 = 540
Besatzung (+ Reisende)		4	4	4	4	4 + 6	2 + 6	2 + 8
Länge	m	29,00	25,75	23,88	22,70	22,70	15,20	16,15
Höhe	m	7,20	7,00	7,60	8,20	8,37	4,60	4,30
Spannweite	m	43,50	32,00	33,20	37,00	37,00	21,00	22,50
Flügelfläche	m^2	329,00	259,10	276,00	238,00	226,00	80,00	96,00
Flügelstreckung		5,75	3,95	3,99	5,75	6,06	5,50	5,28
Rüstmasse	kg	7 500	6 475	7 178	7 865	7 237	3 115	3 080
Kraftstoff	kg	1 440	1 440	1 440	1 960[5]	1 940	350[6]	340
Schmierstoff	kg	160	160	160	220	220	40	35
Besatzung	kg	280	280	280	280	280	160	160
Nutzmasse	kg	120	1 045	100	345	923	650	885
Zuladung	kg	2 000	2 925	1 980	2 805	3 363	1 200	1 420
Startmasse	kg	9 500	9 400	9 158	10 670	10 600	4 315	4 500
Flächenbelastung	kg/m^2	28,88	36,29	33,18	44,83	46,90	53,93	46,88
Masse Leistungsverhältnis								
Leistungsbelastung	kg/kW	17,99	17,80	13,00	15,16	13,87	10,90	11,36
	kg/PS	13,19	13,05	9,53	11,11	10,19	7,99	8,33
Flächenleistung	kW/m^2	1,60	2,03	2,55	2,96	3,38	4,95	4,13
	PS/m^2	2,19	2,77	3,48	4,03	4,60	6,75	5,63
Höchstgeschwindigkeit	km/h		105	128	136	138	175	180
in Höhe	m		0	0	0	0	2 000	0
Reisegeschwindigkeit	km/h	110[3]			120	110	150	150
in Höhe	m	0			0	0	1 000	0
Steiggeschwindigkeit	m/s				1,10	1,10	2,70	2,50
Dienstgipfelhöhe	m			3 000	2 700	2 000	4 250	4 500
Reichweite[4]	km	1 200	1 200	880	1 100	1 100	600	600
max. Flugzeit[4]	h	11	11	8	10	10	4	4
Verbrauch Reiseflug	kg/h	125	125	166	166	179	80	80
Landegeschwindigkeit	km/h				90	90	85	80
Zuladung in % von der Startmasse		21	31	21	26	32	28	32
Zahlende Nutzlast in % von der Startmasse		1	11	1	3	9	15	20
Baujahr		1915	1915/16	1916	1917	1917/18	1918/19	1920
Beginn der Flugerprobung		Ende 1915	30. 6. 1916	6. 11. 1916	4. 11. 1917	2. 10. 1918	31. 7. 1919	Projekt

[1] nach Werkunterlagen, ergänzt durch Angaben aus der Fachliteratur
[2] anfangs Mb IV mit 132 kW (180 PS)
[3] Leistungen geschätzt
[4] bei Reiseleistung ohne Reserven
[5] Tankkapazität 2260 kg
[6] Tankkapazität 648 kg (900 l), damit Reichweite 1 050 km, zahlende Nutzlast 344 kg

Obwohl diese Attrappe mit »Dornier Wal« beschriftet ist, handelt es sich wahrscheinlich um die Gs II, weil die Aufnahme aus der Halle in Seemoos stammt.

um Platz für drei weitere Reisende zu gewinnen. Die Fluggäste saßen nunmehr nebeneinander tief im Rumpf, so daß die Oberkante der Kabine in gerader Linie bis zum Heck verlief. Diese Änderung gewährleistete der Besatzung im offenen Führersitz ausreichende Sicht. Dahinter lagen im Rumpf Toilette und Gepäckraum.

Das Doppelleitwerk der Gs I wurde durch ein einfaches Leitwerk ersetzt, die Flügelfläche vergrößert und der Rumpf verlängert. Die Tragflächen waren mit Stoff bespannt, konnten aber bei Verwendung des Bootes in den Tropen oder im hohen Norden mit Duraluminiumblechen beplankt werden. Der Bau des nahezu fertigen Bootes mußte jedoch wegen des Bauverbotes eingestellt werden. Die mit Zähigkeit verfolgte Entwicklung der Riesenflugzeuge der Zeppelin-Werke Lindau führte trotz aller Rückschläge schließlich zum Erfolg. Der Dornier-Wal wurde eines der erfolgsreichsten Flugboote der zwanziger Jahre, mit dem der Südatlantik für den Postverkehr erschlossen werden konnte. Allerdings darf auch hier nicht vergessen werden, daß die Marine während der Kriegsjahre für die riesigen Versuchsbauten Rs I bis Rs IV Millionenbeträge aufgewendet hatte, die später dem Luftverkehr zugute kamen.

Forssman-Atlantikflugzeug: Ein phantastischer Dreidecker

Über den Lebensweg des Schweden Villehad Forssman, der in seiner Heimat als Fachmann für die Herstellung und Verarbeitung von Sperrholz tätig war, ist wenig bekannt. Patente auf ein Unterseeboot, auf die Drahtfernlenkung von Flugzeugen und auf Panzerfahrzeuge charakterisieren ihn als einen vielseitig begabten Techniker. Forssman ging 1910 nach Rußland und baute dort zwei unstarre Luftschiffe, die seinen Namen trugen[7]. Die »Forssman I« aus dem Jahre 1911 hatte 800 m^3 Gasinhalt, einen Motor mit 18 kW (24 PS) Leistung und war 37 m lang; das Schiff hatte einen Durchmesser von sechs Metern, eine Hubkraft von 450 kg und erreichte 37 km/h Geschwindigkeit. Die kleinere Forssman II, ein Einmann-Luftschiff, wurde 1912 gebaut, verfügte über 600 m^3 Gasinhalt und eine Hubkraft von 330 kg. Über den verwendeten Motor ist nichts bekannt geworden.

Durch diese Tätigkeit hatte Forssman Kontakte zu russischen Luftfahrtkreisen. Es kann durchaus sein, daß er mit Sikorsky zusammenkam oder gar für ihn arbeitete, zum Beispiel bei der Beschaffung der deutschen Argus-Motoren für die Ilja Muromez. Aber das ist eine Hypothese.

Im Jahre 1914 kehrte Forssman nach Deutschland zurück und baute für den Prinzen Friedrich Sigismund einen wegen seines bulligen Aussehens »Bulldog« genannten Eindecker. Nach Kriegsausbruch (1914) nahm die Firma Siemens in ihrem Dynamowerk in Berlin den Flugzeugbau wieder auf und betraute Prof. Dr.-Ing. Reichel mit der Leitung dieser Abteilung. Er engagierte Villehad Forssman, der ihm die Konstruktion eines Riesenflugzeuges vorschlug. Vorerst jedoch baute Forssman noch einmal für Siemens seinen Bulldog-Eindecker in verbesserter Form, um militärische Stellen dafür zu interessieren. Das Flugzeug hatte einen sehr gedrungenen Rumpf und war mit einem 74 kW(100 PS)-Siemens Sh 1-Motor ausgerüstet. Angeblich wegen mangelhafter Flugeigenschaften wurde es aber nicht vom Militär abgenommen.
Als auch Siemens von der Idflieg nahegelegt wurde, ein Riesenflugzeug zu bauen, beauftragte Reichel zwei Ingenieur-Teams, unabhängig voneinander je einen Prototyp zu bauen. Die erste Gruppe wurde von Villehad Forssman und Harald Wolff angeführt, zur zweiten Gruppe gehörten die Brüder Franz und Bruno Steffen. Es entstanden zwei ganz verschieden ausgelegte Flugzeuge. Die Brüder Steffen gaben der zentralen Triebwerksanordnung mit drei Motoren im Rumpf den Vorzug, deren Kraft über Getriebe und Fernwellen auf zwei Luftschrauben vor den Tragflügeln nahe dem Rumpf übertragen wurde. Forssman dagegen bevorzugte die dezentrale Bauweise mit vier Motoren zwischen den Tragflügeln eines Doppeldeckers mit 24 m Spannweite, 4500 kg Abflugmasse und drei 81 kW(110 PS)-Mercedes-Motoren.
Wenn auch im Augenblick nicht nachweisbar ist, daß Forssman in Rußland zu Sikorsky Verbindungen geknüpft hatte, dann gibt das SSW Forssman-Riesenflugzeug doch gewisse Anhaltspunkte dafür. Das Flugzeug glich nämlich weitgehend der Ilja Muromez von Sikorsky mit dem Unterschied, daß die Ilja Muromez schon 1913 und 1914 einen Rekord nach dem anderen aufstellte, während die Forssman-Konstruktion nach Fertigstellung Schwierigkeiten über Schwierigkeiten bereitete. Wegen der großen Schwanzlastigkeit war es anfangs lebensgefährlich, das Flugzeug zu fliegen. Harald Wolff konstruierte die Maschine schließlich um und rüstete sie mit stärkeren Triebwerken aus. Aber auch diese Bemühungen mißlangen – das Flugzeug brach bei einem Probelauf der Motoren auseinan-

Siemens-Forssman Bulldog-Eindecker mit 74 kW(100 PS)-Siemens Sh 1-Umlaufmotor.

Bei Siemens gebautes viermotoriges Forssman R-Flugzeug mit vier 81 kW(110 PS) leistenden Mercedes D II-Motoren. ▽

der. Die von den Brüdern Steffen gebaute Maschine SSW R I absolvierte dagegen im Juni 1915 ihren Zulassungsflug mit neun Passagieren an Bord – darunter eine Kommission der Idflieg – mit gutem Erfolg.

Siemens trennte sich 1916 von Forssman, der sich fürs erste wieder seinem erlernten Beruf zuwandte: er trat in die Sperrholzfabrik S. Brüning und Sohn in Großauheim bei Hanau ein.

Ohne Zweifel hatte Forssman die seltene Gabe, andere für seine Ideen zu gewinnen und von ihrer Richtigkeit zu überzeugen. So verstand er es, Brüning und Vertreter der Deutschen Bank für seinen neuen Plan zu begeistern, ein Atlantikflugzeug zu bauen. Nach dem Krieg sollte damit ein Langstreckenverkehr in die USA eingerichtet werden, der sich bezahlt machen müsse. Nach den Folgekosten eines solchen Unternehmens, der Laufzeit der Motoren mit ganzen 120 Stunden, den Problemen der Navigation, des Wetters mit Stürmen und Vereisung über dem Nordatlantik haben seine Geldgeber ihn anscheinend nicht gefragt.

Forssman gründete mit Brüning eine Firma »Fahrzeugbau Brüning GmbH, Hersteller von Motorfahrzeugen und Flugzeugen«. Bald jedoch versiegten die Gelder für den im Bau befindlichen gigantischen Dreidecker mit zehn Maybach-Motoren. Forssman wandte sich daraufhin an die Reichsmarine, um diese für die Übernahme des Flugzeuges und der Kosten zu interessieren. Die Marine stellte jedoch fest, daß bei der Auslegung auf militärische Belange keine Rücksicht genommen worden war, und lehnte deshalb eine Unterstützung ab.

Forssman aber wußte Rat. Er setzte sich mit den Brüdern Max und Reinhard Mannesmann in Verbindung, die sich von ihrer Firma getrennt hatten und eine Munitions- und eine Lastwagenfabrik besaßen. Damit verfügten sie über reiche Mittel und Möglichkeiten. Forssman schlug vor, seine Patente über die Drahtfernsteuerung von Flugzeugen für ein bei Mannesmann-Mulag in Entwicklung stehendes Lufttorpedo zu nutzen, das von Flugzeugen außerhalb des Wirkungsbereiches der Abwehrgeschütze von Schiffen mit eigenem Antrieb ins Ziel gesteuert werden sollte.

Reinhard Mannesmann unterstützte im Gegenzug den Bau des Forssman-Flugzeuges. Wahrscheinlich wurden die Teile mit der Bahn von Hanau nach Poll transportiert und der Bau 1918 in einer dortigen Halle der Mannesmann-Mulag-Werke weiter fortgesetzt.

Das halbfertige Flugzeug und seine Bauunterlagen wurden am 29. September 1919 von einer englischen Kommission der Alliierten entdeckt. Die Kommission ließ einen Bericht mit exakten Detailbeschreibungen des Flugzeuges anfertigen. Die Engländer nannten den Giganten »Riesenflugzeug von Poll« oder »Forssman Riese«. Es war ein zweistielig verspannter Dreidecker; die Spannweite des oberen und unteren Flügels betrug etwa 31 m, die des mittleren Flügels dagegen 50,30 m! Der 46 m lange Rumpf lag zwischen Ober- und Unterflügel, die beiden Holme des mittleren Flügels

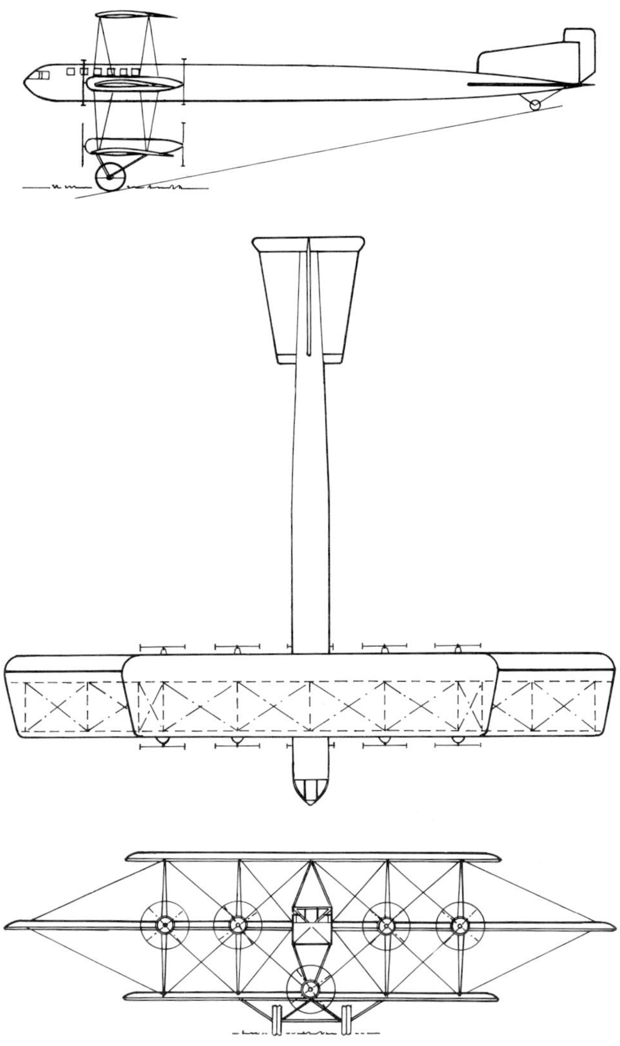

Forssman-Riese mit zehn Maybach-Motoren für den Atlantik-Luftverkehr war gegen Kriegsende fast fertiggestellt.

gingen durch den Rumpf hindurch. Die Triebwerke waren auf dem mittleren Tragflügel im Bereich der Stiele angeordnet. Jeweils zwei Motoren befanden sich in Tandemanordnung in vier Gondeln und arbeiteten unabhängig voneinander auf eine Zug- und eine Druckschraube. Zwei zusätzliche Triebwerke waren in gleicher Weise auf dem unteren Tragflügel mitten unter dem Rumpf angebracht. Die Querruder ohne aerodynamischen Ausgleich befanden sich am mittleren Flügel. Das Leitwerk bestand aus großen Flossen und normalen Ruderflächen, wobei das Seitenruder einen aerodynamischen Ausgleich aufwies. Das Fahrwerk mit durchgehender Achse war gegen Rumpf und Stiele des

Forssman-Atlantikflugzeug

Hersteller			Forssman[1] Brüning Mannesmann
Muster			Riesen-Atlantik-Flugzeug
Triebwerk			Maybach 10× Mb IV
Leistung	N	kW	10×196 = 1 960
	kp	PS	10×240 = 2 400
Besatzung (+ Reisende)			8 + 8
Länge		m	45,70
Höhe		m	15,00
Spannweite		m	50,30
Flügelfläche		m^2	757,00
Flügelstreckung			
Rüstmasse		kg	44 886
Kraftstoff		kg	16 000
Schmierstoff		kg	1 600
Besatzung		kg	640
Nutzmasse		kg	1 000
Zuladung		kg	19 240
Startmasse		kg	64 126
Flächenbelastung		kg/m^2	84,70
Masse Leistungsverhältnis			
Leistungsbelastung		kg/kW	32,70
		kg/PS	26,72
Flächenleistung		kW/m^2	2,59
		PS/m^2	3,17
Verbrauch		kg/h	450
Höchstgeschwindigkeit		km/h	130
in Höhe		m	0
Reisegeschwindigkeit		km/h	115
in Höhe		m	
Steiggeschwindigkeit		m/s	
Dienstgipfelhöhe		m	
Reichweite[2]		km	4000
max. Flugzeit[2]		h	35,5
Startrollstrecke		m	
Startstrecke bis 15 m Höhe		m	
Landerollstrecke		m	
Landestrecke aus 15 m Höhe		m	
Landegeschwindigkeit		km/h	95
Zuladung in % von der Startmasse			30
Zahlende Nutzlast in % von der Startmasse			2
Baujahr			1918

[1] Die Daten bauen auf Annahmen auf, die sich auf in der Literatur verstreute Angaben beziehen und einen Anhalt geben, welche Maße und Gewichte dem Flugzeug zugrunde gelegen haben könnten

[2] Bei Reiseleistung ohne Reserven

Tragwerkes abgestrebt. Bemerkenswert sind die zwei riesigen hölzernen Räder mit einem Durchmesser von 2,40 m. Das Flugzeug sollte eine Flugzeit von 80 Stunden haben, eine Angabe, die geradezu absurd erscheint. Die zehn Maybach-Motoren mit je 176 kW (240 PS) verbrauchten in der Stunde bei Reiseleistung 450 kg Kraftstoff, das sind bei 80 Stunden Flugzeit 36 000 kg. Realistischer wären etwa 16 000 kg Kraftstoffzuladung, bei 115 km/h Reisegeschwindigkeit rund 35,5 Flugstunden (4000 km Reichweite) gewesen. Damit hätte man in zwei bis drei Etappen von etwa 2000 km bis 3000 km die Strecke über Irland–Island–Grönland–Labrador zurücklegen können. Nach zwei Flügen hätten die Motoren zur Überholung angestanden, einige wären sicherlich schon vorher ausgefallen. Mit der damaligen Technik waren bei der geringen Geschwindigkeit so große Strecken einfach nicht zu bewältigen.
Der Forssman-Riese wurde unter merkwürdigsten Umständen zum großen Teil fertiggestellt, fiel aber in die Hände der damaligen Gegner und wurde zerstört[8].

Junkers Riesenflugzeug-Projekte: Zeugen genialen Weitblicks

Mit genialem Weitblick zeichnete Hugo Junkers den weiteren Weg des Verkehrsflugzeugbaues schon zu einer Zeit, als die Fliegerei noch in den Kinderschuhen steckte. Der Entwurf für ein Flugzeug zur Post-, Fracht- und Personen-Beförderung wurde Hugo Junkers mit dem Gleitflieger-Patent DRP. 253 788 im Jahre 1910 patentiert[9]. Das Patent spricht von einem »Tragflügel großer Dicke, in dem alle nicht tragenden Teile untergebracht sind« – also die tragende Konstruktion des Flügels, die Triebwerke, die Passagiere und die Besatzung. Mit anderen Worten: ein freitragender Nurflügler. Zum ersten Mal in der Luftfahrtgeschichte wird hier durch einen kühnen, aber technisch durchaus realisierbaren Plan das Flugzeug als dritte Verkehrsart neben die Land- und Wasserverkehrsmittel gestellt. Die Großzügigkeit seiner Gedanken fand 1914 in einer Äußerung einem seiner engsten Mitarbeiter gegenüber Ausdruck, als Junkers von Flugzeugen sprach, die, nach seinem Gleitfliegerpatent gebaut, ein Fassungsvermögen von hundert, ja sogar tausend Personen haben und für einen transkontinentalen Luftverkehr geeignet sein könnten.
Junkers ging andere Wege als die Konstrukteure der bisher beschriebenen Flugzeuge. Er betrieb zuerst Grundlagenforschung über das neue Element Luft, dem er seine Flugzeuge anvertrauen wollte. Er erkannte bei seinen aerodynami-

schen Untersuchungen, daß der Luftwiderstand der Tragflügel gar nicht so sehr von der Profildicke abhängt. 1914 stellte er in seinem Windkanal in Aachen eine Reihe von Körpern gleichen Widerstandes zusammen.
Als günstigstes Profil wurde ein solches gefunden, bei dem sich die Profilhöhe zur Sehnenlänge wie 1:5 verhält. Damit war die damalige Theorie, das dünnste Profil stelle die ideale Form dar, überholt. Auf Grund dieser und anderer Untersuchungen kam Junkers zu der Überzeugung, daß der freitragende Eindecker mit dickem Flügel dem Doppeldecker mit dünnen Flügeln aerodynamisch weit überlegen sein müsse. Das Verhältnis von Auftrieb zu Widerstand gestaltete sich nach seinen Windkanalversuchen am Flügel um so besser, je größer das Seitenverhältnis »Spannweite zur Flügeltiefe« wurde. Auch die Sinkgeschwindigkeit wurde durch ein günstiges Seitenverhältnis vorteilhaft beeinflußt. Diese für uns heute selbstverständlichen Gesetze waren damals für die Fachwelt völlig neu.
Von mindestens ebenso großer Tragweite war Junkers' Idee, Metall als Baustoff für Flugzeuge zu verwenden und auf Holz, Stoff und Drahtgewirr zu verzichten.
Damit hatte Hugo Junkers schon vor dem Ersten Weltkrieg die wichtigsten aerodynamischen und konstruktiven Probleme im Flugzeugbau erkannt. Während des Krieges gelang es ihm, sich und seine Mitarbeiter mit der Verwendung von Leichtmetall als Baustoff für Flugzeuge vertraut zu machen – eine äußerst schwierige Aufgabe.
In einem als Entwurf vorliegenden Schreiben aus dem Jahre 1915 an Hauptmann Wagenführ, Chef der Flugzeugmeisterei, nahm Prof. Junkers zu den damals gebauten ersten zweimotorigen Großflugzeugen Stellung. Darin bemängelte er die großen Dimensionen der Doppeldecker, die zu einem ungünstigen Verhältnis von Geschwindigkeit und Nutzlast führten[10]. Er empfahl dagegen hohe Triebwerksleistung pro Quadratmeter Flügelfläche, ein günstiges Verhältnis von Tragfähigkeit und Widerstand, was zu hoher Geschwindigkeit und gutem Steigen führen müsse.

R-Eindecker R 57/17

Die Arbeiten zum Entwurf eines Riesenflugzeuges, zu denen Junkers von der Marine aufgefordert worden war, nahmen Ende 1916 Gestalt an[11]. Sein Mitarbeiter A. Beldimann wandte sich gegen ein von der Marine unter der Bezeichnung J.M. 1,400 vorgeschlagenes Drei-Gondelflugzeug. Von Ingenieur Jaekel und ihm seien mehrere Entwürfe des Drei-Gondelflugzeuges durchgerechnet worden, die aber zu keiner befriedigenden Lösung im Sinne der Junkers'schen Erkenntnisse führten. Beldimann schlug dagegen einen Entwurf vor, wie er in etwa 1917 mit dem R-Eindecker RI R 57/17 verwirklicht worden ist. Wahrscheinlich ließ Junkers daraufhin den Entwurf der Marine fallen und

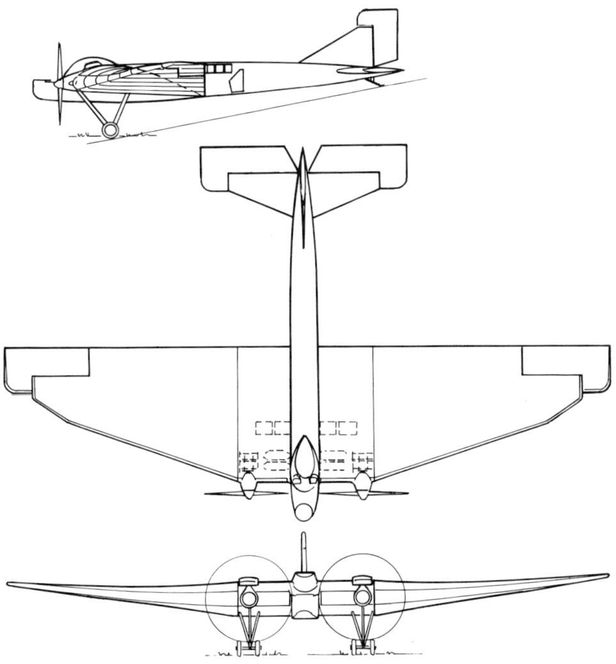

Junkers R-Eindecker RI R.57/17 mit vier in den Tragflügeln paarweise quer zur Flugrichtung angeordneten Mercedes D IVa-Motoren und einfachem Seitenleitwerk (1917).

empfahl den Vorschlag von Beldimann als Grundlage eines neuen Entwurfes. Es wurden jedoch weiterhin mit der Marine enge Kontakte und ein reger Gedankenaustausch gepflegt, anders wären das Projekt für ein Großflugboot für die Marine und ein Schwimmerflugzeug – die noch besprochen werden – nicht denkbar gewesen.
Der endgültige Entwurf der RI vom August 1917 sah einen Eindecker vor, der hohe Geschwindigkeit erwarten ließ und nichts mit den Riesendoppeldeckern der anderen Werke gemein hatte. Er war in enger Anlehnung an die von Junkers in seinem Gleitfliegerpatent aus dem Jahre 1910 festgelegten Grundsätzen entstanden und wies dem Flugzeugbau ganz neue Wege[12]. Von seiten der Inspektion der Fliegertruppe lag ein Auftrag mit Bestellkarte 40/120[13] auf dieses Muster vor.
Der freitragende Mitteldecker hatte vier 191 kW (260 PS)-Mercedes-Motoren, die in dem dicken Tragflügel quer zur Flugrichtung angeordnet waren. Durch einzeln ausschaltbare Kupplungen und über ein Kegelradgetriebe sollten zwei gegenläufig arbeitende Luftschrauben angetrieben werden. Zwischen den Motorengruppen befand sich im Rumpf ein Maschinenstand, von dem aus – vom Boden unabhängig – durch eine Andrehkurbel mit Übersetzung jeder Motor für sich in Gang gesetzt werden konnte.

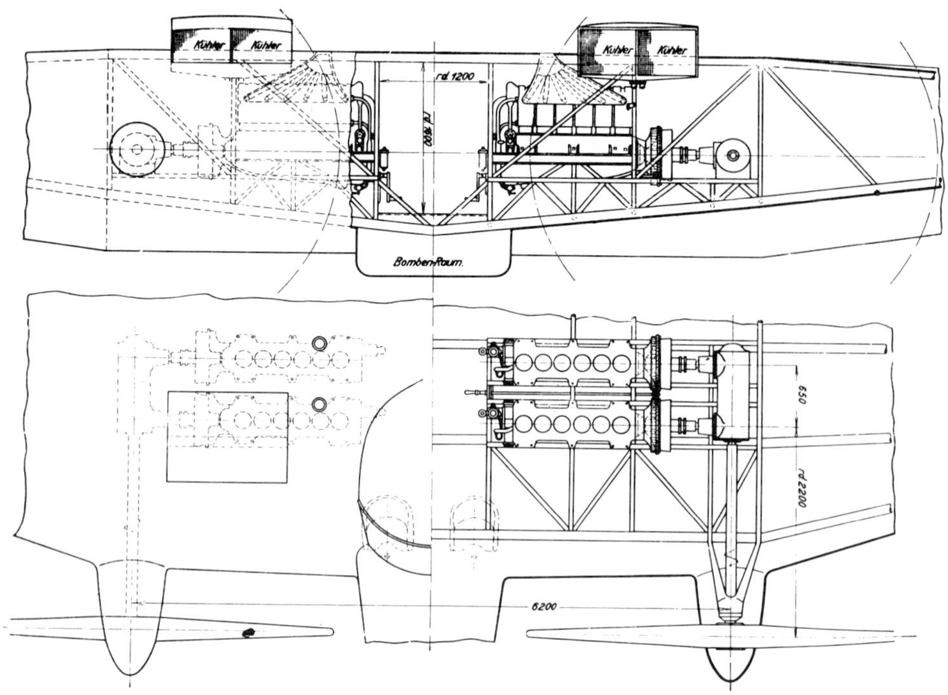

Schnitt durch das Flügelmittelstück des R-Flugzeuges RI R.57/17 mit der für damalige Zeit erstmaligen Triebwerkanordnung von vier überwachbaren Motoren im Inneren des Tragflügels (1917).

Verbesserte Ausführung des Junkers R-Eindeckers RI R.58/17 mit doppeltem Leitwerk, geändertem Fahrwerk und größeren Querrudern. ▽

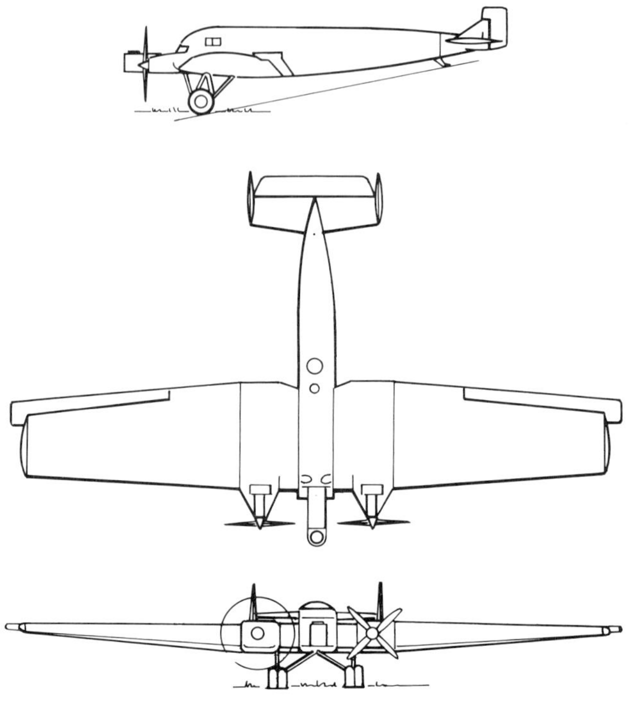

Motoren und Getriebe waren gut zugänglich, so daß sich kleinere Reparaturen während des Fluges ausführen ließen. Hinter und oberhalb der Luftschraubennabe waren zwei nebeneinander liegende Junkers-Düsenkühler vorgesehen. Die Düsen waren verstellbar, so daß bei gleichzeitiger Widerstandsverminderung die Kühlerleistung der Fluggeschwindigkeit und Motorleistung angepaßt werden konnte. Das mit einer Spannweite von 35 m durchaus mit Recht Riesenflugzeug genannte Muster sollte bei Vollast (10 000 kg Flugmasse) in Höhen bis zu 2000 m eine Höchstgeschwindigkeit von 180 km/h erreichen.

R-Eindecker R 58/17

Die Idflieg hielt Junkers vor, der Entwurf RI R 57/17 vom August 1917 gleiche eher einem Verkehrs- als einem Militär-Flugzeug und müsse mehr auf militärische Aufgaben zugeschnitten werden. Bei dem überarbeiteten Projekt RI R 58/17 waren jeweils zwei Triebwerke nebeneinander in Flugrichtung angeordnet. Das Seitenleitwerk war doppelt ausgeführt, die Querruder, die Spannweite und die Tragfläche vergrößert worden. Der Entwurf versprach bessere Verteidigungsmöglichkeiten und höhere Wendigkeit. Daten und Gewichte liegen leider nur über den ersten Entwurf vor.

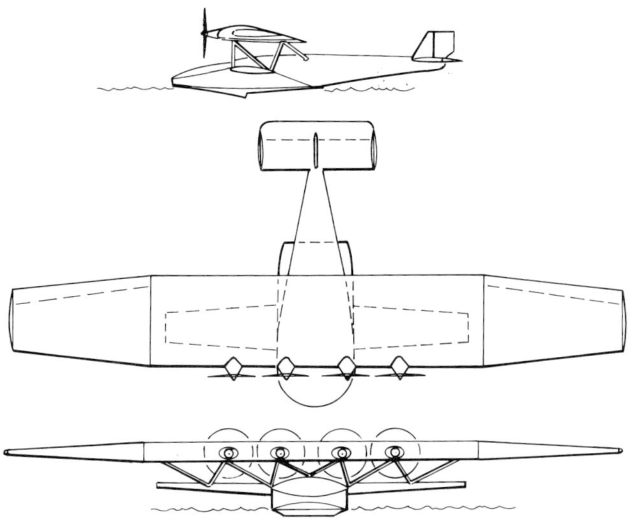

Projekt eines Riesenflugbootes mit vier Junkers Gegenkolben-Motoren mit einer Gesamtleistung von 2940 kW (4000 PS) und mit 48 000 kg Abflugmasse (1918).

Die Junkers-Entwürfe für die Idflieg blieben natürlich den Konkurrenzfirmen nicht verborgen und regten diese dazu an, umzudenken und aerodynamisch fortschrittlichere Entwürfe einzureichen. Gegen Ende des Krieges vorgefundene Fragmente dieser Entwürfe zeigen Konstruktionen mit zehn bis zwanzig 500 PS-Motoren mit freitragenden Flügeln bis zu 140 m Spannweite.

Riesenflugboot mit 2940 kW (4000 PS)

Neben den beiden RI-Flugzeugen wurde – wahrscheinlich auf Veranlassung der Marine – Mitte 1918 von der Junkers-Forschungsanstalt ein Riesenflugboot projektiert; in der Tat ein Gigant von gewaltigen Ausmaßen. Nicht weniger als 80 Meter Spannweite hatte der Anderthalbdecker, 48 000 kg Abflugmasse und vier 735 kW(1000 PS)-Junkers-Gegenkolben-Motoren, die von einem 1916 gebauten Versuchsmotor Fo 2 abgeleitet werden sollten, einem Gegenkolben-Zweitakt-Flugmotor in liegender Anordnung mit zwei Kurbelwellen mit Benzin-Einspritzung und Fremdzündung. Ursprünglich war Dieselöl als Kraftstoff vorgesehen. Der Versuchsmotor war für 332 kW (475 PS) bei 1800 min^{-1} ausgelegt worden. Er absolvierte 1917 einen Zehn-Stunden-Dauerlauf.
Der Entwurf des Riesenflugbootes war allerdings mehr ein Beispiel für ein zukünftiges Metallflugzeug als ein damals realisierbares Projekt.

Junkers G-Eindecker auf Schwimmern

Schon eher zu verwirklichen war dagegen das Projekt eines Schwimmerflugzeuges vom 14. Dezember 1917: Der freitragende Metall-Tiefdecker besaß zwei Triebwerke in den Tragflügeln seitlich des Rumpfes und hatte eine freie Kanzel im Bug. Der dicke Tragflügel war dreiteilig ausgeführt; das Tragflügelmittelstück ging durch den Rumpf und nahm an den Außenseiten die beiden Triebwerke auf. Die Tragflügel wurden an das Mittelstück angeschlossen. Alle Ruder hatten einen aerodynamischen Ausgleich. Auf der festen Flosse des Höhenruders waren zwei Seitenleitwerke vorgesehen.
Das Flugzeug ähnelte der späteren S 36 und K 37 aus dem Jahre 1927. Einzelheiten über den Entwurf liegen nicht vor.
Der G-Eindecker war als Schwimmerflugzeug für die Marine bestimmt, konnte aber auch mit einem Fahrwerk ausgerüstet werden. In seiner Auslegung hätte es der Vorentwurf für eine zwei- oder dreimotorige G 24 sein können.
Das Kriegsende unterbrach alle Arbeiten an den genannten Projekten.

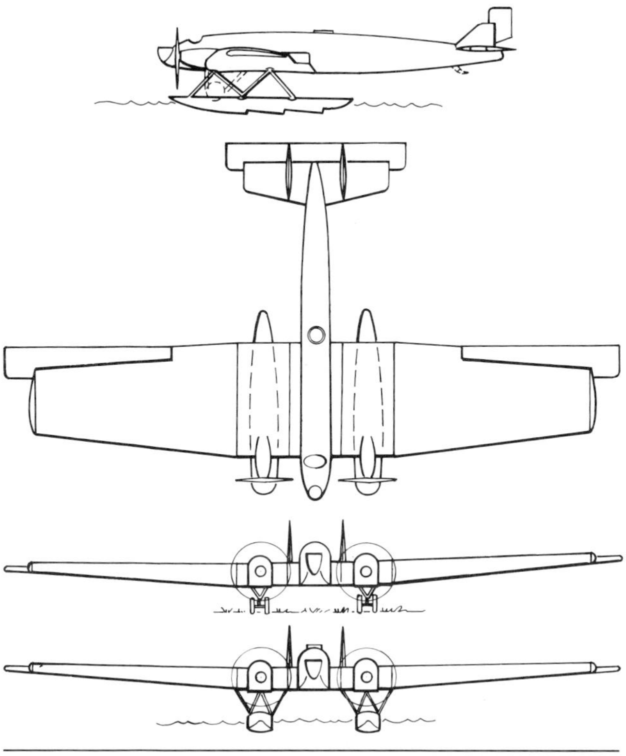

Projekt eines zweimotorigen Großflugzeuges oder G-Eindeckers aus dem Jahr 1917, der sowohl als Schwimmer wie auch als Landflugzeug verwendbar sein sollte. Der Entwurf ähnelt der späteren S 36 und K 37.

Es mußte bei diesen und anderen Entwürfen bleiben, weil Junkers nicht nur die Mittel, sondern auch die Arbeitskräfte und Rohstoffe für Metallflugzeuge von solchen Ausmaßen fehlten. Ein enger Gedankenaustausch sowohl mit der Inspektion der Fliegertruppe als auch mit der Marine war den Projekten förderlich, und beide Stellen hätten nichts lieber gesehen als ihre baldige Verwirklichung.

Junkers Verkehrsflugboot 1919

Kaum drei Wochen nach dem Erstflug der Junkers F 13 entstand im Juli 1919 das Projekt eines Verkehrsflugbootes, über das wenig bekannt geworden ist. Es war ein abgestrebter Hochdecker, in dessen Rumpf acht Reisende und zwei Besatzungsmitglieder bequem Platz gefunden hätten. Er saß auf einem flachen, nach der Breite oval geformten Bootskörper, der auf dem Wasser Stabilität gewährleisten sollte. Oberhalb der Tragflügel waren seitlich des Rumpfes zwei Motoren in Gondeln angeordnet. Das Seitenleitwerk war doppelt ausgeführt. Junkers erwartete 40 Prozent Zuladung und 16 Prozent zahlende Nutzlast.
Das Projekt wurde aber ebensowenig verwirklicht wie andere Pläne, da noch kein Bedarf für Flugzeuge dieser Größe vorlag.

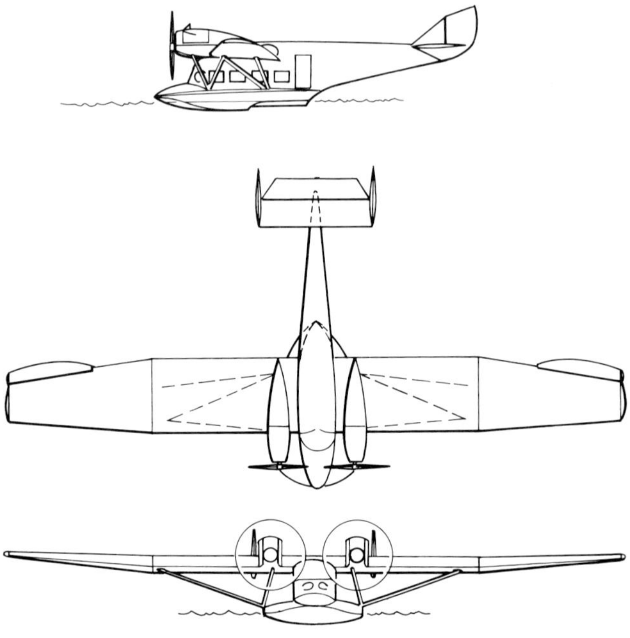

Entwurf eines zweimotorigen Verkehrsflugbootes für acht Reisende mit zwei BMW IIIa-Motoren vom 10. Juli 1919.

Das Projekt Junkerissime ist eine elegante Zweischwimmer-Lösung für ein Riesenflugzeug für 60 Reisende und 1900 km Reichweite (1920).

Junkerissime: Flugboot und Landflugzeug

Dipl.-Ing. Ernst Zindel befaßte sich 1920 mit dem Entwurf eines Großflugzeuges für weite Überwasserstrecken, Junkerissime genannt.
Durch seinen Doppelrumpf unterschied sich das Projekt von den übrigen Junkers-Entwürfen der damaligen Zeit. In beiden Rümpfen war Platz für insgesamt 40 bis 60 Reisende, je nach Komfort. Als Triebwerk hatte Zindel vier Junkers Dieselmotoren mit je 515 kW (700 PS) vorgesehen. Die Motorleistung sollte, wie bei der späteren G 38, über Wellen auf die Luftschrauben übertragen werden. Die Motoren waren durch den Flügel im Flug zugänglich und wartbar. Mit 60 Passagieren einschließlich Gepäck hätte das Flugboot in etwa zwölf Stunden 1900 km nonstop zurücklegen können. Auch dieses Projekt, das durch Untersuchungen von Modellen im Windkanal technisch fundiert und durchaus zu verwirklichen war, deutete zunächst nur die künftigen Möglichkeiten des Luftverkehrs an.
Ein zweites Projekt hatte die gleiche Maschine als Landflugzeug zum Ziel. Passagier- und Besatzungsräume waren im Gegensatz zu dem Flugboot im Flügel untergebracht. Die sechs Passagierabteile sollten bequem und wohnlich eingerichtet werden und 56 Fluggästen Platz bieten. Sie erhielten durch Öffnungen von oben und unten Licht. Die Fenster im Boden gestatteten einen guten Ausblick nach unten; von 16 Sitzen im Vorderteil des Flügels hatte man eine vorzügliche Sicht nach vorn. Küche und Anrichte und ausreichender Gepäckraum waren ebenfalls vorgesehen. Bei Reisegeschwindigkeit hätte dieses Flugzeug mit 56 Fluggästen und entsprechendem Gepäck in 15 Stunden rund 2200 km zurücklegen können.
Obwohl diese Projekte nie gebaut oder gar erprobt worden sind, kann man doch davon ausgehen, daß sie brauchbar gewesen wären. Denn fast alle Entwürfe von Junkers, die verwirklicht wurden, haben in der Praxis das gehalten, was vorher versprochen worden war. Der Bau von zivilen

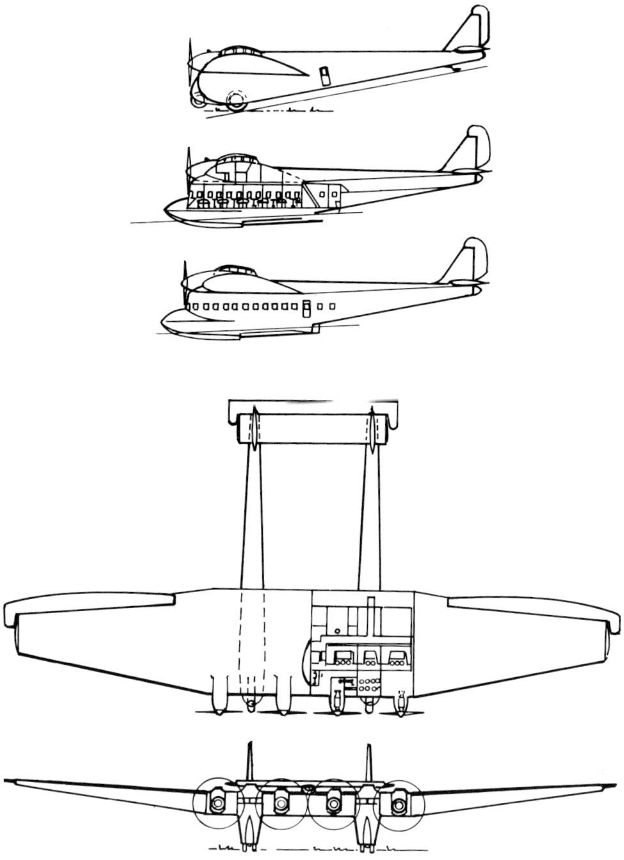

Die Junkerissime, 1920 von Dipl.-Ing. Ernst Zindel geplant, war ein Projekt für ein Langstrecken-Verkehrsflugzeug mit vier Junkers Dieselmotoren für 60 Reisende mit 1900 km Reichweite. Als Frachtflugzeug waren 3600 km Reichweite erzielbar. Derselbe Entwurf war auch als Landflugzeug durchgerechnet und geplant worden.

Riesen- und Großflugzeugen scheiterte lediglich daran, daß zu jener Zeit noch gar kein Bedarf für Flugzeuge mit einer so hohen Kapazität bestand – erst um 1923/24 gelang es dem Junkers Luftverkehr, mit Hilfe der F 13 regelmäßig Strecken mit drei bis vier Passagieren zu befliegen! Außerdem war die Triebwerktechnik noch weit hinter dem von Junkers erreichten Stand im Zellenbau zurück. Mit Motoren mit 150 Stunden Laufzeit wäre kein zuverlässiger Langstreckenverkehr möglich gewesen, von den Kosten überhaupt nicht zu reden.

Viermotoriges Verkehrsflugzeug Junkers JG I ▷

Viermotoriges Verkehrsflugzeug JG I

Neben den Arbeiten an der Junkerissime, die als Zukunftsprojekt galt, wurde im Frühjahr 1920 mit dem Bau eines Verkehrsflugzeuges für neun Reisende begonnen. Das Flugzeug mit der Bezeichnung JG I war viermotorig ausgelegt und sollte Fluggäste oder Fracht und Post über weite Strecken befördern können.

Mit 1200 kg reiner Nutzlast – das wären neun Fluggäste und 525 kg Fracht und Gepäck gewesen – hätte das Flugzeug bei einer mittleren Flughöhe von 3000 m in 14 Stunden etwa 2500 km zurücklegen können; mit 400 kg Eilpost wären es in 21 Stunden 3700 km Strecke gewesen. Man hoffte bei Junkers, bei Ausfall eines Motors mit drei Motoren weiterfliegen zu können. Nachdem Tragflügel, Rumpfende und Fahrwerk fertiggestellt waren, wurde der Bau auf Grund der Bestimmungen des Versailler Friedensvertrages im gleichen Jahre eingestellt. Später verlangte die Ilük die Zerstörung der fertigen Teile.

Die JG I glich einem überarbeiteten Entwurf des Riesenflugzeuges R I, bei dem der Antrieb neu aufgeteilt worden war: Vier Motoren arbeiteten direkt auf vier Luftschrauben, um den damals noch ungelösten Schwierigkeiten mit den Getrieben aus dem Wege zu gehen. Beim Vergleich mit den Daten der R I fällt die Senkung der Rüstmasse um 20 Prozent in die Augen, dazu die erhebliche Vergrößerung der Tankkapazität, die eine Erhöhung der Flugstundenzahl um mehr als das Doppelte ermöglicht hätte.

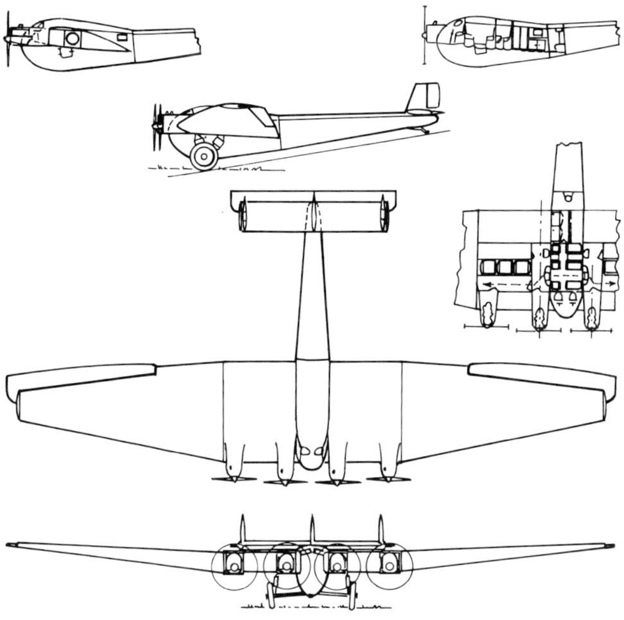

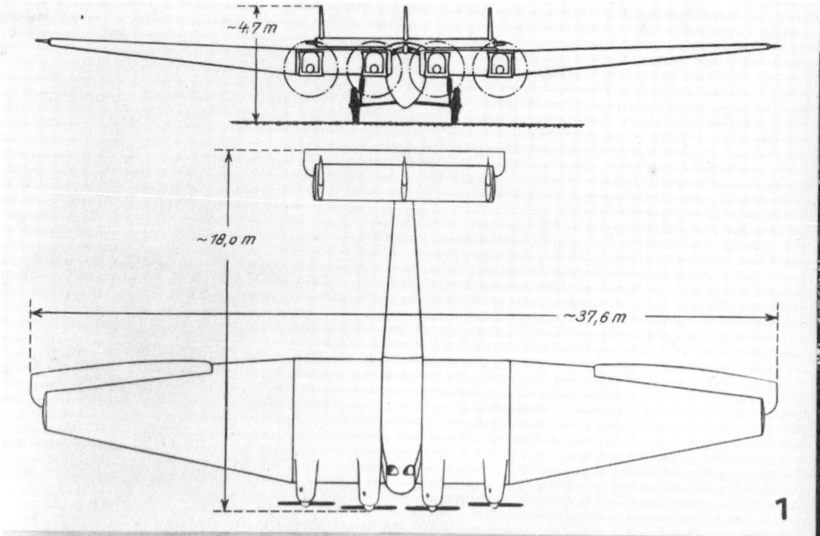
~4,7 m
~18,0 m
~37,6 m
1

2

3

5

4

6

7

◁
Viermotoriges Langstrecken-Verkehrsflugzeug, Baujahr 1920:
1 Junkers JG I
2 Das Rumpfende der JG I vor der Zerstörung
3 Hauptholm des Tragflügels
4 Zusammenbau der Rohre zu Holmen und Trägern
5 Die Rohrholme werden zu einem festen Flügelgerüst zusammengefügt
6 Mit Wellblech fertig beplankter Tragflügel
7 Das Innere des Rumpfendes der JG I

Nurflügler J 1000

Einen vorläufigen Abschluß fand die Entwicklung von Groß- und Riesenflugzeug-Projekten 1923 mit einem Vorschlag, in dem die Gedanken des Nurflügelflugzeug-Patentes von Prof. Junkers aus dem Jahre 1910 als Krönung seiner Arbeit praktisch verwirklicht werden sollten. Der Entwurf sah ein Enten-Flugzeug mit großer Annäherung an den fliegenden Flügel vor, dessen Höhenleitwerk vor dem Tragflügel angeordnet war. Das Projekt erhielt die Musterbezeichnung J 1000. Als Nutzlast hätten 80 bis 100 Fluggäste mit Gepäck befördert werden können, dazu kamen zehn Mann Besatzung und ein Kraftstoffvorrat für zehn Stunden mit etwa 7000 kg. Als Antrieb waren Turbinen mit Freikolben-Kompressoren vorgesehen.
Der Aufbau des Flugzeuges bestand aus einem Rohrgerüst mit Wellblechbeplankung. Der Kommandostand befand sich oberhalb der Tragfläche und bot gute Sicht nach allen Seiten. Räume für den Funker und die Küche schlossen sich an. Neben dem Kommandostand befand sich eine Kabine für den Kommandanten und den Ersten Offizier oder für zwei Piloten. Hinter diesen Räumen waren die Maschinenräume mit den vorgesehenen Freikolben-Kompressoren

Projekt eines Nurflügel-Flugzeuges J 1000 für zehn Mann Besatzung und 80 Reisende mit vier Junkers-Dieselmotoren oder durch Freikolben-Kompressoren angetriebene Turbinen (1923).

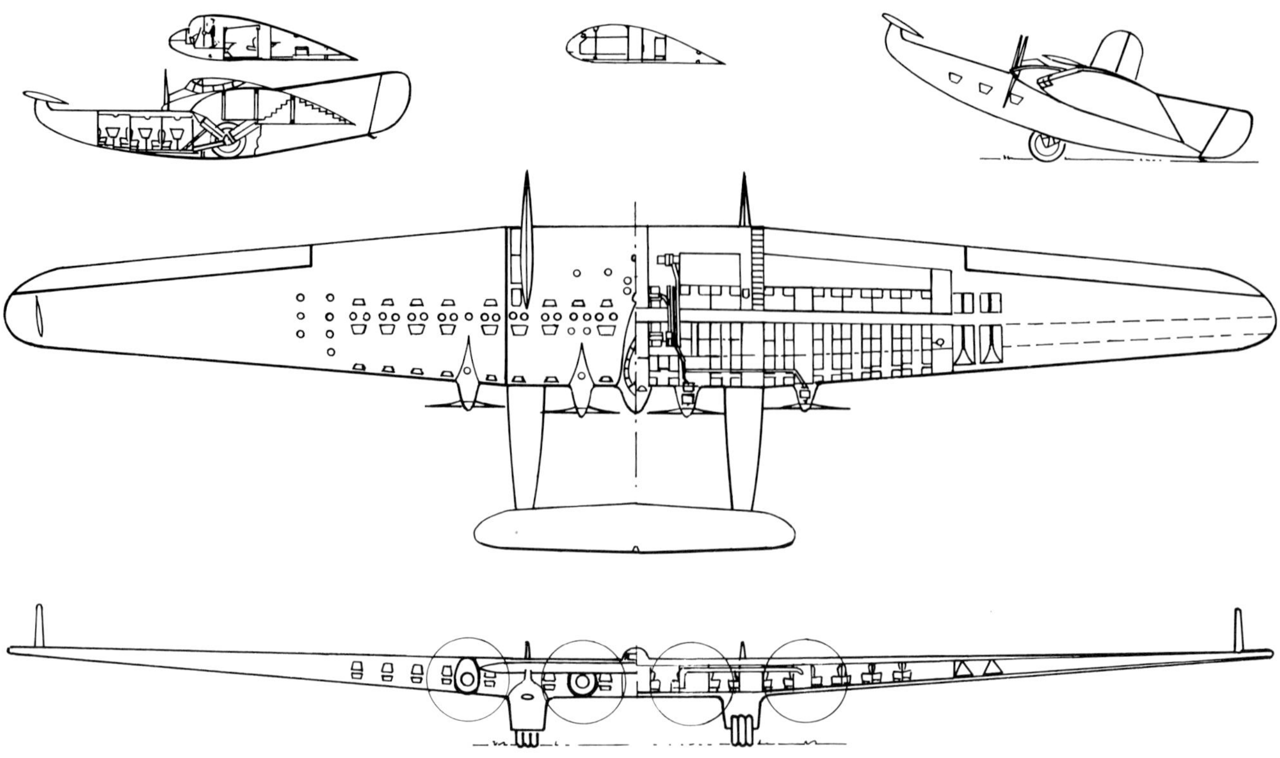

Im Flügel der J 1000 befanden sich Fenster in der Flügelnase und Schlafkabinen zum Flügelende zu. Als Reichweite waren 2080 km und 13 Stunden Flugzeit bei voller Zuladung vorgesehen.

untergebracht, die hier zum ersten Mal im Flugzeugbau verwendet werden sollten. Der Freikolbenmotor sollte den Verdichter der Gasturbine ersetzen und unter hohem Druck heiße Gase für Turbinenläufer liefern. Besondere Rohrleitungen führten zu einem Sammelgehäuse, von dem aus die Verteilung der von den Kompressoren erzeugten Heißluft auf die Turbinen erfolgen sollte.

Zwölf Kabinen für je sechs Passagiere befanden sich im Flügelvorderteil, 14 Kabinen für je zwei Personen im Mittelgang des Flügels. In den beiden Rümpfen waren Speise- und Aussichtsräume für je 18 Personen untergebracht. Das Fahrgestell war erstmals in den Rumpf einziehbar! Die Fahrwerkschächte sollten nach dem Einziehen durch eine Jalousie verschlossen werden. Eine Kufe an der Unterseite der Rümpfe schützte diese für den Fall einer Landung mit eingezogenem Fahrwerk.

Außer der Größe dieses Flugzeuges und seiner Entenbauart sind die weitgehende Annäherung an den Nurflügel und der Vorschlag für ein Einziehfahrwerk bemerkenswert. Mit welcher Weitsicht die Konstruktion geplant war, zeigt die Triebwerkanlage. Sollten für die Junkerissime noch Dieselmotoren verwendet werden, so waren für die J 1000 schon Turbinen vorgesehen, sobald diese Einbaureife erlangt hätten. Junkers glaubte damals, daß die Triebwerksentwicklung vom Benzin zum Dieselmotor, zur Turbine und schließlich zum Strahlantrieb führen werde. Natürlich hätten bis dahin auch Dieselmotoren oder andere Triebwerke verwendet werden können.

Edmund Rumpler: Mit 10000 PS über den Atlantik

1928 entwarf Dr.-Ing. Edmund Rumpler, bekannt geworden durch den Rumpler-Luftverkehr und seine für eine zivile Verwendung umgebauten Militärflugzeuge, ein Transozean-Flugboot. Der freitragende Flügel mit 88 m Spannweite saß auf zwei Booten, die gleichzeitig als Leitwerksträ-

Junkers Riesen- und Groß-Flugzeug-Projekte

Hersteller		Junkers	Junkers	Junkers	Junkers
Muster		Riesenflugboot	Verkehrsflugboot	Junkerissime Boot*	J 1000 Nurflügler
Triebwerk		Junkers Gegenkolben Fo. 2	BMW IIIa	Junkers Schweröl	Schwerölmotoren oder Turbinen mit Freikolbenkompressoren
Leistung	kW	4×735 = 2 940	2×136 = 272	4×515 = 2 060	4×735 = 2 940
	PS	4×1 000 = 4 000	2×185 = 370	4×700 = 2 800	4×1 000 = 4 000
Besatzung (+ Reisende)		10 +	2 + 8	6 + 60	10 + 80
Länge	m	38,00	12,90	33,20	24,00
Höhe	m	9,00	2,20	10,20	
Spannweite	m	80,00	24,30	62,80	80,00
Flügelfläche	m^2	1 000,00	62,00	532,00	600,00
Flügelstreckung		6,4	9,50	7,41	10,67
Rüstmasse	kg		2 050	18 500	19 500
Kraftstoff	kg		700	4 550	7 000
Schmierstoff	kg		70	450	700
Besatzung	kg		150	480	800
Nutzmasse	kg		600	6 020	8 000
Zuladung	kg		1 450	11 500	16 500
Startmasse	kg	48 000	3 500	30 000	36 000
Flächenbelastung	kg/m^2	48,00	56,45	56,00	60,00
Masse Leistungsverhältnis					
Leistungsbelastung	kg/kW	16,32	12,87	14,56	12,24
	kg/PS	12,00	9,46	10,70	9,00
Flächenleistung	kW/m^2	2,94	4,39	3,87	4,90
	PS/m^2	4,00	5,97	5,30	6,67
Verbrauch	kg/h		70,00		
Höchstgeschwindigkeit	km/h		170	180	190
in Höhe	m		0	0	0
Reisegeschwindigkeit	km/h		160	160	160
in Höhe	m		0	0	0
Steiggeschwindigkeit	m/s				
Dienstgipfelhöhe	m				
Reichweite**	km		1600	1900	2080
max. Flugzeit**	h		10	12	13
Landegeschwindigkeit	km/h		90	90	90
Zuladung in % von der Startmasse			41	38	46
Zahlende Nutzlast in % von der Startmasse			17	20	22
Baujahr (Projekte)		1918	1919	1920	1925

* Daten nach Original-Unterlagen Bl. Nr. F 4977 P. Dessau, Zindel
** bei Reiseleistung ohne Reserven

ger dienten. Passagiere und Besatzung des Doppelbootes sollten im Flügel untergebracht werden. Die beiden Bootskörper nahmen die Kraftstofftanks auf. Das Projekt war für 135 Passagiere ausgelegt. Zehn im Flügel untergebrachte Motoren mit 735 kW (1000 PS) Leistung sollten über Wellen Druckschrauben antrieben. Die Abflugmasse wird vom Konstrukteur mit 115 000 kg angegeben, die Zuladung mit 65 000 kg, die zahlende Nutzlast mit 18 000 kg und die

Prof. Dr. L. Prandtl

Göttingen, den 2. Mai 1929

GUTACHTEN

über den Flugzeugentwurf von Dr.-Ing. E. Rumpler
über ein Transocean-Flugboot.

Herr Dr.-Ing. E. Rumpler hat mich um eine Begutachtung seines obigen Flugzeugentwurfes gebeten. Ich muß mich dabei im wesentlichen auf die aerodynamischen Eigenschaften des Flugzeugs beschränken, scheide also die Frage der Festigkeitseigenschaften und der Gewichtsermittlung des Flugzeugs völlig aus.

Die Formgebung des Flugzeugs ist so gewählt, daß der schädliche Widerstand auf ein Minimum reduziert wird und wohl kaum sehr viel größer sein wird, als der unvermeidliche Reibungswiderstand. Durch die verhältnismäßig große Spannweite ist auch der induzierte Widerstand sehr klein.

Ich habe die Zahlenangaben, die mir Herr Dr. Rumpler auf mein Ansuchen übermittelt hat, nachgeprüft und festgestellt, daß im Fluge ein reichlicher Kraftüberschuß vorhanden ist. Das Kreisflächenverhältnis, d.h. das Verhältnis der Summe der Kreisflächen der Propeller zu der tragenden Flügelfläche ist zwar etwas kleiner als diejenigen Werte, die bei den bisher üblichen Flugzeugen als das Beste galten, es kann aber mit Rücksicht auf die kleinen Widerstände des Flugzeugs als völlig ausreichend angesehen werden. Auch im Start bei der kritischen Geschwindigkeit, bei der die Schwimmer sich auf die Stufe heben, ist nach den bisherigen Schwimmermodellversuchen der Kraftüberschuß ausreichend groß.

Durch den geringen Widerstand im Fluge wird erreicht, daß der Kraftbedarf pro Tonne des getragenen Gesamtgewichtes ungewöhnlich klein ausfällt. Dies wirkt sich, wenn anders die von Herrn Dr. Rumpler angegebenen Konstruktionsgewichte annähernd richtig sind, dahin aus, daß mit der Brennstoffmenge, die das Flugzeug mitzunehmen imstande ist, ungewöhnlich große Strecken werden zurückgelegt werden können oder bei gegebener Strecke eine entsprechend große Nutzlast befördert werden kann.

Für die Betriebssicherheit des Flugzeuges ist es auch sehr günstig, daß eine reichliche Kraftreserve vorhanden ist, so daß unbeschadet der Flugsicherheit mehrere Motoren ausfallen dürfen. Da die Motoren zudem völlig zugänglich sind und kleinere Schäden mit Bordmitteln behoben werden können, verspricht das Flugzeug eine sehr hohe Betriebssicherheit.

L. Prandtl.

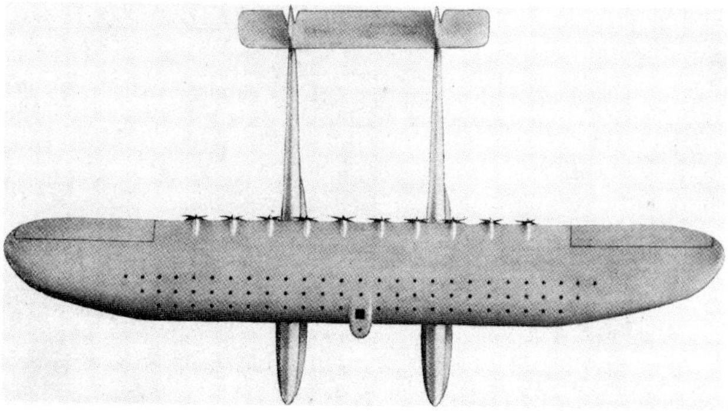

Modellaufnahme des 10 000 PS Rumpler-Atlantikflugzeuges, das Prof. D. L. Prandtl nach obigem Schreiben positiv beurteilt.

Höchstgeschwindigkeit bei 7350 kW (10 000 PS) Antriebsleistung mit 300 km/h.
Ohne Zweifel gehört auch dieses Projekt, das zehn Jahre nach Kriegsende entstand, zu den technisch realisierbaren Vorschlägen, was durch ein Gutachten von Prof. Dr. L. Prandtl aus Göttingen vom 2. Mai 1929 bestätigt wird. Wie viele Entwürfe von anderer Seite war das Flugzeug seiner Zeit weit vorausgeeilt.

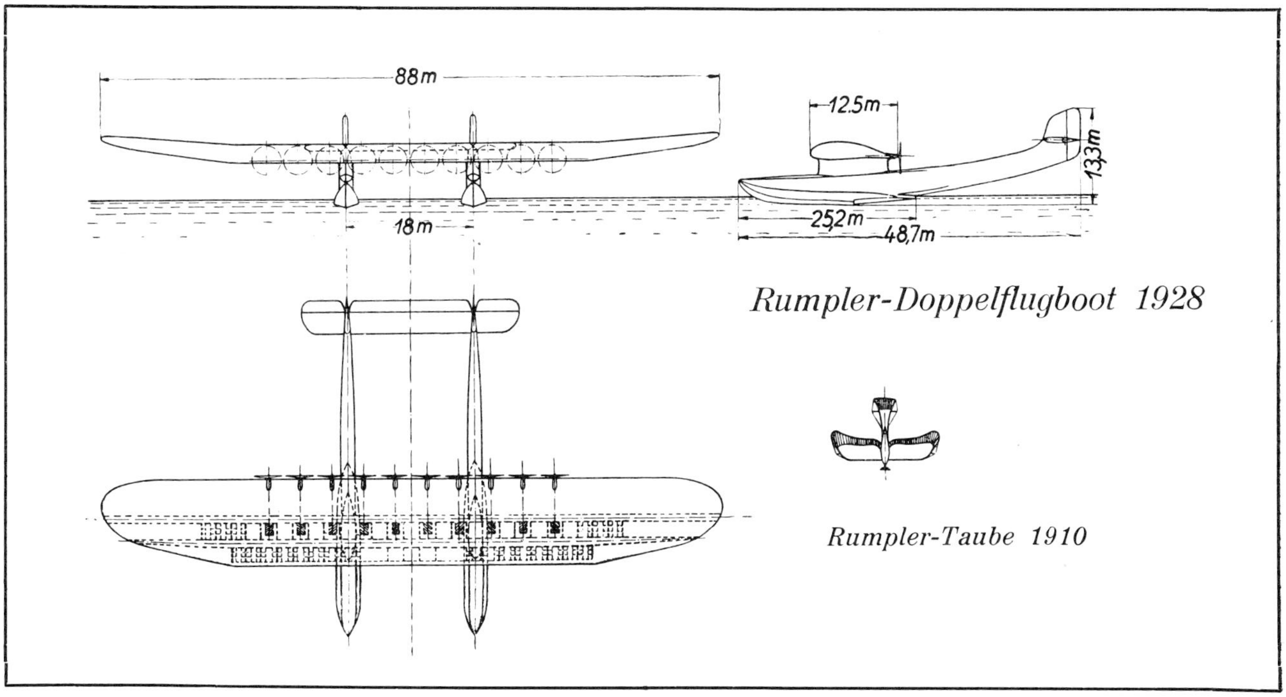

Rumpler-Projekt für ein Atlantikflugzeug. Mit voller Nutzlast hätte der Atlantik in Abschnitten – je nach Wetter – von 2000 bis 3000 km-Strecken mit mehreren Zwischenlandungen überquert werden können. (Siehe auch Modellfoto auf S. 114.)

Projekt eines Rumpler-Doppelflugbootes

Hersteller		Rumpler
Muster		Atlantik Projekt
Triebwerk		10×735 kW 10×1 000 PS
Leistung	kW PS	10×735 = 7 350 10×1 000 = 10 000
Besatzung (+ Reisende)		35 + 130
Länge	m	48,70
Höhe	m	13,30
Spannweite	m	88,00
Flügelfläche	m²	1 000,00
Flügelstreckung		7,7
Rüstmasse	kg	57 500
Kraftstoff	kg	27 510
Schmierstoff	kg	3 190
Besatzung	kg	2 800
Nutzmasse	kg	24 000[2]
Zuladung	kg	57 500
Startmasse	kg	115 000

Flächenbelastung	kg/m²	115,00
Masse Leistungsverhältnis		
Leistungsbelastung	kg/kW	15,65
	kg/PS	11,50
Flächenleistung	kW/m²	7,35
	PS/m²	10,00
Verbrauch	kg/h	1870
Höchstgeschwindigkeit	km/h	300
in Höhe	m	0
Reisegeschwindigkeit	km/h	250
in Höhe	m	0
Reichweite[1]	km	3 670
max. Flugzeit[1]	h	14,7
Landegeschwindigkeit	km/h	120
Zuladung in % von der Startmasse		50
Zahlende Nutzlast in % von der Startmasse		21
Baujahr Projekt		1928

[1] bei Reiseleistung ohne Reserven
[2] bei halber Nutzlast hätte die Reichweite 5000 km betragen und der Atlantik hätte bei guter Wetterlage mit einer Zwischenlandung überquert werden können. Die Laufzeit der Motoren lag beim damaligen Stand der Technik bei 120 h. Hin- und Rückflug hätten 50 Stunden Flugzeit entsprochen. Die Motoren hätten nach je zwei Überquerungen gewechselt werden müssen!

Siemens-Schuckert-Werke: Gigant mit acht Motoren für 24 Reisende

Das preußische Luftschifferbataillon trat im Jahre 1907 mit Plänen eines von seinen Ingenieuren und Offizieren entworfenen halbstarren Luftschiffes an die Siemens-Schuckert-Werke heran. Weil Siemens sich für dieses neue Gebiet der Technik interessierte, entschloß sich das Werk zum Bau eines solchen Schiffes mit 1800 m³ Gasinhalt. Nach Fertigstellung und einigen gelungenen Fahrten nahm das Werk ein größeres Schiff mit 5000 m³ Gasinhalt in Angriff, dessen Entwurf wieder vom Luftschifferbataillon stammte. Als Siemens glaubte, die notwendigen Erfahrungen für eine eigene Konstruktion zu besitzen, beauftragte man Dr. O. Krell und Dipl.-Ing. Alexander Dietzius mit dem Bau eines größeren, unstarren Schiffes mit 13 000 m³ Gasinhalt, 118 m Länge und mit vier 92 kW (125 PS) leistenden Daimler-Motoren. Am 23. Januar 1911 startete das Luftschiff zur Jungfernfahrt. Bis zum Mai 1912 führte das Schiff nicht weniger als 73 Fahrten aus. Es erreichte 70 km/h – für die damalige Zeit eine hohe Geschwindigkeit. Das Schiff war aber zu groß für die halbstarre Bauweise, und Siemens erkannte, daß das starre, in seiner Größe kaum beschränkte Luftschiff sich auf lange Sicht durchsetzen werde. So gab das Werk den Luftschiffbau auf.

Parallel dazu konstruierte Ingenieur J. J. Bourcart für Siemens einen Doppeldecker nach dem Wright-System, um damit Erkenntnisse über den Flugzeugbau zu sammeln. Die Flugversuche begannen am 31. Dezember 1909, waren aber wenig erfolgreich. Auch mit dem Bau von Eindeckern konnte Siemens keine Sporen gewinnen, daraufhin gab das Werk auch den Flugzeugbau auf.

Erst die Pläne von Forssman und Steffen, dazu Anregungen von der Fliegertruppe gaben den Anstoß zur Wiederaufnahme des Flugzeugbaues nach Ausbruch des Krieges. Nach dem Bau einiger Einsitzer E I, E II, E III und E IV (E = einsitziger Eindecker) wandte sich Siemens dem Bau von Jagdflugzeugen in Doppeldeckerbauweise zu. Nach den Versuchsmustern D I und D II brachte der D III, ein bulliger Zweidecker mit Siemens Sh 3-Sternmotor (160 PS) von Dipl.-Ing. Harald Wolff konstruiert, erste Erfolge. Er gehörte 1918 mit 9 m/s Steigvermögen und 180 km/h Geschwindigkeit zu den besten Flugzeugen seiner Klasse, war aber wegen der Unzuverlässigkeit des Umlaufmotors Sh 3 und des Mangels an Rizinusöl nicht frontreif. Die Leistungen dieses Flugzeuges wurden mit den bald folgenden Typen D V und D VI noch verbessert. Die Maschinen wurden in geringer Stückzahl in der Heimatverteidigung eingesetzt.

Neben der Herstellung von Jagdflugzeugen begann das Werk 1914 mit dem Bau von Riesenflugzeugen, über deren Anfänge unter dem Kapitel »Forssman Atlantikflugzeug« ausführlich berichtet wurde.

Ein vierstielig verspannter sechsmotoriger Riese SSW R VIII mit 48 m Spannweite. Das Flugzeug war ein typischer Vertreter der zentralen Bauweise mit Übertragung der Antriebskraft über Wellen und Getriebe auf die Luftschrauben.

Rückansicht der SSW R VIII, die für eine saubere aerodynamische Formgebung bei einem Flugzeug mit so gewaltigen Ausmaßen spricht. Dies gilt auch für das Doppeldecker-Leitwerk.

Antrieb der Luftschrauben der SSW R VIII. Deutlich sind die beiden Ausleger mit den Fernwellen zu erkennen, die aus dem Rumpf kommen und zu den Winkelgetrieben der vorne zweiblättrigen und hinten vierblättrigen Luftschrauben führen. Seitwärts des Rumpfes befindet sich der Wasserkühler und darunter der Ölkühler.

Blick in die »Eingeweide« der sechsmotorigen SSW R VIII. Bei der geplanten zivilen Ausführung SSW R IX war auf jeder Seite der Einbau eines zusätzlichen Motors vorgesehen. Der Rumpf sollte erhöht werden und die Passagierräume sollten über den Motoren liegen.

Außer Luftschiffen und Flugzeugen hatte Siemens schon früh die Produktion von Flugmotoren aufgenommen. 1913 entstand der Sh 1, ein Neun-Zylinder-Umlaufmotor mit 81 kW (110 PS) mit einem Getriebe, dessen Zylinderstern und Kurbelwelle sich gegenläufig drehten. Auf diese Weise konnte das gefürchtete Kreiselmoment ausgeschaltet werden, das bei Fahrwerken mit geringer Spurweite zum Ausbrechen von Flugzeugen führte. Der Elf-Zylinder Sh 3 leistete 1917 bis zu 176 kW (240 PS) und hatte ein Einheitsgewicht von nur 0,8 kg/PS, mit dem der Einsitzer D VI 10,5 m/s Steigen erreichte und in 34,5 min auf 8000 m stieg. Als nach dem Krieg Notstand an Flugmotoren herrschte, nahm das Werk den Bau von leichten luftgekühlten Sternmotoren der Typen Sh 4 bis Sh 20 wieder auf.

Zurück zum Riesenflugzeugbau. Nach dem Versagen des Forssman'schen Flugzeuges mit seiner dezentralen Triebwerkanordnung wandte sich das Werk der von den Brüdern Steffen bevorzugten Bauweise von R-Flugzeugen mit zentraler Triebwerkanordnung zu. Die ersten sieben Typen (R I bis R VII) entstanden in der Zeit von 1915 bis 1917 und waren dreimotorig ausgeführt, eine zu jener Zeit wenig gebräuchliche Bauweise. Die Gabelung des Rumpfes in zwei offene Träger für das Leitwerk verlieh den Flugzeugen ein ungewöhnliches Aussehen. Die Leistung der Motoren wurde über Sammelgetriebe und Wellen auf zwei vor den Tragflügeln angeordnete große Zugschrauben übertragen. Wegen der unzureichenden Zuverlässigkeit der Triebwerkanlage fanden die Flugzeuge hauptsächlich für die Schulung im Osten Verwendung.

Nach mehr als zweijähriger Erfahrung im Bau von Riesenflugzeugen hielt Siemens Mitte 1917 den Zeitpunkt für gekommen, mit dem Bau eines ungewöhnlich großen Flugzeuges SSW R VIII zu beginnen. Das Mammut-Projekt war von Dr. Reichel und Dipl.-Ing. Harald Wolff entworfen worden und mit 48 m Spannweite wohl eines der größten im Ersten Weltkrieg gebauten Flugzeuge. Für den vierstielig verspannten Doppeldecker hatte man sechs 220 kW (6 × 300 PS) leistende Basse & Selve-Flugmotoren vorgesehen: je drei Motoren sollten zu beiden Seiten im Rumpfboden des Flugzeuges untergebracht werden. Die Leistung wurde über Getriebe und Wellen auf zweiblättrige Zug- und vierblättrige Druckschrauben auf jeder Seite übertragen. Die Luftschrauben waren über dem Fahrwerk vor und hinter den Tragflügeln angeordnet. Sie liefen mit Drehzahlen von 900 min^{-1} (Zugschraube) und 700 min^{-1} (Druckschraube). Im Juni 1919 brach bei Probeläufen am Boden ein Getriebe, der hintere Backbord-Propeller flog weg und beschädigte den unteren Flügel.
Unabhängig von diesen Arbeiten hatte das Werk zur Zeit des Waffenstillstandes eine verbesserte Ausführung SSW R IX (204/16) im Bau und erhielt von der Inspektion der Fliegertruppe (Idflieg) die Genehmigung, das Flugzeug für zivile Zwecke fertigzustellen. Es glich weitgehend dem Vorgänger R VIII, berücksichtigte aber die inzwischen gewonnenen Erkenntnisse. Statt der drei Motoren auf jeder Seite sollten jetzt zweimal vier Motoren im Rumpf untergebracht werden. Der Rumpf wurde bedeutend erhöht und erhielt oben ein zweites Deck, in dem 24 Reisende Platz finden konnten. Im Bug befand sich der Gepäckraum, und hinter den Motoren lag im Unterdeck ein Aufenthaltsraum mit Bar und Toilette, dazu gab es eine Treppe zum Oberdeck. Weil von der SSW R IX keine technischen

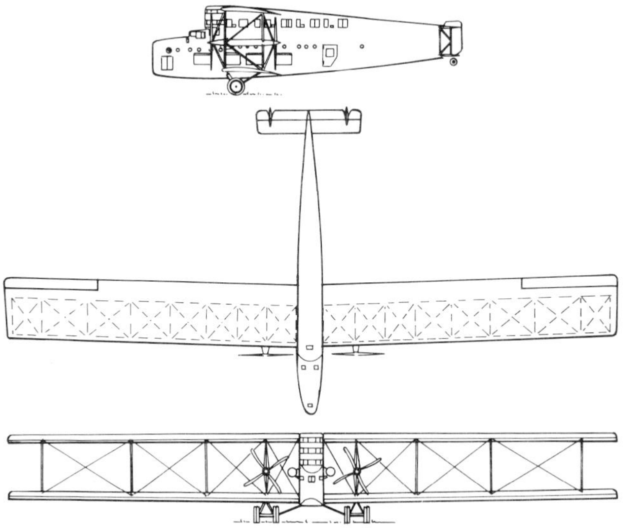

Geplante zivile Ausführung SSW R IX (204/16) mit erhöhtem Aufbau über dem Rumpf für 24 Reisende und zwei zusätzlichen Triebwerken.

Unterlagen vorliegen, werden die Daten des Vorgängers SSW R VIII in der Tabelle veröffentlicht.
Wegen des später folgenden Bauverbotes konnte der achtmotorige Gigant nicht mehr fertiggestellt werden.

Hellmuth Hirths Traum vom Atlantikflugzeug

Auch Hellmuth Hirth beschäftigte sich lange mit der Idee, ein Riesenflugzeug zu bauen. Er hatte 1911 in Wien bei Illner auf einer Etrich-Taube fliegen gelernt und fand bald als Chefpilot bei Rumpler Beschäftigung. Im gleichen Jahr siegte er beim Oberrheinischen Zuverlässigkeitsflug und reifte durch viele weitere Erfolge zu einem der erfolgreichsten Piloten seiner Zeit heran. Ein Jahr später war er Technischer Leiter der Albatros-Werke, 1913 machte er sich selbständig, weil ihn eine neue Idee faszinierte: Er wollte ein Riesenflugzeug bauen, um damit den Ozean zu bezwingen. Er schreibt dazu:

»Im Sommer 1913 projektierte ich die erste große R-Maschine. Ich hoffte nämlich, durch Vergrößerung der ganzen Anlage proportional mehr leisten zu können. Die Pläne unterbreitete ich Direktor Klein von der Firma Robert Bosch. Die Firma wollte daraufhin die nötigen Mittel zum Bau des Flugzeuges bereitstellen. Der erste Schritt war, daß wir bei Maybach, der damals schon starke Luftschiff-Motoren baute, wegen sechs Motoren von 184 kW (250 PS) anfragten[14].«

Im August 1914 brach der Erste Weltkrieg aus, an den privaten Bau eines Riesenflugzeuges war nicht mehr zu denken. Im gleichen Monat trafen sich im Hause Klein Hellmuth Hirth und Robert Bosch, Graf Zeppelin und der Konstrukteur Alexander Baumann. Man beschloß, militärische Stellen für den Bau eines Riesenflugzeuges zu

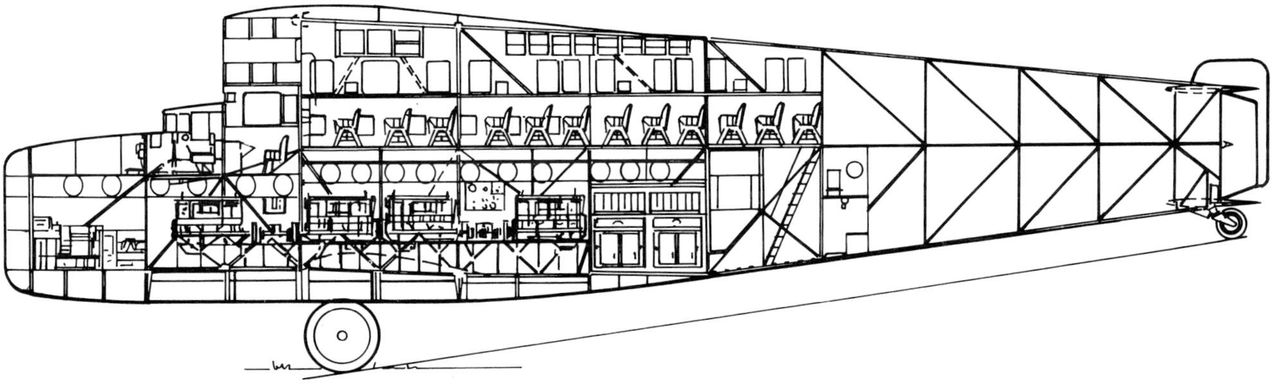

Schnitt durch die SSW R IX. Gut sind oben die Gepäckräume zu erkennen, darunter die Passagierräume mit Treppe nach unten zur Bar, wo sich auch die acht Triebwerke befinden.

VGO III, die der VGO I aufs Haar gleicht, Wolf Hirths Traum vom Atlantikflugzeug.

Ein klarer Aufbau zeichnet den vierstieligen Doppeldecker VGO I aus – mit einer gelungenen Anordnung der Triebwerke.

gewinnen, was dem Grafen Zeppelin schließlich auch gelang. In der Waggonfabrik Gotha wurde ein Versuchsbau Gotha-Ost (VGO) eingerichtet; hier entstand nach Hellmuth Hirths Plänen von einem Atlantikflugzeug unter der Leitung von Alexander Baumann ein dreimotoriges Riesenflugzeug für militärische Aufgaben.

Die Gothaer Waggonfabrik war 1898 gegründet worden, hatte 1912 den Flugzeugbau aufgenommen und befaßte sich mit dem Bau von Land- und Seeflugzeugen. 1915 hatte das Werk die Lizenz für den Nachbau des zweimotorigen Ursinus-Bombers erworben, der versuchsweise gebaut und erprobt worden ist.

Bereits am 11. April 1915 verließ das erste Hirth-Baumann-Riesenflugzeug, VGO I genannt, die Werkshalle und wurde von Hellmuth Hirth selbst eingeflogen. Nach einigen Änderungen, insbesondere an der Trimmung, fand Hirth die Flugeigenschaften zufriedenstellend. Die VGO I war ein dreistielig verspannter Doppeldecker mit 42,2 m Spannweite. Seitlich zwischen den Tragflächen hatte man je einen Motor mit Druckschraube angeordnet, ein dritter Motor befand sich im Bug.

Im Juni 1916 zog der Versuchsbau wegen Platzmangels nach Staaken um; dort standen große Hallen zur Herstellung und Unterbringung von Riesenflugzeugen zur Verfügung. Baumann[15] wurde Chef des jetzt »Entwurfsabteilung für Riesenflugzeuge der Luftschiffbau Zeppelin GmbH, Werk Staaken« genannten Versuchsbaues Ost. Aus einer Verschmelzung mit der Flugzeugwerft GmbH, Werk II Staaken, gingen schließlich 1918 die Zeppelin-Werke GmbH, Staaken, hervor.

Die Staakener Flugzeuge wiesen eine dezentrale Triebwerkanlage auf; an jeder Seite des Rumpfes befand sich eine Gondel mit einem, später zwei Triebwerken. Diese Triebwerke arbeiteten unabhängig voneinander auf eine Zug- oder Druckschraube oder gemeinsam auf eine Schraube. Waren zwei Motoren in jeder Gondel untergebracht, entfiel

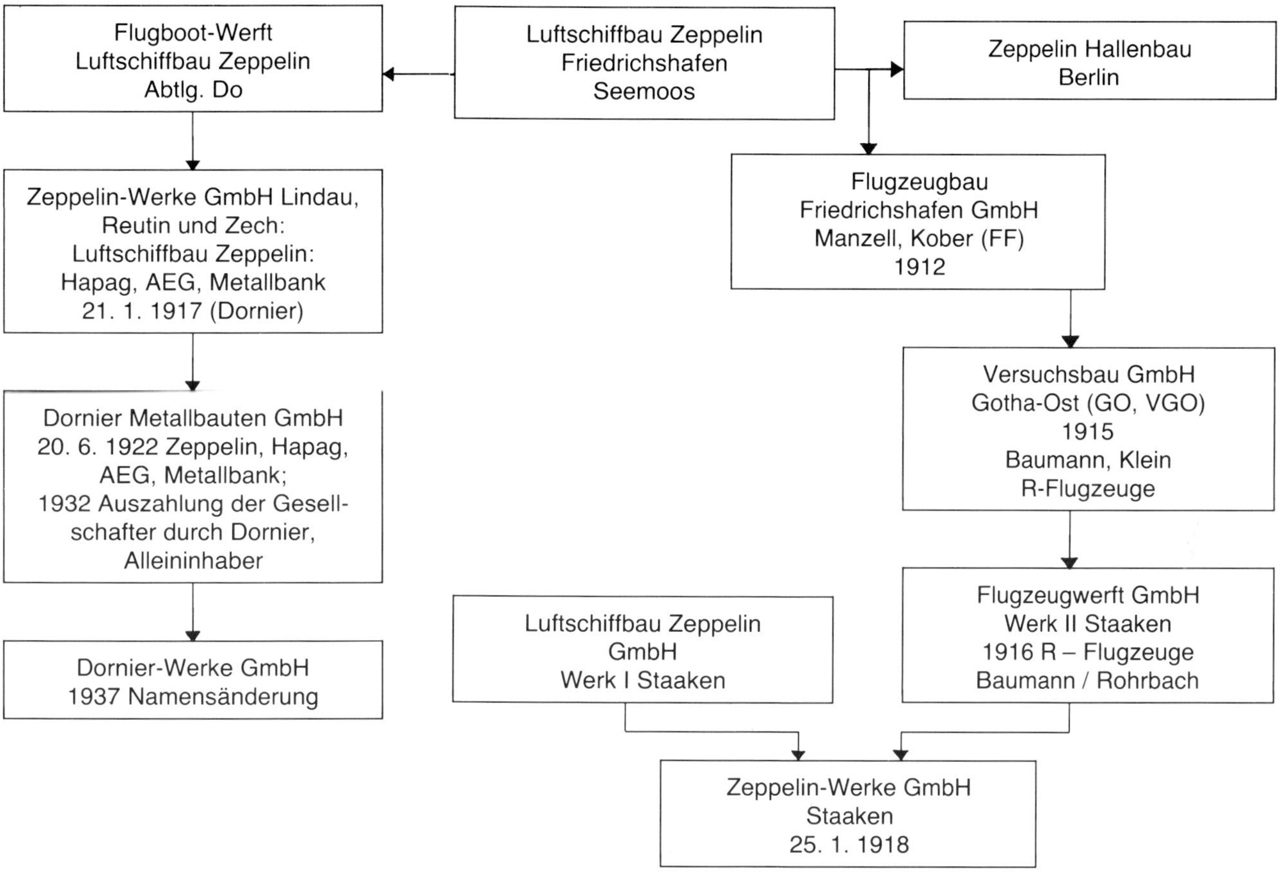

Organisationsschema Luftschiffbau Zeppelin und Dornier-Werke

zeitweise der Motor im Bug. Einige der späteren Muster wie die R IV, R V, R VII, R XIV und R XV besaßen als fünften Motor wieder ein Triebwerk im Bug, der die Leistung beachtlich verbesserte, mit seinen Vibrationen aber sehr viel Schwierigkeiten bereitete.

Nach dem Ende des Ersten Weltkrieges machte man sich beim Luftschiffbau Zeppelin in Staaken Gedanken über eine zivile Verwendung der riesigen Flugzeuge. Schließlich hatte der erste Entwurf Hellmuth Hirths, der mit Baumanns Hilfe zur VGO I führte, einer zivilen Langstreckenmaschine zur Überquerung des Atlantiks gegolten. Nun sollten wenigstens die letzten Staakener Riesenflugzeuge des Typs R XIVa mit fünftem Bugmotor (Nummern R 69, R 70 und R 71) nach dem Waffenstillstand im Luftverkehr Verwendung finden. Sie wurden allerdings nicht besonders für zivile Zwecke umgebaut – man entfernte lediglich die militärische Ausrüstung. Die R XIVa war eine gegen Kriegsende gründlich überarbeitete Ausführung der R XIV, mit der man Geschwindigkeit, Steigen und Zuladung gegenüber den Vorgängern verbessern konnte. Alle fünf Motoren erhielten Getriebe zur Erhöhung des Schraubenwirkungsgrades. Die Gondeln wurden aerodynamisch sorgfältig verkleidet, ebenso wie die Naben der Luftschrauben. Die R XIVa verkörperte den damals höchsten Stand im Bau von Großflugzeugen in Doppeldeckerbauweise.

In der schon genannten von der Arbeitsgemeinschaft Deutscher Luftfahrthistorik (ADL) erstellten provisorischen Luftfahrzeugrolle vom März 1919 werden die Staakener Riesenflugzeuge R 69 (D-129), R 70 (D-130) und R 71 (D-131) als Flugzeuge der Deutschen Luftreederei aufgeführt. Den Flugzeugen war die ungewöhnliche Aufgabe zugedacht, eine Luftbrücke zur Ukraine zu schlagen. Im deutschen »Friedensdiktat« von Brest-Litowsk (3. März 1918) mußten die Sowjets auf die Ukraine verzichten, deren Bewohner während der Revolutionswirren eine eigenständige Republik ausgerufen hatten. Das Land war die Kornkammer des ehemaligen russischen Reiches und wäre für Deutschland ein begehrter Handelspartner gewesen. Polen, die Tschechoslowakei und Rumänien – Länder, in denen teilweise noch Krieg geführt wurde – kamen jedoch

R XIVa der Zeppelin-Werke Staaken mit fünf 180 kW (245 PS) leistenden Maybach Mb IVa-Motoren. Die aerodynamisch sorgfältig überarbeitete Ausführung R XIVa verkörperte den letzten Stand im Riesenflugzeugbau bei Kriegsende.

für Zwischenlandungen zum Flug in die Ukraine nicht in Frage. Die Eisenbahnen waren außer Betrieb, die Straßen gesperrt oder zu unsicher. So blieb als Verkehrsmittel nur das Flugzeug. Die damalige deutsche Regierung erklärte sich bereit, der Ukraine zu helfen, indem sie zuerst einmal die dringend benötigten Geldscheine druckte, denn das Bauernland Ukraine konnte sie mangels Druckmaschinen nicht selbst herstellen. Die ukrainische Regierung charterte von der DLR Riesenflugzeuge, die das Geld, in Kisten verpackt, zum Regierungssitz Kameniec-Podolsk fliegen sollten.

Flugkapitän Willi Polte berichtet in seinem Buch über diese Flüge[16]:

»Der erste Versuch war ein Fehlschlag. Drei Riesenflugzeuge vom Typ ›Staaken‹, die für Kriegszwecke gebaut worden waren, sollten hinunterfliegen. Die erste Maschine stürzte schon in Schlesien über den Waldgebieten von Ratibor brennend ab. Einige unversehrte Kisten wurden von der Bevölkerung geplündert. Das Papiergeld kursierte bald als ›wilde Währung‹, und man trieb damit einen schwungvollen Geldhandel, ohne die Zweckbestimmung dieser Währung zu

Eine R XIVa R 69 mit dem zivilen Kennzeichen D-129 wird 1919 von der DLR zu Transportflügen in die Ukraine eingesetzt. Das Flugzeug wird auf dem Rückflug in Wien von den Alliierten beschlagnahmt.

R XIVa R 70 mit dem zivilen Kennzeichen D-130 mußte auf dem Flug nach der Ukraine in Rumänien zwischenlanden und wurde beschlagnahmt.

Im offenen Führersitz der fünfmotorigen Staakener R XIV. Wiederholt wurde versucht, die Besatzung zum Schutz vor Kälte und Regen in halb- oder ganz geschlossenen Führerräumen unterzubringen. Wegen der Sichtbeschränkung und wegen gefährlicher Spiegelungen, besonders bei Nacht, wurde dies von den Piloten jedoch stets abgelehnt.

kennen. Das zweite Flugzeug erreichte glücklich das weite Ziel, wurde aber auf dem Rückflug bei der Landung in Wien von den Alliierten beschlagnahmt. Das dritte Riesenflugzeug mußte kurz vor dem Ziel auf rumänischem Gebiet notlanden. Es verfiel ebenfalls der Beschlagnahme.«

Diese Mißgeschicke sprachen nun keineswegs gegen die Riesenflugzeuge, denn der Absturz in Oberschlesien war auf eine Explosion zurückzuführen; das Flugzeug ist wahrscheinlich von polnischen Aufständischen abgeschossen worden. Die Notlandung der R 70 in Rumänien ist mangelhafter Flugvorbereitung zuzuschreiben. Die R 69 (D-129) wurde übrigens den Italienern als Kriegsbeute zugesprochen. Bevor aber das Flugzeug in Aspern abgeholt werden konnte, zerstörte es ein Sturm.
Bei der DLR setzte sich bald die Ansicht durch, daß diese Flugzeuge schon aus finanziellen Gründen nur von militärischen Stellen, nicht aber von zivilen Gesellschaften betrieben werden konnten. Jedes Flugzeug hatte einen Wert von rund 750 000 Mark; die Motoren wurden im zivilen Dienst weit mehr beansprucht und liefen höchstens 120 bis 150 Stunden bis zur Grundüberholung. Die Kosten dafür hätten nie aufgebracht werden können. Die praktische Verwendung von Riesenflugzeugen in den Nachkriegswirren fand auf diese Weise ein schnelles Ende.

Zeppelin-Werke Staaken: Sprung vom riesigen Doppeldecker zum ersten freitragenden, viermotorigen Ganzmetall-Verkehrsflugzeug

Im Jahre 1917 stieß Dr.-Ing. Adolf Rohrbach zu den Zeppelin-Werken in Staaken. Er kam vom Luftschiffbau Zeppelin in Seemoos, wo er sich mit Claude Dornier nicht verstanden hatte. In Staaken übernahm Rohrbach unter Leitung von Prof. Alexander Baumann neue Aufgaben.
Gleich nach Kriegsende schied Prof. Baumann, den der Zusammenbruch sehr schwer getroffen hatte, aus dem Werk aus und übernahm wieder seine Professur an der Technischen Hochschule in Stuttgart. Rohrbach wurde sein Nachfolger und avancierte zum Chefkonstrukteur. Von Alfred Colsmann, dem Generaldirektor des Zeppelin-Konzerns, erhielt er im Mai 1919 den Auftrag, ein viermotoriges Ganzmetall-Verkehrsflugzeug zu bauen, das bei voller Zuladung noch mit zwei Motoren flugfähig bleiben sollte.
Rohrbach begann sogleich mit den Entwurfsarbeiten. Im September 1920 stand das erste viermotorige Ganzmetall-Verkehrsflugzeug E 4/20 »Staaken«, ein freitragender Hochdecker mit 31 m Spannweite und vier Maybach Mb IVa-Motoren fertig vor der Halle. Am 9. November 1920 startete die »Staaken« E 4/20 mit Carl Kuring am Steuer zum Erstflug. Das Muster erreichte gedrosselt 211 km/h und mit Vollgas 225 km/h Geschwindigkeit. Es war das erste viermotorige Ganzmetall-Verkehrsflugzeug der Welt.
Mit der »Staaken« verließ Rohrbach das bisherige Zeppelin-Konzept von Doppeldecker-Riesenflugzeugen und schuf einen formschönen Eindecker aus Metall mit dicken Flügeln. In seinem wohlgeformten Rumpf fanden zwölf Reisende bequem Platz. Die Konstruktionsweise der »Staaken« eilte ihrer Zeit weit voraus; sie hätte bereits Ende 1920 den Flugbetrieb auf der Strecke Friedrichshafen–Berlin aufnehmen können, wie von Colsmann ursprünglich geplant. Schon während des Baues aber inspizierten Offiziere der Interalliierten Überwachungs-Kommission (Ilük) mißtrauisch die Konstruktion. Man war so überrascht über das ungewöhnliche Flugzeug, das hier aus Metall entstand, daß man zunächst nur mit einem Verbot des Baues drohte. Erst nach der Fertigstellung wollte man eine endgültige Entscheidung treffen. So fanden auch die Versuchsflüge unter auffällig hoher Beteiligung von Mitgliedern der Ilük statt. Sie kam zu dem Schluß, die E 4/20 sei ein verkappter Bomber, der zerstört werden müsse. Alle Bemühungen Colsmanns, der auch heftige Auseinandersetzungen nicht scheute, waren umsonst: am 21. November mußte das Flugzeug zerschlagen werden, ebenso eine ähnliche, kleinere zweimotorige Maschine. Die Werksleitung versuchte durch den Bau von Booten und Beibooten aus Duraluminium – einem Werkstoff, mit dem die Belegschaft inzwischen vertraut geworden war – das Werk auszulasten. Aber auch die Werft mußte schließlich ihre Tore schließen.
Rohrbach schrieb über sein Flugzeug, die Ergebnisse der Flugerprobung und die mit dem Muster gesammelten Erfahrungen im Flugsport 1921 einen Bericht, der im folgenden gekürzt wiedergegeben wird[17].

»Das Flugzeug wurde in der Zeit von Mai 1919 bis September 1920 gebaut. Das Leergewicht lag bei 6072 kg, hätte sich aber nach den dann vorliegenden Erfahrungen wesentlich senken lassen. Bei einem Fluggewicht von 8500 kg und einer Flügelfläche von 106 m^2 hat die Maschine eine Flächenbelastung von 80 kg/m^2, extrem hoch für damalige Verhältnisse. Bei einer Drosselung von 100 min^{-1} unter die Vollgasdrehzahl wurden 211 km/h Geschwindigkeit in Bodennähe erreicht. Das viermotorige Flugzeug war ein nahezu freitragender Hochdecker ganz aus Metall. Die Motoren ruhten auf kräftigen Konsolen aus Duraluminium-Profilen am Vorderrand des Flügels. In dem dicken Flügel

E.4/20 Staaken startet als erstes viermotoriges Ganzmetall-Verkehrsflugzeug der Welt am 9. November 1920 zum Erstflug und erreichte während der Flugerprobung gedrosselt 211 km/h Geschwindigkeit.

Die zerstörte E.4/20, mit welcher die ehrgeizigen Zeppelin-Werke Staaken beabsichtigten, den Luftverkehr von Friedrichshafen nach Berlin zu eröffnen.

Die Arbeiterschaft der Zeppelin-Werke ist hier dabei, die viermotorige E.4/20 fertigzustellen. 1919 wollte und konnte man noch nicht glauben, daß dieses Flugzeug von den Alliierten einmal als Militärflugzeug eingestuft wurde und zerstört werden mußte.

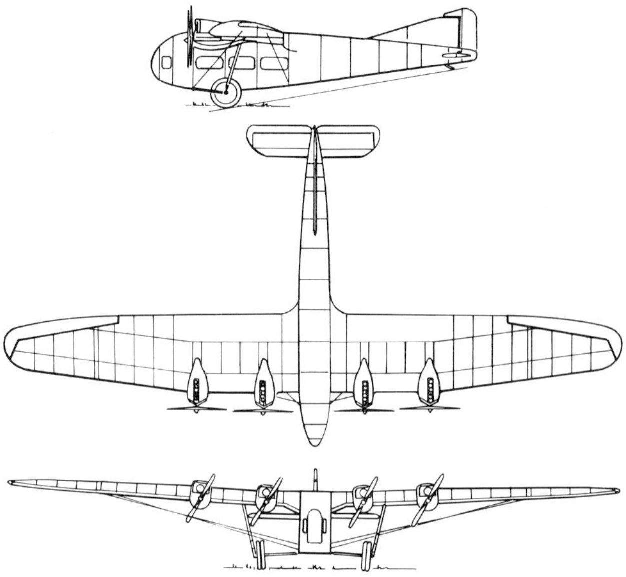

Übersichtzeichnung der viermotorigen E.4/20 für zwölf bis 18 Reisende mit vier Maybach MB IVa-Motoren.

befand sich ein Kriechgang, an der Vergaserseite jedes Motors war Raum ausgespart, so daß ein Monteur kleinere Störungen hätte im Flug beheben können. In dem Kriechgang waren auch die Seilzüge für Querruder und Vergaser angeordnet sowie die Benzinleitungen, was die Wartung erheblich erleichterte. Die Kraftstoffbehälter für sechs Stunden Vollgasflug hatte man ebenfalls im Flügel untergebracht.
Für Flügel, Rumpf, Leitwerk und Motorträger diente Duraluminium als Baustoff. Die von den Bauteilen aufzunehmenden Kräfte wurden durch die Außenhaut übertragen, die mit aufgenieteten Versteifungen versehen war. Den Hauptteil des Flügels bildete ein starker, über die ganze Spannweite durchlaufender Hohlkastenträger. An die Vorder- und Hinterseite des Hohlkastenträgers waren Fachwerkrippen angesetzt und teils mit dünnen Hautblechen, teils mit Stoff bespannt. Da bei der Konstruktion noch eine gewisse Unsicherheit bezüglich der Beanspruchung des hohlen Kastenträgers bestand, wurden auf jeder Seite zwei Abfangkabel unterhalb des Flügels angeordnet, damit der Flügelträger während des Fluges nur geringen Belastungen ausgesetzt war.
Die Spannweite betrug 31 m, die Flügeldicke 0,6 m und die Streckung 9,1. Das sehr günstige Seitenverhältnis verminderte den induzierten Widerstand des Flügels soweit, daß sein Gesamtwiderstand trotz der Abfangkabel noch geringer als bei völlig freitragenden Flügeln dieser Spannweite war. Das Verhältnis Auftrieb zu Widerstand erreichte deshalb den ungewöhnlichen Wert von 11,5. Zur Innenversteifung des Rumpfes dienten Querwände, deren außenliegende Flanschen auf ihrer ganzen Länge mit der Außenhaut vernietet waren. Die beiden Querwände, die Rumpf und Flügel verbanden, hatte man besonders stark ausgeführt. Die beiden Piloten saßen nebeneinander im vorderen Teil des Rumpfes über den Fluggästen. Das Flugzeug hatte Doppelsteuerung. Auf Kurzstrecken konnten 18, sonst zwölf Reisende befördert werden. Nach hinten schlossen sich Toiletten sowie Räume für eine Funkanlage, für Post und Gepäck an. Der vordere Raum des Rumpfes stand – sofern er nicht für Gepäck und Fracht benötigt wurde – den Reisenden während des Fluges zur Verfügung.
Höhen-, Seiten- und Querruder waren mit aerodynamischen Ausgleichsflächen versehen. Die Stabilität des Flugzeuges war so gut, daß nur kleine Ruderausschläge und Steuerkräfte notwendig waren. Das einfach konstruierte Fahrgestell hob sich wohltuend von den vielrädrigen Fahrgestellen der meisten Riesen- und Großflugzeuge ab. Die hohe Flächenbelastung mit einer Abhebe- und Landegeschwindigkeit von etwa 110 km/h mußte beachtliche Belastungen des Fahrwerkes mit sich bringen. Die Anschwebegeschwindigkeit zur Landung lag bei 130 km/h. Zwei am Rumpf angelenkte Streben der Räder wurden mit Hilfe teleskopartig verschiebbarer Rohre gegen den Tragflügel abgestützt. Hätten sich mit dem Fahrgestell bei Landegeschwindigkeiten von 110 km/h bis 130 km/h im praktischen Flugbetrieb keine Schwierigkeiten ergeben, sollte die Flächenbelastung und damit die Geschwindigkeit weiter gesteigert werden. Der Auslauf der Staaken lag zwischen 150 m und 200 m.«

Anmerkungen

[1] Rechtsrheinisches Köln, Jahrbuch für Geschichte und Landeskunde, Der Riese von Poll, Gebhard Anders

[2] Flugsport, Jahrgang 1914, Nr. 13

[3] Flugsport, Jahrgang 1914, Nr. 3

[4] Flugsport, Jahrgang 1914, Nr. 11

[5] Richard von Bentivegni, Riesenflugzeuge, Illustrierte Flugwelt, II. Jahrgang, 2. Halbband

[6] Die von Dornier und Junkers während des Ersten Weltkrieges an zahlreichen Riesenflugzeug-Projekten geleistete Arbeit war von großer Bedeutung für die spätere Entwicklung des Verkehrsflugzeugbaues; sie wird deshalb in diesem Kapitel ausführlicher behandelt.

[7] Jane's All The World's Aircraft, Ausgabe 1912–1914

[8] Bearbeitet nach einer Studie »Der Riese von Poll« von Gebhard Anders, Verlag Heimatverein Köln-Porz, Jahrbuch für Geschichte und Landeskunde.
Geschichte der deutschen Flugzeugindustrie, Berlin 1918 Reichsdruckerei, bearbeitet von der Inspektion des Flugwesens.
Die Luftfahrt der UdSSR, Karl Heinz Eyermann, Transpress VEB-Verlag 1977.
The German Giants von G. W. Haddow und Peter M. Grosz, Putnam & Company, London.
Flugsport 1914.
Flugsport 1915.
Jane's All The World's Aircraft 1912, 1913 und 1914.

[9] Junkers Lehrschau, 2. Auflage, Dessau 1939, S. 24

[10] Akte: Flugzeugmehrdecker vom 15. 9. 1915, Bayrisch-Zell ff., Avicentra-Archiv

[11] Akte: Flugzeugmehrdecker, Berlin SW 11, 9. 12. 1916, Avicentra-Archiv

[12] Flugzeug-Akte Junkers u. Co. vom 19. 9. 1917, Besprechung lt. Nellisen Rea
Akte: E/H. Flugzeug-Mehrdecker Dr. Eggers v. 5. 4. 1917
Akte: Flugzeug-Mehrdecker Dessau, den 28. 4. 1917, Tages-R-Flugzeug; Brief Rea v. 27. 4. 1917, Deutsches Museum

[13] Projektbeschreibung R-Flugzeug Junkers
Akte BL.No. FB 1045, Deutsches Museum

[14] Peter Supf: Das Buch der deutschen Fluggeschichte, Drei Brunnen-Verlag, Stuttgart 1958, S. 521 und L. Heiss: Vater, Hellmuth, Wolf Hirth, Erfinder, Rennfahrer, Flieger, Verlag Rheinhold A. Müller, Stuttgart

[15] Siehe auch Heinz J. Nowarra, Die Flugzeuge von Alexander Baumann, Podzum-Pallas-Verlag, Friedberg, 1982 (Dorheim)

[16] Willi Polte: Uns aber gehörte der Himmel, Athenäum-Verlag, Bonn, S. 43

[17] Das 1000 PS Verkehrsflugzeug der Zeppelinwerke Staaken von Dr.-Ing. Ad. K. Rohrbach, Flugsport 1921, S. 306–313

Verkehrsflugzeuge der deutschen Flugzeugwerke 1919-1925

Umdenken im Flugzeugbau: Höhere Leistung mit weniger Aufwand

Viele der im Krieg geschmiedeten Luftverkehrs-Pläne scheiterten nach dem Waffenstillstand an Verboten und Einschränkungen der Siegermächte. Einer Reihe von Firmen wie Albatros, Junkers, Dornier, Sablatnig, den Zeppelin-Werken in Staaken mit Rohrbach und dem Fokker-Werk in Schwerin gelang es dennoch, im Verkehrs- und Sportflugzeugbau Fuß zu fassen. Ihre Konstrukteure hatten es verstanden, umzudenken; sie waren mit Phantasie und Elan an den Bau ganz neuer Konstruktionen herangegangen. Andere Firmen wie die Deutschen Flugzeug-Werke (DFW), die Luft-Verkehrs-Gesellschaft (LVG), die Aviatik-Flugzeug-Werke, Rumpler, die Hannoversche Waggon-Fabrik (Hawa) und die AEG brachten zunächst umgebaute ehemalige Militärflugzeuge auf den Markt, die vorübergehend den damaligen Ansprüchen des Luftverkehrs genügten. Mit diesen Flugzeugen konnte in den Jahren 1919 bis 1925 ein Luftverkehrsnetz mit regelmäßig beflogenen Strecken aufgebaut werden.

Die Flugzeuge verursachten aber mit ihrer verhältnismäßig niedrigen Geschwindigkeit, dem hohen Kraftstoffverbrauch und mit Motoren von geringer Lebensdauer einen Kostenaufwand, den niemand für möglich gehalten hatte. Dennoch konnte man mit diesen Behelfsmaschinen Erfahrungen sammeln: Das regelmäßige Befliegen von Strecken, ein Novum für die damaligen Piloten, stellte sehr hohe Anforderungen. Unter größten Schwierigkeiten wurde eine für den Verkehr geeignete Infrastruktur geschaffen, geklärt, wie weit ein regelmäßiger Streckendienst mit den Unbilden der Witterung vereinbar war; Zuverlässigkeit und Sicherheit der Flugzeuge wurden erprobt.

Dieses praktische Forschungsprogramm legte den Grundstein für den Erfolg der späteren Lufthansa. Jene umgebauten Militärflugzeuge, mit denen auf heute abenteuerlich anmutende Weise Luftverkehr betrieben wurde, hatten großen Anteil am Aufbau der deutschen Handelsluftfahrt. Deshalb soll denjenigen Konstruktionen ein angemessener Platz eingeräumt werden, die nach dem Krieg der zivilen Luftfahrt den Weg ebneten. Nicht unerwähnt sollen die Projekte bleiben, die zwar nicht verwirklicht wurden, aber den damaligen Stand des Wissens erkennen ließen.

In den vier Jahren des Krieges stieg die Zahl der Beschäftigten in der deutschen Luftfahrtindustrie von einigen hundert auf etwa 14 500 Mann. Von 1915 bis 1918 wurden rund 41 300 Motoren und 46 400 Flugzeuge hergestellt. Ebenso beeindruckend wie die enorme Zahl der gebauten Flugzeuge war der erzielte technische Fortschritt. Diesen Sprung innerhalb von vier Jahren charakterisiert ein Vergleich zwischen dem einmotorigen Jagdflugzeug Fokker E III aus dem Jahre 1915 und dem vier Jahre später vom Richthofen-Geschwader geflogenen Fokker D VII.

Die Geschwindigkeit erhöhte sich in dieser kurzen Zeitspanne um mehr als 30 Prozent, die Steiggeschwindigkeit um 52 Prozent, die Dienstgipfelhöhe um 63 Prozent und die Reichweite um 45 Prozent. Die Nutzmasse konnte um 48 Prozent gesteigert werden. Die Verminderung der Leistungsbelastung läßt deutlich den Trend zu stärkeren Triebwerken erkennen; das wird durch die Vergrößerung der Flächenleistung bestätigt. Aber die Leistungssteigerung war teuer erkauft durch 46 Prozent mehr Triebwerkleistung, mehr geometrische Größe, mehr Gewicht und dadurch höhere Preise. Diese Spirale konnte man nur während des Krieges hinnehmen, als Wirtschaftlichkeit keine Rolle spielte.

Zwei ganz anders geartete, markante zweimotorige Flugzeuge wie der Bomber AEG G I aus dem Jahre 1915 und die Friedrichshafener G IIIa FF 61 aus dem Jahre 1918 bestätigen den Fortschritt auch auf dem Gebiet mehrmotoriger Flugzeuge (s. Tabelle). Die Erhöhung der Nutzmasse um 46 Prozent und der Steiggeschwindigkeit um 71 Prozent, der Dienstgipfelhöhe um 52 Prozent und der Reichweite um 31 Prozent sind ebenfalls ungewöhnliche Steigerungen. Aber auch diese Leistungsverbesserungen waren durch 62 Prozent mehr Triebwerkleistung erkauft, durch 54 Prozent mehr Rüstmasse und 35 Prozent mehr tragende Fläche. Aufgabe des Flugzeugbaues nach dem Krieg war es nun, mit weniger Aufwand an Gewicht und Leistung eine höhere Transportleistung zu erzielen.

Die Erkenntnis, daß ein für den Verkehr geeignetes Flugzeug mit den bisherigen Militärflugzeugen kaum noch etwas gemein haben konnte, setzte sich bei den meisten Konstrukteuren schnell durch. Hier waren andere Qualitäten gefragt: Die Reisenden wollten nicht vermummt in offenen Sitzen frieren, sie legten kaum Wert auf gutes Steigen, sondern wollten Gepäck mitnehmen können. Kletterpartien über Leitern, Tragflächen und Kabel waren ebenfalls nicht gefragt.

Nach dem Waffenstillstand am 11. November 1918 stellten einige Werke noch eine Reihe von Militärflugzeugen fertig, die für zivile Zwecke verwendet werden konnten. Sie waren für den Kunden gleich greifbar, einschließlich des geschulten Personals und der Ersatzteile. Außerdem waren Flugzeuge aus Militärbeständen oft preiswert, und so konnte mit diesen Flugzeugen ohne größere Investitionen Luftverkehr betrieben werden. Konstrukteure wie Junkers, Dornier, Rohrbach, Sablatnig, Caspar und Fokker legten dagegen neue Entwürfe für ziviles Fluggerät vor. Das zeitweise Verbot des gesamten Flugzeugbaues war für diese Werke ein schwerer Schock. Die meisten Firmen stellten ihre Betriebe auf die Herstellung von landwirtschaftlichen Geräten, Möbeln und Booten um, mit deren Hilfe sie einen Teil ihrer Belegschaft halten und ihren Maschinenpark weiter nutzen konnten.
Da die Reichsregierung mit der Luftfahrt-Industrie anfangs der Ansicht war, daß sich das Bauverbot nur auf militärische Flugzeuge beziehe und der zivile Flugzeugbau teilweise

Fortschritte im Flugzeugbau während vier Kriegsjahren (Vergleich)

Einmotorige Flugzeuge 1915–1918 | Zweimotorige Flugzeuge 1915–1918

Hersteller		Fokker	Fokker	Steigerung in Prozent 1915–1918	AEG	Friedrichshafen	Steigerung in Prozent 1915–1918
Muster		E III M 14	D VII F V 26		G I	G III a FF 61	
Triebwerk		Oberursel Umlauf	BMW III a		Mercedes D I	Mercedes D IV a	
Leistung	kW	74	136		2×77 = 154	2×202 = 404	
	PS	100	185	+46%	2×105 = 210	2×275 = 550	+62%
Besatzung		1	1		3	2–6	
Länge	m	7,20	6,95		8,65	12,80	
Höhe	m	2,40	2,75		3,46	4,14	
Spannweite	m	9,52	8,90		16,00	23,70	
Flügelfläche	m^2	16,00	20,20	+17%	59,00	90,00	+35%
Flügelstreckung		5,66			4,33	6,24	
Rüstmasse	kg	399	684	+42%	1 160	2 500	+54%
Kraftstoff	kg	106	96	−10%	280	433	+40%
Schmierstoff	kg					40	
Besatzung	kg	80	80		240	160	
Nutzmasse	kg	25	48	+48%	280	520	+46%
Zuladung	kg	211	224	+ 6%	800	1 153	+31%
Startmasse	kg	610	908	+33%	1 960	3 653	+46%
Flächenbelastung	kg/m^2	38,12	44,95	+15%	33,22	40,58	+18%
Masse – Leistungsverhältnis	kg/kW	8,24	6,68	−20%	12,72	9,04	−29%
	kg/PS	6,10	4,91	−20%	9,33	6,64	−30%
	kW/m^2	4,63	6,73	+31%	2,61	4,49	+42%
	PS/m^2	6,25	9,16	+31%	3,55	6,11	+42%
Höchstgeschwindigkeit	km/h	140	200	+30%	125	145	+14%
in Höhe	m	0	0		0	0	
Reisegeschwindigkeit	km/h	120	180	+33%	100	135	+26%
in Höhe	m	0	0		0	0	
Steiggeschwindigkeit	m/s	3,33	6,90	+52%	1	3,50	+71%
Dienstgipfelhöhe	m	3 000	8 000	+63%	2 400	5 000	+52%
Reichweite	km	220	400	+45%	450	650	+31%
max. Flugzeit	h	1,50	2,20	+32%	5,00	5,00	
Landegeschwindigkeit	km/h	80	85	+ 6%	90	100	+10%
Baujahr (Projekte)		1915	1918		1915	1918	

fortgesetzt wurde, entstanden langwährende schwere Auseinandersetzungen zwischen Reichsregierung und den Siegermächten. Die gravierenden Beschränkungen, die Deutschland durch die Begriffsbestimmungen auferlegt wurden, machten die Fortführung eines Flugzeugbaues in Deutschland zumindest zu einem Risiko. Sie gaben den Anstoß dazu, daß Dornier Teile seiner Firma nach Italien und die Schweiz verlegte, Heinkel sich mit Schweden liierte, Junkers in Schweden montieren ließ, in Rußland und in der Türkei zu bauen begann, Sablatnig nach Estland und Rohrbach schließlich nach Dänemark auswichen. Ohne Zweifel führte dies zu Änderungen in der Struktur des deutschen Flugzeugbaues; die Entwicklung wurde in den folgenden Jahren in ganz ungewöhnliche Bahnen gelenkt. In den Betrieben durfte oft die linke Hand in Deutschland nicht wissen, was die rechte Hand im Ausland tat.

Die drastischen Beschränkungen, insbesondere im Bereich der Triebwerksleistung, hatten aber auch positive Auswirkungen: sie zwangen zum Nachdenken über wirtschaftlichere Flugzeuge. Mit einem Mindestmaß an Triebwerkleistung, Kraftstoff, Größe und Gewicht galt es, eine hohe zahlende Nutzmasse über weite Strecken zu transportieren. Bisher hatten nur die Leistungen eine Rolle gespielt, über die ständige Steigerung von Gewicht und Triebwerkleistung mit gleichzeitiger Erhöhung der Kosten hatte man sich keine Gedanken machen müssen. Nun kam es aber auf Wirtschaftlichkeit, Zuverlässigkeit, Sicherheit bei hoher Geschwindigkeit und Reichweite an.

AEG-Panzerflugzeuge — Bausteine für den Luftverkehr

Die Allgemeine Elektrizitäts-Gesellschaft (AEG) in Henningsdorf bei Berlin gliederte sich 1910 eine »Flugtechnische Abteilung« an. Oberingenieur Paul Stumpf studierte an einer angekauften Wright-Maschine den damaligen Stand des Flugzeugbaues und ließ das Modell fliegerisch erproben. Auf diesen Erfahrungen aufbauend, beschritt Stumpf bei der Konstruktion eigener Versuchstypen neue Wege. Die wichtigsten Konstruktionsteile wie das Rumpfgerüst, das Fahrwerk, die Holme und die Stiele wurden nicht aus Holz, sondern aus Stahlrohr oder Blechen gefertigt.

1914/15 stellte die AEG eine Schulmaschine des Typs B IId mit 80 kW(110 PS)-Mercedes-Motor vor und wies nach, daß die Stahlrohrkonstruktionen leichter waren als die Holzflugzeuge der Konkurrenz. Aus diesem mit Erfolg gebauten Muster entstand während des Krieges durch Verwendung stärkerer Motoren eine Reihe von C-Flugzeugen (C = zweisitziger Doppeldecker und Aufklärer) wie die C I, C II, C III und C IV.

Vorläufer der AEG J II

Der AEG C II und C III folgte ein zweistielig verspannter Doppeldecker AEG C IV (vierte verbesserte Ausführung des C-Flugzeuges), aus der 1917 zwei ganz unterschiedliche Versionen entstanden: ein gepanzertes Infanterieflugzeug AEG J I und ein Nachtbomber N 1, die beide später im Luftverkehr Eingang fanden. Das Infanterieflugzeug erhielt einen 169 kW(230 PS)-Benz Bz IV-Motor und wurde mit Stahlblechen von 5,1 mm Dicke gepanzert, die von der Nase unterhalb des Rumpfes bis hinter den Führersitz reichten. Das Gewicht der fast 400 kg schweren Panzerung machte das Flugzeug allerdings zur lahmen Krähe. Um wieder ausreichende Steuerfähigkeit zu erreichen, erhielt es zusätzliche Querruder an den unteren Tragflügeln, die durch eine Strebe senkrecht miteinander verbunden waren (Modell J Ia).

Bezeichnungen der deutschen Militärflugzeuge 1914—1918 nach Verwendungszweck

Zum besseren Verständnis wird hier ein Überblick über die von der Inspektion der Fliegertruppe (Idflieg) eingeführte Gruppeneinteilung der Flugzeuge gegeben:

- A: Zweisitziger, unbewaffneter Eindecker
- B: Zweisitziger, unbewaffneter Doppeldecker, insbesondere Schulflugzeuge
- C: Bewaffneter, zweisitziger Doppeldecker, meist Aufklärer
- CL: Leichtes C-Flugzeug, meist Schlachtflugzeug
- J: Zweisitziger, gepanzerter, bewaffneter Doppeldecker, Infanterieflugzeug
- E: Einsitziger, bewaffneter Eindecker, Jagdflugzeug
- D: Einsitziger, bewaffneter Doppeldecker, (auch Eindecker gegen Kriegsende), Jagdflugzeug
- Dr: Einsitziger, bewaffneter Dreidecker
- G: Zweimotoriges, bewaffnetes Großflugzeug, Bomber, Doppeldecker
- GL: Leichtes G-Flugzeug
- R: Mehrmotoriges, bewaffnetes, mehrsitziges Riesenflugzeug
- N: Nachtbomber, zweisitziger und bewaffneter Doppeldecker

AEG J II, mit der die Deutsche Luftreederei (DLR) am 6. Februar 1919 den Luftverkehr von Berlin nach Weimar eröffnete. Die AEG J II befindet sich noch im ersten Umbau-Stadium: nur Waffen und Panzerwanne sind entfernt worden; sie trägt die DLR-Nummer 13.

Post- und Verkehrsflugzeug AEG J II

1918 entstand eine überarbeitete Ausführung unter der Bezeichnung J II. Die oberen Querruder dieses Typs besaßen einen aerodynamischen Hornausgleich. Das Seitenruder wurde vergrößert, damit gewann das Flugzeug an Wendigkeit. Das Flügelmittelstück der J I und J II war mit dem Rumpf durch ein Strebensystem verbunden, das mehrfach geändert wurde.

Über dem Motor war unterhalb des Tragflügels ein Fallbehälter für den Kraftstoff angeordnet; darunter oder davor lag der Kühler. Die J II hatte neben dem Fallbehälter mit 27 l Inhalt zwei Kraftstofftanks mit je 80 l unter dem Führersitz. 600 Maschinen des Typs J I und J II sind bei AEG gebaut worden.

Die Deutsche Luftreederei eröffnete – wie schon berichtet – mit der AEG J II und LVG CV im Februar 1919 ihre erste Luftverkehrsstrecke von Berlin nach Weimar zur Nationalversammlung. Diese Flugzeuge bildeten damals den Grundstock des Flugzeugparkes der DLR und später auch des Deutschen Aero-Lloyd. Einige Maschinen fanden sogar den Weg zur Lufthansa, die sie noch für Sonderaufgaben verwendete. Die robusten Maschinen mußten mehrere Umbauten über sich ergehen lassen, um den wachsenden Ansprüchen des Luftverkehrs zu genügen. Ihrer militärischen Ausrüstung – insbesondere der schweren Panzer-

AEG J II mit der DLR-Nummer D-82 im zweiten Umbau-Stadium mit verkleidetem Stahlrohrbügel über dem Passagierraum, der nach hinten noch offen ist.

wanne – entledigt, wurden sie mit einer leicht gepolsterten Sitzbank bedacht. Als sich herausstellte, daß die Reichweite für den Luftverkehr nicht genügte, wurden außen am Rumpf provisorisch flache Zusatztanks mit 70 l Inhalt angebracht. Damit erhöhte sich die Flugzeit auf vier bis fünf Stunden. Einen Teil dieser Arbeiten führte 1919 noch die AEG aus.

Kabinenflugzeug AEG K

Später wurden die Maschinen weitgehend geändert und erhielten eine gefällige Kabine mit Tür, so daß die Reisenden ohne Kletterpartie gleich vom Boden aus einsteigen konnten. Diese Ausführung bezeichnete die DLR als AEG K, wobei K Kabine bedeutete.

»Die aufwendigen Umbauten erfolgten in den Werkstätten der DLR in Berlin. Der Rumpf wurde vom Bug bis zum Heck durchgesägt und verbreitert, um unten im Rumpf Platz für die Zusatztanks zu schaffen. Der breitere Rumpf erhielt eine geräumige Kabine und diese hinten wieder einen eleganten Übergang zum Rumpf. In der Kabine fanden drei Reisende Platz. Bei dem damaligen großen Mangel an Motoren war die DLR gezwungen, verschiedene Triebwerke einzubauen. Beim BMW IIIa verwendete man den für diesen Motor vorgesehenen Stirnkühler, der die Formgebung der Maschine weiter verbesserte. Die DLR erhielt mit der AEG K trotz des Bauverbotes ein recht brauchbares Flugzeug mit geschlossener Kabine. Die ersten umgebauten Maschinen waren die D-66 mit der Werknummer 417 und Benz Bz IV-Motor und die D-74 Viper mit der Werknummer 439 Siddeley-Puma-Motor.«

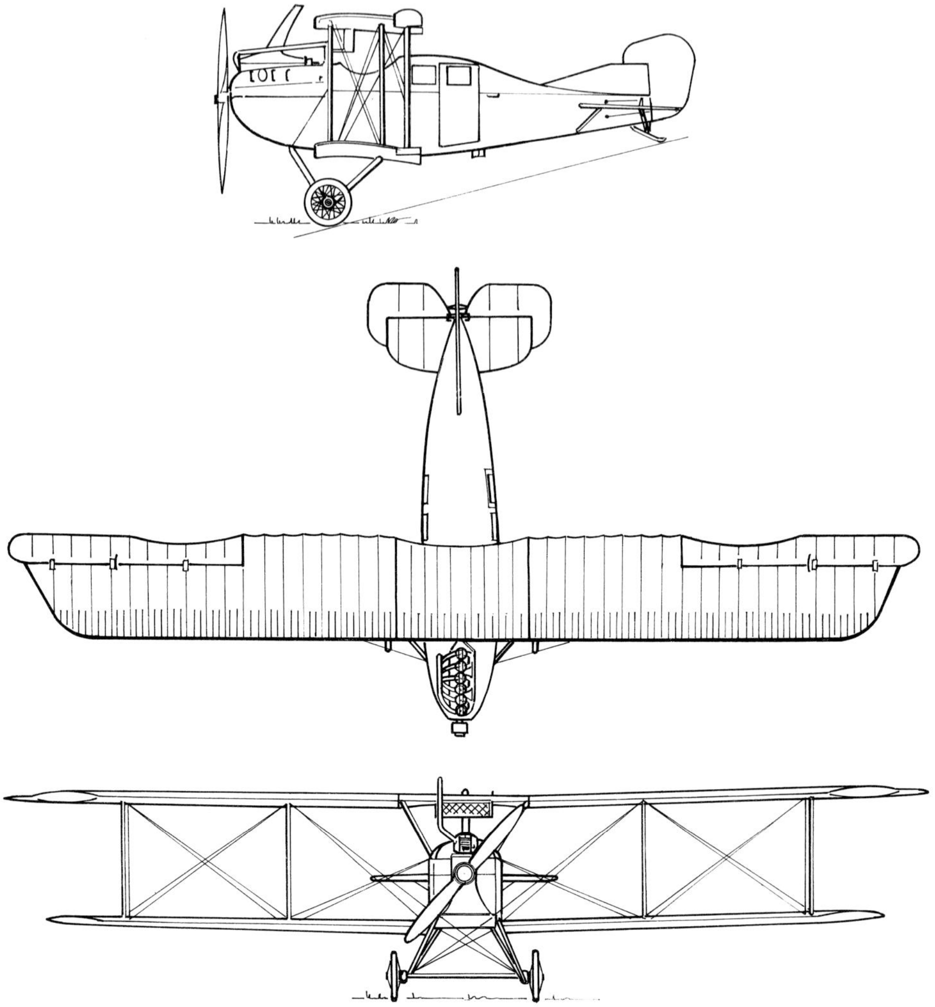

AEG J II K mit geschlossener Kabine und Benz Bz IV.

Soweit der Bericht des Meisters Budack, der an den Flugzeugen mitgearbeitet hat. Antonius Raab (Anfang 1985 †), Pilot der DLR, meinte zu den fliegerischen Qualitäten der AEG J II:

»Das Militärflugzeug war schwerfällig und hatte sehr lange Startstrecken, war ansonsten aber für seine Aufgabe durchaus geeignet. Das zivile Flugzeug dagegen, vom Ballast der Panzerwanne befreit, war leicht und angenehm zu fliegen, hatte kurze Start- und Landestrecken und sprach gut auf die doppelten Querruder an. Es war für die damalige Zeit ein sehr ordentliches Verkehrsflugzeug und wurde bei der DLR auch viel geflogen. Die spätere Ausführung mit bequemer Kabine für drei Reisende war wegen der besseren aerodynamischen Formgebung des Rumpfes noch angenehmer in der fliegerischen Handhabung. Wir Piloten flogen dieses Flugzeug sehr gerne. Es war nur mit 130 km/h Reisegeschwindigkeit bei Gegenwind zu langsam.«

Die meisten AEG-Flugzeuge waren mit dem Benz Bz IV mit 169 kW (230 PS), Baujahr 1916, ausgerüstet, der ein Einheitsgewicht von 2,19 kg/kW (1,61 kg/PS) und einen Verbrauch von 310 g/kW/h (228 g/PS/h) hatte. Neben Benz- und BMW-Motoren wurde der englische Siddeley-Puma mit 184 kW (250 PS) eingebaut[1].

Einzelgänger AEG K (N 1)

Zum Flugzeugpark der DLR gehörte auch der ebenfalls aus der C-Serie stammende ehemalige Nachtbomber AEG K (N 1), ein zweistielig verspannter Doppeldecker mit der Werknummer 6748 und dem Kennzeichen D-38. Er soll unter der DLR-Nummer 74 im Jahre 1920 auf der Strecke Frankfurt–Berlin eingesetzt worden sein[2]. 1926 kam die Maschine zur Lufthansa.

Der Flugzeugführer saß bei der für den Luftverkehr umgebauten Version N 1 hinten. Der Passagierraum blieb zwar nach oben offen, hatte aber bequeme Sitze, Fenster und eine Tür, so daß die Reisenden recht gut geschützt waren. Die N 1 war ebenfalls mit dem Benz Bz IV ausgerüstet, dessen Kühler in ganz ungewöhnlicher Weise oben auf dem Tragflügelmittelstück angeordnet war.

Meister Budack, über den seltsamen Aufbau des Kühlers über der Tragfläche befragt, berichtet:

»Die N 1 war eine neue, noch nach Kriegsende fertiggestellte Maschine, welche die AEG gleich für zivile Zwecke umbaute. Der Führersitz wurde nach hinten verlegt, damit waren die Steuerung und alle Bedienhebel einschließlich der Seilzüge zu ändern. Im Flugbetrieb der DLR ging das Flugzeug eines Tages zu Bruch. Da es dringend gebraucht wurde, erhielt unsere DLR-Werft den Auftrag, die beschädigte Maschine schnellstens wieder flugfähig zu machen. Die N 1 hatte seitlich des Rumpfes sogenannte Ohrenkühler, die durch die Notlandung beschädigt worden waren und für die es keinen Ersatz gab. Wir setzten deshalb in der Eile einen gebrauchten Kühler oben auf den Tragflügel und bauten noch zwei zusätzliche Sitze in den verhältnismäßig großen Passagierraum ein. Auf diese Weise stand das Flugzeug schnell wieder für den Streckendienst – und sogar mit einer Kabine für vier Reisende – zur Verfügung.«

Die umgebaute AEG K (N 1), trug früher die DLR-Nummer 74, hat die Fabrik-Nummer 6748 und ist mit einem Benz Bz IV-Motor ausgerüstet. Das Flugzeug wurde von 1920 ab von der Deutschen Luftreederei im Luftverkehr geflogen und später (1926) von der Lufthansa übernommen. Das Muster hat vorne eine oben offene Kabine für vier Reisende mit Tür und Fenstern. Der Pilot, der früher vorne saß, hat seinen Führersitz in der zivilen Ausführung hinten.

Während des Krieges sollen 100 Flugzeuge des Typs N 1 gebaut worden sein. Aber nur eines wurde im Nachkriegs-Luftverkehr eingesetzt und bei der DLR gern geflogen. Das kostbare Stück landete später bei der Lufthansa, die es allerdings wegen der nach oben offenen Kabine neben ihren Junkers F 13, Fokker F II und Junkers G 24 nicht gerne im regelmäßigen Streckendienst verwendete. Die Doppeldecker dienten meist als Streuflugzeuge in der Forstwirtschaft, für den Zeitungstransport oder als Arbeitsflugzeuge und wurden später verschrottet.

Zweimotoriges Verkehrsflugzeug AEG G V

Während der Waffenstillstands-Verhandlungen rüstete die AEG ihr letztes zweimotoriges Bomberflugzeug G V für zivile Zwecke um. Der dreistielig verspannte Doppeldecker hatte eine Spannweite von 27 m und war mit zwei je 202 kW (275 PS) leistenden Mercedes D IVa-Motoren ausgerüstet, die zweiblättrige Holzluftschrauben antrieben. Im Gegensatz zu den Friedrichshafener und Gothaer Großflugzeugen verwendete die AEG Zug- und keine Druckschrauben.
Es gab zwei verschiedene Ausführungen der G V: eine mit einteiligem Leitwerk und eine zweite Version mit einem zweifach unterteilten Kastenleitwerk. Es bestand aus einem normalen Höhenleitwerk und zwei senkrecht darauf angebrachten Seitenleitwerken, über denen, gleich einem Dach, ein zweites Höhenleitwerk aufgesetzt war. Der Hornausgleich der Seitenruder ragte weit über das obere Höhenleitwerk hinweg. Das Fahrwerk bestand jeweils aus einem Doppelfahrwerk mit zwei Rädern und war gegen das Strebenwerk der Triebwerke und gegen den Rumpf abgefangen. Als Ersatz für damals nicht lieferbaren Gummi diente eine Federung aus Stahlblättern, die sich bewährte. Das Rumpfgerüst bestand aus Stahlrohr; die Tragflügel hatten Metallholme und Holzrippen und waren wie der Rumpf mit Stoff bespannt.
Die Motoren lagerten auf einer Rohrkonstruktion, die nach unten in die äußere Fahrwerkhälfte auslief und seitwärts zum Rumpf hin abgefangen wurde. Die Motoren hatte keine Verbindung zu den Tragflügeln, so daß Motorschwingungen vom Tragwerk ferngehalten wurden. Die Kühler waren als Stirnkühler vor den Motoren angebracht.
Die anfangs von der DLR eingesetzten AEG G V hatten offene Sitze für die beiden Piloten; in dem sehr breiten Rumpf dahinter befand sich eine ebenfalls offene Kabine für sechs und mehr Reisende. Die Flugzeuge trugen noch den Tarnanstrich der Truppe, wiesen aber das Postzeichen der DLR mit DLR-eigenen Nummern auf. Bald erschien eine erste umgebaute Version der G V mit einer geschlossenen Kabine für sechs Reisende mit Toilette. Der frühere Beobachter- und Schützenstand vor den Piloten im Rumpfbug war verkleidet worden, die Bugspitze aufklappbar und zur Aufnahme von Fracht und Gepäck hergerichtet. Die Besatzung konnte wie bei einem Sportwagen ein Rolldach über den Führersitz schieben und war zudem durch auf- und abklappbare Windschutzscheiben halbwegs gegen Wind und Regen geschützt.
Die Kraftstofftanks hatte man unter den Sitzen von Piloten und Passagieren untergebracht. Die Reisegeschwindigkeit dieser Flugzeuge lag bei 125 km/h, – bei sechs Stunden Flugzeit ergab sich eine Reichweite von 750 km! Neben den Passagieren konnten 200 kg Fracht, Gepäck und Post befördert werden. Fliegerisch wird die Maschine recht kritisch beurteilt. Flugkapitän Willi Polte[3] kam mit einer G V in stürmisches Wetter:

»Böen warfen das schwere Flugzeug auf und nieder, und jetzt bekam ich erst richtig zu spüren, wie schwer die AEG sich steuerte. Der im Verhältnis zu den sonst gewohnten Maßen

Von der AEG noch während der Waffenstillstands-Verhandlungen zum Verkehrsflugzeug für sechs Reisende und zwei Piloten umgebaute G V mit Kastenleitwerk. Das Flugzeug hatte Hilfsklappen – ähnlich den späteren Flettner-Rudern – zur Minderung der Ruderkräfte an den Querrudern.

Dreistielig verspannter Doppeldecker AEG G V. Im Gegensatz zu den meisten anderen Großflugzeugen hatte die G V Motoren mit Zugschrauben und Frontkühlern. Das Flugzeug flog unter der DLR-Nummer D-66.

sehr kurze Rumpf bewirkte eine starke Unstabilität um die Querachse. Es war schwierig, die Maschine auf gleicher Höhe zu halten.«

Ein englischer Bericht[4] über eine in Großbritannien gelandete und dort nachgeflogene G IV, Vorgänger der G V, kommt zu folgendem Resultat:

»Das Flugzeug erreicht in 1500 m Höhe 145 km/h Geschwindigkeit und in 2750 m Höhe 138 km/h; es steigt in 10,3 Minuten auf 1525 m und in 23,4 Minuten auf 2750 m. Die beste Aufsetzgeschwindigkeit beim Landen liegt bei 118 km/h. Die Maschine neigt dazu, nach dem Flachnehmen vor dem Aufsetzen schnell durchzusacken und beim Aufsetzen selbst etwas zum Aufbäumen. Die Steuerung um die Hochachse wird als gut und die Höhensteuerung als schlecht bezeichnet, besonders beim Aufsetzen.«

Durch das große Kastenleitwerk dürfte die Steuerung der G V sicherlich wirksamer gewesen sein. Die Inspektion der Fliegertruppe (Idflieg) schreibt über einen einmotorigen Flug mit einer G V mit Kastenleitwerk[5]:

»AEG G V hat bei den Versuchsflügen gute Leistungen erbracht, mit 2100 kg Nutzlast wurden 4000 m Höhe in 70 Minuten und 4400 m in 99 Minuten erreicht. Das Flugzeug ist unwesentlich langsamer als die AEG G IV.
Dauerflüge mit einem Motor mit einer zweimotorigen Friedrichshafener G IV haben ergeben, daß man bei (2100 kg Nutzlast) aus 3000 m Höhe mit einem Motor 70 bis 90 Minuten geradeaus fliegen kann, ehe Bodennähe erreicht ist.«

Dies entspräche etwa einem Sinken von durchschnittlich 0,60 m/s. Für den Streckendienst waren die Flugzeuge bei ein bis zwei Passagieren je Flug zu groß, desgleichen für den

AEG G V mit offenen Sitzen für die Passagiere. Diese Flugzeuge wurden meist zu Charterflügen und für Gelegenheitsdienste verwendet, weil sie nur auf diese Weise voll ausgelastet werden konnten.

Hersteller		AEG	AEG	AEG	AEG	AEG	AEG
Muster		C IV	J I mit Panzerwanne	J II mit Panzerwanne	J II K zivil, Kabine	AEG K (N 1)	G V zivil
Triebwerk		Mercedes D III	Benz Bz IV	Benz Bz IV	Benz Bz IV	Benz Bz IV	Mercedes D IV a
Leistung	kW	118	169	169	169	169	2×202 = 404
	PS	160	230	230	230	230	2×275 = 550
Besatzung		1 + 1	1 + 1	1 + 1	1 + 3	1 + 4	2 + 6
Länge	m	7,15	7,40	7,90	7,90	7,30	10,80
Höhe	m	3,35	3,30	3,35	3,35	3,30	4,50
Spannweite	m	13,47	13,47	13,46	13,46	15,30	27,30
Flügelfläche	m^2	39,00	33,20	33,00	33,15	54,00	75,71
Rüstmasse	kg	800	1 300	1 350	1 100	1 150	2 700
Kraftstoff	kg	126	123	123	187	180	510
Schmierstoff	kg		14	14	18	18	51
Besatzung	kg	160	160	160	80	80	160
Nutzmasse	kg	164	143	93	238	280	680
Zuladung	kg	450	440	390	523	558	1 401
Startmasse	kg	1 250	1 740	1 740	1 623	1 708	4 101
Flächenbelastung	kg/m^2	32,05	52,40	52,70	48,95	31,62	54,16
Masse Leistungsverhältnis							
Leistungsbelastung	kg/kW	10,59	10,30	10,30	9,60	10,10	10,15
	kg/PS	7,81	7,56	7,56	7,06	7,42	7,45
Flächenleistung	kW/m^2	3,02	5,10	5,10	5,10	3,13	5,34
	PS/m^2	4,10	6,93	6,97	7,00	4,25	7,26
Höchstgeschwindigkeit	km/h	160	150	150	150	140	145
in Höhe	m	0	0	0	0	0	1 520
Reisegeschwindigkeit	km/h	140	135	135	135	125	125
in Höhe	m	0	0	0	0	0	1520
Steiggeschwindigkeit	m/s				2,80	3,00	2,70[2]
Dienstgipfelhöhe	m	4 000	3 000	3 000	4 500	5 000	6 100[3]
Reichweite[1]	km	560	350	350	600	600	750
max. Flugzeit[1]	h	4	3	3	4,5	4,5	6
Landegeschwindigkeit	km/h	75	80	80	80	70	118
Zuladung in % von der Startmasse		36	25	22	32	33	34
Zahlende Nutzlast in % von der Startmasse		13	8	5	15	16	17
Baujahr		1916	1917	1918	1918/19	1917/19	1918

[1] bei Reiseleistung ohne Reserven
[2] durchschnittliches Steigen auf 1 000 m, auf 1 520 m 10,3 min, auf 2 740 m 23,4 min.
[3] normal 4000 m; mit Lademotor 6100 m

Postdienst. Dagegen bewährten sie sich für Charterflüge an Wochenenden. Keines der Flugzeuge ist in der Luftfahrzeugrolle aufgeführt oder registriert worden. Beschlagnahmungen und Unfälle dezimierten die Flotte der Großflugzeuge so, daß der DLR schließlich nur noch zwei Großflugzeuge des Typs Friedrichshafen G IIIa blieben. Der Durchbruch im Luftverkehr mit zweimotorigen Flugzeugen gelang erst fünfzehn Jahre später der amerikanischen Douglas DC-2 und Boeing 247.

Die Belegschaft der Abteilung Flugzeugbau der AEG

AEG G V mit Kabine mit zwei Mercedes D IVa-Motoren.

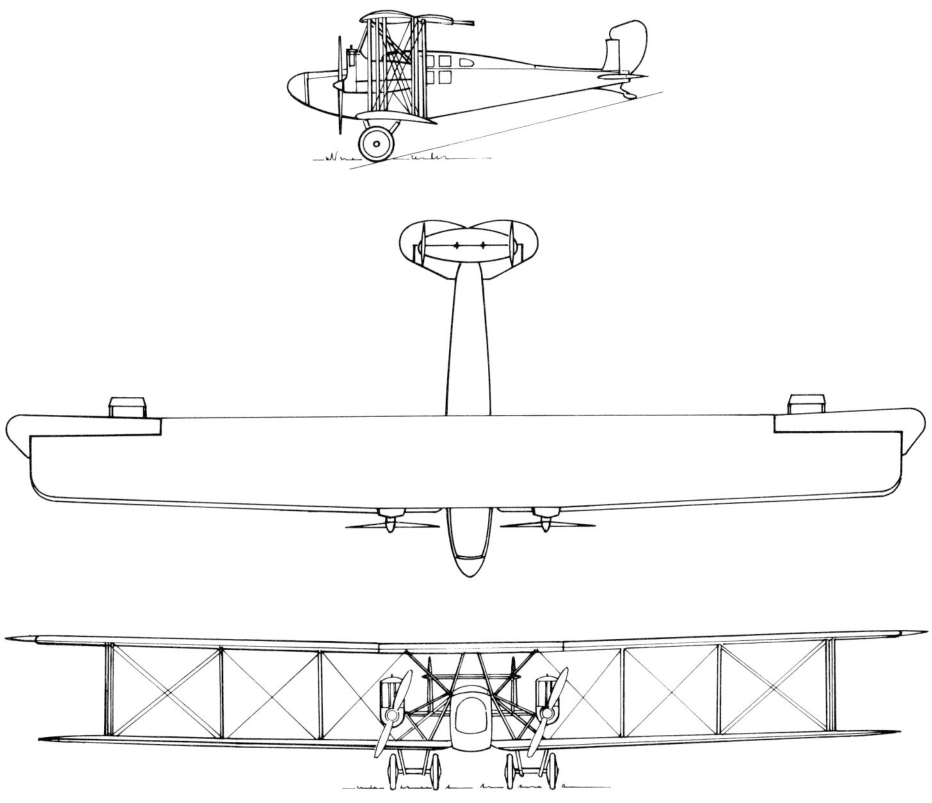

vergrößerte sich bis 1918 auf 3000 Mitarbeiter. Das Großflugzeug G IV und die Infanterieflugzeuge J I und J II lasteten in den letzten beiden Kriegsjahren das Werk weitgehend aus. Monatlich wurden 1917/18 etwa 39 G- und 40 J-Flugzeuge gefertigt.
Ende 1919 blieb der AEG nichts anderes übrig, als die Tore des Flugzeugwerkes zu schließen. Der größte Teil der Arbeiterschaft konnte zur AEG-Lokomotivfabrik wechseln, denn an Lokomotiven herrschte nach dem Kriege großer Mangel. Somit gab es keine sozialen Probleme.

Albatros gelingt der Sprung zum Kabinenflugzeug

Die Albatros-Flugzeugwerke bauten schon in den Werdejahren (1909 bis 1914) mit großem Erfolg Flugzeuge, beschäftigten 1914 rund 500 Mitarbeiter und wuchsen im Krieg mit einer Belegschaft von 6140 Arbeitern und Angestellten[6] zum größten deutschen Flugzeugwerk heran. Albatros-Flugzeuge waren es schließlich auch, die in den zwanziger Jahren Eingang im deutschen Luftverkehr fanden.
Das Werk wurde am 20. Dezember 1909 von Dr. Walter Huth und Ingenieur Otto Wiener gegründet. Huth's Familie versuchte, ihn wegen seiner Ambitionen für die Luftfahrt zu entmündigen[7]. Unbeirrt nahm er jedoch den Flugzeugbau in einem Holzschuppen am Rande des Flugplatzes Johannisthal auf. Um Erfahrung zu sammeln, baute er anfangs französische Gitterrumpf-Flugzeuge von Antoinette, Farman und Sommer in Lizenz. Aber schon auf dem Pariser Luftfahrt-Salon 1911 stellte Albatros eine eigene Konstruktion (MZ 1) aus, ein der Etrich-Taube ähnliches Flugzeug mit doppeltem Zanoniaflügel.
1913 stieß Ernst Heinkel als Konstrukteur zu Albatros und schuf eine Reihe gelungener Konstruktionen. Dazu gehörten ein Wasserflugzeug als verspannter Eindecker und zwei Doppeldecker-Konstruktionen mit den Bezeichnungen B I und B II, die bei vielen Wettbewerben siegreich waren und damit zum Aufstieg des Werkes ihren Teil beitrugen. Piloten

wie Robert Thelen, Hellmuth Hirth, Ernst von Loeßl, Reinhold Boehm und Werner Landmann flogen mit diesen Schulmaschinen Dauer- und Streckenweltrekorde. Boehms Dauerflugrekord vom 11. Juli 1914 mit 24 Stunden und zwölf Minuten Flugzeit, zu dem er mit 600 l Benzin an Bord und einem ganze 75 PS leistenden Motor gestartet war, ist erst von den Amerikanern Edwin Stinson und Lloyd Bertrand mit einer Junkers F 13 am 30. Dezember 1921 mit 26 Stunden, 19 Minuten und 35 Sekunden Flugzeit gebrochen worden.

Der von Heinkel gebaute Eindecker mit zwei Schwimmern zeichnete sich durch eine gute aerodynamische Formgebung aus und wurde in drei Ausführungen gebaut, – davon eine als Amphibium mit hochziehbarem Fahrwerk. Hellmuth Hirth errang mit diesem Flugzeug auf dem Bodensee-Wasserflug-Wettbewerb 1913 den ersten Preis. Vier weitere Preise gingen ebenfalls an bekannte Piloten mit Albatros-Flugzeugen wie Thelen und Vollmöller[8]. Die Flugzeuge landeten bei dem Wettbewerb auf dem Wasser und auf dem Lande.

Das Werk gründete 1914 eine Tochtergesellschaft, die »Ostdeutschen Albatros Flugzeugwerke« in Schneidemühl und 1916 eine Zweigniederlassung in Friedrichshagen bei Berlin, die sich dem Bau von Wasserflugzeugen und Reparaturen widmete.

Bis 1914 wurden bei Albatros nicht weniger als 27 verschiedene Typen gebaut. Finanziell war dies nur möglich, weil mehrere Sport-, Renn- und Wettbewerbsflugzeuge gleichzeitig auch militärischen Zwecken wie der Schulung von Piloten dienten und für die Aufklärung brauchbar erschienen. Daraus resultieren auch die militärischen Bezeichnungen wie B I oder B II für Heinkels Konstruktionen (B-Flugzeuge = unbewaffnete zweisitzige Doppeldecker). Eine interne militärische Bezeichnung lautete D.D. I und D.D. II, was Doppeldecker 1. Serie und 2. Serie bedeutete. Albatros hatte schließlich ebenfalls noch eigene Kennzeichen wie L 1, L 2 bis L 56.

Nach dem Ausscheiden von Ernst Heinkel (1914) übernahm Dipl.-Ing. Rudolf Schubert die Leitung des Konstruktionsbüros. Die technische Leitung lag in den Händen von Dipl.-Ing. Robert Thelen, für die Produktion war Oberingenieur Hüttner verantwortlich. Mit 60 Ingenieuren wurden in vier Kriegsjahren 67 verschiedene Muster gebaut. Am Großserienbau der Jagdflugzeuge waren 48 Firmen beteiligt. Auf ein Flugzeug entfielen damals 1800 bis 1900 Arbeitsstunden. Zu den erfolgreichsten Flugzeugen gehörten neben den beiden B I- und B II-Schluflugzeugen die Jagdflugzeuge Albatros D III, D V und D Va mit 118 kW(160 PS)-Motoren. Der D V-Einsitzer stieg in vier Minuten auf 1000 m und erreichte 165 km/h Geschwindigkeit.

Den Weg in den zukünftigen Flugzeugbau wies bereits ein vor dem Krieg von Albatros gebauter Renndoppeldecker, den Ernst von Loeßl mit Erfolg auf der Wiener Flugwoche 1914 flog. Dieses Flugzeug stellte eine wesentlich verkleinerte Ausführung des B I-Schulflugzeuges dar. Es hatte anstatt 40 m^2 nur 20 m^2 Flügelfläche, eine weit geringere Spannweite und war einstielig anstatt zwei- oder dreistielig verspannt. Das leichte Rennflugzeug[9] war mit seinem 74 kW(100 PS)-Daimler D I-Motor entsprechend schnell und zeigte auf, wie die Leistungen weiter gesteigert werden konnten.

Nach dem Waffenstillstand nahm Albatros die Fabrikation von Motorbooten und Schnellbooten auf, die mit Mercedes-Flugmotoren ausgerüstet wurden; ferner baute das einstmals berühmte Flugzeugwerk Ruder- und Segelboote, Kanus, Betten, Laufkatzen mit Antriebsmotoren und Zentrifugen für die Milchwirtschaft.

Einstielig verspannter Albatros-Renndoppeldecker mit wesentlich verkleinerten Abmessungen. Am Steuer Ernst von Loeßl 1914 auf der Wiener Flugwoche.

Albatros L56, zivile Projektstudie

Ein kleiner Stab von Ingenieuren aber befaßte sich unter Leitung von Dipl.-Ing. Schubert mit dem Entwurf eines für den Luftverkehr geeigneten Flugzeuges für vier Reisende. Dem damaligen Stand der Technik entsprechend, dachte man an einen einstielig verspannten Doppeldecker mit einem Benz Bz IV-Motor, mit einer Spannweite von 15,68 m, einer Länge von 9,25 m, einer Leermasse von 1040 kg und einer Abflugmasse von 1800 kg[10]. Eine andere Quelle spricht von der Projektstudie eines fünfsitzigen Verkehrs-Doppeldeckers[11]. Das frühe Auftauchen der Junkers F 13, der Sablatnig P III (Mitte 1919) und des Fokker F II aber hatten Signalwirkung und verdeutlichten: Verkehrsflugzeuge haben mit Militärflugzeugen nicht mehr viel gemein und müssen nach neuen Gesichtspunkten ausgelegt werden.
Nur Flugzeuge mit geschlossenen Passagierkabinen, leichten Einstiegmöglichkeiten und guten Sichtverhältnissen konnten in der Verkehrsluftfahrt bestehen. Die geplante L 56 jedoch hätte als offener Doppeldecker gegen diese Konkurrenz keine Chance gehabt und wurde aufgegeben.

Albatros L57 — Projekt eines sechssitzigen Verkehrsflugzeuges

Der zweite Entwurf L 57 berücksichtigte diese Erkenntnisse und führte zu einem Flugzeug mit geschlossener Kabine, das für sechs Reisende und zwei Piloten ausgelegt war.
Der ganz aus Holz gebaute Hochdecker wies einen durchgehenden freitragenden Flügel auf. Führer und Monteur saßen vor und halb unter der Flügelvorderkante und – etwas ungewöhnlich – über dem Motor. Der Flügel lag flach auf dem Rumpf auf. Zwischen den beiden Holmen war der Flügel 60 Zentimeter dick; dieser Raum über der Passagierkabine nahm das Gepäck auf. Die Kraftstoffbehälter waren im Flügel untergebracht. Der Passagierraum hatte zwei Türen und bot mit seinen fünf großen runden Fenstern auf jeder Seite den Reisenden gute Sicht. Zur Kühlung war ein rechteckiger Frontkühler vor dem Motor vorgesehen. Als Triebwerke sollte wahlweise der Mercedes D IIIa, der BMW IIIa oder der Benz Bz IV (s. Tabelle) dienen[12].
In verschiedenen Fachpublikationen[13] wird 1920 und 1921 ausführlich über die L 57 berichtet und mit Plakaten und Anzeigen für das Flugzeug geworben. Von Albatros selbst liegen Werkunterlagen und Zeichnungen vor, aus denen ersichtlich ist, daß der Bau ernsthaft geplant und wahrscheinlich auch begonnen worden ist. Alle veröffentlichten Bilder stammen dagegen von Modellen. Deshalb ist anzunehmen, daß von einem endgültigen Bau oder der Fertigstellung der Maschine wegen des Bauverbotes von 1920 bis Mai 1922 Abstand genommen wurde. Auftraggeber des Flugzeuges waren die DLR und der Deutsche Aero-Lloyd. Albatros war bekanntlich am Lloyd-Luftdienst beteiligt und dieser wieder am Deutschen Aero-Lloyd; verständlich, wenn Aufträge zuerst an dem Unternehmen nahestehende Firmen vergeben wurden, zumal der Name Albatros in der Luftfahrt etwas galt.

Albatros L58

Aus dem Projekt L 57 entstand während des Bauverbotes ein neuer Entwurf L 58, der äußerlich zwar dem Vorgänger glich, aber dennoch viele Änderungen aufwies. Vergleicht

Albatros L 58 mit 260 PS-Maybach-Motor im Jahr 1923 während der Flugerprobung in Berlin-Johannisthal.

Umständliches Beladen der L 58. Der Gepäckraum befand sich oben im Tragflügel über der Kabine.

man zwei vom Werk herausgegebene Risse der L 57 und L 58, so ergeben sich Unterschiede im Aufbau des Flügels, in der Spannweite, Flügeltiefe und in der Formgebung des Rumpfes. Der ursprünglich vorgesehene Frontkühler vor dem Motor wurde durch zwei seitlich der Triebwerkverkleidung angebrachte Ohrenkühler ersetzt, die allerdings nicht verstellbar waren. Die Daten in der Tabelle lassen eine bedeutende Vergrößerung der Tragfläche um 10 m^2 erkennen, sogar um 13,50 m^2 bei der verbesserten L 58a. Das Leitwerk wurde in Formgebung und Aufbau geändert, Höhen- und Seitenflosse wurden verstrebt, alle Ruder durch einen Hornausgleich aerodynamisch ausgeglichen.
Die L 58 hatte mit 24 Prozent ein gutes Verhältnis von zahlender Nutzmasse zur Abflugmasse. Überraschend ist der geringe Geschwindigkeitszuwachs bei Verwendung eines um 28 Prozent stärkeren Motors. Nur die Steiggeschwindigkeit wird auf einen für den Luftverkehr akzeptablen Wert von 2 m/s verbessert.
Die erste L 58 mit dem Kennzeichen D-244 wird 1923 an die Deutsche Luftreederei geliefert und beim Aero-Lloyd eingesetzt. Die zweite Maschine D-576 ging gleich an den Aero-Lloyd; beide Flugzeuge übernahm später die Lufthansa.

Meister Budack berichtet über die L 58: *»Die mit weit stärkerem Motor ausgerüstete L 58a war der Stolz des Aero-Lloyd – eines der ersten deutschen Verkehrsflugzeuge mit geschlossener Kabine und freitragendem Flügel! Sie wurde gleich auf der schwierigen Strecke von Berlin nach London eingesetzt. Allerdings mußte man einen Zusatztank dort einbauen, wo der zweite Pilot oder Monteur sitzen sollte. Die Reichweite stieg damit von 540 km auf 700 km. Das Flugzeug hatte fliegerisch seine Launen. Es neigte zum Überschlag und wurde von den Piloten deswegen nicht allzusehr geschätzt. Zum Schutz des Piloten hatte die L 58a einen kräftigen Bügel oberhalb des Tragflügels. Die Flugzeugführer wurden vorher meist auf Fokker F II eingewöhnt, weil dieser ebenfalls ein Hochdecker war. Dennoch wiederholten sich immer wieder Überschläge, die durch den zu hoch liegenden Schwerpunkt verursacht wurden.«*

Insgesamt sind – soweit feststellbar – neun Maschinen gebaut worden. Von einigen Mustern gibt es Fotos mit Zulassungs-Kennzeichen, die in keiner Luftfahrzeugrolle zu finden sind, wie zum Beispiel die D-292 oder D-287. Ein oder zwei Muster sollen von der Sowjetunion angekauft worden sein[14], die damit wahrscheinlich Vergleiche mit dem Fokker F III der Deruluft anstellen wollte. Diese Flugzeuge könnten kurzzeitig zur Erprobung und Zulassung die genannten Kennzeichen erhalten haben, die nach dem Verkauf später anderen Flugzeugen zugeteilt wurden.
Vergleicht man die Daten der L 58 mit 191 kW(260 PS)-Motor in der Tabelle mit der 1919 gebauten Junkers F 13 aus Ganzmetall mit dem etwa gleich starken Junkers L 2-Motor, so ergibt sich für die F 13 eine um 15 Prozent niedrigere Rüstmasse, eine um 52 Prozent größere Reichweite und ein um 66 Prozent besseres Steigvermögen. Allerdings war die L 58 mit ihrer zahlenden Nutzmasse von

Albatros L 58a mit wesentlich stärkerem Triebwerk (Rolls-Royce Eagle VIII).

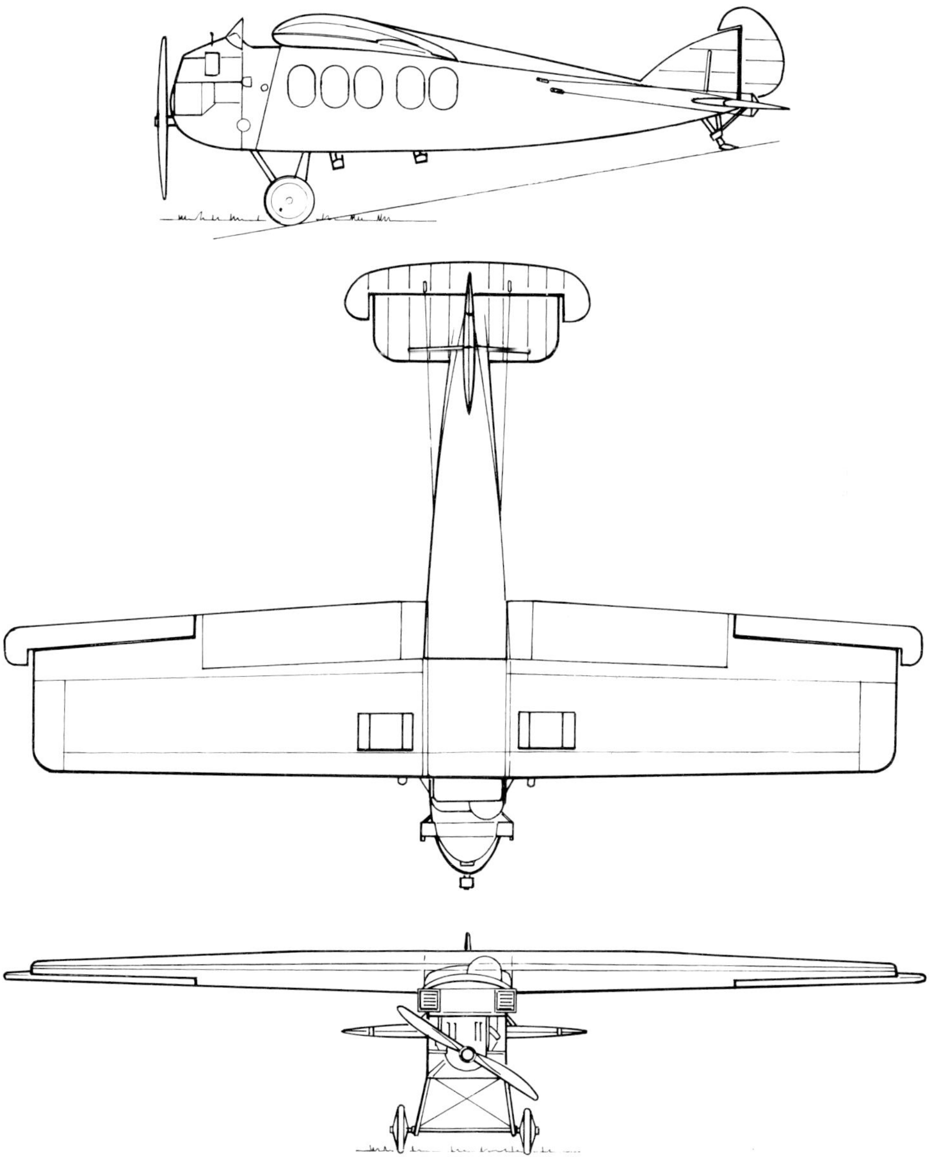

24 Prozent den 19 Prozent der F 13 überlegen. Ein Teil der vorhandenen Mängel wurde durch die verbesserte L 58a mit stärkerem Triebwerk ausgeglichen. Bei gleicher Abflugmasse gelang es, die Reichweite zu vergrößern und das Steigvermögen zu verbessern.

Positiv zu bewerten waren der bequeme Einstieg und die gute Sicht für die Fluggäste. Die oben im Flügel untergebrachten Tanks boten hohe Sicherheit gegen Brandgefahr. Benzinpumpen waren überflüssig, weil die hoch liegenden Kraftstofftanks gleichzeitig Fallbehälter waren. Die leicht und preiswert zu reparierende Holzbauweise hatte ebenfalls ihre Vorzüge.

Albatros L 58 im Dienste des Aero-Lloyd. Das Flugzeug wurde später mit Rolls-Royce »Eagle« ausgerüstet und zur L 58a umgerüstet.

Die Konstruktion der Albatros B IIa stammt aus dem Jahre 1914. Niemand ahnte damals, daß das Schulflugzeug einmal im Luftverkehr (1920) Eingang finden würde. ▷

Albatros L 30 (B IIa)

Mit der L 30 (B IIa) stand ein weiteres Albatros-Flugzeug im Dienste des werdenden Luftverkehrs. Mehr als zehn Maschinen dieses Typs fanden beim Bayerischen Luft-Lloyd, beim Deutschen Luft-Lloyd, bei der Luftreederei Magdeburg, bei der Magdeburger Passagier-Fluggesellschaft und anderen Unternehmen Verwendung. Die Albatros L 30 (B IIa) aus dem Jahr 1914 war ein Flugzeug mit so guten Flugeigenschaften, daß die Maschine im Detail verbessert und mit stärkeren Motoren ausgerüstet noch 1917 als Schulflugzeug gebaut wurde. Der zweistielig verspannte Doppeldecker aus Holz und Stoff war mit einem Daimler D I-Motor mit 74 kW (100 PS) ausgerüstet, den man später gegen einen 88 kW (120 PS)-Mercedes D II oder gleich starkem Argus As II austauschte; der Rumpf wurde im Laufe der Zeit verstärkt, der Kühler zuletzt als Frontkühler ausgeführt und über dem Motor vor der Tragfläche angeordnet.

Mit einer Geschwindigkeit von ganzen 110 km/h war die L 30a für den Luftverkehr wenig geeignet. Andererseits hatte das Flugzeug mit 17 Prozent zahlender Nutzmasse (182 kg) ein günstiges Verhältnis von Nutzmasse zur Startmasse und konnte beachtliche Mengen an Post befördern, dazu ein bis zwei Fluggäste, sofern diese sich mit den beengten Verhältnissen im Rumpf, der reichlichen Frischluftzufuhr und der langen Flugdauer abfanden.

Albatros C VII im Luftverkehr

Der 1920 gegründete Lloyd Ostflug besaß in seinem Flugzeugpark eine Albatros C VII, die wahrscheinlich für Kurier- und Postflüge eingesetzt wurde. Der zweistielig verspannte Doppeldecker mit 147 kW(200 PS)-Benz Bz IV-Sechszylinder-Motor war als Aufklärer und Arbeitsflugzeug ausgelegt. Etwas ungewöhnlich für die zwanziger Jahre wirkten die Ohrenkühler seitlich des Rumpfes.
Das Muster erhielt 1921 eine zivile Zulassung und das Eintragungszeichen der Luftfahrzeugrolle D-137. Rund 350 C VII sind im Krieg gebaut worden. Dem Flugzeug wurden gute Flugeigenschaften nachgesagt.

Albatros Alb. L 30a (B IIa) mit dem Zulassungszeichen D-690 stand 1921 in München im Dienste des Bayerischen Luft-Lloyd und anderer Luftverkehrs-Gesellschaften.

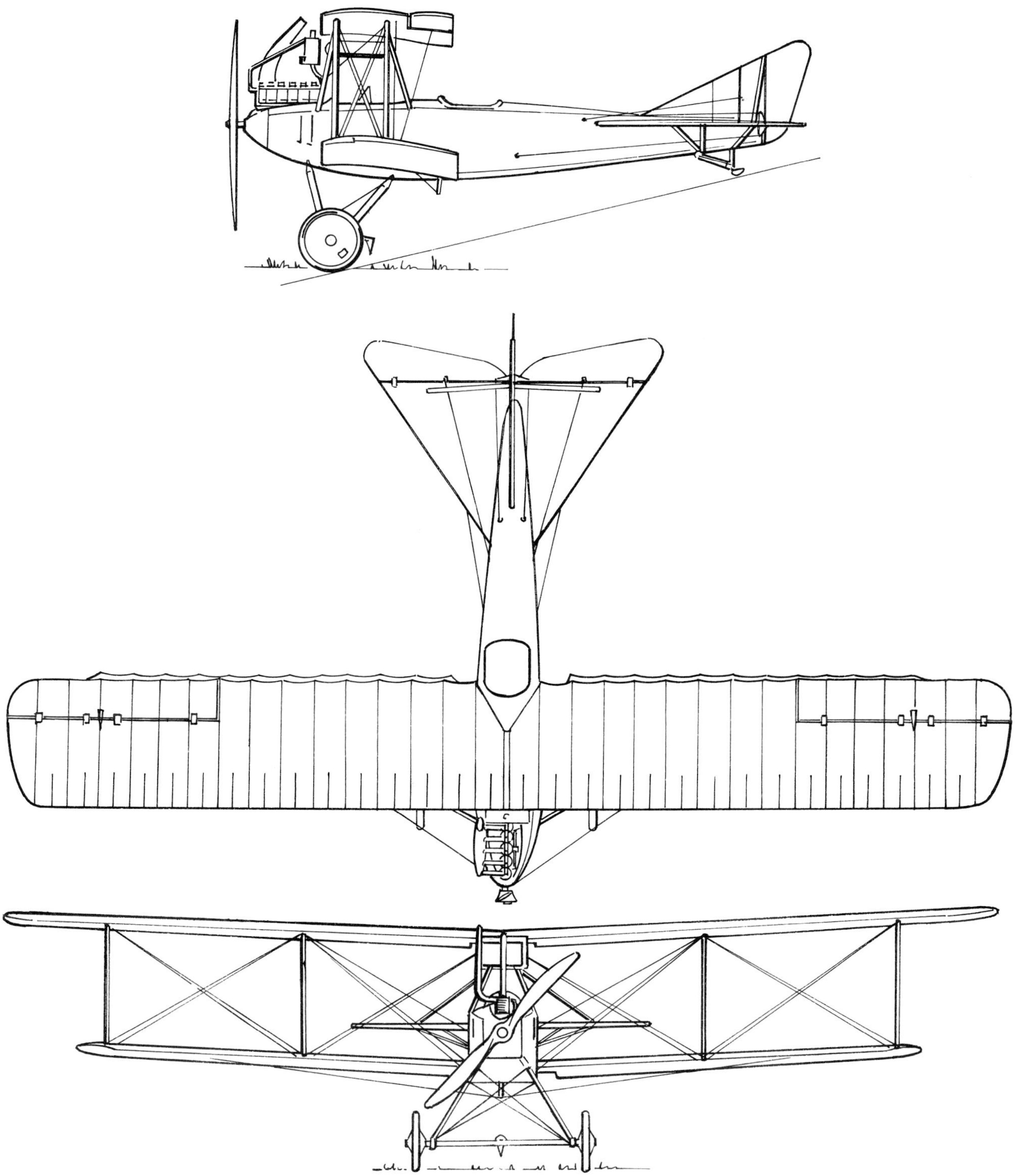

Albatros-Verkehrsflugzeuge im Vergleich zur F 13*

Hersteller		Albatros	Albatros	Albatros	Junkers	Albatros	Albatros
Muster		L 57	L 58	L 58 a	F 13 da	L30 (BIIa)	C VII
Triebwerk		Mercedes D III a	Maybach Mb IV a	Rolls Royce Eagle VIII	Junkers L 2	Argus As II	Benz Bz IV
Leistung	kW	125	191	265	195	88	169
	PS	170	260	360	265	120	230
Besatzung (+ Reisende)		2 + 6	1 + 5[2]	1 + 6	2 + 4	1 + 1	1 + 1
Länge	m	10,42	10,89	10,87	9,60	7,65	8,76
Höhe	m	3,55	3,80	3,80	4,10	3,15	2,95
Spannweite	m	14,20	18,00	18,00	17,75	12,95	12,78
Flügelfläche	m^2	34,50	44,50	48,00	43,00	41,00	43,40
Flügelstreckung		5,84	7,28	6,75	7,33		
Rüstmasse	kg	1 036	1 370	1 370	1 170	698	989
Kraftstoff	kg	156	240	310	290	100	123
Schmierstoff	kg	18	24	30	25	10	14
Besatzung	kg	80	80	80	80	80	160
Nutzmasse	kg	560	536	460	435	182	264
Zuladung	kg	814	880	880	830	372	561
Startmasse	kg	1 850	2 250	2 250	2 000	1 070	1 550
Flächenbelastung	kg/m^2	53,62	50,56	46,87	46,51	26,09	35,71
Masse Leistungsverhältnis	kg/kW	14,80	11,78	8,49	10,27	12,16	9,17
	kg/PS	10,88	8,65	6,25	7,55	8,92	6,74
	kW/m^2	3,62	4,29	5,52	4,53	2,15	3,89
	PS/m^2	4,93	5,84	7,50	6,16	2,93	5,30
Höchstgeschwindigkeit	km/h	149	150	150	180	120	170
in Höhe	m	0	0	0	0	0	0
Reisegeschwindigkeit	km/h	120	135	140	160	110	150
in Höhe	m	0	0	0	0	0	0
Steiggeschwindigkeit	m/s	1,60[1]	1,40	2,00	2,10	2,00	2,60
Dienstgipfelhöhe	m	3 450	3 500	3 500	4 000	3 000	5 000
Reichweite	km	540	540	735	1 040	500	500
max. Flugzeit	h	4,50	4,00	5,00	6,50	5,00	3,50
Verbrauch	kg/h	32	43	59	44	23	39
Preis	Goldmark (1924)			49 500			
Landegeschwindigkeit	km/h	80	80	80	85	65	80
Zuladung in % von der Flugmasse		44	39	39	42	35	36
Zahlende Nutzlast in % von der Flugmasse		30	24	20	22	17	17
Baujahr		1919	1923	1924	1923	1914/1917	1916

* Daten nach Werkunterlagen

[1] Steigzeit auf 500 m 4,9 min
1 000 m 10,3 min
2 000 m 26,5 min
3 000 m 67,6 min
1,60 m/s = durchschnittl. Steigen auf 1 000 m

[2] lt. Schreiben Albatros v. 18. 1. 1924 Angebot an spanische Militärstelle, Madrid

Aviatik F: Ein Schnellflugzeug für zwei Reisende

Außer der bereits erwähnten R. 50 bauten die Aviatik-Werke – die korrekte Bezeichnung lautet Automobil- und Aviatik AG, Leipzig-Heiterblick – ein zweites militärisches Muster zu einem Post- und Verkehrsflugzeug um, dem allerdings ebenso wenig Erfolg beschieden war wie der R. 50.

Das letzte Modell einer Jagdflugzeugreihe Aviatik D VII war gegen Kriegsende ein zweistielig verspannter Doppeldecker mit kurzem Rumpf in gedrungener Bauweise. Das Flugzeug besaß ein auffallend großes Seitenleitwerk, einen gut verkleidet eingebauten Stirn- und Ölkühler und eine vierblättrige Luftschraube mit Nabenverkleidung. Zum Antrieb diente ein Benz Bz IIIbm-Achtzylinder-V-Motor mit 147 kW (200 PS). Das Flugzeug soll 180 bis 190 km/h Geschwindigkeit erreicht haben.

Nun sollte aus der D VII ein schnelles Post- und Verkehrsflugzeug mit einem Zwölfzylinder-V-Motor Benz Bz V mit 235 kW/(320 PS) entstehen. Das Triebwerk hatte noch keine Typenprüfung und war demnach ein Versuchsmuster. Dasselbe Flugzeug wurde mit Bz IIIb-Motor als Sportflugzeug angeboten. Fotos des Post- und Passagierflugzeuges mit der Bezeichnung Typ F lassen erkennen, daß hinter dem Führersitz ein etwa 1,20 m langes Stück Rumpf eingefügt worden war, der breiter war als der Original-Rumpf und die Unterbringung von zwei bis drei Reisenden in einer geschlossenen Kabine ermöglicht hätte. Andere Quellen sprechen von einer sechssitzigen Kabine, die aber wohl schwerlich in ein ehemaliges Jagdflugzeug hineingepaßt hätte. Um den sicherlich schwierigen Einbau einer Tür zu vermeiden, ließ man die Kabine oben offen, und die Reisenden stiegen von oben in den Rumpf ein. Mit Hilfe einer rollbaren Jalousie war die Kabine dann zu verschließen; die Möglichkeit, sie im Fluge zu öffnen, wurde in der damaligen Literatur als vergnügliche Frischluftzuführung gepriesen[15]. Der Verbrauch des Motors lag bei 75 l/h, sein Trockengewicht bei 480 kg, entsprechend einem Einheitsgewicht von 204 kg/kW/(150 kg/PS). Den Konstrukteuren muß man zugute halten, daß es 1918 und Anfang 1919 noch kein Vorbild für ein Verkehrsflugzeug gab, und viele glaubten, auf dem im Kriege eingeschlagenen Wege zum Luftverkehr überleiten zu können.

Vergleicht man die Aviatik F mit der eleganten DFW P 1, so konnte erstere zwar 35 kg mehr zahlende Nutzlast befördern und wäre um 30 km/h schneller gewesen, sie hatte dafür aber eine um 100 km geringere Reichweite wegen des hohen Verbrauches ihres starken Triebwerkes. Die Kabine der P 1 mit Tür bot den Reisenden weit mehr Bequemlichkeit. Die Überholungskosten und der Verbrauch an Kraftstoff wären bei der P 1 erheblich geringer gewesen, denn das Flugzeug hatte einen erprobten Motor mit einer voraussichtlichen Betriebsstundenzahl von 100 bis 150 Stunden Laufzeit bis zur Überholung, während der unerprobte Zwölfzylinder-V-Motor jede Rentabilität ausschloß. Die Aviatik F war ein in hohem Maße übermotorisiertes Flugzeug, für das es kaum eine Verwendungsmöglichkeit im Luftverkehr geben konnte.

Karl Caspar: Fliegender Manager und Flugzeugbauer

Als der am 4. August 1883 in Netra (Hessen) geborene Referendar Karl Caspar 1911 auf einer Etrich-Rumpler-Taube das Flugzeugführer-Zeugnis Nr. 77 erwarb, stand er vor einer entscheidenden Wende in seinem Leben. Das Schulen war ihm durchaus nicht leicht gefallen – eine Fahrgestellstrebe der Taube wurde von seinen Kameraden »Caspar-Strebe« genannt, weil er sie gern bei der Landung zu knicken pflegte. Dennoch eröffnete er in Hamburg unter dem Namen »Zentrale für Aviatik« eine Fliegerschule, in der Schüler auf der Rumpler-Taube und später auf Tauben der Gothaer Waggonfabrik ausgebildet wurden. Die Firma wurde (1. November 1911) in »Hanseatische Flugzeugwerke Karl Caspar« umbenannt. Sie führte die Fliegerschule zwar weiter, nahm aber gleichzeitig den Flugzeugbau auf und baute Gotha-Tauben in Lizenz. Caspar beteiligte sich mit Erfolg an zahlreichen Wettbewerben und Flugwochen; am 19. Juni 1912 stellte er einen deutschen Höhenrekord mit 3240 m auf. Bei Kriegsbeginn wurde er Militärpilot. Kurz vorher fusionierten seine »Hanseatischen Flugzeugwerke Karl Caspar« mit den von Kommerzienrat Krüger geführten und dem Wiener Finanzier Castiglioni gehörenden »Brandenburgischen Flugzeugwerken« zur »Hansa- und Brandenburgische Flugzeugwerke AG« mit Sitz in Briest bei Brandenburg a. d. Havel. Caspar behielt sich in dem Vertrag aber das Recht vor, nach einem Ausscheiden aus dem Heeresdienst sein ehemaliges Werk in Hamburg wieder zurückzukaufen.

Schon Anfang 1917 machte er von diesem Recht Gebrauch und eröffnete in Hamburg-Fuhlsbüttel mit einem Kapital von 1,5 Millionen RM die »Hanseatischen Flugzeugwerke Karl Caspar AG«, die zunächst Flugzeuge reparierten, Albatros C III-Flugzeuge in Lizenz bauten und später den Lizenzbau von Friedrichshafener Großflugzeugen des Typs G III aufnahmen. Nebenbei betrieb Caspar eine Militärfliegerschule. Von Fokker kaufte er 1918 dessen Travemünder Flugzeugwerft hinzu, die den Namen »Casparwerke mbH« in Travemünde erhielt und dessen Leitung Dipl.-Ing. Theis,

Caspar-Zweischwimmer-Flugzeug S 1 mit Mb IVa mit 191 kW(260 PS)-Maybach-Motor. Das noch von Heinkel 1921/22 konstruierte Flugzeug diente für Rund- und Taxiflüge. Über der S 1 eine U 1, ein freitragender Doppeldecker mit Schwimmern, der als Sportflugzeug angeboten wird und insgeheim von den USA und Japan für U-Boote in Auftrag gegeben worden war.

der frühere Chefkonstrukteur der Halberstädter-Flugzeugwerke, übernahm. 1919 verkaufte Caspar seine Werke in Hamburg-Fuhlsbüttel und Travemünde[16] und behielt wegen der damaligen politisch noch nicht überschaubaren Verhältnisse nur vom Werk Travemünde einen Teil, um darin in kleinem Rahmen den Flugzeugbau später wieder aufnehmen zu können.

Karl Caspar wurde 1921 von der Technischen Hochschule Aachen in Anerkennung seiner Verdienste um die Flugtechnik die Würde eines Dr.-Ing. e. h. verliehen; er selbst promovierte 1922 zum Dr. jur. mit einer Arbeit über Luftrecht.

1921 übernahm Dr. Caspar in dem ihm verbliebenen Teil des Travemünder Casparwerkes die Geschäftsführung und begann, wieder Flugzeuge zu bauen. Er stellte Kapitän Friedrich Christiansen als Prokuristen und Ernst Heinkel als Chefkonstrukteur ein[17]. Christiansen hatte 1914 auf Caspars Fliegerschule seinen Pilotenschein erworben. Neben Heinkel, der 1922 wieder ausschied und sich selbständig machte, gehörten dem Konstruktionsstab Dipl.-Ing. Ernst von Loeßl, Dipl.-Ing. Theis, Reinhold Meves und Hans Hermann an.

Die ersten Nachkriegskonstruktionen der neuen Casparwerke sind ein Seeflugzeug Caspar S-1, das für Schweden gebaut wurde, eine Weiterentwicklung des Heinkelschen See-Eindeckers Brandenburg W-29, sowie ein U-Boot-Flugzeug Caspar U-1, eine Weiterentwicklung des von Heinkel ebenfalls im Krieg gebauten U-Boot-Flugzeuges Brandenburg W-20, das die Amerikaner und Japaner in Auftrag gaben. Ferner baute er eine Reihe von Schul- und Sportflugzeugen, deren Konstrukteur Dipl.-Ing. K. Theis war. Diese verspannten Doppeldecker setzten sich wegen des geringen Bedarfes und wohl auch wegen ihrer wenig fortschrittlichen Bauweise nicht durch. Das Werk wurde ohne Zweifel von der Marine finanziell unterstützt, sonst hätte Caspar nicht in fünf Jahren 28 verschiedene Typen herausbringen können, von denen keiner in größerer Stückzahl gebaut wurde. Hier sollen nur die Flugzeuge interessieren, die Caspar bis 1925 für den Luftverkehr gebaut hat.

Die Caspar-Werke planten nach S-1 und U-1 den Bau eines Kleinverkehrsflugzeuges, aber auch eines größeren Flugzeuges für acht Reisende. Anfang der zwanziger Jahre galt ein Flugzeug, das in einer geschlossenen Kabine zwei bis drei Reisenden Platz bot, durchaus als Verkehrsflugzeug. Mehr Passagiere gab es damals einfach nicht. Die ehemaligen Militär-Doppeldecker mit Kabine für zwei bis drei Reisende galten deshalb auch als vollwertige Verkehrsmaschinen.

Die Konstruktion der Verkehrsflugzeuge lag in den Händen von Dipl.-Ing. Ernst von Loeßl, der gleichzeitig Chefkonstrukteur war. Loeßl flog seit 1913, nahm an in- und ausländischen Wettbewerben teil und widmete sich nach dem Kriege mit Begeisterung dem Segelflug. Er erschien 1922 mit einem größtenteils selbstgebauten Eindecker CL Sb 3 im Auftrag von Caspar zum Rhönwettbewerb[18].

Im Juli 1923 fand im schwedischen Göteborg eine Internationale Luftfahrtausstellung statt, auf der die deutsche Luftfahrtindustrie durch eine Reihe bemerkenswerter Flugzeuge vertreten war. Caspar stellte zwei neue Verkehrsflugzeuge CLE 11 und CLE 12 aus. Beide Konstruktionen stammten von Loeßl. Die dreisitzige CLE 11 wurde sowohl auf der statischen Schau als auch in der Luft vorgeführt, die größere CLE 12 nur auf der Ausstellung selbst. Dornier

CLE 11 mit hinter der Kabine liegendem Führersitz. Der Pilot hatte dank der seitwärts abfallenden Rumpfwand eine ausgezeichnete Sicht, und zwar unter und auch über den Flügel.

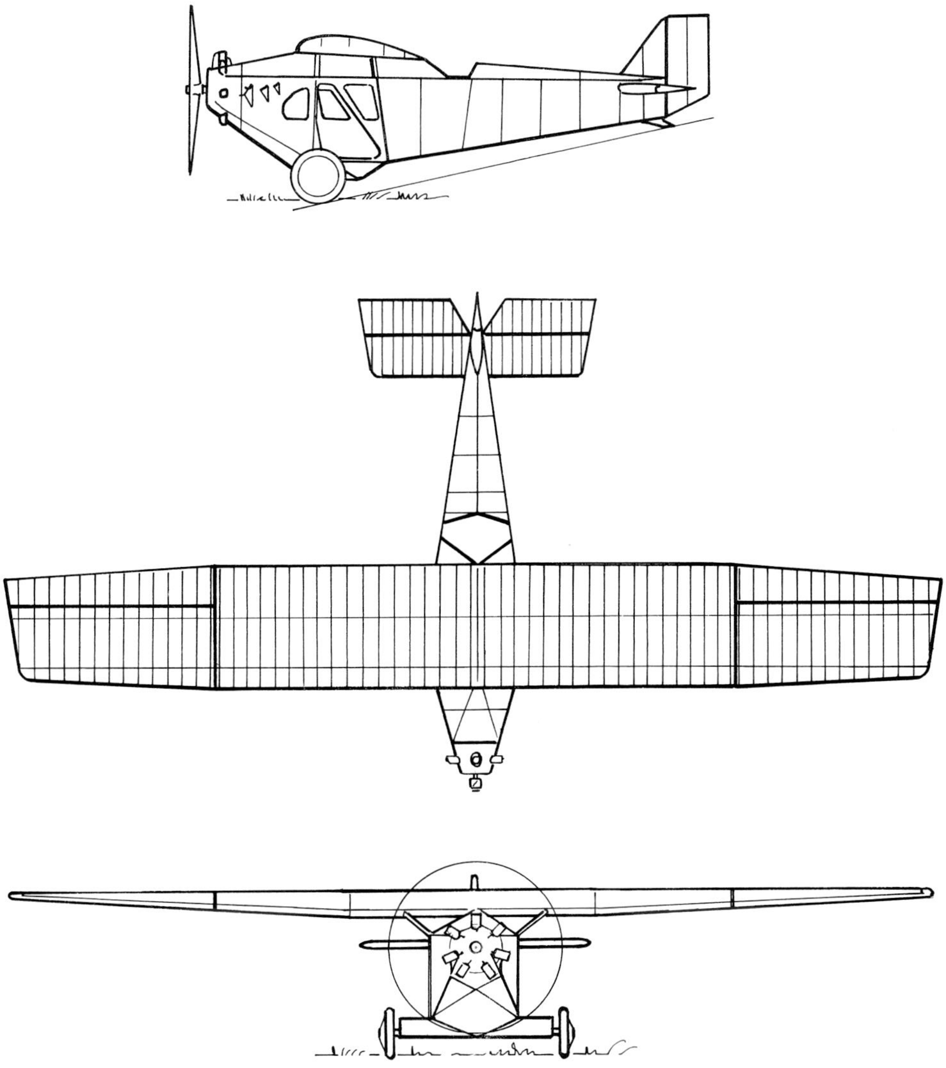

Caspar CLE 11, Taxi- und Kleinverkehrsflugzeug aus Holz für zwei Reisende mit 49 kW(80 PS)-Siemens Sh 11-Motor, Baujahr 1923.

stellte die Flugboote Delphin und Libelle aus, das Stahlwerk Mark den Mark-Eindecker, Junkers die F 13 und Caspar neben den Verkehrsflugzeugen das U-Bootflugzeug U-1 als ansprechenden kleinen Sport-Doppeldecker mit freitragenden Flügeln und 37 kW(50 PS)-Siemens-Sternmotor.

Caspar CLE 11, zweisitziges Taxiflugzeug

Der leichte Hochdecker CLE 11 war aus Holz hergestellt und verriet mit der großen Streckung des Tragflügels die Hand des Segelfliegers als Konstrukteur. Das Flugzeug erinnert ein wenig an den Vampyr der Akaflieg Hannover, mit dem der erste motorlose Stundenflug auf der Rhön gelang. Einfache Bauweise und gerade Linienführung aller großen Bauteile sollten die Kosten niedrig halten. Der Rumpf bestand aus Fachwerk mit Holzbeplankung; der freitragende Holzflügel ruhte auf vier Baldachinstreben, die fest mit dem Rumpf verbunden waren. Das Leitwerk und die Querruder hatten keinen Ausgleich. Das Fahrgestell saß unmittelbar unter dem Rumpf und war mit einer tragflügelähnlichen Verkleidung von ungewöhnlicher Dicke versehen. In den Werksunterlagen fehlt leider ein Hinweis, wo der Kraftstofftank untergebracht war. Als Antrieb diente ein luftgekühlter 59 kW (80 PS) leistender Siemens Sh 11. Der Motor war nach der Seite abklappbar, so daß er ohne Zeitverlust von hinten leicht gewartet werden konnte. Nicht ungewöhnlich für die damalige Zeit war der hinter der Kabine angebrachte offene Führersitz, von dem aus der Pilot aber sicherlich unter und über den Flügel eine gute Sicht hatte. Darunter befand sich der Gepäckraum.
Die Daten in der Tabelle vermitteln ein recht günstiges Bild von der CLE 11. 25 Prozent zahlende Nutzlast, entsprechend zwei Passagieren mit 29 kg Gepäck, bei vollen Tanks für sechs Stunden Flugzeit waren beachtliche Werte. Für Zubringerflüge hätte die halbe Reichweite ausgereicht, so daß 69 kg für Gepäck zur Verfügung standen oder drei Reisende über 400 km hätten befördert werden können. Die CLE 11 war ein Meisterstück extremen Leichtbaus und einfacher Bauweise und bot ein Beispiel für hochwertige Aerodynamik durch den freitragenden Flügel hoher Streckung.
1924 wurde eine verbesserte Ausführung CLE 16 herausgebracht, die drei Reisenden Platz bot, ansonsten aber der CLE 11 weitgehend glich. Das Flugzeug wurde unter der Nummer D-294 zugelassen.

Caspar CLE 12, achtsitzig

Das zweite, ebenfalls 1923 in Göteborg ausgestellte Verkehrsflugzeug CLE 12 hatte einen ähnlich einfachen Aufbau. Es war praktisch eine geometrische Vergrößerung der CLE 11 und glich ihr im Aufbau von Rumpf, Tragflügel, Leitwerk und Fahrwerk. Der Führersitz war bei diesem nahezu freitragenden Hochdecker vor der Kabine angeordnet. Der Tragflügel wurde wieder durch vier Baldachinstreben aus Stahlrohr abgestützt. Der dreiteilige Flügel war ganz mit Sperrholz beplankt. Der Passagierraum bot acht Fluggästen Platz und freie Sicht nach unten. Beiderseits des Rumpfes befanden sich Türen; der Einstieg war durch den tief liegenden Rumpf denkbar bequem für die Reisenden. Neu war ein zweiter Sitz neben dem Piloten, auf dem noch ein Passagier Platz nehmen konnte. Das Flugzeug besaß eine verstellbare Höhensteuer-Dämpfungsfläche zur Trimmung. Motor und Kabine waren auf einem Gerüst aus Stahlrohr und Duralumin gelagert, an dessen Knotenpunkten die Baldachinstreben und das Fahrwerk angriffen. In die CLE 12 konnten verschiedene Motoren eingebaut werden, so der Daimler D IVb mit 191 kW/(260 PS) oder der

1924 erscheint die verbesserte Ausführung CLE 16, die notfalls auch einen dritten Reisenden befördern konnte.

Die CLE 12 war eine vergrößerte CLE 11 für acht Reisende mit vorn liegendem Führersitz. Das Flugzeug war ganz aus Holz hergestellt.

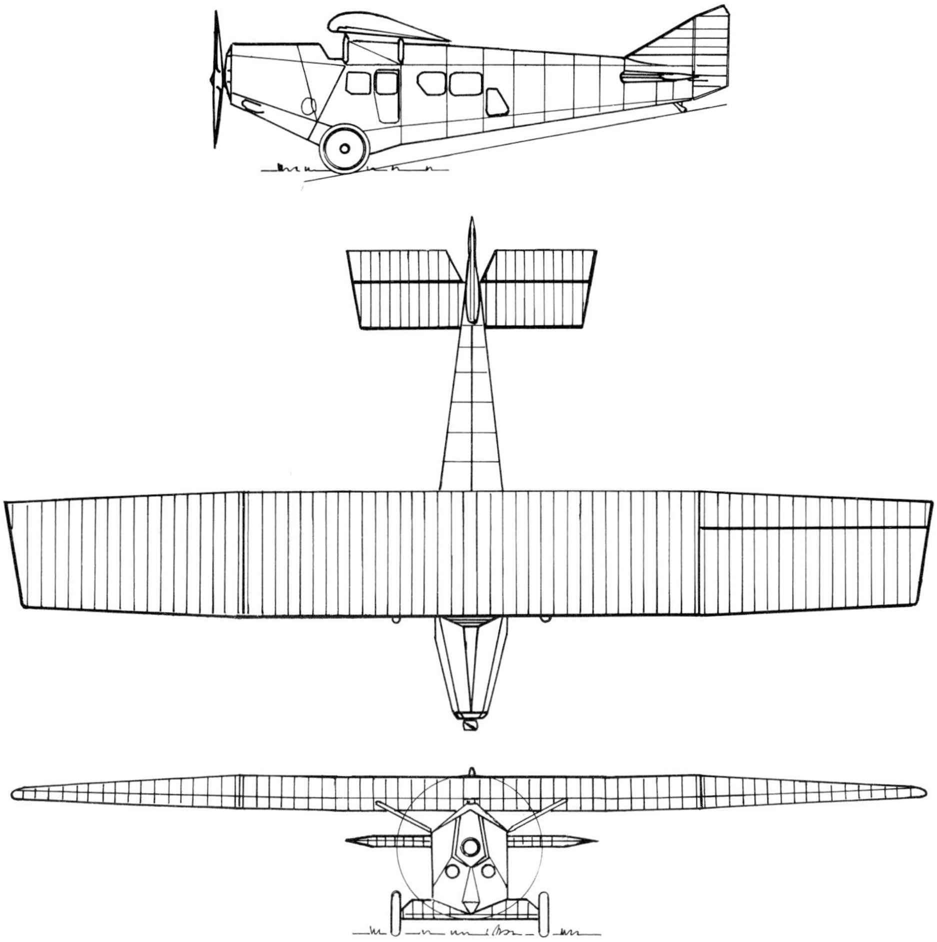

Der Motorträger der CLE 12 war so gebaut, daß verschiedene Motoren mit 190 kW(260 PS) eingebaut werden konnten.

Caspar-Verkehrsflugzeuge

Hersteller		Caspar	Caspar
Muster		CLE 11	CLE 12
Triebwerk		Siemens Sh 11	Maybach Mb IV a
Leistung	kW	59	191
	PS	80	260
Besatzung (+ Reisende)		1 + 2	1 + 8
Länge	m	6,72	11,25
Höhe	m	2,20	3,50
Spannweite	m	12,00	20,00
Flügelfläche	m^2	19,00	53,40
Flügelstreckung		7,58	7,49
Rüstmasse	kg	450	1 750
Kraftstoff	kg	83	225
Schmierstoff	kg	8	22
Besatzung	kg	80	80
Nutzmasse	kg	209	773
Zuladung	kg	380	1 100
Startmasse	kg	830	2 850
Flächenbelastung	kg/m^2	43,68	53,37
Masse Leistungsverhältnis			
Leistungsbelastung	kg/kW	14,06	14,92
	kg/PS	10,38	10,96
Flächenleistung	kW/m^2	3,10	3,58
	PS/m^2	4,20	4,87
Höchstgeschwindigkeit	km/h	160	160
in Höhe	m	0	0
Reisegeschwindigkeit	km/h	145	145
in Höhe	m	0	0
Steiggeschwindigkeit	m/s	2,10	1,85
Dienstgipfelhöhe	m	3 000	4 000
Reichweite[1]	km	800	
max. Flugzeit[1]	h	6,00	4,30
Verbrauch	l/h	17,00	69,00
Landegeschwindigkeit	km/h	65	80
Zuladung in % von der Startmasse		46	39
Zahlende Nutzlast in % von der Startmasse		25	27
Baujahr		1923	1923

[1] bei Reiseleistung ohne Reserven

Maybach Mb IVa mit ebenfalls 191 kW/(260 PS). Leider fehlt auch für dieses Flugzeug eine Angabe über die Plazierung des Kraftstoffbehälters. Das Muster hatte einen Waschraum und Warmluftheizung; der Gepäckraum lag hinter dem Führersitz.

Aus der Tabelle läßt sich ablesen, daß bei voller Kraftstoffzuladung für eine Reichweite von 600 km acht Reisende mit je 80 kg Masse und dazu 133 kg Gepäck mitgenommen werden konnten. Eine zahlende Nutzlast von 27 Prozent ist ein hervorragender Wert für ein Flugzeug mit einer so gut ausgestatteten Kabine!

Ohne Zweifel war auch bei dieser Konstruktion ein Meister am Werk. Aus der Tabelle lassen sich Werte über die Leistungen eines Flugzeuges wie Geschwindigkeit, Reichweite, zahlende Nutzlast oder das Verhältnis von Nutzlast zur Startmasse ablesen, nicht aber über den Aufwand, den ein Flugzeug verursacht – dazu gehören Preis, Betriebsstunden bis zur Wartung, Jahresbetriebsstunden und Lebensdauer der Zelle. Diese Kosten werden aber dank der einfachen und übersichtlichen Konstruktion nicht über denjenigen konkurrierender Flugzeuge wie Albatros L 58, Junkers F 13, Fokker F II oder Sablatnig P III gelegen haben. Grund zur Kritik hätte nur die Holzkonstruktion geben können.

Das Werk plante noch ein zweimotoriges Flugzeug C V, einen Hochdecker mit zwei 221 kW(300 PS)-Motoren und 17 m Spannweite. Einzelheiten über den Entwurf sind nicht bekannt geworden.

Deutsche Flugzeugwerke: Rekordflugzeug und Verkehrs-Limousine DFW P I

Der Werdegang der Deutschen Flugzeugwerke in Leipzig ist im Kapitel Riesenflugzeuge (s. 90) beschrieben worden. Bei Kriegsende beschäftigte das Werk etwa 2825 Arbeiter und Angestellte. Für die Vorkriegskonstruktionen zeichneten Heinrich Bier und Ingenieur Bourcart verantwortlich, für die DFW C V anfangs Ingenieur Saberski und später Heinrich Oelerich.

Der Schwerpunkt der Produktion des Werkes lag während des Krieges auf dem Aufklärer DFW C V. Kurz vor Kriegsende brachte DFW eine verbesserte Ausführung F. 37 heraus, die sich besonders durch gute Steigleistungen auszeichnete. Die mit einem Bz IVa-Motor mit 162 kW (220 PS) ausgerüstete Maschine war ein zweistielig verspannter Doppeldecker, dessen Rumpf, Leitwerk und Tragflügel aus einer stoffbespannten Holzkonstruktion bestanden. In dem auf N-Streben gelagerten Flügelmittelstück befand sich ein so sauber verkleideter Oberflächenkühler, daß man in den Rißzeichnungen der damaligen Fachzeitschriften einfach vergaß, ihn anzudeuten.

DFW F. 37 III mit BMW IV, von dem es nur ganz wenige Versuchsstücke zu jener Zeit gab. Mit diesem Flugzeug erreichte Zeno Diemer am 17. Juni 1919 eine Höhe von 9617 m; ungewollt täuschte er einen Brand seines Flugzeuges vor, als erstmals Kondensstreifen am Himmel sichtbar wurden.

Alle Ruder der F. 37 waren aerodynamisch ausgeglichen. Das Fahrwerk entsprach der damals üblichen Bauweise mit verkleideter, durchgehender gummigefederter Achse. Nach dem Krieg erhielt die F. 37 für Versuchszwecke einen kurz vor der Bauartenprüfung stehenden BMW IV-Motor, der als Prototyp 220 kW/(300 PS) leistete. Diese Ausführung erhielt die Bezeichnung F. 37 III. Mit dem Flugzeug erreichte Zeno Diemer am 17. Juni 1919 in 87 Minuten 9617 m Höhe, was einem durchschnittlichen Steigen von 1,84 m/s entsprach. Er hatte drei Barographen an Bord, die 9620 m, 9750 m und 9480 m anzeigten. Es galt der Mittelwert 9617 m. Dieser Weltrekord wurde aber von der FAI nicht anerkannt, weil Deutschland nicht mehr Mitglied dieser Organisation war. Gemeinsam mit Oberingenieur Locher, dem Konstrukteur des Flugzeuges, hatte Diemer die Maschine erleichtert, so daß die Abflugmasse bei etwa 1000 kg lag[19]. DFW tauschte nach diesem Rekordflug den Beobachtersitz gegen eine äußerst schmucke und komfortable Kabine für zwei Reisende mit einer Tür zum leichteren Einsteigen. Neben dem Piloten konnte notfalls ein dritter Passagier Platz finden. Das Flugzeug erhielt die Zulassungs-Nummer D-187. Der leihweise überlassene BMW IV-Motor wurde wahrscheinlich an BMW zurückgegeben und der Benz Bz IVa wieder eingebaut.

International bekannt wurde das Flugzeug durch einen ganz unvorhergesehenen Flug zur ELTA, der ersten Luftverkehrs-Ausstellung nach dem Kriege, in Amsterdam. Die ehemaligen Kriegsgegner hatten an der 1919 veranstalteten Schau nur unter der Bedingung teilgenommen[20], daß die Deutschen keine Einladung erhielten. In den Vorankündigungen zur Ausstellung war zwar die Rede von neuen Verkehrsflugzeugen und einer Darstellung des neuesten Standes der Technik, aber ausgestellt wurden nur einige ausgediente Militärflugzeuge und Modelle in Schaukästen. Um so überraschter waren die Besucher, als gegen Abend des 22. August tatsächlich ein schmuckes kleines »Verkehrs«-Flugzeug auf dem Flugplatz landete. Die Holländer bereiteten ihm und seiner Besatzung – etwas verlegen – einen herzlichen Empfang. Passagiere waren der Konstrukteur, Oberingenieur Locher mit seiner jungen Frau und Zeno Diemer, der Rekord- und Höhenflieger. Am nächsten Tag war die F. 37 im Handumdrehen für Rundflüge ausgebucht. Das Werk fand aber in den Wirren der damaligen Zeit keine Abnehmer für die P 1 genannte F. 37 und war gezwungen, 1920 in Liquidation zu treten. Die P 1 wurde mit anderen Flugzeugen des Werkes zerstört. Auf Fotos ist die unter den Trümmern liegende P 1 zu erkennen. Insgesamt hat das Unternehmen 99 B-Maschinen[21], 2340 C-Maschinen[22] und sechs R-Flugzeuge hergestellt[23].

Im Werk Groß-Zschocher nahm, wie von Kurt Herrmann bei Baubeginn im voraus geplant, eine Allgemeine Transportanlagen GmbH, in der die DFW aufging, den Bau von

Die DFW F. 37 mit der Bezeichnung DFW P 1 in ziviler Ausführung mit schmucker Kabine (1919).

Vergleich DFW P 1 mit Aviatik F

Hersteller		DFW	Aviatik
Muster		DFW P 1	F
Triebwerk		Benz[1] Bz IV a	Benz Bz V
Leistung	kW	162	235
	PS	220	320
Besatzung (+ Reisende)		1 + 3	1 + 3
Länge	m	7,30	7,90
Höhe	m	3,00	3,10
Spannweite	m	13,60	15,00
Flügelfläche	m^2	38,00	40,00
Rüstmasse	kg	970	1 050
Kraftstoff	kg	210	235
Schmierstoff	kg	15	20
Besatzung	kg	80	80
Nutzmasse	kg	195	230
Zuladung	kg	500	565
Startmasse	kg	1 470	1 615
Flächenbelastung	kg/m^2	38,68	40,38
Masse Leistungsverhältnis	kg/kW	9,07	6,87
	kg/PS	6,68	5,05
	kW/m^2	4,26	5,88
	PS/m^2	5,78	8,00
Höchstgeschwindigkeit	km/h	150	180
in Höhe	m	0	0
Reisegeschwindigkeit	km/h	135	165
in Höhe	m	0	0
Steiggeschwindigkeit	m/s	4,50	2,38[3]
Dienstgipfelhöhe	m	5 500	6 500
Reichweite	km	800[2]	700
max. Flugzeit	h	6[2]	4,30
Verbrauch	kg/h	36	53
Landegeschwindigkeit	km/h	75	75
Zuladung in % von der Flugmasse		34	34
Zahlende Nutzlast in % von der Flugmasse		13	14
Baujahr		1919	1919

[1] DFW F 37
[2] ohne Reserven
[3] durchschnittliches Steigen auf 5 000 m

Lokomotiven, Waggons, Förderanlagen und Seilbahnen auf, so daß die Arbeitsplätze für die Belegschaft erhalten blieben. Später wurde das Unternehmen in ATG-Maschinenbau GmbH umbenannt, 1934 wurde dann gemeinsam mit den Siebel-Flugzeugwerken der Flugzeugbau aufgenommen, was im Jahre 1952 zu einer Verschmelzung zur Siebelwerke-ATG GmbH, Donauwörth, führte, die heute zu Messerschmitt-Bölkow-Blohm (MBB) gehört.

DFW P 1 mit Benz Bz IVa mit 162 kW(220 PS).

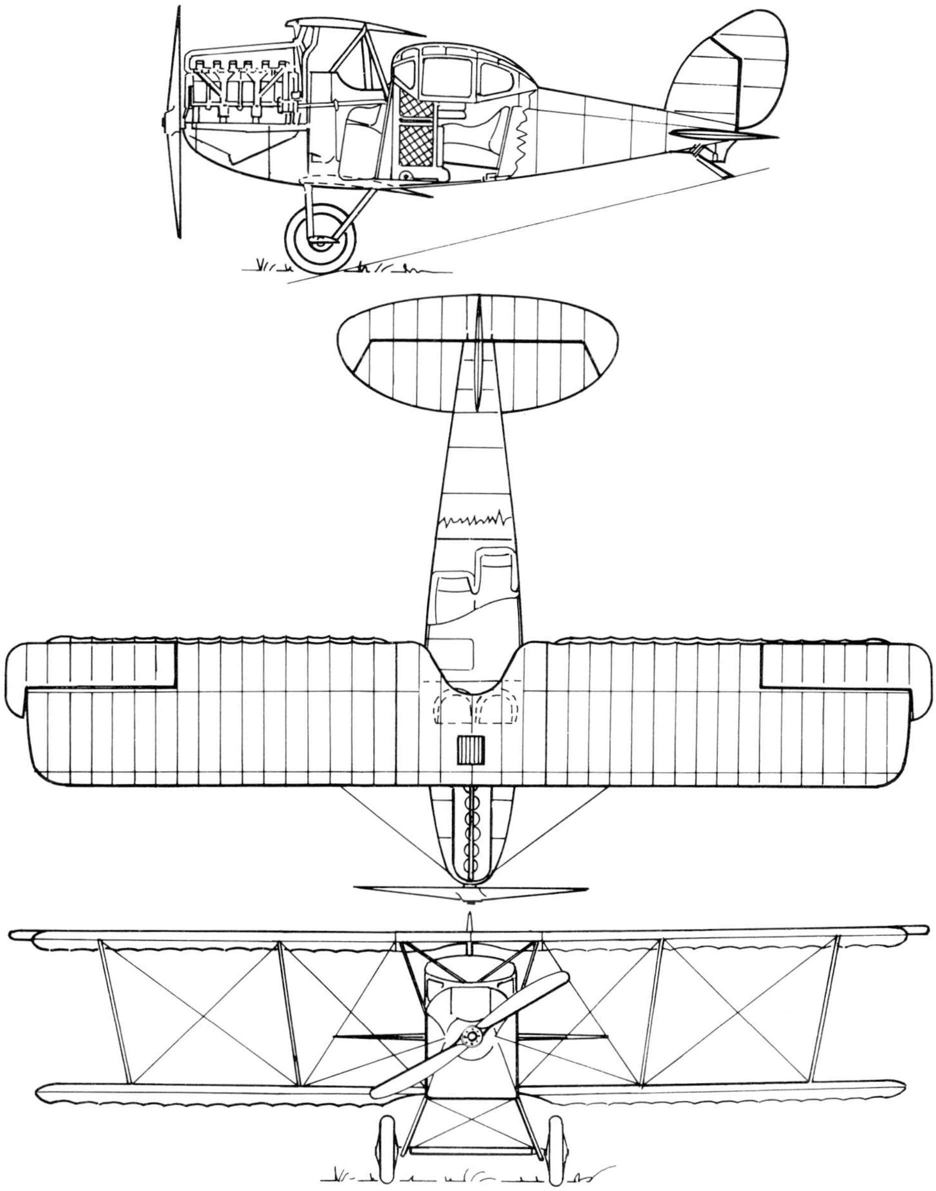

Dietrich DP III: Sportflieger baut ein Verkehrsflugzeug

Richard Dietrich bastelte 1922 in Mannheim im Eigenbau einen Sport-Doppeldecker DP I mit Gnome-Umlaufmotor zusammen, den er selbst einflog und dessen Flugeigenschaften ihn begeisterten. 1923 fand er in dem Belgier Anatole Gobiet einen flugbegeisterten Geldgeber, der ihm half, eine Firma für den Bau von Sportflugzeugen ins Leben zu rufen. Seine bisher unter dem Namen Richard Dietrich GmbH firmierende Werkstatt wurde in Dietrich-Gobiet-Flugzeugwerke umbenannt und Gobiet zuliebe nach Kassel verlegt. Richard Dietrich hatte 1912 als technischer Volontär den fliegenden Brüdern Bruno und Willi Hanuschke beim Bau

DP III des Dietrich-Gobiet Flugzeugbaues.

Die DP III, die bereits halb fertig war, als der Bau aus finanziellen Gründen eingestellt werden mußte, war ein freitragender Hochdecker in Holzbauweise.

eines Eindeckers geholfen. Bei Hans Grade erwarb er 1913 seinen Flugzeugführerschein und kaufte sich als stolzer Pilot einen Grade-Eindecker, mit dem er in Mannheim, seiner Geburtsstadt, Schauflüge ausführte und sich bald des Rufes eines kühnen Mannheimer Fliegers erfreute. Im Kriege war Dietrich anfangs Fluglehrer und später Pilot einer Feldfliegerabteilung. 1917 wurde die Inspektion der Fliegertruppe auf ihn aufmerksam, sie forderte ihn an und übertrug ihm die Aufgabe eines Prüffeld-Ingenieurs. Später war Dietrich auch als Flugversuchspilot für Motoren tätig.

Der große Wurf gelang Dietrich nach dem Krieg in seinem Werk in Kassel mit seiner 1923 entstandenen DP IIa mit 51 kW(70 PS)-Siemens-Motor Sh 5. Der kleine Doppeldecker wies dem Flugzeugbau zwar keinen neuen Weg – er war vielmehr ein einfaches Flugzeug in Gemischtbauweise – doch fanden Dietrichs Erfahrungen mit Jagdflugzeugen in der Konstruktion des Sportflugzeuges ihren Niederschlag. Die DP II war leicht reparierbar, preiswert und hervorragend für den Kunstflug geeignet. Dietrich trug mit diesem Flugzeug und mit seinen beherzten Mannen wie dem Finanzier Gobiet, seinen begeisterten Piloten Antonius Raab und Dipl.-Ing. Kurt Katzenstein viel zum Aufbau einer deutschen Sportluftfahrt bei. Ohne die Dietrich-Gobiet-Flugzeuge, ohne deren spätere Weiterentwicklungen, ohne die vielen Fliegerschulen, auf denen die Flugzeuge verwendet wurden, ohne die vielen Flugtage mit den Kunstflug-Vorführungen seiner Piloten wäre der Aufschwung der Sportluftfahrt Anfang der zwanziger Jahre nicht in dem Umfang denkbar gewesen.

1924 befand sich Dietrich als Flugzeugbauer auf dem Höhepunkt seiner Laufbahn, was in erstaunlich vielen Flugzeugtypen wie der DP IV, DP V, DP VI, DP VII und DP VIIa zum Ausdruck kam, alles Sportflugzeuge mit 22 kW(30 PS)- bis 75 kW(100 PS)-Motoren, Tiefdecker, Hochdecker und Doppeldecker. Die DP VII war ein Lizenzbau des Mark-Doppelsitzers R III.

Schließlich baute Dietrich ein Verkehrsflugzeug unter der Bezeichnung DP III. Der freitragende Hochdecker, für dessen Konstruktion Erich Knüpfer verantwortlich zeichnete, war für sechs Reisende und zwei Piloten ausgelegt. Die Reisenden konnten vom Boden aus bequem einsteigen. Die Besatzung saß hinter dem Triebwerk. Unter dem Führerraum befand sich ein Gepäckraum mit einer von außen gut zugänglichen Tür. An das Cockpit schloß sich die Kabine an, durch die die Besatzung in den Führerraum gelangte. Über der Kabine war im Mittelstück des zweiholmigen Tragflügels der Kraftstoffbehälter als Falltank angeordnet. Das Leitwerk war freitragend ausgeführt, wie die Querruder besaß es einen aerodynamischen Hornausgleich.

Die Holzkonstruktion war mit einer tragenden Duralumin-Blechhaut beplankt. Dadurch sollte – im Gegensatz zu der

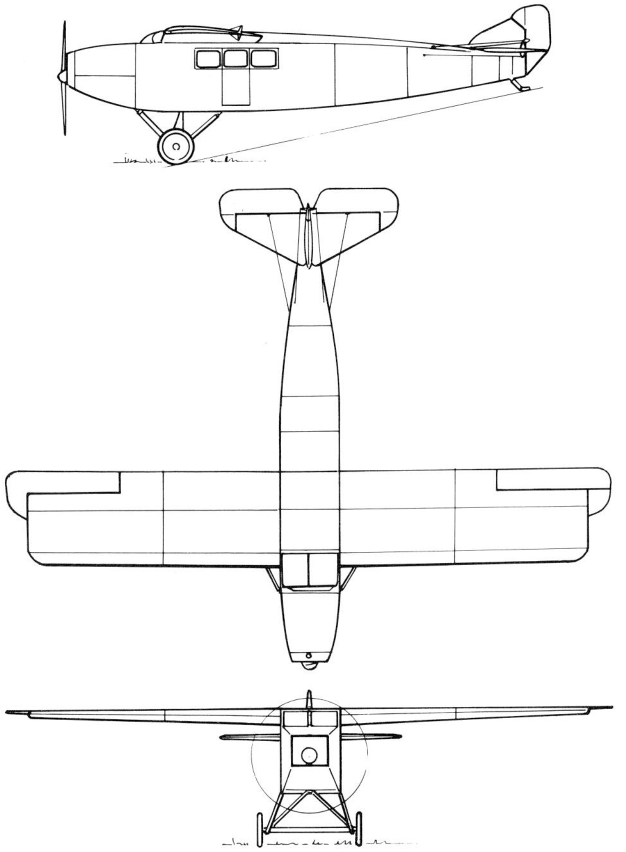

Für die vom Modell (Seite 154) abweichende Zeichnung der DP III mit sechs Reisenden und zwei Piloten war der Benz Bz IV mit 162 kW(220 PS) vorgesehen.

üblichen Sperrholzbeplankung – die Empfindlichkeit gegen Witterungseinflüsse verbessert und die Lebensdauer des Flugzeuges erhöht werden. Als Triebwerk waren der Benz Bz IV mit 162 kW (220 PS) oder der Rolls-Royce Falcon mit 191 kw (260 PS) vorgesehen.

Während des Baues der DP III – der Rumpf war schon fertiggestellt –, traf das Werk eine schwere Krise, die 1925 durch das Ausscheiden von Anatole Gobiet entstand. Von den Piloten des Werkes war der Bau des Flugzeuges hart attackiert worden. Sie waren der Meinung, das Werk könne mit diesem Muster nicht mit den Flugzeugen von Junkers, Dornier, Sablatnig und Fokker konkurrieren. Noch im gleichen Jahr war das Werk nach Streitigkeiten mit einem neuen Geldgeber gezwungen, Konkurs anzumelden. Der größte Teil der Belegschaft fand sich in den zu gleicher Zeit auf der anderen Straßenseite Ende 1925 gegründeten Raab-Katzenstein-Werken wieder. Richard Dietrich verbrachte viele Jahre in Bitternis über sein Ungemach, erhielt aber später bei der MIAG in Österreich, die die Me 109 und Me 110 nachbauten, wieder eine leitende Stellung. Bei den Kämpfen um Berlin fand Dietrich im Mai 1945 den Tod.

Vergleich Dietrich DP III mit Albatros L 57

Hersteller		Dietrich-Gobiet	Albatros
Muster		DP III	L 57
Triebwerk		Rolls-Royce Falcon	Mercedes D III a
Leistung	kW	191	125
	PS	260	170
Besatzung (+ Reisende)		2 + 6	2 + 6
Länge	m	12,10	10,40
Höhe	m	3,30	3,55
Spannweite	m	18,40	14,20
Flügelfläche	m^2	46,50	34,50
Flügelstreckung		7,28	5,84
Rüstmasse	kg	1 310	1 036
Kraftstoff	kg	290	156
Schmierstoff	kg	30	18
Besatzung	kg	80	80
Nutzmasse	kg	500	560
Zuladung	kg	990	814
Startmasse	kg	2 300	1 850
Flächenbelastung	kg/m^2	49,46	53,62
Masse Leistungsverhältnis			
Leistungsbelastung	kg/kW	12,04	14,80
	kg/PS	8,85	10,88
Flächenleistung	kW/m^2	4,10	3,62
	PS/m^2	5,59	4,93
Höchstgeschwindigkeit	km/h	175	149
in Höhe	m	0	0
Reisegeschwindigkeit	km/h	160	120
in Höhe	m	0	0
Steiggeschwindigkeit	m/s	–	1,60
Dienstgipfelhöhe	m	3 000	3 450
Reichweite[1]	km	800	540
max. Flugzeit[1]	h	5	4
Verbrauch Reiseflug	kg	60	28
Landegeschwindigkeit	km/h	80	80
Zuladung in % von der Startmasse		43	44
Zahlende Nutzlast in % von der Startmasse		22	30
Baujahr (Projekt halb fertig geworden)		1925	1919
Preis	$	17 422	

[1] bei Reiseleistung ohne Reserven

Zeppelin-Werk Lindau und Dornier-Metallbauten GmbH

Do G I Greif, Vorläufer der Do 28

Die bekannten Dornier-Flugzeuge Do 28, Do 128 und Do 228 hatten bereits 1920 einen Vorläufer, über den wenig bekannt geworden ist und der schon die grundlegenden Bauelemente der Do 28 besaß. Der Do G I genannte zweimotorige Greif war ein aus Metall hergestellter Hochdecker mit zwei Motoren für acht bis zehn Reisende geplant. Die Triebwerke waren auf Stummelflächen angeordnet, die aus der Rumpfunterkante herauswuchsen. Gleichzeitig dienten die Stummel als Stützen für das verkleidete Fahrwerk und zur Aufnahme der Kraftstoffbehälter. Die Motoren waren in der Längsrichtung gegeneinander ein wenig versetzt, um bei einem Propellerbruch zu verhindern, daß die zweite Schraube durch abfliegende Teile mitbeschädigt wurde. Die Luftschrauben waren weit vor den Tragflügeln angeordnet. Die Motoren lagen sehr nahe am Rumpf, um bei einem Triebwerkausfall die Trägheitsmomente um die Längsachse gering zu halten.

Das Fahrgestell war verkleidet. Bei einem Überschlag bei einer Notlandung waren Besatzung und Reisende wie bei einem Tiefdecker durch die Stummelflügel und durch die weit vorn liegenden Motoren geschützt. Der Greif war niedrig gebaut, und die Passagiere hätten bequem von ebener Erde aus einsteigen können. Dem vorne liegenden Führerraum für Pilot und Bordmonteur folgten ein Gepäckraum und eine Kabine für acht bis zehn Personen, die mit einer Toilette und einem Waschraum abschloß.

Die Do G I, die wegen des Bauverbotes nicht verwirklicht wurde, war ein für die damalige Zeit sehr fortschrittlicher Entwurf, wenn man ihn mit den zweimotorigen Großflugzeugen der Deutschen Luftreederei vergleicht, die auch nicht mehr als acht bis zehn Reisende beförderte. In ähnlicher Form wurde der Entwurf 46 Jahre später mit der Do 28 verwirklicht. Leistungsstärkere Triebwerke, Verstellschrauben, Landeklappen und ein freitragender Flügel führten bei dem neuen Modell zu beachtenswerten Verbesserungen.

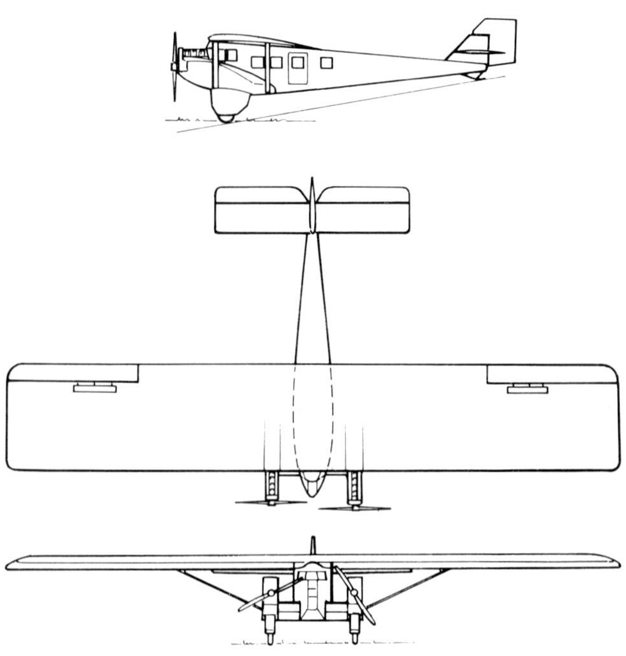

Zweimotorige Greif Do G I aus Ganzmetall, die für die Verwendung von zwei 136 kW(185 PS)-Triebwerken vorgesehen war.

Zweimotoriger Dornier Do G I Greif, ein sehr fortschrittliches Projekt für ein zweimotoriges Verkehrsflugzeug aus dem Jahr 1920 für acht bis zehn Reisende.

Do G I (1920) im Vergleich zu Do 28 (1966)

Hersteller			Zeppelin-werk Lindau	Dornier
Muster			Do G I Greif[1]	Do 28[3]
Triebwerk			BMW III a	Lycoming IGSO 540 A1E
Leistung	N	kW	2×136 = 272	2×279 = 558
	kp	PS	2×185 = 370	2×380 = 760
Besatzung (+ Reisende)			2 + 8–10	2 + 12
Länge		m	12,20	11,41
Höhe		m	3,33	3,90
Spannweite		m	21,00	15,55
Flügelfläche		m²	80,00	29,00
Flügelstreckung			5,50	8,30
Rüstmasse		kg	2 350	2 304
Kraftstoff		kg	315	643
Schmierstoff		kg	30	30
Besatzung		kg	80	160
Nutzmasse		kg	675	705
Zuladung		kg	1 100	1 538
Startmasse		kg	3 450	3 842
Flächenbelastung		kg/m²	43,13	132,48
Masse Leistungsverhältnis				
	kg/N	kg/kW	12,68	6,88
	kg/kp	kg/PS	9,32	5,05
	N/m²	kW/m²	3,40	19,24
	kp/m²	PS/m²	4,63	26,21
Höchstgeschwindigkeit		km/h	180	325
in Höhe		m	0	3 050
Reisegeschwindigkeit		km/h	150	270
in Höhe		m	0	3 050
Steiggeschwindigkeit		m/s		5,33
Dienstgipfelhöhe		m	6 000	7 680
Reichweite		km	750	1 350
max. Flugzeit		h	5	5
Verbrauch Reiseflug		kg/h	60[2]	120
Startrollstrecke		m		280
Startstrecke bis 15 m Höhe		m		
Landerollstrecke		m		228
Landestrecke		m		
aus 15 m Höhe		km/h		
Landegeschwindigkeit			80	104
Zuladung in % von der Flugmasse			32	40
Zahlende Nutzlast in % von der Flugmasse			20	18
Baujahr			1920	1966

[1] Projekt
[2] bei Vollgas 78 kg/h
[3] Baujahr 1966

Vergleicht man in der Tabelle die Daten des Projektes Greif mit der Do 28, so fällt die um 64 Prozent geringere Flügelfläche in die Augen, das Anwachsen der Flächenbelastung um das dreifache, eine um 45 Prozent höhere Geschwindigkeit der Do 28 bei 52 Prozent mehr Triebwerkleistung nebst einer um fünf Prozent höheren zahlenden Nutzlast bei nahezu gleicher Rüstmasse. Aufgrund der höheren Geschwindigkeit verdoppelt sich bei gleicher Zahl der Flugstunden die Reichweite.

Komet I und II: Erste Ganzmetall-Hochdecker im Luftverkehr

Gleich nach dem Kriege entwickelte Dornier in den Zeppelin-Werken in Lindau 1919/20 ein Land-Verkehrsflugzeug Do C III, später Komet I genannt. Aus diesem ersten Sprößling entstand eine Familie von Verkehrsflugzeugen, die weltweit geflogen wurde, und deren letzte Version bei der späteren Lufthansa bis weit in die dreißiger Jahre im Dienste stand.

Zum Erstflug startete die Do C III im Sommer 1921. Am Steuer saß Dipl.-Ing. Franz Zeno Diemer, der inzwischen zum Leiter der Gruppe Aerodynamik im Zeppelin-Werk in Lindau avanciert war. Der Ganzmetall-Schulterdecker war ganz anders ausgelegt als die bisher bekannt gewordenen neuen deutschen Verkehrsflugzeuge Junkers F 13, Sablatnig P III oder Fokker F II. Der kompakt wirkende Schulterdecker hatte durch je zwei Streben abgefangene, rechteckige Tragflügel. Die hoch beanspruchten Teile wie Holme, Streben und Fahrwerk waren aus Stahl hergestellt, dagegen bestanden Rumpf, Tragflügel und Leitwerk aus einer Duralumin-Konstruktion. Der Tragflügel konnte auch mit Stoff bespannt geliefert werden; damit war das Flugzeug um 80 kg leichter. Gut gelungen war die Fahrwerkkonstruktion. Die Räder saßen an kleinen, flügelartigen Stümpfen, die bei Start und Landung gleichzeitig Auftrieb erzeugten.

Die Kabine hatte Platz für vier Reisende. Der Rumpf war durch eine Tür leicht zugänglich und bot den Passagieren durch seine Ganzmetallkonstruktion mit robustem Fahrwerk ein hohes Maß an Sicherheit. Als Triebwerk diente ein 135 kW(185 PS)-BMW IIIa-Motor. Die Anordnung des Kühlers an einer günstigen Stelle bereitete Dornier große Schwierigkeiten. Man versuchte es mit Ohrenkühlern zu beiden Seiten des Rumpfes, entschied sich aber schließlich für Stirnkühler.

So bequem das Flugzeug mit seiner ausgezeichneten Sicht für die Passagiere gewesen sein mag, so unbequem war es für den Piloten. Die Sicht aus dem hinter der Kabine liegenden offenen Führersitz war wegen des Tragflügels großer Tiefe sehr schlecht; außerdem war der Strom der

Prototyp Do C III mit hinten liegendem Führersitz während der Flugerprobung im Sommer 1921.

Abgase, der über den Flügel zum Pilotensitz hinabgeleitet wurde, für den Piloten unzumutbar. Schon die ersten Flüge zeigten, daß man diese Sitzanordnung nicht beibehalten konnte.

Dornier verlängerte deshalb den Rumpf und setzte den Piloten in den Tragflügel zwischen Motor und Kabine. Diese Ausführung erhielt die Bezeichnung Komet II und wurde mit einem stärkeren BMW IV-Motor ausgerüstet, der inzwischen 184 kW (250 PS) leistete. Am 9. Oktober 1922 startete der Komet II zu seinem Erstflug. Zwar hätte neben dem Piloten nun auch ein Mechaniker noch gedrängt Platz finden können, doch die Sitzanordnung war immer noch unbefriedigend. Dennoch war der Komet II in Ganzmetallbauweise mit der bequemen Kabine ein für die damalige Zeit fortschrittliches Flugzeug. Wegen des Bauverbotes wurden einige Flugzeuge von dem holländischen Flugzeugwerk van Berkel lizenzweise hergestellt.

Als erstes deutsches Verkehrsflugzeug landete nach dem Ersten Weltkrieg am 31. Dezember 1922 ein Komet II D-223 (Nr. 24) der Deutschen Luftreederei, von Berlin über Holland nach London unterwegs, bei Folkstone an der englischen Südküste wegen Nebels auf englischem Boden. Am nächsten Tag ging es weiter nach London. An Bord befanden sich die Direktoren der Luftreederei, Wronsky, Merkel und Mackenthun. Am Steuer saß Max Kahlow. Den Abschluß eines Luftverkehrsabkommens zwischen England und Deutschland hatten die Engländer von einer Landung auf englischem Boden im Jahre 1922 abhängig gemacht.

Zwei russische Luftverkehrs-Gesellschaften – Ukrwosduchput und Dobrolot – bestellten nicht weniger als zehn Komet II. Zur Einweisung russischen Personals ging der spätere Dornier-Chefpilot Egon Fath mit zwei Bordmonteuren für ein Jahr nach Rußland. Später wurden einige dieser Komet II zu Spezialflugzeugen für Vermessungsflüge umgebaut, andere durch den Komet III ersetzt. Eine der in die Sowjetunion gelieferten Maschinen wurde unter dem Namen Jaguar D-248 später von der Lufthansa übernommen. Ein weiteres Flugzeug wurde unter der Zulassung M-AAIA nach Spanien an die Union Aérea Espanola verkauft; zwei Flugzeuge gingen an den Aero-Lloyd, die D-223 Tiger und D-943 Wolf. Ein anderes Muster erhielt die SCADTA in Kolumbien. Ein letztes Flugzeug kaufte das Luftfahrtministerium in England zum Studium der Metallbauweise.

Kennzeichen des Kometen II war seine Robustheit. Ein Pilot der Lufthansa überrollte einmal, wie Siegfried Graf Schack – späterer Flugkapitän und Flugversuchspilot der Lufthansa – berichtet, das Platzende mit einem Komet II und nahm dabei zwei Bäume mit. Die Bäume wurden von dem Komet

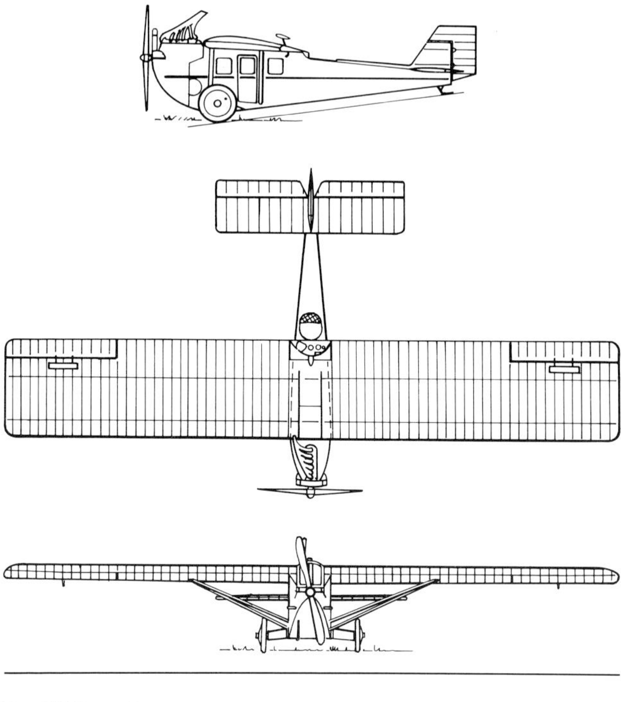

Do C III, auch Komet I genannt, mit BMW IIIa.

Komet I wird während der Erprobung in der Schweiz für einen Prüfungsflug vorbereitet.

Komet II mit vorn liegendem Sitz des Piloten und verlängertem Rumpf. Baujahr 1921.

Komet II mit russischer Zulassung. Feierliche Eröffnung des Flugbetriebes der russischen Ukrwosduchput mit Dornier Komet II.

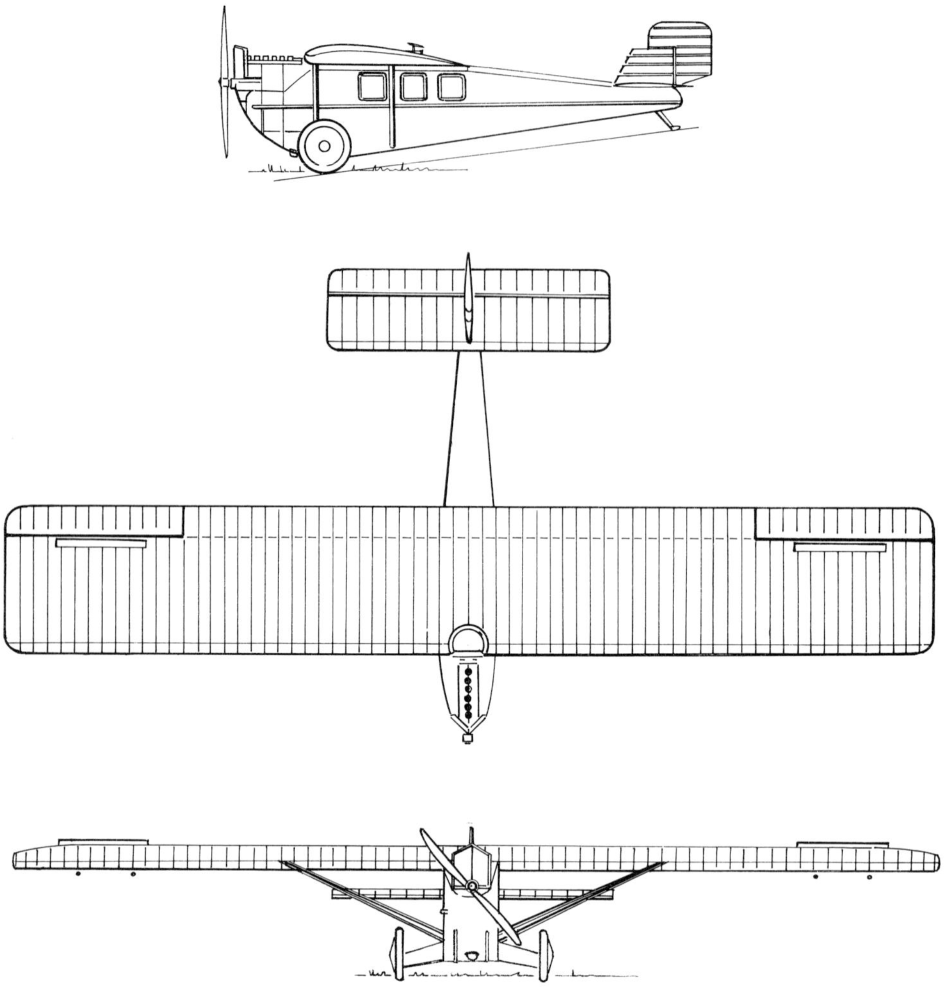

Komet II, der mit verschiedenen Triebwerken wie dem BMW IIIa und BMW IV ausgerüstet wurde.

gefällt, das Flugzeug aber blieb so gut wie unbeschädigt. Dank des tief liegenden Rumpfes gab es keine Überschläge bei Außenlandungen. Ein Reservetank mit 125 l war vorgesehen; er wurde für Flüge nach England benötigt.
Vergleicht man die Daten des Prototyps Do C III mit der aus dem Umbau entstandenen verbesserten Ausführung Komet I, so fällt das ungewöhnliche Ansteigen der Rüstmasse um 350 kg auf 1450 kg auf. Es hat seine Ursache in der Verlegung des Führersitzes vor die Kabine, in der Verlängerung des Rumpfes und der Vergrößerung des Tragflügels. Der stärkere Motor des Komet II verbraucht mehr Kraftstoff, dadurch sinkt die zahlende Nutzlast von 27 Prozent auf 16 Prozent; sie reicht aber noch für vier Reisende aus. Die Flächenbelastung, das Verhältnis aus Gewicht und Flügelfläche, steigt. Die Leistungsbelastung, das Verhältnis von Masse zu kW (PS), sinkt dagegen durch das stärkere Triebwerk. Welche Auswirkungen solche Änderungen auf die fliegerische Handhabung haben können, zeigt das Urteil von Lufthansa-Flugkapitän Graf Schack[24]:

»Als Flugzeug hatte man mir einen Dornier Komet II in die Hand gedrückt. Es war offen gesagt ein doller Schlitten und ließ noch wenig von den vorzüglichen Flugeigenschaften erkennen, durch die sich viele Dornier-Erzeugnisse späterer Jahre auszeichneten.
Vom Fliegen hielt der Komet nämlich nicht viel, darüber hatte er seine eigenen Ansichten. Das zeigte sich schon beim Start, dabei ließ sich dieser eigensinnige Vogel durch noch so heftige Steuerbewegungen des Flugzeugführers nicht im mindesten aus der Ruhe bringen, vielmehr sagte er sich, wann ich mich

Komet II mit 184 kW(250 PS) BMW IV und neu gestaltetem Kühler.

Graf Schack berichtet über seine Erfahrungen mit dem Komet II bei der Lufthansa. Im Bild am Steuer des Nordatlantikflugbootes Ha 139 Nordmeer. Schack wurde Kapitän und Testpilot der Lufthansa.

Komet II startet am 31. Dezember 1922 zur Eröffnung des deutsch-englischen Luftverkehrs zum ersten Flug bei Sturm und Regen nach England. Er muß später an der englischen Küste wegen des Wetters notlanden.

Hersteller		Zeppelin-werke Lindau	Zeppelin-werke Lindau	Dornier Metallbauten	Dornier Metallbauten	Dornier Metallbauten
Muster		Do C III Komet I[1]	Komet I[3]	Komet II	Komet III	Merkur I Do Bal
Triebwerk		BMW III[2]	BMW III a	BMW IV	Rolls Royce Eagle IX[5]	BMW VI
Leistung	kW	136	136	184	265	331/441
	PS	185	185	250	360	450/600
Besatzung (+ Reisende)		1 + 4	1 + 4	1 + 4	2 + 6	2 + 6
Länge	m	9,10	9,50	10,30	12,40	12,50
Höhe	m	2,50	2,75	2,75	3,50	3,50
Spannweite	m	17,00	17,00	17,00	19,60	19,60
Flügelfläche	m²	47,00	50,00	50,00	62,00	62,00
Flügelstreckung		6,15	5,78	5,78	6,20	6,20
Rüstmasse	kg	1 100	1 450	1 500	2 070	2 219
Kraftstoff	kg	144	144	205	432[5]	410[7]
Schmierstoff	kg	20	20	20	45	54
Besatzung	kg	80	80	80	80	80
Nutzmasse	kg	486	356	395	593	621
Zuladung	kg	730	600	700	1 150	1 165
Startmasse	kg	1 830	2 050	2 200	3 220	3 384
Flächenbelastung	kg/m²	38,94	41,00	44,00	51,94	54,58
Masse Leistungsverhältnis	kg/kW	13,46	15,07	11,96	12,15	7,67
	kg/PS	9,89	11,08	8,80	8,94	5,64
	kW/m²	2,89	2,72	3,68	4,27	7,11
	PS/m²	3,94	3,70	5,00	5,80	9,67
Höchstgeschwindigkeit	km/h	170	160	165	168	193
in Höhe	m	0	0	0	0	0
Reisegeschwindigkeit	km/h	130	130	130	140	160
in Höhe	m	0	0	0	0	0
Steiggeschwindigkeit	m/s	2,00	1,33[4]	1,50	2,00	3,30
Dienstgipfelhöhe	m	5 000	4 000	5 000	3 500	5 600
Reichweite	km	520	520	650	840[6]	700
max. Flugzeit	h	4,00	4,00	5,00	6,00	4,30
Landegeschwindigkeit	km/h	80	80	85	80	95
Zuladung in % von der Flugmasse		40	30	32	36	34
Zahlende Nutzlast in % von der Flugmasse		27	17	18	18	18
Baujahr		1921	1921	1922	1924	1925[8]

[1] Daten Prototyp
[2] Verbrauch: 39 kg/h (54 l/h) Vollgas; 30 kg/h (41 l/h) im Reiseflug
[3] verbesserte Ausführung mit Führersitz vorne
[4] durchschnittliches Steigen auf 2000 m (2000 m in 24 min)
[5] Verbrauch: 91 kg/h (126 l/h) Vollgas; 70 kg/h (97 l/h) Reise
[6] mit 216 kg (300 l) Zusatztanks 8,5 h oder 1200 km Reichweite
[7] Verbrauch 96 kg/h gedrosselt, 75% Leistung
[8] Preis 1925 RM 85 000,–

vom Boden abhebe und ob ich es überhaupt tue, das ist ausschließlich meine Sache. Es war dann immer etwas aufregend für mich abzuwarten, zu welchem Entschluß sich der hohe Herr durchzuringen beliebte. Daß wir uns meist erst wenige Meter vor der Platzgrenze zu guter letzt doch noch einig wurden, gehört mit zu den Wundern des Fliegens. Waren wir dann glücklich in der Luft, hatte es der Komet keineswegs eilig; denn er war ein ausgesprochener Feind hoher Geschwin-

digkeiten. Na schön, sagte ich mir, wenn er nicht schneller fliegen will, dann darf man eben keinen falschen Ehrgeiz haben. Mögen doch die Radfahrer auf der Chaussee getrost an mir vorbeifahren, die freuen sich auch, wenn sie mal ein Flugzeug überholen dürfen.

Trotz aller dieser negativen Eigenschaften liebte ich meinen Komet; denn er war das erste Flugzeug, mit dem ich im Luftverkehr fliegen durfte. So habe ich dann in der Rückerinnerung in späteren Jahren meinem Komet alle seine Fehler verziehen. Er blieb zeit meines Lebens eine Art Jugendliebe für mich, und nach dem bekannten Motto: ›Was sich liebt, das neckt sich‹, habe ich die Eigenschaften meines guten Vogels nicht mit den strengen Augen des Fachmannes gesehen, sondern durch die mildere, aber etwas unscharfe Brille des Humoristen.«

Komet III, Sprung zum Sechssitzer

Eine verbesserte Ausführung Komet III – intern Do B-Ral[25] genannt – startete am 7. Dezember 1924 zum Erstflug. Das Flugzeug war in seinen Abmessungen größer als der Vorgänger, es war leistungsfähiger und hatte Platz für sechs Reisende, Pilot und Bordmonteur. Die zweiholmige Tragfläche des durch je zwei Streben abgefangenen Hochdeckers saß nicht mehr fest auf dem Rumpf, sondern auf vier senkrechten Streben. Die Flügelenden hatten ein sich verjüngendes Profil und einen Randbogen mit elliptischem Umriß. Das Profil des Flügels war auf geringen Widerstand ausgelegt. Der Komet III war ein neues Flugzeug, in den vier Jahre Erfahrung mit Komet I und II eingeflossen waren.

Die Höhen- und Seitensteuerflosse nebst dem Seitenruder waren mit Blech beplankt; das Höhenruder war dagegen mit Stoff bespannt. Höhen- und Querruder wurden durch mit ihrer Drehachse verbundenen Hilfsflächen entlastet. Im Stand konnte die Höhenflosse verstellt werden. Seitensteuerflosse und Höhensteuerflosse waren durch Streben miteinander verbunden.

Im Gegensatz zu seinen Vorgängern hatte der Komet III zwei bequem durch eine Tür in der Kabine zugängliche Führersitze mit Doppelsteuerung. Der Platz wurde durch Verlängern des Rumpfes und das Höhersetzen des Tragflügels gewonnen. Meist saß aber nur ein Pilot am Steuer. Die Sitze der Besatzung waren horizontal und vertikal verstellbar und zur besseren Sicht dicht an die Außenwand gerückt. Die Sicht nach vorne war mäßig, nach den Seiten aber gut. Der Rumpf wurde durch außen aufgenietete Spezialprofile verstärkt. Zwei Kraftstofftanks mit je 300 l befanden sich im Flügelmittelstück; zwei Zusatzbehälter mit insgesamt 300 l konnten unter dem Führersitz eingebaut werden. Die Ölbehälter neben dem Motor faßten 50 l Öl.

Als Triebwerk diente ein Zwölfzylinder, 265 kW (360 PS) leistender Rolls-Royce Eagle IX, weil zu jener Zeit kein gleich starker deutscher Motor vorhanden war. Vereinzelt wurde anfangs der BMW IV und später für die Serie der BMW VI verwendet.

Gegenüber dem Komet II ist die Flügeltiefe und damit die Tragflügelfläche von 50 m^2 auf 62 m^2 vergrößert worden; die Abflugmasse ist von 2200 kg auf 3220 kg gestiegen. Der Schwerpunkt des Flugzeuges lag niedrig über dem Boden, was einen guten Schutz gegen Überschläge bei Notlandungen bedeutete. Die gut und bequem ausgestattete Kabine hatte elektrische Beleuchtung, eine regulierbare Belüftung und Warmluftheizung und eine Toilette. Das Fahrwerk hatte Gummifederung. Der Sporn war ein Schleifensporn. Im Winter konnte das Fahrwerk durch Schneekufen ersetzt werden.

Von dem Komet III sind auch militärische Versionen (Do C) als Fernaufklärer, Nachtbomber oder Transporter

Komet III des Deutschen Aero-Lloyd nebst einem Komet II und mehreren Fokker F II.

Eine Gruppe von Passagieren vor einem Dornier Komet III-Flugzeug des Deutschen Aero-Lloyd in Berlin-Tempelhof.

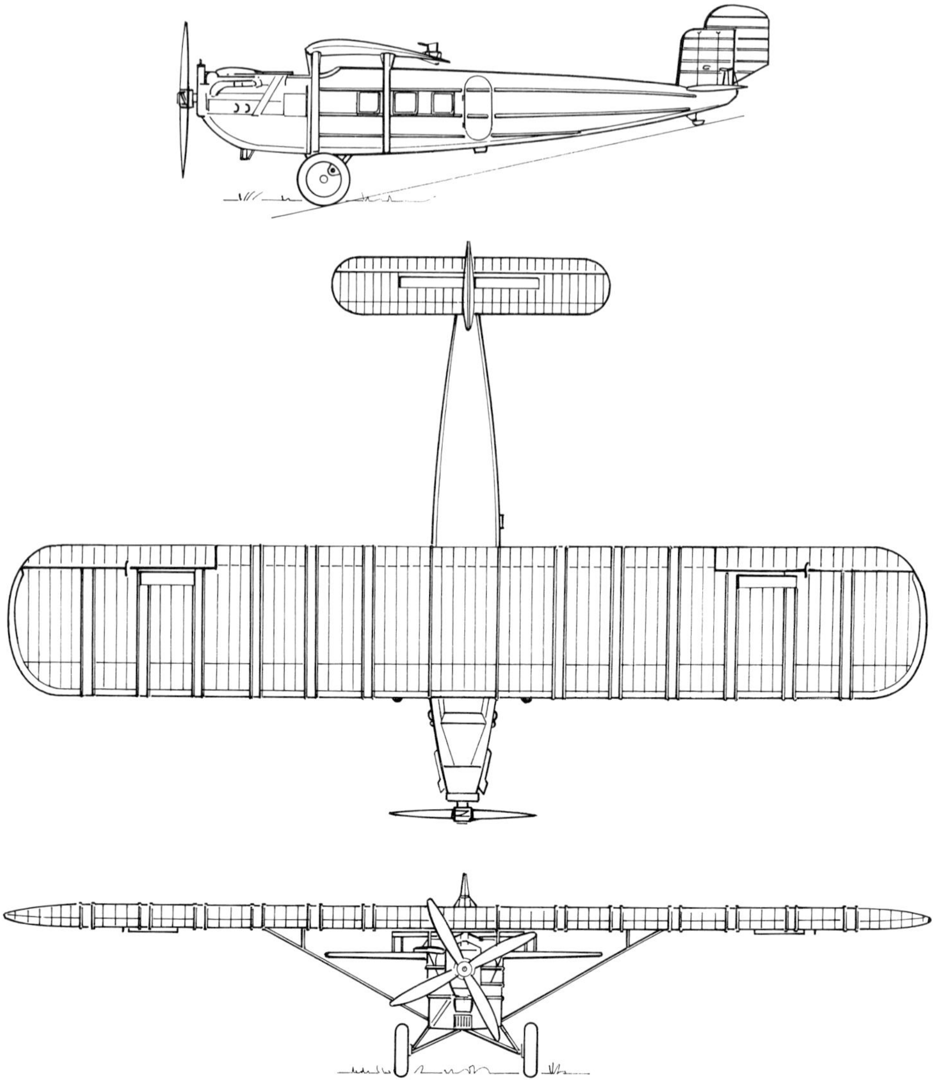

Komet III mit 265 kW(360 PS) leistenden Rolls-Royce Eagle IX und zusätzlichem Ölkühler.

mit Rolls-Royce Eagle oder Napier-Lion-Motoren angeboten worden, die von Kawasaki in Japan nachgebaut wurden. Eine Do D-Bas mit Rolls-Royce Eagle mit einer hosenförmigen Verkleidung der Streben des Schwimmergestelles war als Torpedoflugzeug ausgelegt (1924).
Der Komet III fand weite Verwendung im sich ständig weiterentwickelnden Luftverkehr. Der Aero-Lloyd ersetzte den Komet II weitgehend durch das neue Flugzeug. Mit der Junkers F 13 und den Fokkern F II und F III gehörte der Komet III später (1926) zur Grundausrüstung des Flugzeugparks der Lufthansa. Die russische Luftverkehrsgesellschaft Ukrwosduchput kaufte sieben Komet III und setzte die Maschinen über weite Strecken ein. Die schweizer Fluggesellschaft Gren SA. beflog 1925 die Strecke Basel–Genf–Lyon mit Komet III. Später wurde das Flugzeug von der Ad Astra gekauft und mit BMW VI ausgerüstet (1927).
Am 15. April 1925 flog ein Komet III in dreieinhalb Stunden von München nach Mailand zur Mailänder Frühjahrsmesse und in zwei Stunden zurück nach Zürich. Am Steuer saßen Franz Hailer und Willi Polte. Es war eine der ersten Überquerungen der Alpen mit einem Verkehrsflugzeug.
Graf Schack, später Testpilot der Lufthansa, auf die fliegerische Beurteilung des Komet III im Vergleich zum Komet II befragt, meinte wörtlich: »ein ganz neues und viel besseres Flugzeug«. Andere damalige Flugzeugführer, auf die fliegerischen Qualitäten des Komet III angesprochen, sind der Ansicht, daß der verwandte englische Rolls-Royce Eagle IX zu schwach war, was wiederum zu langen Startstrecken und mäßigem Steigen führte. Im Sommer neigte – wie aus Unterlagen der Deutschen Luftreederei hervorgeht – der Eagle zur Überhitzung. Durch einen Zusatzkühler und einen runden zusätzlichen Ölkühler gelang es, diese Schwierigkeiten zu beseitigen.
Flugkapitän Johannes Rathje, einer der ganz wenigen Kapitäne der alten Lufthansa, denen nach dem Krieg der Sprung zur neuen Lufthansa gelang, und der anfangs Super Constellations als Copilot über den Atlantik flog und später Strahlflugzeuge als verantwortlicher Flugzeugführer, entsinnt sich noch sehr gut des Dornier Komet III. Er hat der Maschine allerdings den schweren Unfall vom 23. September 1927 nicht verziehen. An jenem Tag verunglückte Flugkapitän Willy Charlett mit Monteur und fünf Passagieren an Bord – darunter Botschafter von Maltzahn – bei Schleiz tödlich mit der D-585. Ein Ermüdungsbruch der Befestigungsbolzen an der linken Strebe des Tragflügels hatte zum Tragflügelbruch geführt. Alle Komet-Flugzeuge wurden damals gesperrt und erhielten zur Verstärkung eine zusätzliche Strebe.

Komet III des Deutschen Aero-Lloyd. Gute Zugänglichkeit zur Wartung des Motors.

Flugkapitän Johannes Rathje berichtet über den Dornier Komet III. Nach dem Krieg saß er am Steuer der Super-Constellation und flog die Strahlverkehrsflugzeuge der heutigen Lufthansa. Rathje gehört heute zu den »Alten Adlern«.

»Wir flogen den Komet III« – so Rathje – *»damals mit Rolls-Royce Eagle. Es war ein zuverlässiger Motor, der leicht ansprang, was bei dem verhältnismäßig großen Flugzeug wichtig war, weil Monteure die Luftschraube noch von Hand mühsam durchdrehten. Erst nach dem Warmlaufen nahmen die Passagiere in der Kabine Platz. Ich flog damals die Strecke Berlin - Leipzig - München. Für die Reisenden war der Komet III ein ideales Flugzeug. Vom Boden ein Schritt und man war*

in der Kabine. Bequeme Sessel und eine ausgezeichnete Sicht wußten die Passagiere zu schätzen. Wenn der Luftpolizist seine grüne Scheibe hochhob, gab ich Gas und rollte in Schlangenlinie zum Startpunkt. Das Hin- und Herrollen war notwendig, weil ich das Flugzeug allein vom linken Sitz aus flog. Beim Geradeausrollen konnte man wegen der Breite der Maschine auf der rechten Seite nichts sehen. Am Startplatz galt es, Ausschau zu halten, ob die Startbahn frei war und dann Vollgas zu geben und gegen den Wind zu starten. Die Windrichtung zeigte ein Fähnchen und eine Rauchfahne an. Viel zu überlegen und zu hantieren gab es zu jener Zeit nicht. Der Komet III hatte weder Klappen, Verstellschraube oder eine Trimmung, und der Vogel zeigte auch keine Neigung zum Ausbrechen. Ein wenig Drücken, den Schwanz hochnehmen, damit man nach vorne Sicht hatte, das genügte. Voll besetzt rollte die Maschine gleich ihren Vorgängern, sehr lange, bis man sie abheben konnte. Steigen war auch nicht ihre starke Seite. Mit 1,50 m/s bis 2 m/s gewann man langsam Höhe. Aber das Flugzeug lag wie ein Brett in der Luft und war sehr stabil. Als Navigationshilfe diente ein Kompaß, das war alles. Der Kurs war vorher natürlich berechnet worden. Ansonsten wurde nach Eisenbahn und Straße navigiert. Bei gutem Wetter flogen wir in 1000 m bis 1500 m Höhe. Die Reisegeschwindigkeit des Komet III lag bei 140 km/h.

Das Landeverfahren war damals verhältnismäßig simpel im Vergleich zu heute. Es gab keinen Funk, kein Einziehfahrwerk, keine Aggregate verschiedenster Art zu bedienen, man drosselte das Triebwerk, beobachtete den Luftraum, ging auf 120 km/h Fahrt zurück, achtete auf die Landezeichen am Boden und drehte gegen den Wind in den Endanflug ein, wobei man die Fahrt auf etwa 110 km/h verminderte. Bei etwa 100 km/h zog man die Maschine leicht durch, und sachte setzte sie sich bei etwa 85 km/h hin. Wenn beim Ausrollen das Schwanzende den Boden berührte, galt es wieder nach der Seite herauszuschauen, denn nach vorne war nichts mehr zu sehen. Das Rollen war damals ohne Bremsen nicht ganz einfach. Der Komet III war ein robustes, zuverlässiges Arbeitspferd.«

Ein besonderes Kennzeichen des Komet III war seine günstige Reichweite dank der großen Tanks und Zusatztanks, die nahezu im Schwerpunkt lagen und eine Reichweite von 1200 km ermöglichten. Mit einem zeitweise verwendeten BMW IVa, Baujahr 1924, mit 220 kW (300 PS) Startleistung und 184 kW (250 PS) Reiseleistung bei 200 g/PS/h Verbrauch ließen sich mit zwei Zusatztanks Flugzeiten von zwölf Stunden und Reichweiten von 1600 km erreichen.

Merkur I, erfolgreich im europäischen und außereuropäischen Luftverkehr

Die Komet-Flugzeuge der Baureihe I bis III waren nach Aussagen der Piloten mit zu schwachen Triebwerken ausgerüstet. Das lag nun weniger an den Flugzeug-Konstrukteuren als vielmehr an den damaligen politischen Verhältnissen mit Bauverboten und Baubeschränkungen, so daß stärkere deutsche Triebwerke nicht vorhanden waren. Der Prototyp des Merkur war ein Komet III D-815 mit dem stärkeren 338/441 kW(460/600 PS)-BMW VI-Motor. Durch

Dornier Merkur I mit BMW VI der Deruluft auf einem Rußlandflug. Zweiter von rechts: Otto Milatz, Dornier-Vertreter in Berlin, vierter: Maurice Dornier und davor Pilot Zinsmeier.

Kennzeichen des Merkur sind der neue BMW VI mit 331/441 kW (450 bis 600 PS) und der Bauchkühler.

Oben rechts: Kabine mit Durchgang zum Führersitz eines Dornier Merkur I.

Aero-Lloyd beflog mit Merkur die Strecke London–Berlin.

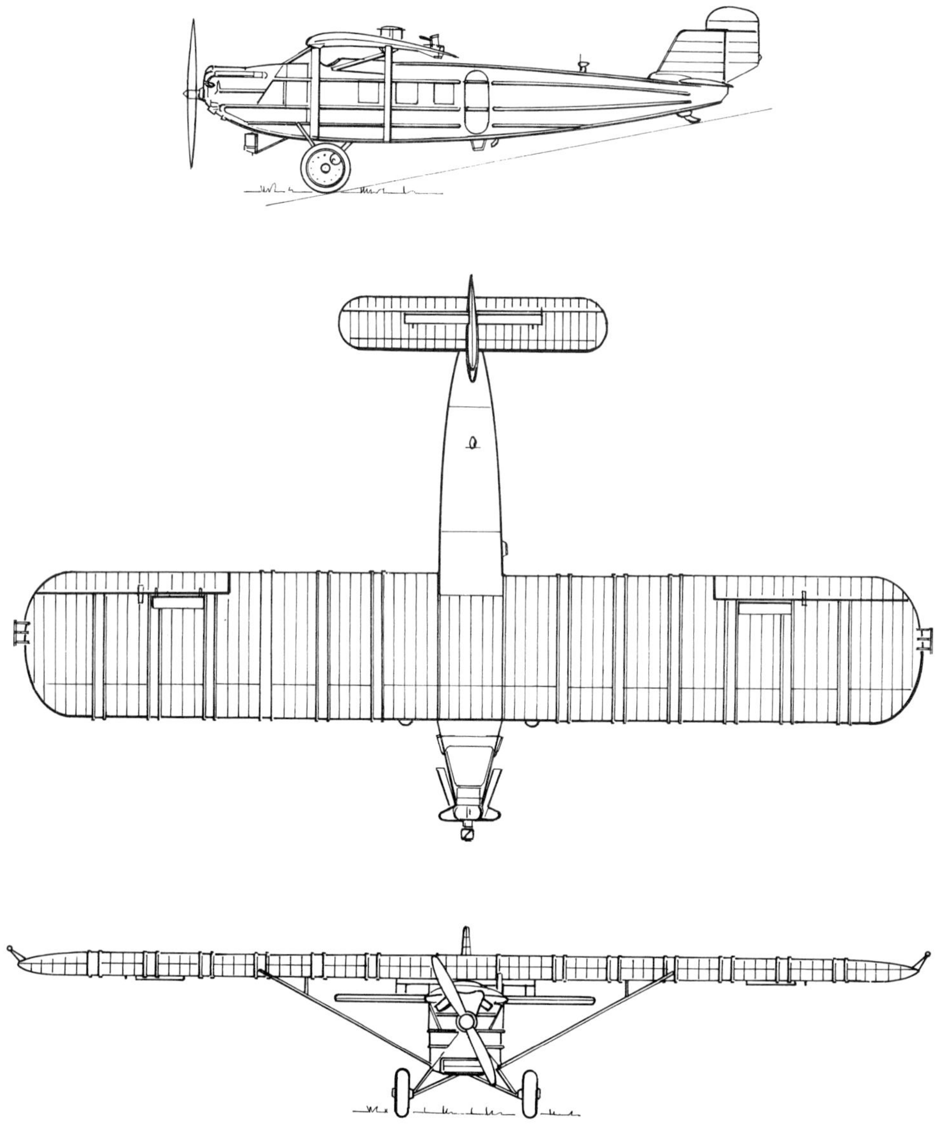

Äußeres Kennzeichen des Dornier Merkur ist der Einschnitt an der hinteren Tragfläche über dem Rumpf und der Bauchkühler.

das neue Triebwerk wurden Verstärkungen an der Zelle und am Motorvorbau notwendig. Der BMW VI war mit 510 kg Trockenmasse etwa um 100 kg schwerer als der Rolls-Royce Eagle. Die Rüstmasse des Merkur stieg um rund 150 kg – das sind etwa 17 Prozent Mehrgewicht im Vergleich zum Komet III –; die Triebwerkleistung stieg dagegen um 40 Prozent. Der Merkur wurde bei Dornier intern Do B-Bal genannt (Do B = Baumuster, B = BMW Motor, a = Verkehrsflugzeug, l = Landflugzeug). Äußeres Unterscheidungsmerkmal des Merkur zum Komet III war ein Einschnitt an der Tragflächenhinterkante über dem Rumpf, ferner hatte er einen Bauchkühler anstelle des Stirnkühlers. Der Erstflug des Prototyps Merkur erfolgte am 10. Februar 1925. Der BMW VI entstand aus zwei in V-Form angeordneten BMW IV-Motoren und lief zum ersten Mal am 31. März 1924. Erste Versuchsmuster wurden 1924 geliefert; 1926 bestand er die Musterprüfung[26].

Der spätere Merkur wurde sowohl fliegerisch als auch von seinen Leistungen her von allen Piloten gut beurteilt. Die Zeiten der Schwerfälligkeit der untermotorisierten Vorgän-

Modell eines dreimotorigen Dornier Do B Merkur mit drei Sternmotoren. Für den vorderen Motor war eine Zugschraube vorgesehen, für die beiden hinteren Motoren an seitlichen Auslegern Druckschrauben.

ger und der mäßigen Steigleistungen waren vorbei. Graf Schack urteilte:

»Endlich ein ausreichend starker Motor, gute Flugeigenschaften, liegt gut in der Kurve. In Westerland fiel mir mit einem Merkur nach dem Start der Motor aus. Vor mir nur Dünen und Hügel. Mitten hinein, und das machte dem Merkur gar nichts aus. Er war eine feste, stabile Maschine.«

Die beiden Kraftstofftanks befanden sich im Tragflügel unmittelbar neben dem Mittelstück und faßten je 285 l. Zwei zusätzliche Tanks mit je 135 l Inhalt waren unter dem Cockpit angeordnet. Das gesamte Fassungsvermögen betrug 840 l oder 605 kg; damit konnte das Flugzeug sechs Stunden fliegen (ohne Reserven) und bei Reisegeschwindigkeit etwa 1000 km Reichweite erzielen.
Zwei Versionen des Merkur wurden gebaut, der Merkur I mit BMW VI ohne Getriebe und der Merkur II (Do-B Bal 2) mit BMW VI mit Getriebe. Der BMW VI-Motor hatte ausgezeichnete Leistungen, war aber anfangs noch nicht genügend ausgereift.
Versuchsweise wurde ein Merkur (Do-B Jal) D-1087 mit der Werknummer 161 später auch mit einem Junkers L 55-Motor mit 480 kW (650 PS) ausgerüstet. Mit einer Trockenmasse von 575 kg war er im Vergleich zum BMW VI mit 510 kg zu schwer und wurde bald wieder gegen einen BMW VI ausgetauscht.
Beim Merkur II mit BMW VI U (mit Untersetzungsgetriebe), der 552 kW (750 PS) leistete und eine Trockenmasse von 546 kg hatte, wurde die Abflugmasse von 3900 kg auf 4100 kg erhöht. Einige Merkur II erhielten später einen geschlossenen, verglasten Führerraum. Die Piloten waren davon wenig angetan, weil er zwar gegen Regen und Kälte schützte, dafür aber die Sicht einschränkte.

Dornier-Flugboote

Mit Pisa-Walen über die Alpen zur Ostsee

Auch Claude Dornier ließ sich durch die Bestimmungen des Versailler Vertrages und durch das Londoner Ultimatum vom 5. Mai 1921 nicht davon abhalten, weiter Flugzeuge zu bauen.
1919 flogen – wie schon berichtet – das erste Flugboot Gs I, der Vorläufer des Wals, Ende 1920 der Delphin I, 1921 das viersitzige Verkehrsflugzeug Komet I und das zweisitzige Sportflugboot Libelle I, 1922 der Komet II und in der Schweiz der Jagdeinsitzer Falke, der für die USA und Japan gebaut wurde. Schließlich hob am 6. November 1922 in Pisa in Italien der erste Dornier Wal vom Wasser ab.
Dies alles geschah mit wenigen Mitarbeitern, die teilweise zu Hause arbeiteten. Erschienen die Kontrolloffiziere der Ilük bei Dornier, so wurden die Bauteile mit Segelbooten und Fahrzeugen schnell auf die Schweizer Seite des Bodensees gebracht. Dennoch hatte ein solcher verhaßter Kontrollbesuch bei Dornier eines Tages auch sein Gutes: Einer der beteiligten Kontrolloffiziere – der Italiener Oberst Scelzo – fragte Dornier während des Rundganges, ob er nicht in Italien weiterarbeiten wolle. Dornier lehnte zunächst ab. Eines Tages ließ Scelzo ihn wissen, in Pisa, an der Mündung des Arno ins Meer, sei eine stillgelegte Schiffswerft zu verkaufen. Dornier, der inzwischen mit seinen Mitarbeitern an einer verbesserten Ausführung des Wals arbeitete und nicht wußte, wo er das Flugboot bauen sollte, reiste mit Generaldirektor Colsman vom Luftschiffbau Zeppelin nach Marina di Pisa. Am 17. Dezember 1921 wurde zwischen dem

Dipl.-Ing. Prof. Claude Dornier, der Schöpfer der weltbekannten Dornier-Wale.

Luftschiffbau und der Werft in Pisa ein Kaufvertrag abgeschlossen. Alsbald begann eine Gruppe von acht Mitarbeitern aus Friedrichshafen in Pisa mit den Vorbereitungen für den Bau der ersten sechs Wale. Zwar lagen keine Aufträge vor, aber Dornier war davon überzeugt, ein so hochwertiges und in der Geschichte der Luftfahrt völlig neuartiges Produkt werde während der Bauzeit schon Käufer finden.
Wieder kam Dornier das Glück zur Hilfe. Er lernte einen einflußreichen spanischen Kaufmann kennen, der zufällig in Friedrichshafen weilte und bei dieser Gelegenheit den Zeppelinbau besuchte. »Die spanische Luftwaffe könnte sich für die Wal-Boote interessieren«, meinte der Fremde und führte Dornier wenig später in Madrid im spanischen Luftfahrtministerium ein. Tatsächlich kam es zu einem Kaufvertrag über sechs Wal-Flugboote.
Am 20. Juli 1922 wurde mit dem Bau des ersten Wales in Pisa begonnen. Drei Monate später war das Boot dank der unermüdlichen Tatkraft von Betriebsleiter Schulte-Frohlinde fertiggestellt. Er hatte es verstanden, in kurzer Zeit aus Italienern und Deutschen, allen Sprachschwierigkeiten zum Trotz, eine gut arbeitende Mannschaft zu machen. Der ehemalige Marineflieger Niemeyer begann am 6. November 1922 mit der Flugerprobung des mit zwei 220 kW (300 PS) Hispano Suiza ausgerüsteten Bootes.
Am 6. Dezember 1922 wurde das Flugboot in Barcelona den Spaniern übergeben. Ein Jahr später (26. Dezember 1923) verließ der letzte der sechs Wale die Werft Pisa in Richtung Spanien. Die Spanier bestanden als Voraussetzung für den Kauf der Boote auf einem Lizenzvertrag zum Nachbau des Wales durch die spanische Firma Construcciones Aéronauticas S.A. (CASA) in Madrid, der 1927 erste Früchte zu tragen begann.
Die Dornier Wale wurden bis zum Jahre 1931 in Pisa gebaut[27] – teils als Militärflugzeuge, teils als zivile Ausführungen – wie für den Deutschen Aero-Lloyd, später für die Lufthansa, für italienische Fluggesellschaften oder die SCADTA in Kolumbien. Die von der Costruzioni Meccaniche Aeronautiche (C.M.S.A.) in Pisa gebauten militärischen Wale lassen sich deshalb von den zivilen Flugbooten kaum trennen.
Der Grundtyp des als Hochdecker in Ganzmetallbauweise hergestellten Wals blieb in Pisa unverändert. Der Flügel gleichbleibender Profildicke war dreiteilig ausgeführt, die beiden Außenflügel waren am Tragflügel-Mittelstück angelenkt. Das Mittelstück war an Baldachin-Streben über dem Rumpf befestigt. In der Mitte befand sich die Triebwerkgondel mit zwei Motoren in Tandem-Anordnung. Die Tragflügel wurden durch je zwei Streben gegen die Flossenstummel abgefangen. Sie hatten die für Dornier typische rechteckige Formgebung. Die einzelnen Abteile des einstufigen, breiten Rumpfes waren durch Schottenwände gesichert. Das Leitwerk war im Gegensatz zum Ursprungsmuster einteilig (Gs I). Bei den Militär-Walen saßen die Piloten im Bug, bei den zivilen Ausführungen hinter der vorderen Kabine unter dem vorderen Motor. Der Kraftstoffvorrat von etwa 2150 l (variabel) war in mehreren Behältern im Schwerpunkt des Bootes unten im Rumpf untergebracht. Durch Pumpen wurde der Kraftstoff in einen hochgelegenen Fallbehälter gefördert, von wo aus er den Motoren zufloß. Die Motor-Gondeln waren über eine Steigleiter zu erreichen.
In Notfällen war es möglich, kleinere Reparaturen während des Fluges auszuführen.
Die hauptsächlichen Unterschiede zwischen den Walen liegen in ihren verschiedenen Triebwerken begründet. Bei Dornier bestimmte der Kunde, welches Triebwerk einzubauen war. Er hatte auch die Motoren zu kaufen und dem Werk zum Einbau zu liefern, denn Dornier wollte mit dem politischen und finanziellen Wirbel um die Motoren nichts zu tun haben. Folglich fanden spanische, englische, französische, amerikanische, italienische und deutsche Motoren – wasser- und luftgekühlt und verschiedenster Leistungsstärke – Verwendung.

In Pisa-Walen verwendete Motoren

Spanien:	Hispano Suiza 42 221 kW (300 PS) Suiza R 470 kW (640 PS)
England:	Bristol Jupiter Serie VIII R 441 kW (600 PS), Jupiter IV 331 kW (450 PS), Napier Lion Serie V 331 kW (450 PS), Rolls-Royce Eagle IX 265 kW (360 PS)
USA:	Pratt & Whitney Hornet 368 kW (500 PS), Liberty 12 316 kW (430 PS)
Frankreich:	Lorraine Dietrich 331 kW (450 PS), Farmann 12 WER 368 kW (500 PS)
Deutschland:	BMW VI 368/412 kW (500/600 PS)
Italien:	Isotta Fraschini Asso 368 kW (500 PS), Fiat A 22 R 412 kW (600 PS)

Das Dornier-Werk in Pisa verlangte von den Motorenherstellern Triebwerke mit wenig Stirnwiderstand, der Möglich-

Der erste Verkehrswal I-DOOR, der 1925 an den Deutschen Aero-Lloyd für die Flugstrecke Danzig–Stockholm geliefert wurde. Diese Wasser-Strecke über 500 km Länge wurde bei Tag und Nacht mit Post und Passagieren beflogen.

Die I-DOOR beim Überführungsflug von Pisa zur Ostsee über der Zugspitze.

keit zu einer vernünftigen Kühleranordnung und Motoren ohne Vibrationen. An einer mangelhaften Ausrüstung der Motoren, insbesondere durch Brüche von Kühlwasserrohren, an undichten Schläuchen und Kraftstoffleitungen scheiterten mehrere Ozeanüberquerungen, wurden viele Notlandungen erforderlich. Bewährt hat sich nur der von Dornier empfohlene Stirnkühler, bei dem für den rückwärtigen Motor eine besondere Lösung etwa durch nebeneinander liegende Kühler zu finden war.
Die luftgekühlten Motoren bewährten sich im Wal weniger gut. Sie waren meist zu schwach, dazu gab es Schwierigkeiten mit der Kühlung der hinten liegenden Motoren. Die im Januar 1928 von Rußland bestellten elf Militär-Wale wurden erstmals mit BMW VI-Motoren ausgerüstet.
Bei Dornier sprach man hauptsächlich von Pisa-, später von den in Friedrichshafen gebauten Manzell-Walen, zu denen die zweimotorigen Achttonnen- und Zehntonnen-Wale und die zwei- und viermotorigen Super-Wale zählten.

Um dem Leser die Entzifferung der Typenbezeichnungen zu erleichtern, werden die wichtigsten Kennzeichen zusammengefaßt:

Schlüssel für Dornier Typen-Bezeichnungen

a	= Passagier	L	= Land
B	= BMW	N	= Napier
Do	= Dornier	O	= Post
G	= Gnôme Rhône	P	= Packard
H	= Hispano Suiza	R	= Rolls-Royce
I	= Militär	s	= See (Siemens)
J	= Wal (bei Dornier als i ausgesprochen)		

Einfacher waren die Pisa-Bezeichnungen. Sie begannen mit Wal 1 und endeten mit Wal 149 im Jahr 1931, wobei allerdings einige Nummern unbelegt blieben, wie die Nr. 21 bis 30, 95 bis 104, 106 bis 116, 121 bis 123 und 128.
Im Rahmen dieses Buches, das nur die Pionierjahre des Luftverkehrs von 1919 bis 1925 behandelt, werden vornehmlich die Pisa-Wale beschrieben, weil der Bau der Manzell-Wale erst 1931 anlief. Über diese wird im folgenden Band »Luftverkehr von 1926 bis heute« zu berichten sein.
Als erster Käufer für eine zivile Ausführung des Wals meldete sich Ingenieur Fritz Hammer von der Sociedad Colombo-Alemana de Transportes Aéros (SCADTA) aus Kolumbien. Der Wal mit der Werksnummer 34 wurde am

Ein zweiter Pisa-Wal für den Aero-Lloyd, der am 16. Mai 1925 in Friedrichshafen nach dem Flug über die Alpen zwischenlandet. Erstmals werden Stirnkühler verwendet. Auf dem Stummel stehend: Pilot Richard Wagner.

Weltrekordflieger Richard Wagner und der spätere Lufthansa-Flugkapitän v. Buddenbrock haben gerade einen Pisa-Wal für den Aero-Lloyd übergeführt.

18. Oktober 1924 in Pisa unter dem Kennzeichen I – DOAR zugelassen, aber wegen eines leichten Unfalles erst Anfang 1925 nach Barranquilla per Schiff verschickt. Der Wal erhielt in Kolumbien das Kennzeichen A-19 und den Namen Atlantico.

Ein zweiter, zur gleichen Zeit bestellter Wal wurde am 25. November 1924 zugelassen und pünktlich am 18. Dezember 1924 verschifft. Er trug die Werknummer 35 und war mit zwei Rolls-Royce Eagle IX-Motoren mit je 265 kW (360 PS) ausgerüstet. In Kolumbien erhielt der Wal das Kennzeichen A-20 und den Namen Pacifico. Die Taufe beider Wale fand am 2. August 1925 im Rahmen eines Festaktes statt[28].

Die beiden Wale wurden von Fritz Hammer und Freiherrn von Buddenbrook auf ausgedehnten Flügen einer gründlichen Überprüfung für ihre Eignung im heißen Klima Südamerikas unterzogen. In seinem Buch »Atlantico-Pacifico, Lehrjahre des überseeischen Luftverkehrs« urteilte Buddenbrock über die beiden Wale: »Metallbauweise und

Der einfache, robuste Aufbau der Pisa-Wale.

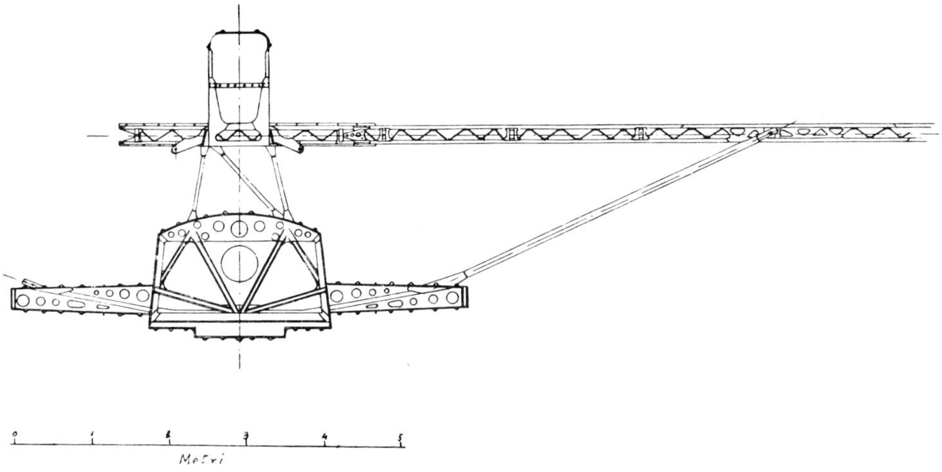

das flache zweistufige Rumpfboot mit den stabilisierenden ›Dornier-Stummeln‹ machen den in seiner Grundform 1919 entwickelten Dornier-Wal zu einer robusten, witterungsfesten und seetüchtigen Konstruktion, die ihrer Zeit weit voraus war.«
Doch die Triebwerke waren für das heiße Klima wohl nicht leistungsfähig genug, denn beide Wale wurden per Schiff zurückgeschickt – zur Anpassung von Motoren und Ausrüstung an südamerikanische Verhältnisse. 1926 kehrten beide Wale nach Kolumbien zurück. Pacifico verunglückte auf dem Überführungsflug wegen einer Motorstörung, Atlantico aber wurde bis 1933 im südamerikanischen Luftverkehr eingesetzt.
Obwohl sich alle Pisa-Wale nur durch ihre jeweils zivile oder militärische Ausrüstung voneinander unterschieden, führten verschiedene Triebwerke, die stets leistungsfähiger wurden, zu Verstärkungen von Rumpf, Tragwerk, Leitwerk und Triebwerkträgern, zur Verwendung von Metall-Luftschrauben, zu höheren Gewichten und Leistungen. Erst der in Manzell gebaute Wal 31 war eine neue Konstruktion mit der Bezeichnung Do J II.
Der Aero-Lloyd bestellte als zweiter Kunde am 30. Januar 1925 einen zivilen Wal (Werknummer 41) mit Rolls-Royce Eagle IX. Er wurde mit dem italienischen Kennzeichen I-DOOR eingeflogen und zugelassen am 17. Mai 1925 nach Friedrichshafen und Danzig übergeführt und beim Aero-Lloyd auf der Strecke Danzig–Stockholm eingesetzt. Ein zweiter Wal mit gleichem Triebwerk war schon am 18. September 1924 bestellt worden, aber erst am 8. Juni 1925 über die Alpen nach Friedrichshafen und von dort nach Danzig übergeführt worden. Es folgte der ebenfalls mit Rolls-Royce Eagle IX ausgerüstete Wal Nr. 43 am 19. Juli 1925, während der vierte Wal (Nr. 44) am 21. Oktober 1925 ebenfalls nach Danzig flog.
Es liegt nahe, daß der Deutsche Aero-Lloyd die teuren Wal-Flugboote und den Aufbau der kostspieligen Infrastruktur für diese Nachtflugstrecke nach Stockholm nicht aus eigenen Mitteln finanzieren konnte; die Marine[29] war aber an einer solchen Versuchsstrecke interessiert und veranlaßte anfangs wohl ganz im geheimen und später über das Reichsverkehrsministerium die Befliegung und den Aufbau der Strecke Danzig–Stockholm. Sie übernahm wahrscheinlich die Kosten für den Aufbau der Infrastruktur, den Kauf der Flugzeuge und für den Betrieb. Auf diese Weise entstand in Zusammenarbeit mit Schweden und Italien die sogenannte Hansa-Linie. Danzig wählte man als »Freie Stadt«, weil der Dornier-Wal wegen seiner hohen Flugmasse und der starken Motoren für Deutschland verboten und nur im Ausland verwendbar war. Andererseits erhielt die Marine eine Möglichkeit, den Wal, der für Spanien und andere Länder als Aufklärer geliefert wurde, im Rahmen eines zivilen Dienstes im Ausland zu erproben und gleichzeitig Navigationsmittel und Funkgeräte zu prüfen und Piloten, Navigatoren und Funker auszubilden. Die Hansa-Linie war der erste vorbereitende Schritt für den späteren Süd- und Nordatlantik-Dienst.

Gute Kunden für Dornier und seine zivilen Pisa-Wale waren in den späteren Jahren die Lufthansa und italienische Luftverkehrs-Gesellschaften. Militärische Wale wurden an Argentinien (5), Chile (8) und die Sowjetunion geliefert. Letztere kaufte 1927/28 nicht weniger als 13 Militär-Wale mit BMW VI-Motoren über die Aktiengesellschaft für Metallimport in Berlin, einer Handels-Agentur der Sowjetunion.

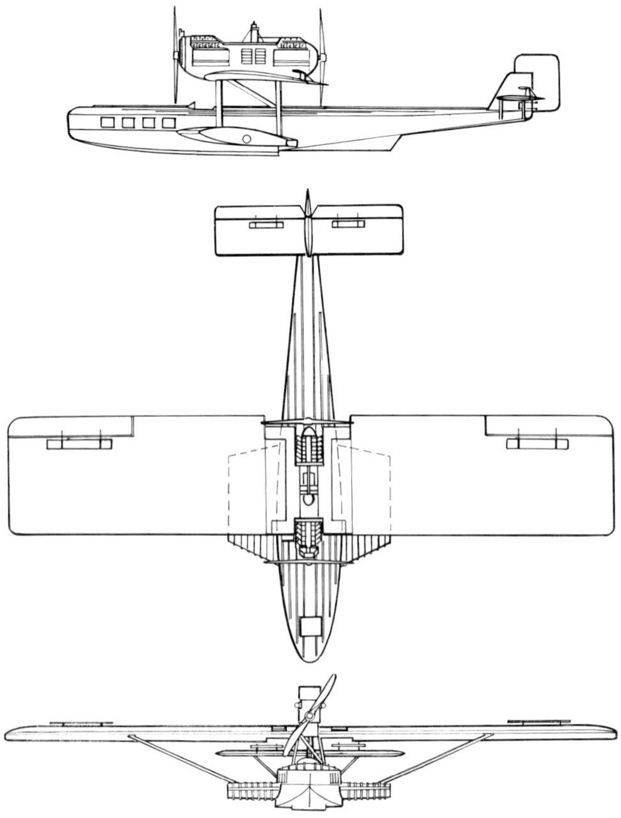

Pisa-Wal mit zwei Rolls-Royce Eagle IX mit 265 kW(360 PS).

Weitere militärische Wale gingen nach Italien (6), Holland (6), Spanien (14), nach Uruguay (1), Portugal (1), England (1), Japan (1) und Jugoslawien (1).
Die Siegermächte des Ersten Weltkrieges wachten über die Ilük gemeinsam darüber, daß in Deutschland bis 1922 überhaupt kein Flugzeug und danach kein militärisches Flugzeug gebaut wurde. Nun kauften sie Militärflugzeuge ausgerechnet von den Firmen – in diesem Falle Dornier –, die sie überwachten; die Maschinen waren ja im Ausland gebaut worden!
Der bekannte norwegische Polarforscher Amundsen kaufte zwei Wale (Nr. 36 und 37) für eine Nordpol-Expedition, Boote mit Rolls-Royce Eagle IX-Motoren, die von der Firma »Polar-Spedition Roald Amundsen« in Oslo 1924 bestellt und am 8. März 1925 auf ein Schiff nach Tromsö verladen wurden. Dort erhielten sie die norwegischen Zulassungszeichen N 24 und N 25 und starteten beide von der King's Bay am 21. Mai 1925 zum Nordpol. Nach acht Flugstunden wurde der Wal N 24 durch Motorschaden im Packeis zur Notlandung gezwungen; die Landung in eine Wasserrinne verlief glatt. Der zweite Wal landete daraufhin ebenfalls in Sichtweite. Durch Bewegungen im Packeis aber schlossen sich die Kanäle und beschädigten beide Boote. Man entschloß sich, den Wal 36 (N 24) aufzugeben. Nach 19 Tagen mühseliger Arbeit war eine notdürftige Startbahn hergerichtet, auf der mit dem Wal N 25 ein Start mit beiden Besatzungen an Bord gelang. Dieser Wal wurde später nach England verkauft. Am 3. September 1927 startete der englische Pilot Frank T. Courtney damit zu einem Atlantikflug, den er aber wegen schlechten Wetters abbrach. Später kaufte das Deutsche Reichsverkehrsministerium diesen Wal, um ihn mit dem Kennzeichen D-1422 der Deutschen Verkehrsflieger-Schule (DVS) zuzuweisen. Der damalige Leiter der DVS, Wolfgang v. Gronau, schulte zwei Jahre mit der Maschine und startete am 18. August 1930 zu einem Nordatlantikflug über Island, Grönland, Labrador nach New York, wo er am 26. August eintraf und mit Begeisterung empfangen wurde. Ohne Zweifel war dies eine der größten Leistungen, die je mit einem Flugboot vollbracht worden ist. Dieser Wal stand schon seit Jahren im Dienst und hatte nichts als einen Kompaß und ein bescheidenes Funkgerät an Bord.
Die Wale des Deutschen Aero-Lloyd eröffneten am 5. Juni 1925 die Strecke Danzig–Stockholm. Die Gesellschaft bediente auch die Strecke Berlin–Danzig, so daß von Berlin aus eine direkte Verbindung nach Stockholm bestand. Diese Strecke wurde in Zusammenarbeit mit der Nordiska Flygrederiet betrieben. In den Luftfahrttechnischen Nachrichten[30] wird in einem Bericht »Der regelmäßige Flugdienst Danzig–Stockholm« davon gesprochen, daß die schwedische Luftverkehrs-Gesellschaft den Dienst mit Dornier-Walen eröffnet habe. Es ist möglich, daß die Wale zeitweise unter schwedischer Flagge mit deutschen Besatzungen flogen. Es gibt aber auch Hinweise, daß die Wale unter den italienischen Kennzeichen, die sie in Pisa erhalten hatten, für den Deutschen Aero-Lloyd flogen.
Die Strecke von Danzig nach Stockholm führte etwa 500 km über Wasser, die in fünfeinhalb Stunden einschließlich einer Zwischenlandung bei der Insel Gotland bewältigt wurden. Die Strecke ist mit Passagieren auch bei Nacht beflogen worden, für die damalige Zeit eine hervorragende navigatorische und fliegerische Leistung, wobei allerdings offen bleibt, ob es sich bei den Passagieren um zahlende Kunden oder teilweise um Personal der Marine gehandelt hat. Vom 5. Juni bis 30. September 1925 beispielsweise wurden 226 Flüge ausgeführt, 96 918 km Strecke zurückgelegt, 1200 Fluggäste befördert und 8495 kg Fracht. Jedesmal waren also fünf Personen und 37 kg Gepäck oder Fracht an Bord. Das entspricht bei neun Fluggastsitzen einer Auslastung von 56 Prozent. Ungewöhnlich niedrig erscheint der Flugpreis, der mit RM 150,– angegeben wird.
Die vier Dornier-Wale des Deutschen Aero-Lloyd wurden 1926 von der Lufthansa übernommen und erhielten die deutschen Zulassungs-Kennzeichen D-861 (41) Hai, D-862

(42) Sägefisch, D-863 (43) Thunfisch und D-864 (44) Hecht. Zwischen dem 4. und 11. Februar 1925 stellten die beiden Piloten Richard Wagner (Deutschland) und Ing. Guido Guidi (Italien) nicht weniger als 20 Weltrekorde mit Pisa-Walen auf. Es waren Rekorde über Entfernung, Geschwindigkeit und Höhe mit 250 kg, 500 kg, 1000 kg, 1500 kg und 2000 kg Nutzlast. Das benutzte Flugzeug war ein einfacher Militär-Wal mit Rolls-Royce Eagle IX-Motoren. Guido Guidi war Chefpilot des Werkes Pisa. Sein Urteil über den Wal:

»Der Wal hatte im Gegensatz zu vielen anderen Flugboot-Konstruktionen einen flachen, breiten Bootsrumpf, geringen Tiefgang und geringe Flächenbelastung. Er war dank seines übersichtlichen Aufbaues ein solides, robustes Boot und kein Rennpferd. Trotzdem stellte er zahlreiche Weltrekorde auf und wurde auf allen Weltmeeren geflogen.«

Dornier hatte in der Schweiz, in Italien und in Spanien Fuß gefaßt. Die Spanier zahlten korrekt, und das Werk Pisa konnte sich fürs erste finanziell über Wasser halten. Claude Dornier schrieb dazu: »Der Wal hat die Firma Dornier von einem kleinen Versuchsunternehmen zu einer international bekannten Firma werden lassen.«
Bald traten die Japaner an Dornier heran, um den Wal und andere Dornier-Flugzeuge in Lizenz zu bauen. Er reiste Ende 1924 nach Tokio und hielt dort Vorträge über: »Metall als Baustoff für Flugzeuge« und »Der Wal und seine vielseitigen Verwendungsmöglichkeiten«. Zwei Boote wurden bestellt. Ein kleines Dornier-Team unterwies die Japaner in der Montage und Handhabung der Boote, desgleichen erhielten sie eine Einführung in die Metallbauweise, so daß die Boote in der Schiffswerft von Kawasaki später nachgebaut werden konnten.
Weitere Länder erwarben die Rechte zum Lizenzbau der Wal-Boote; die holländische Aviolanda Maatschappij vor Vliegtuigbouw in Papendrecht (1927), die A.G. für Dornier-Flugzeuge in Altenrhein (1927) und die Firma Dornier Company of America in den USA (1929). Diese Firmen stellten gemeinsam mit dem Werk in Pisa und Kawasaki in Japan mehr als 230 Wale her.

Delphin I, II und III

Mit der Do Cs II des Jahres 1920 versuchte Dornier ein einmotoriges, wenig aufwendiges Verkehrsflugzeug zu schaffen, das für Strecken entlang von Flüssen und Seen geeignet war. Konstruiert hatte Dornier das Boot mit seinen Mitarbeitern in den Zeppelin-Werken in Lindau, wo auch die Teile gebaut wurden. Die Montage fand jedoch in Rorschach auf der Schweizer Seite des Sees statt; Dornier hatte wegen des Bauverbotes dort einen leerstehenden

Dornier Pisa-Wale

Hersteller		Dornier Pisa	Dornier Pisa	Dornier Pisa
Muster		Pisa-Wal Nr. 3 militär	Pisa-Wal Nr. 35 zivil[4]	Pisa-Wal zivil
Triebwerk		Rolls-Royce Eagle VIII	Rolls-Royce Eagle IX	BMW VI
Leistung	kW	2×257 = 514	2×265 = 530	2×330/441 = 882
	PS	2 x350 = 700	2×360 = 720	2×450/600 = 1 200
Besatzung		1 + 2	3 + 9	3 + 10
Länge	m	15,57	17,85	17,45
Höhe	m	4,30	4,35	4,35
Spannweite	m	22,50	22,50	22,50
Flügelfläche	m^2	95,20	96,00	97,00
Flügelstreckung		5,30	5,27	5,22
Rüstmasse	kg	3 450	3 550	4 450
Kraftstoff	kg	800	1 000	844
Schmierstoff	kg	80	100	80
Besatzung	kg	240	240	240
Nutzmasse	kg	880[2]	860	1 036
Zuladung	kg	2 000	2 200	2 200
Startmasse	kg	5 450	5 750	6 650
Flächenbelastung	kg/m^2	57,25	59,90	68,55
Masse Leistungsverhältnis				
Leistungsbelastung	kg/kW	10,60	10,85	7,54
	kg/PS	7,78	8,00	5,54
Flächenleistung	kW/m^2	5,40	5,52	9,10
	PS/m^2	7,35	7,50	12,37
Höchstgeschwindigkeit	km/h	170	175	190
in Höhe	m	0	0	0
Reisegeschwindigkeit	km/h	150	160	170
in Höhe	m	0	0	0
Steiggeschwindigkeit	m/s	1,20[3]	1,50	2,50
Dienstgipfelhöhe	m	3 500	3 500	3 500
Reichweite[1]	km	800	960	850
max. Flugzeit[1]	h	5	6	5
Verbrauch pro Motor	kg/h	80	85	85
Startzeit bei Windstärke 3	s		58	
Landegeschwindigkeit	km/h	85	90	95
Zuladung in % von der Startmasse		37	38	33
Zahlende Nutzlast in % von der Startmasse		16	15	16
Baujahr		1923	1925	1927

[1] bei Reiseleistung ohne Reserven
[2] Langstrecke: 10 h Flugzeit, 1600 km Reichweite, Kraftstoff 1600 kg (2220 l)
[3] durchschnittliches Steigen auf 1000 m (14 min)
[4] Verkehrs-Wal Nr. 35 für Fritz Hammer, I-DALG.

Prototyp Do Cs II der Delphin-Baureihe, Baujahr 1920.

Schuppen gemietet, der zur Montage eines Flugzeuges geeignet war.
Äußerlich glich der Ganzmetall-Schulterdecker mehr einem ins Wasser gesetzten Landflugzeug als einem Flugboot. Die Tragflügel waren oben am Rumpf angelenkt und gegen Flossenstummel abgestrebt. Zum Antrieb wählte Dornier einen BMW IIIa mit 136 kW (185 PS). Der Motor war mit Stirnkühler und Zugschraube über dem Bug angeordnet, dahinter saß offen der Pilot vor der Kabine, dahinter die vier Passagiere. Den Erstflug unternahm Werkpilot Lesch am 24. November 1920 auf dem Bodensee. Das stumpfe Vorschiff schob aber so viel Spritzwasser vor sich her, daß verschiedentlich Luftschraube und Boot bei Starts und Landungen beschädigt wurden.

Delphin I

Das Boot erhielt daraufhin ein kurzes Vorschiff, die Seitenwände des Rumpfes wurden durch aufgenietete Längsprofile verstärkt. Die Start- und Landeeigenschaften konnten mit Hilfe des geänderten Vorschiffes verbessert werden, dennoch blieb der Prototyp mit vielerlei Mängeln behaftet. Doch Claude Dornier gab so schnell nicht auf. An einem im nächsten Jahr (1921) gebauten Boot wurde der Motor auf einer Art Konsole höher gelagert und damit wurde der Wirkungsgrad der Luftschraube verbessert. Die Unterwasserform des Rumpfes wurde verfeinert, das Seitensteuer vergrößert, der Führersitz erhöht und der Bug nochmals verlängert. Eine Überdachung des Führersitzes bewährte sich allerdings nicht. Den Tragflügel ließ Dornier – je nach Wunsch des Kunden – mit Blech beplanken oder aber auch mit Stoff bespannen – die Stoffbespannung brachte wieder 80 kg mehr zahlende Nutzlast.
Insgesamt baute das Werk drei Delphin I mit den Werknummern 25, 26 und 27. Den umgerüsteten Prototyp Do Cs II verkaufte das Zeppelin-Werk 1920 in die USA für Versuchszwecke bei der Marine und zum Studium der Ganzmetallbauweise. Unter der Zulassung A-6055 unterzog die Navy das Flugzeug einer gründlichen Erprobung. Einen Delphin I mit der Werknummer 25 lieferten die Zeppelin-Werke (6. Februar 1924) nach Japan an Kawasaki. Die Werknummer 26, die in dem inzwischen in Pisa eingerichteten Werk montiert worden war, diente als Erprobungsträger für ein stärkeres Triebwerk mit 220 kW (300 PS). Die Werknummer 27 mit stärkerem Motor übernahm später der Bodensee Aero-Lloyd; er ging allerdings bei Lindau zu Bruch. Ein Delphin I hatte übrigens 1923 an der schon erwähnten Ausstellung mit Flugwettbewerb in Göteborg teilgenommen.

Dornier Metallbauten GmbH

Zwischen dem Luftschiffbau Zeppelin unter der Leitung von Dr. Eckener und dem Zeppelin-Werk Lindau, das unter

Delphin I mit verlängertem Vorschiff und erhöht eingebautem Motor zum Schutz der Luftschrauben gegen Spritzwasser, Baujahr 1921.

Delphin II des Bodensee Aero-Lloyd (1925), der für Rundflüge mit Erfolg Verwendung fand.

Leitung von Dornier den Flugzeugbau betrieb, hatten sich gewisse Spannungen ergeben. Dr. Eckener fand eine faire Lösung, indem er Dornier den Kauf des Zeppelin-Werkes Lindau anbot. Dornier, der gerade einen finanziell sehr günstigen Lizenzvertrag mit General Motors abgeschlossen hatte, nahm das Angebot an. Dr. Eckener am 20. Juni 1922 beim gemeinsamen Essen zum Abschluß des Vertrages in bester Laune zu Dornier: »Jetzt kann es den Dornier-Werken nur noch besser gehen, nachdem Sie Ihre lästigen Gesellschafter ausgebootet haben.« Dornier lächelte nur: »Er kam sich wie ein kleiner König vor.«

Rundflüge mit dem Delphin II

Nachfolger der Versuchsmuster-Reihe wurde die Do L II/Delphin II. Wichtigste Neuerung des weit eleganteren Flugbootes war die Einbeziehung des Führerraumes in die Kabine. Der Bootsvorderteil wurde erneut verlängert und die Triebwerkleistung durch Verwendung des Rolls-Royce Falcon III auf 191 kW (260 PS) erhöht.
Der Erstflug des in Seemoos gebauten Delphin II erfolgte am 15. Februar 1924. Nach Abschluß der Flugversuche erhielt Flugkapitän Dipl.-Ing. Horst Merz den Auftrag, das

Delphin III, Baujahr 1928, mit runden Fenstern und mit BMW VI mit 338/441 kW(460/600 PS).

Taxi-Flugboote Dornier Delphin I, II und III

Hersteller		Zeppelin Lindau	Dornier	Dornier
Muster		Delphin I Do L	Delphin II Do L	Delphin III Do L Bas*
Triebwerk		BMW III a	BMW IV	BMW VI
Leistung	kW	136	221	441
	PS	185	300	600
Besatzung + Reisende		1 + 4	2 + 5	2 + 5/10
Länge	m	11,50	12,30	14,35
Höhe	m	3,10	3,50	4,05
Spannweite	m	17,10	17,10	19,60
Flügelfläche	m^2	51,30	51,30	62,00
Flügelstreckung		5,70	5,70	6,20
Rüstmasse	kg	1 600	1 700	2 900
Kraftstoff	kg	200	200	410
Schmierstoff	kg	15	15	54
Besatzung	kg	80	80	80
Nutzmasse	kg	305	530	456
Zuladung	kg	600	825	1 000
Startmasse	kg	2 200	2 525	3 900
Flächenbelastung	kg/m^2	42,88	49,22	62,90
Masse Leistungsverhältnis	kg/kW	16,17	11,43	8,84
	kg/PS	11,89	8,47	6,50
	kW/m^2	2,65	4,31	7,11
	PS/m^2	3,61	5,85	9,68
Höchstgeschwindigkeit	km/h	125	135	180
in Höhe	m	0	0	0
Reisegeschwindigkeit	km/h	110	120	160
in Höhe	m	0	0	0
Steiggeschwindigkeit	m/s	2,00	2,00	
Dienstgipfelhöhe	m	4 000	3 000	4 500
Reichweite	km	660	460	640
max. Flugzeit	h	6	4	4
Zuladung in % von der Flugmasse		27	33	26
Zahlende Nutzlast in % von der Flugmasse		14	21	12
Baujahr		1921	1924	1928

* B = BMW, a = Verkehrsflugzeug, S = See

Flugzeug über See auf der Nachtflug-Versuchsstrecke Stettin–Kopenhagen zu erproben. Der Deutsche Aero-Lloyd war daran interessiert, mit dem Boot einen Nachtflugverkehr auf dieser Strecke einzurichten. Dazu kam es aber nicht, denn Merz mußte feststellen, daß der Pilot bei Nacht durch die Scheiben der geschlossenen Kabine geblendet wurde. Damit war der Delphin II für Nachtflüge ungeeignet.

Zwei Delphin II-Boote wurden an den Bodensee Aero-Lloyd geliefert, der Delphin II Konstanz D-277 (22. Juni 1925) mit BMW IV und der Werknummer 42 und die Lindau D-702, ebenfalls mit BMW IV und der Werknummer 44. Zwei weitere Muster wurden mit den Kennzeichen D-401 und D-791 und mit Rolls-Royce Falcon-Triebwerken zugelassen. Die D-401 mit der Werknummer 28 stürzte während eines Werkfluges mit Flugkapitän Aland ab, der dabei tödlich verunglückte. Die D-791/Werknummer 43 erwarben 1925 die Engländer für Versuchszwecke.

Die beiden Delphin II-Boote des Aero-Lloyd, die fünf Personen Platz boten, beförderten während der Monate August und September 1925 auf Rundflügen und auf der Strecke Konstanz–Lindau 2136 Personen und legten dabei 14 960 km Strecke zurück. Bis zum Jahre 1932 gaben die Boote rund 20 000 Fluggästen die Lufttaufe. Mit 10 000 Starts und Landungen war aber die Grenze ihrer Lebensdauer erreicht.

Delphin III – zu schwer und zu kostspielig

Die Rundflüge der Delphin-Boote wurden zu einer Attraktion für den Fremdenverkehr am Bodensee, und die Flugzeuge waren im Sommer vielfach ausgebucht. Dornier begann schon früh in Manzell mit den Konstruktionsarbeiten an einem für zehn Passagiere ausgelegten Delphin III. Der Bau des Bootes erfolgte aber im Schweizer Werk Altenrhein (über das noch berichtet wird).

Die Do L 3 oder Delphin III erhielt eine vergrößerte Kabine und mit dem BMW VI mit 338/441 kW (460/600 PS) ein entsprechend stärkeres Triebwerk. Die Tragflächen des – wie sich nachher herausstellte – zu schweren Bootes wurden von dem Landflugzeug Dornier Merkur übernommen. Am 30. März 1928 startete der Delphin III zum Jungfernflug, und im gleichen Jahr gab er auf der ersten Internationalen Luftfahrt-Ausstellung in Berlin (ILA) sein Debut. Drei Muster wurden gebaut.

Der Delphin III Do L Bas mit der Werknummer 151, D-1620, Baujahr 1929, wurde an den Bodensee Aero-Lloyd geliefert. Die Maschine stürzte aber kurze Zeit später, am 29. Juni 1929, bei Lindau ab. Pilot Zinsmeier und vier Passagiere fanden dabei den Tod. Ursache dieses schweren Unfalles war eine Wasserspiegelung, die schon so manchem Seeflieger bei glatter Wasseroberfläche zum Verhängnis geworden war. Wahrscheinlich war die Anordnung des Pilotensitzes hinter den Scheiben eine der Ursachen für Unfälle durch unglückliche Spiegelungen. Der zweite Delphin III mit der Werknummer 153 und dem Kennzeichen D-1857 befand sich 1930 noch im Besitz der Dornier Metallbauten und ist anscheinend nicht verkauft worden. Das dritte Muster mit der Werknummer 152 und der Schweizer Zulassung CH-178 blieb in der Schweiz. Bei den beiden letzteren Mustern sind die hinteren Fenster des Bootes rund ausgeführt worden.

Im Gegensatz zu den Dornier-Walen stand über den Delphin-Booten kein guter Stern. Ein Luftverkehr mit Flugbooten an Flüssen und Seen entlang war nicht gefragt, weil Landflugzeuge diese Aufgabe ebenso gut erfüllten. Die Wartung der Boote war zudem wegen der Korrosion recht teuer, und der schwere Bootskörper hatte eine geringere Nutzlast zur Folge.

Focke-Wulf, Taxi- und Kleinverkehrsflugzeuge

Henrich Focke wurde am 8. Oktober 1890 als Sohn des Bremer Senatssydikus Dr. jur. Johann Focke geboren. Nach dem Abiturium wollte er an der Technischen Hochschule in Hannover Maschinenbau studieren; zur Immatrikulation war aber der Nachweis für ein Jahr praktischer Arbeit notwendig, die Henrich in einer Eisenbahn-Reparatur-Werkstatt in Bremen ableistete. Zu jener Zeit (1909) baute der vom Flugwesen faszinierte Junge mit zwei Freunden einen ersten Gleiter, mit dem Sprünge von etwa 25 Metern gelangen. Mit einer Ente mit 8 PS-NSU-Motor setzten die flugbegeisterten Jungen ihre Versuche fort, kamen aber trotz aller Mühen nicht in die Luft.

Mit der Aufnahme des Studiums im Herbst 1910 begann für Henrich Focke der Ernst des Lebens. Jeden freien Tag nutzte er jedoch, um nach Bremen zu fahren und mit zwei neu gewonnenen Freunden, Hans Kolthoff und Georg Wulf, neue Flugzeuge zu bauen. Focke kannte die Zanonia-Flügelform, von Professor Ahlborn entdeckt und von Igo Etrich in der Flugtechnik praktisch angewandt. Er gewann seine Freunde für den Bau eines Eindeckers mit taubenförmigen Tragflächen. Für 500 Mark erstand Focke aus einem Bruch einen leicht beschädigten 37 kW(50 PS)-Motor für die Taube. Auf dem recht brauchbaren Flugzeug, »Kolthoff-Focke-A IV« genannt, brachten sich Kolthoff und Wulf das Fliegen selbst bei.

Als 1914 der Erste Weltkrieg ausbrach, meldeten Focke und Wulf sich freiwillig zum Militärdienst. Wulf gelang es, Flugzeugführer zu werden, Focke spezialisierte sich dagegen auf Funkgeräte, deren Vermessung und Unterricht über das Funkwesen.

Nach dem Krieg nahm Focke bei den Bremer Francke-Werken eine Stelle an (1920) und holte ein Jahr später seinen Freund Wulf nach. Die ganze Freizeit der beiden gehörte wieder der Arbeit an Flugzeugen.

Im Keller eines Museums lag noch die vor dem Krieg begonnene, halbfertige A VI. Wulf hatte als Flugzeugführer im Krieg neue Erfahrungen gewonnen, mit deren Hilfe sie nun verbessert und weitergebaut wurde. Focke stellte einen Kräfteplan auf und begann mit Berechnungen, die er Prof. Pröll zur Begutachtung schickte. Inzwischen gab es auch Bauvorschriften, die es zu berücksichtigen galt und die einen Nachweis über die genügende Festigkeit des Tragflügels durch eine Belastung mit Sandsäcken verlangte. Bald meldeten sich auch Offiziere der Ilük, um das Flugzeug zu überprüfen, das im Keller des Museums »restauriert« wurde. Sie fanden beim besten Willen keinen Grund, es als Kriegsgerät zu deklarieren. Der alte Argus-Motor wurde in Wulf's Schlafzimmer überholt und verbessert. Nach der Überwindung unsäglich vieler Hindernisse stand der fertige Vogel mit der Bezeichnung A VII schließlich in einem ehemaligen Kriegszelt auf dem Exerzierplatz »An der Ochtum«. Ende 1921 unternahm Wulf die ersten Flüge. Wenige Tage später zerfetzte ein eisiger Sturm das Zelt. Es brach zusammen, die A VII mit zerbrochenen Flügeln unter sich begrabend.

Fast hätte das Unglück Wulf und Focke ihre Begeisterung genommen. Im Sommer 1922 stand die A VII jedoch wieder startklar auf dem Exerzierplatz. Am 15. Oktober unternahm Prof. Dr.-Ing. Pröll von der Technischen Hochschule Hannover in seiner Eigenschaft als vom Reichsluftamt ernannter Prüfer einen längeren Flug zur Leistungsvermessung mit dem Ergebnis, daß die A VII ihre Zulassung zum Luftverkehr unter der Nummer D-264 erhielt. Endlich konnten Wulf und Focke fliegen, so oft sie wollten. Sie

Schulflugzeug A VII Storch mit der Werknummer 1, Baujahr 1922.

Kleinverkehrsflugzeug Focke-Wulf A 16 für drei Reisende mit Siemens Sh 5 mit 55 kW(75 PS).

nutzten die Zeit in der Luft für zahlreiche Messungen, um ungeklärte Probleme zu lösen. Gleichzeitig begann die Suche nach Geldgebern für einen eigenen kleinen Flugzeugbau. »Freiflüge für Geldgeber« hieß bald das Motto, und Wulf schaukelte eifrig Persönlichkeiten der Bremer Geschäftswelt durch die Luft, um sie für den Gedanken eines Bremer Flugzeugbaues zu gewinnen.

Am 23. Oktober 1923 endlich wurde unter dem Namen Bremer Flugzeugbau AG ein Gesellschaftsvertrag abgeschlossen und am 13. November 1923 in Focke-Wulf-Flugzeugbau AG umbenannt. Bremer Wirtschaftskreise und Kaufleute waren die Geldgeber. Sie empfahlen als Geschäftsführer Dr. rer. pol. Werner Naumann, den Focke und Wulf gerne akzeptierten. Er verstand es, die Firma bis weit in die dreißiger Jahre hinein vorbildlich zu führen. Ohne Naumann hätte es wahrscheinlich weder eine Fw 200 Condor noch eine Fw 190 gegeben. Die Gesellschaft begann bescheiden mit 20 000 Mark Kapital, mit Gehältern von 300 Mark für Focke, Wulf und Naumann. Sie gewann bald in Wilhelm Herzog einen hervorragenden Meister mit vier Arbeitern und einer Zeichnerin, insgesamt also neun Mitarbeiter, die sich den Bau eines Verkehrsflugzeuges zum Ziel gesetzt hatten.

Im gemieteten Teilstück einer Halle fanden das Paradestück A VII, zwei kleinere Räume als Konstruktionsbüro und die Zeichnerin Unterschlupf. Das Zimmer der Geschäftsführung lag in der Stadt und war nur per Fahrrad zu erreichen. Focke schreibt in seiner Biographie[31] über das Ziel der nunmehr beginnenden Arbeit:

»Damals konnten wir davon ausgehen, daß es im Deutschen Reich noch keine Monopol Luftverkehrs-Gesellschaft, also noch keine Lufthansa gab. Die Gemeinden waren die Träger regionaler Luftverkehrs-Gesellschaften. Die finanziellen Mittel der kleinen Gesellschaften waren, wie nicht anders möglich, beschränkt und darin lag für uns die Notwendigkeit, Flugzeuge zu bauen in der Preislage zwischen 20 000 bis höchstens 25 000 Mark.«

Diese Äußerungen treffen ebenso für die von Caspar gebauten CLE 11 und CLE 16, die Messerschmitt M 18, die Udet U 8 und die Junkers K 16 zu. Den ersten Auftrag auf drei Kleinverkehrsflugzeuge des Typs A 16 erhielt der Focke-Wulf Flugzeugbau von der Bremer Luftverkehrs-Gesellschaft, hinter der auch die Teilhaber des Flugzeugwerkes standen. Das Flugzeug sollte in einer geschlossenen Kabine drei Reisende befördern können.

A 16-Reihe für Kurzstrecken

Ende Juni 1924 gingen die letzten Zeichnungen an die Werkstatt. Die A 16 war ein gefälliger, freitragender Hochdecker mit tief liegendem Rumpf. Das Flugzeug bestand aus einem Holzgerüst und war mit Sperrholz beplankt, Flügelrippen- und Rumpfende dagegen waren stoffbespannt. Zum Antrieb diente ein Siemens Sh 5 Siebenzylinder-Motor, der ganze 55 kW (75 PS) leistete. Focke schreibt, die Fachwelt habe gelacht, als man hörte „die beiden Jungens in Bremen, die mit dem Fahrrad zum Flugplatz fuhren“ wollten mit 55 kW vier Personen einschließlich Piloten in die Luft bringen. Focke hatte ein Modell des Flugzeuges mit laufendem Motor im Windkanal der Aerodynamischen Versuchsanstalt in Göttingen vermessen lassen und errechnete anhand der Ergebnisse 120 km/h Geschwindigkeit. Bei den Abnahmeflügen wurden später unter Führung Wulfs 135 km/h erzielt.

Am 23. Juni 1924 startete Wulf mit der A 16 zum Erstflug. Ein Aufsichtsratsmitglied soll platt auf dem Boden gelegen haben, um zu prüfen, ob die Maschine auch wirklich abheben würde. Das Flugzeug hob aber sehr schnell ab, worauf der Mann mit dem Ruf aufsprang »Hurra, die Aktien steigen!« Trotzdem traute die DVL den Bremer Fliegern nicht über den Weg und verlangte, den weiten Flug zwecks Zulassung von Bremen nach Berlin müsse das Flugzeug mit der Bahn zurücklegen. Um so überraschter waren die Ingenieure der DVL, als die »Bremer« mit tadellosen Zeichnungen und Berechnungen aufwarteten, an denen es nicht viel auszusetzen gab. Wulf gelangen die Prüfungsflüge mit voller Zuladung (963 kg), entsprechend drei Passagieren

und Pilot mit Kraftstoff für vier Stunden Flugzeit in vorbildlicher Weise, und er erhielt nun die Genehmigung, von Berlin aus zurückzufliegen. Focke ließ es sich nicht nehmen, den Flug in der Kabine selbst mitzuerleben.
Bei der Landung hatte die A 16 eine etwas ungewöhnliche Eigenschaft, die Wulf bei den ersten Flügen Schwierigkeiten bereitete. Mit ihrer hochwertigen aerodynamischen Formgebung und einer Gleitzahl von 1:14 schwebte die A 16 beim Landeanflug sehr weit. So war es für den Piloten nicht einfach, in der Nähe des Landekreuzes aufzusetzen. Focke hat später an der Fw 56 Stößer, die ebenfalls wegen ihrer hohen aerodynamischen Güte weit schwebte, einen kleinen Spoiler im Flügelmittelstück angebracht, mit dessen Hilfe der Anflugwinkel feinfühlig gesteuert werden konnte. Bei der A 16 aber blieb nichts anderes übrig, als ganz flach anzufliegen und die Maschine dabei in der Endphase vorsichtig »auszuhungern«. Das bedeutete für die Piloten einige Starts und Landungen, um diese neue Art der Segelflug-Landung zu beherrschen. Am 13. Juli fand die Taufe der A 16 auf den Namen Bremen statt, und wenige Tage später nahm die Bremer Luftverkehrs-Gesellschaft mit dem Flugzeug unter Führung von Cornelius Edzard erste Taxiflüge nach Wangerooge auf. Edzard wurde später Chefpilot von Focke-Wulf, Geschäftsführer der Bremer Luftverkehrs-GmbH und deren Nachfolgerin Norddeutsche Luftverkehrs-AG.
Der Pilot der A 16 saß in der Flügelnase und wird von dort keine gute Sicht gehabt haben, besonders beim Landen und Abfangen. Die Knüppelsteuerung gewährleistete über Kugellagerrollen eine sehr gute Gangbarkeit. Der Motor war gegen Ausbrechen durch ein Fangseil gesichert. Der Kraftstofftank wurde aus Gründen der Sicherheit in die Nase des Tragflügels verlegt – rechts oben neben dem Piloten – und sollte zum Ausgleich des Drehmomentes der Luftschraube beitragen. Die Abgase der Zylinder wurden gesammelt und nach unten abgeleitet. Der vordere Rumpfteil war mit Blech beplankt. Die Ausführung des Fahrwerkes war einfach ideal: Im Inneren eines unter dem Rumpf durchlaufenden Kastenträgers befanden sich zwei geteilte Achsen. Die heraustretenden Teile einschließlich der Federung waren durch einen stromlinienförmigen Sperrholzkörper gut verkleidet. Die Gestaltung des sehr dicken, zweiholmigen Holzflügels galt dem Ziel, mit geringer Triebwerkleistung möglichst hohen Auftrieb zu gewinnen, um hohe Nutzlast befördern, ausreichende Geschwindigkeit und gute Start- und Landeeigenschaften erzielen zu können.
Auf der Backbordseite befand sich eine Tür. Die Kabine war 1 m breit und dank Einbeziehung des hinteren Hohlraumes des dicken Flügels 1,90 m hoch. Sie war ansprechend und wohnlich gestaltet. Leitwerk und Querruder hatten keine Besonderheiten und waren ohne aerodynamischen Ausgleich.
Die kleinen Flugzeugwerke, deren Aktivitäten sich weitgehend nach den Wünschen der für sie maßgebenden Länder richteten, waren äußerst flexibel. Das führte zum Beispiel bei der A 16 zu vier verschiedenen Versionen, die teilweise erhebliche Unterschiede aufwiesen.

Focke-Wulf A 16 a

Einige Kunden wünschten eine A 16 mit wassergekühltem Standmotor des Typs Mercedes D I. Dieser Umbau erforderte so viele Änderungen, daß man schon fast von einem neuen Flugzeug mit gleichem Tragflügel sprechen kann. Der wassergekühlte, lange Standmotor führte zwangsläufig zu einer Verlängerung des Rumpfes um 60 cm und zu einer Verbreiterung um 30 cm. Es blieb nichts anderes übrig, als den vorderen Rumpfteil ganz neu durchzukonstruieren. Der Pilot wurde wie beim Fokker F III links neben den Motor gesetzt und der Motor um 10° nach rechts gedreht. Dabei fand Focke keine gute Lösung für die Anbringung des Kühlers. Er wurde steuerbord unter den Fenstern an der Kabinenaußenwand angeordnet, so wie man es von Flugzeugen der Jahre 1912/13 her gewohnt war. Die Werkunterlagen

Focke-Wulf A 16a mit Mercedes D I und neben dem Motor sitzenden Piloten.

Focke-Wulf A 16c mit dem Versuchsmotor Siemens Sh 6 mit 79 kW(108 PS), dem bald der Einbau des verbesserten Serien-Motors Sh 12 folgte. Das Flugzeug wurde vom Aero-Lloyd geflogen und fand später bei der DVS Verwendung.

schweigen sich darüber aus, warum man keinen Front- oder Bauchkühler verwandte. Da auch die Steuerzüge infolge der Umkonstruktion zu ändern waren, stellte man gleichzeitig auf Handradsteuerung um. Statt einem wurden zwei Tanks backbord und steuerbord in der Flügelnase eingebaut. Bei der Flugerprobung zeigte sich, daß die Maschine wegen der versetzten Propellerachse stark nach der rechten Seite gierte. Das wurde durch Verstellung der Seitensteuerflosse und einen Hornausgleich am Ruder, der den Steuerdruck minderte, behoben.
Durch die vielen Änderungen kam es zu einer Erhöhung der Leermasse von 26 Prozent, zu einer höheren Flächenbelastung mit längerer Startrollstrecke, aber auch zu einer Steigerung der Geschwindigkeit und zu besseren Steigleistungen.
Zur Überraschung für Focke und Wulf ließ die DVL wegen des stärkeren Triebwerkes und der größeren Kabine das Flugzeug bei kürzeren Flügen für vier Personen zu.
Allerdings hatten die von einigen Kunden so gepriesenen Mercedes-Motoren auch ihre Tücken. Nach dem Versailler Friedensvertrag waren neben den Flugzeugen auch alle Motoren zu zerstören. Das geschah – wie Ingenieur E. A. Wohlberg, der von früh an bei Focke-Wulf war, berichtet – teilweise durch Absägen der Nabe. Geschäftstüchtige Leute kauften den Schrott auf und vertrieben ihn mit gutem Gewinn ans Ausland. So kam es vor, daß unter den nun eingebauten Mercedes-Motoren auch solche mit angeschweißter Nabe auftauchten. Im Flug machten sich dann Luftschraube und Nabe selbständig, der Motor wurde aus der Lagerung gerissen und blieb im Fangseil hängen. Der Pilot konnte dank des so entstandenen großen Lochs mit freiem Blick nach unten glatt notlanden.
In einem Schreiben vom 11. März 1925 erwähnt Focke-Wulf nach einem Werbeflug in zehn Städte über 2000 km Strecke mit 13 Stunden Flugzeit, daß der Siemens-Motor bei besonders sorgfältiger Wartung einwandfrei lief. Die späteren Muster waren viel weniger gegen Störungen anfällig.

Focke-Wulf A 16c

Die kleinere dreisitzige A 16c, die der Deutsche Aero-Lloyd in Auftrag gab, erhielt nur ein stärkeres Triebwerk. Der Aero-Lloyd besaß mit dem Fokker F II genügend viersitzige Maschinen und war nur an der wirtschaftlichen, kleineren Ausführung interessiert. Die spärlichen Werkunterlagen geben kein Datum an, aber das Flugzeug ist wahrscheinlich Ende 1925 fertiggestellt worden. Die A 16c war mit einem Sh 6-Motor ausgerüstet, der im Vergleich zum Sh 5 neun anstatt sieben Zylinder hatte und 81 kW (110 PS) leistete, 25 Prozent mehr als der Sh 5. Allerdings sind nur wenige Sh 6 entweder für Versuchszwecke oder für Focke-Wulf (DAL) gebaut worden, denn die Serienausführung Sh 12 erschien schon Ende 1925 und wurde in Paris und München auf Ausstellungen gezeigt. Bei diesem Motor war es gelungen, durch Erhöhung der Verdichtung von 4,7 beim Sh 5 auf 5,6 beim Sh 12 und durch andere Verbesserungen den Verbrauch um 23 Prozent von 356 g/kW/h (262 g/PS/h) auf 313 g/kW/h (230 g/PS/h) zu senken. Anfangs sind wahrscheinlich einige A 16c mit dem Sh 6 ausgerüstet worden, der später gegen den Sh 12 ausgetauscht wurde. Bei einem Vergleich der Daten von A 16 und A 16c mit Sh 6 fällt das beachtliche Ansteigen der Leermasse um 80 kg ins Auge. Der Sh 6 war um 21 kg schwerer, die restlichen 59 kg gehen wohl auf Verbesserungen betrieblicher Art zurück. Die A 16c hatte eine um 33 Prozent kürzere Startstrecke und eine um 40 Prozent verbesserte Steigleistung gegenüber der A 16. Höhere Wirtschaftlichkeit und Zuverlässigkeit konnte wahrscheinlich erst der Sh 12 bringen.

Focke-Wulf A 16d

Eine Ausführung A 16d mit stärkerem Mercedes D II-Motor hatte mit 3 m/s Steigen ganz wesentlich bessere Steigleistungen, erreichte 1000 m Höhe in sieben Minuten und 160 km/h Geschwindigkeit. Dank der Kraftreserve war die A 16d für eine Verwendung in gebirgigen Gegenden, so

A 16d mit wassergekühltem Mercedes D II. Der Pilot sitzt neben dem Motor, rechts vor ihm das große Auspuffrohr.

Fw A 16d mit 88 kW(120 PS)-Mercedes D II-Motor als Taxiflugzeug der Westfälischen Luftverkehrs-Gesellschaft Dortmund.

im Süden Deutschlands, in den Alpen und in Österreich ausgelegt. Mit vier Fluggästen konnten nun Flüge bis zu zwei Stunden Dauer unternommen werden. Der sehr spartanische Führersitz der A 16-Typen wurde bequemer gestaltet und etwas vergrößert. In einem Angebot machte Focke-Wulf darauf aufmerksam, daß neue Mercedes-Motoren erst ab 1927 lieferbar seien, die gebrauchten Motoren aber von Daimler-Benz überholt und mit Leichtmetallkolben ausgerüstet würden.

Focke-Wulf A 16b mit Junkers-Motor

Die Junkerswerke verfolgten mit großem Interesse die Arbeiten von Henrich Focke, wie aus den aktenkundigen, sorgfältigen Beurteilungen der Focke-Flugzeuge durch Junkers-Ingenieure hervorgeht.
Gotthard Sachsenberg, der verantwortliche Leiter der Junkers Luftverkehrs-AG, erkannte die Bedeutung des regionalen Zubringer-Verkehrs. Er vereinbarte mit der Bremer Luftverkehrs-Gesellschaft, daß sie Passagiere aus dem norddeutschen Raum und den Seebädern dem überregionalen und internationalen Luftverkehrsnetz der Junkers-Werke zuführen sollte. Junkers würde umgekehrt das gleiche tun. Das war wirtschaftlich für beide Teile vorteilhaft, denn Junkers erklärte sich dadurch bereit, auf den Regionalverkehr im norddeutschen Raum zu verzichten.
Um den Wünschen des Junkers Luftverkehrs glaubhaften Ausdruck zu verleihen, kaufte Junkers zwei A 16 unter der

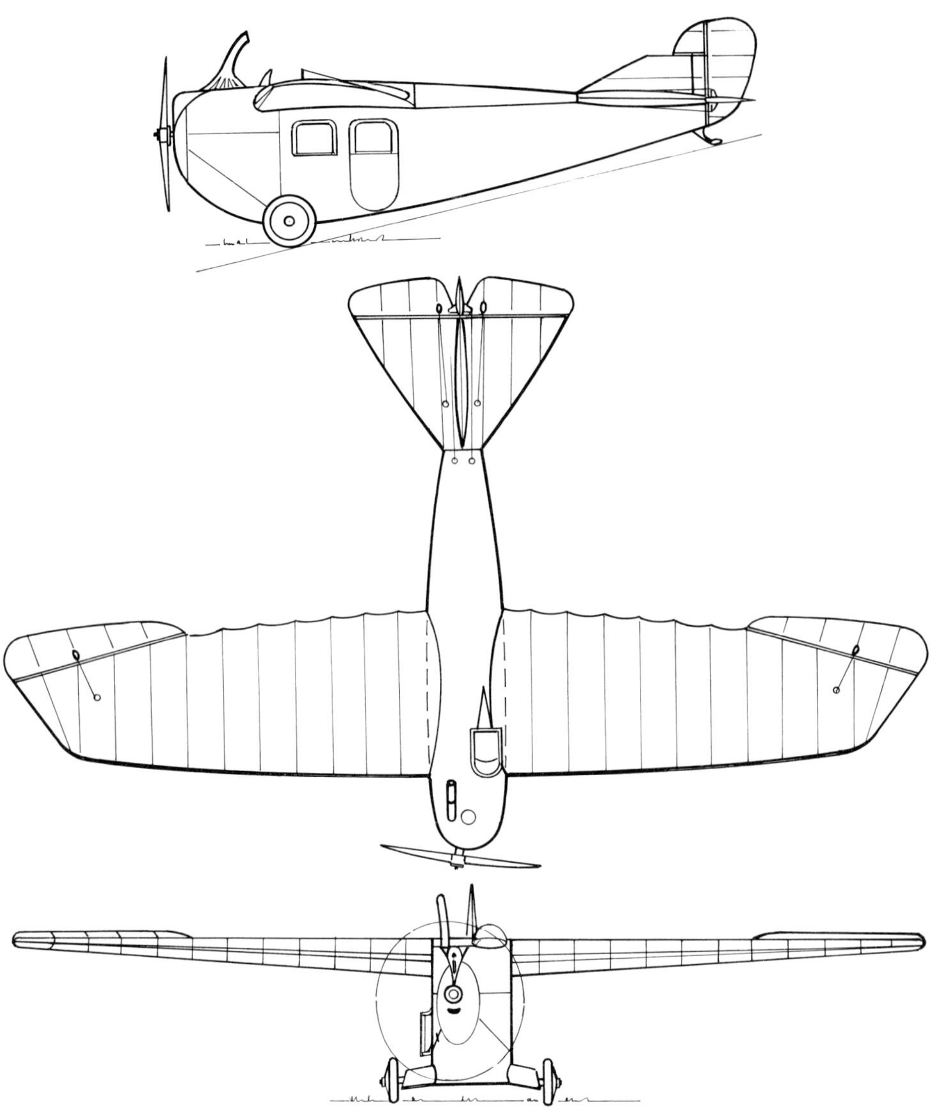

Fw A 16d mit Mercedes II-Motor. Deutlich erkennbar ist der nach Steuerbord versetzte Motor und der Kühler an der Steuerbordwand.

Für den Junkers Luftverkehr gebaute A 16b mit Junkers L 1a mit 55 kW (75 PS) Leistung, die später für den Zeitungsdienst Verwendung fand.

Bedingung, den Junkers L 1a-Motor einzubauen. Die beiden Flugzeuge mit den L 1a-Motoren sind unter den Kennzeichen D-814 und D-659 im Jahre 1925 geliefert und zugelassen worden. Junkers meldete beide zur Teilnahme am Deutschen Rundflug, der am 31. Mai 1925 begann und das größte luftsportliche Ereignis des Jahres 1925 wurde.
Neben den beiden A 16b, von denen jedoch anscheinend nur eine Maschine am Rundflug teilnahm, meldete Junkers noch zwei K 16 und vier Sportflugzeuge, zwei Junkers T 26 und zwei Junkers T 29, insgesamt acht Flugzeuge. Bei der Focke A 16b ging es Junkers wohl hauptsächlich um die Erprobung des luftgekühlten Junkers Motors L 1a im praktischen Flugbetrieb.
Für die A 16b wurde die kleine Zelle der A 16 verwendet. Außer am Vorbau war an der Maschine nichts zu ändern und mit dem schmalen Standmotor und dem nicht mehr seitlich, sondern dahinter liegenden Pilotensitz war diese Ausführung rein äußerlich gesehen wohl die eleganteste.
Der Junkers L 1, ein Sechszylinder-Standmotor mit zwangsweiser Luftkühlung, ist ein etwas ungewöhnliches Exemplar. Der Motor hatte um die Luftschraubennabe ein Gebläse, das verdichtete Luft über Leitbleche zur Kühlung um die Zylinder drückte. Dem Versuch lag der Gedanke zugrunde, das Gewicht des schweren Kühlers mit hohem Luftwiderstand einschließlich der 20 bis 40 kg Kühlwasser einzusparen. Wie die meisten damaligen Motoren war der L 1 mit 130 kg (2,35 kW/PS [1,73 kg/PS]) ohne Nabe reichlich schwer. Hinzu kam noch ein Verbrauch von 353 g/kW/h (260 g/PS/h). Mit Junkers-Motoren wurden nur die beiden genannten A 16b ausgerüstet. Sie sind später wieder gegen andere Triebwerke getauscht worden.

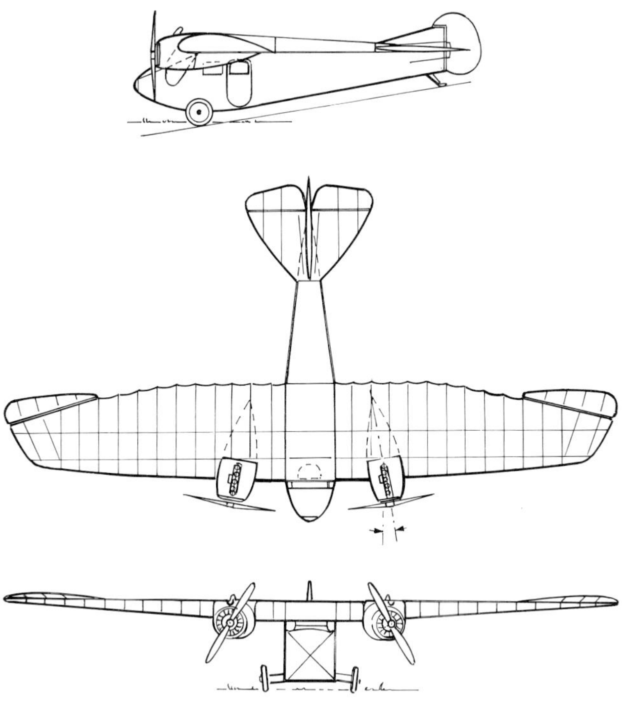

Experimentalflugzeug Focke-Wulf GL 18 mit zwei in der Längsachse – etwas übertrieben dargestellt – verstellbaren Junkers L 1a-Motoren. Baujahr 1925.

GL 18, zweimotoriges Experimental- und Kleinverkehrsflugzeug

Die Türkei trat 1925 mit dem Vorschlag an Junkers heran, ein zweimotoriges, dreisitziges Flugzeug für militärische Zwecke zu bauen. Da dieser Auftrag das Studium des Verhaltens zweimotoriger Flugzeuge im Einmotorenflug einschloß, zeigte sich Junkers gleich daran interessiert. Man kam auf den Gedanken, ein preiswertes Holzflugzeug mit zwei Junkers-Motoren auszurüsten und damit Versuche anzustellen. Es kam weniger auf lange Lebensdauer als auf schnelle Herstellung und Flexibilität der Konstrukteure an. Für diese Aufgabe kam nach einmütiger Meinung der Junkers-Ingenieure nur Focke-Wulf in Frage[32], denn mit den beiden gekauften A 16b hatte man beste Erfahrungen gemacht; sie flogen zur vollen Zufriedenheit im Junkers Luftverkehr.
Damals beschäftigte sich die Fachwelt viel mit dem Problem, wie das Leitwerk einer zweimotorigen Maschine unter den verschiedensten Flugverhältnissen am wirkungsvollsten anzublasen war. Junkers wollte für Versuche dieser Art ein Flugzeug mit verstellbaren Motoren verwenden, bei dem das Leitwerk unter verschiedensten Winkeln angeblasen werden konnte. Die Auswirkungen der unterschiedlichen Anblaswinkel auf ein Leitwerk waren damals rechnerisch noch nicht einwandfrei erfaßbar.
Zum Bau des Experimentalflugzeuges GL 18 mußte der Rumpf einer A 16 herhalten, der ein vergrößertes Seitenruder mit aerodynamischem Hornausgleich erhielt, einen verlängerten Flügel und zwei in den dicken Flügel eingebaute Junkers L 1-Motoren. Der Pilot hatte im Bug reichlich Platz und wurde durch eine Scheibe gegen das Wetter geschützt. Er hatte eine vorzügliche Sicht. Am 25. November 1925 lagen die im Werk erflogenen Daten nebst einem Preisangebot über 36 000 Mark für die GL 18 vor. Focke-Wulf bot das von Junkers bestellte Flugzeug gleichzeitig seinen Kunden als zweimotoriges Kleinverkehrsflugzeug an. Die offiziellen Abnahmeflüge für eine Zulassung der Maschine bei der DVL in Adlershof erfolgten aber erst am 10. und 11. August 1926 in Gegenwart von Erhard Milch und Fritz Achterberg, als Vertreter von Junkers. Die dabei erflogenen Leistungen sind in der Tabelle festgehalten. Bei

Focke-Wulf GL 18 für die Junkers-Werke mit zwei Junkers L 1a-Motoren mit Zwangskühlung durch ein Gebläse.

den Flügen ergaben sich allerdings eine Reihe von Schwierigkeiten mit den L 1a-Motoren, die ihre volle Leistung erst bei der Wiederholung verschiedener Flüge am nächsten Tag erreichten. Auf die wahrscheinlichen Gründe für die achtmonatige Verspätung wird später noch eingegangen.
In den Bezeichnungen bestehen nun einige Unklarheiten. Die GL 18 ist das von Junkers bestellte Experimentalflugzeug mit verstellbaren Motoren, das aber in einer Ausführung als Verkehrsflugzeug geliefert wurde. Junkers wollte es später wirtschaftlich verwenden. Die Lieferung sollte bis zum 25. Dezember 1925 erfolgen. Wahrscheinlich handelte es sich bei diesem Flugzeug um die spätere »Helgoland«, die in der Luftfahrzeugrolle als D-967 mit der Werknummer 28 ausgewiesen wird und nach der Fusion zur Lufthansa gelangte.

Nach Unterlagen (Zeichnungen) von Focke-Wulf ist die den Kunden mit Junkers L 1a-Motor angebotene Ausführung für Verkehrsaufgaben eine GL 18a. Diese Ausführung fand aber wohl außer Junkers keinen Käufer. Focke-Wulf rüstete daraufhin eine A 16a mit längerem und breiterem Rumpf mit zwei Siemens Sh 11-Motoren mit 60 kW (82 PS) aus und gab ihr ebenfalls die Bezeichnung GL 18a. Die unterschiedlichen Leistungsangaben für die Siemens-Motoren gleichen Typs beruhen übrigens auf der unterschiedlichen Verdichtung der Motoren.
Eine weitere Ausführung der GL 18 erhielt die stärkeren Siemens Sh 12 mit 79 kW (108 PS) und einen geschlossenen Führersitz mit Doppelsteuer unter der Bezeichnung GL 18c. Das Flugzeug verlor bei den Abnahmeflügen bei der DVL in Adlershof (1926) im Einmotorenflug über sieben km

Focke-Wulf GL 18c, Baujahr 1926, mit zwei Siemens Sh 12-Motoren mit je 79 kW(108 PS).

Strecke nur 100 m Höhe. Für gute Wendigkeit sprachen Rollen und Loopings, die Wulf vorführte. Dieses Muster wurde an die DVL geliefert und erscheint in der Luftfahrzeugrolle als D-1097 mit der Werknummer 31.

GL 22, zweimotoriges Schulflugzeug

Die GL 18c hat sich offenbar bei der Deutschen Verkehrsfliegerschule so bewährt, daß der Wunsch nach einer etwas größeren, verbesserten Ausführung laut wurde. Das neue Flugzeug GL 22 war eine A 16a mit breitem Rumpf, der von 9,10 m auf 11 m verlängert wurde. Der Tragflügel behielt die gleichen Abmessungen. Um ein seitliches Schieben der Maschine beim Flug mit einem Motor zu vermeiden, wurden die Motor-Längsachsen um 10° nach außen geschwenkt. Unter diesen Umständen wurde das Seitenleitwerk so angeblasen, daß im Einmotorenflug einwandfrei Kurs gehalten werden konnte. Diese Maßnahme war sicherlich ein Ergebnis der bei Junkers erfolgten Versuchsflüge mit verstellbaren Motoren, denn die Motoren der Junkers Ju 52/3 m hatten ähnliche, um 6° zur Flugzeug-Längsachse nach außen versetzte Motoren.
Diese Anordnung war allerdings nur so lange vertretbar, als feste Luftschrauben verwendet wurden. Bei den späteren Verstellschrauben verschliß durch die schrägen Anordnungen der Verstellmechanismus weit schneller. Die schwedische A. B. Aerotransport (ABA) machte den Kauf weiterer Ju 52/3 m davon abhängig, daß Junkers die Motoren parallel zur Längsachse des Flugzeuges ausrichtete und sogar Maschinen mit der Forderung nach entsprechendem Umbau zurückgab. Die Leistungen der Maschinen sollen sich auf diese Weise wesentlich verbessert haben.
Geändert wurde an der GL 22 das Fahrwerk, das eine für die Schulung besonders geeignete größere Spurweite erhielt und nun aus zwei V-Streben bestand, die durch eine federbare Strebe gegen den Tragflügel abgefangen wurden. Die Nase der GL 22 war im Vergleich zur A 16 hochgezogen worden, damit der Pilot einen Referenzpunkt am Horizont hatte, um – im Fliegerdeutsch gesprochen – die Schnauze beim Kurven sauber am Horizont herumführen zu können. Aus Focke-Wulf-Akten ist ersichtlich, daß sich bei der Flugerprobung der GL 22 ein Abreißen der Strömung hinter dem Motor bemerkbar machte, wenn gedrosselt wurde[33]. Das wird sicherlich zu starkem Sinken oder zur Kopflastigkeit geführt haben. Diese Schwierigkeiten sollen auch an dem »vorhergehenden Muster« aufgetreten sein; dabei kann es sich nur um die GL 18 gehandelt haben. Das erklärt auch die Verzögerung der Auslieferung der GL 18 an Junkers. Bei einem Experimentalflugzeug für Motoren konnte man diese Eigenschaft nicht in Kauf nehmen. Wahrscheinlich benötigte Focke-Wulf Monate, um durch Windkanalversuche hinter die Ursache zu kommen – sie war in der Formgebung der Motorverkleidung zu suchen. Ähnliche Schwierigkeiten hatte Junkers mit der G 24 bei den Zulassungsflügen in der Schweiz. Hier mußten auch die Motorhauben geändert werden, weil in diesem Fall gefährliche Schwingungen am Leitwerk auftraten. Bei der GL 22 konnte man den Schaden nach dem Werkbericht sogleich beheben, weil man die Ursache von der GL 18 her kannte.
Sechs GL 22 sind gebaut worden; vier Maschinen sind über militärische Stellen via Reichsverkehrsministerium finanziert worden[34]. Drei dieser Maschinen sind in der Luftfahrzeugrolle aufgeführt, und zwar D-1349, GL 22, Werknummer 37 mit zwei Siemens Sh 12 mit der Zulassung vom März 1928 und Lieferung an die DVS, die D-1375, GL 22, Werknummer 39 mit zwei Siemens Sh 12 mit Zulassung von Mai 1928 und Lieferung an die DVS, ferner die D-1418, GL 22, Werknummer 40 mit zwei Sh 12, Zulassung Juni 1928 und ebenfalls Lieferung an die DVS. Über den Verbleib der vierten Maschine liegen zur Zeit noch keine Unterlagen vor; vielleicht ist sie zu Bruch gegangen.

Schulflugzeug GL 22 mit Doppelsteuer und geändertem Bug zur besseren Sicht für die Deutsche Verkehrsflieger-Schule (DVS), Baujahr 1928.

Focke-Wulf-Kleinverkehrsflugzeuge

Hersteller		Focke-Wulf	Focke-Wulf	Focke-Wulf	Focke-Wulf	Focke-Wulf
Muster		A 16[1]	A 16 a[1]	A 16 b	A 16 c	A 16 d
Triebwerk		Siemens Sh 5	Mercedes D I	Junkers L 1 a	Siemens Sh 6[3]	Mercedes D II
Leistung	kW	55	74	55	81	88
	PS	75	100	75	110	120
Besatzung (+ Reisende)		1 + 3	1 + 4	1 + 3	1 + 3/4	1 + 4
Länge	m	8,50	9,10	8,50	8,50	9,10
Höhe	m	2,60	2,60	2,60	2,60	2,60
Spannweite	m	14,00	14,00	14,00	14,00	14,00
Flügelfläche	m^2	27,00	27,00	27,00	27,00	27,00
Flügelstreckung		7,25	7,25	7,25	7,25	7,25
Rüstmasse	kg	570	770	600	650	820
Kraftstoff	kg	74	95	74	80	82
Schmierstoff	kg	13	15	8	10	8
Besatzung	kg	80	80	80	80	80
Nutzmasse	kg	225	250	210	230	296
Zuladung	kg	392	440	372	400	466
Startmasse	kg	962	1 210	972	1 050	1 286
Flächenbelastung	kg/m^2	35,63	44,81	36,00	38,89	47,62
Masse Leistungsverhältnis	kg/kW	17,49	16,35	17,67	12,96	14,61
	kg/PS	12,83	12,10	12,96	9,54	10,72
	kW/m^2	2,04	2,74	2,04	3,00	3,26
	PS/m^2	2,78	3,70	2,78	4,07	4,44
Kraftstoffverbrauch	kg/h	21	26	20	23	30
Höchstgeschwindigkeit	km/h	140	145	145	140	160
in Höhe	m	0	0	0	0	0
Reisegeschwindigkeit	km/h	130	130	130	130	145
in Höhe	m	0	0	0	0	0
Steiggeschwindigkeit	m/s	1,20	1,50	1,50	2,00	3,00
Dienstgipfelhöhe	m	2 500	3 000	3 000	3 500	3 700
Reichweite	km	550	520	480	455	360
max. Flugzeit	h	4[2]	4[2]	3,70[2]	3,50[2]	2,50[2]
Startrollstrecke	m	150	172	150	100	130
Landerollstrecke	m	50	100	50	80	80
Landegeschwindigkeit	km/h	70	70	70	70	75
Zuladung in % von der Flugmasse		41	36	38	38	36
Zahlende Nutzlast in % von der Flugmasse		23	21	22	22	23
Baujahr		1925	1925	1925	1925	1925/26
Preis		26 500	28 000			

[1] von der DVL abgenommene Daten und Leistungen
[2] ohne Reserven
[3] später Sh 12 mit 92 kW (125 PS)

Zweimotorige Focke-Wulf-Experimental- und -Kleinverkehrsflugzeuge

Hersteller		Focke-Wulf	Focke-Wulf	Focke-Wulf	Focke-Wulf
Muster		Experimental GL 18[1]	GL 18 a[3]	GL 18 a[4]	GL 18 c[5]
Triebwerk		Junkers L 1 a	Junkers L 1 a	Siemens Sh 11	Siemens Sh 12
Leistung	kW	2×55 = 110	2×55 = 110	2×60 = 120	2×79 = 158
	PS	2×75 = 150	2×75 = 150	2×82 = 164	2×108 = 216
Besatzung (+ Reisende)		1 + 3	1 + 3	1 + 4	1 + 4
Länge	m	8,50	8,50	9,10	9,10
Höhe	m	2,30	2,30	2,60	2,60
Spannweite	m	16,00	16,00	16,00	16,00
Flügelfläche	m^2	32,00	32,00	34,50	32,00
Flügelstreckung		8,00	8,00	7,40	8,00
Rüstmasse	kg	890	915	1 100	1 100
Kraftstoff	kg	140	180	160	160
Schmierstoff	kg	14	16	20	20
Besatzung	kg	80	80	80	80
Nutzmasse	kg	296	220	290	290
Zuladung	kg	460	496	550	550
Startmasse	kg	1 350	1 411	1 650	1 650
Flächenbelastung	kg/m^2	42,18	44,09	47,43	51,56
Masse Leistungsverhältnis					
Leistungsbelastung	kg/kW	12,27	13,00	13,75	10,44
	kg/PS	9,00	9,28	10,06	7,64
Flächenleistung	kW/m^2	3,44	3,50	3,48	4,94
	PS/m^2	4,69	4,68	4,75	6,75
Kraftstoffverbrauch	kg/h	42	42	52	52
Höchstgeschwindigkeit	km/h	150	160	140	140
in Höhe	m	0	0	0	0
Reisegeschwindigkeit	km/h	135	145	127	127
in Höhe	m	0	0	0	0
Steiggeschwindigkeit	m/s	1,50	1,40	1,85	2,20
Dienstgipfelhöhe	m	3 000	3 000	4 000	5 000
Reichweite[2]	km	400	580	380	380
max. Flugzeit[2]	h	3,00	4,00	3,00	3,00
Startrollstrecke	m	160	170	160	160
Landerollstrecke	m	100	150	100	100
Landegeschwindigkeit	km/h	80	75	85	85
Zuladung in % von der Startmasse			35	33	33
Zahlende Nutzlast in % von der Startmasse			16	18	18
Baujahr		1925	1925	1926	1926
Preis		36 000	36 000		

[1] Daten laut Kostenanschlag vom 5. 11. 1925 (Experimentalflugzeug) im Werk erflogene Leistungen
[2] bei Reiseleistung ohne Reserven
[3] Abnahme-Daten bei der DVL am 10. und 11. 8. 1926
[4] GL 18 a mit größerem Rumpf für 4 Personen
[5] Schulmaschine mit Doppelsteuerung

Zweimotoriges Schulflugzeug für DVS

Hersteller		Focke-Wulf
Muster		GL 22
Triebwerk		Siemens Sh 12[1]
Leistung	kW	2×74 = 148
	PS	2×100 = 200
Besatzung (+ Reisende)		2
Länge	m	11,00
Höhe	m	3,00
Spannweite	m	16,00
Flügelfläche	m^2	34,50
Flügelstreckung		7,42
Rüstmasse	kg	1 330
Kraftstoff	kg	260
Schmierstoff	kg	30
Besatzung	kg	160
Nutzmasse	kg	40
Zuladung	kg	490
Startmasse	kg	1 820
Flächenbelastung	kg/m^2	52,75
Masse Leistungsverhältnis		
Leistungsbelastung	kg/kW	12,30
	kg/PS	9,10
Flächenleistung	kW/m^2	4,30
	PS/m^2	5,80
Kraftstoffverbrauch	kg/h	52
Höchstgeschwindigkeit	km/h	156
in Höhe	m	0
Reisegeschwindigkeit	km/h	142
in Höhe	m	0
Steiggeschwindigkeit	m/s	2,00
Dienstgipfelhöhe	m	3 000
Reichweite[2]	km	700
max. Flugzeit[2]	h	5
Landerollstrecke	m	150
Landegeschwindigkeit	km/h	80
Zuladung in % von der Startmasse		27
Zahlende Nutzlast in % von der Startmasse		2
Baujahr		1928

[1] 4 Maschinen waren wahrscheinlich mit dem stärkeren Sh 12 mit 125 PS ausgerüstet
[2] bei Reiseleistung ohne Reserven

Fokker-Flugzeugwerke – Von der Spinne zum Verkehrsflugzeug

Der geschäftstüchtige Anthony Fokker, von Geburt Holländer und seit 1913 im deutschen Flugzeugbau engagiert, landete den wohl genialsten Coup in seinem bewegten Leben, als das Bauverbot für Flugzeuge sein Werk zu ruinieren drohte: Anfang 1919 erwarb die »Unie Bank voor Nederland u. Kolonien of Amsterdam« alle Aktiva der Firma Fokker in Schwerin. Damit war das Werk dem Zugriff deutscher Behörden entzogen. Auf nicht weniger als sechs Güterzügen rollten kurz darauf bei Nacht und Nebel der größte Teil der Werkzeugmaschinen und Fertigungs-Einrichtungen, die wichtigsten Flugzeuge und Motoren vom Werk Schwerin unbemerkt über die Grenze nach Holland. Das ganze Unternehmen soll Fokker 20 000 Gulden Bestechungsgelder gekostet haben. Sein Bargeld schmuggelte er mit einer Segeljacht in die neue, alte Heimat.

Diesem ungewöhnlichen Mann gelangen die ersten Hopser 1910 auf einer selbstgebauten »Spinne«. Der verspannte Eindecker hatte Flügel mit ausgeprägter V-Stellung. In der Werkstatt des Bootsbauers Jakob Goedecker in Niederwalluf am Rhein baute Fokker eine zweite Spinne und brachte sich auf diesem Vogel das Fliegen selbst bei. Am 16. Mai 1911 legte er vor Vertretern des »Deutschen Luftschifferverbandes« seine Prüfung für die FAI-Pilotenlizenz ab. Im Dezember 1911 zog es Fokker nach Berlin-Johannisthal, dem Mekka der deutschen Luftfahrt. Wenige Monate später, am 22. Februar 1912, wurde eine Firma »Fokker Aviatik GmbH« in Berlin im Handelsregister eingetragen. Fokker verbesserte die Spinne und lieferte 1912 die erste militärische Ausführung, eine zweisitzige M 1, an die Preußische Heeresverwaltung. Die Firma änderte ihren Namen in »Fokker Aeroplanbau mbH« in Berlin-Johannisthal. Ein Jahr später zog Fokker nach Schwerin-Görries in Mecklenburg und gründete dort am 1. Oktober 1913 die »Fokker Flugzeugwerke Schwerin in Mecklenburg« als GmbH. Mit 55 Mitarbeitern begann er in einem Schuppen zu bauen und war sein eigener Direktor und Testpilot zugleich.
Das Werk dehnte sich schnell aus, nachdem auf die wendigen Einsitzer und ihre verschiedenen Versionen E I bis E IV mit 60 kW (80 PS) bis 118 kW (160 PS) mit Oberursel- und Le Rhône-Umlaufmotoren größere Aufträge eingingen. Neue Typen – freitragende Doppeldecker der Reihe D I bis D VI – waren weniger erfolgreich. Den Dreidecker Dr. I flog dagegen das Richthofen-Geschwader mit besten Resultaten, so daß er in größerer Stückzahl gebaut wurde. Letzter Erfolgstyp war der Fokker D VII, ein Doppeldecker mit unverspannten, freitragenden Flügeln mit ungewöhnlich guten Leistungen dank des vorzüglichen BMW IIIa mit 136 kW (185 PS). Der Fokker D VIII, ein extrem leichter

Seit Mitte 1919 steht die V 45, der Prototyp des Fokker F II, von Reinhold Platz heimlich im Fokker-Werk Schwerin gebaut, zum Einfliegen bereit.

Hochdecker, kam zu spät an die Front und wurde nur noch in geringer Stückzahl bei der Truppe geflogen.
1912 hatte Fokker einen jungen Schweißer namens Reinhold Platz engagiert, dessen ungewöhnliche Fertigkeiten und Kenntnisse er schnell erkannte. Bald arbeitete Platz im Konstruktionsbüro, wurde Leiter der Abteilung Entwicklung und schließlich Chefkonstrukteur. Die von ihm konstruierten Maschinen erhielten die Bezeichnungen V 1, V 2 bis V 45, wobei V Versuchsflugzeug oder Prototyp bedeutet. Der letzte Versuchstyp V 45 war ein Verkehrsflugzeug, der Fokker F II (1919).
Von der Heeresverwaltung wurde Fokker am 20. Oktober 1917 gezwungen, Teilhaber an der 1892 von Junkers in Dessau gegründeten Firma »Junkers und Co« zu werden. Daraus entstanden die »Junkers-Fokker-Werke«, weil die Heeresverwaltung glaubte, die Zusammenarbeit zweier so befähigter Konstrukteure müsse ein Super-Flugzeug hervorbringen. Das Gegenteil traf ein; Junkers und Fokker blieben sich fremd und gingen einander aus dem Weg. Der Wissenschaftler und Forscher Junkers konnte an dem lebendigen, flexiblen Unternehmer, Piloten und versierten Geschäftsmann keinen Gefallen finden.
Am 21. Juli 1919 gründete Fokker in Amsterdam die »Nederlandse Vliegtuigfabriek Fokker«, aus der bald ein Flugzeugunternehmen von Weltruf entstehen sollte. In Schwerin blieb der getreue Reinhold Platz zurück, der die besten Leute des Werkes mit dem Bau von Booten, von Blech- und Holzerzeugnissen verschiedenster Art über Wasser zu halten suchte.

Fokker F I (V 44)

Platz hatte im Krieg von der Gründung der Deutschen Luftreederei durch die AEG gehört und sich schon über ein ziviles Flugzeug Gedanken gemacht. Platz war allerdings – im Gegensatz zu Junkers, Dornier oder Rohrbach – konservativ und der einfachen, preiswerten Holz-Stoff-Stahlrohr-Bauweise verhaftet.
Unter diesem Aspekt entwarf er nach dem Kriege seinen 44. Versuchstyp, V 44 oder auch F I genannt, einen Hochdecker, der ein vergrößertes Jagdflugzeug Fokker D VIII hätte sein können. Sechs Personen sollten – jeweils drei nebeneinander – in einem offenen Rumpf sitzen. Als Triebwerk war ein BMW IIIa vorgesehen.
Für Versuche ließ Platz einen Rumpf bauen, an dem eines Morgens das Plakat eines Spaßvogels hing: »Facklams Touristen-Ausflug-Flugzeug«. Facklam war ein routinierter Geschäftsmann in Schwerin, der Bürger mit Alkohol in Stimmung brachte und sie anschließend auf einem offenen Pferdewagen durch die Straßen der Stadt schaukeln ließ. Dieser Vergleich war für den Konstrukteur so vieler erfolgreicher Fokker-Flugzeuge einfach schockierend. Platz war auf das tiefste getroffen. Gekränkt ließ er den Rumpf sogleich vernichten, was zugleich das unrühmliche und vorzeitige Ende des ersten Fokker-Verkehrsflugzeuges F I bedeutete. Dennoch gab dieser Scherz einen Denkanstoß.

Fokker F II (V 45)

Platz hatte den Schock bald überwunden. Ihm war klar geworden, daß der Spaßvogel mit seinem Plakat nicht so ganz unrecht hatte: sechs Reisende für viel Geld in einer offenen Maschine über Stunden Wind und Wetter auszusetzen – das konnte nicht die richtige Lösung für ein neues Verkehrsmittel sein. Er entwarf ein zweites Flugzeug, die F II (V 45), die einer gewissen Genialität nicht entbehrte.
Der freitragende Hochdecker, mit dessen Konstruktion er im Dezember 1918 begann, war eine geometrische Vergrößerung des Jagdflugzeuges D VIII. Die geschlossene Kabine für vier Reisende hatte Fenster und Tür und bot ungehin-

Fokker F II der Danziger Luftreederei mit dem Danziger Kennzeichen Dz 3 mit Landescheinwerfern und BMW IIIa. Das Flugzeug hat noch die runden Fenster und ist wahrscheinlich von Platz in Schwerin gebaut worden.

derten Blick nach unten. Die Besatzung saß halb offen unter dem Flügel und war durch Verglasung und Tragfläche gegen die Witterung geschützt. Das geschweißte Stahlrohrgerüst des Rumpfes mit Drahtverspannung war mit Stoff bespannt, ebenso das Leitwerk, das aus Stahlrohrfachwerk bestand. Der dicke, freitragende Holzflügel mit zwei Kastenholmen war mit Sperrholz beplankt. Bemerkenswert ist das Fehlen einer festen Flosse am Seitenruder. Alle Ruder einschließlich der Querruder besaßen einen aerodynamischen Ausgleich. Das hohe Fahrgestell mit V-Streben gewährleistete ausreichende Bodenfreiheit für die Luftschraube. Hauptholm und Flügel waren durch drei Streben fest mit dem Rumpf verbunden. Als Triebwerk diente anfangs ein BMW IIIa mit 136 kW (185 PS). Der Haupttank befand sich unten im Rumpf hinter den Pilotensitzen und faßte 330 l. Ein Falltank faßte 50 l.
Das Flugzeug war eine anspruchslose, robuste Konstruktion und gleich der Junkers F 13 der Prototyp für ein modernes Verkehrsflugzeug. Im Vergleich zur Ganzmetall-Konstruktion Junkers F 13 haftete ihr allerdings der Nachteil des Gemischtbaues mit größerer Wetterempfindlichkeit an.
Monatelang stand der in Eile fertiggestellte Prototyp kaum beachtet im Werk, bis im Oktober 1919 Fokkers Testpilot Parge nach Schwerin kam, um das Flugzeug (Werknummer 1500) zu besichtigen und zu fliegen. Er war begeistert von dem Flugzeug und seinen guten Eigenschaften. Daraufhin wurde die F II im stillen von der DVL geprüft, abgenommen und mit dem Kennzeichen D-57 versehen. Inzwischen war es an der Zeit, mit dem Flugzeug zu verschwinden, wenn es nicht durch die Kontrollkommission der Siegermächte beschlagnahmt werden sollte. Unter abenteuerlichen Umständen entführte Testpilot Bernhard de Waal am 20. März 1920 das Flugzeug aus Schwerin und erreichte nach drei Notlandungen Amsterdam. Auch Fokker war von der Maschine sehr angetan und flog sie Interessenten meisterhaft vor. Erster Auftraggeber wurde die gerade von Albert Plesman gegründete holländische Luftverkehrs-Gesellschaft KLM.
Aber auch die Deutsche Luftreederei zeigte sich an dem Flugzeug interessiert und ließ es durch ihren Piloten Harry Rother nachfliegen. Das preiswerte Holz-Stoff-Stahlrohr-Flugzeug mit ausreichender zahlender Nutzlast und großer Reichweite stand der DLR näher als die F 13 des Junkers Luftverkehrs, obwohl den Fachleuten der Gesellschaft die Vorzüge dieses einzigartigen Flugzeuges durchaus bewußt waren.
Unter den herrschenden Nachkriegsverhältnissen mit den zahlreichen Verboten und Beschränkungen war an den Kauf einer größeren Zahl neuer Flugzeuge jedoch nicht zu denken. Die DLR soll allerdings schon Anfang 1920 eine zweite F II, die ebenfalls in Schwerin gebaut worden war, erhalten haben, ob leihweise als Vorführmaschine oder bereits gekauft, konnte bisher nicht geklärt werden. Wahrscheinlich war es die Maschine, die Rother nachgeflogen hatte.
Der Deutschen Luftreederei und dem späteren Deutschen Aero-Lloyd gelang es erst nach Überwindung vieler Schwierigkeiten, eine Möglichkeit zum preiswerten Erwerb des Fokker F II zu finden.

Lizenzbau des Fokker F II

Mit Fokker wurde schließlich der Lizenzbau des Flugzeuges in Deutschland vereinbart. Die Tragflügel wurden von den Albatros-Werken hergestellt, während der einfach zu fertigende Stahlrohrrumpf mit Leitwerk in der Werft des Deutschen Aero-Lloyd in Berlin-Staaken gebaut wurde. Dort konnte man das Flugzeug auch montieren und einfliegen. Nicht weniger als 18 Fokker F II wurden vom Aero-Lloyd in der Werft Staaken fertiggestellt.
Chef der Werft war damals Dipl.-Ing. Karl Grulich, der die Konstruktion der F II vor Baubeginn noch einmal gründlich überarbeitete. Dadurch entstand eine äußerlich weit ansprechendere und elegantere Konstruktion, Fokker-Grulich genannt. Der Führersitz war geändert worden, die Fenster der Kabine wurden vergrößert, das Fahrwerk verbessert.

Fokker Grulich F II, der in der Werft Staaken des Deutschen Aero-Lloyd (DAL) in Lizenz gebaut wurde. Die Tragflügel wurden von Albatros hergestellt. Die D-728 mit der Werknummer 1581 wurde 1925 an den Deutschen Aero-Lloyd geliefert, später von der Lufthansa übernommen und stand bis 1935 im Flugdienst.

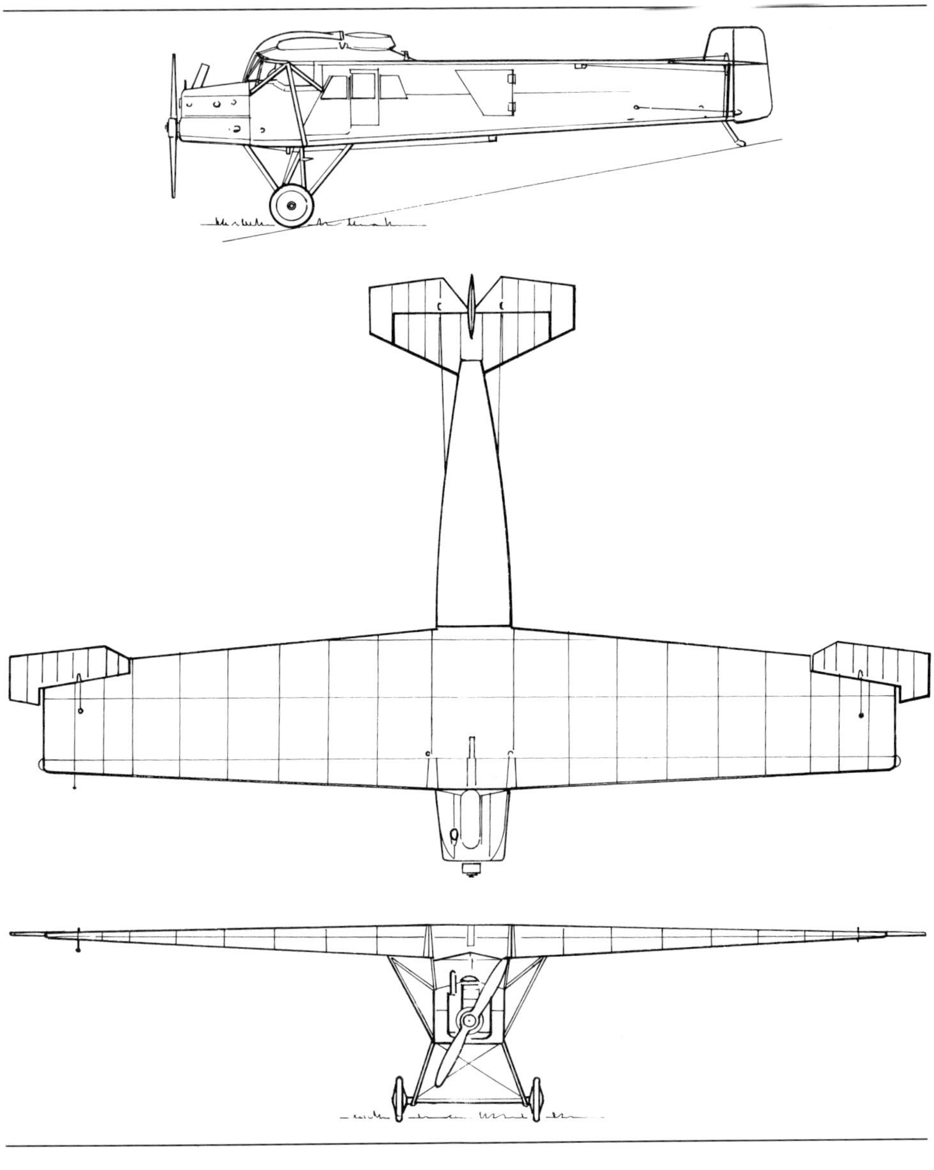

Fokker Grulich F II. Die Kabel für die Steuerung werden meist zur leichteren Überwachung außerhalb des Rumpfes über Rollen geleitet.

Allerdings schlugen sich diese Änderungen in einem erhöhten Gewicht nieder. Als Triebwerk wurde deshalb der neue, anfangs 169 kW (230 PS), später 220 kW (300 PS) leistende BMW IV verwendet, eine Weiterentwicklung des BMW IIIa.
Dipl.-Ing. Karl Grulich, später technischer Leiter der Deutschen Lufthansa, wurde am 3. Januar 1881 in Halle an der Saale geboren und erwarb 1910 als 46. Flugzeugführer seine Piloten-Lizenz in Johannisthal. Grulich flog am 25. Januar 1912 auf Harlan-Eindecker mit drei Passagieren Weltrekord im Dauerflug: eine Stunde und 35 Minuten. Im Krieg war er Chefingenieur bei der Gothaer-Waggonfabrik; dort baute er 1914 die ersten Seeflugzeuge mit abgefederten Schwimmern.

Ein Fokker F III während einer Überholung. Der Pilot sitzt neben dem Motor, eine ungewöhnliche Bauweise.

Fokker F III; Pilot neben dem Motor

Kaum war die F II nach Holland übergeführt und der Serienbau dieser deutschen Konstruktion in Holland angelaufen, als Fokker seinem weiterhin in Schwerin arbeitenden Konstrukteur Platz eine neue, wirtschaftlichere Ausführung vorschlug. F 13 und Fokker F II hatten zwei nebeneinander liegende Sitze – für einen Piloten, dazu einen Navigator oder Monteur. Von dem zweiten Sitz wurde nur in den seltensten Fällen Gebrauch gemacht, weil finanzielle Gründe diesen Aufwand verboten.
Fokker empfahl deswegen Platz, bei einer überarbeiteten Ausführung F III nur einen Pilotensitz vorzusehen, dafür einen zusätzlichen Passagiersitz in der Kabine. Fokker wollte den Pilotensitz gleich neben dem Motor angeordnet sehen. Platz war sehr unglücklich über diese reichlich unkonventionelle Idee, denn das Loch in der Flügelnase über dem Pilotensitz verwirbelte die Strömung über der Tragfläche. Erstmals lag ein Motor nicht in der Rumpfachse, sondern war parallel dazu nach der Seite verschoben, um für den Pilotensitz Platz zu gewinnen. Die Piloten wurden, wie sich später herausstellte, von dem heißen Motor auf der einen Seite geröstet, während sie auf der anderen Seite froren. Auch war beim Rollen die Sicht nach der dem Piloten abgewandten Seite sehr schlecht.
Die F III erhielt einen etwas breiteren Rumpf als ihre Vorgängerin. In der Kabine saßen hinten jetzt drei Personen. Zur Heizung der Kabine konnte dem Kühler heißes Wasser entnommen werden. Die kurzen Verstrebungen zwischen Flügel und Rumpf entfielen; der Flügel saß direkt auf dem Rumpf. Der Kraftstoffbehälter war im Flügel

Fokker F III des Deutschen Aero-Lloyd bei der Landung in Hamburg-Fuhlsbüttel (1924).

Fokker F III mit Sitz des Piloten auf der linken Seite. Bei dieser Anordnung können BMW IIIa-, BMW IV- und Rolls-Royce Eagle-Motoren verwendet werden.

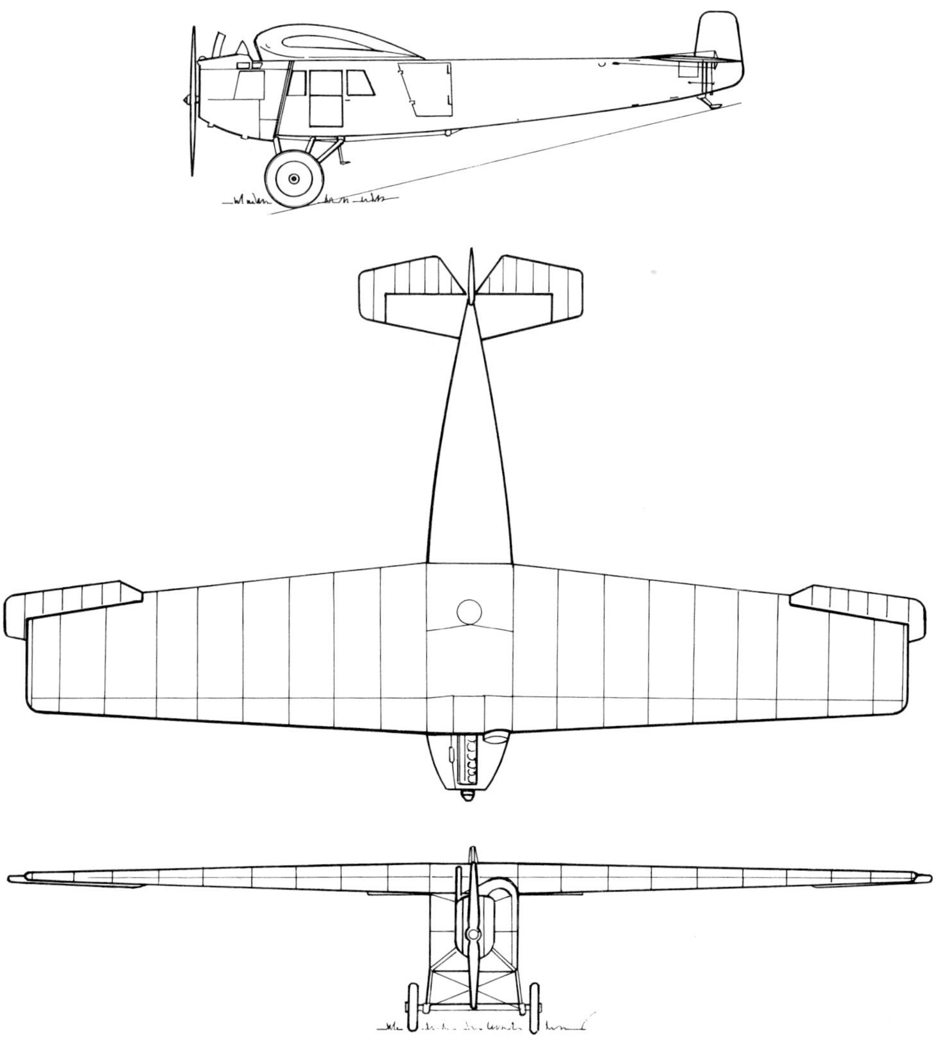

zwischen beiden Holmen angeordnet und in Aluminiumblech gelagert. Der Flügel wurde etwas zurückversetzt, der Motor rückte näher an die Kabine heran, und das Flugzeug wurde etwas kürzer. Der Prototyp der F III mit BMW IIIa erhielt das Kennzeichen D-155 und startete im April 1921 in Schwerin zum Erstflug. Bei den später mit Puma-Motoren ausgerüsteten Fokker F III saß der Pilot auf der rechten Seite, bei Verwendung von BMW IV- oder von Rolls-Royce-Motoren fand er dagegen auf der linken Seite Platz.
Die KLM gab sogleich eine größere Stückzahl der Fokker F III in Auftrag. Eine Reihe dieser Flugzeuge wurde in Schwerin gebaut, andere in Amsterdam. Die für die KLM bestimmten Maschinen erhielten den schon genannten Siddeley Puma mit 169 kW (230 PS), einen wassergekühlten Sechszylinder-Reihenmotor. Eine der ersten in Danzig zugelassenen Maschinen mit der Zulassung Dz 8 (später D-180) wurde an die Luftreederei zur Erprobung geliefert. Bald erhielt Fokker weitere Aufträge auf die F III. Es wurden 70 bis 80 Maschinen gebaut und an die Schweiz, in die USA, nach England, Ungarn und an die Deruluft geliefert. Neben dem Puma wurde auch der stärkere Rolls-Royce Eagle VIII mit 265 kW (360 PS) eingebaut.
1923 gab der im gleichen Jahr gegründete Deutsche Aero-Lloyd die ersten Fokker F III zum Lizenzbau in Auftrag, nachdem die Konstruktion wieder von Karl Grulich gründlich überarbeitet worden war. Ende 1923 lief der Bau der

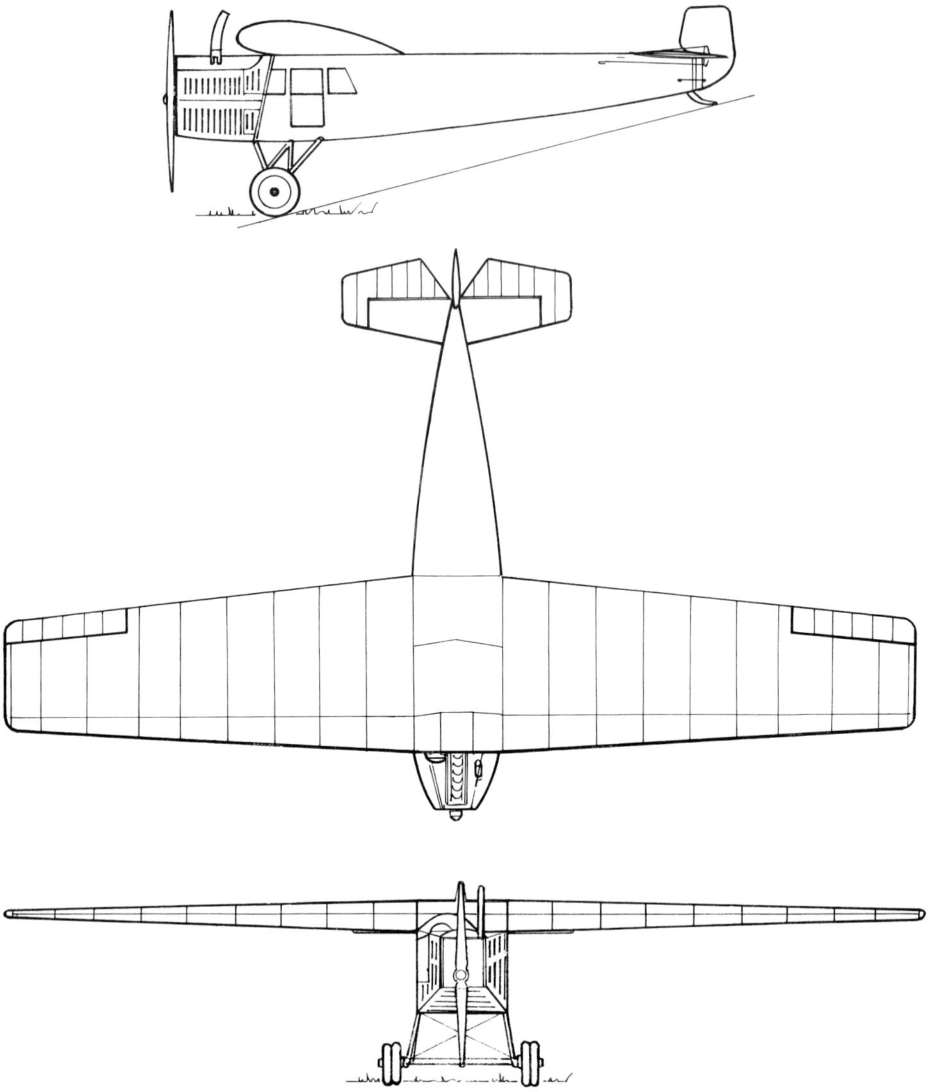

Fokker F III mit Sitz des Piloten auf der rechten Seite hatte den Siddeley Puma mit 169 kW (230 PS).

Fokker Grulich V 1a RR 5 mit Siemens Jupiter-Motor mit 330 kW(450 PS) wurde bei der Deruluft im harten Winterverkehr erprobt.

Grulich F III für den Aero-Lloyd in Staaken an. Zwei Fokker-Grulich F III mit Siddeley Puma-Motor und neun F III mit BMW IV wurden noch 1925 in Staaken fertiggestellt.

Eine vom Deutschen Aero-Lloyd gebaute Sonderausführung, Grulich V 1, Zulassungskennzeichen D-902, unterschied sich nicht unwesentlich von den in Staaken gebauten Mustern. Grulich baute in die Maschine den Rolls-Royce Eagle, versuchsweise auch den luftgekühlten Jupiter IV ein. Er verlegte den Flügel und änderte den Rumpf, der wie derjenige der F II zwei Pilotensitze vorne erhielt. Das Fahrwerk war neu durchkonstruiert worden. Anstelle der zweiflügeligen wurde beim Rolls-Royce-Motor eine vierflügelige Luftschraube verwendet. Anscheinend unterzog Grulich die V 1 bei der Deruluft unter dem Kennzeichen RR 5 einer gründlichen Wintererprobung, denn sie wurde dort mit beiden Motoren geflogen.

Die Zeitgenossen beurteilten Fokker F II und III durchaus kritisch. Antonius Raab schreibt:

»Die F II war eine angenehm zu fliegende Maschine. Die Sicht war sowohl nach vorne als auch nach beiden Seiten gut. Man konnte die Maschine zwar nicht während des Fluges trimmen, wohl aber am Boden die Höhenflosse verstellen. Aber besser war ein Sandsack zum Gewichtausgleich.

Bei der Fokker F III war die Sicht, neben dem Motor sitzend, am Boden beim Rollen und beim Start sehr schlecht. Wir befestigten uns auf der Motorhaube einen horizontalen Stab in der Ebene der Flugzeugachse; man hatte dann beim Start eine Art Waage, weil man gleich hinter dem Kühler sitzend einfach nichts sah. Natürlich war auch die Hitze auf der einen Seite und die Kälte auf der anderen Seite recht unangenehm. Die F II war weit komfortabler für den Piloten, aber rein fliegerisch war die kompaktere F III vielleicht etwas besser.«

Meister Budack meint zur Fokker F II:

»Da sich bei den Deutsch-Ritter-Flügen in Stolp das Gros der damaligen Verkehrspiloten zusammengefunden hatte, wurde 1920 die Fokker F II mit BMW IIIa vorgeführt. Die Junkers F 13 machte einen besseren Eindruck, weil sie kürzere Startstrecken hatte. Der spätere Umbau zur Fokker-Grulich in Staaken geschah in vollem Einverständnis mit Fokker. Er war nicht besonders aufwendig, da wir gute Fachleute hatten. Grulich hat besonders den Motorvorbau geändert und dem Flugzeug die Hochbeinigkeit genommen.«

Sehr interessant ist auch das Urteil Budacks über die damaligen Motoren und die allgemeine Situation:

»Auf der Deruluft-Strecke nach Moskau bestand die Besatzung aus Pilot und Monteur; letzterer flog in der Kabine mit. Der Monteur wurde für die Wartung des Motors in Moskau benötigt und für eventuelle Außen- oder Zwischenlandungen. Die Fokker F III der Deruluft war von Fokker in Amsterdam gebaut und mit Rolls-Royce Eagle ausgerüstet worden. In der von der DLR in Staaken gebauten F III wurde der BMW IV

Fokker-Flugzeuge des Deutschen Aero-Lloyd

Hersteller		Fokker Schwerin	Fokker Grulich	Fokker Grulich
Muster		F II	F II b[2]	F III
Triebwerk		BMW IIIa	BMW IV	BMW IV
Leistung	kW	136	184	184
	PS	185	250	250
Besatzung (+ Reisende)		2 + 4	2 + 4	1 + 5
Länge	m	11,00	11,00	10,30
Höhe	m	3,66	3,66	3,22
Spannweite	m	16,10	17,60	17,10
Flügelfläche	m^2	42,00	45,80	44,30
Flügelstreckung		6,17	6,76	6,60
Rüstmasse	kg	1 200	1 392	1 350
Kraftstoff	kg	238	285	273
Schmierstoff	kg	30	27	30
Besatzung	kg	80	80	80
Nutzmasse	kg	352	403	467
Zuladung	kg	700	795	850
Startmasse	kg	1 900	2 187	2 200
Flächenbelastung	kg/m^2	45,24	47,75	49,66
Masse Leistungsverhältnis				
Leistungsbelastung	kg/kW	13,97	11,89	11,96
	kg/PS	10,27	8,75	8,80
Flächenleistung	kW/m^2	3,24	4,01	4,15
	PS/m^2	4,40	5,46	5,87
Höchstgeschwindigkeit	km/h	150	170	160
in Höhe	m	0	0	0
Reisegeschwindigkeit	km/h	125	150	135
in Höhe	m	0	0	0
Steiggeschwindigkeit	m/s	2,36	2,50	2,50
Dienstgipfelhöhe	m	3 800	4 000	4 000
Reichweite[1]	km	850	900	810
max. Flugzeit[1]	h	6	6	6
Verbrauch Reise	kg/h	35	45	45
Startrollstrecke	m	250	240	250
Landerollstrecke	m	250	250	250
Landegeschwindigkeit	km/h	70	80	80
Zuladung in % von der Startmasse		37	36	39
Zahlende Nutzlast in % von der Startmasse		19	18	21
Baujahr		1919	1924	1921

[1] bei Reiseleistung ohne Reserven
[2] Daten Deutscher Aero-Lloyd

eingebaut, der ebenso zuverlässig war wie der Eagle. Den Puma kannte anfangs keiner der deutschen Monteure; ich kannte aber einen Monteur der Sabena, die mit Puma-Motoren flog, und holte mir dort die notwendigen Tips, damit wir auch mit diesem Motor zurecht kamen. Fokker flog selbst die in Staaken gebauten F III ein, wobei sich, wie von Platz vorausgesagt, durch Wirbel Schwierigkeiten zwischen Windschutzscheibe und dem Einschnitt im Tragflügel ergaben. Fokker fertigte daraufhin selbst in der Werkstatt eine neue Windschutzscheibe an, durch die der Schaden behoben wurde.

Die F III war wegen ihrer kompakten kürzeren Bauweise fliegerisch besser als die F II und neigte auch nicht zum Überschlag. Nach einem Motorwechsel beim Einfliegen drehten die Piloten zuweilen Loopings mit dem Flugzeug. In Staaken sind etwa 30 Fokker F II und F III für den Aero-Lloyd gebaut worden. Die Flugzeuge waren sehr robust und hatten eine Lebensdauer von zehn Jahren, die durchschnittliche Lebensdauer lag damals bei drei bis vier Jahren! In der Wartung waren sie weit weniger aufwendig und kostengünstiger als etwa die F 13, dafür wurden sie meist in Hallen untergebracht, während die F 13 fast immer draußen standen.«

Flugzeugbau Friedrichshafen – Seeflugzeuge für den Luftverkehr

Die Flugzeugbau Friedrichshafen GmbH wurde am 25. Juni 1912[35] von Dipl.-Ing. Theodor Kober in Friedrichshafen-Manzell gegründet. Gesellschafter war Graf Zeppelin, der dem Unternehmen die Zeppelin-Halle in Manzell zur Verfügung stellte. Das Werk wandte sich dem Bau von Wasserflugzeugen zu. Am 2. September 1913 flog der Schweizer Gsell, Einflieger beim Flugzeugbau Friedrichshafen, auf einem von Kober konstruierten Marine-Wasser-Doppeldecker Dauerweltrekord, indem er mit drei Fluggästen drei Stunden und elf Minuten in der Luft blieb.

Das Friedrichshafener Werk wurde bald wichtigster Lieferant für die deutsche Marine und deckte später 40 Prozent ihres Bedarfs an Flugzeugen. Die Friedrichshafener Wasserflugzeuge galten dank ihrer hohen Seetüchtigkeit als »nordseefähig«. Das bekannteste und in großer Stückzahl gebaute Muster für die Marine war die F 33 mit vielen Untertypen. Der dreistielig verspannte Doppeldecker wurde als Aufklärer mit den verschiedensten Motoren ausgerüstet. Nachfolger der F 33 wurde die FF 49, die nach dem Krieg bei der Deutschen Luftreederei als Postflugzeug, im Bäderdienst und später bei der Marine Verwendung fand.

Das Werk wandte sich 1915 auch dem Bau von zweimotorigen G-(Groß-)Flugzeugen zu. Das erste Muster FF 30 mit der Bezeichnung G I war ein dreistielig verspannter Doppeldecker für drei Mann Besatzung mit 20 m Spannweite und Motoren mit Druckschrauben.

Nicht unerwähnt bleiben sollen die verbesserte FF 38 G II, ein für die damalige Zeit hinsichtlich Bauweise und Aerodynamik ungewöhnliches Flugzeug und die folgenden FF 45 G III und FF 61 G IIIa, die mit ihren 202 kW(275 PS)-Daimler-Motoren zu den leistungsfähigsten zweimotorigen deutschen Kampfflugzeugen zählten. Bei Daimler und bei den Hanseatischen Flugzeugwerken wurden nicht weniger als 338 dieser Typen nachgebaut.

Während des Krieges vergrößerte der Flugzeugbau Friedrichshafen seinen Betrieb durch ein kleines Zweigwerk in Weingarten (Württemberg) und richtete 1917 eine eigene Werft in Warnemünde ein. Die Belegschaft des Werkes stieg von 15 Mitarbeitern im Jahr 1912 auf 3240 im Jahr 1918. Dazu bauten – außer den genannten Werken – die Luft-Fahrzeug-Gesellschaft (LFG), Sablatnig, die Gothaer Waggonfabrik und die Travemünder Flugzeugwerke die See- und Großflugzeuge in Lizenz. Rund 60 Prozent der deutschen Großflugzeuge stammten 1918 aus Friedrichshafen.

1919 aber war das Werk angesichts des Bauverbotes gezwungen, den Betrieb zu schließen. Die Werft in Warnemünde wurde an die Dinos-Automobilwerke verkauft. Dr. Kober hatte es vor und während des Krieges verstanden, fähige, leitende Mitarbeiter nach Friedrichshafen zu ziehen, so die Diplom-Ingenieure Gehlen, Karl Grulich und Roland Eisenlohr. Er besaß aber nach dem verlorenen Krieg nicht mehr die Kraft, Bauverboten zum Trotz seine Mannschaft zusammenzuhalten. Er starb zurückgezogen 1930 in seinem Heim in Friedrichshafen. Seine Tochter, die während des Krieges schon als Mädchen im Konstruktionsbüro am Kastenleitwerk eines der Großflugzeuge arbeitete, erwarb später den Grad eines Dipl.-Ing. in technischer Physik an der TH Aachen. Aufgrund einer Arbeit über »Angefachte Flügelschwingungen« und der Erfindung von Ausgleichsgewichten an Querrudern wurde ihr 1929 auf Veranlassung von Prof. Hoff von der DVL der Doktor-Titel verliehen. Die heutige Frau Dr. Esser ist in der Deutschen Gesellschaft für Luft- und Raumfahrt (DGLR) auf dem Gebiet der Luftfahrthistorik tätig.

FF 49: Ein Seeflugzeug für den Luftverkehr

Für ihre Flüge über die Ostsee nach Kopenhagen und Malmö hatte die Deutsche Luftreederei (DLR) eine Anzahl von Friedrichshafener Wasserflugzeugen erworben; die dänische Luftverkehrs-Gesellschaft Det Danske Luftfahrtselskab nahm mit der FF 49c im August 1920 im Pool mit der DLR den Gegendienst von Kopenhagen nach Warnemünde auf.

Friedrichshafener FF 49, in ziviler Ausführung FF 71a genannt, im Dienste der Dänischen Luftverkehrs-Gesellschaft DDL, die mit dem Flugzeug die Seestrecke Kopenhagen–Malmö–Warnemünde beflog.

Die DLR besaß nach der Luftfahrzeugrolle in ihrer Flotte neun offiziell zugelassene Seeflugzeuge der Typen FF 49 und FF 71a, die anfangs für Streckenflüge und zum Seebäderdienst herangezogen wurden. Die gleichen Flugzeuge fanden auch beim Lloyd Luftverkehr Sablatnig, bei der Luft-Fahrzeug-Gesellschaft (LFG) und beim Luftdienst Verwendung.

Kennzeichen Luftfahrzeug-Rolle	Motor	Werk-Nr.	Halter
Friedrichshafen FF 49			
D-41	Bz IV		DLR-Severa
D-42	Bz IV		Marine, Severa
D-43	Bz IV		Marine, Severa
D-44	Bz IV		DLR-Severa
D-45	Bz IV		DLR-Severa
D-49	Bz IV	1 365	DLR-Severa
D-85	Bz IV	1 368	Lloyd L. V. Sablatnig
D-86	Bz IV	223	Lloyd L. V. Sablatnig
D-146	Bz IV	1 364	DLR
Friedrichshafen FF 71 a			
D-40	Bz IV	3 077	DLR-DVS 1928, zerlegt 1931
D-46	Bz IV		DLR-Severa
D-47	Bz IV		DLR-Severa
D-48	Bz IV		DLR
D-120	Bz IV		Lloyd L. V. Sablatnig

FF 71a für Bäderdienst und Rundflüge

Die ehemalige FF 49, in ihrer zivilen Ausführung FF 71a genannt, war ein dreistielig verspannter Doppeldecker konventioneller Bauart. Das Gerippe des Flugzeuges bestand aus Holzstreben, die mit Stahldraht verspannt waren. Der Rumpf war – bis auf den vorderen, mit Holz beplankten Teil – stoffbespannt, ebenso die Tragflügel aus Holz. Querruder befanden sich an den Ober- und Unterflügeln. Das Leitwerk, insbesondere die Kielflosse, war ungewöhnlich lang und groß. Die Schwimmer bestanden ebenfalls aus Holz und waren gegen Zelle und Tragflügel abgestrebt. Der Stirnkühler saß vor der Nasenleiste des oberen Tragflügels. Als Triebwerk diente ein Benz Bz IV mit 169 kW (230 PS). Der Kraftstoffbehälter lag unter dem Sitz des hinteren Fluggastes, der Fallbehälter wurde am oberen Backbord-Flügel angeordnet. Hinter dem Motor war Platz für zwei Fluggäste; es folgten die Sitze für den Piloten und Funker. Für letzteren flog wahrscheinlich bei kurzen Flügen stets ein weiterer Passagier mit.

FF 71b mit Kabine für weite Strecken

Als FF 71b war die FF 49 mit einer Kabinenhaube ausgerüstet und konnte drei Reisende über längere Strecken befördern. Der Pilot saß bei diesem Muster vor der Kabine. Beiden Flugzeugen wurden gute Flugeigenschaften und dank der doppelt ausgeführten Querruder leichte Handhabung in der Luft nachgesagt. Die Flugzeuge konnten mit

FF 71b (FF 49) mit Kabine, offenem Führersitz und Zulassungs-Kennzeichen D 116 für Streckenflüge im Dienste des Sablatnig-Luftverkehrs.

FF 71b (FF 49) mit in die Kabine einbezogenem Führersitz.

höchstzulässiger Abflugmasse bis Windstärke vier auf hoher See operieren.
Bei einer Sonderausführung der FF 71b war die Kabinenhaube so weit nach vorne gezogen worden, daß sie den Pilotensitz mit einschloß. Das mag aerodynamisch besser gewesen sein, sicher auch schmucker ausgesehen haben, barg aber die große Gefahr von Spiegelungen und Sichtbehinderungen.

FF 67 – Originalflugzeug oder FF 59c?

Eine Friedrichshafener FF 67, die ebenfalls für zivile Zwecke umgebaut worden ist, soll – so die Literatur – eine FF 59c gewesen sein, die als ziviles Flugzeug die Bezeichnung FF 67 erhielt. Der Jane's veröffentlichte in seiner Ausgabe 1919[36] das Bild der militärischen Ausführung einer FF 67, aus dem man schließen kann, daß die bisher für eine FF 59c gehaltene Maschine doch eine FF 67 gewesen ist. Bei der FF 59 a, b und c ist der Kühler nämlich unter der Tragfläche über dem Motor angeordnet, die FF 67 dagegen hat einen Stirnkühler und geänderte Streben. Es kann sich bei der FF 67 um einen Prototyp gehandelt haben, der bei Kriegsende noch in der Erprobung stand und deswegen bisher in keinem Typenverzeichnis erschienen ist. Auch die Gebrüder Römer – bekannt durch ihre sorgfältige Arbeit – bezeichnen das im Jane's veröffentlichte Foto als das einer FF 67. Der zweistielig verspannte Doppeldecker hatte im Gegensatz zur FF 59c einen bis zum Seitenruder durchlaufenden sehr hohen Rumpf und folglich nur ein einfaches Seitenruder mit

FF 71b (FF 49) mit Kabine und offenem Führersitz.

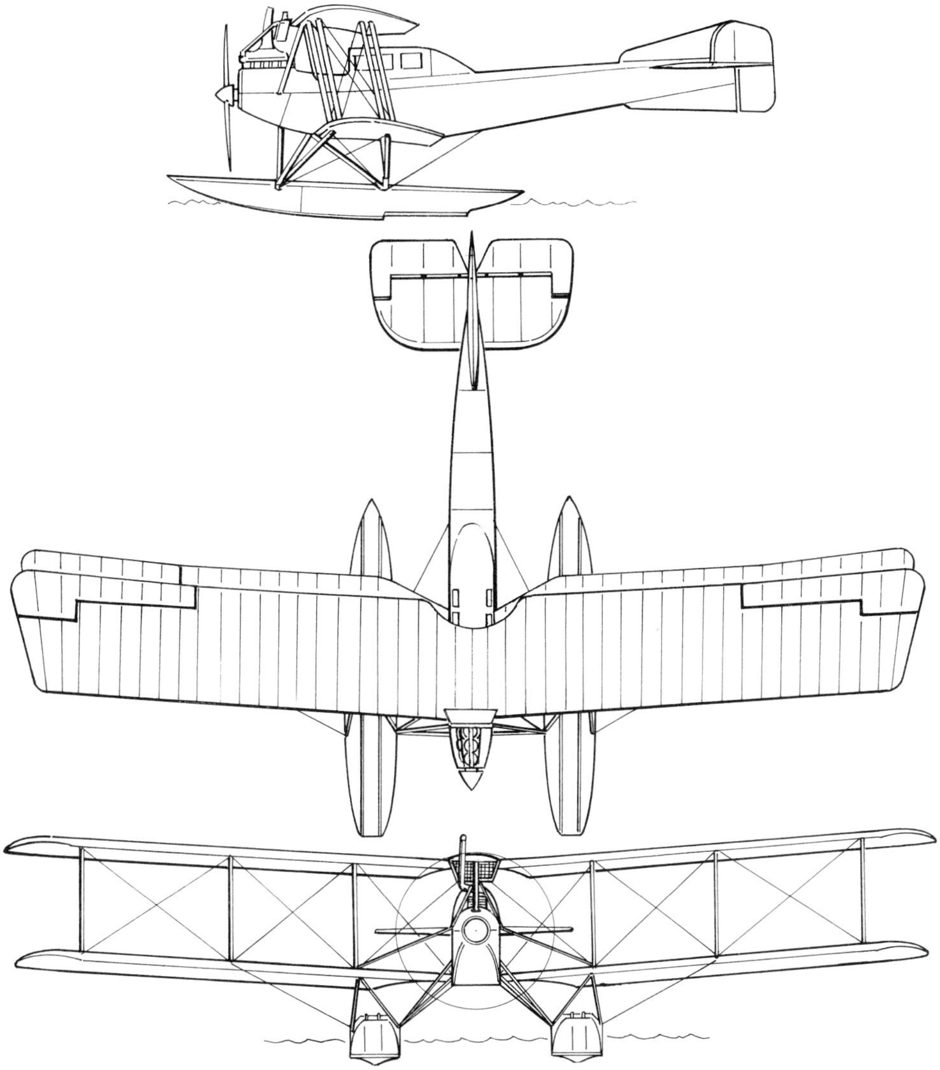

Eine FF 67, der eine sehr häßliche Haube übergestülpt wurde.

Friedrichshafener See-Verkehrsflugzeuge

Hersteller		Flugzeugbau Friedrichs-hafen	Flugzeugbau Friedrichs-hafen
Muster		FF 71 a[2]	FF 71 b
Triebwerk		Benz Bz IV	Benz Bz IV
Leistung	kW	169	169
	PS	230	230
Besatzung (+ Reisende)		1 + 3	1 + 3
Länge	m	11,60	11,60
Höhe	m	4,10	4,10
Spannweite	m	17,20	17,20
Flügelfläche	m^2	71,16	71,16
Rüstmasse	kg	1 425	1 475
Kraftstoff	kg	260	235
Schmierstoff	kg	30	25
Besatzung	kg	80	80
Nutzmasse	kg	305	290
Zuladung	kg	675	630
Startmasse	kg	2 100	2 105
Flächenbelastung	kg/m^2	29,50	29,58
Masse Leistungsverhältnis			
Leistungsbelastung	kg/kW	12,43	12,45
	kg/PS	9,13	9,15
Flächenleistung	kW/m^2	2,37	2,37
	PS/m^2	3,23	3,23
Verbrauch Reiseflug	kg/h	49	49
Höchstgeschwindigkeit	km/h	130	130
in Höhe	m	0	0
Reisegeschwindigkeit	km/h	125	120
in Höhe	m	0	0
Steiggeschwindigkeit	m/s	2,00	2,00
Dienstgipfelhöhe	m	3 000	3 000
Reichweite[1]	km	600	480
max. Flugzeit[1]	h	5,30	4,00
Landegeschwindigkeit	km/h	80	80
Zuladung in % von der Startmasse		32	30
Zahlende Nutzlast in % von der Startmasse		15	14
Baujahr		1918	1918

[1] bei Reiseleistung ohne Reserven
[2] Daten sind Werkangaben

Friedrichshafener zweimotoriges Verkehrsflugzeug

Hersteller		Flugzeugbau Friedrichshafen
Muster		FF 61 G III a
Triebwerk		Daimler D IV a
Leistung	kW	2×202 = 404
	PS	2×275 = 550
Besatzung (+ Reisende)		2 + 6
Länge	m	12,80
Höhe	m	4,14
Spannweite	m	22,60
Flügelfläche	m^2	86,00
Rüstmasse	kg	2 500
Kraftstoff	kg	250[2]
Schmierstoff	kg	30
Besatzung	kg	160
Nutzmasse	kg	713
Zuladung	kg	1 153
Startmasse	kg	3 653
Flächenbelastung	kg/m^2	42,47
Masse Leistungsverhältnis		
Leistungsbelastung	kg/kW	9,04
	kg/PS	6,64
Flächenleistung	kW/m^2	4,70
	PS/m^2	6,40
Höchstgeschwindigkeit	km/h	145
in Höhe	m	0
Reisegeschwindigkeit	km/h	135
in Höhe	m	0
Steiggeschwindigkeit	m/s	3,50
Dienstgipfelhöhe	m	6 000
Reichweite[1]	km	650
max. Flugzeit[1]	h	5
Verbrauch Reise	kg/h	45
Landegeschwindigkeit	km/h	100
Zuladung in % von der Startmasse		32
Zahlende Nutzlast in % von der Startmasse		20
Baujahr		1918

[1] bei Reiseleistung ohne Reserven
[2] Kapazität 450 kg

Hornausgleich ohne Flosse. Die Stabilisierung um die Hochachse übernahm der hohe Rumpf. Das Flugzeug hatte einen 191 kW(260 PS)-Daimler D IVa-Motor.

Zweimotoriges Großflugzeug FF 61 G IIIa

Durch Flüge in die Ukraine und nach Schweden hatte die Luftreederei einen Teil ihrer AEG-Großflugzeuge verloren. Das Unternehmen hatte sich aber, obwohl das nicht im Sinne ihres Geldgebers und Partners AEG war, eine Reihe Friedrichshafener Großflugzeuge des Typs G IIIa gesichert. Zeitweise besaß die DLR acht Friedrichshafener Großflugzeuge; anhand von Fotos und den Flotten-Nummern der DLR[37] hatten die Flugzeuge die folgenden Kennzeichen: DLR 306, 307, 503, 504, 505, 506, 507 und 508. Nur zwei Maschinen sind später in der endgültigen Luftfahrzeugrolle eingetragen worden, in der als Halter die DLR angegeben wird. Eines dieser Flugzeuge war eine G IIIa mit der Werknummer 234 und dem Zulassungszeichen D-27. Eine zweite Maschine mit der Werknummer 1037 hatte das

Mit diesem Friedrichshafener Großflugzeug FF 61 G IIIa mit zwei Daimler IVa-Motoren mit je 191 kW(260 PS) flog Polte nach der Ukraine und kehrte wohlbehalten zurück. Das Flugzeug wird gerade von viel Prominenz bewundert.

Fluggäste werden in eine offene G IIIa mit Gepäck zum Bäderflug verstaut.

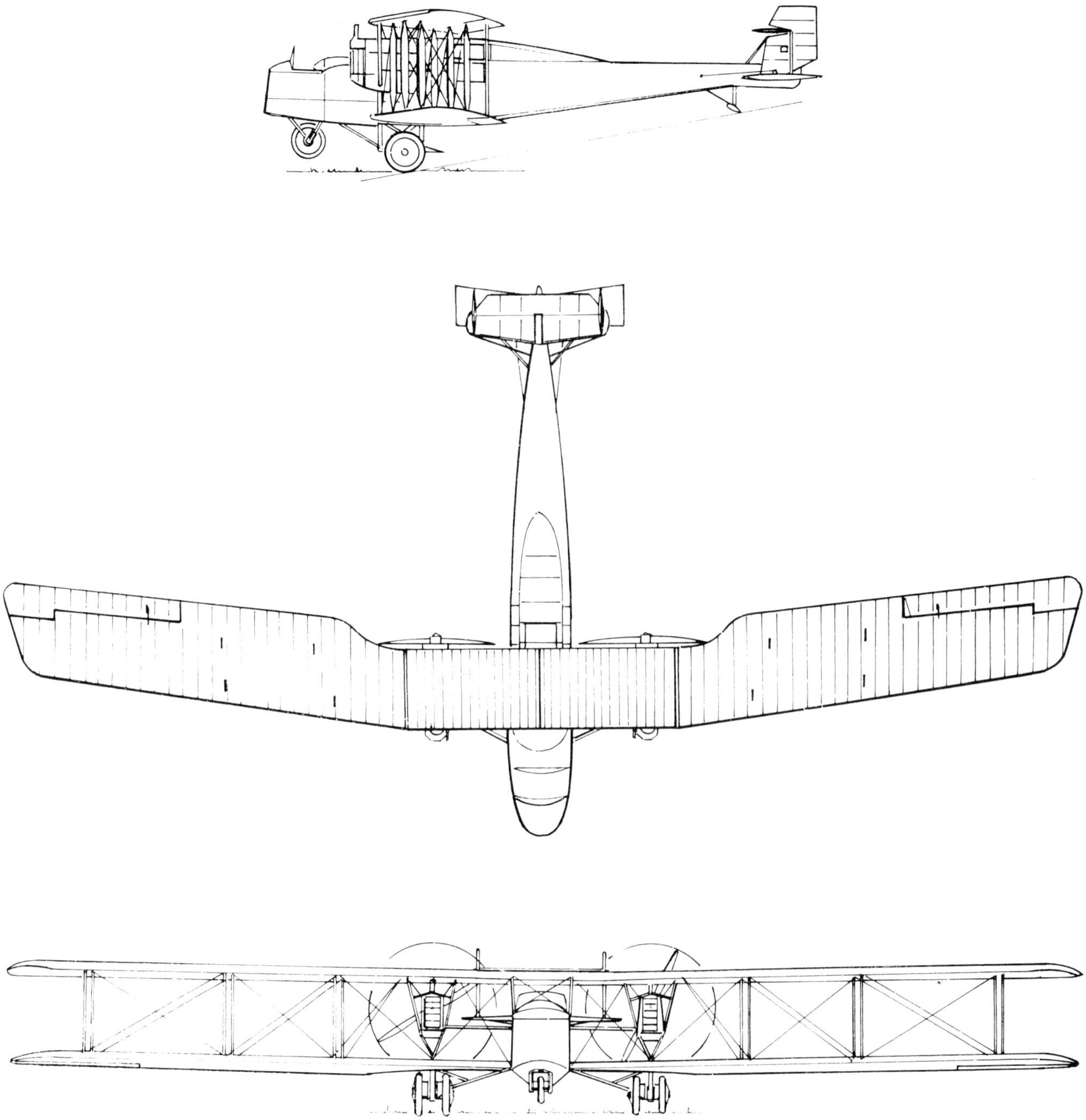

Zweimotorige Friedrichshafener FF 61 G IIIa.

Eine Friedrichshafener EF 61 G IIIa, die in der Werft der DLR eine provisorische Kabine erhalten hat. Am linken Seitenruder befindet sich das Emblem der DLR. (Bild: Volker Koos)

Kennzeichen D-28. Die anderen DLR-Maschinen sind entweder verkauft, auf Befehl der Ilük zerstört worden oder zu Bruch gegangen. Die G IIIa gehörte zu den wenigen zweimotorigen Flugzeugen, die in den Anfängen des deutschen Luftverkehrs mit Erfolg verwendet wurden.
Die FF 45 G III, die in großer Stückzahl hergestellt wurde, war ein dreistielig verspannter Doppeldecker in Gemischtbauweise mit zwei Daimler D IVa-Motoren mit je 200 kW (275 PS). Das Leitwerk war einfach ausgeführt, es gab aber eine Möglichkeit zur Entlastung des Piloten beim Einmotorenflug das Seitenruder festzustellen. Jede Fahrgestellhälfte hatte zwei Räder, unter der Nase befand sich ein Bugrad zum Schutz gegen Überschläge. Die beiden Motoren mit Stirnkühler waren zwischen den Tragflügeln längs des Rumpfes angeordnet und arbeiteten im Gegensatz zu den AEG-Flugzeugen auf Druckschrauben.
Zentraler Teil der Flugzeuge war das Mittelstück, das an das Vorder- und Hinterteil des Rumpfes angeschlossen wurde. Im Mittelstück befand sich vorn der Führerraum, dahinter lagen die beiden je 270 l (195 kg) fassenden Tanks. Die Motoren mit ihrem Strebenwerk hatte man im Tragflügelmittelstück seitlich des Rumpfes angeordnet. Das Fahrwerk war unter den Motoren an deren Strebenwerk angelenkt. Ein Fall- und Reservetank faßte 60 l.
Als Baustoff diente hauptsächlich Holz. Tragende Teile – wie Knotenpunkte und Holmanschlüsse – bestanden aus Metall. Das Leitwerk und die Querruder waren dagegen aus einem Stahlrohrgerippe gefertigt mit Holzauflagen und Stoffbespannung. Alle Ruder besaßen einen aerodynamischen Hornausgleich.
Die Triebwerkanordnung war gut durchdacht. An den Kühler schloß sich eine günstig geformte Motorverkleidung an, die leicht abnehmbar war. Die Zylinderköpfe der Motoren wurden von der Luft direkt umströmt und gekühlt. Zur Kühlung des Motorgehäuses dienten Schlitze in der Verkleidung. Die Kühlwassertemperatur war auf Instrumenten im Führersitz ablesbar. An der Vorderseite des Kühlers befand sich eine Abdeckplatte, die über einen Seilzug vom Führersitz aus verstellbar war.
Der Öltank lag gleich hinter dem Kühler. Die Luftschrauben hatten einen Durchmesser von 3,08 m. Das Flugzeug war bereits zum Instrumentenflug ausgerüstet mit einem Neigungsmesser aus Glasröhrchen, die mit Flüssigkeit gefüllt waren.
Eine verbesserte Ausführung erhielt ein Kastenleitwerk und wurde Ende 1918 unter der Bezeichnung FF 61 G IIIa geflogen. Dieses Muster fand gleich nach Kriegsende Eingang im Luftverkehr – teils offen, teils mit Kabine. Es unterschied sich von der G III nur durch das Kastenleitwerk, das auch bei einem stehenden Triebwerk einen Geradeausflug mit geringem Sinken gewährleistete. Außerdem war die geometrische Formgebung der Flügelenden geändert worden. Zur Erhöhung der Geschwindigkeit hatte man Tragflügelfläche und Spannweite verkleinert.
Meister Budack, der an der G IIIa gearbeitet hat, berichtet: *»Die Piloten beurteilten die G IIIa fliegerisch im Gegensatz zu den AEG-Großflugzeugen sehr gut. Die FF 61 G IIIa D-121 mit der Werknummer 1037 hatte in der Werft der DLR eine abgeschlossene Kabine erhalten. Die zweimotorigen Maschinen sind nie für Streckenflüge eingesetzt worden, sondern nur im Bäderdienst, zu Messe-, Charter- und Rundflügen. Für solche Flüge konnten die Maschinen mit sechs bis neun Personen voll ausgelastet werden, aber für Linienflüge mit zwei Reisenden waren sie zu kostspielig. Sie fanden zum Beispiel auch auf den Deutsch-Ritterflügen von Stolp nach Elbing Verwendung. Die Daimler-Motoren hatten eine Laufzeit bis zur Überholung von etwa 80 bis 120 Stunden.«*

Hannoversche Waggonfabrik: Dreidecker als ein- und zweimotorige Verkehrsflugzeuge

Die Hannoversche Waggonfabrik AG, die 1871 gegründet worden war, nahm im Herbst 1915 auf Anregung des Heeres den Flugzeugbau auf. Das Werk begann mit dem Lizenzbau bewährter Flugzeuge der Firmen Aviatik, Halberstadt und Rumpler. Die technische Leitung lag anfangs in den Händen von Ing. Mairich, dem 1916 Dipl.-Ing. Hermann Dorner folgte. Ein Jahr später brachte das Werk sein erstes eigenes Flugzeug heraus, den zweisitzigen Aufklärer CL II. Der einstielig verspannte Doppeldecker mit Argus As III-Motor fand Anklang bei der Idflieg und ging in Serie. Rund 1000 Flugzeuge dieses Typs und seiner verbesserten Versionen CL IIa, CL III, CL IV und CL V wurden gebaut.
Beim Waffenstillstand beschäftigte das Werk 1940 Mitarbeiter. Schon während des Krieges war von der Werksleitung der Bau von Dreschmaschinen und sonstigem landwirtschaftlichen Gerät heimlich vorbereitet worden, so daß eine zivile Produktion sofort anlaufen konnte. Außerdem begann man mit dem Bau von Kränen und Holzfelgen. Auf diese Weise gelang es, viele Arbeitsplätze zu erhalten; die übrigen Beschäftigten fanden in anderen Abteilungen der Waggonfabrik Arbeit.
Gleich nach Kriegsende versuchte die Abteilung Flugzeugbau, noch im Verkehrsflugzeugbau Fuß zu fassen. Oberingenieur Siegel, Ingenieur Zschach und Dipl. Ing. Hermann Dorner schufen in kurzer Zeit drei Verkehrsflugzeuge.

Hawa F3 (CL III)

Sie wandelten die beiden Doppeldecker CL III und CL V in Verkehrsflugzeuge um. In langwieriger Detailarbeit bereinigten sie Rumpf und Tragwerk von vielerlei Unebenheiten. Über dem ehemaligen Beobachtersitz der CL III installierten sie eine stromlinienförmige, mit Fenstern ausgestattete Haube. Das Innere der so entstandenen Kabine für zwei Reisende wurde sorgsam gepolstert und bequem eingerichtet.
Bei der CL III fallen kompakte Bauweise und die doppelt ausgeführte Konstruktion des Höhenleitwerks ohne aerodynamischen Ausgleich in die Augen. Wahrscheinlich sollte durch diese Anordnung das Höhenleitwerk in seinen Ausmaßen klein gehalten werden, um bei der ehemaligen Militärversion ein ungestörtes Schußfeld nach hinten zu haben. Der Gashebel war am Steuerknüppel angebracht. Der hohe Rumpf der CL III bestand aus einem Holzgerüst und war mit Sperrholz beplankt. Der Mercedes D III war sorgfältig durch Bleche verkleidet[38].

Hawa F6 (CL IV)

Ebenfalls für den Luftverkehr umgebaut wurde die CL IV. Das Flugzeug hatte I-Stiele, einen Stirnkühler und als Triebwerk einen BMW IIIa. Es gab zwei Versionen, eine mit Doppel- und eine mit normalem Leitwerk. Ob diese Flugzeuge eine Kabine erhalten haben, läßt sich zur Zeit nicht einwandfrei klären. Es liegen nur Zeichnungen vor[39], aber keine Fotos. Von der Hawa CL III, in ziviler Ausführung F 3 genannt, sind dagegen Fotos, Werkunterlagen und Flugberichte vorhanden.

Hawa F 3 (CL IIIe) mit Kabine und dem Kennzeichen D-81 aus der Luftfahrzeugrolle März 1919 bis Mai 1920. Als Triebwerk diente ein Mercedes D IIIa mit 118 kW(160 PS).

Hawa F 6 (CL IV) mit der Zulassungsnummer D-110 aus der Luftfahrzeugrolle vom März 1919 bis Mai 1920 als schnelles Postflugzeug. Mit einem Flugzeug gleichen Typs stellte stud.mach. Arthur Martens am 22. Oktober 1919 einen deutschen Höhenrekord mit 8430 m auf.

Hawa F 10 Dreidecker

Mit der Umrüstung der beiden Militärflugzeuge in zivile Muster waren die Aktivitäten des Werkes auf dem Gebiet des Verkehrsflugzeugbaues aber keineswegs erschöpft. Zur Überraschung der Fachwelt entstand bei der Hawa eine ganz neue dreisitzige Reiselimousine als Dreidecker. Dieses Flugzeug ist schon Anfang 1919 fertiggestellt worden, denn bereits im ersten Quartal 1919 berichtete die Fachpresse mit Fotos darüber.
Es ist möglich, daß das Flugzeug und seine Vorgänger Monate vor der Junkers F 13, Sablatnig P III und dem Fokker F II geflogen sind. Die Werkunterlagen enthalten aber keinerlei zeitliche Hinweise.

Aus einem Bericht von Ingenieur Zschach, der am Bau des Flugzeuges beteiligt war, geht hervor, wie damalige Konstrukteure die Probleme im Verkehrsflugzeugbau zu lösen suchten. Folgende Gedanken lagen dem Entwurf zugrunde:

»Das Reisen im Flugzeug hat, gegenüber allen anderen Beförderungsmitteln, den Vorteil der größeren Geschwindigkeit. Soll es trotz seiner höheren Kosten allgemein werden, dann muß die Sicherheit der Reisenden in jedem Falle gewahrt bleiben. Ein Reiseflugzeug soll also zuerst sicher, dann schnell und billig im Betrieb und in der Anschaffung sein. Wodurch wird nun die Sicherheit erhöht? Wenn das Flugzeug dem Führer in jeder Lage gehorsam ist. Es muß mit losgelassenen Steuern in normale Flugstellung gehen und alle Eigenschaften haben, die Start und Landung erleichtern.
Im Gegensatz zu allen anderen Dorner-Flugzeugen wurden drei Flügel übereinander gelegt, um erstens den Bedarf an Bodenfläche zu verkleinern und zweitens die Verspannung der Zelle einfacher zu gestalten. So ist es gelungen, die im Luftstrom liegende Kabellänge, auf die Flächeneinheit bezogen, nochmals wesentlich herabzusetzen. Wohl das äußerste,

Hawa F 10, ein Dreidecker als Verkehrsflugzeug mit Kabine, der 170 km/h Geschwindigkeit erreichte. Wahrscheinlich ist die F 10 das erste nach dem Krieg neu gebaute deutsche Verkehrsflugzeug, das schon in den ersten Monaten des Jahres 1919 geflogen ist.

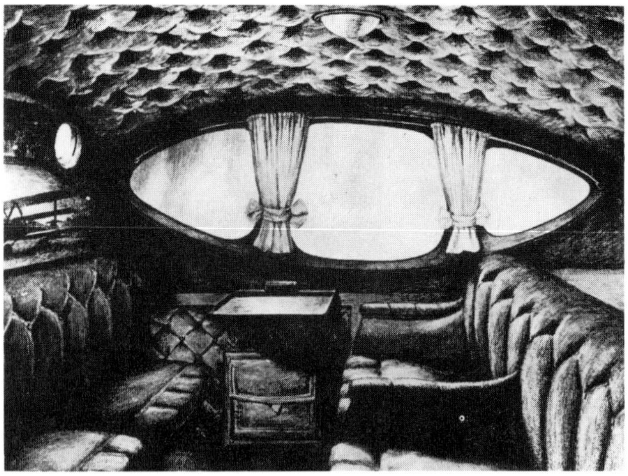

Bequem eingerichtete Kabine des Hawa F 10-Dreideckers.

was zu erreichen ist! Die mit dem Hawa-Reisedreidecker unternommenen Flüge haben bisher voll befriedigt.«

Der Dreidecker Hawa F 10 war eine neue Konstruktion. Ein hoher Baldachin in V-Form trug die obere durchgehende Tragfläche, die zweite Tragfläche war vor und in Höhe des Führersitzes an der Rumpfoberkante angeschlossen und hatte einen Ausschnitt zur besseren Sicht für den Piloten. Die dritte Tragfläche war unten am Rumpf angelenkt. Die drei Tragflächen waren durch einen I-Stiel miteinander fest verbunden und einfach verspannt.
Die Kabine mit den Maßen 1,90 m Länge, 1,10 m Breite und 1,50 m Höhe hatte sechs Fenster, war sehr gut ausgestattet und bot drei Personen Platz; sie besaß eine regulierbare Heizung. Aus Festigkeitsgründen war auf eine Tür verzichtet worden; zum Einstieg diente eine Halbdeckklappe. Zwischen Führersitz und Kabine befand sich unten ein Gepäckraum. Das Leitwerk war – ganz neu – halbkreisförmig gestaltet worden und besaß Ruder mit Hornausgleich. Die obere Dämpfungsfläche am Höhensteuer diente nur zur Trimmung und war vom Führersitz aus verstellbar. Das Flugzeug erreichte nach dem Bericht von Zschach dank der sorgfältigen aerodynamischen Gestaltung 170 km/h Geschwindigkeit. Die F 10 beschleunigte schnell beim Start und hatte eine extrem kurze Rollstrecke. Der Lärmpegel in der Kabine soll dem eines Eisenbahnwagens entsprochen haben. Zwei Fenster waren während des Fluges zu öffnen. Diese und andere Einzelheiten sind durch einen Flugbericht[40] belegt. Demnach war die Kabine zumindest so bequem eingerichtet wie die einer Junkers F 13 oder eines Fokkers F II.
Als Antrieb diente ein Benz Bz IV mit 169 kW (230 PS), der sorgfältig verkleidet war und einen Stirnkühler besaß. Zwei

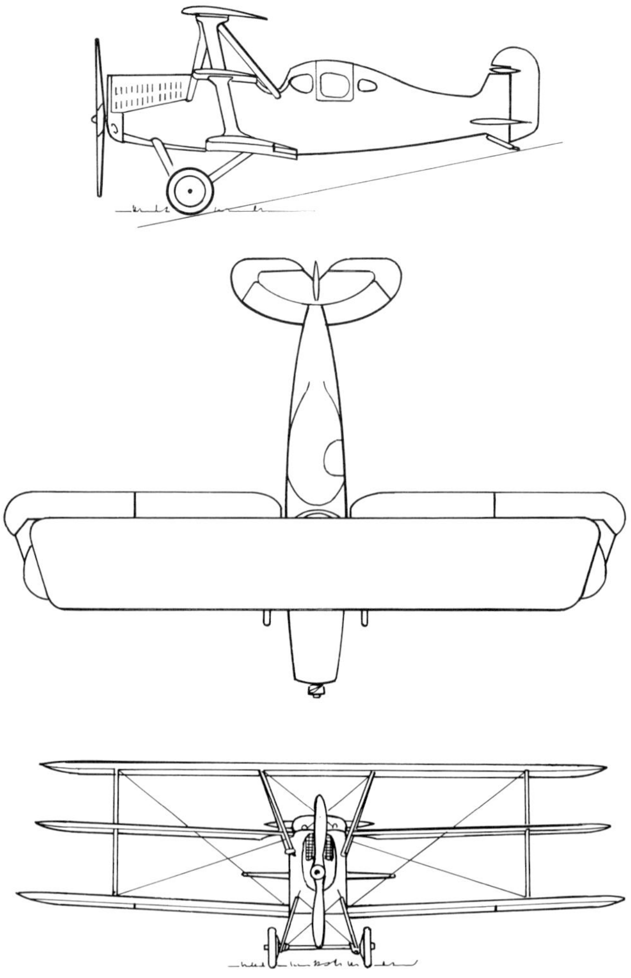

Hawa F 10 mit Benz Bz IV mit 169 kW(230 PS).

Kraftstoffbehälter befanden sich zwischen Motor und Führersitz. Anscheinend fand keines der drei Flugzeuge Eingang im Luftverkehr. Schließlich wurden sie ein Opfer des Versailler Friedensvertrages – sie wurden zerstört.

Hawa F 12, zweimotoriger Dreidecker

Um die Flugsicherheit zu erhöhen und das Flugzeug für etwa acht Reisende zu vergrößern, entwarf Dorner eine zweimotorige Ausführung des Dreideckers. Die Auslegung der F 10 wurde beibehalten, nur geometrisch vergrößert. Die beiden

Zweimotorige Weiterentwicklung der F 10 zur F 12 für acht Reisende und zwei Piloten mit geschlossener Kabine einschließlich Besatzung.

HAWA-Verkehrsflugzeuge

Hersteller		Hannoversche Waggonfabrik HAWA	HAWA	HAWA
Muster		F 3 (CL III e)	F 6 (CL IV)	Dreidecker F 10
Triebwerk		Mercedes D III a	BMW III a	Benz Bz IV
Leistung	kW	118	136	169
	PS	160	185	230
Besatzung (+ Reisende)		1 + 2	1 + 2	1 + 3
Länge	m	7,80	7,10	8,10
Höhe	m	2,80	2,90	2,70
Spannweite	m	11,85	10,40	10,00
Flügelfläche	m^2	33,10	28,50	45,00
Rüstmasse	kg	720	720	1 056
Kraftstoff	kg	110	108	190
Schmierstoff	kg	10	10	21
Besatzung	kg	80	80	80
Nutzmasse	kg	190	162	263
Zuladung	kg	390	360	554
Startmasse	kg	1 110	1 080	1 610
Flächenbelastung	kg/m^2	33,53	38,00	35,00
Masse Leistungsverhältnis				
Leistungsbelastung	kg/kW	9,40	7,94	9,53
	kg/PS	6,93	5,84	7,00
Flächenleistung	kW/m^2	3,56	4,77	3,76
	PS/m^2	4,83	6,49	5,11
Verbrauch	kg/h	32,00	35,00	45,00
Höchstgeschwindigkeit	km/h	165	185	170
in Höhe	m	2 000	2 000	0
Reisegeschwindigkeit	km/h	150	160	150
in Höhe	m	2 000	2 000	0
Steiggeschwindigkeit	m/s	2,70	5,00	–
Dienstgipfelhöhe	m	7 500	9 000	–
Reichweite[1]	km	500	480	600
max. Flugzeit[1]	h	3	3	4
Landegeschwindigkeit	km/h	75	80	80
Zuladung in % von der Startmasse		35	33	34
Zahlende Nutzlast in % von der Startmasse		17	15	16
Baujahr		1919	1919	1919

[1] bei Reiseleistung ohne Reserven

Motoren ordnete er dicht neben dem Rumpf an, etwa ein Drittel oberhalb und zwei Drittel unterhalb des mittleren Tragflügels. Die Luftschrauben-Kreisflächen überschnitten sich zwar dabei, aber man glaubte, mit dem Problem fertig zu werden, das sich aus Resonanzen und Vibrationen ergeben hätte. Das Flugzeug war für eine Reichweite von 1000 km berechnet. Zum Bau des Projektes ist es nicht mehr gekommen.

Halberstadt CL IV: leicht und schnell

Der Einzelkämpfer Paul Strähle beflog mit zwei Getreuen die Flugstrecke Konstanz – Stuttgart und später Stuttgart – Nürnberg über drei Jahre hinweg mit drei ehemaligen Militärflugzeugen. Strähle wählte für seine Unternehmung die Halberstadt CL IV, ein schnelles und leichtes Flugzeug, mit dem er seit dem Krieg vertraut war. Die Bezeichnung »C« bedeutet bewaffneter, zweisitziger Doppeldecker, »L« war die Bezeichnung für leicht.
Die Halberstädter Flugzeugwerke GmbH sind am 9. April 1912 von H. und G. Behrens, C. Stockhausen und Ed. Schnebel an den nördlichen Ausläufern des Harzes gegründet und zunächst Deutsche Bristol-Werke genannt worden. Eine Halberstädter Fliegerschule und eine Bootsbau-Werft waren Tochtergesellschaften des Stammwerkes. Die Konstruktion lag ab 1914 in den Händen von Dipl.-Ing. Karl Theiss und Ing. Voigt, letzterer war zugleich als Einflieger und Testpilot tätig. Nach dem Bau einiger Schulmaschinen entstand 1916/17 eine Reihe von Kampfeinsitzern. Erfolge

Halberstadt CL IV, Baujahr 1918, mit der Paul Strähle in den Jahren 1921 und 1922 planmäßigen Luftverkehr von Stuttgart nach Konstanz und Nürnberg flog.
Das Flugzeug war über viele Jahre hinweg im Daimler-Benz-Museum untergebracht. Eines Tages tauschten die Mercedes-Leute in Untertürkheim das Flugzeug gegen eine Klemm-Daimler KDL 20 mit 20 PS-Mercedes-Motor um, weil ihnen der kleine Mercedes-Motor besser gefiel als der alte schwere Kriegsmotor.

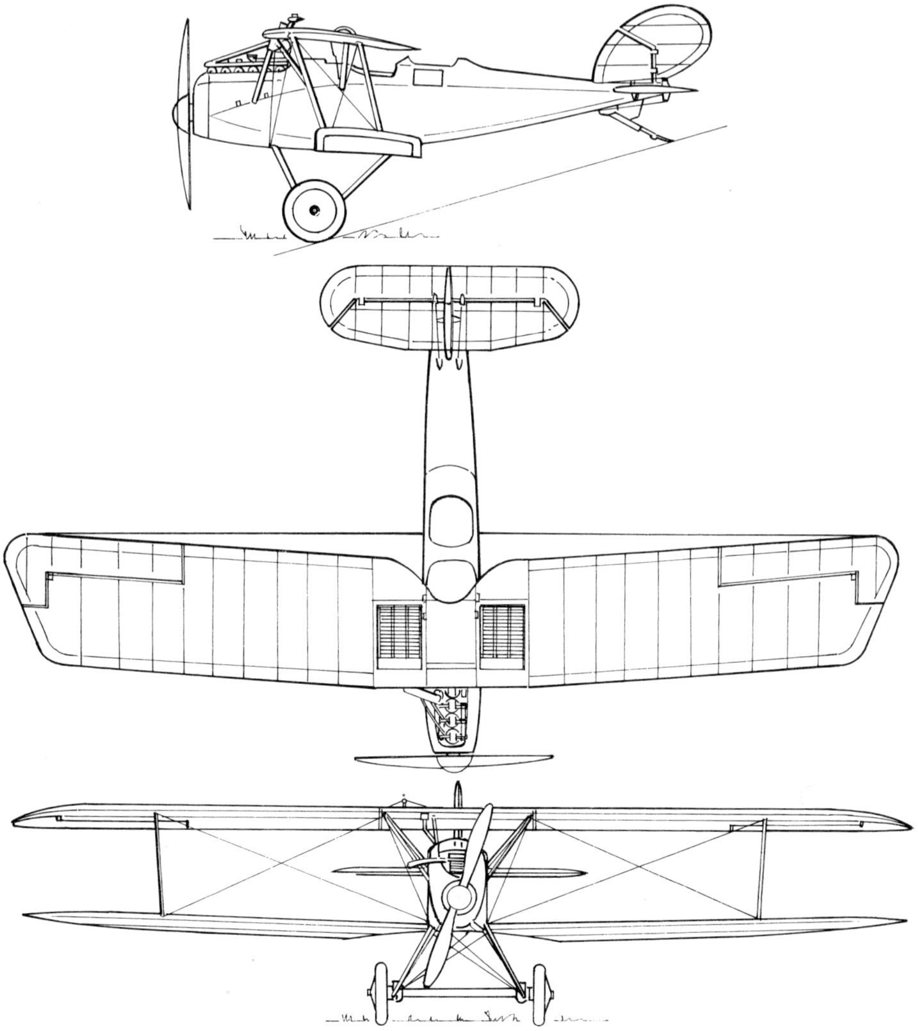

Halberstadt CL IV mit Daimler D IIIa mit 132 kW (180 PS).

erzielte das Werk aber erst mit einem leichten Schlachtflugzeug Halb CL II, das sich durch hohe Wendigkeit und gutes Steigen auszeichnete. Der kleine, einstielig verspannte Doppeldecker – ein kompaktes Flugzeug mit hoher Eleganz – war mit einem Mercedes D III-Triebwerk mit 125 kW (170 PS) ausgerüstet.
Mit der Halb CL IV folgte Anfang 1918 ein im wesentlichen gleiches Flugzeug mit besseren Leistungen. Die Maschine war um rund 50 kg leichter und wendiger geworden. Bei einem Vergleichsfliegen in Adlershof stieg sie in 31 min auf 5000 m, was einem durchschnittlichen Steigen von 2,68 m/s entspricht. Sie erreichte bei dem Vergleichsfliegen 175 km/h Geschwindigkeit und war von der Konkurrenz nicht zu schlagen.
Im Vergleich zur CL II war der ovale Sperrholzrumpf kürzer ausgeführt[41]. Um einen guten Übergang vom Flügel zum Rumpf zu erreichen, wuchs der Holm gebogen und gleichzeitig etwas verwunden aus dem Rumpf heraus. Der Kühler war als Tragflächenkühler kaum sichtbar steuerbord im Baldachin untergebracht, der 27 l fassende Falltank befand sich auf der Backbordseite. Als Triebwerk diente der Daimler D IIIa mit 132 kW (180 PS). Unter dem Führersitz lag der 133 l fassende Kraftstofftank.
Der einstielig verspannte Holz-Doppeldecker mit stoffbespannten Tragflächen wurde fliegerisch hervorragend beurteilt. Er war äußerst wendig und leicht zu landen. Unter dem Baldachin gab es keine Kabel, Kühler, Streben oder Leitungen; der Führer hatte eine ungehinderte Sicht nach vorne. Die Querruder, Höhen- und Seitenruder besaßen einen aerodynamischen Hornausgleich.
Die Belegschaft des Werkes stieg von 92 auf 2100 Arbeiter und Angestellte Ende 1918. Das Werk war weitgehend autark und stellte fast alle Teile im eigenen Betrieb her. Nach dem Bauverbot 1919 schlossen die Halberstadt-Werke jedoch ihre Tore.
Für Paul Strähle war es später nicht einfach, in dem verhältnismäßig kleinen Flugzeug zwei Passagiere unterzubringen. Er setzte auf den Beobachtersitz eine kleine Kabine mit Fenstern auf, die nach oben offen blieb, die Passagiere aber gut vor Propellerwind und Wetter schützte. Aus dem ehemaligen Aufklärer war ein ziviles Flugzeug entstanden, das sich im Luftverkehr sehen lassen konnte. In den drei Jahren regelmäßigen Streckendienstes gab es keinen größeren Unfall, niemand wurde verletzt.
Die wesentlich größere LVG C VI oder AEG J II bot den beiden Passagieren sicherlich mehr Platz und Bequemlichkeit. Der Motor der Halb CL IV mit um 22 bis 27 Prozent geringerer Leistung in Verbindung mit einer kleineren Auslegung der Zelle führten bei der Halberstadt zu einer um 200 kg geringeren Rüstmasse im Vergleich zur LVG P II. Die CL IV erreichte aber die gleiche Geschwindigkeit und eine ähnliche Reichweite bei nahezu gleicher zahlender Nutzlast. Das Verhältnis von zahlender Nutzlast zur Abflugmasse betrug 19 Prozent (14 Prozent LVG). Das Triebwerk der CL IV brauchte rund 32 kg (44 l), das der LVG rund 53 kg (73 l) Kraftstoff in der Stunde. Damit war die CL IV wirtschaftlich den anderen damals im Luftverkehr verwendeten ehemaligen Militärmaschinen überlegen.

Strähles Post- und Verkehrsflugzeug Halberstadt CL IV

Hersteller		Halberstadt
Muster		CL IV Post und Verkehr
Triebwerk		Mercedes D III a
Leistung	kW PS	132 180
Besatzung (+ Reisende)		1 + 2
Länge	m	7,40
Höhe	m	2,65
Spannweite	m	10,70
Flügelfläche	m^2	27,00
Rüstmasse	kg	720
Kraftstoff	kg	115
Schmierstoff	kg	16
Besatzung	kg	80
Nutzmasse	kg	219
Zuladung	kg	430
Startmasse	kg	1 150
Flächenbelastung	kg/m^2	42,59
Masse Leistungsverhältnis		
Leistungsbelastung	kg/kW	8,71
	kg/PS	6,39
Flächenleistung	kW/m^2	4,89
	PS/m^2	6,67
Höchstgeschwindigkeit	km/h	175
in Höhe	m	0
Reisegeschwindigkeit	km/h	150
in Höhe	m	0
Steiggeschwindigkeit		
in 0 m Höhe	m/s	3,87
Dienstgipfelhöhe	m	6 000
Reichweite[1]	km	500
max. Flugzeit[1]	h	3,30
Verbrauch Reise	kg/h	32,00
Landegeschwindigkeit	km/h	80
Zuladung in % von der Startmasse		37
Zahlende Nutzlast in % von der Startmasse		19
Baujahr		1918

[1] bei Reiseleistung ohne Reserven

Junkers Flugzeugwerk AG

Werdegang der F 13

Im November 1918 – gleich nach dem Waffenstillstand – schlug Prof. Junkers seinen Ingenieuren den Bau eines Verkehrsflugzeuges vor. Dipl.-Ing. Otto Reuter war inzwischen zum Chefkonstrukteur avanciert und folgte dieser Anregung mit großem Elan. Zunächst entwarf er mit seinen Mitarbeitern eine Reihe von Projekten für Vergleichszwecke. Das letzte von Junkers im Krieg gebaute Muster war ein zweisitziges Mehrzweckflugzeug mit der Bezeichnung J 10 (CL I), das am 4. Mai 1918 zum Erstflug gestartet war. Dieser zweisitzige Tiefdecker robuster Bauart, von dem 43 Maschinen hergestellt wurden, war als Ausgangspunkt für ein neu zu entwickelndes Verkehrsflugzeug unter der Bezeichnung J 12 vorgesehen. Die J 12 sollte eine größtenteils geschlossene Kabine für zwei Personen erhalten. Tragflügel, Rumpfende, Kühlanlage, Steuerung und zahlreiche sonstige Bauteile sollten übernommen werden.
Während der Arbeiten aber erkannten Junkers und seine Mitarbeiter, daß in die vorhandene Konstruktion nur ein Teil der neuen Gedanken und Ideen hineingezwängt werden konnte. Man entschloß sich deshalb zu einer Neukonstruktion, mit der das Junkers-Team im Januar 1919 begann. Acht Ingenieure waren an dem Projekt mit einem Arbeitsaufwand von etwa 9000 Stunden beteiligt. Das neue Flugzeug sollte eine Attraktion werden, denn nur so konnte Bedarf für den Luftverkehr geweckt werden. War erst einmal ein gewisses Verkehrsaufkommen erreicht, würde auch die Zeit für größere Flugzeuge kommen.
Reuter und seinen Mitarbeitern schwebte eine Art fliegendes Auto vor, für die damalige Zeit eine ganz phantastische Idee. Während die Piloten gern frische Luft um die Nase hatten, sollten die Reisenden in einer geschlossenen, geheizten Kabine sitzen und durch große Fenster eine gute Sicht nach unten haben. Man dachte an klappbare Polstersessel und eine seitliche Tür, durch die die Kabine leicht zu besteigen war. Diesem fortschrittlichen Konzept standen die beschränkten Mittel entgegen, außerdem fehlten geeignete Motoren – es gab nur Kriegsmotoren. Zunächst konzipierte Reuter eine Attrappe der Kabine für sechs Personen – vier Reisende und zwei Piloten.

Erste Profilsystematik

Die wissenschaftlichen Voraussetzungen für die richtige Wahl eines Tragflügelprofils hatte Ing. Franz Wilhelm Schmitz – der Vater von Arno L. Schmitz, derzeitiger Geschäftsführer des BDLI – schon ein Jahr zuvor geschaf-

Mit der J 7 gelang Junkers 1917 der Durchbruch zum freitragenden Ganzmetalltiefdecker aus Leichtmetall (Duralumin). Das Flugzeug erreichte mit Mercedes D IIIa mit 118 kW (160 PS) 7,2 m/s Steigen.

Eine notdürftig als Post- und Kurierflugzeug mit übergestülpter Haube ausgerüstete Junkers J 10 wurde im März 1919 während der National-Versammlung auf der Strecke Dessau–Weimar eingesetzt.

Junkers J 12, eine Vorstudie zur F 13, die auf der J 10 aufbaute.

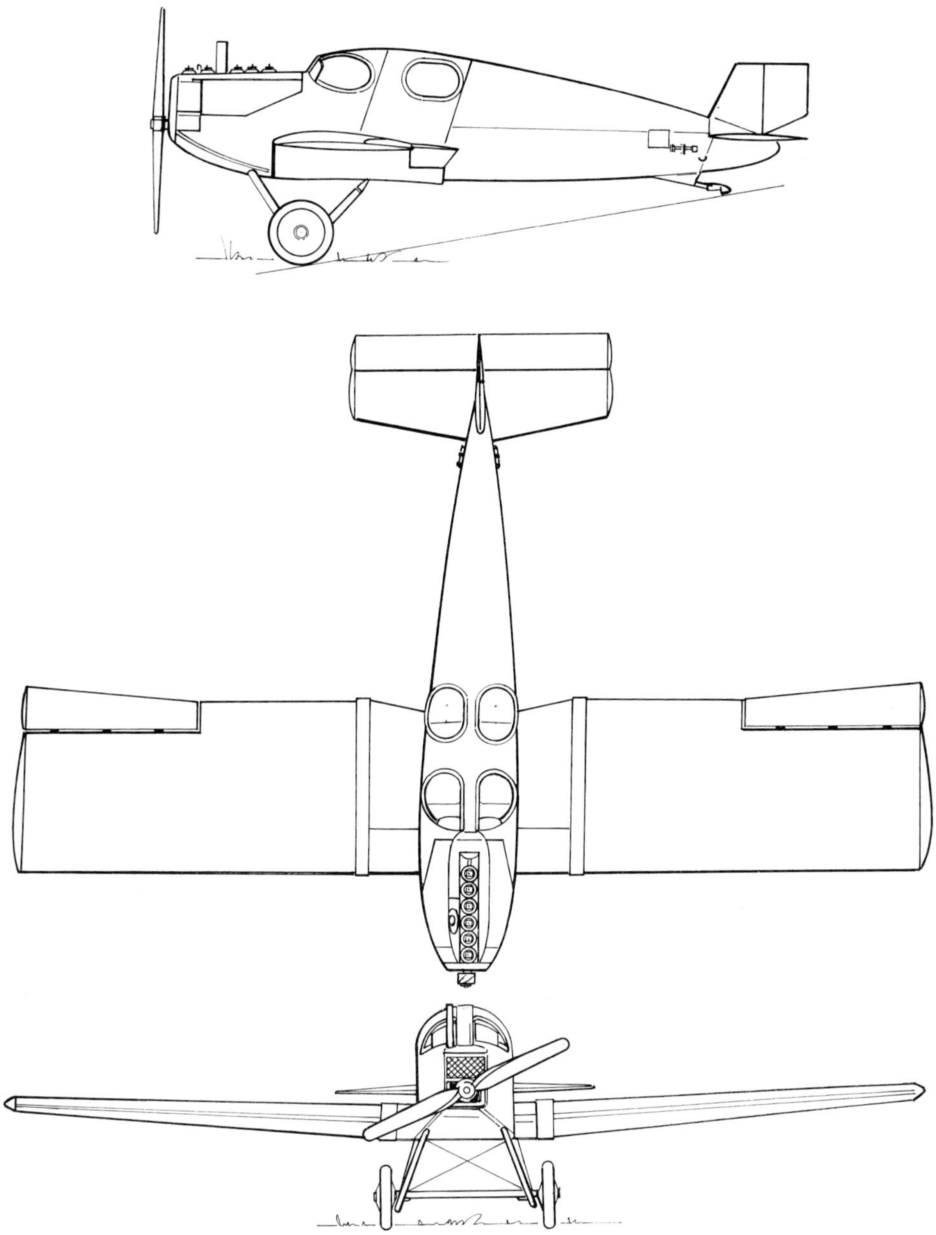

fen. Prof. Junkers hatte ihn Anfang 1918 damit beauftragt, eine systematische Meßreihe an Tragflügeln gleicher Spannweite, gleicher Umrisse und gleicher Mittellinienwölbung, aber verschiedener Dicke, zu erarbeiten. Kernstück der Idee war eine Vermessung des dicken Flügelprofils. Schmitz schuf damit wahrscheinlich die erste Profilsystematik in der Luftfahrt. Auf diese Weise standen Unterlagen zur Verfügung, nach denen nun ein aerodynamisch hochwertiger Flügel für die F 13 ausgewählt werden konnte.

Flugerprobung der F 13

Am 25. Juli 1919 startete die F 13 mit dem Versuchspiloten Monz am Steuer zu ihrem Erstflug. Das Flugverhalten war zufriedenstellend. Versuchsflüge mit verschiedenen Luftschrauben und Lasten schlossen sich an, auch eine Trimmung durch Verstellung der Höhenflosse und einen im Rumpfende eingebauten Trimmtank wurden untersucht. Der Bericht über die Flugerprobung schloß: »Das Flugzeug ist in fliegerischer, aerodynamischer und wirtschaftlicher Beziehung eine hervorragende Maschine. Neben einigen Eigentümlichkeiten, an die man sich gewöhnen muß, sind es nur noch unwesentliche Kleinigkeiten, die zu Beanstandungen Anlaß geben.« Durch die freitragende Ganzmetallbauweise und die geschlossene Kabine war die F 13 ihrer Zeit voraus. Sie eröffnete ganz neue Aussichten für die friedliche Nutzung des Luftraumes.

Am 13. September 1919 stellte die F 13 einen Höhenweltrekord auf, indem sie, ausgerüstet mit einem BMW IIIa

Flugkapitän Hugo Wiskandt (†) vor einer F 13 der Danziger Luftpost, mit der er 1923 die Strecke Berlin–Stettin–Danzig beflog. Wiskandt gehörte später zu den erfahrensten Flugzeugführern der Lufthansa.

Führersitz und Arbeitsplatz des Piloten in einer Junkers F 13, in der eine Generation von Verkehrsfliegern und späteren Lufthansa-Kapitänen in den Jahren von 1920 bis 1939 am Steuer saß und sicher und zuverlässig Strecken in Deutschland, in Europa und auf allen Kontinenten in der Welt beflogen.

1 = Öldruckmesser
2 = Fahrtmesser
3 = Drehzahlmesser
4 = Höhenmesser
5 = Brennstoff-Filter
6 = Kraftstoffhahn
7 = Hebel für Kühlerklappen
8 = Handrad für Quersteuerung
9 = Steuersäule für Höhenruder
10 = Pedale für Seitensteuerung
11 = Schalter für Früh- und Spätzündung
12 = Schalter für Zusatzluft
13 = Gashebel
14 = Anlaßmagnet
15 = Benzinpumpe für Falltank
16 = Kraftstoffpumpe für Trimmtank
17 = Kompaß
18 = Begleitersitz

Junkers F 13, mit BMW IIIa mit 136 kW(185 PS).

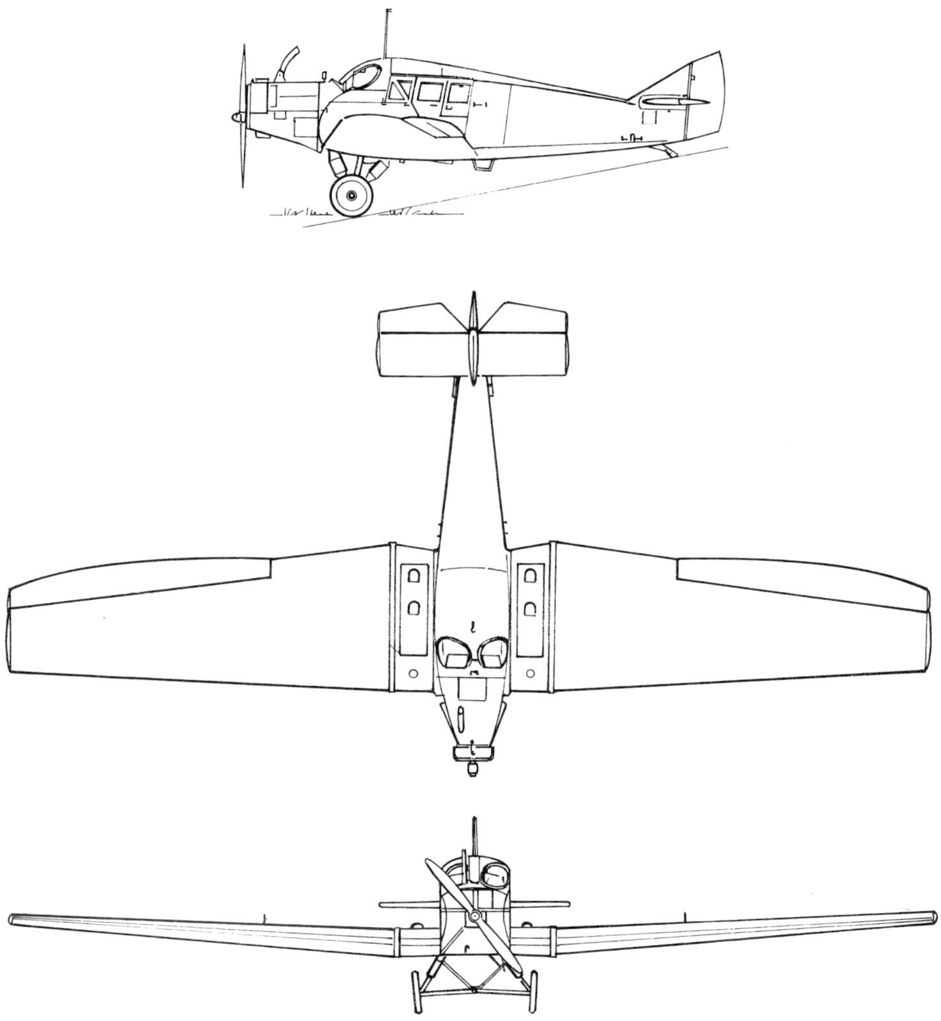

mit 220 PS Leistung, in 86 Minuten mit acht Personen (523 kg Nutzlast) eine Höhe von 6750 m erreichte. Dieser Weltrekord konnte allerdings damals nicht anerkannt werden, weil Deutschland noch nicht Mitglied der FAI war.

Das kleine Weltwunder

Trotzdem machte der Höhenrekord das Flugzeug in kurzer Zeit weltbekannt. Für Junkers begann nun der Kampf um einen Markt. Als Käufer für die F 13 kamen die vielen innerdeutschen Luftverkehrs-Gesellschaften nicht in Frage, denn sie erhielten zwar Subventionen, waren aber dennoch finanziell nicht in der Lage, neues Fluggerät zu beschaffen. Deshalb entschloß sich Junkers, selbst Luftverkehr zu betreiben. Der größte Teil der 322 gefertigten Junkers F 13 ging ins Ausland, wo sie bis zu 20 Jahre im Flugbetrieb standen.

Stete Weiterentwicklung

Während seiner langen Lebenszeit wurde das Flugzeug laufend der technischen Entwicklung angepaßt. Die Ausgangsversion erreichte 1919 mit einem Mercedes-Motor D IIIa mit 116 kW (160 PS) Leistung eine Reisegeschwindigkeit von 153 km/h. Die Leermasse lag bei 951 kg, die Flugmasse bei 1640 kg, die zahlende Nutzlast bei 320 kg, die Reichweite bei 1400 km. Durch Einbau des Junkersmotors L 2 mit 195 kW (265 PS) Maximalleistung und durch Verwendung größerer Tragflügel (43 statt 34,5 m^2) stieg die Leermasse auf 1170 kg und die Flugmasse auf 2000 kg. Es

Technische Entwicklung der Junkers F 13-Familie von 1919 bis 1925

Baujahr		1919	1919	1920	1920	1923
Muster		F 13	F 13	F 13	F 13	F 13 da
Triebwerk		Mercedes D III a	BMW III a	Mercedes D III a	BMW III a	Junkers L 2
Leistung	kW	118	136	118	136	195
	PS	160	185	160	185	265
Besatzung (+ Reisende)		2 + 4	2 + 4	2 + 4	2 + 4	2 + 4
Länge	m	9,59	9,59	9,60	9,60	9,60
Höhe	m	3,50	4,10	4,10	4,10	4,10
Spannweite	m	14,82	14,82	17,75	17,75	17,75
Flügelfläche	m^2	34,50	34,50	43,00	43,00	43,00
Flügelstreckung		6,37	6,37	7,33	7,33	7,33
Rüstmasse	kg	951	1 075	1 160	1 160	1 170
Kraftstoff	kg	279	280	280	280	290
Schmierstoff	kg	10	10	10	10	13
Besatzung	kg	80	80	80	80	80
Nutzmasse	kg	320	355	285	370	457
Zuladung	kg	689	725	655	740	830
Flugmasse	kg	1 640	1 800	1 815	1 900	2 000
Flächenbelastung	kg/m^2	47,54	52,17	42,21	44,19	46,51
Leistungsbelastung	kg/kW	14,03	13,24	15,43	13,97	10,27
	kg/PS	10,25	9,73	11,34	10,27	7,55
Flächenleistung	kW/m^2	3,41	3,94	2,73	3,16	4,53
	PS/m^2	4,64	5,36	3,72	4,30	6,16
Höchstgeschwindigkeit	km/h	173	170	170	170	180
Reisegeschwindigkeit	km/h	153	140	140	140	160
Steiggeschwindigkeit	m/s	2,40	3,00	2,40	2,10	2,10
Dienstgipfelhöhe	m	5 000	4 600	4 300	4 300	4 000
Reichweite	km	1 400	1 200	1 200	1 200	950
Startrollstrecke	m	150	200	200	200	190
Landerollstrecke	m	150	150	150	150	150
Landegeschwindigkeit	km/h	87	90	80	80	85
Zuladung in % von der Flugmasse		42	40	36,10	39	42
Nutzmasse in % von der Flugmasse		20	20	16	19	23
Änderungen						verbesserter Motoreinbau verstärkte Lagerung

gelang, die zahlende Nutzlast von 320 kg auf 457 kg bei der F 13 da (1925) anzuheben.
Im Jahre 1930 wurde in den Junkers-Werken die Möglichkeit einer Neuauflage der F 13 mit einer Reihe von Verbesserungen untersucht. Nichts kann die von Anfang an gelungene Konstruktion besser kennzeichnen.

Aufbau der Junkers F 13

Der Tragflügel der F 13 ist zwecks besserer Transportmöglichkeiten dreiteilig ausgeführt. An das Flügelmittelgerüst, dessen Längsträger aus neun Rohren aus Duraluminium bestehen, werden die beiden Außenflügel angeschraubt.

Das Innere des Flügels ist als statisch überbestimmtes Fachwerk (»fail-safe«) ausgeführt. Die Wellblechbeplankung wird zur Aufnahme von Torsionsbeanspruchungen mit herangezogen.

Rumpf

Das Fachwerk des Flügelmittelstückes bildet gleichzeitig das Fundament von Rumpf und Kabine – ein grundsätzlicher Vorteil der Tiefdeckerbauweise, der erhöhte Sicherheit bei Bruchlandungen bietet.

Leitwerk

Die Höhen- und Quersteuerung erfolgt durch eine Steuersäule mit Handrad. Höhen- und Querruder werden durch eine Hebelanlage aus Duraluminiumstangen betätigt. Die Betätigung des Seitenruders geschieht durch Kabelzüge. Eine Doppelsteuerung war üblich. Bemerkenswert ist, daß die F 13 keine zum Ausgleich von Gewichts- und Schwerpunktsveränderungen eingerichtete Verstellbarkeit der Höhenflosse hat, vielmehr einen Trimmtank im Rumpfende. Um Lastigkeitsänderungen auszugleichen, pumpte der Pilot solange Kraftstoff ab oder zu, bis der Gleichgewichtsstand erreicht war. Diese Lösung hat den Vorteil, daß stets mit gleich niedrigem Anstellwinkel, also geringstem Widerstand geflogen werden kann.

Fahrwerk

Das Fahrwerk der F 13 ist gegen ein Schwimmergestell oder Schneekufen auswechselbar. Das Land-Fahrgestell ist in Stahlrohr ausgeführt. Vier Streben mit Stromlinienverkleidung, die sogenannten Federbeine, bilden die abfedernden Elemente. Vom Schwerpunkt der geteilten Achse geht eine V-Strebe nach oben, die das Gestell rahmensteif macht. Der Radstand ist mit 2,10 m reichlich bemessen. Der Hecksporn ist abgefedert und gelenkig gelagert.
Die Duraluminium-Schwimmer sind durch Schottwände in sechs wasserdichte Abteilungen eingeteilt. Die Tragfähigkeit ist so bemessen, daß ein einzelner Schwimmer das Flugzeug vor dem Versinken bewahren kann. Bei der Verwendung von Schneekufen wird der Sporn durch eine Spornkufe ersetzt.

Ausstattung

Die Fluggastkabine enthält vier gepolsterte Sitze, von denen sich die beiden vorderen herausnehmen lassen, so daß auch größeren Raum beanspruchende Lasten befördert werden konnten. Statt der vorderen Sitze kann ein Kraftstoff-Zusatztank eingebaut werden. Ein kleines Schiebefenster in der Vorderwand der Kabine gestattet eine Verständigung mit dem Piloten. Eine Kabineninnenbeleuchtung und eine Heizung waren auf Wunsch lieferbar. Den Fluggästen stand ein getrennter Gepäckraum zur Verfügung.

Kleinverkehrsflugzeug Junkers K 16

Neben der F 13 bauten die Junkerswerke 1921 ein Kleinverkehrsflugzeug in Ganzmetallbauweise für einen Piloten und zwei Reisende. Im Konstruktionsbüro des Werkes wurde das Flugzeug J 16 genannt; der Junkers-Vertrieb gab ihm jedoch die Bezeichnung K 16 (K = Kabinenflugzeug). Im Gegensatz zu den bisherigen Tiefdeckern entschied sich Chefkonstrukteur Otto Reuter für einen Schulterdecker, bei dem ein Sternmotor verwendet und der Pilot halb in der Flügelnase zwischen Kabine und Triebwerk untergebracht werden sollte. Eine Tür an der rechten Seite ermöglichte einen leichten Einstieg für die beiden Passagiere gleich vom Boden aus. Das V-Fahrwerk wurde durch ein gut verkleidetes Gummifederpaket zum Rumpf hin abgefangen. Das Höhenruder hatte einen aerodynamischen Ausgleich.
Das meiste Kopfzerbrechen bereitete den Junkers-Ingenieuren die Suche nach einem geeigneten Triebwerk. Die Wahl fiel schließlich auf den Siemens Sh 4 mit 40 kW (62 PS), einen Fünfzylinder-Sternmotor, dessen Einheitsgewicht bei 1,8 kg/PS lag. Die Zuladung der K 16 lag bei 39 Prozent der Flugmasse, die zahlende Nutzlast bei 18 Prozent und die Reichweite bei 600 km, ein beachtenswertes wirtschaftliches Ergebnis für das erste Ganzmetallflugzeug dieser Klasse. Wegen des am 11. Mai 1921 erlassenen totalen Bauverbotes wurde die K 16 Mitte des Jahres nach Holland zu Fokker gebracht, um dort eingeflogen zu werden.
Die K 16 gab 1923 ihr internationales Debüt auf der Luftfahrtausstellung in Göteborg. Das Metallflugzeug mit seiner vorzüglichen aerodynamischen Formgebung und seinem geringen Leistungsbedarf erregte damals weites Aufsehen. Junkers wertete nach der Ausstellung die in Göteborg gewonnenen Anregungen und die Erfahrungen durch die Flugerprobung in einer verbesserten Ausführung aus. Das Muster erhielt einen stärkeren, 62 kW (85 PS) leistenden Siebenzylinder-Siemens Sh 5-Motor. Der Rumpf wurde zum Heck hin wesentlich schlanker ausgeführt, das Seitenruder mit Hornausgleich versehen, das Fahrwerk verbessert und ein Tragflügel mit etwas größerem Flächeninhalt gewählt. Nach diesen Änderungen erhielt das Muster die Bezeichnung K 16a. Ende Mai 1924 wurde dieses Flugzeug auf dem Aero-Salon in Prag ausgestellt.
Eine zweite K 16a erhielt 1924 eine Motorgehäuse-Verkleidung mit einem sorgfältig eingestrakten Auspuff-Sammelring. Das dritte Flugzeug war eine K 16b, die anstelle eines dreiteiligen einen zweiteiligen Flügel hatte mit einer größeren Spannweite von 12,80 m gegenüber bisher 11 m. Außerdem wurde der Führersitzausschnitt aus aerodynamischen Gründen verkleinert. Dieses nach den Änderungen vom Werk K 16ba benannte Flugzeug trug den Spitznamen »Maikäfer«. Unter der Führung von Werkpilot H. Wenke nahm der Maikäfer mit einer weiteren Maschine mit Werkpilot Roeder am Deutschen Rundflug (31. 5. bis 9. 6. 1925) teil. In fünf Tagen hatten die Flugzeuge weit mehr als

Erste Ausführung des dreisitzigen Junkers Kleinverkehrsflugzeuges K 16 mit der Werknummer 526, Baujahr 1921.

Kleinverkehrsflugzeug Junkers K 16bo mit 88 kW (120 PS)-Walter-Motor des Tschechen Ulrich Graf Kinsky, der damit in einem Jahr 139 Flugstunden erzielte und häufig Flüge nach England, Deutschland und Österreich ausführte.

5000 km Strecke zurückzulegen und 37 Städte anzufliegen. Fast 90 Maschinen waren gemeldet worden; nahezu zwei Drittel waren neue Typen und Versuchsflugzeuge, durch die dieser Deutschlandflug das wohl interessanteste sportliche Ereignis des Jahres wurde. Wenke errang in der Klasse C (Motoren bis 120 PS) den zweiten Preis, Roeder belegte in der Klasse B (Motoren bis 80 PS) den fünften Platz.
Eine 1924 gebaute K 16b erhielt einen 73 kW(100 PS)-Bristol Lucifer-Motor und die Bezeichnung K 16ce. Das Muster fand als Werkflugzeug Verwendung. Im gleichen Jahr rüstete das Werk eine K 16b mit einem 88 kW (120 PS)-Walter-Motor aus unter der Bezeichnung K 16bo. Das Triebwerk blieb unverkleidet, der Auspuff wurde bis hinter die Kabine geführt und zur Heizung mit herangezogen. Im August 1928 kaufte ein tschechischer Kaufmann, Ulrich Graf Kinsky, die K 16bo. Graf Kinsky verstand es, das Flugzeug für seine geschäftlichen Zwecke zu nutzen. Er flog die Maschine selbst und erzielte in einem Jahr 139 Flugstunden. Sein Bordbuch mit Flügen nach England, Deutschland und Österreich ist ein Musterbeispiel für die sinnvolle Verwendung eines Reiseflugzeuges.
Im September 1931 wurde eine K 16bi mit Siemens Sh 12 mit 92 kW (125 PS) ausgerüstet und neu zugelassen und an die Ingenieurschule Weimar für Meßflüge abgegeben, wo sie bis 1936 im Dienst stand. Die wirtschaftliche Bilanz mit der K 16 war für Junkers nicht gerade erfreulich. Viele Kunden gaben das Flugzeug nach einem Jahr zurück. Über die Gründe schweigen sich die Werksunterlagen aus. Die

Kleinverkehrsflugzeug Junkers K 16

Hersteller		Junkers	Junkers
Muster		K 16 Prototyp	K 16 ba
Triebwerk		Siemens Sh 4	Siemens Sh 5
Leistung	kW	46	62
	PS	62	85
Besatzung (+ Reisende)		1 + 2	1 + 2
Länge	m	8,00	8,00
Höhe	m	2,75	2,75
Spannweite	m	11,00	12,80
Flügelfläche	m²	16,50	19,00
Flügelstreckung		7,33	8,60
Rüstmasse	kg	430	535
Kraftstoff	kg	70	90
Schmierstoff	kg	5	6
Besatzung	kg	80	80
Nutzmasse	kg	127	139
Zuladung	kg	282	315
Startmasse	kg	712	850
Flächenbelastung	kg/m²	43,15	44,73
Masse Leistungsverhältnis			
Leistungsbelastung	kg/kW	15,47	13,70
	kg/PS	11,48	10,00
Flächenleistung	kW/m²	2,79	3,26
	PS/m²	3,76	4,47
Höchstgeschwindigkeit	km/h	145	170
in Höhe	m	0	0
Reisegeschwindigkeit	km/h	120	140
in Höhe	m	0	0
Steiggeschwindigkeit	m/s		
Dienstgipfelhöhe	m	3 000	2 500
Reichweite*	km	600	600
max. Flugzeit*	h	5	5
Landegeschwindigkeit	km/h	90	90
Zuladung in % von der Startmasse		39	37
Zahlende Nutzlast in % von der Startmasse		18	16
Baujahr		1921	1925

* bei Reiseleistung ohne Reserven

Flugzeuge, die 1926 beim Zusammenschluß Aero-Lloyd und Junkers-Luftverkehr die Lufthansa übernahm, erreichten nur eine geringe Flugstundenzahl. Lediglich das Flugbuch von Graf Kinsky spricht dafür, daß die K 16 zuverlässig und wie eine Maschine der heutigen General Aviation verwendbar war. Der Preis dieser Ganzmetallmaschine mit geschlossener Kabine lag natürlich weit über dem der im Gemischt- oder Holzbau hergestellten damaligen Konkurrenz. In der Lufthansa-Bilanz 1926 sind die von der Junkers Luftverkehrs-AG übernommenen drei K 16 mit je RM 37 525,– bewertet worden. Bleibt zu vermuten, daß die Zeit für ein so fortschrittliches, aber teures Flugzeug noch nicht reif war. Um so höher ist die günstige technische Auslegung der K 16 zu bewerten, die – sieht man von der Ausrüstung ab – durchaus einem Vergleich mit heutigen Flugzeugen der General Aviation standhält.

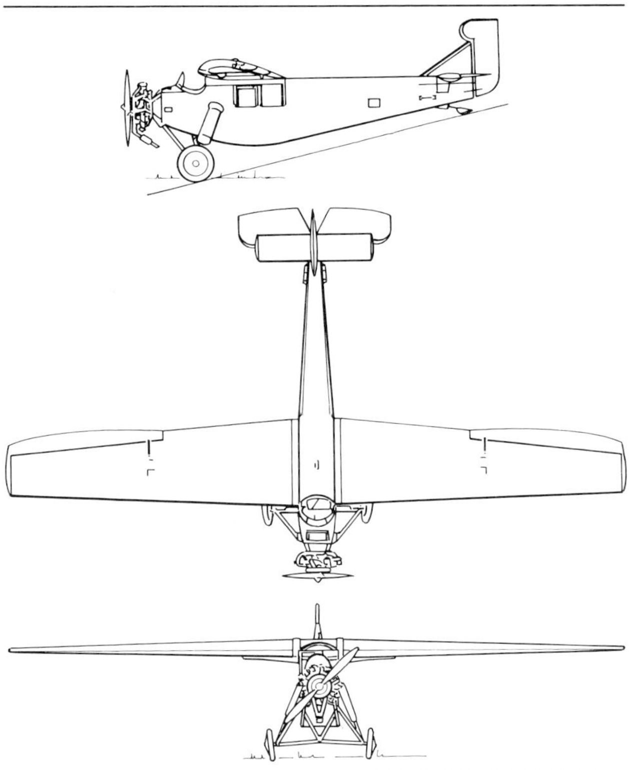

Kleinflugzeug Junkers K 16 für Pilot und zwei Passagiere.

Junkers A 20: vielseitig verwendbar

Der zweisitzige Aufklärer Junkers J 10 (CL I) für das Heer ist dem Leser bereits bekannt. Aus der J 10 hatte Junkers in den letzten Kriegsmonaten ein für die Marine bestimmtes Seeflugzeug J 11 mit Schwimmern entwickelt, das Richard Thiedemann, der spätere Betriebsführer von Junkers – damals Flugversuchspilot –, im Oktober 1918 einflog. Der freitragende Tiefdecker hatte einen Benz Bz IIIa-Motor mit

Junkers A 20be L mit der Werknummer 353 und dem Merknamen »Erde«. Als Triebwerk des 1923 unter dem Kennzeichen D-392 zugelassenen Flugzeuges diente ein 220 kW (300 PS) leistender BMW IV.

136 kW (185 PS) Leistung. Aus diesem Seeflugzeug entstanden nun im Jahr 1922/23 zwei zivile Versionen, ein imaginärer Typ A mit verkürztem Rumpf, einem Tragflügel geringer Spannweite mit Mercedes D III mit 118 kW (160 PS) anstelle des stärkeren Bz IIIa der militärischen Ausführung. Nutzlast und Leistungen waren entsprechend geringer, reichten aber für zivile Zwecke aus. Eine Dreiseitenansicht in einem Junkers-Prospekt gab Auskunft über den beschriebenen kleineren Typ A, der aber nie gebaut worden ist. Er war ein Papierflugzeug, das nur in Prospekten existierte und dessen Daten im Sinne der Begriffsbestimmungen frisiert worden waren, weil man befürchtete, das Flugzeug könne von den Alliierten als Militärflugzeug eingestuft werden.

Im Mai 1923 gab die als Typ A bezeichnete A 20 auf der schwedischen Luftfahrtausstellung in Göteborg auf dem Junkersstand ihr Debüt. In den Prospekten wurden die mäßigen Leistungen des Musters angepriesen, auf dem Stand aber stellte Junkers ein weit leistungsfähigeres Flugzeug vor, das – um es vorwegzunehmen – in verschiedenen Versionen mit unterschiedlich starken Motoren später über ein Jahrzehnt im In- und Ausland mit Erfolg geflogen wurde, gleichzeitig aber auch zur geheimen vormilitärischen Ausbildung diente.

Junkers A 20be W der Deutschen Verkehrsfliegerschule mit 220 kW (300 PS)-BMW IV-Triebwerk und der Werknummer 457. Das Muster hatte den Merknamen »Mars« und wurde 1924 mit dem Kennzeichen D-394 zugelassen.

Arbeitsflugzeug Junkers A 20

Hersteller		Junkers
Muster		A 20be L
Triebwerk		BMW IV
Leistung	kW	220
	PS	300
Besatzung (+ Reisende)		1 + 1
Länge	m	8,30
Höhe	m	2,95
Spannweite	m	15,36
Flügelfläche	m^2	28,10
Flügelstreckung		8,40
Rüstmasse	kg	970
Kraftstoff	kg	210
Schmierstoff	kg	18
Besatzung	kg	80
Nutzmasse	kg	122
Zuladung	kg	430
Startmasse	kg	1 400
Flächenbelastung	kg/m^2	49,82
Masse Leistungsverhältnis		
Leistungsbelastung	kg/kW	6,36
	kg/PS	4,67
Flächenleistung	kW/m^2	7,82
	PS/m^2	10,68
Höchstgeschwindigkeit	km/h	200
in Höhe	m	0
Reisegeschwindigkeit	km/h	170
in Höhe	m	0
Steiggeschwindigkeit	m/s	3,00
Dienstgipfelhöhe	m	6 200
Reichweite*	km	680
max. Flugzeit*	h	4,00
Landegeschwindigkeit	km/h	95
Zuladung in % von der Startmasse		31
Zahlende Nutzlast in % von der Startmasse		9
Baujahr		1923

* bei Reiseleistung ohne Reserven

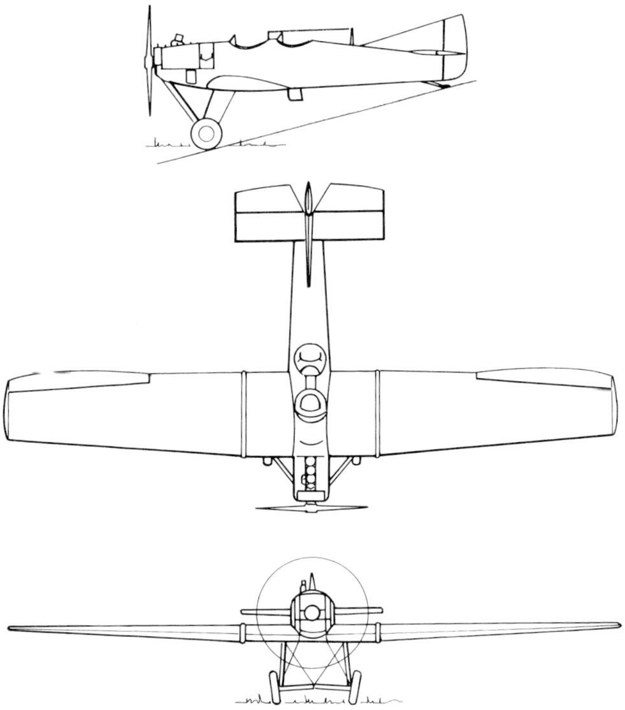

Post-, Kurier-, Übungs- und Schulflugzeug Junkers A 20.

Die A 20 war ein freitragender Tiefdecker in Ganzmetallbauweise, der gleichermaßen als Land- wie auch – auf Schwimmer gesetzt – als Wasserflugzeug Verwendung finden konnte. Das Wasserflugzeug unterschied sich von dem Landflugzeug nur durch das Seitenleitwerk, das ein wesentlich größeres Ruder mit aerodynamischem Ausgleich aufwies. Das Flugzeug diente zur Beförderung von Post, für Luftbildaufnahmen, für Forschungs- und für Erkundungsflüge. Es wurde später von der Lufthansa für Sonderaufgaben und bei der Deutschen Verkehrsfliegerschule für die Ausbildung eingesetzt. Einige wenige waren mit Daimler D IIIa mit 132 kW (185 PS), die meisten mit BMW IV ausgerüstet.

Die erste A 20 wurde im März 1922 zugelassen. Im Juli 1924 unternahm Werkpilot Zimmermann mit einer A 20 einen Vorführflug nach Angora in der Türkei. Unter Führung des bekannten Schweizer Piloten Walter Mittelholzer nahm eine A 20 am 7. August 1924 am Schweizer Flugmeeting in Dübendorf teil. Mittelholzer war so begeistert von dem Flugzeug, daß er damit am 18. Dezember 1924 einen Expeditionsflug von Zürich zur persischen Hauptstadt Teheran unternahm. Am 9. Juli 1925 begannen die Russen mit einer A 20 über mehrere Wochen hinweg eine hydrographische Expedition von Leningrad nach Nowaja-Semlja im hohen Norden Sibiriens. Eine A 20 beflog 1924 eine der ersten Nachtpoststrecken Warnemünde–Calshamp–Stockholm.

Die genannten Flüge sind nur einige wenige Beispiele für die vielseitige Verwendung der A 20. Das Flugzeug wurde in

etwa 35 Exemplaren an deutsche Stellen geliefert, aber auch in die Schweiz, in die Türkei, nach Persien, Schweden und nach Rußland.
Von der A 20 gab es vier verschiedene Typen. Den fingierten Typ A und die A 20, die mit Mercedes D IIIa mit 136 kW (185 PS) ausgerüstet war. Die Ausführung A 20a hatte den Junkers L 2-Motor mit 195 kW (265 PS) und später den L 5 mit 228 kW (310 PS). Abflug und Rüstgewicht blieben in etwa gleich. Die A 20be schließlich hatte einen BMW IV mit 220 kW (300 PS), für den der Motorvorbau verstärkt wurde. Alle Ausführungen waren als Land- und Wasserflugzeuge lieferbar. Das Verhältnis von zahlender Nutzlast zur Flugmasse lag zwischen elf und 19 Prozent.

Junkers G 24: erstes dreimotoriges Ganzmetall-Verkehrsflugzeug

Die Forderung nach einer vergrößerten F 13 veranlaßte Prof. Junkers 1923, seinem Projektbüro einen finanziell realisierbaren Entwurf für eine solche Version in Auftrag zu geben. Mit dieser Aufgabe wurde Dipl.-Ing. Ernst Zindel beauftragt, der nach dem Tod von Dipl.-Ing. Reuter am 12. Januar 1922 dessen Nachfolger als Chefkonstrukteur geworden war. In die Projektstudie flossen alle praktischen Erfahrungen ein, die mit den bisher gebauten F 13 gesammelt worden waren.
Zindel sah keine Veranlassung zu wesentlichen Änderungen – abgesehen natürlich von einer Vergrößerung von Rumpf, Tragflügeln und Leitwerk –, weil das Flugzeug sich so gut bewährt hatte. Viel Kopfzerbrechen bereitete dagegen die Auswahl der Triebwerke. Untersuchungen zeigten, daß die Zuverlässigkeit der damaligen Motoren, besonders im Hinblick auf eine ausreichende Lebensdauer, noch viel zu wünschen übrig ließ. Brauchbare deutsche Motoren für eine einmotorige Ausführung in der 368 kW(500 PS)- bis 441 kW(600 PS)-Klasse standen nicht zur Verfügung. Man hätte auf den englischen Napier Lion zurückgreifen können – der Motor leistete 321 kW (437 PS). Angesichts der gespannten Beziehungen zwischen dem Deutschen Reich und den damaligen Siegermächten schied eine solche Lösung jedoch vorerst aus. Zweimotorige Flugzeuge aber waren nach dem damaligen Stand der Technik bei Ausfall eines Motors ebenso zur Außenlandung gezwungen wie einmotorige Maschinen. Mit ihnen konnte der Pilot einmotorig bestenfalls noch einen gestreckten Gleitflug ausführen.

Notgedrungen dreimotorig

Zindel entschloß sich deshalb nach sorgfältigen Studien ein- und zweimotoriger Ausführungen zu einer dreifachen Unterteilung der Triebwerksanlage. Hätte es damals geeignetere Triebwerke hoher Leistung gegeben, wäre die G 24 sicherlich einmotorig ausgefallen. Die Wahl von drei Motoren war eine Notlösung, die ungewollt zum Erfolg führte.
Als nach Fertigstellung des Entwurfes Anfang 1924 mit dem Bau des Flugzeuges begonnen werden sollte, hatte die Fertigung der F 13 mit fünf bis sechs Maschinen im Monat ihren Höhepunkt erreicht. Für die Montage der neuen großen Maschine war unter diesen Verhältnissen einfach keine Kapazität frei. Zudem war der Dessauer Flugplatz eine zum Fliegen nur beschränkt geeignete Wiese, die gerade noch für die F 13 ausreichte; an das Einfliegen eines großen Flugzeuges war gar nicht zu denken. Da der Junkers Luftverkehr kurz zuvor den Flugplatz Fürth für die Trans-Europa-Union des Junkers Luftverkehrs gepachtet hatte, lag es nahe, diese Anlagen für die Montage der vom Konstruktionsbüro J 24 genannten Maschine zu nutzen. Dieser Tatbestand ist wenig bekannt, und in keiner Junkers-Schrift ist er dokumentarisch festgehalten. Selbst Dipl.-Ing. Zindel konnte sich auf mehrfaches Befragen hin nicht mehr an eine Montage in Fürth erinnern[42].
Anfang 1924 wurde von Dipl.-Ing. Conrad Prautzsch eine der Fürther Hallen als Junkers-Werft eingerichtet. Die Belegschaft zählte anfangs 100 Mitarbeiter. Die Teile der J 24 wurden in Dessau gefertigt und ab Herbst 1924 in Fürth montiert.

Erstflug endet mit Bruch

Am 18. September 1924 startete Werkspilot Wilhelm Zimmermann mit der ersten J 24 mit der Werknummer 831 zum Jungfernflug. Er setzte bei der Landung zu hart auf, und das Fahrgestell brach. Der Schaden war aber nach einer Woche behoben. Ehemalige Junkers-Piloten berichten, daß die Junkers F 13 beim Herausnehmen von Gas eine Zeit lang ausschwebte und sich dann beim Durchziehen sachte hinsetzte. Das war bei der J 24 anders. Sie hatte eine höhere Sinkgeschwindigkeit und neigte, wenn Gas herausgenommen wurde, beim Ausschweben mit ihrer höheren Flächenbelastung und dem größeren Widerstand der drei Luftschrauben etwas zum Durchsacken. Darauf war Zimmermann bei dem Erstflug wohl nicht gefaßt gewesen. Sein Bruch führte dazu, daß spätere J 24-Piloten in Fürth auf dem Flugzeug entsprechend eingewiesen wurden.
Bisher wurde stets von einer J 24 gesprochen, während in der gesamten Literatur einschließlich der Junkers-Unterlagen immer über eine G 23 berichtet wird. Eine G 23 hat es jedoch nie gegeben – nur diesen Tarnnamen. Über diesen Vorgang ist aus verständlichen Gründen nirgendwo etwas schriftlich niedergelegt worden.
Für das Entwurfs- und Konstruktionsbüro von Junkers war die dreimotorige Weiterentwicklung der F 13 eine J 24. Der Vertrieb ersetzte das J durch G = Großflugzeug und bezeichnete es als G 24 und zur Tarnung als G 23.

In der Schweiz zugelassene erste Junkers G 24 mit dem Kennzeichen CH 132.

Die untermotorisierte G 23

Junkers beantragte nach Fertigstellung des Entwurfes der J 24 und während ihres Baues bei der Garantie-Kommission die Zulassung einer G 23 mit drei Junkers L 2-Motoren mit je 143 kW (195 PS).

Nachdem an die Stelle des Bauverbotes die Baubeschränkungen getreten waren, hätte die Ilük die J 24 mit drei 143 kW (195 PS) leistenden Junkers L 2-Motoren als Militärflugzeug einstufen können, weil sie mehr als 600 kg Nutzlast befördern konnte. Wahrscheinlich hatte Junkers dem Zulassungs-Antrag an die Luftfahrt-Garantie-Kommission die vorausgegangenen Studien über ein-, zwei- und dreimotorige Flugzeuge mit verschiedenen Triebwerken beigefügt, vielleicht mit dem Hinweis, daß nur die geplante dreimotorige Ausführung mit L 2-Motoren beim derzeitigen Stand der Triebwerktechnik Erfolg bringen könne.

Das erstmals nebenstehend bzw. auf der nächsten Seite oben veröffentlichte Dokument gibt den Riß einer einmotorigen und zweimotorigen G 23 wieder, so wie Zindel sie wahrscheinlich untersucht hat, bevor er sich zu einer dreimotorigen Ausführung entschied. Die technischen Details, in englischer Sprache beschriftet, lassen vermuten, daß es sich hier um die Kopie eines Dokuments der Garantie-Kommission handelt, denn es bestand für Junkers keine Veranlassung, der Garantie-Kommission technische Einzelheiten in englischer Sprache zu übermitteln.

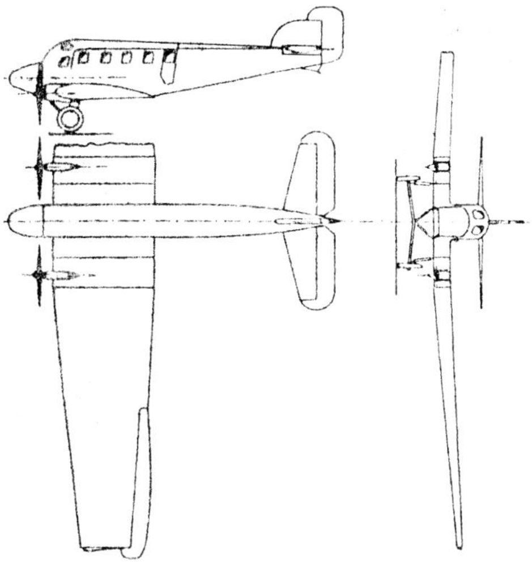

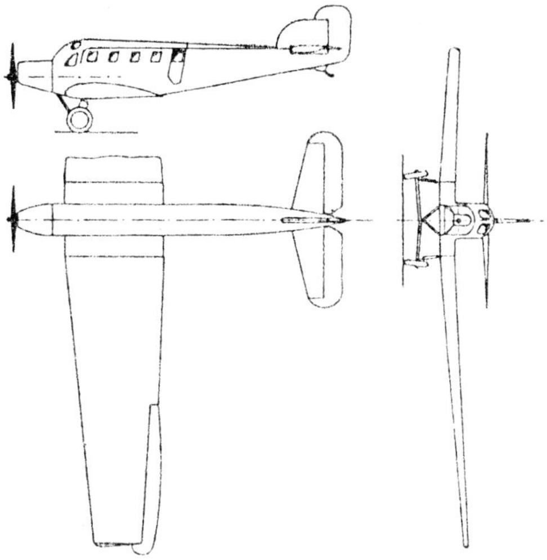

Projekte einer ein- und zweimotorigen G 23, wie sie später von der Luftfahrt-Garantie-Kommission am 8. Februar 1925 unter der Bezeichnung G 23 cL und G 23 bL Junkers zum Bau genehmigt wurden. Wahrscheinlich handelt es sich dabei um Projekt-Zeichnungen, die Junkers seinerzeit der Garantie-Kommission eingereicht hatte, um zu beweisen, daß beim damaligen Stand der Motorentechnik nur eine dreimotorige Ausführung für den Luftverkehr geeignet war.

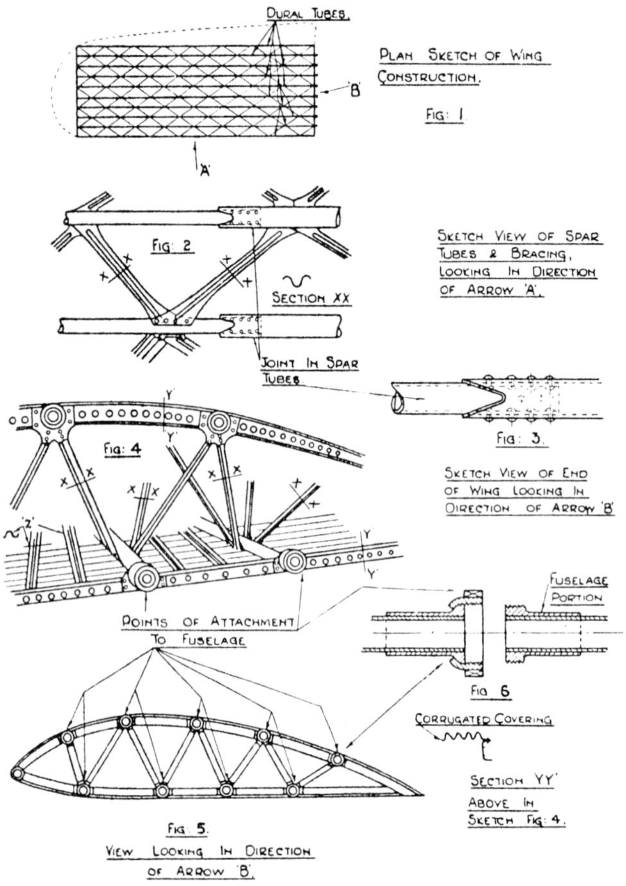

Am 8. Februar 1925 teilte das Luftfahrt-Garantie-Komitee Prof. Junkers mit, daß die beantragte G 23a L mit drei Junkers L 2-Motoren nicht genehmigt werden könne. Dagegen wurden die von Junkers wahrscheinlich eingereichten Vorentwürfe von ein- und zweimotorigen Ausführungen einer G 23 zugelassen nebst einer gänzlich untermotorisierten dreimotorigen Ausführung. Im einzelnen genehmigte das Komitee folgende Versionen:

- G 23 c L, ein Napier Lion mit 331 kW (450 PS), Rüstmasse bis 2825 kg und Geschwindigkeit 160 bis 170 km/h
- G 23 b L, zwei Junkers L 2-Motoren mit je 195 PS
- G 23 d L, ein Junkers L 2 mit 143 kW (195 PS) und zwei Mercedes D I-Motoren mit je 75 kW (100 PS)
- G 23 W, Junkers L 2 mit 143 kW (195 PS) und zwei Mercedes D-IIIa mit je 118 kW (160 PS). Die Abflugmasse dieses Flugzeuges durfte 4770 kg und die Geschwindigkeit 160 bis 170 km/h nicht überschreiten.

Über eine Tarnung zum Erfolg

Die Junkers-Werke parierten außerordentlich geschickt. Sie akzeptierten und boten sogar die von dem Garantie-Komitee zugelassenen ein-, zwei- und die untermotorisierte dreimotorige G 23 d L, die alle mit einer vorübergehenden Ausnahme gar nicht existierten, durch Anzeigen zum Verkauf an. Kein Wunder, wenn die Fachwelt damals nur von einer G 23 sprach. Nur eine Panne passierte: die Illustrierte Flugwoche berichtete Anfang 1925[43] mit Bildern über eine J 24, verbesserte sich aber in der nächsten Ausgabe wieder mit einem bebilderten Bericht über die G 23 und hob besonders die 75 kW(100 PS)-Mercedes-Motoren hervor.
Die von der Triebwerkanlage her einzig diskutable Ausführung wäre die G 23 W gewesen, wobei das Zusatzzeichen W unklar bleibt. (Normalerweise bedeutet W Wasserflugzeug. Mit insgesamt 379 kW [515 PS] wäre die Maschine aber nie aus dem Wasser gekommen.) Die Beschränkung des Gewichtes auf 4770 kg Abflugmasse machte aber die Verwendung von einem L 2 und zwei Mercedes D IIIa wieder unmöglich, weil eine so niedrige Abflugmasse keine ausreichende zahlende Nutzmasse erlaubt hätte.
Realisierbar war also nur die Ausführung G 23 d L mit zwei 74 kW- oder 100 PS-Motoren und einem L 2-Triebwerk als Mittelmotor. Dieser Ausführung war anscheinend keine Gewichtsbeschränkung auferlegt worden. Mit dieser Triebwerkausrüstung konnte die Maschine wenigstens in die Luft kommen und fliegerisch in Fürth überprüft werden.
Wenn die Garantie-Kommission nun glaubte, Junkers mit der Zulassung von untauglichem Fluggerät narren zu können, so tat Junkers nun seinerseits dasselbe mit der hohen Kommission. Junkers ging andere Wege: Bis zur Aufhebung der Baubeschränkungen wurden einfach alle G 24-Flugzeuge als G 23-Maschinen bezeichnet, die angeblich nur zwei 74 kW(100 PS)-Motoren unter den seitlichen Hauben hatten.
Vielfach wird angezweifelt, ob die G 24 überhaupt jemals mit 74 kW(100 PS)-Motoren geflogen ist. Es liegt aber ein Schreiben des inzwischen verstorbenen Dipl.-Ing. Ernst Zindel vom 13. April 1977 vor, in dem dieser darauf aufmerksam macht, daß es nur G 24-Flugzeuge gegeben hat. Auch die erste Maschine, die nach Zindels Erinnerung einen L 2 und bestimmt zwei 74 kW(100 PS)-Mercedes-Motoren hatte, war eine G 24. Es war eine nach den Bedingungen des Garantie-Komitees ausgerüstete Maschine, die man als G 23 bezeichnen mußte, sonst wäre sie ja in Deutschland überhaupt nicht in die Luft gekommen. Diese Darlegungen von Zindel bestätigt Meister Weber, dem die Wartung des Flugzeuges in Nürnberg übertragen worden war. Er kann sich zwar nur an Mercedes-Motoren erinnern und nicht mehr daran, ob es D I- oder D IIIa-Motoren waren; er bestätigt aber, mit den beiden Außenmotoren nur Ärger gehabt zu haben, weil sie zu schwach waren, dauernd mit Vollgas liefen und darauf mit hoher Störanfälligkeit reagierten: »Sie waren

Von rechts nach links: Dipl.-Ing. Hermann Pohlmann, Dipl.-Ing. Schinzinger und Flugzeugführer Witte während der Zulassungsflüge der G 24 in Dübendorf in der Schweiz, Anfang 1924.

G 24 mit L II oder J BMW III und zwei (160 PS)-Mercedes D IIIa in Dübendorf bei den Abnahme- und Zulassungsflügen.

fast nach jedem Flug infolge Überhitzung überholungsreif.« Um die Maschine mit den ihr zugedachten drei L 2-Motoren auszurüsten, blieb nur der Weg über das Ausland. Zindel verweist in seinem Schreiben auf Dipl.-Ing. Pohlmann, dem die Zulassung der G 24 in der Schweiz oblag. Pohlmann hatte die Triebwerksvorbauten der G 24 und deren Verkleidung konstruiert.

In der Schweiz wird aus der imaginären G 23 die Junkers G 24

Aus Schweizer Unterlagen geht nun hervor, daß eine G 23 mit dem Kennzeichen CH 132 im Februar 1925 in der Schweiz erprobt wurde, die mit einem Junkers L 2 als Mittelmotor und zwei Mercedes D IIIa als Seitenmotoren ausgerüstet war. Als Erbauer wurden die Junkers-Werke in Rußland angegeben (1924/25), weil das Muster in dieser Version in Deutschland nicht hätte gebaut werden dürfen. Auf den Blaupausen kann man die korrekte Bezeichnung des Junkers-Konstruktionsbüros nachlesen; Junkers J 24 (1925). Offiziell wird das gleiche Flugzeug in den Schweizer Akten aber als G 23 bezeichnet.
In der Schweiz wurde das Flugzeug mit den stärkeren Triebwerken fliegerisch gründlich erprobt und von den üblichen Kinderkrankheiten befreit. Aus diesem Grunde wurde die Maschine offiziell von der Ad Astra übernommen. Während der Erprobung traten bei hohem Anstellwinkel Leitwerksschwingungen auf. Man fand schließlich heraus, daß diese durch Ablösungserscheinungen der Triebwerkverkleidung verursacht wurden. Dipl.-Ing. Pohlmann gab daraufhin der Verkleidung der Motoren eine aerodynamisch bessere Form.
Im April 1925 wurde in der Schweiz die Zulassung einer weiteren Ad Astra-Maschine CH-133 mit der Werknummer 834 »Sachsen« und im Juni 1925 die einer CH-134 mit der Werknummer 839 »Brandenburg« betrieben. Es handelte sich um G 24-Flugzeuge mit je drei Junkers L 2-Motoren. Alle diese Flugzeuge wurden in der Schweiz offiziell als G 23-Maschinen bezeichnet. Es ist aber nie eine G 23 gebaut worden, nur die erste G 24 hatte vorübergehend die von der Garantie-Kommission zugelassenen Triebwerke. Alle anderen G 24 wurden im Ausland, meist in Schweden, zugelassen, mit stärkeren Motoren ausgerüstet und mit ausländischen Kennzeichen im deutschen und ausländischen Luftverkehr eingesetzt. Dagegen konnte die Garantie-Kommission rechtlich nichts unternehmen.
Die unglaublichen Schwierigkeiten, die selbst einem zivilen deutschen Flugzeugbau entgegenstanden, sind am Beispiel

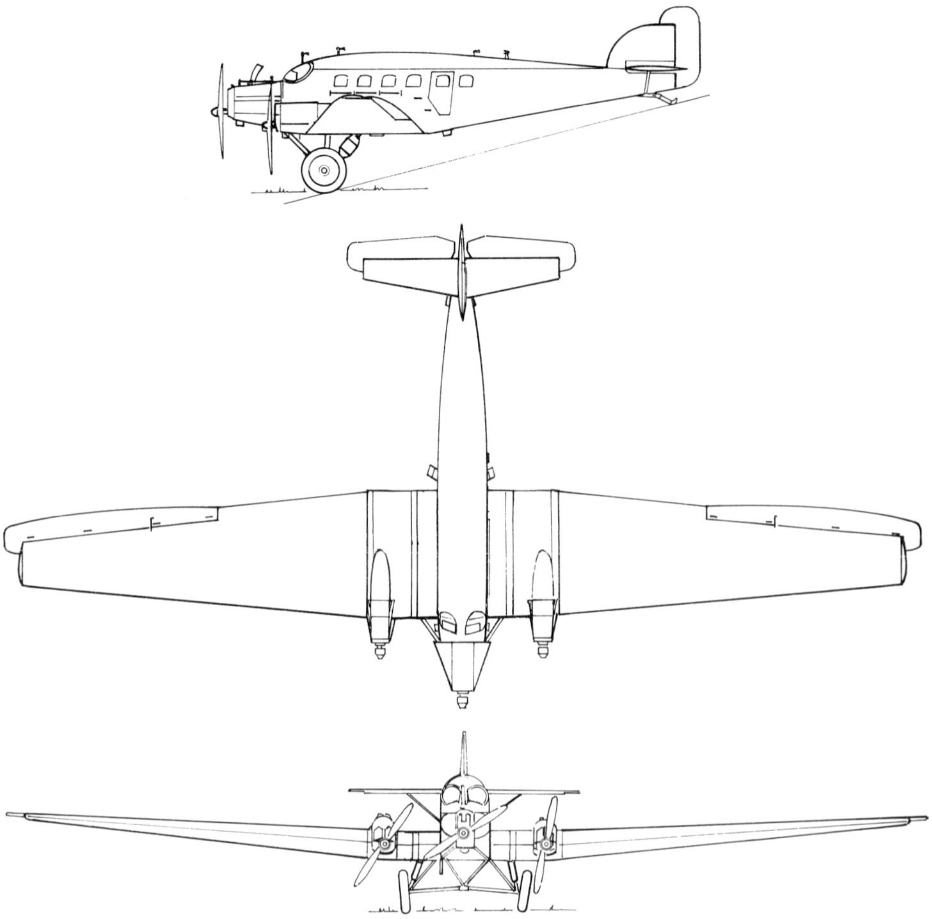

Junkers G 24 mit dem Tarnnamen G 23, unter dem sie von den Alliierten mit gänzlich untermotorisierten Triebwerken zugelassen worden war.

Prof. Junkers (Mitte) flog mit einer der in der Schweiz unter dem Kennzeichen CH-133 zugelassenen G 24 von Wien nach Dessau.

Junkers G 24
Prototyp und Serienausführung

Hersteller		Junkers	Junkers
Muster		G 24[2] (G 23 L) CH 132	G 24 a
Triebwerk		Junkers L 2 Mercedes D III a	Junkers L 2
Leistung	kW	1× 169 2×131 = 262	3×195 = 585
	PS	1× 230 2×178 = 356	3×265 = 795
Besatzung (+ Reisende)		2 +	2 + 9
Länge	m	15,20	15,23
Höhe	m	5,50	5,50
Spannweite	m	27,30	29,90
Flügelfläche	m^2	84,00	89,00
Flügelstreckung		8,9	10
Rüstmasse	kg	3 400	3 760
Kraftstoff	kg	450[3]	900
Schmierstoff	kg	50	90
Besatzung	kg	160	160
Nutzmasse	kg	410	920
Zuladung	kg	1 070	2 070
Startmasse	kg	4 470	5 830
Flächenbelastung	kg/m^2	53,20	65,50
Masse Leistungsverhältnis			
Leistungsbelastung	kg/kW	10,37	9,97
	kg/PS	7,62	7,33
Flächenleistung	kW/m^2	5,13	6,57
	PS/m^2	6,98	8,93
Höchstgeschwindigkeit	km/h	170	175
in Höhe	m	500	1 000
Reisegeschwindigkeit	km/h	150	150
in Höhe	m	500	1 000
Steiggeschwindigkeit	m/s	2,30	2,00
Dienstgipfelhöhe	m	3 800	3 300
Reichweite[1]	km	450[4]	1 050
max. Flugzeit[1]	h	3	7
Verbrauch	kg/h	150	120
Startrollstrecke	m	350	350
Landerollstrecke	m	300	350
Landegeschwindigkeit	km/h	85	110
Zuladung in % von der Startmasse		24	36
Zahlende Nutzlast in % von der Startmasse		9	16
Baujahr		1924/25	1926

der G 24 ausführlich geschildert worden, gelten aber in gleichem Maße für alle damals gebauten Verkehrsflugzeuge, seien es nun Flugzeuge von Dornier, Sablatnig, Rohrbach oder von anderen Konstrukteuren.
Junkers verbesserte die G 24 im Laufe der weiteren Entwicklung ständig. Später mit den stärkeren Junkers L 5-Motoren mit je 228 kW (310 PS) ausgerüstet, ließen sich Zuladung und Geschwindigkeit beachtlich steigern.
In diesem ersten Band über »Die Pionierjahre des Luftverkehrs« soll das Flugzeug nur in dem Zeitraum von 1923 bis Ende 1925 besprochen werden. Über seine Weiterentwicklung unter den Fittichen der Lufthansa und seine fliegerische Beurteilung durch Flugkapitäne wird in Band 2 berichtet werden.

Luft-Fahrzeug-Gesellschaft (LFG)

Im Jahre 1906 wurde auf Veranlassung des Kaisers in Berlin eine Motorluftschiff-Studien-Gesellschaft ins Leben gerufen und zwei Jahre später als Tochterunternehmen die Luft-Fahrzeug-Gesellschaft mbH (LFG) mit Sitz in Bitterfeld und Berlin gegründet. Die LFG befaßte sich zunächst in Bitterfeld mit dem Bau unstarrer Luftschiffe nach dem System Parseval. Die Luftschiffe gingen an die Heeresverwaltung, wurden aber auch nach Österreich und in die Türkei exportiert. Im Jahre 1909 kaufte die LFG die Werkstätten der Flugmaschinen-Wright-Gesellschaft in Adlershof, die wegen Patentstreitereien in Schwierigkeiten geraten war, und führte diese vorerst unter dem alten Namen weiter. Das Werk wollte sich anhand der Wright'schen Konstruktionen mit den Grundlagen des Flugzeugbaues vertraut machen und nahm 1912 den Bau von modernen Flugzeugen unter dem Markenzeichen Roland auf. Mit diesen Flugzeugen erzielte die LFG gute Erfolge. Rumpf,

[1] bei Reiseleistung ohne Reserven
[2] Die Daten entstammen Original-Unterlagen des Schweizer Bundesamtes für Zivilluftfahrt, die Junkers diesem für die Zulassung der ersten G 24 am 24. Jan. 1925 zur Verfügung gestellt hat. Freundlicherweise überließ das Bundesamt das Material dem Verfasser zur Einsicht. Die Daten gelten nur für den Prototyp zum Einfliegen. Das Flugzeug wurde unter der Bezeichnung G 23 L zugelassen, wobei es sich um eine Tarnbezeichnung für eine G 24 handelte
[3] Fassungsvermögen 900 kg = 1250 l
[4] bei vollen Tanks 6 h = 900 km Reichweite

Tragflügel und Leitwerk eines 1913 entstandenen Roland Pfeildoppeldeckers bestanden im Gegensatz zu der sonst üblichen Holz-Stoffbauweise aus einem Stahlrohrgerüst. Das Werk dachte an eine Verwendung dieses Flugzeuges in den Kolonien, für deren Klima Holz zu anfällig war. Bruno Langer erzielte mit einem LFG Pfeildoppeldecker Anfang 1914 einen Dauerweltrekord mit 14 Stunden und sechs Minuten Flugzeit.

Bei Kriegsausbruch übernahm das Werk den Lizenzbau von Albatros-Flugzeugen. Die während des Nachbaues gewonnenen Erfahrungen fanden alsbald in eigenen Konstruktionen ihren Niederschlag. Die Konstrukteure Dipl.-Ing. Tantzen und Hans Roever setzten sich das Ziel, den Widerstand ihrer Flugzeuge zu verringern, indem sie den Rümpfen Stromlinienform verliehen. Sie nahmen sich den Fisch zum Vorbild und arbeiteten eng mit der Göttinger Versuchsanstalt für Luftfahrt zusammen, um die günstigste Form zu finden. Im Oktober 1915 startete der erste Roland-Walfisch, ein einstielig verspannter Doppeldecker mit fortschrittlicher aerodynamischer Formgebung, zum Erstflug. Der zweisitzige Aufklärer erreichte 160 km/h Geschwindigkeit und stieg mit 3 m/s am Boden. Er war mit einem 118 kW(160 PS)-Mercedes D III-Motor ausgerüstet.

1916 fiel das inzwischen ausgebaute ehemalige Wright-Werk in Adlershof einem Brand zum Opfer. Die LFG zog daraufhin in eine Austellungshalle in Berlin-Charlottenburg um. Schon vier Wochen nach dem Brand verließ das erste Flugzeug die neue Halle. Im Laufe der Zeit gingen mehrere hundert Walfische an die Truppe.

Neben diesem Aufklärer mit weiteren Versionen nahm das Werk auch den Bau von Jagdflugzeugen auf, deren erstes Muster den Namen Haifisch trug. Die Abteilung Seeflugzeugbau, die sich bis dahin in Bitterfeld befunden hatte, zog 1918 wegen der besseren Arbeitsbedingungen am Meer nach Stralsund um. Das Werk Bitterfeld war mit der Herstellung von Fesselballonen für die Aufklärung und Kabelwinden für Ballons ausgelastet. 1917 bot die LFG der Marine einen auf Schwimmer gesetzten Jagdeinsitzer D I als LFG WD zur Erprobung an. Bald folgte ein Seeaufklärer W 16, der aber von der Marine nicht abgenommen wurde. 1918 entstand als letztes Modell die LFG Stralsund V 19, ein kleiner, zusammenlegbarer, abgestrebter Tiefdecker für U-Boote.

Die LFG baute während des Krieges 22 verschiedene Typen. Dazu gesellten sich ein Riesenflugzeug, das durch den Brand im Berliner Werk zerstört worden war, und ein zweimotoriges Großflugzeug. Im März 1918 beschäftigte die LFG rund 1200 Mitarbeiter.

Das Werk in der Ausstellungshalle in Berlin wurde nach dem Waffenstillstand aufgegeben und der Flugzeugbau der LFG in das Zweigwerk Stralsund verlegt. Dort wurden eine Reihe von Militärflugzeugen in zivile Flugzeuge umgebaut und neue Land- und Seeflugzeuge entwickelt. Die Leitung des Konstruktionsbüros im Werk Stralsund übernahm Marinebaumeister Gotthold Baatz, die Geschäftsführung lag in den Händen von Major a. D. Kehler. Ein Zweigwerk in Seddin bei Stolp stellte noch ein Luftschiff fertig, das als Reparationszahlung an die Siegermächte geliefert wurde. Danach zwang die Ilük die Belegschaft, die eigene Luftschiffhalle zu zerstören.

LFG und Reichsmarine

Zwischen der deutschen Reichsmarine und der Luft-Fahrzeug-Gesellschaft bahnten sich bald nach dem Krieg geschäftliche Beziehungen an. Der damalige Referent für Seeflugwesen in der Reichsmarine, Kapitänleutnant Faber, war bestrebt, das spärliche Wissen um die Marinefliegerei zu erhalten, die schnelle Weiterentwicklung der Marine-Luftfahrt im Ausland zumindest theoretisch zu verfolgen und seine Leute darüber auf dem laufenden zu halten. Die LFG hatte zu Beginn des Krieges in einer eigenen Fliegerschule Piloten geschult und besaß daher Erfahrung auf diesem Gebiet. Man kam überein, von 1922 an Lehrgänge im Werk Stralsund abzuhalten, die die Teilnehmer mit der Luftfahrt vertraut machen sollten. Später verlegte man den Unterricht nach Kiel-Wik.

Die LFG mußte zu jener Zeit wirtschaftlich schwer ums Überleben kämpfen, baute Schiffskähne um und führte Reparaturen aus. Es lag nun im Interesse der Marine, die auf den Lehrgängen gewonnenen Erkenntnisse auch in die Praxis umzusetzen, Versuche anzustellen, Prototypen zu bauen und diese zu erproben. In welchem Umfang die Marine die LFG darin unterstützte, geht aus den 31 gebauten verschiedenen Flugzeugtypen und Projekten hervor, die das Werk in der Zeit von 1921 bis 1926 erstellte. 16 dieser Muster wurden als Verkehrsflugzeuge deklariert und ein Teil davon wäre auch durchaus für den Luftverkehr geeignet gewesen, wenn ihre Leistungen besser gewesen wären als die der Konkurrenz. Die Marine ging davon aus, daß eine Reihe von LFG-Flugzeugen später in der zivilen Luftfahrt Eingang finden würde und das Werk mit der Zeit finanziell auf eigenen Füßen hätte stehen können. Die Dinge lagen jedoch in diesem traditionellen Unternehmen des deutschen Flugzeugbaues ähnlich wie bei den Caspar-Werken in Travemünde; so mußte das Werk mangels Aufträgen aus der zivilen Luftfahrt 1928 seine Tore schließen. Die Werft Stralsund wurde von Rohrbach übernommen.

Besprochen werden in der Folge die Flugzeuge und Projekte, die im Luftverkehr hätten verwendet werden können. Die LFG entschloß sich gleich den Junkers-Werken und anderen Flugzeugfirmen, selbst Luftverkehr zu betreiben, ein für den Seebäderdienst geeignetes Streckennetz ins Leben zu rufen und entlang der Küsten von Hamburg nach Stettin – Danzig und von Stettin nach Swinemünde und Stralsund mit eigenen Flugzeugen zu fliegen.

LFG V 13 Strela, Baujahr 1921, fand im Ostsee-Luftverkehr Verwendung.

Bäderdienst mit LFG V 1, V 2 und V 11

Schon während der Sommermonate des Jahres 1919 nahm die LFG erste Seebäderflüge von Stralsund nach Rügen auf, die aber wegen Benzinmangels nicht regelmäßig ausgeführt werden konnten. Immerhin beförderten die Flugzeuge der LFG während dieses Sommers 236 Reisende über 7060 km Strecke. Drei Flugzeuge standen zur Verfügung: eine LFG V 1 »Max« D-132, eine LFG V 2 »Fromme Helene« D-142 und eine LFG V 11 »Moritz«. Diese Maschinen waren Friedrichshafener Seeflugzeuge des Typs FF 49, die die LFG während des Krieges in Lizenz gebaut hatte und die in LFG-Werkstätten eine Haube mit Kabinen-Ausrüstung für vier bis fünf Fluggäste erhalten hatten. Ganz fair war es also nicht von der LFG, diese Friedrichshafener Flugzeuge als LFG-eigene Konstruktionen zu bezeichnen.

Jedem Auftraggeber sein eigenes Muster

Die LFG baute in schneller Reihenfolge ganz verschiedenartige Muster für oft gleiche Aufgaben. Darunter waren längst als überholt geltende Konstruktionen wie dreistielig verspannte Doppeldecker aus Holz und Stoff, denen gleichzeitig aerodynamisch hochwertige Tiefdecker in Ganzmetallbauweise gegenüberstanden. In einem Bericht in der Illustrierten Flugwoche[44] nahm der Konstrukteur, Marine-Baumeister Gotthold Baatz, selbst zu diesen Merkwürdigkeiten Stellung.
Auftraggeber waren – wie Baatz berichtet – meist kleinere Luftverkehrs-Gesellschaften, Schulen oder Institutionen. Sie alle wurden von alten Seefliegern beraten, die meist vom Krieg her nur Zweischwimmer-Flugzeuge in Doppeldeckerbauweise kannten. Sie empfahlen folglich ihren Gesellschaften oder Organisationen den Kauf von Flugzeugen, die sich damals bewährt hatten. Anfang der zwanziger Jahre stand übrigens – so Baatz – unter Fachleuten noch keineswegs fest, wann ein Schwimmerflugzeug, ein Flugboot, ein Ein- oder Doppeldecker, eine Holz- oder Metallmaschine zu bevorzugen war.
Der Doppeldecker auf Schwimmern hatte zum Beispiel kürzere Startzeiten als ein Doppeldecker-Flugboot und dieses wieder kürzere Startzeiten als ein Eindecker-Flugboot. Der Doppeldecker hatte eine höhere zahlende Nutzlast und war anscheinend wirtschaftlicher. Ganze Gruppen von Ländern, so schreibt Baatz, akzeptierten nur Holzflugzeuge, andere wieder nur Metallflugzeuge. Viele Unternehmen verlangten einen Monteur, der neben dem Führer mitflog, andere lehnten den zweiten Mann aus Kostengründen ab.
Die LFG war folglich zwangsläufig zu einem ganz anderen Arbeitsstil gezwungen als zum Beispiel Junkers oder Dornier. Diese boten ihren Kunden ein fertiges modernes, erprobtes Flugzeug an, an dem es nicht mehr viel zu ändern gab. Die LFG – oder auch Heinkel – bauten dagegen Flugzeuge ganz nach den Wünschen der Käufer. Ähnlich wird es um die Aufträge für die Marine bestellt gewesen sein; die LFG sollte wahrscheinlich anhand von kleineren Flugbooten, die als Doppel- oder Eindecker aus Holz oder Metall hergestellt und mit Hilfsschwimmern oder Flügelstummeln ausgerüstet waren, feststellen, welche Konstruktion für bestimmte Aufgaben die beste Lösung war. Nur aus solchen Aufträgen läßt sich die Vielzahl der Prototypen erklären, von denen keiner in größerer Stückzahl gebaut worden ist. Damit wird verständlich, wie angesichts einer F 13 oder G 24 noch dreistielig verspannte Doppeldecker oder Flugboote als Doppeldecker entstehen konnten.

Strela V 13 Wasser und V 130 Land

Die Strela V 13 war ein dreistielig verspannter Doppeldecker mit Schwimmern, Baujahr 1921. Rumpf und Tragflügel bestanden aus einer stoffbespannten Holzkonstruktion. Der Führersitz befand sich unmittelbar hinter dem Motor und, etwas ungewöhnlich, der Kraftstofftank im Führersitz. Eine

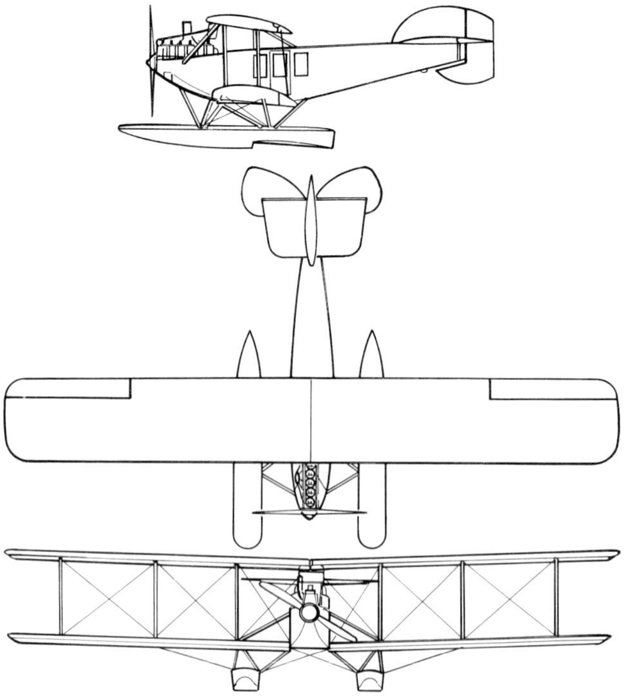

LFG V 13 Strela war eine nach dem Krieg gebaute Neukonstruktion.

große Kabine schloß sich an, die durch eine Tür auf der Backbordseite zugänglich war und in der vier Reisende Platz hatten. Der untere Tragflügel war direkt an der Unterkante des Rumpfes befestigt, der obere Flügel dagegen an einem Spannturm aufgehängt. Die zweiholmigen Tragflügel mit 17,5 m Spannweite hatten Querruder an der unteren und oberen Tragfläche. Das Leitwerk von großen Ausmaßen bestand aus einem stoffbespannten Duralumin-Gerüst, die Ruder hatten einen Hornausgleich. Als Triebwerk diente ein Benz Bz IIIa mit 136 kW (185 PS). Die LFG setzte das Flugzeug im eigenen Luftverkehr ein und beflog damit die Küstenstrecke Hamburg-Stettin-Danzig und Stettin-Swinemünde-Stralsund. Wahrscheinlich sind sechs LFG V 13 gebaut worden.

LFG V 13 in der Luftfahrzeugrolle

D-160	Werk-Nr. 85	Bz IV	Baujahr 1921 1928 Aero Sport Warnemünde 1929 nach Norwegen verkauft
D-161		Bz IV	
D-222		Bz IV	
D-291		Bz IV	
D-312	Werk-Nr. 89	Bz IV	
D-402	Werk-Nr. 91	BMW	IV, 1928 DVS, 1932 abgemeldet

LFG V 130 Land

1924 tauschte die LFG die Schwimmer der V 13 gegen ein Fahrwerk, änderte das Leitwerk für die Verwendung an einem Landflugzeug ab und setzte das Flugzeug unter der Bezeichnung V 130 Strela auf ihrer Strecke Hamburg – Danzig ein.

1925 suchte eine neu gegründete »Luftverkehrs-Gesellschaft Pommern« für ihr Streckennetz und den Seebäderdienst ein preiswertes, schnell lieferbares Verkehrsflugzeug und entschied sich für die Strela V 130. Das Unternehmen erwarb sieben Maschinen. Sie waren mit den verschiedensten Motoren ausgerüstet, wie dem AS Puma, BMW IV, Benz Bz IIIa, Benz Bz IV oder Junkers L 2, zu denen sich noch eine D-331 mit Benz Bz IIIa gesellte.

LFG V 130. Durch Tausch des Schwimmergestells gegen ein Fahrwerk und durch Abänderung des Leitwerkes entstand aus dem Seeflugzeug ein Landflugzeug.

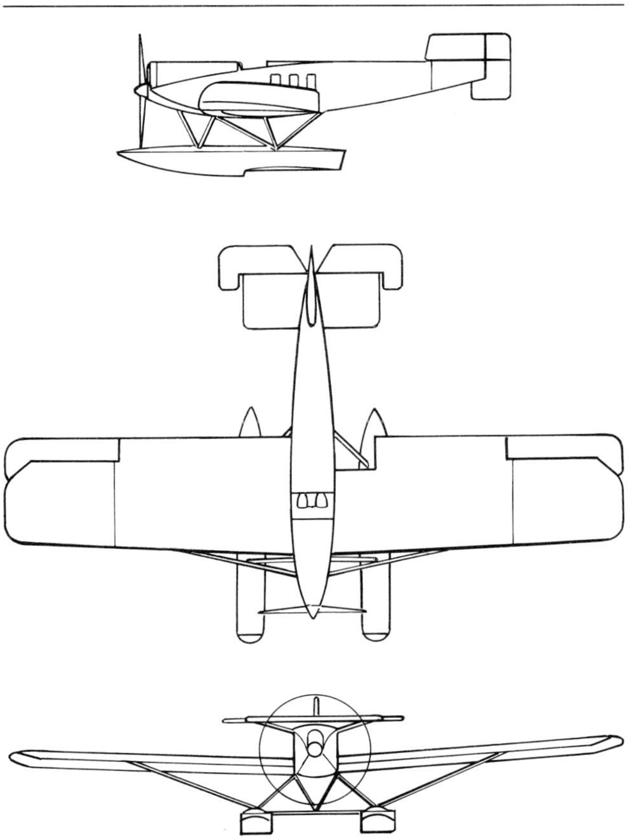

Projektstudie V 14 Binz war ein Vorläufer der Arkona.

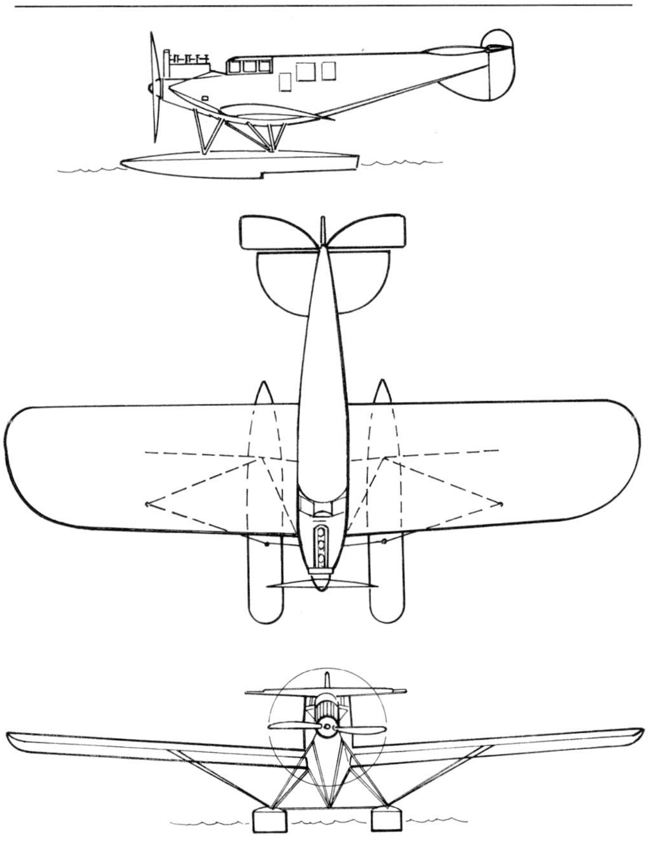

LFG V 20 Arkona I Holz war mit einem BMW IIIa mit 136 kW (185 PS) ausgerüstet.

V 14 Binz, eine Projektstudie

Die spätere V 20 Arkona, ein halb freitragender Tiefdecker auf Schwimmern, hatte zwei Vorläufer, die dem Werk den Weg vom Holz-Stoff-Flugzeug zum Ganzmetallflugzeug ebnen sollten. Dürftige Unterlagen geben einige Hinweise auf eine Projektstudie V 14 Binz aus dem Jahre 1922. Der Tiefdecker mit Schwimmern in Holz-Stoffbauweise war mit der späteren Arkona – vom Seitenleitwerk und Tragflügelumriß abgesehen – nahezu identisch. Der V 14 lagen

LFG V 20 Arkona I Holz. Da LFG wenig Erfahrung im Bau von Ganzmetall-Flugzeugen besaß, stellte das Werk zuerst eine Holz-Stoff-Ausführung als Prototyp her. Der Tiefdecker auf Schwimmern hatte eine Kabine für Besatzung und vier Fluggäste. Das Flugzeug während der Flugerprobung im Jahr 1922.

folgende Daten zugrunde: Spannweite 17 m, Länge 11 m, Leermasse 1400 kg, Zuladung 650 kg, Startmasse 2050 kg, Geschwindigkeit 170 km/h, Triebwerk Maybach Mb IVa mit 191 kW (260 PS), Bauweise Holz-Stoff.

Arkona Holz, Versuchsbau

Nach der Projektstudie V 14 Binz fertigte das Werk das Flugzeug Arkona V 20 als Prototyp in Holzbauweise. Der halb freitragende Tiefdecker hatte eine gefällige äußere Form, einen Stirnkühler und einen in den Rumpfstrak einbezogenen geschlossenen Führersitz. Über das »Arkona Holz« genannte Flugzeug liegen keinerlei Angaben vor. Aus Bildern geht aber hervor, daß es erprobt und geflogen worden ist. Wahrscheinlich verlangte der Auftraggeber aber eine Metallkonstruktion, so daß das Flugzeug auf Metallbau umkonstruiert und noch 1922 fertiggestellt wurde. Dieses Metallflugzeug erhielt die Bezeichnung »Arkona I Metall« und war das erste ganz aus Metall hergestellte Flugzeug der LFG.

Arkona Metall V 20

Die Ausführung aus Metall erreichte nicht ganz die gefällige Form der »Arkona Holz«. Hinter dem nunmehr offenen Flugzeugführersitz befand sich, wie bei den Vorgängern, die Kabine für vier Reisende mit einer Tür an der Backbordseite. Zum Antrieb dienten ein BMW IIIa oder ein Benz Bz IIIa jeweils mit Stirnkühler. Als Baustoff verwendete die LFG 0,8 mm starke Duralbleche. Die Konstruktion war nach Angaben des Werkes so gehalten, daß kleine Schäden in einer Schlosserwerkstatt repariert werden konnten.
Der Deutsche Aero-Lloyd, der später mit Unterstützung der Reichsmarine die Strecke Danzig – Stockholm mit Dornier-Walen bei Tag und Nacht mit Passagieren beflog, richtete zur Vorbereitung dieser Strecke einen Nachtflug-Versuchsdienst unter Leitung von Georg von Winterfeld ein. Mit Hilfe dieses Dienstes sollten die Voraussetzungen für eine Bodenorganisation mit Nachtflughäfen, Notlandeplätzen, Streckenbefeuerung, Wetter- und Nachrichtendienst für die Nacht geschaffen werden. Geeignete Flugzeuge waren mit Navigationsinstrumenten, Funk, Beleuchtung und Scheinwerfern auszurüsten. Die Seestrecken mußten außerdem durch die Beleuchtung von Hindernissen in den Seeflughäfen gesichert werden. Zu einer solchen Erprobung für Nachtflugtauglichkeit zog der Aero-Lloyd nun eine LFG Arkona (D-301) und den Dornier Delphin (D-277) heran. Sonderbarerweise ist die D-Nummer 301 in der Luftfahrzeugrolle mit der verbesserten LFG V 101 Jasmund belegt. In dem Protokoll wird aber ausdrücklich von der Arkona gesprochen. Der später bekannt gewordene Lufthansa-Flugkapitän Cramer von Clausbruch erhielt den Auftrag, die Arkona auf ihre Tauglichkeit zu überprüfen. Sein Bericht[45] stammt aus den Akten des Aero-Lloyd – leider ohne Datum. Der Deutsche Aero-Lloyd (DAL) wurde bekanntlich 1923 gegründet und 1926 in die Deutsche Lufthansa übergeführt. Die Überprüfung der Arkona läßt sich wahrscheinlich auf das Jahr 1924 datieren.
Clausbruch kritisiert eingangs die für vier Personen zu klein bemessene Kabine, die schmalen Türen und Fenster und den zu engen Raum für den Bordmonteur. Vor Beginn der Versuchsflüge wurde der Bz IIIa-Motor, weil er nicht flugklar war, gegen einen Armstrong Siddeley Puma getauscht.
Clausbruch spricht in dem Bericht davon, daß die Arkona im Streckendienst eingesetzt werden sollte.

»Starteigenschaften:
Mit der Höchstzuladung von 680 kg auch bei Windstille und bei glattem Wasser befriedigend.

LFG V 20 Arkona Metall. Die endgültige Ausführung in Metall hatte einen offenen Führersitz und einen neu gestalteten Triebwerkeinbau mit Stirnkühler.

Flugeigenschaften:
Im allgemeinen gut. Geschwindigkeit mit 125 bis 130 km/h verhältnismäßig hoch. Linksdrehen der Maschine, das sich im Laufe der Zeit verstärkte, verursachte bei längeren Flügen eine erhebliche Anstrengung des Führers. Der Versuch von LFG, das Linksdrehen durch Vorsetzen des Backbordtragdecks aufzuheben, brachte wenig Erfolg, beeinträchtigte aber, da hiermit anscheinend eine Änderung des Anstellwinkels verbunden war, die vorher guten Steigeigenschaften.

Seefähigkeit:
Wurde bei einer Nachtnotlandung im Seegang 5 bis 6 erwiesen. Außer einer Verbiegung einiger Schwimmerstreben, einer leichten Knickung und dem Eindrücken des Steuerbordknotenpunktes in den Schwimmern, wodurch das Vollaufen der zweiten, dritten und vierten Abteilung hervorgerufen wurde, und der Spaltung des Propellers durch Seeschlag traten keine Beschädigungen auf. In Anbetracht der sehr hohen See muß das Verhalten des Flugzeuges bei dieser Notlandung als sehr günstig angesprochen werden.

Treibfähigkeit:
Die Maschine wies bei derselben Gelegenheit ausgezeichnete Treibeigenschaften vor Treibanker aus. Sie ritt auch hohe Brandungsseen in einwandfreier Weise ab.

Verhalten gegen Witterungseinflüsse:
Nicht so günstig wie beim ›Delphin‹. Das Metall wies bereits nach vier Wochen an mehreren Stellen Anfressungen auf. Infolge vieler Reparaturen kam das Flugzeug nur selten zum Fliegen.«

Nach dieser Beurteilung wäre aus der Arkona wahrscheinlich nach einer gründlichen Flugerprobung, der Behebung der Kinderkrankheiten und eines Korrosionsschutzes ein brauchbares Flugzeug geworden.

LFG V 27 Demmin

Die LFG V 27 Demmin vermittelt mit ihrer klaren, übersichtlichen Auslegung einen guten Eindruck. Der aus einem stoffbespannten Holzgerüst bestehende freitragende Hochdecker hatte eine Kabine für vier Reisende mit Tür an der Backbordseite. Zwischen Motor und Kabine waren zwei nebeneinander liegende Sitze für zwei Piloten vorgesehen. Hinter der Kabine befand sich ein Raum für Post und Gepäck. Der Flügel saß flach auf dem Rumpf auf. Die Piloten saßen halb im Flügel, ähnlich wie beim Fokker F III und der Albatros L 58. Das in seiner Formgebung etwas ungewöhnlich erscheinende Höhenruder wies einen Hornausgleich auf. Seiten- und Querruder hatten keinen aerodynamischen Ausgleich. Das Fahrwerk war zur Sicherheit mit Doppelrädern bestückt, bestand aus V-Streben mit Gummifederung und hatte eine durchgehende Achse. Als Triebwerk war der BMW IIIa mit 136 kW(185 PS) vorgesehen. Auch dieses Flugzeug hatte zu wenig Platz für Besatzung und Passagiere. Die Kabine der Junkers F 13 war schon nicht allzu geräumig, aber bereits die äußeren Maße

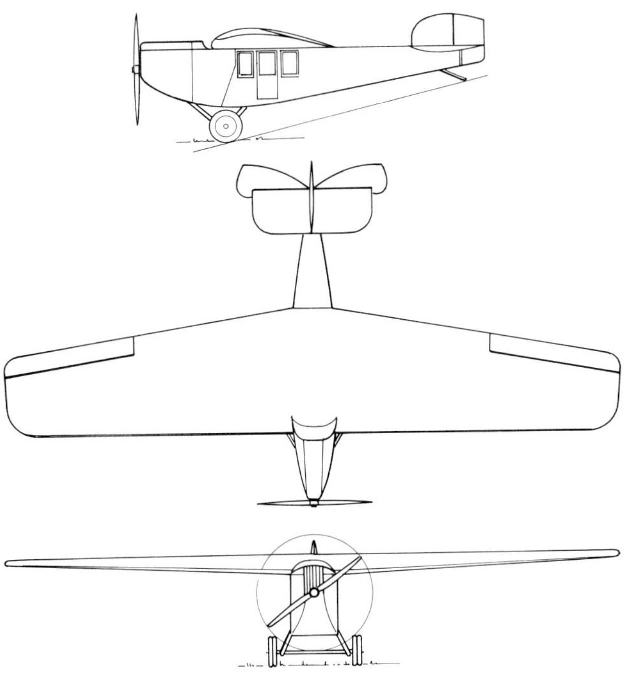

Projekt LFG V 27 Demmin eines Verkehrsflugzeuges für vier Reisende und zwei Piloten.

der V 27, wie etwa die Rumpflänge von 8,85 m zu 9,60 m bei der F 13, deuten darauf hin, daß die Demmin etwas größer hätte ausgelegt werden müssen. Die Demmin blieb ein Projekt.

LFG V 59 Verkehrsflugzeug mit viel Komfort

Im Jahre 1925 wechselte Dipl.-Ing. Theiss von Caspar zur LFG, und Baatz übernahm die Geschäftsführung. Theiss machte sich sogleich an die Konstruktion einer vergrößerten Weiterentwicklung der Arkona V 20. Das Ganzmetallflugzeug LFG V 59 erinnerte in Größe und Aussehen an die Junkers W 33. In dem 11,38 m langen Rumpf fand die zweiköpfige Besatzung hinter dem Triebwerk in einem nach oben offenen Führersitz Platz. Es folgten eine ausreichend große Kabine für vier Reisende mit großen Seitenfenstern und seitlicher Tür, Toilette und Gepäckraum. Der Flugsport[46] berichtet über eine komfortable Einrichtung der Kabine mit Heizung, Licht, Entlüftung, Schiebefenstern und gepolsterten Sesseln; die Wand war mit Naturleder und Gobelinstoffen verkleidet. Die an der Rumpfunterkante

Verkehrsflugzeug LFG V 59 mit der Werknummer 118 und BMW IV mit großer komfortabel eingerichteter Kabine für vier Reisende.

angesetzten Tragflügel wiesen V-Stellung auf und waren durch zwei kurze Streben gegen die Rumpfoberkante abgefangen und durch mehrere Streben gegen die Schwimmer abgestützt. Der zweiholmige Flügel war mit Duraluminblechen beplankt. Das Leitwerk bestand aus einem Metallgerüst mit Stoffbespannung. Die Schwimmer stellte bei allen Mustern die LFG selbst her; sie bestanden aus Duralblechen mit mehreren wasserdichten Schotten, die durch Mannlöcher im Deck zugänglich waren. Durch das breite, fest ausgeführte Schwimmergestell war das Flugzeug hochseefähig.

Als Triebwerk diente ein BMW IV mit 162 kW (220 PS). Der abnehmbare Motorträger bestand aus Stahlrohren. Der Kühler harrte noch einer sinnvollen Unterbringung. Er soll später unterhalb des Rumpfes angebracht worden sein. Nach der Luftfahrzeugrolle ist eine LFG V 59 mit dem Kennzeichen D-918 und der Werknummer 118 gebaut worden. Aus Bildern geht hervor, daß es eine zweite V 59 mit der Nummer D-913 gab. Allerdings ist an deren Stelle in der Luftfahrzeugrolle eine Dornier Do B Merkur eingetragen.

LFG V 61: starkmotorig mit Bristol Jupiter

Die LFG V 61 glich in ihren geometrischen Abmessungen und der Bauweise der V 59, hatte aber einen stärkeren luftgekühlten Bristel Jupiter-Motor mit 309 kW (420 PS), der die Leistungen, insbesondere den Start, wesentlich verbesserte und interessante Vergleiche zwischen ausländischen luftgekühlten und deutschen wassergekühlten Standmotoren zuließ. Die Tanks faßten 324 kg (450 l) Kraftstoff; sie ermöglichten eine Flugzeit von 4,5 Stunden und eine Reichweite von 720 km. Es wurde nur eine LFG V 61 mit dem Kennzeichen D-925 gebaut.

Deutscher Seeflugwettbewerb und die LFG-Flugzeuge

Um über die verbesserte Arkona-Reihe V 59 und V 61 etwas aussagen zu können, soll auf den Deutschen Seeflugwettbewerb 1926 eingegangen werden, der zu einem interessan-

LFG V 61 gleicht der V 59, ist aber mit einem wesentlich stärkeren Triebwerk, einem Bristol-Jupiter Sternmotor mit 309 kW(420 PS) ausgerüstet.

ten Vergleichsfliegen deutscher Seeflugzeuge führte. Hinter dem Wettbewerb stand die Reichsmarine, die die Finanzierung übernommen hatte. Ansonsten war es ein Wettbewerb ziviler Flugzeuge, von denen man das eine oder andere in ein beschränkt brauchbares Militärflugzeug hätte umwandeln können, so wie man aus einem Lastwagen ein Militärfahrzeug machen kann, wenn man ihn mit Waffen belädt.

An dem Wettbewerb sollten die LFG V 59, eine LFG 61 nebst einem Doppeldecker und Schulflugzeug LFG V 60 teilnehmen. Die LFG V 59 erschien nicht zum Wettbewerb und blieb als Reserveflugzeug in Stralsund. Das Schulflugzeug V 60, ein zweistielig verspannter Doppeldecker mit BMW IV, verunglückte auf dem Streckenflug. Der Pilot Haas kam dabei ums Leben, sein Begleiter konnte gerettet werden.

Auf dem Rückflug vom Streckenflug war die V 61 bei stürmischem Wetter gezwungen, notzulanden, wobei das Flugzeug zu Bruch ging und der Flugbegleiter ertrank. Diese Unfälle bedeuteten ohne Zweifel einen schweren Rückschlag für die LFG.

Sieger auf dem Wettbewerb, dessen Zuverlässigkeitsprüfung bei Windstärke vier bis sechs stattfand, wurden eine Heinkel He 5 mit Wolfgang von Gronau am Steuer, eine Junkers W 33 mit L 5-Motor und Pilot Langanke und eine Heinkel HD 24 mit BMW IV und Pilot Spies. Von 17 Flugzeugen und Teilnehmern waren die genannten drei Flugzeuge bei allen drei Wettbewerben, dem Streckenflug, Zuverlässigkeitswettbewerb und dem Wettbewerb um den besten deutschen Motor die Besten.

V 101 Jasmund für den Nachtflug über den See

1925 brachte die LFG – wohl im Auftrag des Deutschen Aero-Lloyd (via Reichsmarine) – für die Nachtflugstrecke Stettin – Kopenhagen – ein neues Flugzeug unter der Bezeichnung LFG V 101 Jasmund heraus, eine etwas vergrößerte und endgültige Ausführung der Arkona. Der Rumpf war oben abgerundet, die Fenster hatten ovale Form und die Kabinentür war nach vorne verlegt worden, so daß sie von den Fluggästen und vom Piloten benutzt werden konnte. Das Flugzeug bestand wie die Arkona ganz aus Metall. Als Triebwerk waren der BMW IV oder der Benz Bz IIIa vorgesehen. Die Kraftstofftanks waren im Rumpf untergebracht. Die Unterbringung im Tragflügel hatte sich nicht bewährt, weil beim Abnehmen der am Rumpf angelenkten Tragflügel jedesmal die Kraftstoffleitungen zu trennen waren! Der Frontkühler war gut in den Rumpf eingestrakt. Die Verkleidung des Führersitzes war eine unglückliche Idee, denn Flugkapitän Merz hatte – wie schon berichtet – den Dornier Delphin II wegen der Blendung durch die Scheiben für Nachtflüge für untauglich erklärt. Dieselben Schwierigkeiten werden sich mit der Jasmund ergeben haben. Allerdings war es hier ein leichtes, die Haube zu entfernen. Aus Sicherheitsgründen hatte das Flugzeug zwei durch Propeller angetriebene Dynamos für einen Gyrorektor und ein Funktelegraphiegerät, um unabhängig von Motorausfall und Lichtquelle zu sein.

Die Jasmund soll nach Aussage ihres Konstrukteurs, Direktor Baatz, und nach dem »Flugsport«[47] auf einer Nachtflugstrecke Stettin–Kopenhagen vom Aero-Lloyd eingesetzt worden sein. Es gibt aber keine Hinweise auf eine Zulassung und auf ein Kennzeichen für das Flugzeug in der Luftfahrzeugrolle.

LFG-Projekt Stettin, zweimotoriges Verkehrsflugzeug auf Schwimmern

Die Stettin war ein zweimotoriges Schwimmerflugzeug; ein Tiefdecker, dessen Rumpf dem der Arkona V 20 glich, der

Die LFG V 101 Jasmund war eine vergrößerte Arkona mit BMW IV oder Benz Bz IIIa.

I. LFG-Land- und Seeflugzeuge

Hersteller		LFG[1]	LFG	LFG	LFG	LFG
Muster		Strela V 13	Strela V 130	Arkona V 20 Metall I	Arkona (Holz)	V 59
Triebwerk		Benz Bz III a	Benz Bz IV	BMW III a	BMW III a	BMW IV
Leistung	kW	136	162	136	136	162
	PS	185	220	185	185	220
Besatzung (+ Reisende)		1 + 4	1 + 4–6	1 + 4	1 + 4	1 + 4
Länge	m	10,90	10,30	9,20	9,20	11,38
Höhe	m	3,88	3,48	3,60	3,30	4,10
Spannweite	m	17,50	17,50	14,40	14,40	19,00
Flügelfläche	m^2	70,00	70,00	40,00	40,00	52,00
				5,18	5,18	
Rüstmasse	kg	1 460	1 343	1 180	1 040	1 430
Kraftstoff	kg	210	220	165	160	300
Schmierstoff	kg	35	25	17	16	30
Besatzung	kg	80	80	80	80	80
Nutzmasse	kg	335	432	398	324	360
Zuladung	kg	660	757	660	580	770
Startmasse	kg	2 120	2 100	1 840	1 620	2 200
Flächenbelastung	kg/m^2	30,29	30,00	46,00	40,50	42,30
Masse Leistungsverhältnis	kg/kW	15,59	12,96	13,53	11,90	13,58
	kg/PS	11,50	9,55	9,95	8,76	10,00
	kW/m^2	1,94	2,30	3,40	3,40	3,11
	PS/m^2	2,64	3,14	4,62	4,63	4,23
Verbrauch	kg/h	31,00	45,00	39,00	39,00	46,00
Höchstgeschwindigkeit	km/h	135	135	170	170	150
in Höhe	m	0	0	0	0	0
Reisegeschwindigkeit	km/h	120	120	130	140	135
in Höhe	m	0	0	0	0	0
Steiggeschwindigkeit	m/s	1,70[2]	2,00	1,85	2,00	2,20
Dienstgipfelhöhe	m	3 500	3 500	3 500	4 500	4 500
Reichweite	km	720[3]	600	550	575	880
max. Flugzeit	h	6	5	4,20	4,10	6,50
Startrollstrecke	m		300	28	25	15
Landerollstrecke	m		150			
Landegeschwindigkeit	km/h	80	70	80	80	70
Zuladung in % von der Flugmasse		31	36	36	36	35
Zahlende Nutzlast in % von der Flugmasse		16	21	22	20	16
Baujahr		1921	1924	1922	1922	1925

[1] Daten nach Firmenangaben zusammengestellt
[2] durchschnittliches Steigen auf 2000 m
[3] ohne Reserven

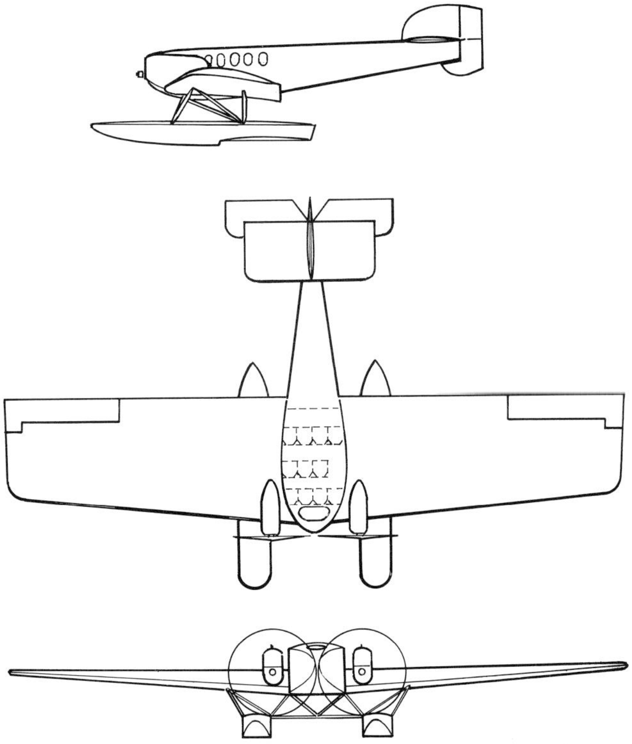

Projekt LFG Stettin ist ein zweimotoriges Schwimmerflugzeug für zehn Reisende und Besatzung. Als Triebwerk waren zwei Benz Bz IIIa mit 136 kW(185 PS) vorgesehen.

aber wesentlich länger und viel breiter gehalten war. Die Flügel waren freitragend und die Metallschwimmer gegen die Tragflügel abgestützt. Auch das Leitwerk ähnelte dem der Arkona und hatte wie die in den Tragflügelstrak einbezogenen Querruder einen aerodynamischen Hornausgleich. Die beiden Benz Bz IIIa 136 kW(185 PS) leistenden Motoren waren ganz nahe am Rumpf angeordnet. Dieser lief nach vorne spitz zu, so daß die Luftschraubenkreise der beiden Triebwerke dicht beieinander lagen, sich aber nicht schnitten. Die Stettin war für zehn Reisende ausgelegt, und der Rumpf war so breit, daß vier Reisende nebeneinander Platz hatten.

LFG Rügen — Projekt eines zweimotorigen Großflugbootes

Die LFG Rügen war ein projektiertes Flugboot von gewaltigen Ausmaßen mit einem Flügel mit 28 m Spannweite. Kennzeichnend war der sehr breite Rumpf des

II. LFG-Projekt V 27 und die Seeflugzeuge V 61 und V 101

Hersteller		LFG	LFG	LFG
Muster		Demmin V 27 Projekt	V 61	Jasmund V 101
Triebwerk		BMW III a	Bristol Jupiter	BMW IV
Leistung	kW	136	309	162
	PS	185	420	220
Besatzung (+ Reisende)		1 + 4	1 + 5	1 + 5
Länge	m	8,85	10,70	9,85
Höhe	m	2,90	4,15	3,60
Spannweite	m	15,40	18,90	15,65
Flügelfläche	m^2		48,00	40,00
Flügelstreckung			7,44	6,12
Rüstmasse	kg	1 000	1 470	1 300
Kraftstoff	kg	164	324	210
Schmierstoff	kg	14	38	21
Besatzung	kg	80	80	80
Nutzmasse	kg	512	378	339
Zuladung	kg	770	820	650
Startmasse	kg	1 770	2 290	1 950
Flächenbelastung	kg/m^2		47,70	48,75
Masse Leistungsverhältnis	kg/kW	13,00	7,41	12,04
	kg/PS	9,57	5,45	8,86
	kW/m^2		6,44	4,05
	PS/m^2		8,75	5,50
Verbrauch	kg/h	39,00	72,00	46,00
Höchstgeschwindigkeit	km/h	170	185	170
in Höhe	m	0	0	0
Reisegeschwindigkeit	km/h	150	160	150
in Höhe	m	0	0	0
Steiggeschwindigkeit	m/s	2,10	4,20	2,10
Dienstgipfelhöhe	m		4 800	3 500
Reichweite	km	600[1]	720	680
max. Flugzeit	h	4	4,50	4,50
Startrollstrecke	sec		12	24
Landerollstrecke	m			
Landegeschwindigkeit	km/h		84	75
Zuladung in % von der Flugmasse		43	36	33
Zahlende Nutzlast in % von der Flugmasse		29	17	17
Baujahr		1923	1926	1925

[1] ohne Reserven

III. LFG-Verkehrsflugzeug-Projekte im Vergleich[1]

Hersteller		LFG	Junkers	LFG	Dornier
Muster		Stettin	G 23 dL[3]	Rügen Flugboot	Do Gs I
Triebwerk		Benz Bz III a	1× Junkers L2 2× Mercedes D I	Maybach Mb IV a	Maybach Mb IV a
Leistung	kW	2×136 = 272	1×143 2×70 = 213	2×191 = 382	2×191 = 382
	PS	2×185 = 370	1×195 2×100 = 395	2×260 = 520	2×260 = 520
Besatzung (+ Reisende)		2 + 10	2 + 9	2 + 15	2 + 6
Länge	m	13,70	16,00	13,65	15,30
Höhe	m	3,45	5,50	3,35	4,38
Spannweite	m	22,00	29,00	28,00	21,00
Flügelfläche	m^2	80,00	99,00	140,00	79,00
Flügelstreckung		6,50	8,50	5,60	5,58
Rüstmasse	kg	2 200	3 600	2 900	3 000
Kraftstoff	kg	320	420[4]	450	410
Schmierstoff	kg	30	40	45	40
Besatzung	kg	160	160	160	160
Nutzmasse	kg	690	1 280	1 045	690
Zuladung	kg	1 200	1 900	1 700	1 300
Startmasse	kg	3 400	5 500	4 600	4 300
Flächenbelastung	kg/m^2	42,50	55,55	32,85	54,43
Masse – Leistungsverhältnis	kg/kW	12,50	25,82	12,04	11,26
	kg/PS	9,18	13,92	8,85	8,23
	kW/m^2	3,40	2,15	2,73	4,83
	PS/m^2	4,63	4,00	3,71	6,58
Verbrauch	kg/h	2×40 = 80	105	2×51 = 102	2×51 = 102
Höchstgeschwindigkeit	km/h	165	150	180	170
in Höhe	m	0	0	0	0
Reisegeschwindigkeit	km/h	145	140	160	140
in Höhe	m	0	0	0	0
Steiggeschwindigkeit	m/s				2,00
Dienstgipfelhöhe	m				4 250
Reichweite[2]	km	580	640	640	560
max. Flugzeit[2]	h	4,00	4,00	4,00	4,00
Startrollstrecke	m		350		
Landerollstrecke	m		300		
Landegeschwindigkeit	km/h	80	105	80	85
Zuladung in % von der Flugmasse		35	35	37	30
Zahlende Nutzlast in % von der Flugmasse		20	23	23	16
Baujahr		1925	1923	1925	1919

[1] Daten nach LFG-Werkangaben
[2] ohne Reserven
[3] Für die ersten Starts und Landungen war die G 24 mit den von der Ilük genehmigten und hier aufgeführten viel zu schwachen Motoren ausgerüstet. Ohne Passagiere und mit Kraftstoff für 1 bis 2 h mit etwa 4000 kg Startmasse war das Flugzeug flugtauglich. Es wäre aber mit voller Zuladung wahrscheinlich gar nicht in die Luft gekommen
[4] Die Kraftstofftanks faßten 935 kg Kraftstoff

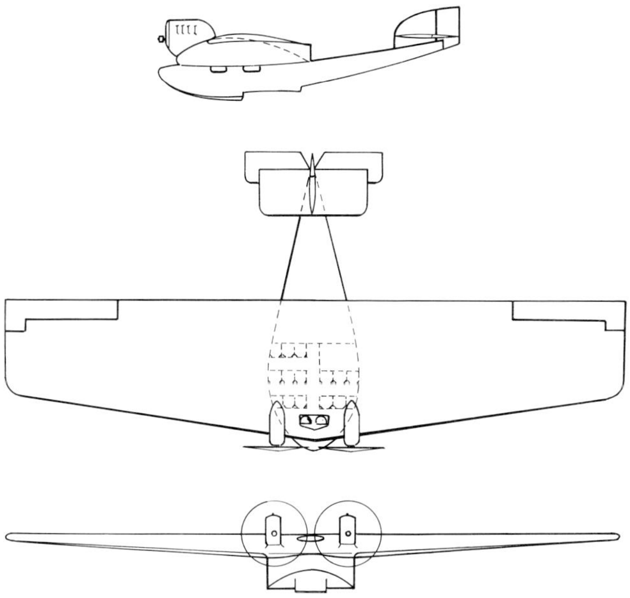

Projekt LFG Rügen war ein Flugboot für 15 Reisende und zwei Mann Besatzung mit zwei Maybach-Motoren Mb IVa mit je 191 kW (260 PS).

Bootes, der Schwimmkörper an den Flügelenden oder Flügelstummel nach der Dornier-Bauart überflüssig machen sollte. Der freitragende Flügel großer Tiefe glich dem der Stettin und reichte mit seiner Nase bis nahe an den Bootsbug. Der Bootsrumpf war zweistufig ausgeführt und hinter dem Flügel steil hochgezogen. Das Boot besaß ein normales Leitwerk, Höhenruder und Querruder hatten einen aerodynamischen Ausgleich.
Die zweiköpfige Besatzung war in einem offenen Führerraum nahe der Flügelnase untergebracht. Die Kabine hatte man für 15 Passagiere eingerichtet, dazu gab es noch reichlich Platz für Gepäck.
Als Antrieb waren zwei Maybach Mb IVa-Motoren mit je 191 kW (260 PS) vorgesehen, die direkt nebeneinander angeordnet waren. So hätte das einfache Seitenleitwerk ausgereicht, um im Einmotorenflug das Drehmoment um die Hochachse auszugleichen. Ein Vergleich der Daten mit einem Dornier Flugboot, das sich im praktischen Flugdienst bewährt hat, gibt gewisse Anhaltspunkte. Es stellt sich die Frage, warum die »Rügen«, bei etwa gleichen Gewichten, in der Lage gewesen sein soll, mit gleicher Triebwerkleistung 24 Prozent mehr zahlende Nutzlast oder doppelt so viele Passagiere zu befördern wie die Do Gs I, die sich im harten Flugbetrieb in der Schweiz bewährt hatte.

Luftverkehrs-Gesellschaft (LVG)

Die Luftverkehrs-Gesellschaft mbH (LVG) wurde 1910 von Arthur Müller in Berlin-Johannisthal gegründet, einem vielseitig begabten Unternehmer, der auch Mitgründer des traditionsreichen Flugplatzes Johannisthal und zeitweise dessen erster Geschäftsführer war. Unter dem Namen Luftfahrt-Betrieb GmbH befaßte sich die LVG zunächst mit Passagier- und Lichtreklamefahrten mit Parseval-Luftschiffen, die sich großer Beliebtheit erfreuten. Wegen der Empfindlichkeit der Luftschiffe gegen Wetter und ihrer Reparaturanfälligkeit mußten die Fahrten allzu oft ausfallen. Arthur Müller wandte sich deshalb 1911 dem Flugzeugbau zu und baute zu Versuchszwecken einen Albatros-Farman-Doppeldecker, mit dem Werkpilot Benno König den BZ-Preis der Lüfte (1911) gewann. Dieser Sieg machte den Namen des Werkes in Luftfahrtkreisen, aber auch in einer breiteren Öffentlichkeit bekannt. Im Oktober 1911 trat Ernst Heinkel, kaum von den Folgen seines schweren Absturzes genesen, als junger Konstrukteur für ein Gehalt von 200 Reichsmark in die Dienste der LVG. Wenige Monate später gelang es, den Schweizer Ingenieur Franz Schneider als Chefkonstrukteur für das Werk zu gewinnen; er hatte zuvor bei Nieuport wertvolle Erfahrungen gesammelt. Schneider und der junge Heinkel harmonierten jedoch nicht, und Heinkel ging wenige Monate später zu Albatros. Ein von Schneider konstruierter LVG-Gitterrumpf-Doppeldecker fand bei der Militärbehörde Anklang, und das Werk erhielt einen ersten Auftrag auf 18 Maschinen. Nun entstanden neue Konstruktionen, insbesondere schnelle Eindecker. LVG-Piloten erflogen auf einigen dieser Flugzeuge bei Wettbewerben gute Erfolge; in gleichem Maße aber waren sie von Pech und Unfällen verfolgt, so daß das Werk zeitweise keine nennenswerten Aufträge erhielt.
Schneider widmete sich daraufhin leicht zu fliegenden und einfach zu handhabenden zweisitzigen Schulflugzeugen (1913) in Doppeldeckerbauweise (B I), die sich beim Prinz-Heinrich-Flug glänzend bewährten und auf die beachtliche Aufträge eingingen. Die LVG B I war ein zweistielig verspannter Doppeldecker, der in verbesserter Form später in großer Stückzahl gebaut und in den Münchner Otto-Werken in Lizenz hergestellt wurde. Zweiter Sieger unter 35 Teilnehmern beim Dreieck-Flug Berlin–Leipzig–Dresden (30. Mai 1914) auf einem LVG Renneindecker mit Umlauf-Motor wurde Robert Janisch. Im Juni 1914 nahmen sechs LVG B I an einem von Geheimrat Schütte angeregten Ostmarken-Flug teil und gewannen unter 27 Teilnehmern die ersten vier Plätze. Zu den siegreichen Piloten zählten von Freyberg, Georg Hans Felix Laitsch und Lt. Engwer. Peter Supf schreibt dazu[48]: »So bedeutet der Ostmarken-Flug zugleich einen überlegenen Sieg für den Schöpfer des LVG-Doppeldeckers, den Ingenieur Franz Schneider und

LVG-Renneindecker E 3 von Franz Schneider mit Pilot Erich Kulisch, Baujahr 1913.

für den Mercedes D I-Motor. Er bedeutet gleichzeitig einen Triumph des Doppeldeckers über die Tauben.« Der Schuldoppeldecker B I wurde im Kriege in Serie gebaut, verbessert und in den Versionen B II und B III mit immer stärkeren Motoren geliefert.
Im Jahre 1916 verließ Franz Schneider, der auch der Erfinder des durch den Luftkreis schießenden MG's war, die LVG; ihm folgte Ingenieur Sabersky-Müssigbrodt. Neben dem Bau von Schulflugzeugen widmete sich das Werk der Herstellung von C-Flugzeugen. Von der C I bis zur C VIII entstanden acht verschiedene Typen, von denen C V und C VI nach dem Krieg in der Verkehrsluftfahrt Verwendung fanden. Im Bau von Jagd- und Großflugzeugen war das Werk weniger erfolgreich. Die Belegschaft stieg von 30 Arbeitern im Jahre 1911 auf 3220 Mitarbeiter im Jahre 1918. Das von Dipl.-Ing. Franz Zapf geleitete und 1915 angegliederte Werk Köslin, dessen Belegschaft 1918 auf rund 670 Arbeiter und Angestellte angewachsen war, hatte sich mit Lizenzbauten und Reparaturen befaßt.

Arbeitspferd LVG C V

Zu den zuverlässigsten zweisitzigen Mehrzweckflugzeugen der Fliegertruppe zählte die LVG C V. Mit dem leistungsstarken Triebwerk und den guten Flugeigenschaften war das Flugzeug nach dem Krieg für Post- und Passagierflüge gefragt.
Die LVG C V war ein zweistielig verspannter Holz-Doppeldecker; der Rumpf war mit Sperrholz beplankt, der zweiholmige Tragflügel dagegen mit Stoff bespannt. Der 169 kW (230 PS) leistende Benz Bz IV war auf starken, rechteckigen Holzträgern gelagert und der Motorblock durch Bleche verkleidet. Für die damalige Zeit noch ungewöhnlich war die saubere Verkleidung der Luftschraubennabe durch eine Haube (Spinner). Der Kraftstoffbehälter faßte 249 l (180 kg). Bei einem Verbrauch von 73 l/h (53 kg/h) entsprach dies etwa 3,4 Stunden Flugzeit und bei 130 km/h Reisegeschwindigkeit einer Reichweite von 450 km ohne Reserven. Die strömungstechnisch günstige Formge-

LVG C V mit dem Kennzeichen CH 2 mit halboffener Abdeckung der beiden Passagiersitze im Dienste des Schweizer Luftverkehrs.

LVG C V in der Ausführung als Postflugzeug mit 169 kW (230 PS)-Benz Bz IV-Motor.

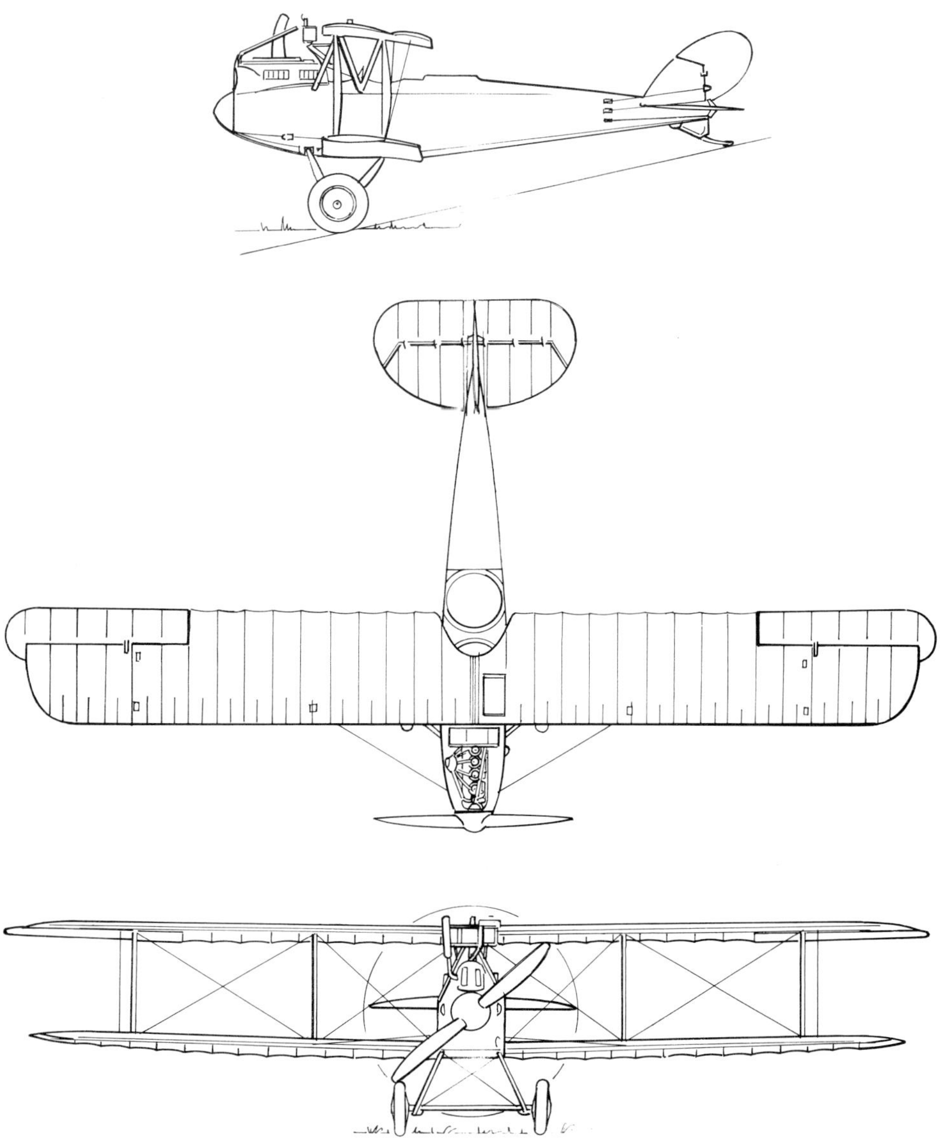

bung an der Frontseite des Triebwerkes wurde zum Teil durch die wenig glückliche Anordnung des Kühlers vor der Nase des Tragflächenmittelstückes wieder aufgehoben. Die Auspuffrohre endeten in einem Sammler, der die Abgase über ein großes Rohr hoch über die Tragflächen ableitete. Die LVG C V ist von vielen Luftverkehrs-Gesellschaften geflogen worden, besonders aber von der Deutschen Luftreederei. Zur Beförderung von Luftpost war an dem Flugzeug kaum etwas zu ändern. Die wenigen Passagiere fanden, in Pelzkleidung vermummt, im ehemaligen, offenen Beobachtersitz auf zwei gegenüberliegenden Sitzen Platz.

Kabinen-Verkehrsflugzeug P I (C VI)

Die LVG C VI glich ihrer Vorgängerin; sie war aber mit dem überverdichteten Benz Bz IVsü ausgerüstet, der seine

Ausladen der Post, die im Februar 1919 eine LVG C VI der DLR von Berlin nach Weimar zur Nationalversammlung gebracht hat.

Leistung bis 1200 m Höhe hielt. Das Flugzeug fand eine verhältnismäßig weite Verbreitung im werdenden Luftverkehr. Zur besseren Wartung hatte man die Maschine entfeinert und damit eine kompaktere und leichtere Ausführung im Vergleich zur C V geschaffen. Die Luftschraubennabe war nicht mehr verkleidet. Dafür wurde der Stirnkühler durch einen Oberflächenkühler im Flügelmittelstück des oberen Tragflügels ersetzt. Auf diese Weise entfielen auch Befestigungsstreben und Rohrleitungen. Der obere Flügel war etwas weiter nach vorne versetzt und der Ausschnitt in seinem Mittelstück vergrößert worden, um die Sicht für den Piloten zu verbessern. Die aus Stahlrohr bestehenden N-Stiele des Baldachins waren nicht mehr in V-Form angeordnet, sondern standen nahezu senkrecht nach oben. Die Querruder waren in den rechteckigen Tragflügel einbezogen. Die Tragflügelfläche der LVG C VI wurde

Eine LVG C VI mit Kabine, die in dieser Luxus-Ausführung vom Werk die Bezeichnung LVG P I erhalten hat und 1919 als vollwertiges Verkehrsflugzeug galt.

LVG P I C VI, mit Benz Bz IVsi mit 169 kW (230 PS).

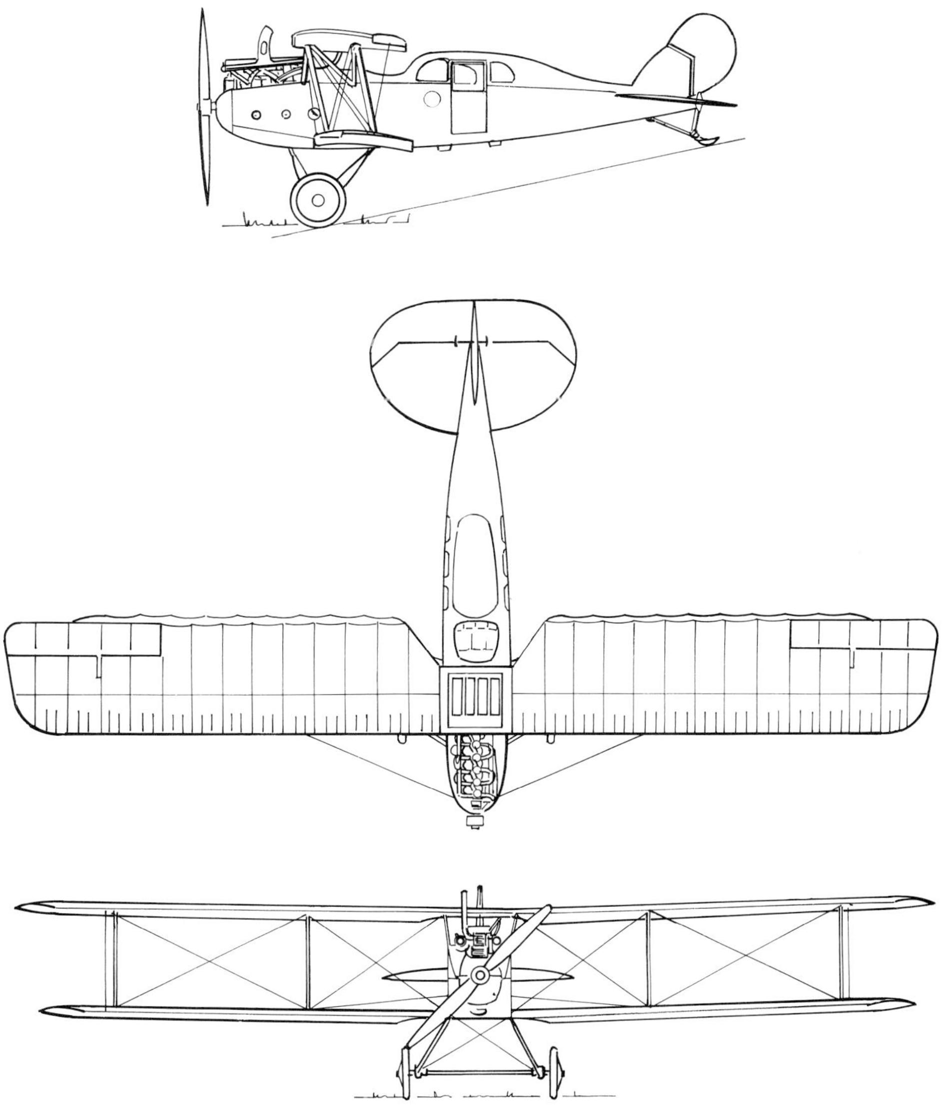

gegenüber der C V bedeutend verkleinert. Mit Hilfe des überverdichteten Motors wurden trotz der kleineren Tragfläche bessere Steigleistungen erzielt. Die Geschwindigkeit stieg, die Nutzlast ging geringfügig um 30 kg zurück. Eine flugklare LVG C VI befindet sich in der Shuttleworth Collection in Old Warden/Großbritannien. Eine weitere LVG C VI mit der Werknummer 3141 und dem Kennzeichen der »Danziger Luftreederei« steht in Brüssel Melsbroek (Brüssel National) Airport. Ein drittes Muster mit der Werknummer 904/1918 wartet in zerlegtem Zustand im gleichen Museum auf eine Restaurierung.
Die C V und C VI fanden mit ihren offenen Sitzen zunächst meist als Postflugzeuge Verwendung. Später wurde die C VI dagegen häufig für den Passagierdienst umgebaut. Sie erhielt eine geschlossene, aufklappbare Haube über den beiden Fluggastsitzen. Eine noch elegantere Lösung war die Ausrüstung mit Haube und Kabinentür, so daß die Reisenden vom Boden aus bequem einsteigen konnten. Die so umgebaute C VI erhielt die Werkbezeichnung LVG P I und gehörte in ihrer Luxus-Ausführung auf der Leipziger und Frankfurter Messe (1919) zu den am meisten bewunderten Ausstellungsstücken.
Die DLR baute – wie Meister Budack zu berichten weiß – ihre LVG-Maschinen in der eigenen Werft um; man

entfernte die Waffen, versah die Maschine mit zwei gepolsterten Klappsitzen und einem Windschutz vor den Passagiersitzen, damit war der Umbau zum Verkehrsflugzeug meist beendet. Die C VI flogen die Piloten lieber als die C V – sie war schneller –, weil der Stirnkühler fehlte. Später rüstete die DLR die Maschinen mit größeren Tanks aus, vereinzelt auch mit klappbaren Hauben oder einer Kabine mit Tür. So angenehm die Hauben für die Passagiere auch waren, umso weniger erbaut waren die Piloten bei der C VI davon. Der Frontwiderstand der Hauben war beachtlich und kostete Geschwindigkeit. Halb offene Kabinenhauben führten manchmal auch zur Unstabilität. Die Kabinenflugzeuge waren deshalb bei den Piloten weit weniger beliebt als die Flugzeuge mit offenen Sitzen.

Der Bz IV galt als zuverlässiger Motor. Er lief 80 bis 120 Stunden und wurde danach in den DLR-Werkstätten grundüberholt. Der Motorwechsel dauerte einen Tag. Der ausgebaute und demontierte Motor erhielt eine neue Lagerung der Kurbelwelle; neue Kolben und Kolbenringe waren vom Krieg her im Ersatzteillager zur Genüge vorhanden. Das Ausschleifen der Zylinder erfolgte allerdings bei einer Spezialfirma. Auf einem eigenen Prüfstand absolvierten die montierten Motoren ihre Probeläufe, bevor sie wieder eingebaut wurden.

Bei der Grundüberholung der Zelle alle ein bis zwei Jahre wurde die gesamte Bespannung erneuert. Klagten die Piloten über schlechte Flugeigenschaften, über Hängen oder Gieren, hatte sich meist das Tragwerk durch Witterungseinflüsse verzogen. Ein Meister der DLR war Spezialist für diese schwierige Arbeit; er vermaß die Flugzeuge optisch von hinten und spannte sie nach. Werkpilot Curt Ungewitter mußte die Maschinen danach oft mehrmals fliegen, bis sie wieder einwandfreie Flugeigenschaften hatten.

Langstrecken-Kurierflugzeug LVG K I

Zwei C VI erhielten die Werkbezeichnung LVG K I, wobei »K« für Kuriermaschine stand. Die Kapazität der Kraftstofftanks wurde bei den beiden einsitzigen Maschinen auf 790 l (569 kg) erhöht. Damit konnten sie zehn Stunden fliegen, die Reichweite stieg auf 1450 km. Bei den verhältnismäßig kurzen Strecken, die damals im Luftverkehr zurückzulegen waren, gab es aber gar keinen Bedarf für solche Langstrecken-Ausführungen. Recherchen ergaben, daß diese Flugzeuge großen Langstrecken-Flugzeugen vorausfliegen sollten, um den besten Flugweg und das Wetter zu erkunden. Leider ist über diese Vorausflüge nichts bekannt geworden. Später reduzierte man den Kraftstoffvorrat auf 427 l (317 kg) entsprechend 850 km Reichweite und richtete die Flugzeuge für die Mitnahme eines Passagiers und von Post ein. Die Bezeichnungen P I und K I fanden keinen Eingang in die offiziellen Zulassungs-Register, die Flugzeuge wurden viel-

LVG K I war eine Langstreckenausführung der C VI mit 1700 km Reichweite für Sonderaufgaben.

mehr offiziell nur als C V und C VI bezeichnet. Die Änderungen zur Langstrecken-Ausführung und die besseren Steigleistungen wären von der alliierten Kontroll-Kommission später nie genehmigt worden.

LVG C VIII Kabinenflugzeug

Der Waffenstillstand unterbrach die Fertigstellung einer LVG C VIII, die gleich als ziviles Flugzeug weitergebaut und 1919 von der Deutschen Versuchsanstalt für Luftfahrt nach der Flugerprobung zugelassen wurde. Kennzeichnend für das Flugzeug war der höher ausgeführte Rumpf und der Stirnkühler vor dem Motor. Die Ausschnitte an den Tragflügeln waren zur Verbesserung der Sicht weiter vergrößert worden. Wegen des hohen Rumpfes hätte sich die C VIII besonders für den Einbau einer Kabine geeignet. Wahrscheinlich ist aber nur eine C VIII fertiggestellt worden. Mit der C VIII wäre der Anlauf einer neuen Serie notwendig geworden; das Flugzeug brachte aber keine großen Vorteile gegenüber der C VI; zusätzliche Investitionen hätten sich nicht gelohnt. Das Erscheinen moderner Flugzeuge wie der F 13 und Sablatnig P III machte eine Weiterarbeit an Doppeldeckern sinnlos.

Lizenzbau des Schulflugzeuges LVG B III

Wegen seiner guten Flugeigenschaften wurde das Schulflugzeug LVG B III unter der Bezeichnung RK 6 »Kranich« von den Raab-Katzenstein-Werken Mitte der zwanziger Jahre in Lizenz gebaut. Das Flugzeug war mit Mercedes D I-/D II-Motoren mit 74 kW (100 PS) / 88 kW (120 PS) ausgerüstet. Mit einer Flächenbelastung von nur 30 kg/m² und einer Landegeschwindigkeit von 60 km/h war es für Anfänger leicht zu fliegen und ideal für die Schulung.

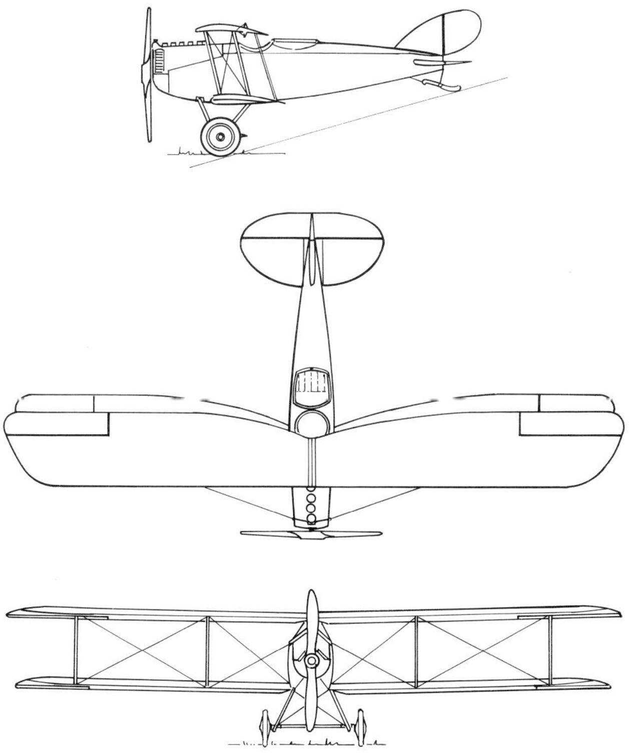

LVG C VIII, die erst nach dem Krieg fertiggestellt wurde. Wegen des hohen Rumpfes wäre sie zur Ausrüstung mit einer Kabine besonders geeignet gewesen. Das Flugzeug hatte als Triebwerk den Benz Bz IVsü mit einem Stirnkühler.

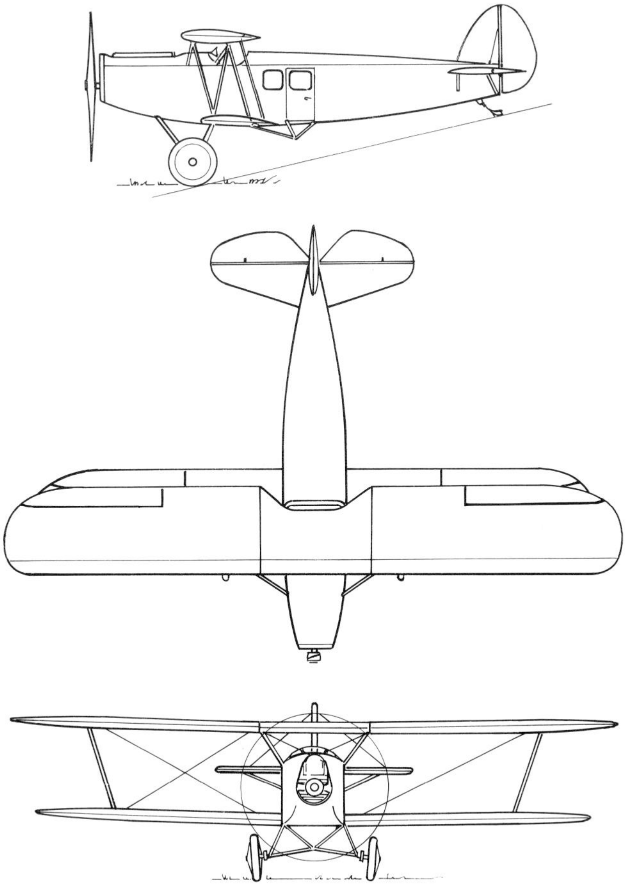

Entwurf eines viersitzigen Verkehrsflugzeuges der Raab-Katzensteinwerke (1925). RK 11a aus dem Jahre 1929.

LVG G III: ein zweimotoriger Dreidecker für den Luftverkehr

Die LVG erhielt 1917 von der Inspektion der Fliegertruppe (Idflieg) einen Auftrag auf ein Großflugzeug in Dreidecker-Bauweise. Der für ein Muster dieser Größe ungewöhnlichen Bauweise mit 24,50 m Spannweite lag der Gedanke zugrunde, die Steigleistungen und die Gipfelhöhe ohne die Verwendung spezieller Höhenmotoren zu verbessern. Eine gewisse Geschwindigkeitseinbuße war dabei in Kauf zu nehmen. Das kurz vor Kriegsende fertiggestellte Flugzeug mit der Bezeichnung LVG G III bestand aus einer Holzkonstruktion mit Sperrholz beplanktem Rumpf und Tragflügeln mit Stoffbespannung. Nach dem Waffenstillstand dachte das Werk an eine zivile Verwendung. Man war bescheiden und sah die Beförderung von drei Reisenden in einer Kabine vor, entsprechend einer zahlenden Nutzlast von 250 kg. Geplant war im Bug ein offener Sitz für den sich bald als überflüssig erweisenden Navigator, dessen Wegfall die Mitnahme eines vierten Passagiers ermöglicht hätte. Es folgte der Sitz für den Piloten, hinter dem sich die Kraftstofftanks mit einem Durchgang zur Kabine für die Reisenden befanden. Die beiden Maybach-Motoren des vierstielig verspannten Dreideckers waren zwischen den Tragflügeln seitwärts des Rumpfes angeordnet und hatten Zugschrauben. Die Stirnkühler saßen zwischen Triebwerk und oberem Tragflügel. Das Doppelfahrwerk großer Spurweite war gegen die Triebwerkträger abgestützt. Das Kastenleitwerk mit drei Seitenrudern sollte einen Geradeausflug bei Versagen eines Triebwerks gewährleisten. Das dritte zwischen den beiden Tragflügeln gelagerte Tragdeck begann erst am ersten Stiel. Die Daten in der Tabelle sind Werkangaben, die sich auf die zivile Ausführung beziehen. Das Flugzeug hatte mit 115 m²

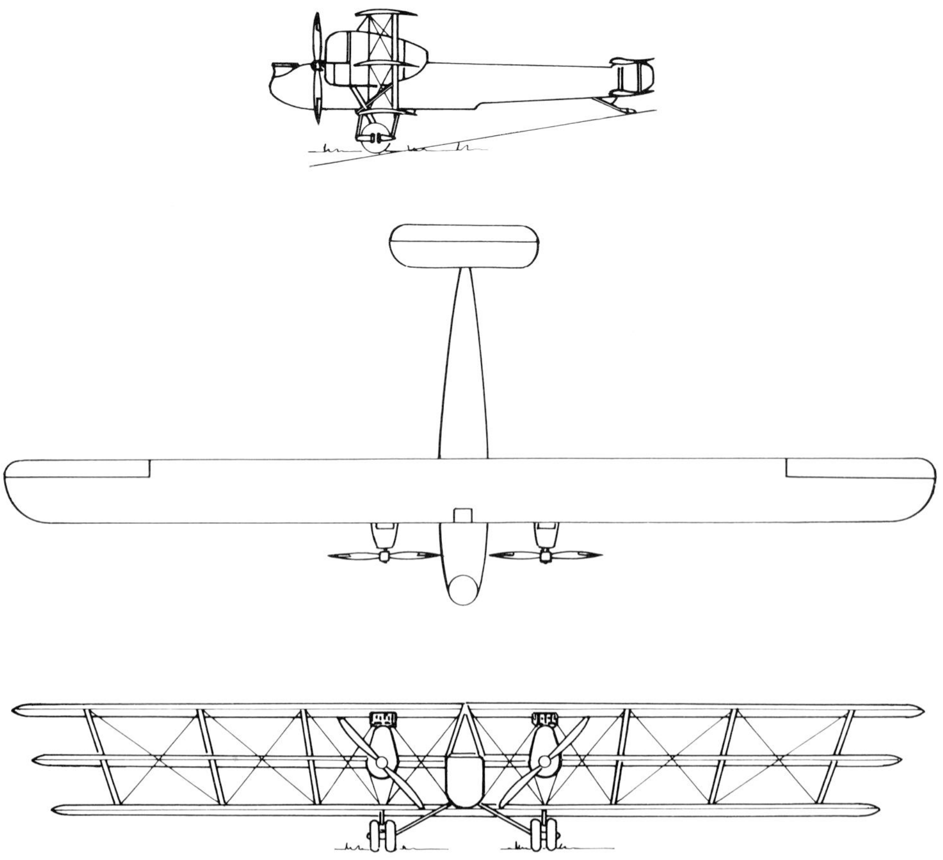

LVG G III, ein Dreidecker-Großflugzeug sollte im Luftverkehr Verwendung finden.

Das Wasserflugzeug LVG W I war eine auf Schwimmer gesetzte C VI mit entsprechenden Umbauten. Das Flugzeug, das einen Benz Bz IV als Triebwerk hatte, fand im Taxidienst Verwendung.

Tragflügelfläche eine sehr niedrige Landegeschwindigkeit von 60 km/h, aber auch eine verhältnismäßig geringe Reisegeschwindigkeit. Die Steigleistungen mit 2,5 m/s im Schnitt bis auf 3000 m waren sehr gut. Nur hatten die Reisenden wenig Interesse daran, in der kalten Höhenluft zu fliegen. Über die Verwendung des Flugzeuges im Luftverkehr ist bisher nichts bekannt geworden.

Dreidecker-Großflugzeug für den Luftverkehr

Hersteller		LVG
Muster		G III
Triebwerk		Maybach Mb IV a
Leistung	kW	2×191 = 382
	PS	2×260 = 520
Besatzung (+ Reisende)		2 + 3
Länge	m	10,25
Höhe	m	3,90
Spannweite	m	24,50
Flügelfläche	m^2	115,00
Rüstmasse	kg	2 960
Kraftstoff	kg	650
Schmierstoff	kg	80
Besatzung	kg	160
Nutzmasse	kg	250
Zuladung	kg	1 140
Startmasse	kg	4 100
Flächenbelastung	kg/m^2	35,65
Masse Leistungsverhältnis		
Leistungsbelastung	kg/kW	10,73
	kg/PS	7,88
Flächenleistung	kW/m^2	3,32
	PS/m^2	4,52
Höchstgeschwindigkeit	km/h	130
in Höhe	m	0
Reisegeschwindigkeit	km/h	120
in Höhe	m	0
Steiggeschwindigkeit	m/s	2,50*
Reichweite**	km	600
max. Flugzeit**	h	5,50
Landegeschwindigkeit	km/h	60
Zuladung in % von der Startmasse		28
Zahlende Nutzlast in % von der Startmasse		6
Baujahr		1918

* durchschnittliches Steigen auf 3000 m
** bei Reiseleistung ohne Reserven

LVG W I und W II für den Bäderdienst

Wenig bekannt geworden sind zwei LVG Seeflugzeuge, die 1919 gebaut und für Verkehrszwecke eingerichtet worden sind. Es scheint sich um eine Version der C VI zu handeln, die auf Schwimmer gesetzt worden war und dazu die für ein Seeflugzeug notwendigen Änderungen erhalten hatte. Als Triebwerk wird der Benz Bz IV genannt. Über die LVG W I (Vw 3) liegen folgende Daten vor: Spannweite 13,00 m, Länge 7,00 m, Flügelfläche 37 m^2, Leermasse 900 kg, Zuladung 480 kg, Startmasse 1380 kg, Geschwindigkeit 130 km/h. Bauweise: Holz und Stoff.
Über die LVG W II veröffentlichte die ZFW[49] folgende Zahlen: Spannweite 13,00 m, Startmasse 1550 kg, Flugdauer 3,50 h, Triebwerk Bz IV. Nach der ZFW wurde auch das Schulflugzeug B III versuchsweise auf Schwimmer gesetzt, über das folgende Daten vorliegen: Startmasse 1230 kg, Spannweite 12,50 m, 120 PS Mercedes, Geschwindigkeit 110 km/h, Startzeit 15 s, Furnierschwimmer mit 1,4 m^3 Inhalt.

Pläne, Träume und Realitäten

Die LVG schmiedete 1919 noch große Pläne und dachte an leichte und schwere Seeflugzeuge für den Luftverkehr, an Landflugzeuge mit Rädern und Schneekufen[50], die in der Luft je nach Bedarf gegeneinander ausgetauscht werden konnten. Im Konstruktionsbüro entstanden Entwürfe für mehrmotorige Verkehrsflugzeuge mit einer Reichweite von 1000 km für zehn bis zwölf Reisende. Auch hatte das Werk vom Reichsamt für Luft- und Kraftfahrtwesen eine Zulassung zur Personenbeförderung erhalten und hätte selbst Luftverkehr betreiben können. Mit der weiten Verwendung der LVG C V- und C VI-Typen durch die verschiedenen Luftverkehrs-Gesellschaften hatte die LVG mit den Grundstein für einen späteren deutschen Luftverkehr gelegt. Aber die Unterzeichnung des Versailler Friedensvertrages im Juni 1919 mit dem Bauverbot von Flugzeugen bereitete allen Plänen ein jähes Ende.
Die LVG fand keine Möglichkeit, ihren Flugzeugbau im Ausland weiter zu betreiben. So stellte sie der Firma Ambi Werkhallen, Arbeitskräfte, Maschinen und Anlagen für den Bau landwirtschaftlicher Geräte zur Verfügung und nahm gemeinsam mit diesem Unternehmen den Bau von Mähmaschinen, Getreidereinigern, Werkzeug- und Dreschmaschinen auf. Wieder verschwand ein traditionsreicher Name aus der deutschen Luftfahrt, aber die Arbeitsplätze konnten durch geschicktes kaufmännisches Verhalten der Werksleitung erhalten bleiben.

LVG-Verkehrsflugzeuge

Hersteller		LVG	LVG	LVG	LVG
Muster		C V	C VI (P I)	C VI (K)	C VIII (P II)
Triebwerk		Benz Bz IV	Benz Bz IV sü[2]	Benz Bz IV sü	Benz Bz IV sü
Leistung	kW	169	169	169	169
	PS	230	230	230	230
Besatzung (+ Reisende)		1 + 2	1 + 2	1	1 + 2
Länge	m	8,10	7,43	7,43	7,00
Höhe	m	3,20	2,80	2,80	2,80
Spannweite	m	13,60	13,00	13,00	13,00
Flügelfläche	m^2	42,70	34,60	34,60	33,60
Rüstmasse	kg	1 013	930	930	900
Kraftstoff	kg	181	166	570	166
Schmierstoff	kg	8	15	32	15
Besatzung	kg	80	80	80	80
Nutzmasse	kg	261	229	28	219
Zuladung	kg	520	490	710	480
Startmasse	kg	1 533	1 420	1 640	1 380
Flächenbelastung	kg/m^2	35,90	41,04	47,40	41,07
Masse – Leistungsverhältnis	kg/kW	9,07	8,40	9,70	8,17
	kg/PS	6,67	6,17	7,13	6,00
	kW/m^2	3,96	4,88	4,88	5,03
	PS/m^2	5,39	6,65	6,65	6,85
Höchstgeschwindigkeit	km/h	164	170	170	175
in Höhe	m	2 000	1 300	1 300	1 300
Reisegeschwindigkeit	km/h	130	154	155	160
in Höhe	m	0	1 300	1 300	1 300
Steiggeschwindigkeit	m/s	3,00	4,20	2,17[3]	4,50
Dienstgipfelhöhe	m	5 000	6 000	4 500	6 500
Reichweite[1]	km	450	540	1 700	560
max. Flugzeit	h	3,40	3,50	11,00	3,50
Verbrauch	kg/h	53,00	53,00	53,00	53,00
Startrollstrecke	m	220	200	250	230
Landerollstrecke	m	100	110	150	100
Landegeschwindigkeit	km/h	70	70	70	65
Zuladung in % von der Flugmasse		34	35	43	35
Zahlende Nutzlast in % von der Flugmasse		17	16	2	16
Baujahr		1917	1918/19	1918/19	1918/19

[1] ohne Reserven
[2] hält volle Leistung bis 1200 m
[3] durchschnittliches Steigen auf 3000 m (23 min)

Ein Mark-Rieseler Verkehrsflugzeug R Va »nur für Platzflüge«

In Berlin-Johannisthal erregte 1921 ein leichter Sporteinsitzer durch Wendigkeit und gute Leistungen einiges Aufsehen. Der abgestrebte Hochdecker mit einem 22 kW (30 PS)-Haacke-Motor und der Typenbezeichnung R I stammte von den Gebrüdern Walter und Werner Rieseler. Walter hatte 1913 auf einem Grade-Eindecker seinen Flugschein erworben, nach dem Krieg war es sein Ziel, ein preiswertes, einfaches Sportflugzeug zu bauen. Doch der Vertrieb eines Flugzeuges und die Werbung kosteten Geld, und das war knapp bei Rieselers – wie meist bei Idealisten. Sie fanden aber einen Geldgeber im Stahlwerk Mark, ein gut fundiertes Metall- und Walzwerk mit weltweiten Verbindungen. Das Unternehmen erklärte sich 1922 bereit, den leichten Eindecker in Lizenz zu bauen, zu verbessern und zu verkaufen. Auf der Leipziger Messe 1923 stellte Mark ein Musterflugzeug Rieseler R III 22 aus, um Kontakte zur Fachwelt anzuknüpfen.

Antonius Raab, Pilot der DLR, unternahm zu jener Zeit in Leipzig Werbeflüge für die Firma Odol mit einer alten LVG C IV; er beeindruckte die Öffentlichkeit besonders durch Nachtflüge mit beleuchtetem Flugzeug. Die Werksleitung von Mark nahm Verbindung mit ihm auf und bat ihn, das Rieseler-Flugzeug einmal nachzufliegen, es zu beurteilen und auf der Messe vorzufliegen. Raab gelang die Vorführung so meisterhaft, daß die Mark-Werke ihn gleich als Leiter einer neu zu errichtenden Fliegerschule und als Chef- und Versuchspiloten einstellten.

Mark begann mit dem Serienbau einer zweisitzigen Ausführung R IV, die für die Fliegerschule in Breslau vorgesehen war. Die Werksleitung beauftragte Antonius Raab, sich um den Verkauf der Mark R IV zu bemühen. »Nur eine Sensation«, so Raab, »eine fliegerische Leistung, von der man in Deutschland und im Ausland sprechen wird, kann bei einem ganz unbekannten Flugzeug zum Verkaufserfolg führen.«

Raab wußte Rat. Am Morgen des 8. Juli 1923 landete er nach sorgfältiger Vorbereitung um fünf Uhr früh auf der Berliner Prachtstraße »Unter den Linden«. Er machte sich an seinem Motor zu schaffen und erklärte dem herbeieilenden und erstaunten Polizisten, er habe eine Motorpanne gehabt. Doch das ließ dieser nicht gelten, denn schon lange vorher hatten sich deutsche und ausländische Journalisten bei ihm nach der Ankunft des Flugzeuges erkundigt. Für die in- und ausländische Presse war die gelungene Landung mit der Mark III D-284 mitten in Berlin eine Sensation. Auf den Titelseiten der großen Tageszeitungen wurde in Wort und Bild über dieses Ereignis berichtet. Bei Mark gingen in kurzer Zeit Aufträge auf mehr als 50 Flugzeuge ein von Privatleuten, Vereinen und Schulen.

Nach diesem Erfolg ließen sich die Gebrüder Rieseler von falschem Ehrgeiz packen und überredeten das Werk, nicht nur ein Verkehrsflugzeug zu bauen, sondern auch den Flugmotorenbau aufzunehmen. Vergebens riet Raab dringend von diesem Unternehmen ab.

Das Werk hatte im Gegensatz etwa zu Junkers oder Dornier zu dieser Zeit keinerlei Erfahrungen im Flugzeugbau. 1924 war das Verkehrsflugzeug R Va zum Einfliegen fertig: ein durch zwei Stiele abgestrebter Hochdecker im Gemischtbau mit dünnen rechteckigen Flügeln, die auf einem Baldachin über dem Rumpf befestigt waren. Der Pilot saß im offenen Sitz hinter der Kabine, die zwei Reisenden Platz bot.

Raab erhielt am 28. Februar 1924 den Auftrag, das Flugzeug einzufliegen und zu beurteilen. Nach einigen Starts und Landungen wurden einige Mängel abgestellt. Sein Urteil:

»Ein Flug mit der R V von Breslau nach Berlin brachte die bittere Erkenntnis, daß die Maschine in der jetzigen Bauweise keine Verkehrsmaschine ist, sondern nur ein Flugzeug, das sich für Platzflüge eignet, wofür man allerdings keinen besonderen Typ zu bauen braucht. Schon vor Beginn des Baues habe ich den Gebrüdern Rieseler dringend nahegelegt, sich mit Verkehrspiloten über die beim Bau einer Verkehrsmaschine zu beachtenden Grundsätze in Verbindung zu setzen, was jedoch nicht geschah, sondern es wurde einfach darauflos konstruiert.

Der Führersitz liegt so, daß der Pilot gerade an der Stelle des Rumpfes sitzt, wo die Luftwirbel am heftigsten fühlbar werden. Trotz fester Brille hatte ich während des fast dreistündigen Fluges dauernd unter tränenden Augen zu leiden, was ein fortwährendes Beschlagen der Brille zur Folge hatte. Eine Orientierung ist wegen der schlechten Sicht nur möglich, wenn man die zu befliegende Strecke kennt. Man kann nur nach der linken Seite etwas sehen. Um das Gelände zu übersehen, muß man natürlich auch etwas nach vorn und nach rechts sehen können. Hinzu kommt, daß der Führer nicht im Druck-Mittelpunkt sitzt, was bei stark bögigem Wetter Übelkeit hervorrufen kann. Es ist ausgeschlossen, bei bögigem Wetter die Maschine mit der Knüppelsteuerung zu halten.

Als wichtigste Erfordernis muß zunächst der Führersitz nach vorn und die Kabine nach hinten verlegt werden. Weiter auf Fehler an der Maschine einzugehen, erachte ich nicht für notwendig, da die Ingenieure vom Flugzeugbau sich bereit erklärt haben, die notwendigen Änderungen an der R V baldigst mit uns Piloten zu besprechen.«

Entgegen den Empfehlungen von Raab arbeitete das Werk weiter an der Maschine und baute mindestens drei R Va, zwei davon wurden zugelassen.

Ein Flugzeug mit der Werknummer 301 erhielt unter der Bezeichnung R Va/23 das Kennzeichen D-286. Das Muster war mit einem Benz Bz III mit 121 kW (165 PS) ausgerüstet und stand noch 1928 im Dienste der Aero GmbH in Hamburg. Eine zweite R Va (Werknummer 3033), von der ein Foto vorliegt, erhielt das Kennzeichen D-490 und den

Verkehrsflugzeug R Va/23 Görlitz des Mark Flugzeugbaues.

Namen Görlitz. Als Triebwerk diente hier ein Daimler D II mit 99 kW (135 PS). Der Führersitz war anscheinend nach vorne verlegt worden. Höhen- und Querruder hatten keinen aerodynamischen Ausgleich. Seiten- und Höhenleitwerkflosse waren verstrebt. Das Fahrwerk bestand aus zwei V-Streben, hatte eine durchgehende Achse und war durch Gummi abgefedert. Die R Va machte in dieser Ausführung mit Triebwerk mit Stirnkühler äußerlich einen guten Eindruck.

Bilder von anderen Maschinen lassen erkennen, daß an dem Flugzeug viel geändert und versucht worden ist. Eine Version hatte einen aerodynamischen Hornausgleich am Höhenleitwerk und an den Querrudern, anscheinend auch einen Flügel geringerer Spannweite; einmal hatte das Flugzeug einen Motor mit Stirnkühler, ein anderes Mal saß der Kühler über dem Motor. Die Tragflügel-Streben wurden durch eine N-Strebe verstärkt. Der Rumpf erhielt eine Tür, der Abstand zwischen Tragflügel und Rumpf wurde vergrößert. Versuchsweise wurde auch, wie aus einer Notiz in der Fachpresse hervorgeht[51], ein luftgekühlter 88 kW (120 PS)-Mark-Motor eingebaut.

Raab verließ im gleichen Jahr aus persönlichen Gründen den Mark Flugzeugbau und ging zu Dietrich-Gobiet. Mark gab den Flugzeugbau und auch den begonnenen Motorenbau wieder auf, nachdem in kurzer Zeit drei der besten Piloten, Gustav Witte, Gnädig und von der Marwitz bei Unfällen tödlich verunglückt waren. Walter Rieseler und sein Mitarbeiter Walter Kreiser erhielten 1926 ein Patent auf ein Tragschrauber-Prinzip. 1930 ging Rieseler in die USA, um es dort zu verwerten. 1934 baute er – aus Amerika zurück – mit Unterstützung des RLM zwei Huberschrauber, die sich aber nicht durchsetzen konnten. Rieseler starb 1938.

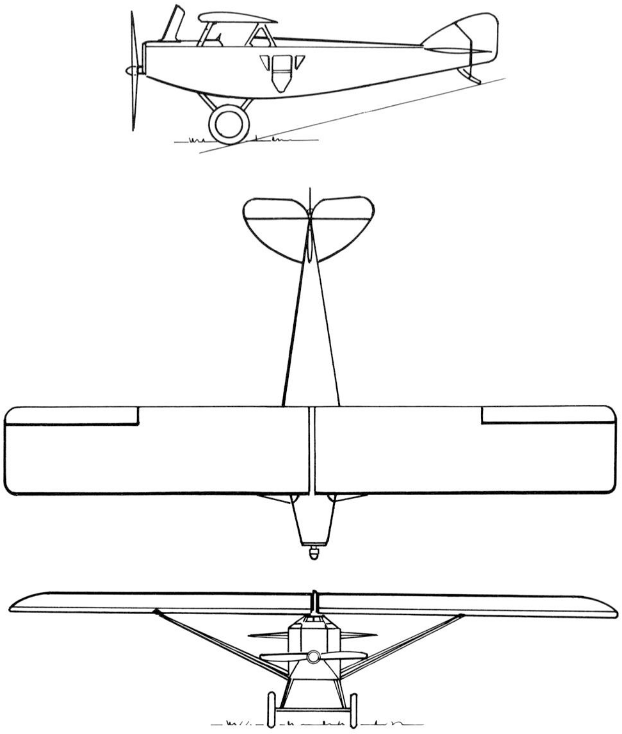

Mark R Va/23 war mit einem Benz Bz III mit 121 kW(165 PS)-Motor ausgerüstet.

Von der »Taube« zum Rumpler Luftverkehr

Edmund Rumpler, 1872 in Wien geboren, studierte Maschinenbau und arbeitete nach dem Examen bei verschiedenen Österreichischen Firmen als Konstrukteur. Die aufstrebende deutsche Automobil-Industrie zog ihn nach Berlin zur Allgemeinen Motorwagen Gesellschaft. Weitere Stationen seiner Lehr- und Wanderjahre waren die Daimler-Moto-

Verkehrsflugzeug Mark R Va

Hersteller		Stahlwerk Mark
Muster		R Va
Triebwerk		Benz Bz III
Leistung	kW	121
	PS	165
Besatzung (+ Reisende)		1 + 3
Länge	m	7,90
Höhe	m	3,35
Spannweite	m	14,25
Flügelfläche	m^2	27,00
Flügelstreckung		7,52
Rüstmasse	kg	800
Kraftstoff	kg	90
Schmierstoff	kg	10
Besatzung	kg	80
Nutzmasse	kg	300
Zuladung	kg	480
Startmasse	kg	1 280
Flächenbelastung	kg/m^2	47,40
Masse Leistungsverhältnis		
Leistungsbelastung	kg/kW	10,58
	kg/PS	7,76
Flächenleistung	kW/m^2	4,48
	PS/m^2	6,10
Höchstgeschwindigkeit	km/h	150
in Höhe	m	0
Reisegeschwindigkeit	km/h	120
in Höhe	m	0
Reichweite[1]	km	400
max. Flugzeit[1]	h	3
Verbrauch	kg/h	30
Landegeschwindigkeit	km/h	80
Zuladung in % von der Startmasse		38
Zahlende Nutzlast in % von der Startmasse		23
Baujahr		1924

[1] bei Reiseleistung ohne Reserven

ren-Gesellschaft in Marienfelde und die Adler-Werke in Frankfurt. 1906 gründete Rumpler mit fünf Ingenieuren ein technisches Büro, das sich mit der Konstruktion von Automobilen und Motoren befaßte. Den Motoren galt von jeher Rumplers besonderes Interesse; schon mit 25 Jahren hatte er einen Zweizylinder-Motor in liegender Stellung gebaut.

Während einer Frankreich-Reise beeindruckten ihn in Le Mans (1908) die Brüder Wright mit ihren Flugapparaten zutiefst. Daraufhin besuchte Rumpler den Dänen Ellehammer, einen der ersten Flugpioniere in Europa, um auch dessen Apparat kennenzulernen. Von Begeisterung für die Luftfahrt erfaßt, gliedert er seinem Ingenieurbüro eine Luftfahrzeugbau-Anstalt an, die am 10. November 1908 unter dem Namen Edmund Rumpler Luftfahrzeugbau ins Handelsregister eingetragen wurde[52].

Der Name und die Gesellschaftsform änderten sich in Zukunft häufig, vom Ingenieurbüro über eine GmbH bis zur Aktien-Gesellschaft. Zwei Jahre nach Aufnahme des Flugzeugbaues befaßte sich Rumpler mit der Konstruktion eines Flugmotors »Aeolus«. Nach den Plänen verschiedener Piloten baute er in seiner Werkstatt deren Eigenkonstruktionen, so zum Beispiel für Pegelow, Eggers, Walter Stein, Focke, Schudeisky und Haefelin. Später wurde ihm allerdings der Vorwurf gemacht, daß er diese Flugzeuge hergestellt habe, obwohl er wußte, daß sie nicht flugfähig waren. Tatsächlich kam keines dieser Flugzeuge in die Luft. Zudem rüstete er sie mit seinem Aeolus-Motor aus, der ebenfalls kaum brauchbar war. Rumpler sammelte aber bei diesen Bauten wertvolle Erfahrungen, die schließlich in eine eigene Konstruktion einflossen.

1910 erwarb er von dem Österreicher Igo Etrich die Nachbaurechte für dessen Etrich-Taube, die durch ihre ausgezeichneten Flugeigenschaften einen guten Ruf hatte. Schon am 10. Oktober 1910 umrundete sein erstes »Etrich-Rumpler-Taube« genanntes Flugzeug mit stotterndem Aeolus-Motor den Flugplatz Johannisthal, auf dem Rumpler sich inzwischen mit seiner Firma niedergelassen hatte. Der Aeolus-Motor erwies sich als wenig zuverlässig, wenn nicht als unbrauchbar. Bald bezeichnete Rumpler die Taube wegen verschiedener Abänderungen als »Rumpler-Taube« und stellte die Zahlung von Lizenzgebühren an Etrich ein. Während Etrich und Rumpler stritten, flog die Taube unter Führung von Wolf Hirth, Vollmöller, Melly Beese und Suwelack von Rekord zu Rekord, von Sieg zu Sieg, wurde vielfach nachgebaut und war schließlich das erfolgreichste Flugzeug in den Jahren bis zum Kriegsausbruch. Erst der Krieg (1914) beendete den Triumphzug der Taube, denn wegen ihrer hohen Stabilität und der damit verbundenen Trägheit war sie für militärische Zwecke ungeeignet. 250 Flugzeuge hat Rumpler bis 1914 gebaut, die meisten waren Tauben. 670 Leute beschäftigten die Rumpler-Werke bei Kriegsausbruch in verschiedenen Werkstätten in Johannisthal, in Berlin-Reinickendorf, in Lichtenberg, in Neukölln am Müggelsee und in einer Fliegerschule in Müncheberg, die mit eigenen Rumpler-Schulmaschinen flog. Seit 1913 baute Rumpler am Müggelsee auch mit Schwimmern ausgerüstete Wasserflugzeuge.

Erst kurz vor Kriegsausbruch wandte er sich dem Bau von Doppeldeckern zu. Mit einem zweisitzigen Schuldoppeldecker B I mit 75 kW(100 PS)-Daimler D I-Motor flog

Die erste Rumpler-Etrich-Taube 1910 vor der Werkshalle in Berlin-Johannisthal.

Gustav Basser 1914 mit 18 Stunden und zwölf Minuten einen Welt-Dauerrekord. Nach zwei Versuchsmaschinen entstand 1915 ein weiterer Doppeldecker als C I-Maschine. Auf B I, C I und deren Folgemaschinen erhielt Rumpler militärische Aufträge.

Neben dem Bau von Schulflugzeugen und Aufklärern befaßte sich das Werk mit der Entwicklung von zweimotorigen Großflugzeugen und von Jagdflugzeugen.

Ru C I: Schul- und Verkehrsflugzeug

Im Rumpler Luftverkehr und bei verschiedenen bayerischen Luftverkehrs-Gesellschaften fanden die Schulmaschinen des Typs Ru C I Verwendung, obwohl diese Holz-Stoff-Konstruktion aus dem Jahre 1915 stammte. Die Ru C I war ein zweisitziger Doppeldecker mit einem 121 kW(165 PS)-Benz Bz III-Motor, war aber auch mit anderen Motoren

Flugzeuge des Rumpler Luftverkehrs in und vor der Halle des Augsburger Flughafens.

Das ehemalige Schulflugzeug Rumpler C I im Dienste des Rumpler Luftverkehrs.

ähnlicher Leistungsklasse ausgerüstet. Die oberen Tragflügel waren an Baldachin-Streben angeschlossen. Vor diesen Streben unter der Nase des oberen Tragflügels befand sich ein Stirnkühler mit 45 l Wasserinhalt. Der Abstand zwischen oberem und unterem Tragflügel war groß und gewährleistete gute Sicht für die Besatzung. Die Auspuffgase wurden steuerbord in einen Sammler geleitet, der sie in einem schornsteinähnlichen Rohr über Tragfläche und Besatzung hinweg ableitete. Querruder und Leitwerk hatten keinen aerodynamischen Ausgleich.
Das Flugzeug wurde in größerer Stückzahl im Stammwerk in Berlin hergestellt und bei den Germania-, Hawa- und Rinne-Werken nachgebaut. Ab 1917 als veraltet geltend, wurden die Ru C I zwar weiter produziert, aber als Schulflugzeuge verwendet.

Am Steuerknüppel einer Ru C I

Hugo Wiskandt, lange Zeit Pilot der Danziger Luftpost und später einer der erfahrensten Piloten und Kapitäne der Lufthansa, hatte sich auf einer Ru C I nach dem Ersten Weltkrieg das Fliegen selbst beigebracht. Über seine Erfahrungen mit der Ru C I berichtete Wiskandt im Gespräch:

Aus der Ru C I (Ru 5 A 2), Baujahr 1915, wird durch die Haube fünf Jahre später ein Verkehrsflugzeug.

Rumpler Ru C I (Ru 5 A 2) mit
Benz Bz III mit 121 kW(165 PS).

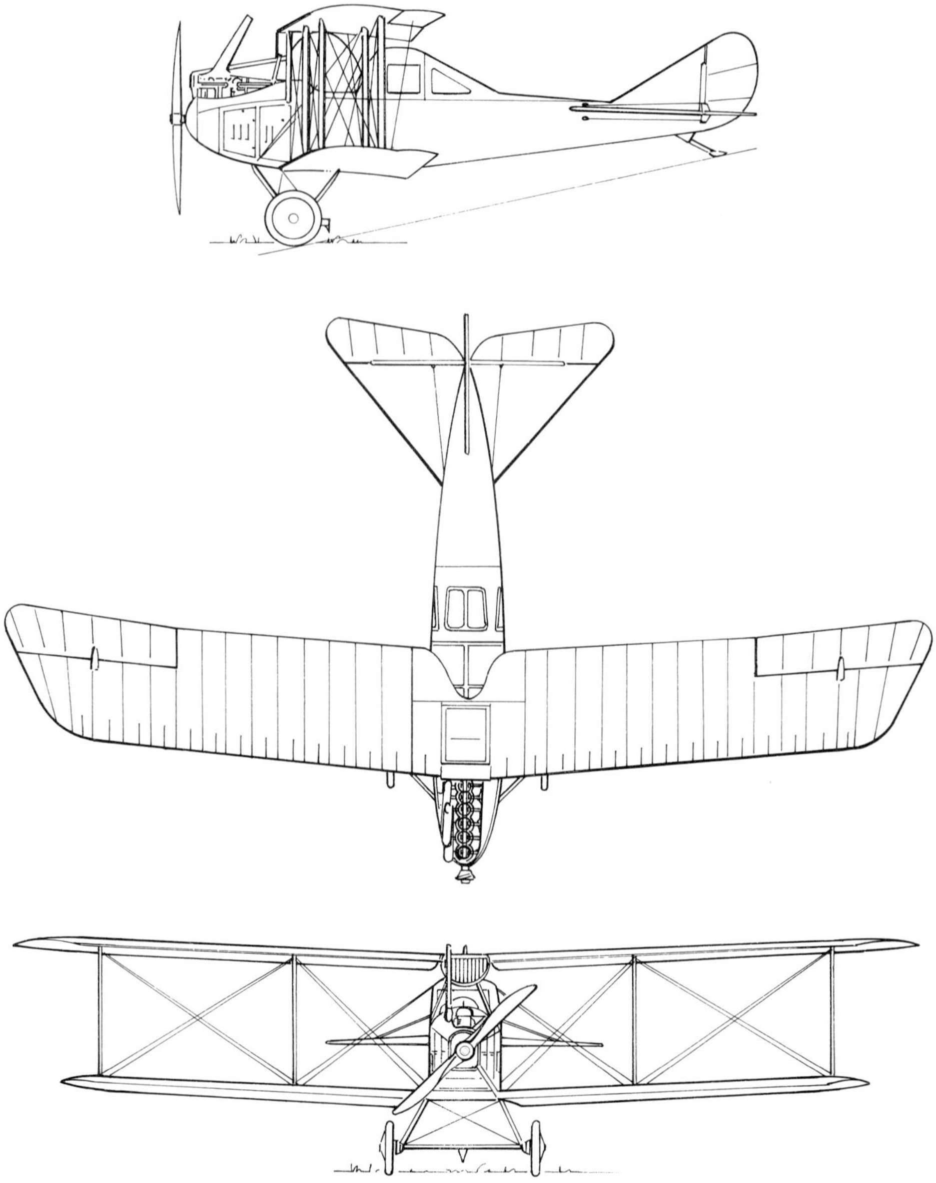

»Das Flugzeug zeichnete sich durch gute Flugeigenschaften aus und war leicht zu fliegen. Es war einfach im Aufbau und unkompliziert. Für die spätere Verwendung im Luftverkehr war nur die kurze Laufzeit der Motoren von kaum 150 Stunden von Nachteil. Dies betraf aber alle damals mit Kriegsmotoren ausgerüsteten Flugzeuge. Die Flugvorbereitung mit diesen alten Maschinen ging damals nicht so schnell vonstatten wie bei den Flugzeugen der heutigen General Aviation. Man brauchte einen Monteur und Bremsklötze, denn Bremsen gab es noch nicht. Gashebel und Zusatzluft wurden vor dem Anlassen geschlossen, die Zündung auf Spätzündung und der Magnet auf aus oder 0 gestellt. Wenn, wie bei der Ru C I, kein Falltank vorhanden war, pumpte man mit Hilfe einer Druckpumpe den Benzindruck auf 0,25 at. Danach öffnete man den Benzinhahn und gab dem Mechaniker durch den Ruf ›aus‹ das Zeichen zum Durchdrehen der Luftschraube. Nach dem Ruf ›frei‹ stellte man den Magnetschalter auf 1 + 2 und drehte mit einer Handkurbel rasch den

Anlaß-Magneten durch ein Hochspannungsgerät, das Zündfunken im Zylinder erzeugte, was den Motor zum Anspringen brachte.
Im Winter war das Anlassen geradezu eine Qual, wenn die Motoren wegen des zäh gewordenen Öls nicht anspringen wollten. Lief der Motor, so benötigte er 10 bis 15 Minuten Zeit zum Warmwerden. Dann galt es abzubremsen, der Mechaniker nahm danach die Bremsklötze weg. Heute läßt sich dies alles durch das Bedienen einiger Knöpfe oder Hebel durch den Piloten vom Führersitz aus leicht und schnell bewerkstelligen.
Die Maschine faßte 240 l Benzin, ausreichend für etwa vier Stunden Flugzeit. Als ich die Ru C I später bei der Danziger Luftpost flog, gab es für die Fluggäste noch keine Kabine. Die Passagiere nahmen im offenen Sitz Platz, eingehüllt in Pelzkombinationen und Hauben mit Brillen. Bei stärkerem Wind liefen zwei Monteure an den Flächenenden mit, um ein vorzeitiges Eindrehen der Maschine in den Wind zu verhindern. Die Koffer der Passagiere verstauten wir auf den Tragflächen und verzurrten sie am Rumpf.
Je nach Wetterlage und Temperatur flogen wir damals zwischen 800 und 2000 m Höhe. Navigiert wurde nur nach Straßen, Eisenbahnen, Flüssen und sonstigen markanten Punkten im Gelände. Dieses Verfahren war einfach und zuverlässig, besonders, wenn man oft die gleiche Strecke flog.
Die Rollstrecke beim Start war bei diesem alten Vogel mit geringer Flächenbelastung im Vergleich zu heute sehr kurz. Sie lag bei 150 m und die Landerollstrecke bei nur 100 bis 150 m. Wegen dieser kurzen Landestrecken und trotz fehlender Bremsen verliefen die vielen Notlandungen, die wir damals wegen der Motorendefekte oder wegen plötzlicher Wetterverschlechterung machen mußten, fast immer glimpflich. In den meisten Fällen konnten wir auch von den Notlandestellen aus wieder starten.
Die Flugplätze waren damals ganz anders angelegt als heute. Wer heute einen Oldtimer aus jener Zeit fliegt, weiß, wie empfindlich diese Flugzeuge gegen Seitenwind sind. Bei starkem Seitenwind sind sie auf einer schmalen Piste kaum zu halten, sie drehen einfach in den Wind. Besser wird es, wenn gute Bremsen vorhanden sind, aber die kannten wir damals ja gar nicht. Die Flugplätze hatten meist einen runden oder ovalen Umriß; in der Mitte befand sich ein Rauchfeuer, das dem Piloten die Windrichtung anzeigte.
Die Reisegeschwindigkeit der Ru C I lag bei 140 km/h. Beim Landen schwebte man mit 120 km/h an, und mit 80 km/h setzte sich das Flugzeug mit durchgezogenem Knüppel auf den Boden und rollte noch 100 bis 150 m.
Die Deutsche Lufthansa übernahm später bei der Fusion mehrere Ru C I, so die D-103 und D-108. Mit einer dieser Maschinen feierte ich als Pilot der DLH später Wiedersehen.«

Ru 5 A 2: Mehr Komfort für die Passagiere

Rumpler überdachte 1920 die beiden hinteren Sitze einer Ru C I und wandelte den Raum in eine Kabine mit gepolsterten Sitzen und großen Fenstern um. Diese Ausführung erhielt die interne Bezeichnung Ru 5 A 2. Die Reisenden saßen nebeneinander und hatten eine Sprechverbindung zum Piloten.

Ru C IV: leistungsfähig, aber im Luftverkehr wenig gefragt

Der Ru C I folgte im Krieg die Ru C III, die aber ein Prototyp blieb. Die Ru C IV (1917) dagegen wurde dank des starken Mercedes D IVa mit 202 kW (275 PS) ein leistungsfähiges Flugzeug, das sehr gut stieg und Höhen von mehr als 6000 m erreichte. Es wurde wieder in größerer Stückzahl gebaut. Die Maschine glich im wesentlichen der Ru C I, doch der zweistielig verspannte Doppeldecker war ein elegant ausse-

Ru C IV, ein äußerst leistungsfähiges Flugzeug, bei den Passagieren aber wenig gefragt, denn sie legten wenig Wert auf Frieren bei hoher Geschwindigkeit oder durch schnelles Steigen in große Höhen.

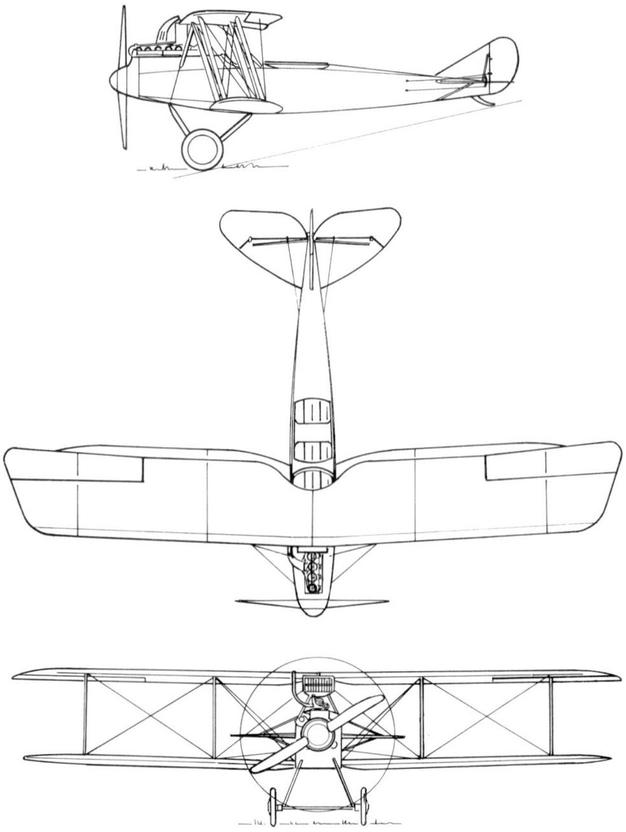

Ru C IV mit 191 kW(260 PS)-Mercedes D IVa-Motor.

Hersteller		Rumpler	Rumpler
Muster		Ru C I (Ru 5 A 2)	Ru C IV
Triebwerk		Benz Bz III	Mercedes D IVa
Leistung	kW	121	191
	PS	165	260
Besatzung (+ Reisende)		1 + 2	1 + 2
Länge	m	7,85	8,40
Höhe	m	3,05	3,25
Spannweite	m	12,15	12,65
Flügelfläche	m^2	35,70	33,50
Rüstmasse	kg	793	1 010
Kraftstoff	kg	173	210
Schmierstoff	kg	15	20
Besatzung	kg	80	80
Nutzmasse	kg	272	210
Zuladung	kg	540	520
Startmasse	kg	1 333	1 530
Flächenbelastung	kg/m^2	37,34	45,67
Masse – Leistungsverhältnis	kg/kW	11,02	8,01
	kg/PS	8,08	5,88
	kW/m^2	3,39	5,70
	PS/m^2	4,62	7,76
Verbrauch	kg/h	30,00	46,00
Höchstgeschwindigkeit	km/h	150	175
in Höhe	m	0	500
Reisegeschwindigkeit	km/h	140	165
in Höhe	m	0	500
Steiggeschwindigkeit	m/s	2,00	4,50
Dienstgipfelhöhe	m	4 880	6 400
Reichweite	km	700	750
max. Flugzeit	h	5	4,50
Startrollstrecke	m	150	120
Landerollstrecke	m	150	150
Landegeschwindigkeit	km/h	80	85
Zuladung in % von der Flugmasse		40	40
Zahlende Nutzlast in % von der Flugmasse		20	14
Baujahr		1915	1917

hendes, aerodynamisch gründlich überarbeitetes Flugzeug. Das Triebwerk hatte man durch Bleche sorgfältig halb verkleidet, ebenso die Luftschraubennabe, die Fahrwerkstreben und Stiele. Der Rumpf wies eine gefällige, abgerundete Form auf.

Der Rumpler Luftverkehr setzte nur eine Ru C IV mit dem Kennzeichen D-72 auf der Strecke Augsburg – Berlin und Berlin – Leipzig ein. Dieses Flugzeug wurde später von der Deutschen Luftreederei erworben. Wahrscheinlich fand nur dieses eine Exemplar eine zivile Verwendung, denn die Qualitäten dieses Flugzeuges waren im Luftverkehr wenig gefragt. Die Passagiere legten gar keinen Wert darauf, in großer Höhe jammervoll zu frieren. Auch die große Reichweite nutzte bei den damaligen Strecken mit häufigen Zwischenlandungen nicht viel. Hinzu kam der hohe Kraftstoffverbrauch des äußerst starken Motors. Folglich war das leistungsfähige Flugzeug mehr ein Paradestück, fand aber kaum praktische Verwendung im Luftverkehr.

Zwei Ru C IV überlebten den Zweiten Weltkrieg. Eine davon befindet sich im Depot des belgischen Musée de l'Armée et d'Histoire Militaire in Brüssel. Eine zweite Maschine, die das Kriegsende in der Deutschen Luftfahrtsammlung in Berlin-Lichterfelde überstand, wurde 1977 von MBB restauriert und ist ein Prachtstück des Deutschen Museums.

Sablatnig Flugzeugbau: Ein Unternehmer als Flugzeugkonstrukteur und Testpilot

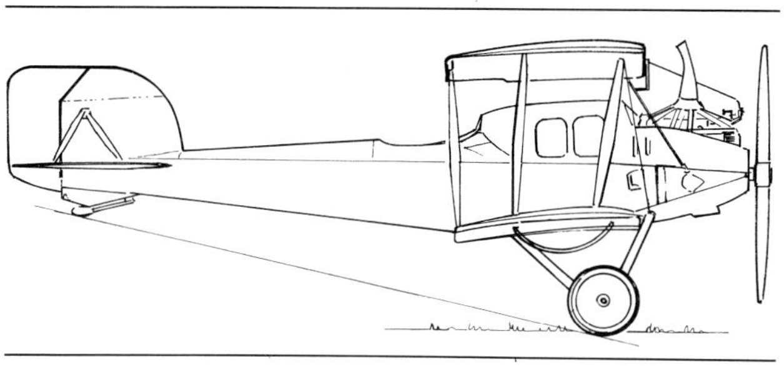
Seitenansicht Sab P I.

Dr. phil. Josef Sablatnig hatte während des Krieges ein Flugzeugwerk gegründet und für die Marine Seeflugzeuge auf Schwimmern gebaut. Zu den letzten militärischen Konstruktionen gehörte ein Nachtbomber N 1, der in etwa 50 Exemplaren gebaut worden war.
Sablatnig hatte sich schon während des Krieges Gedanken über die Möglichkeiten eines späteren Luftverkehrs gemacht. Nach gründlichen Überlegungen kamen Sablatnig und sein Chefkonstrukteur, Dr.-Ing. Hans Seehase, übereinstimmend zu der Ansicht, das zukünftige Verkehrsflugzeug müsse eine Art fliegendes Auto werden – gerade so aufwendig, daß es den Bedürfnissen der Passagiere entgegen kam, andererseits aber mit den vorhandenen Mitteln gebaut werden konnte.

Sab P I, viersitziger Kabinen-Doppeldecker

An eine Neukonstruktion war zunächst nicht zu denken. Der Nachtbomber Sab N 1 Bz aber mit seinem großen Rumpf und dem starken, zuverlässigen Triebwerk schien für die neue Aufgabe geeignet zu sein. Sablatnig und Seehase zögerten nicht lange und machten sich am 15. November 1918[53] an die Arbeit. Der Raum über dem bisherigen Führersitz und Teile des Beobachtersitzes der N 1 wurden überdacht und mit Fenstern ausgestattet. Damit entstand eine geschlossene Kabine für vier Reisende mit elektrischem Licht, Heizung und klappbaren Tischchen. Eine Seite war aufklappbar, um den Einstieg zu erleichtern. Zwar zog es ein wenig in der Kabine, die Haube klapperte auch etwas, doch man saß geschützt und war nicht den Unbilden des Wetters ausgesetzt. Der Führer der P I, wie das Flugzeug genannt wurde, saß hinter der Kabine im Freien, so wie die Piloten es zu jener Zeit bevorzugten. Eine Haube war gut für Passagiere, aber nichts für Piloten!
Die Hauptlast mit der Passagierkabine lag bei dem zweistielig verspannten Doppeldecker im Schwerpunkt, so daß die Zelle so gut wie unverändert bleiben konnte. Im Dezember 1918 war der Umbau beendet, und im Januar 1919, zwei Monate nach Kriegsende, präsentierte der Sablatnig Flugzeugbau mit der Sab P I eines der ersten für den Luftverkehr geeigneten Flugzeuge. Die P I mit vier Reisenden in der Kabine war den meisten damals umgebauten Kriegsflugzeugen, die bestenfalls ein bis zwei Personen aufnehmen konnten, überlegen. Geringe Landegeschwindigkeit und hohe Stabilität – im Krieg wichtige Forderungen der Idflieg an den Nachtbomber – kamen dem Umbau P I jetzt im Luftverkehr zugute.

Aus dem Nachtbomber Sab N 1 entstand durch Umbauten ein Verkehrsflugzeug für drei bis vier Reisende mit der Bezeichnung P I mit dem Sablatnig, selbst am Steuer sitzend, am 11. Mai 1919 seine ersten Auslandsflüge von Berlin über Warnemünde nach Kopenhagen und Stockholm unternahm.

Kabine der Sab P I mit aufklappbarem Einstieg für vier Personen.

Sportflugzeug KE 1 mit 15 kW (20 PS) RAW-Motor, das neben den Verkehrsflugzeugen P I und P III von Sablatnig 1919 gebaut und geflogen wurde.

Sab P III, das fliegende Auto

Sablatnig blieben die Nachteile dieser Behelfslösung nicht verborgen. Er nahm sich deshalb mit Seehase vor, auf der Basis der bisherigen Erfahrungen ein neues, speziell für den Luftverkehr ausgelegtes Flugzeug zu bauen, das allen Anforderungen an ein Verkehrsmittel gerecht werden sollte. Bei dem ersten Projekt P II vom 20. März 1919, das noch ein Doppeldecker war, saß der Pilot vorn hinter dem Motor, die Reisenden fanden hinter dem Piloten Platz. Bei einem Gegenvorschlag P III rückte der Führersitz hinter die Kabine; der Motor wurde höher gesetzt, um ausreichenden Platz für die Kabine zu schaffen. Dieser Entwurf war als Eindecker ausgelegt. Schwierigkeiten bereitete damals die Beschaffung von Motoren. Vorgesehen war der Maybach Mb IVa, vorhanden aber war zu Beginn vom Nachtbomber her nur der Benz Bz IV.

Am 6. Juni 1919 wurde das Flugzeug im Betrieb als flugklar gemeldet[54]. Um diese Zeit müssen mit dem Flugzeug Werkstatt- und Platzflüge ausgeführt worden sein, denn am 9. Juli baute man einen neuen Motor ein und nahm Änderungen am Vorbau und am Kühler vor. Wenn diese Werkangaben zutreffen, wäre das Flugzeug kurz vor der Junkers F 13 (Erstflug 25. Juni 1919 und Zulassung am 18. Juli 1919) geflogen.
Auch ein Brief von Sablatnigs Bruder Fritz an die Witwe des Chefkonstrukteurs, Charlotte Seehase-Grüber, vom 30. März 1982 spricht von Flügen der P III im Juni 1919:

»Am 1. Juli 1919 rief mich mein Bruder anläßlich meines Geburtstages an (daher das genaue Datum), bei welcher Gelegenheit er mir auch berichtete, daß die neue Maschine bereits fertiggestellt sei und zur vollen Zufriedenheit fliege. Ausgerüstet sei sie mit einem 200 PS-Benz-Motor, doch würde es möglich sein, weitere Maschinen mit einem

Prototyp der Sab P III während der Flugerprobung über dem Werksgelände im Jahr 1919.

Eine Sab P III mit einem Maybach Mb IVa-Motor. Bequemes Einsteigen in die Kabine. Über dem Baldachin der Kraftstofftank.

260 PS-Maybach auszurüsten, was die Erhöhung der Spitzengeschwindigkeit auf etwa 180 km/h zuließe und für einen regelmäßigen Luftverkehr sehr vorteilhaft wäre.«

Am 7. August 1919 wurde die P III bei der DVL vorgestellt, die – laut Werkunterlagen – keine Bedenken gegen eine Zulassung hatte[55]. Bei dieser Zulassung aber gibt es Unstimmigkeiten: Die F 13 wurde laut Luftfahrzeugrolle im Jahre 1919 zugelassen; die P III »Hornisse« D-2 dagegen erst viel später mit Baujahr 1921. Es ist möglich, daß es sich hier um eine Zweitbelegung in der Luftfahrzeugrolle handelt.

In den Fragmenten der Werkunterlagen wird von zahlreichen Flügen des Flugzeuges im Jahre 1920 gesprochen: von Probeflügen des Piloten Limbach, von einem Testflug am 24. Juni 1920 durch Sablatnig, von Probeflügen für Lichtbildaufnahmen, von Vermessungsflügen in Holland, sogar von Flügen nach Italien. Zwei P III flogen angeblich unter dem Kennzeichen D-50 Mitte 1921 zur Messe in Leipzig; eine Maschine wurde von dem Vorkriegsflieger Paul Wenig gesteuert[56]. Es bleibt ungeklärt, warum erst eine P III des Baujahres 1921 unter dem Kennzeichen D-2 zugelassen worden sein soll[57]

Die Ilük bescheinigte Sablatnig, in der Zeit vom 10. Januar 1920 bis Februar 1922 nicht weniger als 17 P III unerlaubt gebaut zu haben, hatte andererseits aber im September 1920 die Sablatnig-Flugzeuge als »zivile Typen« anerkannt. Aus allen diesen Ungereimtheiten ist kein folgerichtiger Schluß über eine Zulassung der P III vor Ende 1919/Anfang 1920 zu ziehen.

Die P III war ein durch zwei Streben abgefangener Hochdecker in Gemischtbauweise, hatte eine geschlossene Kabine für sechs Reisende mit bequemem Einstieg und dem Komfort eines teueren Automobils. Hinter der mit Holz und Polsterung sorgfältig verkleideten Kabine befanden sich zwei offene Sitze für den Piloten und für einen Navigator oder Monteur. Durch vier Schiebefenster hatten die Fluggäste eine ungehinderte Sicht nach unten.

Als Triebwerk diente entweder ein 169 kW (230 PS) leistender Benz Bz IV-Motor oder ein 191 kW (260 PS)-Maybach-Motor Mb IVa; später wurde aber durchweg der englische Armstrong Siddeley Puma mit 190 kW (258 PS) verwendet. In einige Maschinen sind auch Junkers L 2 und BMW IV eingebaut worden. Eine Ausführung P III RA war für militärische Aufgaben vorgesehen, kam aber über das Projektstadium nicht hinaus. Bei einer für Estland bestimmten P III wurde das Fahrwerk gegen ein Gestell mit Schneekufen ausgetauscht; dieses Flugzeug erhielt die Bezeichnung P III Ski.

Der Kraftstofftank der P III faßte 486 l (350 kg) und befand sich im Flügelmittelstück, so daß Passagierkabine und Kraftstoff im Schwerpunkt lagen. Der Kraftstoffverbrauch betrug etwa 51 kg/h, was bei Auslastung mit fünf Passagieren einer Flugdauer von etwa sechs Stunden und bei 150 km/h Reisegeschwindigkeit einer Reichweite von 900 km ohne Reserven entsprach. Der Kühler war bei einigen Mustern zwischen der Vorderkante des Tragflügels und dem Rumpf angeordnet, bei anderen Ausführungen wieder als Stirnkühler vor dem Motor eingebaut. Der Rumpf war aus Holzspanten gefertigt und mit Sperrholz beplankt; die Holme und Rippen des Tragflügels bestanden aus Holz und waren stoffbespannt.

Gleich anderen Flugzeugkonstrukteuren legte auch Seehase großen Wert auf eine schnelle Demontierbarkeit des Flugzeuges und auf die Möglichkeit, es in einem mitgeführten Zelt (40 kg) unterzubringen. Zur Verladung etwa in

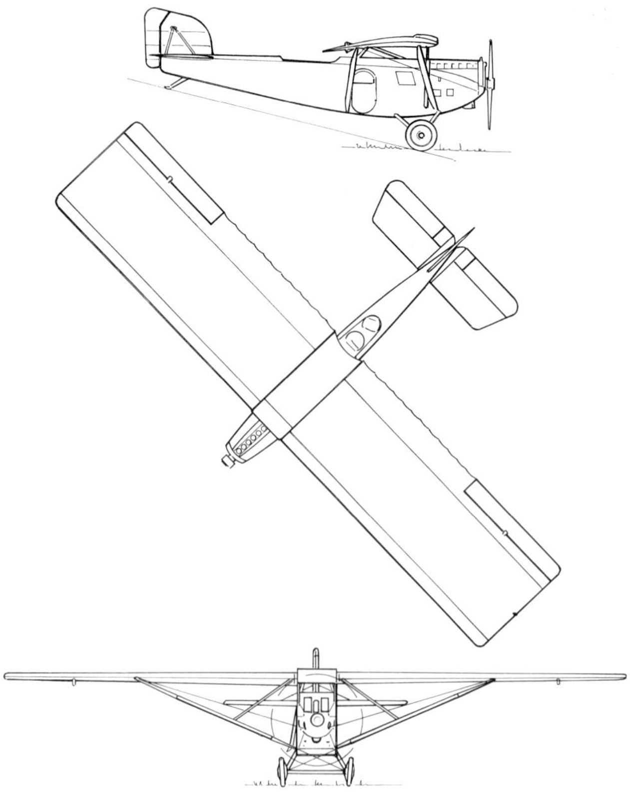

Sab P III, Drei-Seiten-Ansicht.

einen Eisenbahnwaggon konnte der Flügel der P III seitlich entlang des Rumpfes aufgehängt und das Leitwerk hochgeklappt werden.

Ohne Zweifel haben Sablatnig und Seehase mit der P III ein für die damalige Zeit sehr gutes Verkehrsflugzeug geschaffen, das mit seiner hohen Zuladung von 38 Prozent und einer zahlenden Nutzlast von 17 Prozent durchaus in Konkurrenz zur Junkers F 13 treten konnte. Dank der geringen Flächenbelastung und der kurzen Start- und Lande-Rollstrecken konnte das Flugzeug auch von kleinen Plätzen aus operieren.

Absatzchancen für die P III ergaben sich 1919 in Dänemark und in Brasilien. Sablatnig schickte seinen Bruder Fritz nach Südamerika; die Gespräche ließen sich gut an, und so schien es durchaus vertretbar, in den Serienanlauf der P III zu investieren. Hier bahnten sich Aufträge auf 20 bis 50 Maschinen an.

Ein Folgemuster der P III sollte eine Ausführung für zwei Piloten und acht Reisende sein. Als Triebwerk war auch für dieses Flugzeug der 191 kW (260 PS) leistende Maybach-Motor Mb IV vorgesehen.

Bauverbot – Ende des Flugzeugbaues?

Diesen erfolgversprechenden Bemühungen um den Absatz des Verkehrsflugzeuges setzte die Unterzeichnung des Versailler Friedensvertrages am 28. Juni 1919, der sieben Monate später, am 10. Januar 1920 in Kraft trat, ein jähes Ende. Die Siegermächte verlangten die Auslieferung oder Zerstörung aller Flugzeuge, auch der nach dem Waffenstillstand gebauten Maschinen, und legten den deutschen Firmen außerdem ein sechsmonatiges Bauverbot bis zur endgültigen Ablieferung allen Kriegsmaterials auf.

Die Dänen gaben daraufhin Sablatnig gegenüber zu erkennen, daß sie sich an die Vereinbarungen über den Aufbau eines Luftverkehrsnetzes und über die Abnahme der bestellten Flugzeuge nicht mehr gebunden fühlten, da die Verträge den Bestimmungen des Friedensvertrages zuwiderliefen. Somit käme auch eine Entschädigung nicht in Frage. Die brasilianische Regierung argumentierte in ähnlicher Weise. Überall standen nun fertige Flugzeuge herum, die auf unbestimmte Zeit keinen Abnehmer mehr fanden, die abgeliefert und zerstört werden sollten. Die Firmen zogen es allerdings meist vor, sie zu verstecken oder nachts ins Ausland zu bringen.

Sablatnig ging 1921 nach Estland und baute dort gemeinsam mit der estnischen Luftverkehrs-Gesellschaft Aeronaut ein Luftverkehrsnetz auf. Aus Flugplänen und Presseberichten[58] geht hervor, daß die Aeronaut von Mitte 1921 bis April 1923 sogar den Winter hindurch mit mehreren Flugzeugen des Typs Sab P III und einer F 13 mit Schwimmern Luftverkehr von Reval nach Riga, Stockholm und Helsingfors betrieben hat, ferner Sonderflüge, Rund- und Taxiflüge im Programm hatte. Die Waggonfabrik Dwigatel in Reval nahm 1921 in Zusammenarbeit mit Sablatnig und Aeronaut den Flugzeugbau auf und stellte die P III in Lizenz her. Insgesamt wurden zwölf Maschinen mit den Kennzeichen E-1 bis E-12 fertiggestellt.

Das Schicksal der P III

Die Firma Sablatnig wurde im Sommer 1921 von der Kontroll-Kommission aufgefordert, den Flugzeugbau sofort einzustellen. Seit dem Bauverbot hatte man ohnehin nur angefangene Maschinen fertiggestellt. Im März 1921 war ein vielversprechendes zweisitziges Sportflugzeug KE-2 zum Erstflug gestartet; eine nach einem Patent von Seehase gebaute, autogen geschweißte Stahlrohrkonstruktion mit 37 kW(50 PS)-Motor, mit der am 21. März 1921 ein Langstreckenrekord aufgestellt werden sollte. Einen Tag zuvor aber wurde die KE-2 durch einen Unfall am Boden zerstört.

Man war nunmehr gezwungen, sich auf Handelsgeschäfte zu verlegen, eine Tätigkeit, die Dr. Sablatnig gar nicht zusagte – eher schon seinem Bankier Molling. Das Unternehmen war zudem ganz auf den Flugzeugbau eingestellt, und eine Umstellung auf andere Produkte hätte erneut erheblicher

I. Im Luftverkehr ab 1921 zugelassene Flugzeuge des Typs Sablatnig P III

Zulassung	Werknummer	Jahr	Motor	Eigentümer/Halter
D- 2	386 Hornisse	1921	Puma	DLR, 1926 an Lufthansa, 1932 ausgeschlachtet
D- 50	258	1921	Benz Bz IV	Lloyd-Luftverkehr Sablatnig, 1923 DAL, 1924–26 Norddt. L.G.
D-143	152 Biene	1923	Puma	Lloyd-Luftverkehr Sablatnig, DAL, 29. 9. 1926 an Lufthansa
D-156	273 E-5*	1923	Benz Bz IV	Estland gebaut
D-166		1923	Maybach Mb IV	
D-167		1923	Maybach Mb IV	
D-171	262 Hummel	1921/22	Maybach Mb IV	24. 5. 1922 an Luftverkehr Sablatnig zurück, später m. Sidd. Puma, 1924 Lloyd-Luftverkehr Sablatnig, DAL, 1926 an Lufthansa, am 21. 4. 1927 verunglückt
D-395	266 Wespe	1924	Puma	DAL, 1926 Lufthansa, fliegt seit 1919, 1928 Zulassung zurückgezogen
D-415	265	1922	Maybach Mb IV	17. 7. 1922 DVS Staaken
D-451	268 Fliege	1922	Puma/L 2	Zulassung 13. 7. 1922, später Lufthansa, Ölag A 52
D-453		1924	Maybach Mb IV	
D-577	274		Maybach Mb IVa	15. 5. 1926 Luftreederei Weißer Stern, Berlin
D-581	E-10* Libelle	1921	BMW IV	in Reval gebaut, Rep. 13. 7. 1922, 1926 an Lufthansa/Ölag A 54. März 1932 Zulassung zurückgezogen
D-727	269	1921/22	Puma	14. 2. 1922 neues Göttg. Profil, Rep. 18. 6. 1922, Aero-Lloyd, 1926 an Lufthansa, 7. 8. 1926 abgestürzt in Tempelhof
D-730	268 früher D-451	1922	Puma	1925 Aero-Lloyd in Staaken, 1926 an Lufthansa, Ölag A 52
D-770	270 Mücke	1921/22	Puma	16. 2. 1926 an Aero-Lloyd, 1926 an Lufthansa, März 1932 zerlegt
D-962	E-11* Moskito	1923	BMW IV	am 30. 6. 1926 an Lufthansa, 1924 an Junkers, Abnahme 5. 1925, getauscht, Kaskoschaden 23. 9. 1927
D-984	E-8* Ameise	1923	Puma	2. 9. 1926 an Lufthansa, Kaskoschaden 30. 7. 1927

* E-Flugzeuge sind bei Dwigatel in Estland gebaute Flugzeuge

II. In Estland bei Dwigatel gebaute P III

Zulassung	Baujahr	Halter
E- 1	1922/23	Aeronaut
E- 2	1922/23	Aeronaut
E- 3	1922/23	Aeronaut
E- 4	1922/23	Aeronaut
E- 5 (D-156)	1922/23	Aeronaut
E- 6	1923	Aeronaut
E- 7	1922	Aeronaut
E- 8 (D-984)	1922/23	Aeronaut, 1926 an Lufthansa
E- 9	1922/23	Aeronaut, Werk-Nr. 273
E-10 (D-581) Libelle	1922	1926 Lufthansa / Ölag A 54
E-11 (D-962) Moskito		30. 6. 1926 an Lufthansa, Werk-Nr. 271
E-12	1923	1924 Junkers, 30. 6. 1926 Lufthansa

III. Werknummern von P I- oder P III-Flugzeugen ohne D-Nummern

Zulassung	Werknummer	Jahr	Motor	Eigentümer/Halter
D-	226	1922		1926 Aero-Lloyd
D-	227			1926 Aero-Lloyd
D-	228			1926 Aero-Lloyd
D-				3 Stück an Luftbildges. Holland verkauft, 10. 6. 1924
D-	272			14. 7. 1925 an Aero-Lloyd
D-	274			7. 5. 1925 bei Sablatnig
D-	275			29. 7. 1924 an Aero-Lloyd
CH-54	Schweiz	1921	Mayb. Mb IV	1921 Comte & Mittelholzer, 1922–29 Schweiz. Militär lt. Swissair bis 1929 unversehrt geflogen

Sab P III gehörte mit dem Fokker F II, der Junkers F 13 und der Hawa F 10 zu den ersten im Jahr 1919 neu hergestellten Verkehrsflugzeugen mit Kabine.

finanzieller Mittel bedurft. Sablatnig, der sich immer nur so lange einer Sache verschrieb, wie sie Erfolg brachte, und dem das zähe Durchhalten nicht lag, schied daher im Dezember 1922 aus dem Unternehmen aus, beließ ihm aber seinen Namen. Sein Finanzier Molling führte die Firma weiter und verkaufte nach Aufhebung des Bauverbotes die fertigen P III, die anscheinend zeitweise versteckt worden waren. Allein von der Sowjetunion lagen Aufträge über fünf Maschinen vor.
Insgesamt wurden 17 Flugzeuge des Typs P III in die deutsche Luftfahrzeugrolle eingetragen, andere aber auch ins Ausland verkauft. Eine Schätzung von Fritz Sablatnig dürfte deshalb stimmen, nach der etwa 30 bis 40 Maschinen gebaut worden sind (siehe Tabelle »Ab 1921 zugelassene P III« ff.).
Die Lufthansa übernahm 1926 vier Sablatnig P III vom Junkers Luftverkehr und sechs P III vom Deutschen Aero-Lloyd.

Noch 1928 beflog die DLH mit der P III die Strecke München – Regensburg – Nürnberg. Ansonsten wurden die Maschinen meist für den Taxidienst und für Sonderaufgaben verwendet. 1928 flogen sie rund 46 600 km, das waren 0,5 Prozent der Jahresleistung der DLH-Flugzeuge. 1929 wurden die Maschinen als Reserve-Flugzeuge geparkt und später zerlegt.

Ein braves Arbeitspferd mit guten Flugeigenschaften

Über die Flugeigenschaften des Flugzeuges liegt ein Bericht von Flupkapitän Wiskandt vor, der die in Estland bei Dwigatel gebauten Flugzeuge bei der estländischen Luftverkehrs-Gesellschaft Aeronaut geflogen hatte:

Sab P III mit der Werknummer 266 mit Siddeley Puma-Motor. Wahrscheinlich ist das Flugzeug in Estland von Dwigatel gebaut worden. Diese Nachbauten hatten Querruder mit Hornausgleich.

»Die estländischen P III unterschieden sich von den bei Sablatnig hergestellten Maschinen durch einen Hornausgleich an den Querrudern. Die Maschine hatte gute Flugeigenschaften, kurze Startrollstrecken von vielleicht 170 bis 200 m und einen kurzen Auslauf. Der Pilot saß hinter der Kabine in einem großen offenen Sitz, der bequemen Platz für einen zweiten Mann bot. Durch ein Fenster konnte man mit den Passagieren in der Kabine sprechen. Beim Start und beim Landen war die Sicht nach vorne gleich null. Man sah nur etwas, wenn man sich herauslehnte und am Rumpf vorbei sah. Aber das waren ja nur Sekunden. In dem Augenblick, wo der Schwanz hochging, war der Horizont durch das Tragdeck gut zu sehen und die Sicht ebenfalls gut. Neben der F 13, die ich viel geflogen hatte, war dieses erste Kabinenflugzeug eigenstabil und hatte sogar schon eine Vorrichtung zum Trimmen und Bremsen. Im Führersitz gab es ein Kabel, das man hin- und herschieben und einrasten konnte. Damit ließ sich eine Klappe am Rumpfende bewegen, die zum Trimmen und Bremsen diente. Das Flugzeug hatte mit 900 km eine gute Reichweite und erzielte 150 km/h Reisegeschwindigkeit. Einige Jahre später, als ich schon lange bei der Lufthansa war, erhielt ich den Auftrag, mit einer P III Zeitungsdienste von Leipzig nach Berlin zu fliegen. Die Maschinen wurden damals von dem Ullstein-Verlag in Berlin gechartert, aber von der Lufthansa gewartet. Diese stellte auch die Piloten. Das Flugzeug war ein braves Arbeitspferd und wurde mit Erfolg für Taxiflüge und Sonderdienste anfangs auch im Streckenverkehr bei der Lufthansa eingesetzt.«

Dipl.-Ing. Evert, der mit Dipl.-Ing. Grulich im Februar 1925 die Werft in Staaken bei Berlin betreute, beurteilt die P III, was die Wartung angeht und die damit verbundenen Kosten, als ebenbürtig mit der Junkers F 13 und den Fokker F II und F III.

Vom Flugzeug- zum Motorenbauer

Nach dem Ausscheiden aus seiner Firma wandte sich Dr. phil. Josef Sablatnig dem Automobilbau zu und konstruierte unter Berücksichtigung der im Flugzeugbau gewonnenen Erfahrungen einen neuen Autotyp. Später baute er kleine Motoren für landwirtschaftliche Aufgaben. 1937 entwickelte er einen 15 kW(20 PS)-Flugmotor für Motorsegler und begann mit dem Bau luftgekühlter Außenbordmotoren für Boote. Er bot diese Motoren der Heeresverwaltung an, die aber zunächst wassergekühlten Motoren den Vorzug gab. Später bat sie ihn dringend, den Bau luftgekühlter Außenbordmotoren für das Heer wieder aufzunehmen. Sablatnig sah darin eine neue Aufgabe und akzeptierte.
Das Versuchsgelände für den neuen luftgekühlten Motor in Berlin war von der SS bewacht worden. Ein Denunziant gab deshalb nach dem Krieg wahrscheinlich an, Sablatnig sei bei der SS tätig gewesen. Eines Tages holte ihn der sowjetische Geheimdienst ab, und seitdem ist Sablatnig spurlos verschwunden. Er soll in sowjetischer Untersuchungshaft gestorben sein.

Flugzeuge des Sablatnig-Luftverkehrs

Hersteller		Sablatnig	Sablatnig
Muster		P I (N 1)	P III Mb
Triebwerk		Benz Bz IV	Maybach Mb IV a
Leistung	kW	169	191
	PS	230	260
Besatzung (+ Reisende)		1 + 4	1 + 5–6
Länge	m	8,70	8,94
Höhe	m	3,20	3,25
Spannweite	m	16,00	16,00
Flügelfläche	m^2	54,80	47,00
Rüstmasse	kg	1 180	1 400
Kraftstoff	kg	219	350
Schmierstoff	kg	30	30
Besatzung	kg	80	80
Nutzmasse	kg	351	390
Zuladung	kg	680	850
Startmasse	kg	1 860	2 250
Flächenbelastung	kg/m^2	33,94	47,87
Masse – Leistungsverhältnis	kg/kW	11,00	11,78
	kg/PS	8,09	8,65
	kW/m^2	3,08	4,06
	PS/m^2	4,20	5,58
Verbrauch	kg/h	46,00	51,00
Höchstgeschwindigkeit	km/h	135	170
in Höhe	m	0	0
Reisegeschwindigkeit	km/h	125	150
in Höhe	m	0	0
Steiggeschwindigkeit	m/s	2,00	2,00
Dienstgipfelhöhe	m	4 700	3 800[1]
Reichweite	km	625	900
max. Flugzeit	h	5	6
Startrollstrecke	m		165
Landerollstrecke	m		135
Landegeschwindigkeit	km/h	80	80
Zuladung in % von der Flugmasse		37	38
Zahlende Nutzlast in % von der Flugmasse		15	17
Baujahr		1918	1919

[1] auf 5400 m in 80 min bei 2100 kg Abflugmasse

Ernst Udet als Flugzeugführer des Rumpler Luftverkehrs mit Frau und Eltern vor einer Rumpler C I.

Udet Flugzeugbau – Vom Klein- zum viermotorigen Verkehrsflugzeug

Ernst Udet, einer der erfolgreichsten Jagdflieger des Ersten Weltkrieges, blieb nach dem Krieg seinem Metier treu und betätigte sich als Schau-, Kunst- und Verkehrsflieger und Motorrad-Rennfahrer. Ende 1921 traf er durch Zufall in München Heinz Pohl, einen alten Bekannten, der ihm vorschlug, eine Firma zum Bau von Sportflugzeugen zu gründen. Er denke an einfache, preiswerte Flugzeuge mit guten Flugeigenschaften, für die es drei Jahre nach dem Krieg wieder einen Bedarf gäbe. Udet sei der rechte Mann, um die Flugzeuge einzufliegen, man brauche nur noch einen erfahrenen Konstrukteur. Die notwendigen finanziellen Mittel wollte Heinz Pohl im Einvernehmen mit seinem Bruder Wilhelm aufbringen, der es in den USA zu Geld gebracht hätte.
Udet war begeistert. Er mietete eine kleine Werkstatt in der Nähe von Oberwiesenfeld und fand in Dipl.-Ing. Hans Herrmann den rechten Konstrukteur für die neue Aufgabe. Herrmann war auch ein erfahrener Pilot und verstand es zudem, Alfred Richard Weyl als Berater für die neue Aufgabe zu gewinnen. Weyl war Mitarbeiter der Deutschen Versuchsanstalt für Luftfahrt (DVL) und vor dem Krieg als Pilot durch Dauerflüge über sechs bis zehn Stunden bekannt geworden. Er übernahm die Festigkeitsrechnungen für die U 1.
Wenige Wochen später begann unter strengster Geheimhaltung der Bau des ersten Flugzeuges. Noch galt das absolute Bauverbot der Alliierten. Als über die ungewöhnlichen Arbeiten in der Werkstatt etwas ruchbar wurde, zog Udet mit dem ganzen Inventar in finsterer Nacht, mit halbfertigem Flugzeug auf einem Pferdewagen zu seinem alten Freund Erich Scheuermann, dem früheren Leiter der Bayerischen Flugzeugwerke, der zu jener Zeit weit draußen in Ramersdorf Hühnerställe und Bienenkörbe baute. Dort würde niemand so schnell eine Flugzeugbau-Werkstatt vermuten. Das Bauverbot fiel im Mai 1922. Wenige Wochen später startete Udet mit der U 1, einem kleinen, einsitzigen Tiefdecker aus Holz mit 26 kW(30 PS)-Haacke-Motor zum ersten Flug (21. Juni 1922). »In der Luft wie ein Fokker D VII und beim Landen wie eine Albatros B I« lautete sein Urteil!
Kurze Zeit später, am 23. Oktober 1922, wurde in München die Firma »Udet Flugzeugbau GmbH« mit 100 000 Mark Kapital gegründet. Teilhaber waren Ernst Udet, Heinz Pohl, Dipl.-Ing. Herrmann und Dipl.-Ing. Erich Scheuermann, der Besitzer der Werkstatt. Um dem Bedarf an einem zweisitzigen Flugzeug abzuhelfen, in dem ehemalige Piloten zur Übung am Doppelsteuer fliegen konnten, baute Herrmann eine zweisitzige Ausführung U 2, die Ende des Jahres fertig wurde. Es war das gleiche Flugzeug mit gleichem Motor, für zwei Personen ausgelegt, ein wenig untermotorisiert, aber ausreichend für den zugedachten Zweck.

Udet U 5 mit Siemens Sh 6 mit 52 kW(70 PS) mit oben noch offener Kabine.

U 5, Prototyp eines Klein-Verkehrsflugzeuges

Udet war zu einem Flugzeugrennen nach Argentinien geladen worden, zu dem er ein einsitziges Rennflugzeug U 3 mitnahm. Transport und Aufenthalt hatten viel Geld gekostet. Anfang 1924 entstand dann der Prototyp für ein Verkehrsflugzeug U 5, das als Kleinverkehrs- und Zubringerflugzeug ausgelegt war. Herrmann konstruierte versuchsweise einen Hochdecker mit einem freitragenden Flügel hoher Streckung mit elliptischer Formgebung, der auf vier senkrechten kurzen Streben in geringer Höhe über dem Rumpf befestigt war. Durch den freien Raum zwischen Flügel und Rumpf blieb die Strömung um den Flügel nahezu ungestört. Göttinger Messungen hatten ergeben, daß der aufliegende Flügel mit Ausschnitt für den Piloten in der Flügelnase die Aerodynamik außerordentlich nachteilig beeinflußte. Der Pilot saß in der ganz aus Holz hergestellten und in der Form sehr sorgfältig durchkonstruierten U 5 gleich hinter dem 50 kW(70 PS) leistenden, luftgekühlten Siemens Sh 6-Sternmotor unter der Flügelnase. Ein Auspuffsammler sorgte für einen einwandfreien Abfluß der Abgase an der unteren rechten Rumpfseite. Die beiden Passagiere fanden unter dem Flügel in einer nach oben offenen Kabine Platz; dahinter lag ein Gepäckraum. Die U 5 blieb ein Prototyp, mit dem man Erfahrungen sammelte. Die technischen Daten waren recht ansprechend; es sind aber keine Einzelheiten bekannt geworden.

U 8, dreisitziges Klein-Verkehrsflugzeug

Nach zwei weiteren Sportflugzeugen, der zweisitzigen U 6 und dem Leichtflugzeug Kolibri U 7, wandte sich Herrmann erneut einem kleineren Verkehrsflugzeug zu. Es glich dem Vorgänger U 5. Auch der über dem Rumpf sitzende, freitragende und ungeteilte Flügel, der einen elliptischen Flügelumriß mit abnehmender Profildicke und günstiges Seitenverhältnis aufwies, wurde von der U 5 übernommen. Auf die Ende 1924 fertiggestellte U 8 lag ein Auftrag des Deutschen Aero-Lloyd vor. Die verbesserte Ausführung war mit einem stärkeren 70 kW(100 PS)-Siemens-Motor ausgerüstet und wurde durch den Deutschen Rundflug 1925 bekannt: Polte erzielte mit ihr die beste Zeit des gesamten Kurses. Außerdem gewann die U 8, auch Udet-Limousine genannt, im Otto-Lilienthal-Wettbewerb 1925 den ersten Preis mit der höchsten Geschwindigkeit und der größten Gipfelhöhe in ihrer Klasse.

Udet U 8 stand im Dienst des Deutschen Aero-Lloyd.

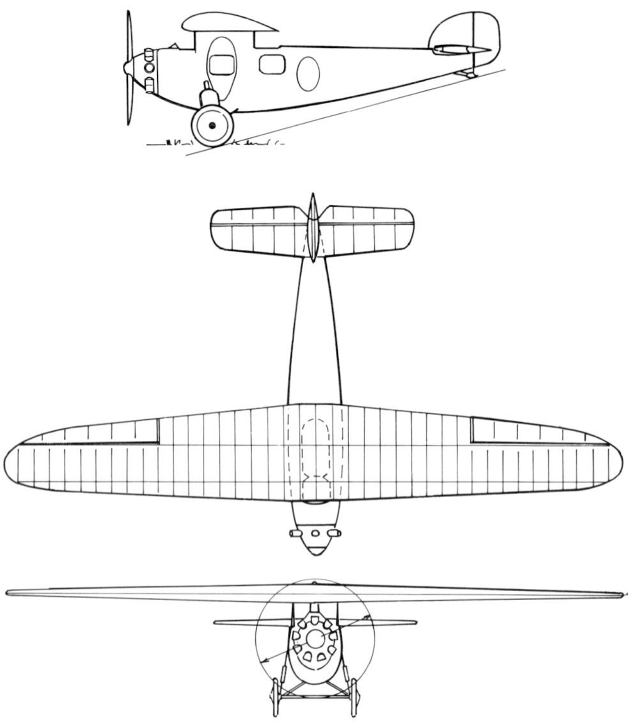

Udet 8 mit inzwischen verbessertem Siemens Sh 6 mit 52 kW (70 PS).

Die U 8 war ein viersitziges, halb geschlossenes Klein-Verkehrsflugzeug für einen Piloten und drei Fluggäste. Der stoffbespannte Flügel mit Sperrholznase, in dem sich der Kraftstoffbehälter befand, ruhte jedoch nicht auf vier kurzen Stielen wie bei der U 5, sondern auf zwei Flachträgern, als Fortsetzung der seitlichen Rumpfwände. Auf diese Weise wurde Platz für eine Einstiegstür an der Backbordseite des Rumpfes geschaffen. Die Kabine war oben offen und hatte eine Länge von 2,5 m, eine Breite von 0,96 m und eine Höhe von 1,24 m. Interessant war die Begründung für die oben offene und durch ein Rouleau verschließbare Kabine: durch die Frischluftzufuhr von oben sollte verhindert werden, daß die Passagiere luftkrank wurden. Hinter der Kabine befand sich wieder ein Gepäckraum. Charakteristisch für die U 8 war die – heute würde man sagen – Modul-Bauweise. Motoraggregat, Steuerung, Höhenleitwerk, Fahrwerk und Rumpf waren leicht voneinander zu lösende Baugruppen. Die Höhenflosse war zur Trimmung vom Führersitz aus verstellbar. Die U 8 erreichte eine Geschwindigkeit von maximal 170 km/h.
Der Deutsche Aero-Lloyd (DAL) bestellte zwei weitere U 8 und setzte sie als Zubringer auf kurzen Strecken wie Hamburg–Hannover, Hannover–Bremen, München–Garmisch und München–Berchtesgaden ein. Drei Flugzeuge gelangten über den DAL später zur Lufthansa.

U 8a mit Schlitzflügeln

In Zusammenarbeit mit Dr.-Ing. Gustav Lachmann entstand eine Weiterentwicklung der U 8, die einen längs der Flügelnase durchgehenden, verstellbaren Spaltflügel aufwies. Über die ganze Spannweite liefen Spalt-Landeklappen, die mit dem Spaltvorflügel gekoppelt aus- und eingefahren wurden. Der Pilot bediente das Klappensystem vor dem Start und beim Landeanflug über eine Spindel. Tragfläche und Seitenleitwerk waren etwas größer ausgefallen als bei der U 8. Leider ist über die Flugeigenschaften und die Leistungen dieser Version, die bei der DVS erprobt wurde, wenig bekannt geworden. Die Piloten mußten sich natürlich an die Bedienung und das Verhalten des Flugzeuges mit ausgefahrenen Klappen gewöhnen. Die Idee Lachmanns – Spaltflügel in Verbindung mit Landeklappen – war damals neu; zweifellos war ihre Verwirklichung eine technische Pioniertat. Aber der Aufwand für das Klappensystem mit seinem Gewicht und Widerstand stand in keinem rechten Verhältnis zum Erfolg, denn die Landegeschwindigkeit der U 8 war ohnehin schon gering. Ein derartiges System wurde erst später bei schnellen Flugzeugen mit hoher Flächenbelastung notwendig. Aus dem Wert für die Leermasse der U 8a in der Tabelle geht hervor, daß die Klappenausrüstung ein zusätzliches Gewicht von nahezu 200 kg hatte; das sind 44 Prozent der gesamten Leermasse! Man versuchte einen Ausgleich durch ein um 20 Prozent stärkeres Triebwerk, dennoch blieb die Reisegeschwindigkeit der U 8a um 16 Prozent unter derjenigen der U 8.
Der Udet Flugzeugbau hatte in gut zwei Jahren 27 Flugzeuge gebaut und größtenteils verkauft, ein sicherlich erfreuliches Ergebnis. Die Fluglehrer, meist ehemalige Kriegspiloten und an Doppeldecker gewöhnt, gaben aber diesen zur Schulung meist den Vorzug. Herrmann entwarf darauf ein Schul- und Kunstflugzeug als Doppeldecker, den Udet U 12 Flamingo, der für lange Zeit eines der besten Schul- und Kunstflugzeuge werden sollte.

Udet verläßt seinen Flugzeugbau

Vom Deutschen Aero-Lloyd erhielt der Udet Flugzeugbau einen Auftrag auf ein viermotoriges Verkehrsflugzeug. Herrmann, erfolgreicher Sportflugzeugbauer, begab sich mit dem Verkehrsflugzeug auf Glatteis. Udet hatte das richtige Näschen für das, was die kleine Firma verkraften konnte, und wollte von dem »werdenden Monstrum« nichts

Sonderausführung U 8a mit Handley Page-Schlitzflügeln (1925), die vier Reisende befördern konnte.

wissen. Hinzu kamen Auseinandersetzungen mit Pohl, dem als Geschäftsmann Udets luxuriöser Lebensstil nicht so recht paßte. Udet beschloß daraufhin, die Firma in Frieden und Freundschaft zu verlassen und sich wieder ganz der Schaufliegerei zu widmen. Scheuermann folgte ihm.

Kondor U 11: Produkt alliierter Begriffsbestimmungen

Die drei Klein-Verkehrsflugzeuge U 8, die zwischen April und Oktober 1924 an den Deutschen Aero-Lloyd geliefert worden waren, flogen zu dessen Zufriedenheit auf Kurzstrecken. Ärger gab es nur mit den noch wenig zuverlässigen Motoren. Der Deutsche Aero-Lloyd plante nun aus Sicherheitsgründen den Kauf eines mehrmotorigen Flugzeuges. Die Firma Junkers erprobte gerade ihre dreimotorige G 24, doch wollten die Aero-Lloyd-Manager ihrem Konkurrenten kein Flugzeug abkaufen. Sie wandten sich vielmehr an verschiedene führende Flugzeugfirmen mit dem Vorschlag, Entwürfe für ein viermotoriges Verkehrsflugzeug einzureichen. Die meisten Firmen lehnten ein Flugzeug mit vier 75 kW(100 PS)-Motoren ab. Nur drei Werke unterbreiteten Entwürfe, von denen die Pläne des Udet Flugzeugbaues bei weitem am besten bewertet wurden. Ihre Verwirklichung wurde deshalb (Herbst 1924) sogleich in Angriff genommen. Hinzu kam, daß der Udet Flugzeugbau sich inzwischen am Süddeutschen Aero-Lloyd beteiligt hatte und folglich auch Aufträge erwartete. Herrmann hielt gegenüber dem Aero-Lloyd aber auch nicht mit Bedenken zurück, die er gegen eine so überaus schwierige Aufgabe hatte. Die Illustrierte Flug-Woche gibt in einem Bericht über das U 11 Kondor genannte Flugzeug die Bedenken von Herrmann wieder[59]:

»Die Entwicklung und Verwirklichung des im Entwurf niedergelegten Flugzeuges wird große Schwierigkeiten und gegebenenfalls in der Konstruktion auch Enttäuschungen ergeben, da die Anordnung der Motoren – wie das auch jeder Fachmann sofort zugeben wird – von vornherein recht neuartig und daher etwas gewagt ist. Das ist besonders bei einer noch verhältnismäßig jungen Firma von Nachteil.«

Die Lösung dieser Aufgabe ist Herrmann nur teilweise gelungen, denn die Rechnung ging vor allem wegen der zu schwachen Motoren einfach nicht auf. Die verwendeten Neunzylinder-Siemens Sh 12-Motoren hatten ein Einheitsgewicht von 1,90 kg/kW (1,40 kg/PS) und einen Verbrauch von 353 g/kW/h (260 g/PS/h). Das Drehmoment des Motors war über eine Kupplung und eine Welle mit Lagerung auf die hinter dem Flügel angeordneten Luftschrauben zu übertragen. Allein dieses Problem wäre unter Berücksich-

Viermotoriger Udet Kondor U 11 startete am 19. Januar 1926 zum Erstflug.

tigung der damit verbundenen Schwingungen einen Forschungsauftrag wert gewesen. Und gerade für diese Schwierigkeiten hatte Herrmann eine Lösung gefunden, die aber kostete Gewicht und Leistung.
Hinzu kam der Ehrgeiz von Herrmann, das Flugzeug so auszulegen, daß es gleichzeitig mit einem MG-Schützen im freien Bug als Bomber hätte Verwendung finden können. Ob er das aus eigener Initiative getan hat, oder ob ihn Aero-Lloyd oder die Reichswehr dazu angehalten haben, ist schwer feststellbar.

Der Kondor war ein freitragender Hochdecker mit Ganzmetall-Rumpf und hatte eine elegante Form. Der dicke, freitragende zweiholmige und zweiteilige Flügel bestand aus Holz und nahm die Kraftstofftanks auf. Die Tragflächen wurden an ein fest mit dem Rumpf verbundenes Mittelstück angeschlossen. Herrmann kam schon während der Konstruktionsarbeiten zu der Überzeugung, daß ein abgestrebter Kondor mit dünnen Flügeln zu weit geringerem Gewicht geführt hätte. Die über eine Spindel verstellbare Höhenflosse bestand aus Holz, Höhenruder, Seitenflosse und Seitenruder bestanden dagegen aus einer Duralumin-Konstruktion.
Bei einem Vergleich des Kondors mit der Junkers G 24 darf nicht vergessen werden, daß Junkers schon zehn Jahre lang Erfahrungen mit dem Bau von Ganzmetall-Flugzeugen gesammelt hatte. Leider war dieser Erfahrungsschatz beim Aero-Lloyd nicht gefragt. Die U 11 war folglich ein Versuch ihres Konstrukteurs, zu einer Formel für ein viermotoriges Flugzeug ohne ausreichende Antriebskraft zu kommen.

Ohne Zweifel bietet die Druckschraube einige Vorteile gegenüber einer Zugschraube: ihr Schub ist etwas größer, außerdem entfallen die Störungen, die durch den verwirbelten Luftschraubenstrahl um die Tragfläche entstehen. Sie kommt also einer guten Aerodynamik des Flugzeuges zugute. Gut gelöst war beim Kondor die Fahrwerk-Anordnung, ähnlich wie bei den holländischen Fokker-Hochdeckern. Das Fahrwerk bestand aus zwei geteilten Achsen, die federnd gegen den Tragflügel abgestrebt waren. Der Einstieg in die Kabine erfolgte für die Reisenden bequem vom Boden aus. Die Piloten benutzten den gleichen Einstieg und gelangten durch eine Tür in der Kabine in ihren Führersitz. An der Decke der Kabine befand sich ein Notausgang für die Fluggäste. Am Ende der Fluggastkabine waren der Gepäckraum und eine Toilette mit Waschgelegenheit vorgesehen.

Die vier luftgekühlten Sternmotoren waren in der Nähe des Schwerpunktes unterhalb des Tragflügels für Wartungsarbeiten gut zugänglich aufgehängt. Sie hätten in einer späteren Ausführung verkleidet und durch stärkere Triebwerke ersetzt werden können. Damit hätte sich der Widerstand der Triebwerksanlage senken und die ungünstige Beeinflussung der Strömung an der Tragflächenunterseite mindern lassen. Die verwendeten Triebwerke waren viel zu schwach und mit der Kraftübertragung auf die Luftschraube viel zu schwer. Diese zu schwachen Triebwerke entsprachen aber exakt der von der Luftfahrt-Garantie-Kommission den Junkers-Werken seinerzeit genehmigten Leistungsstärke für die Junkers G 23d mit 1x143 kW- und 2x74 kW-Motoren,

U 11 Kondor mit vier Sh 12 Siemens-Motoren mit je 75 kW (100 PS).

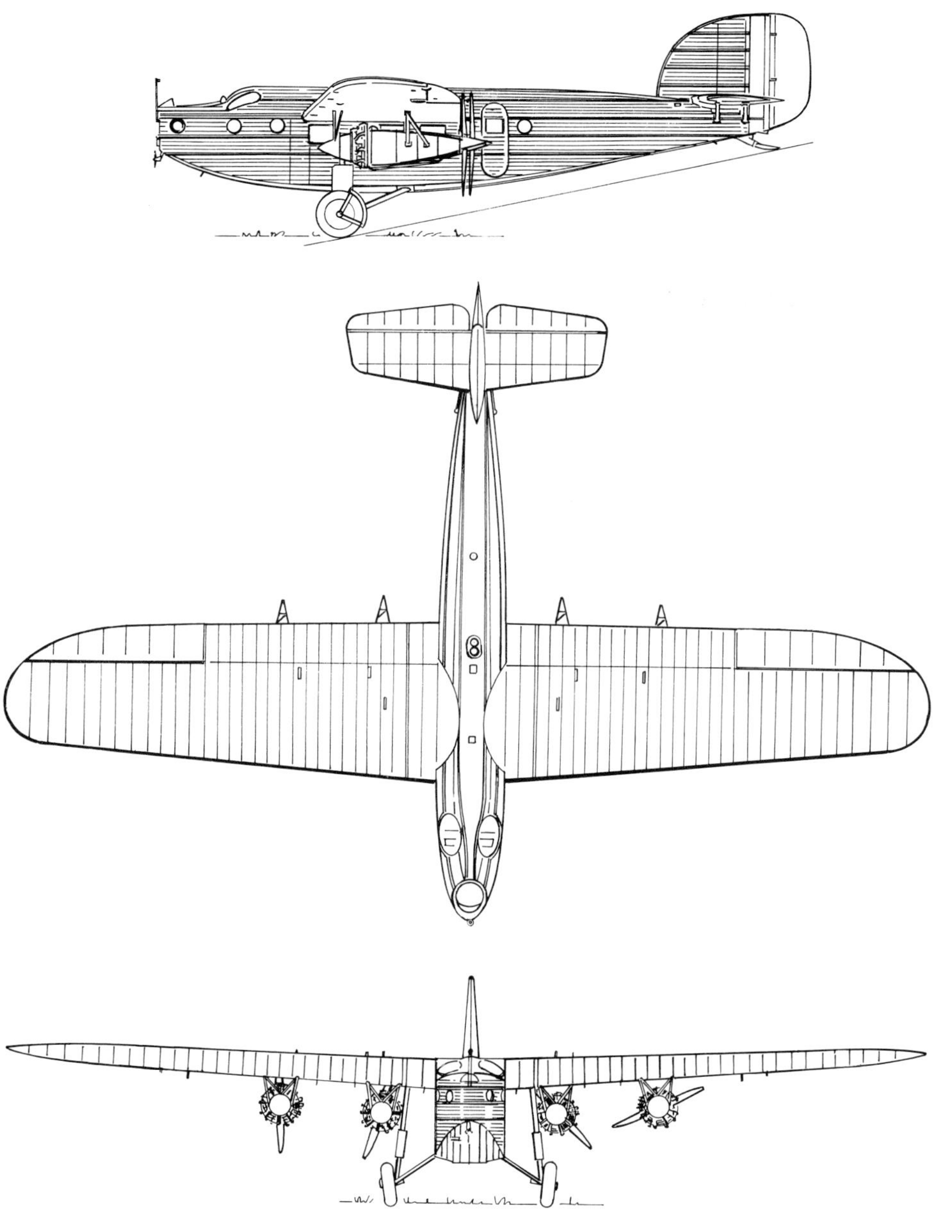

von insgesamt 291 kW(400 PS). Mit Motoren dieser Leistungsstärke unternahm die G 24 – wie im Junkers-Kapitel berichtet – in Nürnberg unter Führung von Zimmermann ihre ersten Sprünge und war in ihren Leistungen kaum besser als der Kondor mit seinen durch die DVL verbrieften Leistungen.

Hartes Urteil über den Kondor

Wie es der Zufall will, liegt der Bericht eines Fachmannes von der Konkurrenz vor[60], der Gelegenheit hatte, das Flugzeug zu besichtigen und die ersten Flüge des Kondors zu beobachten. Er kritisiert das Instrumentenbrett im

Vergleich zur Junkers G 24 als unübersichtlich, ferner die Steuerübertragung durch Kabel und Rollen – die zur Verwindung gehenden Kabel sollen nicht kontrollierbar gewesen sein. Höhen- und Querruder gingen wegen der vielen Rollen schwer. An mehreren Stellen scheuerte nach dem Bericht des Kritikers die Kabelführung. Hielt man eine Handrad-Steuersäule fest, so konnte die andere noch um fünf bis zehn Zentimeter nach vorne oder hinten bewegt werden. Hier der Bericht:

»Erstflug der U 11 Kondor I
Am 19. Januar 1926 unternahm Flugzeugführer Harry Rother Rollversuche. Die Maschine war am Boden gut wendig und hob beim schnellen Rollen gleich um zwei bis drei Meter vom Boden ab, sackte dann beim Gaswegnehmen aber hart auf den Boden zurück. Die Maschine schien stark schwanzlastig zu sein. Daraufhin wurden 40 kg Ballast im Rumpfbug untergebracht. Mit etwa 200 kg Kraftstoff und 40 kg Ballast im Bug startete Rother zum Erstflug. Nach einem Anlauf von etwa 200 m kam die Maschine langsam auf Fahrt und hob vom Boden ab. Nach längerem Geradeausflug und sehr langsamen Steigen kam er in gedrückter Fluglage mit hohem Schwanz zum Flugplatz zurück und hatte etwa 300 m Höhe erreicht. Die Landung ging gut vonstatten. Der Flugzeugführer brachte die Maschine mit Fahrt nahe an den Boden und ließ sie ausschießen. Zuletzt sprang sie noch einmal eineinhalb Meter hoch.

Wegen der großen Schwanzlastigkeit hatte man für den nächsten Flug die Höhenflosse vergrößert. Wiederum mit 200 kg Kraftstoff in den Tanks startete Rother am 28. Januar 1926 nachmittags bei Windstille zum zweiten Flug. Der Start erschien schwerfällig und träge. Nach 22 Sekunden Anlauf hob die Maschine vom Boden ab. Rother führte einige gut aussehende Kurven aus und verschwand in Richtung München. Die Maschine wurde während dieses Fluges von einem Udet Flamingo begleitet. Die Geschwindigkeit wurde auf etwa 130 km/h geschätzt. Hohes Lob wird den von Bosch eingebauten elektrischen Startern gezollt. Innerhalb von einer Minute liefen jedesmal alle vier Motoren ohne jegliche Hilfe vom Boden.«

Der Berichterstatter faßte seine Eindrücke über den Kondor wie folgt zusammen:

1. Leere Maschine zu langsam, schwerfälliger Start,
2. im Fluge ebenfalls zu langsam,
3. Aussehen gut,
4. zur Verwendung im regelmäßigen Luftverkehr unwirtschaftlich, da zu schwer gebaut. Leergewicht ohne Kabineneinrichtung 3200 kg.

Natürlich läßt ein Konkurrent nicht gerne ein gutes Haar am gegnerischen Produkt. Auch die G 24 hatte mit den schwachen Motoren eine Leermasse, die nicht viel unter derjenigen des Kondor lag, selbst unter der Berücksichtigung des Gewichts der Kabinenausrüstung.
Hätte Herrmann vier Junkers L 2-Motoren vor den Tragflächen eingebaut, wäre nach Behebung der Kinderkrankheiten und der genannten Mängel an der Steuerung wahrscheinlich aus dem Kondor ein brauchbares Flugzeug entstanden. Das Flugzeug hätte dann aber mit 590 kW (800 PS) Triebwerkleistung den Begriffsbestimmungen nicht mehr entsprochen und wäre nie zugelassen worden. Das Flugzeug ist demnach weniger am Konstrukteur als an den Baubeschränkungen gescheitert. Der bescheidene Udet Flugzeugbau hatte ohne besondere finanzielle Unterstützung keine Möglichkeit, das Flugzeug im Ausland mit stärkeren Motoren auszurüsten, es dort zuzulassen und dann in Deutschland wieder einzuführen, wie Junkers das handhabte.

Rother war ein Flugzeugführer mit gutem technischem Urteilsvermögen. Er erkannte damals, daß das schwanzlastige und für die Antriebskraft zu schwere oder gänzlich untermotorisierte Flugzeug einen langen Startweg brauchte, nur langsam Höhe gewinnen konnte und bei der für die damalige Zeit ungewöhnlich hohen Landegeschwindigkeit von 115 km/h – Reise- und Anfluggeschwindigkeit bei der Landung lagen nahe beieinander – nur mit hoher Triebwerkleistung sicher an den Boden zu bringen war. Hätte Rother seine Erfahrungen an andere Flugzeugführer weitergegeben und diese entsprechend eingewiesen, hätten diese das Flugzeug ebenso geflogen wie er selbst. Immerhin hatte er das Flugzeug bei der DVL vorgeführt und die Zulassung am 8. April 1926 bewirkt, und die DVL hatte bis dahin noch kein fluguntaugliches Flugzeug zugelassen. Nach der Zulassung flog er in 3 Stunden und 10 Minuten von München nach Berlin. Wenn es später nach Übergabe an die Lufthansa bei einer Landung zu Bruch ging, dann lag das an fehlender Einweisung des Piloten. Schließlich hatte auch Zimmermann, einer der besten Flugversuchspiloten der Junkers-Werke, beim ersten Flug mit der G 24 einen leichten Bruch hingezaubert. Wenn der damalige kaufmännische Leiter der Luft Hansa es nicht so eilig gehabt und Rother einen Lufthansa-Piloten eingewiesen hätte, der mangels Vertrautseins mit dem Kondor diesen nun vor den Toren der DVL zerdonnerte, dann hätte man den Bruch vermeiden können. Vielleicht war der Bruchpilot ein sehr erfahrener Fuchs auf F 13, Fokker F II und F III; man durfte aber nicht erwarten, daß er gleich mit einem so schwierig zu handhabenden viermotorigen Prototyp fertig werden würde.
Die U 11 Kondor war als Produkt der Begriffsbestimmungen der damaligen Siegermächte für den Verkehr tatsächlich ungeeignet.

Udet Taxi- und Verkehrsflugzeuge

Hersteller		Udet	Udet	Udet	Udet
Muster		U 5	U 8	U 8 a[2]	Kondor U 11
Triebwerk		Sh 6	Sh 6	Sh 12	Sh 12
Leistung	kW	52	70	92	4×75 300
	PS	70	100	125[3]	4×100 = 400
Besatzung (+ Reisende)		1 + 2	1 + 3	1 + 3	2 + 8
Länge	m	7,00	7,28	7,28	16,00
Höhe	m	2,45	2,67	2,67	4,00
Spannweite	m	12,00	12,00	–	22,00
Flügelfläche	m²	18,00	18,00	25,00	70,00
Flügelstreckung		8,00	8,00		7
Rüstmasse	kg	470	450	640	3 327[4]
Kraftstoff	kg	45	75	130	434
Schmierstoff	kg	7	10	13	120
Besatzung	kg	80	80	80	160
Nutzmasse	kg	198	205	237	284
Zuladung	kg	330	370	460	1 000
Startmasse	kg	800	820	1 100	4 327
Flächenbelastung	kg/m²	44,40	47,77	44,00	61,81
Masse – Leistungsverhältnis	kg/kW	15,38	12,29	12,00	14,42
	kg/PS	11,43	8,60	8,80	10,80
	kW/m²	2,89	3,89	3,68	4,29
	PS/m²	3,89	5,55	5,00	5,70
Verbrauch	kg/h	15,00	25,00	30,00	30,00
Höchstgeschwindigkeit	km/h	170	170	145	152
in Höhe	m	0	0	0	0
Reisegeschwindigkeit	km/h	154	155	130	135
in Höhe	m	0	0	0	0
Steiggeschwindigkeit	m/s	2,40	2,00	2,00	1,50[5]
Dienstgipfelhöhe	m	3 900	3 500	3 300	3 190
Reichweite[1]	km	450	465	520	500
max. Flugzeit[1]	h	3	3	4	3,60
Startstrecke	m		170	100	458
Auslauf	m		120	70	300
Landegeschwindigkeit	km/h	75	75	65	115
Zuladung in % von der Flugmasse		41	45	42	23
Zahlende Nutzlast in % von der Flugmasse		25	25	22	6
Baujahr		1924	1924	1925	1925

[1] ohne Reserven
[2] Laut Werkzeichnung ist U 8 a Ausführung mit Vorflügeln nach Lachmann
[3] spätere Ausführung Sh 12 um 1926/27 hatte 125 PS
[4] Gewichte und Daten bei den Zulassungsflügen bei der DVL ohne Kabineneinrichtung
[5] Steigen auf 1000 m 11,33 min
2000 m 28,25 min
3000 m 68,79 min

U 11 Kondor während der Abnahmeflüge.

Anmerkungen

[1] Die in der Tabelle angegebenen Motorleistungen differieren ein wenig mit den sonst in der Literatur angegebenen Leistungen. Sie wurden – soweit es die deutschen Triebwerke angeht und es sich nicht um Werkangaben handelt – dem Buch »Flugmotoren und Strahltriebwerke« von Kyrill von Gersdorff und Kurt Grasmann, Bernard & Graefe Verlag, Koblenz und »Flugmotoren« von J. A. Gilles, Verlag Mittler & Sohn, Frankfurt entnommen. Diese Angaben fußen auf den bei der Bauartenprüfung zwecks Zulassung gefahrenen Leistungen und sind demnach verbürgt.

[2] John Stroud, European Transport Aircraft since 1910, Putnam-Verlag, London, S. 220

[3] Willy Polte »Und wir flogen dennoch«, Athenäum-Verlag, Bonn

[4] Flugversuchszentrum Farnborough, Kriegsakten 1918/19

[5] Idflieg Monatsbericht Mai 1918

[6] Geschichte der deutschen Flugzeugindustrie, Inspektion des Flugwesens, Reichsdruckerei 1918

[7] Dreißig Jahre Albatros, herausgegeben von der Kriegsgeschichtlichen Abteilung des Generalstabes der Luftwaffe, Verlag Karl Kaffei, Frankfurt

[8] Bodensee Wasserflug-Wettbewerb 1913 von Oskar Ursinus, Flugsport Nr. 14 vom 3. Juli 1913 mit Zeichnungen und Beschreibungen hochziehbarer Fahrwerke von Albatros, Gotha, Ago, Friedrichshafen, Strack und Aviatik
Ernst Heinkel: Stürmisches Leben, Mundus-Verlag, Stuttgart, S. 49

[9] Die Entwicklung der deutschen Jagdflugzeuge, Rüdiger Kosin, Bernard & Graefe Verlag, Koblenz 1983

[10] Bruno Lange, Das Buch der Deutschen Luftfahrttechnik, Verlag Dieter Hoffmann, Mainz 1970

[11] Sonder-Archive Deutsches Museum, Liste der Gebrüder Römer über Albatros-Baumuster

[12] Zu den Motoren bedarf es einer Erklärung. Die Motoren waren je nach Leistung in die Klassen I-Motoren bis 74 kW (100 PS), II bis 110 kW (150 PS), III bis 147 kW (200 PS), IV bis 221 kW (300 PS), V bis 294 kW (400 PS), VI über 294 kW (400 PS) eingeteilt. Die Daimler-Motoren erhielten beispielsweise vor der römischen Zahl ein D, die Benz-Motoren ein Bz. Ein Buchstabe hinter der römischen Ziffer wie v = bedeutete höher verdichtet, ü = überbemessener Zylinder, o = ohne Getriebe, m = mit Getriebe. Die Benz-Motoren hatten die gleichen Kennzeichen, nur mit den Buchstaben Bz, also Bz III, Bz IV. Der Firmeninhaber Daimler ließ aber die Motoren nach seiner Tochter »Mercedes« benennen, so daß zwei Bezeichnungen für das gleiche Triebwerk in der Literatur Eingang fanden, einmal beispielsweise Mercedes IVa oder D IVa.

[13] Illustrierte Flug-Welt, 2. Jahrgang 1920, NfL 12/1920, Der Luftweg Nr. 51/52/1921

[14] H. A. F. Schmidt: Historische Flugzeuge Bd. II

[15] Illustrierte Flugwelt 1919, S. 145
Flugsport Jahrgang 1919, Nr. 15

[16] Flugsport 1919, Nr. 18

[17] Flugsport 1921, Nr. 2 und 13

[18] Flugsport 1922, S. 273

[19] Flugsport 1919, Nr. 11

[20] Flugsport 1919, Nr. 18

[21] B = unbewaffneter zweisitziger Doppeldecker

[22] C = bewaffneter zweisitziger Doppeldecker

[23] Schreiben der DFW-Werke in Liquidation vom 5. 5. 1920 an die Luftfahrt-Friedenskommission

[24] Mitteilungsblatt der Gemeinschaft ehemaliger Lufthanseaten e. V. 4/1980, 25. Jahrgang und Interview des Verfassers mit Graf Schack

[25] Do B-Ral: Do B = Typenbezeichnung, R = Rolls-Royce-Motor, a = Verkehrsflugzeug, l = Land

[26] Flugmotoren und Strahltriebwerke, Kyrill von Gersdorff und Kurt Grasmann, Bernard & Graefe Verlag, Koblenz

[27] Die Ausführungen über die Pisa-Wale basieren auf Gesprächen und einem umfangreichen Schriftwechsel mit Dipl.-Ing. Hans Kinzler, Friedrichshafen, früher Dornier, wofür ihm an dieser Stelle besonders gedankt sei.

[28] Originalbericht Dr. P. P. v. Bauer über den Wal-Flug Kolumbien – Zentral-Amerika – Cuba BS. 4545/9.

[29] Manuskript: Kameradschaftliche Vereinigung der Marine Flieger

[30] Luftfahrt-technische Nachrichten 10/1925, S. 11–12

[31] Henrich Focke »Mein Lebensweg«, Buchreihe Deutsche Gesellschaft für Luft- und Raumfahrt, Köln, 1977

[32] Schreiben Junkers, Technische Verwaltung, Ka/Sch, Dessau-Ziebigk, 8. Januar 1926

[33] Brief Ernst August Wohlberg ohne Datum, Konstrukteur und Einflieger bei Focke-Wulf 1926–1945

[34] Aktennotiz Geheimbericht Schwe/Ge Nr. 80 vom 1. November 1927

[35] Werkunterlagen geben den 17. Juni 1912 an; Geschichte der deutschen Flugzeugindustrie gibt den 25. Juni 1912 an, desgleichen Akte Römer, Sonderarchiv Deutsches Museum

[36] Jane's All The World's Aircraft 1919, S. 288 a

[37] Günter Frost, ADL, Zulassung und Kennzeichen der deutschen Zivilflugzeuge 1914–1945, Luftfahrt International 7/1980

[38] Einzelheiten über Stiele, Verspannung, Fahrwerk und Leitwerk werden im allgemeinen nur dann beschrieben, wenn es sich um Besonderheiten handelt. Details können meist den Bildern und Rissen entnommen werden. Das gilt für alle Baubeschreibungen.

[39] Flugsport 1919 S. 423

[40] Hawa Reiseflugzeuge von Ing. Zschach, Illustrierte Flugwelt, 1. Jahrgang 1919

[41] Urteil der Idflieg aus Flz. A BNr. 963/18 vom Mai 1918: »Halb CL IV: Das einzige leichte C-Flugzeug, mit welchem zur Zeit auf Grund der Vergleichsflüge gerechnet werden kann, ist der Halb CL IV. Dieses Flugzeug hat nicht nur befriedigende Steigzeiten aufzuweisen (5000 m in 31 min), sondern zeigt auch Flugeigenschaften, die genügen, wenn noch einige Änderungen vorgenommen werden. Letztere erstrecken sich darauf, dem Flugzeug einen verlängerten Rumpf zu geben, eine Maßnahme, die nach Angabe der Halberstädter Flugzeugwerke die Steigleistung nicht beeinträchtigen, dagegen unsere Forderungen nach erhöhter Längsstabilität erfüllen soll.«

[42] Günther Ott von der »Arbeitsgemeinschaft Deutsche Luftfahrthistorik« kann dies mit authentischen Unterlagen belegen. Ihm sei an dieser Stelle für entsprechende Auskünfte und Hinweise Dank gesagt.

[43] Illustrierte Flugwoche Jahrgang 7/1925 S. 86 und 116

[44] Neue Seeverkehrsflugzeuge, von Marine-Baumeister a. D. Gotthold Baatz, Illustrierte Flugwoche 3. Jahrgang 1921

[45] Nachtflugversuchsdienst der Deutschen Aero-Lloyd AG von Georg von Winterfeld

[46] Flugsport Nr. 15/1926

[47] Flugsport 1925 Nr 13/14

[48] Das Buch der Deutschen Fluggeschichte, Peter Supf, Vorkriegszeit, Drei Brunnen-Verlag S. 242

[49] ZFW, 11. Jahrgang, Heft 15 vom 15. August 1920

[50] Werkschrift LVG, Berlin Johannisthal-Köslin, 1919

[51] Der Luftweg, Jahrgang 1923

[52] Werkschrift, Rumpler-Werke AG

[53] Notizen aus Versuchsbau der Sablatnig-Werke

[54] Notizen Versuchsbau der Sablatnig-Werke

[55] wie vor

[56] Akte Junkers, Bericht über Luftverkehr zur Leipziger Messe 1921, in der von zwei P III mit dem gleichen Kennzeichen D-50 gesprochen wird

[57] Flugbild D-50, Zulassung und Kennzeichnung der deutschen Zivilflugzeuge, Dr. Ernst Vocke (ADL) Luftfahrt International 3/81 S. 122

[58] Der Luftweg: Flugverkehr in Estland, Nr. 35/36, Jahrgang 1921

[59] Illustrierte Flug-Woche 8. Jahrgang 1926; Das neue Udet-Großverkehrsflugzeug mit vier Motoren

[60] Junkers Akte »Udet Großflugzeug«, München, den 28. Januar 1926 mit detaillierten Zeichnungen und Erklärungen

Anhang

Erläuterungen zur nachfolgenden Tabelle

Die Flugzeuge und ihre Halter aus den Anfängen des Luftverkehrs tabellarisch zu erfassen, war ein Gedanke, der sich während der Bearbeitung dieses Buches ergab. Anfangs erschien der Arbeitsaufwand hierfür jedoch zu hoch. Als jedoch später der Verfasser beim Recherchieren in Offenbach beim Wetterdienst die »Nachrichten für Luftfahrer 1920 bis 1939« fand, die die ehemalige Luftfahrzeugrolle enthalten, konnte diese Aufgabe mit einem zeitlich vertretbaren Aufwand in Angriff genommen werden. Viele Fragen blieben zwar noch ungeklärt, aber die Tabelle ist ein Anfang. Diejenigen Leser, die berichtigende und ergänzende Angaben beisteuern oder auf noch ungenutzte Quellen aufmerksam machen können, werden gebeten, sich mit dem Verfasser in Verbindung zu setzen. Nur so können Fehler eliminiert, und kann die Tabelle bei einer zweiten Auflage entsprechend berichtigt werden.

Die Rufnamen, welche die in der Tabelle aufgeführten Flugzeugmuster vielfach tragen, sind meist erst später nach Übergabe dieser Muster an die Deutsche Lufthansa den Flugzeugen verliehen worden. Vereinzelte Hinweise auf die provisorische Luftfahrzeugrolle von März 1919 bis Mai 1920 sind mit »P Luft R« gekennzeichnet. Sie wurde in mühevoller Arbeit von der »Arbeitsgemeinschaft Deutsche Luftfahrthistorik« und den Herren Günter Frost, Günther Ott und Dr. Ernst Vocke bearbeitet. Verschiedentlich sind Flugzeuge in der Tabelle doppelt aufgeführt, wenn sie zu einer Luftverkehrs-Gesellschaft gehörten, die später fusioniert hat.

Die Deutschen Luftverkehrs-Gesellschaften 1919 bis 1925/26 und ihre Flugzeuge

Luftverkehrs-Gesellschaften	Text	Flugzeug-Typ
Adria Aero-Lloyd AG, Tirana, Albanien	Beteiligung Deutscher Aero-Lloyd (1925), Befliegung der Strecke Valona – Tirana in Albanien (Dammerts Aero-Korrespondenz vom 16. 5. 1925)	Junkers F 13
Aero Hansa AG, Berlin	Beteiligung Deutscher Aero-Lloyd	
Aero-Lloyd GmbH, Dresden	Zweigniederlassung Dresden des Bayerischen Luft-Lloyd; Firma gelöscht 1921	
Aero Luftbild GmbH, Berlin	Beteiligung Deutscher Aero-Lloyd, s. a. Luftbild GmbH, Berlin	
Aero-Union AG, Berlin	Am 4. April 1921 als Holdinggesellschaft gegründet mit Beteiligung der AEG, der Hapag, des Luftschiffbaues Zeppelin, der Deutschen Luftreederei, der Dornier-Metallbauten GmbH, der Metallbank und Metallurgischen Ges. AG, Frankfurt, und der Metallgesellschaft AG, Frankfurt. Übertrug 1925 an den Deutschen Aero-Lloyd Verkehrsrechte (Ill. Flug-Woche 6./1921)	
Austro-Lloyd Luftdienst GmbH	Unternehmen der Lloyd Luftdienst GmbH; hält Konzessionen in Österreich	
Allgemeiner Luftdienst GmbH, Berlin	Gründung 4. 7. 1919; Kapital 20 000 M. Ausübung Luftverkehr (Ill. Flug-Welt 1919)	
Badische Luftverkehrs GmbH, Baden-Baden und Lörrach (Balug)	Gründung 1919 mit Sitz Baden-Oos. Stammkapital 100 000.– M. Am 15. 6. 1920 Luftverkehr Lörrach – Frankfurt eröffnet. Flugzeugpark drei DFW C V, eine AEG K, ein Fokker D VII. 1921 Beschlagnahme aller Flugzeuge. Sitz der Gesellschaft am 18. 3. 1921 nach Lörrach verlegt. Später Liquidierung. (Luftweg 28./29. März 1920; Der deutschen Luftverkehr 3. Jahrgang 1921, S. 293; Ill. Flug-Welt 1919 u. 1920/21)	DFW C V DFW C V DFW C V AEG K Fokker D VII Albatros L 60
Badische Luftverkehrs-GmbH, Karlsruhe (BLG)	Gründung am 22. 12. 1923 in Karlsruhe. Kapital 350 000,– RM (Ill. Flugwoche 1924, S. 15). Streckenflug-Genehmigung lt. Schreiben RVM v. 9. 5. 1925 für Karlsruhe–Frankfurt–Stuttgart. Zwei F 13 1925 geliefert lt. Junkers-Vertriebsliste (NfL 1925/Nr. 25; Ill. Flug-Woche 1921)	Focke-Wulf A 16 a (c) Focke Wulf A 16 a (c) Junkers F 13 Junkers F 13
Badisch-Pfälzische Luftverkehrs AG, Mannheim (1925)	Beteiligung Junkers Luftverkehr, später Badisch-Pfälzische Lufthansa AG, danach Deutsche Lufthansa (DLH)	LVG C VI Junkers F 13 Junkers F 13 Junkers F 13 ge
Basler Luftverkehrs AG, Basel		
Bayerischer Luft-Lloyd, München	1919 gegründet, Vorbereitung Luftverkehr München–Konstanz, Verlust aller Flugzeuge durch Beschlagnahme, März 1920. Wiederaufnahme Luftverkehr. Ab 11. 4. 1921 München–Konstanz täglich, später München–Wien. 1923 mit Junkers Luftverkehr liiert (Ill. Flug-Woche 3/1921, S. 292, und andere Inform.)	Junkers F 13 Junkers F 13 Rumpler Ru C I Rumpler Ru C I Albatros Alb. L 30 a Junkers F 13

* Provisorische Luftfahrzeug-Rolle

bis zur Gründung der Deutschen Lufthansa*

Werk-Nr.	Baujahr	Name	Motor	kW	PS	Zulassungs-zeichen	Zulassung	Übernahme von	Abgabe an	Sonderheiten
621			BMW IV	147	200	I-LUMT			SAM	S.A. Mediterranea
5	1925	Baden	Mercedes D I	81	110	D-548	4. 1925		1926 DLH	1930 an Przibilla
			Sh 12 (12. 1926)	92	125					11. 1932 zerstört
6	1925	Rheintal	Mercedes D I	81	110	D-553	4. 1925		1926 DLH	
			Sh 12 (1926)	92	125					
							1925			
							1925			
38			Benz IV	169	230	D-1105			Mai 1928 Aero-Express	
768		Präriehuhn	BMW IV	147	200	D-556	1925		1928 DLH	
			Ju L 5	228	310					
705		Blaurake	Ju L 2	195	265	D-571	1925		1928 DLH	19. 11. 1929 abg.
2032	1925	Karmin-gimpel	Ju L 5	228	310	D-1579	1925		1929 DLH	D-OVUM
531	1919	Herta	Mercedes III a	125	170	D-183	18. 7. 1919			D-183 PLuftR*
531	1919	Nachtigall	BMW III a	118	160	D-1	5. 1920		1926 DLH	
			Benz III	121	165	D-125	1921			
498			Daimler III	125	170	D-126	1921	Rumpler Luftverkehr	1928 Siegmann	
			Daimler II	99	135	D-153	1921			
584	1920	Schwalbe	BMW IV	184	250	D-347			DLH 1926	

Luftverkehrs-Gesellschaften	Text	Flugzeug-Typ
Bayerische Luftverkehrs AG	Kapital 1,5 Millionen M. Beteiligung Junkers Luftverkehr, Bayerisches Handelsministerium und Stadt München. Gründung 22./27. 5. 1925 (Flugsport 1925, S. 227). Liquidiert am 25. 6. 1928 lt. Schreiben Bayer. Staatsministerium vom 23. 6. 1928. 1925 vier F 13 geliefert lt. Junkers Vertriebsliste (Ill. Flug-Woche 1925)	Junkers G 24 Junkers G 24 Junkers G 24 Junkers F 13 Junkers F 13 Junkers F 13 Junkers F 13
Bayerische Rumpler-Werke AG, Augsburg	Anfangs, zumindest bis 1921, wurden die für den Luftverkehr bestimmten Flugzeuge auf die Rumpler-Werke AG in Augsburg zugelassen. Erst später taucht der Name Rumpler Luftverkehr als Abteilung der Rumpler-Werke AG auf und am 30. 9. 1922 wird die Rumpler Luftverkehrs AG in Augsburg gegründet, auf die der Rest der Flugzeuge zugelassen wird. (Alle Flugzeuge der Bayerischen Rumpler-Werke AG sind unter Rumpler Luftverkehr aufgeführt.)	
Bodensee-Luftverkehrsgesellschaft W. Truckenbrodt u. Cie.	Verkehrs-, Post- und Passagierflüge. Beginn 1. 6. 1922	
Bodensee Aero-Lloyd, Lindau GmbH	Bedarfsluftverkehr mit Flugbooten und Linienverkehr Lindau–Konstanz. Gründung 9. 7. 1925 unter Beteiligung der Stadt Lindau, des Süddeutschen Aero-Lloyd, der Dornier Metallbauten GmbH und der Luftverkehrsgesellschaft Konstanz. Am 22. 7. 1927 Passagierdienst Lindau–Konstanz eröffnet und Rundflüge begonnen. August und September 1925 wurden 2136 Passagiere befördert und 14 960 km zurückgelegt (Ill. Flug-Woche 1925).	Dornier Do Delphin II* Dornier Do Delphin II Dornier Do Delphin II Dornier Do Delphin III**

* Delphin I auf II umgebaut, neue Werknummer
** Wert 60 000.– RM, vom RVM kostenlos überlassen

Bremer Luftverkehrs GmbH (BRELUG)	Geschäftsführer Cornelius Edzard Bedarfsluftverkehr (1924). 1925 in Norddeutsche Luftverkehr GmbH, Bremen, umgetauft (NfL 47/1925)	Fw A 16 Fw A 16 (c) Fw A 16 (c) Fw A 16 c
Danziger Luftreederei GmbH	Zweigunternehmen der Deutschen Luftreederei (DLR); danach Aero-Union. Flugzeuge: Fokker F II, befliegt Strecke Danzig–Königsberg–Memel–Riga–Reval. Gründung 27. 10. 1919; Stammkapital 50 000.– M, Geschäftsführer Ernst Wachsmann (Ill. Flug-Woche 6/1921)	Fokker F II Fokker F II Fokker F II

* European Transport Aircraft, John Stroud, Putnam-Verlag, London

Danziger Aero-Lloyd GmbH, Danzig	Deutscher Aero-Lloyd beteiligt.	

Werk-Nr.	Baujahr	Name	Motor	kW	PS	Zulassungs-zeichen	Zulassung	Übernahme von	Abgabe an	Sonderheiten
834	1924	Odin Helvetia	Junkers L 2	3x 195	3x 265	CH-133 D-1018	1924		DLH 1926 D-1018	 üb. Europa-Union
839	1925	Österreich (Thor)	Junkers L 2	3x 195	3x 265	CH-134 D-1016	1925		DLH 1926 D-1016	 üb. Europa-Union
848	1925	Bayern (Hera)	Junkers L 2	3x 195	3x 265	CH-135 D-1017	1925		DLH 1926 D-1017	
717		Rackelhuhn	Junkers L 5	228	310	D-354	1924		DLH-Severa	Luftd., DVS
725		Waldkauz	BMW IV	184	250	D-368	1924		DLH	Cond. Syndikat
729		Singdrossel	BMW IV	184	250	D-371	1923		DAL	Giessen
696		Kolkrabe	BMW IV später L 5	184	250	D-724	1923		DLH	2. Nov. 1932 zerstört

27/110*	1924		RR Falcon III	191	260	D-401	1925			beschädigt
42	1924	Konstanz	BMW IV + RR Falcon	147	200	D-277	1925		Mai 1930 LV Ges. Konstanz	
44	1924	Lindau	RR Falcon III	191	260	D-702	1928			5. 6. 1929 verunglückt
151	1928/29		BMW VI	440	600	D-1620	1929			29. 6. 29 verunglückt

1	1924	Bremen	Siemens Sh 5	55	75	D-437				
3	1924	Westerland	Siemens Sh 6	74	100	D-467	1924		1926 DLH	1929 Sh 12 A 16 c 1929 Sturmvogel 8. 1930 zerstört
4	1924	Hansa (Amsel)	Siemens (Sh 11) Sh 12	92	125	D-508 (D-647)	1925		1926 DLH	BZ-Flug 1925 D-647 Hamburg, 1931 Luftsp. Verb. Niedersachsen, Mai 1932 zerstört
9		Sylt	Siemens Sh 11	71	96	D-731 (D-646)	1925		Juni 1930 Luftreklame Hamburg	1931 Luftsport- Ges. Hamburg

1503	1920	Friedrichshaf. Moldau (DLH)	BMW III a	136	185	DZ-3* DZ-4 DZ-5	1921		DLR D-175	DLH 1926

Luftverkehrs-Gesellschaften	Text	Flugzeug-Typ
Danziger Luftpost GmbH, Danzig	Am 26. 2. 1921 in Danzig gegründet; Berlin–Königsberg mit Rumpler C I. Ab Mitte 1921 mit F 13. Zum Junkers-Luftverkehr gehörend und mit Lloyd Ostflug liiert. Befliegt 1922 die Strecken Danzig–Stettin–Berlin, Danzig–Hamburg und Danzig–Königsberg–Kowno–Riga und ab 1. 9. 1922 Danzig–Warschau (Flugsport 1922, S. 317), 1926 in Deutsche Lufthansa übergeführt.	Rumpler C I Rumpler C I Rumpler C I Rumpler C I Rumpler C I Rumpler C I Junkers F 13 Junkers F 13 Junkers F 13 Junkers F 13 Junkers F 13

* David Irving, Die Tragödie der Deutschen Luftwaffe, aus den Akten von Feldmarschall Milch, Verlag Ullstein, S. 32 u. 33

Danziger Lloyd-Luftdienst, Danzig	Gründung des Norddeutschen Lloyd (1922), Betriebsgemeinschaft mit Lloyd-Luftdienst GmbH und Lloyd Ostflug GmbH. Strecke Berlin–Danzig–Königsberg–Kowno–Riga und Hamburg–Stettin (Quelle: Manuskript Deutscher Aero-Lloyd v. 1. 3. 1923, Anlage 2)	
Deutsche Luftschiffahrts-Aktiengesellschaft (Delag), Frankfurt/Main	24. 8. bis 1. 12. 1919 mit Verkehrsluftschiff Bodensee 103 Fahrten; 2380 Passagiere, 5000 kg Post, 30 000 kg Gepäck befördert auf Fahrten Friedrichshafen–Berlin–Stockholm. Betrieb auf Verbot Entente eingestellt (Ill. Flug-Woche 6/1921)	
Deutsche Verkehrsflug AG, Nürnberg–Fürth	s. Nordbayerische Verkehrsflug GmbH	
Deutsch-Russische Luftverkehrs GmbH, Berlin (Deruluft)	Gemeinschaftsgründung Aero-Union AG mit Handelsvertretung der Sowjetunion am 24. 11. 1921. Am 30. 4. 1922 Aufnahme Luftverkehr Königsberg–Moskau. Luftverkehr im Pool mit DLR. Flugzeugpark 9 Fokker F III, später (1927) Dornier Merkur und Rohrbach Roland. Anfangs zweimal wöchentlich und nur Beförderung von diplomatischen Kurieren und deutsch-russischer Post. 1923 dreimal wöchentlich.* Ab 1924 täglicher Verkehr und Beförderung von Reisenden und Fracht. 1925 befliegt Deruluft auch die Strecke Berlin–Königsberg. Nach der Inflation (1924) stellt die Deruluft das Kapital auf RM 300 000.– um. Am 2. April 1925 tritt die Aero-Union ihren Geschäftsanteil an den Aero-Lloyd ab und dieser wiederum seinen Anteil am 11. 1. 1926 an die Deutsche Lufthansa. Mit Wirkung vom 1. Januar 1927 wird das Kapital auf 1 300 000 RM erhöht, 650 000 RM für jeden Partner. Die Deruluft hat das ausschließliche Recht zum Luftverkehr zwischen der Sowjetunion und Deutschland. Als Beihilfe erhält die Deruluft jährlich 275 000 Dollar, wovon die russische Seite 40% und die deutsche 60% übernimmt. Gewinne werden bis zu 10% des Stammkapitals an die Gesellschafter verteilt. Am 31. 12. 1931 läuft der Vertrag zum zweiten Mal ab und wird auf weitere fünf Jahre verlängert. Das Kapital wird bei dieser Gelegenheit auf 2,7 Millionen RM erhöht und die Beihilfen von beiden Partnern in Höhe von je 50% geleistet. Am 28. 6. 1936 kündigt Sowjetunion Vertrag zum 31. 12. 1936. Nach Beschluß Gesellschafterversammlung vom 26. 8. 1937 mit Ablauf August 1937 aufgelöst.**	Fokker F III Fokker F III Fokker F III Fokker F III Fokker F III Fokker F III Fokker F III Fokker F III Fokker F III Grulich V 1

* Quellen: Luftweg 1921–1923, Broschüren Deruluft, NfL 1932–1937
** Schreiben RLM LB I 5 Nr. 3133/37 vom 16. 11. 1937

Deutsche Luft-Lloyd GmbH, Berlin	Gründung 1. 4. 1920; befliegt 1920 Strecke Hamburg–Magdeburg–Leipzig–Dresden; seit 1921 Strecken Berlin–Magdeburg–Berlin; Bremen–Hannover–Magdeburg–Leipzig; Luftpost (Stand 8. 9. 1921 lt. Liste des Reichsverkehrsministeriums, veröffentlicht in Flugsport Nr. 20 vom 28. 9. 1921, s. a. Ill. Flug-Woche 1922, S. 92, und 6/1921 und Ill. Flug-Welt 1920)	LVG C VI LVG C VI LVG C VI LVG C VI LVG C VI LVG C VI Albatros Al L 30 = B II Sablatnig N 1

Werk-Nr.	Baujahr	Name	Motor	kW	PS	Zulassungs-zeichen	Zulassung	Übernahme von	Abgabe an	Sonderheiten
Mot.-Nr. 26169			BZ III	118	160	DZ-20				
22084			BZ III	118	160	DZ-21				
23256			BZ III	118	160	DZ-22				
26593			BZ III	118	160	DZ-23				
21959			BZ III	118	160	DZ-24				
20062			BZ III	118	160	DZ-25				
						DZ-31*				
						DZ-32*				
						DZ-35*				
						DZ-38*				
						DZ-40*				
						RR 1	1921	Fokker		
1653						RR 2	1921	Fokker		
1654						RR 3	1921	Fokker		1928 von Deruluft gechartert D-1389
						RR 4	1921	Fokker		
						RR 6	1922	Fokker		
						RR 7	1922	Fokker		
						RR 8	1922	Fokker		
						RR 9	1922	Fokker		
1660						RR 10	1922	Fokker		
	1925		RR Eagle			RR 5		D-902 von DAL zur Erprobung		
5072			Benz IV	169	230	D-112	5. 1920		2. 1928 an Triebner	1919 D-54 PLuft R
			Benz IV	169	230	D-113	1921			
			Benz IV	169	230	D-114	1921			
			Benz IV	169	230	D-115	1921			
			Benz IV	169	230	D-116	1921			
591			Benz IV	169	230	D-117	1921			
	1917		Daimler II	99	135	D-129	1921			
			Benz IV	169	230	D-89	1921			

Luftverkehrs-Gesellschaften	Text	Flugzeug-Typ
Deutsche Luftreederei GmbH, Berlin (DLR)	13. 12. 1917 von AEG als Studiengesellschaft gegündet; erhält 8. 1. 1919 Fluglizenz. 6. 2. 1919 erste Flugstrecke Berlin–Weimar eröffnet; 1920 71 Postflugzeuge und 10 zweimotorige Flugzeuge (1921 lt. Liste des Reichsverkehrsministeriums vom 8. 9. 1921 noch 51 Flugzeuge)	AEG J II
		AEG K (K = J II mit Kabine)
		AEG J II
		AEG J II
		AEG J II
		AEG J II
		AEG K (N I)
		AEG K
		AEG K
		AEG K
		AEG K
		Friedrichshafen FF 45 G III a
		Friedrichshafen FF 45 G III a
		Friedrichshafen FF 71 a
		Friedrichshafen FF 49
		Friedrichshafen FF 49
		Friedrichshafen FF 49
		Friedrichshafen FF 71 a
		Friedrichshafen FF 71 a
		Friedrichshafen FF 71 a
		Friedrichshafen FF 49
		Friedrichshafen FF 49
		Junkers F 13 Wasser
		Luft-Verkehrs-Gesellschaft
		LVG C V
		LVG C V
		LVG K
		LVG C V
		LVG C V
		LVG C V
		LVG C V
		LVG C VI
		LVG C VI
		LVG C VI
		LVG C VI
		LVG C VI
		LVG C VI
		LVG C VI
		LVG C VI
		LVG C VI
		LVG C VI
		LVG C VI
		LVG C VI
		LVG C VI
		LVG C VI
		LVG C VI
		LVG C VI
		LVG C VI
		LVG C VI

Werk-Nr.	Baujahr	Name	Motor	kW	PS	Zulassungs-zeichen	Zulassung	Übernahme von	Abgabe an	Sonderheiten
419			Benz IV	169	230	D-23				DLR 36
6741			Benz IV	169	230	D-24			1926 DLH	
6839			Benz IV	169	230	D-25				
6865			Benz IV	169	230	D-26				
			Benz IV	169	230	D-124				
310			Benz IV	169	230	D-479				
6748			Benz IV	169	230	D-38			1926 DLH	DLR 74 (?)
417			Benz IV	169	230	D-66				
439		Viper	Siddeley Puma	169	230	D-74			1926 DLH	
			Benz IV	169	230	D-150				1922 Bruch
			Benz IV	169	230	D-151				
234			2×Daimler IVa	2x 338	2x 460	D-27				
1037			2× Daimler IV a	2x 338	2x 460	D-28		Mai 1920 als D-121 von Lloyd Sablatn.		DLR 503
3077			Benz IV	169	230	D-40			1928 DVS	
			Benz IV	169	230	D-41				
			Benz IV	169	230	D-44				
			Benz IV	169	230	D-45				
			Benz IV	169	230	D-46				
			Benz IV	169	230	D-47				
			Benz IV	169	230	D-48				
1365			Benz IV später Ju L 2	169 169	230 230	D-49			1928 Severa	
1364			Benz IV	169	230	D-146			1928 DVS	
775	1925	Wasseramsel	Ju L 2	169	230	D-82			DAL 1926 DLH	
150			Benz IV	169	230	D-9				
315			Benz IV	169	230	D-10				
5053			Benz IV	169	230	D-14				
			Benz IV	169	230	D-58				
			Benz IV	169	230	D-59				
699		Maus	Benz IV	169	230	D-73			1926 DLH	
			Benz IV	169	230	D-147				
			Benz IV	169	230	D-89				
4587			Benz IV	169	230	D-12				P LuftR D-37
4590			Benz IV	169	230	D-13				P LuftR D-38
5063			Benz IV	169	230	D-15				
5082			Benz IV	169	230	D-16				PLuftR D-271
5083			Benz IV	169	230	D-17				PLuftR D-62
5097			Benz IV	169	230	D-18				
5099			Benz IV	169	230	D-19				PLuftR D-280
			Benz IV	169	230	D-34				
5071			Benz IV	169	230	D-35			1928 Severa	
			Benz IV	169	230	D-36				
			Benz IV	169	230	D-37				
5060			Benz IV	169	230	D-60			1928 E. Assmus	
			Benz IV	169	230	D-62				
			Benz IV	169	230	D-64				
			Benz IV	169	230	D-65				
			Benz IV	169	230	D-123				
			Benz IV	169	230	D-148			7. 1922 Bruch	

Luftverkehrs-Gesellschaften	Text	Flugzeug-Typ
		LVG C VI Rumpler C IV Rumpler C IV
Deutsche Luftreederei GmbH, Berlin (DLR)	Ab 4. April 1921 von Aero-Union übernommen. Ab 6. 2. 1923 zum Deutschen Aero-Lloyd (DAL) gehörend, F II und F III wurden bei Albatros und der Werft Staaken von DLR und Aero-Lloyd 1924/25 in Lizenz gebaut unter weitgehenden Verbesserungen durch Ing. Karl Grulich	Fokker Grulich F II Fokker Grulich F II Fokker Grulich F II Fokker Grulich F II Fokker Grulich F II Fokker Grulich F II Fokker Grulich F II Fokker Grulich F II Fokker Grulich F II Fokker Grulich F II Fokker Grulich F II Fokker Grulich F II Fokker Grulich F II Fokker Grulich F II Fokker Grulich F II Fokker Grulich F II Fokker Grulich F II Fokker Grulich F II Fokker Grulich F II
Deutsche Luftreederei GmbH, Berlin (DLR)	später Deutscher Aero-Lloyd	Fokker Grulich F III Fokker Grulich F III Fokker Grulich F III Fokker Grulich F III Fokker Grulich F III Fokker Grulich F III Fokker Grulich F III Fokker Grulich F III Fokker Grulich F III Fokker Grulich F III Fokker Grulich F III Fokker Grulich F III Fokker Grulich F III Fokker Grulich F III Fokker Grulich F III AEG K AEG K Albatros L 58 a
Deutsche Verkehrsfliegerschule GmbH Berlin-Staaken (DVS)		Fw A 16 Fw A 16 Fw A 16 c Fw GL 22 Fw GL 22 Fw GL 22 Fw GL 18 c

Werk-Nr.	Baujahr	Name	Motor	kW	PS	Zulassungszeichen	Zulassung	Übernahme von	Abgabe an	Sonderheiten
			Benz IV	169	230	D-149				
			Benz IV	169	230	D-76				
			Daimler IV a	191	260	D-72		1921 Rumpler		
1503	1921	Friedrichs-hafen	BMW IV	184	250	D-175		DLR an DAL	1926 DLH	früher Dz 3, später CH 151
1569	1925	Neckar	BMW IV	184	250	D-587		DLR an DAL	1926 DLH	
1570	1925	Weichsel	BMW IV	184	250	D-717		DLR an DAL	1926 DLH	
1581	1925	Mulde	BMW IV	184	250	D-728		DLR an DAL	1926 DLH	
1582	1925	Pregel	BMW IV	184	250	D-741		DLR an DAL	1926 DLH	
1583	1925	Swine	BMW IV	184	250	D-742		DLR an DAL	1926 DLH	
1584	1925	Nagold	BMW IV	184	250	D-752		DLR an DAL	1926 DLH	
1589	1925	Dievenow	BMW IV	184	250	D-756		DLR an DAL	1926 DLH	
1571	1925	Spree	BMW IV	184	250	D-757		DLR an DAL	1926 DLH	
1586	1925	Trave	BMW IV	184	250	D-758		DLR an DAL	1926 DLH	
1587	1925	Eider	BMW IV	184	250	D-765		DAL	1926 DLH	
1588	1925	Lahn	BMW IV	184	250	D-766		DAL	1926 DLH	
1589	1925	Ruhr	BMW IV	184	250	D-767		DAL	1926 DLH	
1572	1925	Havel	BMW IV	184	250	D-780		DLR an DAL	1926 DLH	
1590	1925	Sieg	BMW IV	184	250	D-782		DLR an DAL	1926 DLH	
1591	1925	Wupper	BMW IV	184	250	D-783		DLR an DAL	1926 DLH	
1592	1925	Iller	BMW IV	184	250	D-784		DLR an DAL	1926 DLH	
1593	1925	Lech	BMW IV	184	250	D-785		DLR an DAL	1926 DLH	
1594	1925	Werra	BMW IV	184	250	D-786		DLR an DAL	1926 DLH	
1531	1922	Main	BMW IV	184	250	D-180		DLR an DAL	1926 DLH	früher Dz 8
1551	1924	Donau	BMW IV	184	250	D-353		DLR an DAL	1926 DLH	
1557	1924	Elbe	Puma	169	230	D-516		DLR an DAL	1926 DLH	
1553	1924	Ems	Puma	169	230	D-447		DLR an DAL	1926 DLH	
1554	1924	Weser	Puma	169	230	D-468		DLR an DAL	1926 DLH	
1555	1924	Etsch	BMW IV	184	250	D-489		DLR an DAL	1926 DLH	
1556	1924	Leine	BMW IV	184	250	D-503		DLR an DAL	1926 DLH	
1559	1925	Oder	BMW IV	184	250	D-533		DLR an DAL	1926 DLH	
1563	1925	Isar	BMW IV	184	250	D-575		DLR an DAL	1926 DLH	
1564	1925	Fulda	BMW IV	184	250	D-594		DLR an DAL	1926 DLH	
1565	1925	Saale	BMW IV	184	250	D-701		DLR an DAL	1926 DLH	
1566	1925	Schwarza	BMW IV	184	250	D-716		DLR an DAL	1926 DLH	
1567	1925	Unstrut	BMW IV	184	250	D-729		DLR an DAL	1926 DLH	
1568	1925	Inn	BMW IV	184	250	D-743		DLR an DAL	1926 DLH	
1569	1924	Rhein	BMW IV	184	250	D-1028		DAL	1926 DLH	
417	1918/1925	Kreuzotter	Siddeley Puma	169	230	D-68		DLR an DAL	1926 DLH	
439	1918/1925	Viper	Siddeley Puma	169	230	D-74	1921	DLR an DAL	1926 DLH	
	1923		RR Eagle VIII	265	360	D-244				
13	1925		Siemens Sh 11	60	82	D-776	1925			10. 12. 25 Absturz
18	1926		Siemens Sh 5 + 12	55	75	D-566	1926		1929 DVL	1931 zerlegt
20	1926		Siemens Sh 12	79	108	D-914	1926		1928 DVL	4. 1929 abgemeldet
37	1928	1927/28	Siemens Sh 12	2x79	108	D-1349	1928	Fw		6. 1930 zerlegt
39	1928	1928	Siemens Sh 12	2x79	108	D-1375	1928	Fw		6. 1930 zerlegt
40	1928	1928	Siemens Sh 12	2x79	108	D-1418	1928	Fw		9. 1928 zerstört
31	1928		Siemens Sh 12	2x79	108	D-1097	1928	Fw		3. 1932 zerlegt

Luftverkehrs-Gesellschaften	Text	Flugzeug-Typ
Deutsche Aero-Lloyd AG, Berlin	Am 6. Februar 1923 schlossen sich, um einer weiteren Zersplitterung im Luftverkehr Einhalt zu gebieten, die Aero-Union AG als Muttergesellschaft der Deutschen Luftreederei GmbH, Berlin, und ihre Aktionäre (siehe Aero-Union) und die Lloyd-Luftdienst GmbH, Bremen, zur Deutschen Aero-Lloyd AG zusammen. Hinter dem Lloyd-Luftdienst stehen: die Deutsche Petroleum AG, Berlin, und der Norddeutsche Lloyd AG in Bremen, ferner die Albatros GmbH, Berlin, und der Sablatnig Flugzeugbau GmbH. Der Lloyd-Luftdienst betrieb 1922 gemeinsam einen regelmäßigen Luftverkehr mit dem Lloyd Ostflug, dem Danziger Lloyd Luftdienst und dem Lloyd-Luftverkehr Sablatnig. Der Austro-Lloyd Luftdienst betrieb keinen Flugdienst, erwarb jedoch sämtliche Luftverkehrskonzessionen in Österreich. Die Deutsche Luft-Lloyd GmbH beflog die Strecke Bremen–Magdeburg–Dresden. Die nach dem Ausscheiden von Junkers aus dem Lloyd Ostflug 1922 gegründete Lloyd-Junkers Luftverkehrs GmbH war Träger der von den Firmen Lloyd-Luftdienst und den Junkerswerken in Dessau erworbenen Verkehrskonzession für die Strecke Berlin–Stettin–Danzig–Königsberg–Kowno–Riga und Berlin–Hamburg. Die neue Gesellschaft, Deutscher Aero-Lloyd AG, soll als Dachgesellschaft koordinierend wirken. Hinzu kamen noch 39 Banken und 20 Firmen aus den verschiedensten Branchen, außerdem regionale Luftverkehrs-Gesellschaften wie der Mitteldeutsche Aero-Lloyd, Leipzig, der Süddeutsche Aero-Lloyd, München, und die Badisch-Pfälzische Luftverkehrs AG, Mannheim.	AEG K LVG Typ K (C VI) Fokker Grulich F II Fokker Grulich F III Udet U 8 Udet U 8 Udet U 8 Udet U 11 Kondor Focke-Wulf Fw A 16 c Dornier Do Komet II Dornier Do Komet II Dornier Do Komet II Dornier Do Wal Dornier Do Wal Dornier Do Wal Dornier Do Wal Dornier Do Komet III Dornier Do Komet III Dornier Do Komet III Dornier Do Komet III Dornier Do Komet III Dornier Do Komet III Dornier Do Komet III Dornier Do Komet III Albatros L 58 a Albatros L 58 a Sablatnig P III Sablatnig P III Sablatnig P III Sablatnig P III Sablatnig P III Sablatnig P III Fw A 16
Europa-Union KAG.	Siehe auch Trans-Europa-Union. Die Europa-Union wurde am 7. 5. 1925 in Berlin gegründet mit Minimal-Kapital von RM 50 000,–. Zusammenschluß von 14 Gesellschaften. Tätigkeitsbereich der Europa-Union schließt den der Trans-Eu-	

Werk-Nr.	Baujahr	Name	Motor	kW	PS	Zulassungs-zeichen	Zulassung	Übernahme von	Abgabe an	Sonderheiten
419			Benz IV BMW IV	169 184	230 250	D-9		DLR	1923 Total-schaden	DLR 36
5053			Benz IV	169	230	D-14		DLR	1926 DLH	DLR 47
1589	1925	Ruhr	BMW IV	147	200	D-767			1926 DLH	
1569	1924	Rhein	BMW IV	147	200	D-1028			1926 DLH	
227	1925	Natter	Siemens Sh 6	74	100	D-417			1926 DLH	
236	1924	Blind-schleiche	Siemens Sh 6	74	100	D-483			1926 DLH	
			Bristol Lucifer	81	110	D-670			1926 DLH	
243	1924		4x Siemens Sh 12			D-828			1926 DLH	Von DAL in Auftrag gegeben, geliefert an DLH
5	1925	Baden	Siemens Sh 12	92	125	D 548	1925	Bad LVG Karlsruhe	1926 DLH	5. 1930 Przibilla 11. 1932 zerstört
5–30	1920	Jaguar	BMW IV	184	250	D-248		DLR	1926 DLH	
3–24	1920	Tiger	BMW IV	184	250	D-223		DLR	1926 DLH	
8-45	1920	Wolf	BMW IV	184	250	D-943		DLR	1926 DLH	
41	1925	Hai	2x RR Eagle IX	265	360	D-861			1926 DLH	
42	1925	Sägefisch	2x RR Eagle IX	265	360	D-862			1926 DLH	
43	1925	Thunfisch	2x RR Eagle IX	265	360	D-863			1926 DLH	
44	1925	Hecht	2x 6 R Jupiter 9 AK	331	450	D-864			1926 DLH	
63	1925	Luchs	BMW IV	184	250	D-528			1926 DLH	DLH zu Merkur umgebaut BMW VI
64	1925	Schakal	BMW IV	184	250	D-529			1926 DLH	DLH zu Merkur umgebaut BMW VI
76	1925	Wildkatze	BMW IV	184	250	D-597			1926 DLH	Umbau in Merkur durch DLH BMW VI
65	1925	Hyäne	BMW IV	184	250	D-546			1926 DLH	dto.
66	1925	Gepard	BMW IV	184	250	D-552			1926 DLH	DLH zu Merkur umgebaut BMW VI
74	1925	Panther	BMW IV	184	250	D-580			1926 DLH	dto.
75	1925	Puma	BMW VI	441	600	D-585			1926 DLH	
76	1925	Wildkatze	BMW IV	184	250	D-597			1926 DLH	Umbau zu Merkur durch DLH
	1923		RR Eagle	265	360	D-244		DLR	1926 DLH	
10006	1923/24	Wolken-segler	RR Eagle	265	360	D-576			1926 DLH	
386	1921	Hornisse	Siddeley Puma	169	230	D-2		DLR	1926 DLH	
152	1923	Biene	Siddeley Puma	169	230	D-143		Lloyd Sablatnig	1926 DLH	
262	1923	Hummel	Maybach Mb IV	191	260	D-171		Lloyd Sablatnig	1926 DLH	
266	1924	Wespe	Puma	169	230	D-395			1926 DLH	
268	1924	Fliege	Puma	169	230	D-451			1926 DLH	
270	1925	Mücke	Puma	169	230	D-770			1926 DLH	
3	1924	Westerland	Siemens Sh 5	55	75	D-467			1926 DLH	

Luftverkehrs-Gesellschaften	Text	Flugzeug-Typ
	ropa-Union (Treu) ein. Liquidation Treu zum 31. 12. 1925 angestrebt. Am 7. 9. 1925 auf Generalversammlung in Dresden Kapitalerhöhung auf 10 Millionen M beschlossen. Beschluß ab 1. 10. 1925 Winterluftverkehr von Treu zu übernehmen und damit den Flugbetrieb der Europa-Union zu beginnen. Reich verlangt Anfang Oktober Fusion Junkers Luftverkehr mit Deutschem Aero-Lloyd. Daraufhin Liquidierung Treu und Überführung in neue Einheitsgesellschaft Deutsche Lufthansa AG per 31. 12. 1925	
Gelsenkirchen-Essener LV GmbH, Essen (Gelug)	Gründung Anfang 1926, Genehmigung zur gewerbsmäßigen Beförderung von Personen, erhalten am 26. 4. 26 laut NfL Nr. 18/1926, aufgehoben lt. NfL Nr. 27/1926	Focke-Wulf A 16 a
Hessische Flugbetriebs AG, Darmstadt	Beteiligung des Deutschen Aero-Lloyd, Ausbildung von Piloten, Genehmigung zur gewerbsmäßigen Beförderung von Personen (NfL Nr. 20/1926)	Grulich S 1
Junkers Luftverkehrs AG, Dessau	2. Dezember 1921 Gründung Abteilung Junkers Luftverkehr. Beteiligung mit F 13 an Ad Astra, Oelag, Aero-O.Y., A.B. Aero-Transport, Societa Aerea und Lineas Aerreas Postales und anderen. Am 13. 8. 1924 Gründung Junkers Luftverkehrs AG, Berlin, Junkers-Flugzeuge befliegen 1925 fast 40% des Weltluftverkehrsnetzes. Zusammenschluß der vielen Gesellschaften zur Trans-Europa-Union am 22. 10. 1923 in München und zur Nord-Europa-Union mit zusammen 15 000 km Streckennetz. Diese beiden Gesellschaften schließen sich am 7. 5. 1925 zur Europa-Union zusammen mit Anschluß 1926 an Lufthansa. Die Genehmigungsurkunde als Luftfahrtunternehmen vom 5. 11. 1924 erlöscht 1927 (NfL Nr. 21/1927)	Junkers F 13 fy Junkers F 13 Junkers F 13 Junkers F 13 bi Junkers F 13 Junkers F 13 Junkers F 13 Junkers K 16 bi Junkers K 16 ba Junkers K 16 bi Junkers K 16 bi Focke Wulf GL 18 Focke-Wulf A 16 b (c) Focke-Wulf A 16 b (c) Sablatnig P III Sablatnig P III Sablatnig P III Junkers F 13 Junkers Ju A 20 Junkers Ju A 20 Junkers Ju A 20 Junkers Ju A 20 Junkers Ju A 20 Junkers Ju A 20 Junkers Ju A 20 Junkers Ju A 20 Junkers Ju A 20 Junkers Ju A 20 Junkers G 24
Luftbild-Vermessungstrupp der Landesaufnahme, Adlershof	Zulassung der sechs Maschinen gemäß Schreiben Alliierter Kontroll-Kommission für Luftfahrtwesen vom 24. 6. 1920 nach erneutem Ankauf durch Landesaufnahme	Rumpler C IV Rumpler C IV Rumpler C IV Rumpler C IV Rumpler C IV Rumpler C IV

Werk-Nr.	Baujahr	Name	Motor	kW	PS	Zulassungs-zeichen	Zulassung	Übernahme von	Abgabe an	Sonderheiten
16	1925	Essen (?)	Mercedes D I	81	110	D-136	1925			Absturz 30. 4. 1926
1597			Siemens Sh 11	71	96	D-584				
625		Sperber	Puma	169	230	D-190				
616	1921	Meise	BMW IV	184	250	D-192			1926 DLH	
581	1920	Bussard	BMW IV	184	250	D-203			1926 DLH	
641	1923	Wiedehopf	BMW IV	184	250	D-230			1926 DLH	
643	1923	Wachtel	Ju L V	227	310	D-231				
545	1920	Elster	BMW IV	184	250	D-332			1926 DLH	
765	1924	Königs-fischer	Ju L 2	169	230	D-462			1927 DLH	
474	1925	Karlshorst	Siemens Sh 12	92	125	D-500	1925		1926 DLH	
456	1924		Siemens Sh 5	56	76	D-653	1925		1926 DLH	früher D-465
475	1925	Kreuznach	Siemens Sh 12	92	125	D-654	1925		1926 DLH	
470	1925	Kissingen	Siemens Sh 12	92	125	D-983	1926		1926 DLH	
28	1926	Helgoland	2x Ju L 1	62	85	D-967			1926 DLH	
7	1925	Wange-	Ju L 1 a	62	85	D-658			1926 DLH	BZ-Flug 1925
		rooge	Siemens Sh 12 (1927)	92	125	D-814 umgeschrieb.	1925		unter D-814	2. 1928 Zulassg. zurück
8	1925	Borkum	Ju L 1 a	62	85	D-659	1925		1926 DLH	4. 31 an Przibilla,
			Siemens Sh 12	92	125					1933 zerstört
	1921	Libelle	BMW IV	184	250	D-581			1926 DLH	ex Aeronaut E 10
	1923	Moskito	BMW IV	184	250	D-962		Aeronaut	1926 DLH	ex Aeronaut E 11
	1923	Ameise	BMW IV	184	250	D-984		Aeronaut	1926 DLH	ex Aeronaut E 8
685	1923	Gold-ammer	BMW IV	184	250	D-564	1923	Europa-Union Sächs. LVG 1925		
822	1924	Kassiopeia	BMW IV	184	250	D-592			1926 DLH	
353	1923	Erde	BMW IV	184	250	D-392			1926 DLH	
457	1924	Mars	BMW IV	184	250	D-394			1926 DLH	
459	1924	Saturn	BMW III a	136	185	D-404			1926 DLH	
461	1924	Orion	BMW III a	136	185	D-440			1926 DLH	
464	1924	Merkur	BMW III a	136	185	D-443			1926 DLH	
862	1925	Aldebaran	BMW IV	184	250	D-574			1926 DLH	
863	1925	Beteigeuze	BMW IV	184	250	D-599			1926 DLH	
865	1925	Castor	Ju L 2	169	230	D-704			1926 DLH	
866	1925	Pollux	BMW IV d	220	300	D-712			1926 DLH	
908	1925	Hermes	Junkers L 2	3 x195	265	S-AAAW D-880		Junkers LV Stadt Leipzig Europa Union	1926 DLH	1934 DVS
36427	1917		Daimler IV a	191	260	D-51 (D-397)	1920			
27636	1917		Daimler IV a	191	260	D-52 (D-395)	1920			
2289	1917		Maybach IV a	191	260	D-53 (D-401)	1920			
2455	1917		Maybach IV a	191	260	D-54 (D-398)	1920			
1961	1917		Maybach IV a	191	260	D-55 (D-399)	1920			
2332	1917		Maybach IV a	191	260	D-56 (D-402)	1920			

Luftverkehrs-Gesellschaften	Text	Flugzeug-Typ
Lloyd Junkers Luftverkehrs GmbH, Berlin	Übernahme und Träger der Konzession Lloyd Ostflug GmbH: Berlin–Riga und Hamburg–Stettin. Gründung 5. 5. 1922 in Berlin, Geschäftsführer Walter Blankenstein und Dr. Gottfried Kaumann, Kapital 20 000 M (Flugsport 1922, S. 236)	
Lloyd Luftdienst GmbH, Bremen	Gründung (1920) des Norddeutschen Lloyd. Vertretung und Beteiligungen: Lloyd-Luftverkehr Sablatnig, Lloyd Ostflug, Deutscher Luft-Lloyd, Danziger Lloyd Luftdienst GmbH, Danzig, Austro-Lloyd Luftdienst GmbH, Wien, Deutsche Petroleum AG, Berlin, Albatros GmbH, Berlin, Sablatnig Flugzeugbau	
Lloyd Ostflug GmbH, Berlin	Gemeinschaftsgründung am 7. November 1920: Junkers Flugzeugwerke AG, Dessau, mit Lloyd Luftdienst GmbH, den Ostdeutschen Landwerkstätten, Internationale Luftschiffahrts-Gesellschaft, Danzig, und der Albatros GmbH. Stammkapital 4 Millionen Mark; Geschäftsführer Gotthard Sachsenberg; Unternehmen teilt sich später; ein Teil geht zum Junkers Luftverkehr, der Rest zur DLR (Luftweg 10. 3. 1921). Nebenstehender Flugzeugbestand lt. Liste RVM vom 8. 9. 1921, veröffentlicht Flugsport v. 28. 9. 1921 und Verkaufs- und Exportliste Junkers (6 F 13)	Rumpler Ru C I Albatros Alb. C VII Fokker D VII Fokker D VII LVG C VI Alb. C I Junkers F 13 Junkers F 13
Lloyd-Luftverkehr Sablatnig GmbH	Gründung 8. 10. 1920 unter Beteiligung Sablatnig Flugzeugbau und Lloyd-Luftdienst, Bremen. Messeflüge, Bäderdienste; November 1920 Strecke Bremen–Münster–Gelsenkirchen eröffnet. Kapital 3 000 000 M, davon Sacheinlagen 2 500 000 M; Bareinlagen 500 000 M*. Das Unternehmen schloß sich 1923 dem Deutschen Aero-Lloyd an, aus dem 1926 durch Zusammenschluß mit der Europa-Union die Deutsche Lufthansa entstand (Stand 8. 9. 1921 lt. Liste des Reichsverkehrsministeriums, veröffentlicht in Flugsport Nr. 20 vom 28. 9. 1921)	Friedrichshafen FF 49 Friedrichshafen FF 49 Friedrichshafen FF 71 a Sablatnig N 1 Sablatnig N 1 Sablatnig N 1 Friedrichshafen FF 45 G III a Sablatnig P I Sablatnig P I Sablatnig P I Sablatnig N 1 Sablatnig P I Sablatnig P I Sablatnig P I Sablatnig P III Sablatnig P III Sablatnig P III
Luftfahrzeugbau Schütte-Lanz Luftverkehr, Berlin	Lufttaxidienst (Werkschrift) vom Berliner Flughafen Zeesen: Beginn 18. 12. 1918 (Jahrbuch Luftverkehr 1924, S. 9) mit 10 Albatros- und DFW-Flugzeugen	
Luftbild GmbH, Berlin-Adlershof	Vermessungsaufgaben, technische Untersuchungen für DVL, aerologische Forschungsarbeiten	Rumpler C I AGO C I
Luftreederei Magdeburg GmbH, Magdeburg	Taxiflüge, Schulung, Reklame; Geschäftsführer: Kaufmann Paul Schwandt; Juni 1920 bei Deutsch-Ritterflug Stolp–Elbing tödlich verunglückt (NfL 19/1927, Schreiben Interall. Kontroll-Kommission vom 21. 6. 1920)	Albatros B II Albatros B II
Luftverkehr Halle AG, Halle	Auf Betreiben Aero-Lloyd eröffnet, Kapital 100 000.– M. Flugbeginn 15. 6. 1925 (Archiv-Unterlagen Focke-Wulf (Ill. Flug-Woche 1925, S. 258)	Focke-Wulf A 16 d

* lt. Handelsregister, Berlin, Ausgabe 1923, S. 931

Werk-Nr.	Baujahr	Name	Motor	kW	PS	Zulassungs-zeichen	Zulassung	Übernahme von	Abgabe an	Sonderheiten
						D-136				
	1917		Benz IV	169	230	D-137	1921			
	1918		Daimler III	125	170	D-138	1921			
	1918		Daimler III	125	170	D-139	1921			
5138			Daimler III a später L 2			D-141	1921		5. 1929 Baubehörde	
	1916		Daimler III	125	170	D-142	1921			
543	1920	Kasuar	BMW III a	136	185	D-152 Dz-54	1921			später DLH
1368	1917		Benz Bz IV später Junkers L 5	169	230	D-85	1921		1928 an Aero Sport	
223	1917		Benz Bz IV	169	230	D-86	1921		1928 an DVS	
			Benz Bz IV	169	230	D-120	1921			
128	1918		Benz Bz IV	169	230	D-77	1921		1921 an LVG Hamburg	
	1918		Benz Bz IV	169	230	D-78	1921			
	1918		Benz Bz IV	169	230	D-93	1921			
1037	1918		2x Daimler IV a	2x 191	2x 260	D-121	1921			
253	1919		Benz IV	169	230	D-4	1921			
254	1919		Benz IV	169	230	D-5	1921			
255	1919		Benz IV	169	230	D-6	1921			
	1919		Benz IV	169	230	D-70	1921			
	1919		Benz IV	169	230	D-94	1921			
	1919		Benz IV	169	230	D-164	1921			
252	1919		Benz IV	169	230	D-3	1921			
			Benz IV	169	230	D-50	1921		1923 DAL	24/26 Nordd. LV
262	1923	Hummel	Maybach IV	191	260	D-171	1923		1926 an DLH	
152	1923	Biene	Siddeley Puma	169	230	D-143	1923		1926 an DLH	
			Daimler III	121	165	D-75	1921			
			BMW III a	136	185	D-118	1921			
K. 102/18	1918		Mercedes D II a	88	120	D-404	1920			PLuftR
K. 106/18	1918	Kondor	Mercedes D II a	88	120	D-405	1920			PLuftR
14		Nieleben	Daimler D II a	88	120	D-763	1925	Fw	7. 29 Raab- Katzenstein	4. 1930 Luftdienst Mittelrhein

Luftverkehrs-Gesellschaften	Text	Flugzeug-Typ
Luftverkehrs-Gesellschaft Ruhrgebiet, Essen (Lurag)	1925 Europa-Union angeschlossen; 1926 in DLH aufgegangen. Gegründet am 24. 2. 1925 von Städten und Industrieunternehmen des Ruhrgebietes unter Beteiligung der Junkers Luftverkehrs AG. Kapital 2 050 000.– Mark (Junkers Luftverkehrs Nachrichtenblatt v. 14. 1. 1925 und Ill. Flug-Woche 1925, S. 108)	Junkers F 13 Junkers F 13 Junkers F 13 Junkers F 13 Junkers F 13 Junkers G 24 Junkers G 24 Junkers G 24 Junkers G 24 Junkers G 24
Luftverkehrs-Gesellschaft Hamburg GmbH, Hamburg		Sablatnig N 1 Raka Rk 8
Luftverkehrs-Gesellschaft Konstanz GmbH, Konstanz	Genehmigung zur gewerbsmäßigen Beförderung von Personen mit Wasserflugzeugen für Bodenseegebiet (NfL Nr. 20/1930)	
Luftverkehrs-Gesellschaft mbH, Münster	Ausbau des Flugplatzes Münster, Sportfliegerei, Flugschule und Luftverkehr (Ill. Flug-Woche 1928)	Dietrich DP II a
Luftverkehrs AG Niedersachsen Hannover (NILU) und (LUNI)	Regional-Gesellschaft, übernimmt Flugzeugpark des Luftverkehrs Osnabrück	Focke-Wulf Fw A 16 d Focke-Wulf Fw A 16 d Focke-Wulf Fw A 16 d Focke-Wulf Fw A 16 d Focke-Wulf Fw A 16 d Focke-Wulf Fw A 16 d
Luftverkehr Osnabrück GmbH, Osnabrück	Regionalgesellschaft, in Luftverkehrs AG Niedersachsen aufgegangen (D-671 und D-747 gekauft und an NILU) (Archiv Focke-Wulf)	
Luftverkehrs-Gesellschaft Schwarzwald GmbH	1925 in Freiburg gegründet und zum gewerblichen Verkehr zugelassen (NfL 21/1925, S. 291)	
Magdeburger Passagier-Fluggesellschaft		Albatros B II a
Niedersächsische Luftverkehrs AG, Hannover (NILU)	s. Luftverkehr Niedersachsen	
Mannheimer Luftverkehr GmbH, Mannheim	1. 12. 1919 in Mannheim gegründet. Stammkapital 25 000.– M. Ziel: Förderung Luftverkehr. Geschäftsführer Richard Dietrich (Luftweg 18/19/1920, Ill. Flugwelt 1920)	
Märkischer Luftverkehr GmbH, Neuruppin	1920 in Neuruppin gegründet (Ill. Flug-Welt 1920). Stammkapital 20 000.– M.	

Werk-Nr.	Baujahr	Name	Motor	kW	PS	Zulassungs-zeichen	Zulassung	Übernahme von	Abgabe an	Sonderheiten
702	1923	Emmerling	BMW IV	147	200	D-424		LURAG 1925	1926 DLH	
703	1923	Milan	BMW IV	147	200	D-425		LURAG 1925	1926 DLH	
842	1925	Amsterdam	Junkers L 2	3x 195	3x 265	S-AAAL	1925	LURAG 1925	1926 DLH D-877	über Europa-Union
843	1925	Rotterdam	Junkers L 2	3x 195	3x 265	S-AAAK	1925	LURAG 1925	1926 DLH D-1019	
844	1925	Harlem	Junkers L 2	3x 195	3x 265	S-AAAM	1925	LURAG 1925	1926 DLH D-878	über Europa-Union
849	1924	Essen	Junkers L 2	3x 195	3x 265	S-AAAP	1925	LURAG 1925	1926 DLH D-1020	über Europa-Union
850	1925	Düsseldorf	Junkers L 2	3x 195	3x 265	S-AAAT	1925	LURAG 1925	1926 DLH D-896	über Europa-Union
128	1919		Benz IV	169	230	D-77		Lloyd L V Sablatnig		5. 1929 verschrottet
41			Benz IV	169	230	D-1216				6. 1929 zerstört
124			Siemens Sh 11	71	96	D-470				
10	1925	Wesermünde-List	Daimler I später II	99	135	D-671	1925	Focke-Wulf	1927 NILU	4. 1932 Zulassg. gelöscht
11	1925	Norderney	Daimler II + Sh 12	99	135	D-747	1925	Luftverk. Osnabrück		4. 1932 Zulassg. gelöscht
12	1925	Osnabrück	Daimler I-III	125	170	D-804	1925	dto. 1925		4. 1932 Zulassg. gelöscht
24	1926	Wyk (Bremerhav.)	Daimler II	99	135	D-895	1926	1927 LUAG		
25	1926	Hannover	Daimler II	99	135	D-916	7. 1926	1926 LUAG		11. 1936 Zulassg. gelöscht
26	1926	Geestemünde Büsum	Daimler II	99	135	D-959	6. 1926	1927 LUAG		
2787/17			Daimler I	81	110	D-344	1920			PLuftR

Luftverkehrs-Gesellschaften	Text	Flugzeug-Typ
Luftverkehrs-Gesellschaft mbH, Wilhelmshaven-Rüstringen (LUWI)	Gründung 1928 durch die Städte Wilhelmshaven und Rüstringen; Kapital 20 000 M; Regional-Luftverkehr: Nordsee-Inseln, Bremen, Hamburg (NfL 17/18/1933)	Focke-Wulf Fw A 16 a (d) Focke-Wulf Fw A 20 Focke-Wulf Fw A 33
Luftverkehr Unterweser AG, Wesermünde (LUAG)	24. 6. 1925 gegründet in Bremerhaven, Kapital 120 000 M, Regionalverkehr, 1927 Verkehr eingestellt. Drei Flugzeuge 1926 erworben Fw A 16 d D-671, D-895 und D-959. 1927 an Niedersächsische Luftverkehrs AG verkauft (s. NILU)	Focke-Wulf Fw A 16 d Focke-Wulf Fw A 16 d
Luftverkehr Pommern, Stettin	Gründung am 15. 5. 1925. Eröffnung des Luftverkehrs am 15. 6. 1925 nach Hamburg und Stettin–Danzig durch Provinz, Kreise, Städte und Badeorte. Kapital 600 000–700 000 M. Betrieb durch die Werft Stralsund der Luft-Fahrzeug-Gesellschaft (LFG) (Ill. Flug-Woche 1925, S. 258)	LFG V 130 LFG V 130 LFG V 130 LFG V 13 später V 130 LFG V 130 LFG V 130 LFG V 130
Luftverkehr Württemberg AG, Stuttgart	Am Deutschen Aero-Lloyd beteiligt.	
Mitteldeutsche Aero-Lloyd AG, Leipzig	Deutscher Aero-Lloyd beteiligt	Junkers G 24
Luftverkehrs AG Westfalen, Dortmund	Aktienkapital 1 Million Mark. Beteiligung Industrie einschließlich Deutscher Aero-Lloyd. Aufsichtsrat u. a.: Merkel, Wronsky (Ill. Flug-Woche 1925)	Focke-Wulf Fw A 16 d
Luft-Fahrzeug-Gesellschaft, Stralsund	See-Flugzeugbau und Seebäderdienst, Taxi-Luftverkehr	Friedrichshafen FF 49 LFG gebaute V 2, später in FF 71 umbenannt Friedrichshafen FF 49 V 1 (LFG) Friedrichshafen FF 49 V 2 (LFG) Friedrichshafen FF 49 V 2 (LFG)
Nordbayerische Verkehrsflug GmbH, Fürth	Von Theo Croneiss am 25. 3. 1925 in Bamberg gegründet als Nahluft- und Zubringer-Luftverkehrs-Gesellschaft; erzielt sehr gute Erfolge als gemeinnütziges Unternehmen im Kurzstrecken- und Regionalverkehr weit über Bayerns Grenzen hinaus. Deswegen Umbenennung in Deutsche Verkehrsflug AG am 23. 12. 1930 unter Erhöhung des Aktienkapitals auf 1 Million RM. Gerät 1932 in finanzielle Schwierigkeiten. Durch Erlaß des Reichsfinanzministeriums vom 29. 8. 1935 wird den Ländern die Förderung der Luftfahrt untersagt. Ist seitdem ausschließlich Sache des Reiches. Damit wird der Gesellschaft die finanzielle Basis entzogen. Die Deutsche Verkehrsflug AG wird 1935 durch ihren Gründer Theo Croneiss liquidiert (Jahrbuch der Luftfahrt 1931/32 Th. Croneiss, Deutscher Kurzstreckenverkehr, Dr. Ernst Kredel, Deutsche Verkehrsflug AG, Organisations-Verlag, Berlin 1931). Liquidation lt. Schreiben Bayer. Staatsministerium vom 29. 8. 1935	Messerschmidt M 18 a Messerschmidt M 18 b Messerschmidt M 18 b Messerschmidt M 18 b Messerschmidt M 18 b Messerschmidt M 18 b Messerschmidt M 18 b Messerschmidt M 18 b Messerschmidt M 18 b Messerschmidt M 18 b Messerschmidt M 18 b Messerschmidt M 18 d Messerschmidt M 18 d Messerschmidt M 18 d Messerschmidt M 18 b Messerschmidt M 18 b

Werk-Nr.	Baujahr	Name	Motor	kW	PS	Zulassungs-zeichen	Zulassung	Übernahme von	Abgabe an	Sonderheiten
19	1926		Daimler II (I)	99	135	D-162	4. 1928	WELU		1932 zerstört
53	1927/28		Daimler II a	99	135	D-1439	1928			
97			Walter Mars	107	145	D-1931	7. 1933			
24	1926	Bremerhav. (Wyk)	Mercedes D II	88	120	D-895	1926	Fw	1927 Nilu	1936 gestrichen
26	1926	Geestemünde (Büsum)	Mercedes D II	88	120	D-959		Fw	1927 Nilu	
92	1924	Franzburg	AS Puma	169	230	D-455			1927 DLH	
93	1925	Greifswald	BMW IV	147	200	D-525			1927 DLH	
94	1925	Randow	BMW IV	147	200	D-547			1927 DLH	
95	1925	Kolberg	BMW IV	147	200	D-588			1927 DLH	
109	1925	Stralsund	Benz IV	169	230	D-759			1927 DLH	
110	1925	Stettin	Benz IV	169	230	D-796			1927 DLH	
112	1925	Stolp	BMW IV	147	200	D-810			1927 DLH	
908	1925	Hermes	Junkers L 2	3x 195	3x 265	D-880 S-AAAW			1926 DLH 1934 DVS	 D-ADIL
33		Dortmund	Daimler II a	99	135	D-1129				
		Fromme Helene	Benz IV	169	230	D-242	1919			
		Max	Benz IV	169	230		1919			D-132 PLuftR
		Moritz	Benz IV	169	230		1919			D-133 PLuftR
		Nolte	Benz IV	169	230		1919			D-134 PLuftR
27	1926		Siemens Sh 11	71	96	D-947			1934 Deutsche Verkehrs-fliegerschule (DVS) Nürnberg	
28	1926		Siemens Sh 12	99	125	D-1118			1931 dto.	
29	1926		Siemens Sh 12	99	125	D-1133			1931 dto.	
369	1928		Siemens Sh 12	99	125	D-1266	5. 1928		1931 dto.	
365	1927		Siemens Sh 12	99	125	D-1326	2. 1928		1931 dto.	
368	1928		Siemens Sh 12	99	125	D-1365	4. 1928		1931 dto.	
367	1928		Siemens Sh 12	99	125	D-1347	3. 1928		1931 dto.	
370	1928		Siemens Sh 12	99	125	D-1405	6. 1928		1931 dto.	
413	1928		Siemens Sh 12	99	125	D-1496	8. 1928		1931 dto.	
414	1928		Siemens Sh 12	99	125	D-1581	3. 1929		1932 dto.	
435	1929		Siemens Sh 12	99	125	D-1643	5. 1929		1931 dto.	
469			Wright Whirlwind J 4 B	147	200	D-1812	4. 1930		1931 Bruch	
477			Siemens Sh 12	99	125	D-1847	5. 1930		1931 DVS Nürnberg	
478			Siemens Sh 12	99	125	D-1848	5. 1930		1931 dto.	
366			Siemens Sh 12	99	125	D-1333	1930			
420			Siemens Sh 11	71	96	D-1567	2. 1929	DVL 10. 32		

Luftverkehrs-Gesellschaften	Text	Flugzeug-Typ
Nordbayerische Verkehrsflug GmbH, Fürth		Messerschmidt M 18 d Messerschmidt M 18 b Junkers F 13 Focke-Wulf A 20 Udet U 8 b Udet U 8
Nord-Europa-Union	siehe Trans-Europa-Union	
Norddeutsche Luftverkehrs GmbH, Bremen	Gründung 1925 (s. Bremer Luftverkehrs GmbH), Bedarfsluftverkehr, Taxiflugdienst (NfL 35/36/1933)	Focke-Wulf A 16 Focke-Wulf A 17
Ostflug GmbH, Berlin	Gründung 1921 durch Lloyd-Luftdienst GmbH Bremen, die Albatros GmbH, Berlin, Junkers Flugzeugwerke AG, Dessau, und die Ostdeutschen Landwerkstätten nebst Internationaler Luftschiffahrts-Gesellschaft. Kapital 2 Millionen Mark; Aufgabe: Bau von Flugzeugen auf der Danziger Werft und Luftbetrieb	
Oberschlesische Luftverkehrs AG, Gleiwitz	Gründung 3./7. Febr. 1925 mit Hilfe des Junkers Luftverkehrs, 1926 in DLH eingegliedert (Junkers Nachrichten 1925). Grundkapital 200 000.– RM (Mitteilungen aus der Industrie, 8. Jahrgang 1926, S. 165)	LVG C VI Junkers F 13 Junkers F 13 Junkers F 13 Junkers F 13 Junkers G 24 Junkers G 24
Rheinische Luftreederei AG, Köln (Rhelag)	Gründung 13. 8. 1919, Kapital 65 000.– M; Bedarfsluftverkehr für Industrie und Handel geplant, Ausbildung, Lichtbilder (Ill. Flug-Welt 1920)	
Rheinische Expreß-Flug-Gesellschaft mbH, Düsseldorf	Gründung 17. 11. 1920; Kapital 21 000.– M. Betrieb von Flugverkehr (Flugsport 1920, S. 541)	
Rumpler Luftverkehr AG	Rumpler-Werke AG, Berlin-Johannisthal, Gründung 1908. Seit 1919 in Liquidation, da Zerstörung von Hallen und Produktionsstätten durch Siegermächte. Bayerische Rumpler-Werke AG, Augsburg, Gründung 24. 10. 1916. Umstellung (1919) auf landwirtschaftliche Maschinen und Reparatur von Waggons. Abteilung Rumpler Luftverkehr, Augsburg, betreibt Flugverkehr mit umgebauten Rumpler-Militärflugzeugen. Gute Ergebnisse auf Strecke Augsburg–München–Nürnberg–Leipzig–Berlin seit 13. 3. 1919 mit Unterbrechung durch Beschlagnahme von Flugzeugen und Flugverboten. Abteilung Rumpler Luftverkehr in Augsburg wird am 30. 9. 1922 in Rumpler Luftverkehrs AG umgewandelt, danach Anschluß an Junkers Luftverkehr.	Rumpler Ru C I Rumpler Ru C I Rumpler Ru C I Rumpler Ru C IV Junkers F 13 Rumpler Ru C I Rumpler Ru C I Rumpler Ru C I Rumpler Ru C I Rumpler Ru C I Rumpler Ru C I Rumpler Ru C I Rumpler Ru C I

Werk-Nr.	Baujahr	Name	Motor	kW	PS	Zulassungszeichen	Zulassung	Übernahme von	Abgabe an	Sonderheiten
479		Krefeld	Siemens Sh 12	99	125	D-1861	6. 1930			
30			Siemens Sh 12	99	125	D-1177	1927			zerstört 1927
777		Schnee-Ente	Junkers L 2	169	230	D-168			1932 Bruch	
34			Daimler II a	99	135	D-1159	5. 1930	1930 Schwäb. B. LV. Augsburg	1931 DVS	
	1924		Siemens Sh 12	99	125	D-839			DVS 1926	26. 6. 1929 Bruch
	1924		Bristol Lucifer	103	140	D-670				26. 7. 1926 Bruch total

9	1925	Weser	Siemens Sh 11	71	96	D-731	1925	Focke-Wulf	6. 30 Luftreklame Hamburg	BZ-Flug 1925 als D-646, 4. 31 Luftsport Hamburg
32			G+R Jupiter	353	480	D-1149				

5083			Benz IV	169	230	D-17		1928 von DLR		1933 Bruch
							1924			
681	1923	Fischreiher	BMW IV	147	200	D-561	1924		1926 an DLH	
							1925			
							1925			
909	1925	Tyr/Ostmark	3x L V	3x 228	3x 310	D-901			1926 an DLH	1933 Bruch
902		Pluto	3x L 2	3 x195	269	D-879		S-AAAU	1926 an DLH	über Aero-Union

			Daimler III	125	170	D-103	1921		1926 DLH	
498			Daimler III	125	170	D-126			Bayer. Luft-Lloyd	
			Daimler III	125	170	D-135				Rumpler LV, Berlin
			Daimler IV a	191	260	D-72	1919		an DLR 1921	erster Flug 13. 3. 1919 zur Eröffnung Flugstrecke Berlin–Augsburg
591	1920	Zeisig	BMW IV	147	200	D-206			1926 DLH	1927 zerstört
451	1915		Daimler D III a	132	180	D-97	1920		1928 DVL	
			Daimler D III a	132	180	D-98	1920			
			Benz III	121	165	D-99	1920			
477			Daimler D III	125	170	D-100	1920		1926 DLH	
			Daimler D III	125	170	D-101	1920			
			Daimler D III	125	170	D-102	1920			
			Daimler D III	125	170	D-103	1920		1926 DLH	frühere D-290
			Benz III	121	165	D-104	1920			

Luftverkehrs-Gesellschaften	Text	Flugzeug-Typ
Rumpler Luftverkehr AG		Rumpler Ru C I Rumpler Ru C I Rumpler Ru C I Rumpler Ru C I Rumpler Ru D I Rumpler Ru C I Rumpler Ru C I Rumpler Ru C IV a Junkers F 13 Junkers F 13
Sächsische Luftreederei GmbH, Dresden	17. 1. 1921 Konkurs eröffnet	
Sächsische Luftverkehrs AG, Dresden	Anfangs Bedarfsluftverkehr Rund- und Streckenflüge; Beteiligung Junkers Luftverkehr. Am 12. 3. 1924 Gründung der AG, Flugbetrieb ab 7. 4. 1924 mit zwei F 13 eröffnet. Ab 11. 8. 1924 täglich Berlin–Dresden–Fürth. An AG beteiligt: Junkers, Dessau, Elektra AG, Dresden, Kraftverkehrs AG, Dresden, Sächsische Staatsbank, Flughafen-Betriebs GmbH (NfL Nr. 22/1924 und Junkers Luftverkehrs-Nachrichten 1924)	Junkers F 13 Junkers F 13 Junkers F 13 Junkers F 13 Junkers F 13 Junkers G 24 Junkers G 24 Junkers G 24 Junkers G 24
Schlesische Luftverkehrs AG, Breslau	Junkers beteiligt die Provinz Niederschlesien und die Stadt Breslau, Gründung 1925 (Dammerts Korrespondenz, 12. 2. 1925)	Junkers F 13 Junkers F 13
Strähle Paul, Schorndorf	Ab 3. Januar 1921 regelmäßige Befliegung der Strecke Konstanz–Stuttgart. Ab 1. 4. 1922 die Strecke Stuttgart–Nürnberg, ab 1923 Luftbilddienst (Broschüre »Der Schorndorfer Flugpionier Paul Strähle«, und aerokurier 8/1977, S. 824)	Halberstadt CL IV Halberstadt CL IV Halberstadt CL IV
Süddeutscher Aero-Lloyd AG, München	Gründung 23. 9. 1924 durch Deutschen Aero-Lloyd, Berlin, Bayerische Motorenwerke, Udet Flugzeugwerke. Aktienkapital 600 000.– M unter Beteiligung von Bayern, Württemberg und Baden (25%), München, Stuttgart und Baden-Baden (25%), DAL, BMW, Daimler (35%) und fünf Banken (15%). (Quelle: Schreiben Bayerische Staatsbank vom 22. 9. 1924.) Verschmelzung mit Bayerischer Luftverkehrs- zu Süddeutsche Lufthansa und Lufthansa	

Werk-Nr.	Baujahr	Name	Motor	kW	PS	Zulassungs-zeichen	Zulassung	Übernahme von	Abgabe an	Sonderheiten
			Benz III	121	165	D-105	1921			
			Benz III	121	165	D-106	1921			
			Daimler D III a	132	180	D-107	1921			
7087			Benz III	121	165	D-108	1921		1926 DLH	
			BMW III a	140	185	D-109	1921			
7087			Benz IV	169	230	D-30				
7089			Benz III	121	165	D-31				
			Daimler IV a	202	275	D-32				
644	1923		Junkers L 5	228	310	D-232		Rumpler Europa-Union	1926 DLH	
591	1920		BMW IV	147	200	D-206			1926 DLH	über Trans- und Europa-Union
764	1925	Tauchente	BMW IV	147	200	D-463		Europa-Union	1926 DLH	
687	1923	Kleiber	BMW IV	147	200	D-565			1926 DLH	
743	1925	Baumläufer	BMW IV	147	200	D-433			1926 DLH	über Europa-Union
706	1923	Dommel	BMW IV	147	200	D-582			1926 DLH	über Europa-Union
742	1923	Wildente	Junkers L 2	195	265	D-583			1926 DLH	über Europa-Union
911	1925	Hera	Junkers L 2	3x 195	3x 265	D-903	1925		1926 DLH	über Europa-Union
840	1925	Dresden (Diana)	Junkers L 2	3x 195	3x 265	S-AAAS D-876	1925		1926 DLH D-876	über Europa-Union
904	1925	Juno	Junkers L 2	3x 195	3x 265	S-AAAX	1925		1926 DLH D-899	über Europa-Union
903	1925	Hera	Junkers L 2	3x 195	3x 265	S-503	1925		1926 DLH D-903	
752	1924	Mauersegler	BMW IV	184	250	D-558		Europa-Union 1925	1926 DLH	
748	1924	Leiervogel	BMW IV	184	250	D-557		Europa-Union 1925	1926 DLH	
			Daimler III a	132	180	D-71	1920/21		Zeitweise Daimler-Benz-Museum, heute Museum von Langenburg	
			Daimler III a	132	180	D-111	1920/21			
4205			Daimler III a	132	180	D-144	1920/21			

Luftverkehrs-Gesellschaften	Text	Flugzeug-Typ
Südwestdeutsche Luftverkehrs AG, Frankfurt	Gründung 2. 7. 1924, Zusammenarbeit mit Trans-Europa-Union (Junkers Luftverkehr). Beteiligungen von Junkers, der Industrie und Frankfurt. Ausbau des Flugplatzes Rebstock (Luftweg 9/1924). Hessische Flugbetriebs AG Darmstadt tritt der Gesellschaft bei (Ill. Flug-Woche 1926)	Junkers F 13 Junkers F 13 Junkers F 13 Luft-Verkehrs-Ges. LVG C VI Luft-Verkehrs-Ges. LVG C VI Raab Katzenstein RK II b Junkers G 24
Trans-Europa-Union und Nord-Europa-Union = Europa-Union	Beide Unionen sind eng mit dem Junkers-Luftverkehr liiert. Die Trans-Europa-Union wurde am 22. 10. 1923 in München gegründet. Sie ging aus dem Zusammenschluß folgender Gesellschaften hervor: Aero-Lloyd AG, Berlin, Rumpler-Luftverkehr AG, Bayerischer Luft-Lloyd, Ad Astra-Aero AG, Oelag, Aero-Express, Budapest. Am 26. 4. 1924 trat die Sächsische Luftverkehrs AG, Dresden, bei und die Südwestdeutsche Luftverkehrs AG, Frankfurt. Der Aero-Lloyd AG, Berlin, schied am 13. 8. 1924 aus, und an die Stelle des Junkers Luftverkehrs trat die Junkers Luftverkehrs AG (Bilanz Treu, 15. 1. 1926). Die Nord-Europa-Union umfaßt die Danziger Luftpost, die Lettländische Luftverkehrs AG, die Aeronaut AG, Estland, Aero-O.Y., Helsingfors, den Junkers Luftverkehr Rußland und die Junkers Luftverkehrs AG, Berlin. Beide Gesellschaften schließen sich zur Europa-Union zusammen (7. Mai 1925). (Dissertation Müller, Der Wirtschaftskampf der deutschen Flugzeugindustrie, S. 51)	Junkers F 13 Junkers F 13 Junkers F 13 Junkers F 13 Junkers F 13 Junkers F 13 Junkers F 13 Junkers F 13 Junkers F 13 W Junkers F 13 W Junkers F 13
Westfälische Luftfahrt GmbH, Hüsten	Gründung 1919. Kapital 21 000.– M. Beförderung von Personen durch Flugzeuge und Ausbildung (Flugsport 1919, S. 787)	
»Welu« Westfälische Luftverkehrs AG, Dortmund	Beteiligung Deutscher Aero-Lloyd, ferner Kommunen, Städte, Verbände und Firmen. Kapital 1 Million M (Ill. Flug-Woche 1925, S. 277)	Focke-Wulf Fw A 16 a Focke-Wulf Fw A 16 d
Westdeutsche Fluggesellschaft GmbH, Gelsenkirchen	Gründung 1919; Kapital auf Beschluß der Gesellschaft am 7. 10. 1919 von 700 000.– Mark auf 540 000.– Mark herabgesetzt (Flugsport 1921, S. 436)	

Werk-Nr.	Baujahr	Name	Motor	kW	PS	Zulassungs-zeichen	Zulassung	Übernahme von	Abgabe an	Sonderheiten
738	1924	Kronenreiher	BMW IV	147	200	D-376		1925 Europa-Union	1926 DLH	
739	1924	Fliegenschnäpper	BMW III a	136	185	D-409		1925 Europa-Union	1925 Bruch	
740	1924	Steppenhuhn	BMW IV	147	200	D-410		1925 Europa-Union	1926 DLH	
5094			Benz IV	169	230	D-1301			1929 Hansa Luftbild	
75			Benz IV	169	230	D-1106			1931 Clouth AG., Köln	
59			Cirrus Mk III	70	95	D-1193	9. 1928		1932 Akaflieg, Frankfurt	
907		Artemis	Junkers L 2	3x 195	3x 265	S-501 D-944			1926 DLH D-944	über Europa Union

534		Stieglitz	Junkers L 2	195	265	D-219			1925 Europa-Union	
640	1923	Strauss	Junkers L 2	195	265	D-228			1925 Europa-Union	
644	1923	Blumenau-Truthahn	Junkers L 2	195	265	D-232			1926 DLH	
575	1925	Taube	BMW IV	147	200	D-253			1925 Europa-Union	
720	1925	Goldhähnchen	BMW IV	147	200	D-357		Junkers 1925 Europa-Union	1926 DLH	
739	1924	Fliegenschnäpper	BMW III a	136	185	D-409		Südw. LVG Frankfurt	1925 Europa-Union 1925 zerstört	
740	1924	Steppenhuhn	BMW IV	147	200	D-410		Südw. LVG 1925	1926 DLH	
702	1923	Emmerling	BMW IV	147	200	D-424		LVG Ruhr	1925 Europa-Union 1926 DLH	
743	1924	Baumläufer	BMW IV	147	200	D-433			1925 Europa-Union (Sächsische LVG) 1926 DLH	
764	1925	Tauchente	BMW IV	147	200	D-463			1925 Europa-Union (Sächsische LVG) 1926 DLH	
685	1923	Goldammer	BMW IV	147	200	D-564		Junkers, Sächsische Luft VG	1926 DLH	

19	1925	Westerland	Mercedes D I	81	110	D-162	2. 1926		LUWI	3. 1932 zerstört
33	1927	Dortmund	Mercedes D II a	88	120	D-1129	1. 1928			4. 7.1928 zerstört

Luftverkehrs-Gesellschaften	Text	Flugzeug-Typ
Westflug GmbH, Bad Oeynhausen	Gründung 2. 7. 1924 mit Hilfe des Junkers Luftverkehrs (Dammerts Korrespondenz 12. 2. 1925). Taxiflugdienst nach Borkum, Juist, Langeoog, Norderney, Sonderflüge, Beteiligung an Flugtagen	Junkers F 13
Westerländische Luftverkehrs GmbH		Focke-Wulf Fw A 16 a

Abkürzungen

Balug	Badische Luftverkehrs GmbH, Baden-Baden und Lörrach
BLG	Badische Lufverkehrs GmbH, Karlsruhe
BRELUG	Bremer Luftverkehrs GmbH, Bremen
DAL	Deutsche Aero-Lloyd AG, Berlin
Delag	Deutsche Luftschiffahrts-Aktiengesellschaft, Frankfurt/Main
Deruluft	Deutsch-Russische Luftverkehrs GmbH, Berlin
DFW	Deutsche Flugzeugwerke GmbH, Leipzig
DLH	Deutsche Luft Hansa AG, Berlin
DVL	Deutsche Versuchsanstalt für Luftfahrt e.V., Berlin-Adlershof
DVS	Deutsche Verkehrsfliegerschule GmbH, Berlin-Staaken
Fw	Focke-Wulf Flugzeugbau AG, Bremen
Gelug	Gelsenkirchen-Essener Luftverkehrs GmbH, Essen
LFG	Luftfahrzeug-Gesellschaft mbH, Stralsund
LUAG	Luftverkehr Unterweser AG, Wesermünde
LUNI	Luftverkehrs AG Niedersachsen, Hannover
Lurag	Luftverkehrsgesellschaft Ruhrgebiet, Essen
LUWI	Luftverkehrsgesellschaft Wilhelmshaven-Rüstringen mbH, Wilhelmshaven
LVG	Luftverkehrsgesellschaft
LV	Luftverkehr
NfL	Nachrichten für Luftfahrer
NILU	Luftverkehrs AG Niedersachsen, Hannover
Oelag	Österreichische Luftverkehrs AG, Wien
Rhelag	Rheinische Luftreederei AG, Köln
RVM	Reichsverkehrsministerium
Treu	Trans-Europa-Union
Welu	Westfälische Luftverkehrs AG, Dortmund

Werk-Nr.	Baujahr	Name	Motor	kW	PS	Zulassungs-zeichen	Zulassung	Übernahme von	Abgabe an	Sonderheiten
782		Rothahn	Junkers			D-832	1924			
19	1926	Wester-land	Mercedes D II	88	120	D-162	1926	Fw	LV Wilhelms-haven Rüstringen 1928	1932 gelöscht

Personenregister

Sachregister

Typenregister

Allgemeine Elektrizitäts-Gesellschaft (AEG) (128)*

Albatros Gesellschaft für Flugzeugunternehmungen (137)

ANT Tupolev

Argus Motoren

Armstrong Siddeley

Automobil und Aviatik AG (145)

Basse & Selve

Bayerische Motoren-Werke

Benz & Cie. Motoren

Bristol

Casparwerke

Daimler-Motoren-Gesellschaft

Deutsche Flugzeugwerke (DFW) (150)

Dietrich Gobiet (153, 154)

Dornier Zeppelin-Werk Lindau Dornier-Metallbauten (93)

* Die in Klammern gesetzten Zahlen hinter den Firmennamen weisen auf eine kurze Darstellung über die Anfänge und Entstehung des Unternehmens hin.

Bildquellen

Deutsches Museum, Abteilung Sonder-Archive

Gebrüder Römer

Avicentra-Archiv

Heinz Nowarra

Antonius Raab

Charlotte Seehase-Grüber

Hugo Junkers-Gesellschaft, Wolfgang Irmer

Lufthansa-Bildstelle

Swissair

Tabellen-Verzeichnis

Entwicklung des deutschen Luftverkehrs

Giganten für den Luftverkehr

Verkehrsflugzeuge der deutschen Flugzeugwerke 1919–1925

Daten über Luftfahrt- und Zeitgeschichte*)

*) Die Tabelle faßt die im Buch aufgeführten Daten zusammen, wurde aber durch zusätzliche Daten erweitert, die sich bei Recherchen ergaben.

1909–1917

21. 11. 1783	Erster bemannter Ballonaufstieg
2. 7. 1900	Erster Aufstieg eines Zeppelin-Luftschiffes
10. 11. 1908	Gründung Edmund Rumpler Luftfahrzeugbau
16. 11. 1909	Gründung der Deutschen Luftschiffahrts AG (Delag)
20. 12. 1909	Gründung Albatros-Werke durch Walter Huth und Otto Wiener
31. 12. 1909	August Euler legt vor Vertretern der FAI seine Pilotenprüfung ab
31. 12. 1909	Erste Flugversuche mit Siemens-Wright-Doppeldecker
1. 2. 1910	August Euler erhält den deutschen Flugzeugführerschein Nr. 1
28. 6. 1910	Indienststellung des Passagierluftschiffes LZ 7 »Deutschland«
2. 11. 1910	Claude Dornier tritt in die Dienste des Luftschiffbaues Zeppelin
18. 3. 1911	Gründung der Deutschen Flugzeugwerke (DFW)
16. 5. 1911	Anthony Fokker erhält Pilotenlizenz
25. 1. 1912	Karl Grulich fliegt auf Harlan-Eindecker Weltrekord im Dauerflug
18. 2. 1912	Erster Flug mit Postsack des Grade-Piloten Hermann Pentz
22. 2. 1912	Gründung Fokker Aviatik GmbH
10. 6. 1912	von Hidessen befördert offiziell die erste deutsche Luftpost
19. 6. 1912	Karl Caspar stellt mit 3240 m einen deutschen Höhenweltrekord auf
25. 6. 1912	Theodor Kober gründet in Friedrichshafen-Manzell Flugzeugbau Friedrichshafen GmbH
2. 9. 1913	Gsell fliegt Dauerweltrekord mit Marine Wasser-Doppeldecker des Flugzeugbaues Friedrichshafen
1. 10. 1913	Gründung Fokker Flugzeugwerke Schwerin GmbH
30. 5. 1914	Robert Janisch zweiter Sieger Dreieckflug Berlin–Leipzig–Dresden auf LVG-Renn-Eindecker
10./11. 6. 1914	Reinhold Boehm fliegt Weltrekord auf Albatros
14. 7. 1914	Heinrich Oelerich erreicht auf DFW 8 150 m Höhe
1. 4. 1915	Hellmuth Hirth fliegt die als Atlantik-Flugzeug gedachte VGO I ein
21. 12. 1915	Rs I des Luftschiffbaues Zeppelin – Dornier konstruiert – wird durch einen Sturm am Bodensee zerstört
17. 5. 1916	Fertigstellung der Rs IIa des Luftschiffbaues Zeppelin
25. 1. 1917	Gründung der »Zeppelin-Werke Lindau GmbH«
20. 10. 1917	Gründung Junkers Fokker-Werke
21. 10. 1917	Rs III des Zeppelin-Werkes Lindau startet zum Erstflug
13. 12. 1917	Gründung der Deutschen Luftreederei GmbH (DLR)
14. 12. 1917	Junkers Projekt G-Eindecker Idflieg vorgeschlagen
1917	Luftpostnetz des Heeres von der Krim bis Petersburg

1918

15. 2. 1918	Inspektion der Fliegertruppe (Idflieg) errichtet Feldpoststrecke Berlin–Köln
19. 2. 1918	Rs III der Zeppelin-Werke Lindau fliegt nonstop Bodensee–Norderney
1. 4. 1918	Errichtung Feldpoststrecke Wien–Krakau–Limberg–Kiew
4. 5. 1918	Junkers J 10 (CL 1) startet zum Erstflug
23. 5. 1918	Erste Probeläufe der AEG R I
12. 10. 1918	Jungfernflug Rs IV der Zeppelin-Werke Lindau
9. 11. 1918 bis 28. 2. 1925 †	Friedrich Ebert Reichskanzler
11. 11. 1918	Mit Waffenstillstand geht das verbliebene Flugmaterial in die Verwaltung des Reichsschatzministeriums über und kann von Interessenten gekauft werden
11. 11. 1918	Sablatnig fliegt im Auftrag der Reichsregierung Geld von Berlin nach Kiel
26. 11. 1918	Gründung eines Reichsluftamtes gemäß Verordnung des Rates der Volksbeauftragten zur vorläufigen Regelung von Fragen der Luftfahrt
4. 12. 1918	August Euler wird Unterstaatssekretär eines neu zu errichtenden Reichsluftamtes
18. 12. 1918	Luftfahrzeugbau Schütte-Lanz eröffnet in Berlin einen Bedarfsdienst (Taxiflüge)

1919

8. 1. 1919	Deutsche Luftreederei erhält befristete Fluglaubnis
19. 1. 1919	Aus der Wahl zur Nationalversammlung geht eine Koalition von SPD, Zentrum und Deutscher Demokratischer Partei hervor
28. 1. 1919	Aufhebung der befristeten Fluglaubnis und Aufnahme des Luftverkehrs
5. 2. 1919	Deutsche Luftreederei nimmt Flugdienst Berlin–Weimar auf
6. 2. 1919	Nationalversammlung in Weimar
11. 2. 1919	Wahl Friedrich Eberts zum Reichspräsidenten
15. 2. 1919	August Euler fordert Internationalität der Luftfahrt

25. 2. 1919	Scharfer Protest des Reichsluftamtes (August Euler) gegen die Militärbehörde wegen eines militärischen Reichsluft-Kurierdienstes
Februar 1919	Beginn eines Sablatnig Luftverkehrs
1. 3. 1919	Eröffnung einer zweiten Linie der Deutschen Luftreederei von Berlin-Johannisthal nach Hamburg-Fuhlsbüttel
13. 3. 1919	Rumpler C VI D-72 der Rumplerwerke AG, Berlin-Johannisthal, fliegt mit Pilot Werner Wieting Berlin–Gotha–Augsburg
19. 3. 1919	Luftverkehr Sablatnig befliegt die Strecke Berlin–Warnemünde
20. 3. 1919	Projektbearbeitung der Sab P II
7. 4. 1919	Deutsche Reichspost ordnet die Annahme von Luftpostsendungen in allen Postämtern an
21. 4. 1919	Josef Sablatnig fliegt als erster Pilot ins Ausland nach Kopenhagen
30. 4. 1919	»Internationalität der Luftfahrt«, Veröffentlichung von August Euler im Flugsport 9/1919, S. 265 ff.
April 1919	Erster Auslandsflug Berlin–Kopenhagen von Sablatnig auf P I
10. 5. 1919	Denkschrift des Reichsluftamtes über Vor- und Nachteile einer Verstaatlichung der Luftfahrt
11. 5. 1919	Sablatnig fliegt mit einer Sab P I mit vier Passagieren nach Kopenhagen und Stockholm
16.–27. 5. 1919	Leutnant Read bezwingt den Nordatlantik und fliegt von Halifex auf Neuschottland in Kanada nach Lissabon in Portugal. Mehrtägiger Aufenthalt auf den Azoreninseln, viermotoriges Wasserflugzeug
27. 5. 1919	Diskussion im Reichsluftamt über ein Jahr Luftverkehrserfahrungen (von Rieben)
6. 6. 1919	Flugklarmeldung der Sab P III
10. 6. 1919	Denkschrift über die Grundsätze für die »Erstellung einer Luftverkehrs-Versuchs-Gesellschaft mit gemischt-wirtschaftlichem Betrieb« vom Reichsluftamt (August Euler)
14./15. 6. 1919	Erste Nonstop-Atlantiküberquerung mit zweimotorigem Bomber Vickers Vimy durch Alcock und Brown in 16 Stunden von St. Johns in Neufundland nach Chifden auf Irland, Bruch bei der Landung
6./ 7. 1919	Fertigstellung Sab P III, erster geschlossener Verkehrs-Hochdecker für sechs Reisende und zwei Piloten
17. 6. 1919	Zeno Diemer erreicht mit DFW F. 37 III 9617 m Höhe
24. 6. 1919	Testflug mit Sab P III durch Josef Sablatnig
28. 6. 1919	Deutsche Regierung unterzeichnet das Versailler Friedensdiktat; Inkrafttreten 10. 1. 1920
5. 7. 1919	Eröffnung Lloyd-Luftverkehr Sablatnig Berlin–Swinemünde
18. 7. 1919	Eröffnung Flugstrecke Berlin–Stockholm mit F 13
25. 7. 1919	Erstflug Junkers F 13
31. 7. 1919	Jungfernflug Do Gs I
7. 8. 1919	Prüfung Sab P III durch DVL
11. 8. 1919	Nationalversammlung beschließt Verfassung

19. 8. 1919	Erlaß des Reichsluftamtes, wonach die Behörde zwei Kommissionen hat, den Reichsausschuß für Luftfahrt und eine Luftsport-Kommission
22. 8. 1919	Zeno Diemer besucht mit DFW P 1 und Konstrukteur Locher die ELTA in Holland
24. 8. 1919	Aufnahme eines regelmäßigen Luftverkehrs Friedrichshafen–München–Berlin–Friedrichshafen mit Luftschiff Bodensee durch die Deutsche Luftschiffahrts AG (Delag)
28. 8. 1919	Sieben Luftverkehrsgesellschaften gründen in Den Haag die »International Air Traffic Association« IATA
13. 9. 1919	Höhenweltrekord einer Junkers F 13 mit 6750 m mit acht Personen an Bord
29. 9. 1919	Englische Kommission entdeckt in Poll am Rhein Forssman Riesen
22. 10. 1919	Arthur Martens fliegt deutschen Höhenrekord mit 8430 m auf Hawa F 6 (CL IV)
24. 10. 1919	Erstflug Dessau–Moskau mit Junkers F 13
November 1919	Albatros GmbH, Berlin-Johannisthal, befliegt die Strecke Berlin–Schneidemühl–Danzig–Königsberg
5. 12. 1919	Gründung der SCADTA (Sociedad Colombo Alemana de Transportes Aéreos)

1920

9. 1. 1920	Gründung Reichsverkehrsministerium
10. 1. 1920	Inkrafttreten des Versailler Friedensdiktates
28. 2. 1920 bis 7. 3. 1920	Flugdienste zur Leipziger Messe
20. 3. 1920	Fokker F II wird von Bernhard de Waal von Schwerin nach Amsterdam übergeführt
31. 3. 1920	Auflösung der Inspektion der Fliegertruppe und der Flugzeugmeisterei
1. 4. 1920	Gründung Deutsche Luft-Lloyd GmbH
11. 4. 1920	Bayerischer Luft-Lloyd eröffnet Flugdienst München–Konstanz
2. 5. 1920	Auflösung der Fliegertruppe und der Fliegerverwaltungsbehörden (Reichswehrmin. 17. 5. 1920, Nr. 441.5.20 Ar. 4. V)
4./ 5. 1920	Französische Truppen besetzen das Rheinland
20. 5. 1920	Ilük gesteht Deutschland 145 Flugzeuge für zivile Zwecke zu
22. 5. 1920	Ilük ist mit Freigabe einiger seit 1919 gebauter Verkehrsflugzeuge durch Reichsluftamt einverstanden (Junkers F 13, Fokker F II, Sablatnig P I und P III, außerdem Sportflugzeug Sablatnig KE 1)
25. 5. 1920	Subventionierung des Luftverkehrs durch Reichsamt für Luftfahrt auf Veranlassung von August Euler
Mai 1920	Baubeginn des viermotorigen Großverkehrsflugzeuges Junkers G I. Muß am 5. 5. 1921 aufgrund Bauverbotes zerstört werden
21. 6. 1920	Eröffnung Sablatnig-Luftverkehr Berlin–Bremen

22. 6. 1920	Konferenz von Boulogne. Die Alliierten stellen fest, Deutschland hat 1400 Flugzeuge einbehalten und 5000 Motoren. Bauverbot wird verlängert bis drei Monate nach Erfüllung von Art. 202
Juni 1920	Deutsch-Ritterflug von Stolp nach Elbing zur Abstimmung über das Schicksal von Westpreußen (mehr als 30 Flugzeuge)
1. 8. 1920	Luftverkehr Sablatnig eröffnet Seebäderverkehr Bremen–Wangerooge
3. 8. 1920	Deutsche Luftreederei eröffnet die erste internationale Strecke von Malmö nach Kopenhagen und Warnemünde, von Hamburg über Bremen nach Amsterdam
6. 10. 1920	Gründung des Lloyd-Luftverkehr Sablatnig durch die Sablatnig-Flugzeugwerke und die Lloyd-Luftdienst GmbH
5. 11. 1920	Verbot von Auslandsflügen mit ehemaligen deutschen Militärflugzeugen. Das Verbot gilt auch für das besetzte Gebiet und die neutrale 50 km-Zone, ferner für zivile Flugzeuge mit Motoren der ehemaligen Fliegertruppe (NfL Nr. 5 v. 5. 11. 20 + NfL Nr. 8 v. 26. 11. 20)
6. 11. 1920	DLR erreicht millionsten Flugkilometer
18. 11. 1920	Zulassung Ostdeutsche Landwerkstätten Siedlungsgesellschaft Seerappen GmbH (OLA)
24. 11. 1920	Erstflug Do Cs II Delphin-Baureihe
November 1920	Amerikanisches Postministerium kauft acht Junkers F 13
14. 12. 1920	Protest der deutschen Regierung gegen eine Verlängerung des Bauverbotes
20. 12. 1920	Deutscher Luft-Lloyd, Berlin, nimmt Flugdienst Hamburg–Magdeburg–Leipzig–Dresden auf. Fortführung des Luftverkehrs der Firma Luft-Lloyd Weber u. Co., Berlin
30. 12. 1920	Gesetz über die Anmeldepflicht des zur Durchführung des Art. 202 des Friedensvertrages beschlagnahmten Luftfahrtgerätes
31. 12. 1920	Die Botschafter-Konferenz fordert erneut von der deutschen Regierung die sofortige Auflösung der Luftpolizei (NfL v. 7. 1. 21, S. 1)
Dezember 1920	Im deutschen planmäßigen Luftverkehr wurden 1920 mit 142 Flugzeugen 480 058 km zurückgelegt, 3975 Personen befördert und 6400 kg Post und 5700 kg Fracht

1921

3. 1. 1921	Paul Strähle eröffnet die Luftverkehrsstrecke Stuttgart–Konstanz mit Halberstadt Cl IV
14. 1. 1921	Gesetz des Reichstages, nach dem zwecks Erfüllung von Art. 202 des Friedensvertrages alles militärische Fluggerät bis 31. 1. 1921 straffrei angemeldet werden kann
27. 1. 1921	Oberregierungsrat Bredow übernimmt die Geschäfte als Leiter der Abteilung Luftfahrt im Reichsamt für Luft- und Kraftfahrt anstelle von August Euler
29. 1. 1921	Entwaffnungs-Note des Obersten Rates der Alliierten, nachdem Deutschland sich weigert, den die Luftfahrt betreffenden Bestimmungen des Versailler Friedensdiktates nachzukommen, und nochmals aufgefordert wird, diese zu erfüllen
26. 2. 1921	Gründung der Luftverkehrsgesellschaft Danziger Luftpost, später zum Junkers-Luftverkehr gehörend
1. 3. 1921	Bredow zum Ministerialdirektor im Reichsverkehrsministerium ernannt und Leiter der Abteilung Luft- und Kraftfahrtwesen
12. 3. 1921	Die Junkers-Werke in Dessau gliedern ihrem Werk eine besondere »Abteilung Luftverkehr« unter Leitung von Gotthard Sachsenberg an. Gründungsdatum umstritten: 1921, 2. 12. 1921 und 1. 1. 1922
31. 3. 1921	Deutschland zahlt 25 Millionen Mark für 136 nicht mehr auffindbare Flugzeuge und 337 Motoren
4. 4. 1921	Gründung »Aero Union AG« als Holding-Gesellschaft
7. 4. 1921	Verbot des Überfliegens des besetzten Rheinlandes
26. 4. 1921	Richtlinien für die Gewährung von Luftverkehrsbeihilfen, RM 10,–, 11,– für den Kilometer (NfL Nr. 18 v. 6. 5. 21)
5. 5. 1921	Londoner Ultimatum des Obersten Rates der Alliierten mit der ultimativen Aufforderung an das Reich, die Bedingungen des Versailler Friedensdiktates anzuerkennen
10. 5. 1921 bis 11. 11. 1922	Josef Wirth (Zentrum) Reichskanzler
11. 5. 1921	Erlaß eines totalen Bauverbotes durch die Siegermächte
22. 6. 1921	Regierung beschließt fast einstimmig, Luftfahrtindustrie für die Verluste durch Bauverbot zu entschädigen
21. 7. 1921	Aeronaut, Estnische Luftverkehrsgesellschaft in Reval gegründet
31. 7. 1921	Zerstörung Rs III auf Befehl der Alliierten
26. 7. 1921	Deutscher Erlaß zur Ablieferung allen militärischen Luftfahrtgerätes gemäß Art. 202 des Friedensvertrages
24. 11. 1921	Gründung der »Deutsch-Russischen Luftverkehrsgesellschaft mbH« (Deruluft) in Berlin mit 50 Prozent Beteiligung der DLR
17. 12. 1921	Abschluß Kaufvertrag zwischen Luftschiffbau Zeppelin und Werft in Pisa
29. 12. 1921	Gründung der Schweizer Luftverkehrsgesellschaft Ad Astra Aero
30. 12. 1921	Junkers F 13 fliegt in den USA unter Führung von Edwin Stinson und Lloyd Bertrand Weltrekord mit 26 Stunden, 19 Minuten und 35 Sekunden
Dezember 1921	Junkers F 13 fliegt in den USA Weltdauerrekord mit 26 h, 19 min

1922

12. 1. 1922	Direktor Reuter, Konstrukteur der F 13, †
5. 2. 1922	Ilük erklärt Bedingungen nach Art. 202 betreffs Ablieferung oder Zerstörung allen militärischen Luftfahrtgerätes als erfüllt

1. 4. 1922	Strähle befliegt Strecke Stuttgart–Nürnberg
14. 4. 1922	Bekanntgabe der Begriffsbestimmungen durch die Alliierten zur angeblichen Unterscheidung zivilen Fluggerätes von militärischen Flugzeugen
16./17. 4. 1922	Unterzeichnung des Vertrages von Rapallo mit der Sowjetunion
30. 4. 1922	Aufnahme Luftverkehr Königsberg–Moskau durch Deruluft im Pool mit DLR
4. 5. 1922	Eröffnung der Flugstrecke Moskau–Berlin mit F 13 durch den Junkers Luftverkehr
5. 5. 1922	Aufhebung des Bauverbotes für den deutschen Flugzeugbau durch die Alliierten
	Interalliiertes Garantie-Komitee nimmt seine Arbeit auf, und die bisherige Ilük wird durch das Interalliierte Luftfahrt-Garantie-Komitee ersetzt. Seine Aufgabe ist die Überwachung und Einhaltung der Begriffsbestimmungen
31. 5. 1922	Lloyd Ostflug wird aufgelöst
20. 6. 1922	Gründung Dornier Metallbauten GmbH
21. 6. 1922	Erstflug der U 1 unter Führung Ernst Udet
24. 6. 1922	Tödliches Attentat auf Walter Rathenau
10. 8. 1922	Verordnung des Reiches (RGBl. S. 711), wonach den Flugzeugwerken 150 Millionen Mark zugewendet werden für die Schäden durch den Versailler Vertrag und das nahezu einjährige Bauverbot
August 1922	Deutsche Regierung unterrichtet Dänemark, Norwegen, Schweden, Holland und die Schweiz, daß nur Flugzeuge, die den Begriffsbestimmungen entsprechen, in Deutschland einfliegen können
30. 9. 1922	Gründung der Rumpler Luftverkehrs AG
9. 10. 1922	Erstflug der Komet II
15. 10. 1922	Zulassung Focke-Wulf A VII
23. 10. 1922	Gründung der Firma Udet Flugzeugbau GmbH
6. 11. 1922	Erstflug des ersten Pisa-Wals
19. 11. 1922	Junkers Expedition mit F 13 nach Havanna (Werner Junkers)
22. 11. 1922	Wilhelm Kuno Reichskanzler, Rücktritt 12. 8. 1923
1. 12. 1922	Gründung der Heinkel Flugzeugwerke AG in Warnemünde. Zusammenarbeit mit Swedish Svenska Aero AB
6. 12. 1922	Lieferung des ersten Pisa-Wals an Spanien
31. 12. 1922	Eine Dornier Komet II der Deutschen Luftreederei landet als erstes deutsches Verkehrsflugzeug in England

1923

9. 1. 1923	Einmarsch der Franzosen in das Ruhrgebiet
10. 1. 1923	Gründung der Luftverkehrsgesellschaft Aero-Express in Budapest
11. 1. 1923	Frankreich und Belgien besetzen das Ruhrgebiet, da Deutschland die Reparationszahlungen nicht erfüllen kann. Währungsverfall, 1 $ = 10 000 RM
29. 1. 1923	Gründung des Junkerswerkes Fili bei Moskau
6. 2. 1923	Gründung der Deutschen Aero-Lloyd AG (DAL) in Berlin
März 1923	Zulassung Kurierflugzeug Junkers A 20
3. 5. 1923	Gründung Österreichische Luftverkehrs AG (Oelag)
	Aufnahme des Luftverkehrs zwischen Berlin und London
9.–10. 5. 1923	Konferenz der an der Trans-Europa-Union interessierten Gesellschaften in München. Vertreten: Oelag, Aero-Express, Rumpler Luftverkehr, Bayerischer Luft-Lloyd, Junkers Luftverkehr
1. 6. 1923	Junkers Luftverkehr richtet im Auftrag der russischen Regierung einen Flugdienst auf der Strecke Moskau–Tiflis ein
8. 7. 1923	Antonius Raab landet mit einer Mark R IV auf der Berliner Prachtstraße »Unter den Linden«
20. 7. 1923	Internationale Luftfahrtausstellung in Göteborg mit erstmaliger deutscher Beteiligung
Juli 1923	Zulassung des dreisitzigen Reiseflugzeuges Junkers K 16, auch Hochzeitskutsche genannt
13. 8. 1923	Gustav Stresemann (Deutsche Volkspartei DVP) wird Reichskanzler und Reichsaußenminister (1923–1929), Kabinett aus DVP, Zentrum, SPD
August 1923	Spitzbergen-Expedition (1100 km) von Amundsen mit F 13-Flugzeugen
27. 9. 1923	Ausnahmezustand für das Reichsgebiet, vollziehende Gewalt bei General v. Seeckt, dem Chef der Heeresleitung
8. 10. 1923	Eröffnung des Berliner Zentralflughafens
16. 10. 1923	Deutscher Aero-Lloyd (DAL) erhöht Kapital auf 250 Millionen RM
22. 10. 1923	Gründung der Trans-Europa-Union in München
23. 10. 1923	Gründung Bremer Flugzeugbau AG
13. 11. 1923	Gründung Focke-Wulf Flugzeugbau AG
15. 11. 1923	Höhepunkt und Ende der Inflation durch Einführung der Rentenmark mit auf Gold lautenden Rentenbriefen. Übergangswährung 1923–1924, ab 1924–1948 folgt Reichsmark (RM)
23. 11. 1923	Chef der Heeresleitung, General v. Seeckt, erläßt ein Verbot von NSDAP und KPD
27. 11. 1923	Wiedergründung der seit 1915 ruhenden Junkers-Motorenbau GmbH
19. 12. 1923	Gründung der finnischen A. Y. Helsingfors unter Junkers-Beteiligung mit F 13
November 1923 bis Januar 1925	Wilhelm Marx (Zentrum) Reichskanzler, zweitesmal Mai 1926 bis Juni 1928

1924

2. 1. 1924	Auflösung des Reichsausschusses für die Luftfahrt. Ergebnis seiner Arbeit war der Entwurf eines Reichsgesetzes für den Luftverkehr im April 1919
15. 2. 1924	Erstflug Dornier Delphin II
28. 2. 1924	Antonius Raab erprobt Mark R Va
1.–5. 3. 1924	Täglicher Luftverkehr zur Leipziger Messe
2. 3. 1924	Zulassung des Junkers L 2 mit 143 kW (195 PS), ein im Einvernehmen mit BMW verbesserter Nachbau des BMW III a

12. 3. 1924	Gründung Sächsische Luftverkehrs AG, Dresden, unter Beteiligung der Junkers Flugzeugwerke AG
25. 3. 1924	Gründung A. B. Aerotransport, Stockholm
1. 4. 1924	Die Abteilung Luft- und Kraftfahrtwesen im Reichsverkehrsministerium wird an die Abteilung für Wasserstraßen angegliedert. Deren Leiter Dr. Krohne übernimmt damit auch die Führung des Luft- und Kraftfahrtwesens. Oberregierungsrat Bredow tritt mit gleichem Datum in Ruhestand
10. 4. 1924	Eröffnung einer Junkers Luftverkehrsstrecke Tiflis–Baku im Auftrag der russischen Regierung
16. 4. 1924	Deutschland nimmt Dawesplan an, Versuch der Wiederherstellung der deutschen Zahlungsfähigkeit zwecks Weiterzahlung von Reparationen
19. 4. 1924	Eröffnung eines Junkers Luftverkehrs in Persien (F 13)
3. 5. 1924	Eröffnung der russischen Strecke Taschkent–Alma-Ata mit Junkers F 13
5. 5. 1924	Zulassung des Junkers-Motors L 1 (63 kW; 85 PS)
27. 5. 1924	Gründung einer Junkers Luftbildzentrale
19. 6. 1924	Gründung des Deutschen Luftrates als beratendes Gremium für das Reichverkehrsministerium
23. 6. 1924	Erstflug Focke-Wulf A 16
25. 6. 1924	Junkers-Strecke Moskau–Kasan eröffnet
2. 7. 1924	Westflug GmbH, Bad Oeynhausen, gegründet (Junkers)
7. 8. 1924	Junkers A 20 nimmt unter Führung Walter Mittelholzers am Schweizer Flugmeeting teil
13. 8. 1924	Junkers Luftverkehrs AG gegründet
18. 8. 1924	Eröffnung der Nachtflugstrecke Berlin–Stockholm und Hamburg–Kopenhagen (Junkers A 20)
August 1924	Dawesplan. Zurückschraubung der Reparationszahlungen auf ein für Deutschland erfüllbares Maß
13. 9. 1924	Zulassung der Junkers G 24, dem ersten dreimotorigen Ganzmetall-Verkehrsflugzeug
18. 9. 1924	Erstflug Junkers G 24 unter Werkspilot Wilhelm Zimmermann
18. 10. 1924	Zulassung eines Dornier-Wals für Kolumbien
25. 11. 1924	Zulassung eines zweiten Dornier-Wals für Kolumbien
4. 12. 1924	Zwei Junkers F 13-Flugzeuge überfliegen zum ersten Mal in 5000 m Höhe das Gebirgsmassiv der Anden in Südamerika
7. 12. 1924	Erstflug der Dornier Komet III
17. 12. 1924	Expeditionsflug Mittelholzers auf Junkers A 20 von Zürich nach Teheran
22. 12. 1924	Gründung Badische Luftverkehrs GmbH (Balug), Karlsruhe (Kapital 350 000,– RM)
31. 12. 1924	Einstellung des planmäßigen mit Beihilfen fliegenden deutschen Luftverkehrs aus Sicherheitsgründen (Winter)

1925

21. 1. 1925	Dansk Lufttransport AG, Kopenhagen (Junkers)
30. 1. 1925	Aero-Lloyd bestellt zwei Dornier Pisa-Wale
8. 2. 1925	Luftfahrt-Garantie-Komitee erteilt Genehmigung für gänzlich untermotorisierte G 23
11./12. 2. 1925	Richard Wagner und Guido Guidi fliegen 20 Weltrekorde mit Pisa-Walen
15. 2. 1925	Gründung der schwedisch-deutschen Firma A. B. Flygindustri in Limhamn durch Junkers
24. 2. 1925	Luftverkehrs-Gesellschaft Ruhrgebiet, Essen, gegründet (Lurag)
25. 3. 1925	Nordbayerische Verkehrsflug GmbH gegründet. Stammkapital 50 000,– RM, 50% Sportflug GmbH; 50% Messerschmitt Flugzeugbau GmbH
März 1925	Gründung einer spanischen Luftverkehrs-Gesellschaft Lineas Aereas Postales Espannolas in Madrid (Junkers)
15. 4. 1925	Komet III fliegt in dreieinhalb Stunden von München nach Mailand
April 1925	Gründung der SCADTA in Kolumbien (Sociedad Colombo Alemana de Transportes Aéreos)
7. 5. 1925	Gründung Europa-Union KAG, Berlin, mit 50 000,– RM Kapital zwecks Übernahme der Nord- und Trans-Europa-Union
21. 5. 1925	Start zweier Pisa-Wale der Polar-Expedition Roald Amundsen zum Nordpol
22./27. 5. 1925	Bayerische Luftverkehrs AG. Gründung mit 1,5 Millionen RM Kapital
31. 5. 1925	Deutscher Rundflug um den BZ-Preis der Lüfte
Mai bis August	Verkehrsausstellung in München
Mitte 1925	Beginn Räumung Ruhrgebiet
1. 6. 1925	Zwei F 13 unternehmen Erkundungsflug von Moskau nach Peking (7000 km)
15. 6. 1925	Pommern Luftverkehrs GmbH (gegründet 15. 5. 1925) eröffnet Strecken nach Hamburg, Stettin, Stralsund und Swinemünde
9. 7. 1925	Hydrographische Expedition mit Junkers A 20 in der Sowjet-Union
9. 7. 1925	Bodensee Aero-Lloyd GmbH, Lindau. Stammkapital 170 000,– RM (Dornier Delphin)
20. 7. 1925	Sieben-Staatenflug der deutschen Presse mit Junkers G 24
25. 7. 1925	Luftverkehrs Unterweser AG eröffnet Flugbetrieb auf Flugplatz Speckenbüttel mit Fw A 16a (Gründung 24. 6. 1925)
2. 8. 1925	Taufe der beiden für Kolumbien gelieferten Wale
10. 8. 1925	»Atlantico« und »Pacifico«, die beiden Dornier-Wale des Condor-Syndikats starten zur Mittelamerika-Expedition
August 1925	Zulassung des Junkers L 5 mit 228 kW (310 PS)
August 1925	Errichtung einer Abteilung Schädlingsbekämpfung der Junkerswerke
7. 9. 1925	Europa-Union Generalversammlung, Zusammenfassung von Nord- und Trans-Europa
10. 9. 1925	Ernst Brandenburg, der neue Leiter des Referates »Luftfahrt« im Reichsverkehrsministerium, wendet sich öffentlich gegen eine Verstaatlichung des Luftverkehrs
27.–30. 9. 1925	Stockholmer Luftfahrt-Konferenz
1. 10. 1925	Das Reich übernimmt die Leitung der Junkers Flugzeugwerke AG (IFA)
12. 10. 1925	Europa Union bereitet Winterluftverkehr für 1925/26 vor

16. 10. 1925	Locarno-Vertrag von Gustav Stresemann abgeschlossen
7. 11. 1925	Gründung der bolivianischen Fluggesellschaft »Lloyd Aero Boliviano«
1. 12. 1925	Unterzeichnung des Locarno-Vertrages in London
1925	Generalfeldmarschall Paul v. Hindenburg wird Reichspräsident
1925 bis 1926	Hans Luther Reichskanzler (1923–1925 Finanzminister)

1926–1930

6. 1. 1926	Gründung der Deutschen Luft Hansa AG
10./11. 8. 1926	Zulassung Focke-Wulf GL 18
3. 9. 1927	Start des Engländers Frank T. Courtney zum Südatlantikflug mit Dornier Wal, der aber abgebrochen wird
30. 3. 1928	Erstflug Dornier Delphin III
18. 8. 1930	Start von Wolfgang v. Gronau zum Nordatlantikflug über Island nach New York mit glücklicher Landung

Autor

Wolfgang Wagner, geboren 1912 in Köln, kann auf ein vielseitiges fliegerisches und journalistisches Leben zurückblicken. Als Jagdflieger im Kriege abgeschossen und schwer verletzt, übernimmt er bei den Junkerswerken in Dessau als Pressereferent ein neues Aufgabengebiet.
Nach dem Kriege sitzt Wagner als einer der ersten Piloten wieder am Steuer, fliegt Segelflugzeuge, zahlreiche Sportflugzeuge und Strahlflugzeuge – letztere am Doppelsteuer. Die Flüge finden in Berichten der »Flugwelt« und später im »aerokurier« ihren Niederschlag.
Die 1949 von ihm gegründete »Flugwelt«, deren Herausgeber und Chefredakteur er war, wird eine führende, international anerkannte Luftfahrt-Fachzeitschrift. Nach Jahre währendem, harten publizistischen Kampf um die Wiederzulassung der verbotenen Sport- und Verkehrsluftfahrt und des deutschen Flugzeugbaues avanciert die »Flugwelt« zum offiziellen Organ des Bundesverbandes der Deutschen Luftfahrtindustrie (BDLI).
Der Verfasser ist Gründungsmitglied des Deutschen Aero Clubs. Er lädt 1951 mit Wolf Hirth die Repräsentanten der ehemaligen deutschen Luftfahrtindustrie nach Kirchheim-Teck ein und gibt den Anstoß zur Gründung des Verbandes zur Förderung der Luftfahrt und seines Nachfolgers BDLI. Wagner gründet 1953 den täglich erscheinenden »Flugwelt-Eildienst« und die Raumfahrtzeitschrift »Flugkörper«. 1963 übernimmt er die Redaktion der Zeitschrift »aerokurier«, die einen schnellen Aufstieg zum führenden Organ der General Aviation und der Industrie nimmt und vom Deutschen Aero Club als offizielles Organ anerkannt wird.
Sein umfangreiches Avicentra-Luftfahrt-Archiv bildet mit dem der Brüder Römer den Grundstock der Luftfahrt-Sondersammlung im Deutschen Museum.
Heute ist Wagner, der inzwischen 54 Jahre ununterbrochen fliegt, Mitarbeiter am »Lufthansa Jahrbuch« und Autor mehrerer Bände der Buchreihe »Die Deutsche Luftfahrt«.